高等院校经济与管理核心课
经典系列教材 [经济学专业]

经济法概论

JINGJIFA GAILUN

（第八版）

徐 杰 主编

首都经济贸易大学出版社
Capital University of Economics and Business Press

图书在版编目(CIP)数据

经济法概论/徐杰主编. -- 8版. -- 北京：首都经济贸易大学出版社，2014.1

(高等院校经济与管理核心课经典系列教材)

ISBN 978-7-5638-0782-6

Ⅰ.①经… Ⅱ.①徐… Ⅲ.①经济法—中国—高等学校—教材 Ⅳ.①D922.29

中国版本图书馆CIP数据核字(2008)第007330号

经济法概论(第八版)
徐　杰　主编

出版发行	首都经济贸易大学出版社
地　　址	北京市朝阳区红庙（邮编100026）
电　　话	(010)65976483　65065761　65071505(传真)
网　　址	http://www.sjmcb.com
E-mail	publish@cueb.edu.cn
经　　销	全国新华书店
照　　排	北京砚祥志远激光照排技术有限公司
印　　刷	北京建宏印刷有限公司
开　　本	787毫米×980毫米　1/16
字　　数	600千字
印　　张	32
版　　次	1995年3月第1版　**2014年1月第8版** 2019年8月总第43次印刷
书　　号	ISBN 978-7-5638-0782-6/D·42
定　　价	49.00元

图书印装若有质量问题，本社负责调换
版权所有　侵权必究

出版总序
（2009年版）

经济领域竞争的实质，是人才的竞争；而人才的培养，有赖于教育，尤其是培养高素质专业人才的高等教育。目前直至今后相当长的一个时期内，我们还缺乏一大批理念先进，勇于创新，善于管理，精通业务，既熟悉现代市场经济运行规则，又精通专业知识，适应国内经济发展和国际竞争需要的高级经济类、管理类专业人才。

教育是当代科技生产力发展的基础，是科学技术转化为现实生产力的条件，是培养高素质专门人才和劳动者的根本途径，也是实现管理思想、管理模式、管理手段现代化的重要因素。

人才的培养离不开教材，教材是体现教学内容的知识载体，是进行教学的基本工具，更是培养人才的重要保证。

教材质量直接关系到教育质量，教育质量又直接关系到人才的培养质量。因而，教材质量与人才培养质量密切相关。

正是由于教材质量在实施科教兴国的发展战略中具有十分重要的作用，我们在策划与组织编写本套教材的过程中倾注了大量的心血、人力和物力。

我们希望奉献给广大教师、学生、读者的是一套经得起专家论证和实践检验的经济与管理类各专业核心课精品系列教材。

在策划和编写本套教材的过程中，我们始终贯彻精品战略的指导思想，使之具有如下特点：

第一，以全面推进素质教育为着眼点，以教育部《普通高等教育教材建设与改革的意见》为指导，面向现代化，面向未来，面向经济全球化，充分考虑学科体系和知识体系的完备性、系统性和科学性，同时兼顾教材的实用性和可读性，以适应教学和教材改革的需要，适应国内外经济发展的需要，适应培养高素质、创新型、复合型专业人才的需要，并力求教材具有体系新、内容新、资料新、方法新的特点。

第二，在广泛调查研究的基础上，通过多所国内著名高等院校一批有着丰富教学经验的专家教授论证和推荐，优化选题，优选编者。参加本套教材论证和编写的专家教授分别来自北京大学、清华大学、中国人民大学、中国政法大学、对外经济贸易大学、复旦大学、上海交通大学、首都经济贸易大学、东北财经大学、西南财经大学、中南财经政法大学、上海财经大学、天津财经大学、武汉大学、南开大学、天津商学院、南京大学、华中科技大学、北京科技大学、厦门大学、北京工商大学、四川大学、中央财经大学等多所国内著名高等院校。

第三,在选择教材内容以及确定知识体系和编写体例时,注意素质教育和创新能力、实践能力的综合培养,为学生在基础理论、专业知识、业务能力以及综合素质的协调发展方面创造条件。在确定选题时,一方面考虑了当前经济与管理类各相关学科发展和实践的迫切需求,一方面又贯彻了教育部关于专业核心课的设置及素质教育的要求;除传统课程外,在充分学习和借鉴国外经典教材的基础上,编选了部分带有前沿性、创新性的专业教材,以利于中外高等教育在课程设置方面的接轨。

第四,考虑到培养复合型人才的实际需要,本套教材突破了原有的较为狭隘的专业界限和学科界限,在经济学和管理学两大一级学科的统领下,广纳多个分支学科的基础课、专业基础课、专业主干课教材。这些分支学科和专业包括工商管理、经济学、金融学、人力资源管理、物流学、广告学、会计学、市场营销、电子商务、国际经济与贸易、旅游管理、行政管理、信用管理等。从纵向上看,各学科、各专业的教材自成体系,完整配套;从横向上看,各学科、各专业的教材体系又是开放式的,相互交叉,学科与专业之间没有明确的界限,以便于各院校、各专业根据自身的培养目标设置课程,交叉选用。

本套教材自身也是开放式的。我们将根据学科发展的需要、教学改革的需要、专业设置和课程调整的需要、中国经济建设的需要,不断加以补充和完善。

本套教材不仅是一大批专家教授多年科研成果和教学实践的总结,同时在编写体例上也有所突破和创新,希望它的出版能够对我国经管专业高级专业人才的培养有所帮助。

出版者

经济法概论

第八版前言

19世纪下半叶,自由竞争的资本主义向垄断的资本主义过渡,市场经济的充分发展所导致的社会化大生产使个体对经济整体与经济环境的依赖性逐步加强,个体经济的不正当行为对社会整体经济的破坏性也日趋明显,社会经济日益成为一个有机的整体。为弥补市场"看不见的手"所存在的固有的不能克服的缺陷,社会经济的健康、有序、良性发展离不开国家"看得见的手"的协同作用,经济法因此应运而生并得以发展。

我国经济法是我国社会主义法律体系中的一个重要的、独立的法律部门,它随着新中国的诞生、成长而产生和发展。我国是以社会主义公有制为基础的国家,国家的重要职能之一就是管理经济,这就要求国家对整个社会经济活动进行组织和协调。对于国家管理和协调国民经济运行过程中发生的社会关系,需要有一个从全局出发,以国民经济整体发展和平衡为基础,直接作用于社会生产和再生产活动的法律制度来调整,这种法律制度就是经济法。

我国经济法的发展分为两个阶段,即计划经济体制阶段和社会主义市场经济体制阶段。在计划经济体制时期,经济的运行以计划作为资源配置的主要手段,而在社会主义市场经济时期则以市场机制作为资源配置的重要手段。市场机制固有的缺陷决定了国家应当担负起管理社会经济的职能。同时,经济法应当以追求社会整体利益作为最高目标,即从社会整体利益的角度主动管理和协调好经济运行,保障国民经济持续、稳定、健康发展,促进全社会的共同进步。2001年12月11日,我国正式成为世界贸易组织成员后,经济法在保障我国政府合理、有效地管理国民经济,提高国民经济竞争力,维护国家经济安全等方面的作用日益凸现。

经济法概论

经济法作为一个独立法律部门应有的结构体系已经相对地基本稳定。但是,在新的形势下,为了确保市场经济持续、稳定、健康地发展,构成经济法的部分法律、法规需要及时予以"立、改、废";同时,随着经济法制的发展和经济法学理论研究的深入,经济法学的结构体系和具体内容将不断完善。

2012年12月28日,第十一届全国人民代表大会常务委员会第三十次会议通过《关于修改〈中华人民共和国劳动合同法〉的决定》,自2013年7月1日起施行。2013年8月30日,第十二届全国人民代表大会常务委员会第四次会议通过《关于修改〈中华人民共和国商标法〉的决定》,自2014年5月1日起施行。2013年10月25日,第十二届全国人民代表大会常务委员会第五次会议通过《关于修改〈中华人民共和国消费者权益保护法〉的决定》,自2014年3月15日起施行。

本书根据最新立法对相应章节进行了修订。

本书以现行的经济立法为依据,围绕市场经济运行过程中最为常见的经济法理论和实践问题,在经济法理论、经济组织、宏观调控、市场运行和管理、经济纠纷解决等方面进行了系统阐述。本书具有较强的理论性与实用性,适合经济类院校作为经济法学课程的教材,对其他从事经济法教学、科研、司法和经济管理等方面工作的同志也有参考价值。

本书由中国政法大学经济法研究中心主任、博士生导师徐杰教授任主编。全书的编写分工如下:徐杰(第一章),徐晓松(第二章、第九章),时建中(第三章、第四章、第五章、第十章、第十一章、第十二章),魏方、王玉梅(第六章、第七章),李伟、王霞(第八章、第十五章),殷召良(第十三章、第十四章),魏方(第十六章、第十七章),邢颖(第十八章),魏方、王树清(第十九章),韩永杰、刘哲(第二十章、第二十一章)。最后由主编统稿。

目 录

第一章　绪　论 ··· 1
　第一节　经济法的产生和发展 ································· 1
　第二节　经济法的概念、调整对象和主要内容 ········· 3
　第三节　经济法律关系 ·· 5
　第四节　中国经济法的重要作用 ······························ 9
　第五节　中国经济法的未来发展 ···························· 12

第二章　公司法律制度 ··· 17
　第一节　公司法概述 ·· 17
　第二节　有限责任公司 ·· 20
　第三节　股份有限公司 ·· 27
　第四节　公司债券 ··· 33
　第五节　公司的财务、会计制度 ···························· 33
　第六节　公司的合并、分立、增资、减资 ············· 34
　第七节　公司的解散和清算 ··································· 35
　第八节　公司经营活动的法律监督和法律责任 ······ 37
　案例分析 ·· 40

第三章　合伙企业法律制度 ··································· 43
　第一节　概　述 ·· 43
　第二节　普通合伙企业的设立 ······························· 45
　第三节　有限合伙企业 ·· 53

第四节　合伙企业的解散和清算 …………………………… 55
　　案例分析 ……………………………………………………… 58

第四章　个人独资企业法律制度 …………………………………… 60
　　第一节　概　述 ………………………………………………… 60
　　第二节　个人独资企业的设立 ………………………………… 65
　　第三节　个人独资企业的投资人及事务管理 ………………… 68
　　第四节　个人独资企业的解散和清算 ………………………… 69
　　案例分析 ……………………………………………………… 71

第五章　国有企业法律制度 ………………………………………… 73
　　第一节　企业和企业法概述 …………………………………… 73
　　第二节　企业改革和现代企业制度 …………………………… 74
　　第三节　国有企业法律制度 …………………………………… 75
　　案例分析 ……………………………………………………… 87

第六章　外商投资企业法律制度 …………………………………… 97
　　第一节　外商投资企业法概述 ………………………………… 97
　　第二节　外商投资企业的概念、组织形式及法律地位 ……… 99
　　第三节　外商投资企业的设立 ………………………………… 101
　　第四节　外商投资企业的资本 ………………………………… 105
　　第五节　外商投资企业的组织机构 …………………………… 110
　　第六节　外商投资企业的购买与销售 ………………………… 113
　　第七节　外商投资企业的解散 ………………………………… 114
　　第八节　外商投资企业争议的解决 …………………………… 115
　　案例分析 ……………………………………………………… 118

第七章　税收法律制度 ……………………………………………… 121
　　第一节　税收概述 ……………………………………………… 121
　　第二节　税法概述 ……………………………………………… 123

第三节　税法的构成要素…………………… 125
　　第四节　我国现行税收制度…………………… 127
　　第五节　税收征收管理法律制度…………………… 142
　　案例分析…………………… 152

第八章　银行法律制度…………………… 155
　　第一节　中央银行法律制度…………………… 155
　　第二节　商业银行法律制度…………………… 162
　　第三节　银行业监管制度…………………… 169
　　案例分析…………………… 176

第九章　会计与审计法律制度…………………… 178
　　第一节　会计法律制度…………………… 178
　　第二节　审计法律制度…………………… 186
　　案例分析…………………… 192

第十章　反不正当竞争法律制度…………………… 193
　　第一节　概　述…………………… 193
　　第二节　不正当竞争行为的种类…………………… 195
　　第三节　监督检查及法律责任…………………… 202
　　案例分析…………………… 205

第十一章　反垄断法律制度…………………… 209
　　第一节　垄断及反垄断法概述…………………… 209
　　第二节　对垄断协议的规制…………………… 212
　　第三节　对滥用市场支配地位的规制…………………… 216
　　第四节　对经营者集中的规制…………………… 219
　　第五节　对行政性垄断的规制…………………… 223
　　第六节　反垄断法的实施…………………… 225
　　第七节　法律责任…………………… 228
　　案例分析…………………… 232

第十二章 证券法律制度 ………………………………… 235
第一节 证券和证券法概述 ……………………………… 235
第二节 证券市场的主体 ………………………………… 238
第三节 证券发行制度 …………………………………… 243
第四节 证券上市 ………………………………………… 246
第五节 证券交易 ………………………………………… 248
第六节 上市公司的收购 ………………………………… 253
第七节 证券监管制度 …………………………………… 256
第八节 证券投资基金 …………………………………… 258
案例分析 ………………………………………………… 269

第十三章 票据法律制度 ………………………………… 272
第一节 票据和票据法概述 ……………………………… 272
第二节 票据行为 ………………………………………… 278
第三节 票据权利 ………………………………………… 282
第四节 我国支付结算中的票据 ………………………… 286
第五节 法律责任 ………………………………………… 289
案例分析 ………………………………………………… 292

第十四章 房地产法律制度 ……………………………… 294
第一节 房地产法概述 …………………………………… 294
第二节 房地产开发用地 ………………………………… 296
第三节 房地产开发 ……………………………………… 301
第四节 房地产交易 ……………………………………… 304
第五节 房地产权属登记管理 …………………………… 313
第六节 违反房地产法的法律责任 ……………………… 314
案例分析 ………………………………………………… 317

第十五章 知识产权法律制度 …………………………… 319
第一节 知识产权法概述 ………………………………… 319

经济法概论

  第二节 专利法 …………………………………………… 322
  第三节 商标法 …………………………………………… 335
  第四节 著作权法 ………………………………………… 348
  案例分析 ………………………………………………… 352

第十六章 产品质量法律制度 ………………………………… 357
  第一节 产品质量法概述 ………………………………… 357
  第二节 产品质量的监督管理 …………………………… 358
  第三节 产品质量责任和义务 …………………………… 362
  第四节 损害赔偿 ………………………………………… 364
  第五节 违反《产品质量法》的法律责任 …………… 365
  案例分析 ………………………………………………… 370

第十七章 消费者权益保护法律制度 …………………………… 373
  第一节 消费者权益保护法概述 ………………………… 373
  第二节 消费者的权利与经营者的义务 ………………… 376
  第三节 消费者合法权益保护机构及其职责 …………… 380
  第四节 消费者权益争议及其解决 ……………………… 381
  案例分析 ………………………………………………… 386

第十八章 合同法律制度 ………………………………………… 390
  第一节 合同法概述 ……………………………………… 390
  第二节 合同的订立 ……………………………………… 398
  第三节 合同的效力 ……………………………………… 408
  第四节 合同的履行 ……………………………………… 416
  第五节 合同的变更和转让 …………………………… 425
  第六节 合同的权利义务终止 …………………………… 430
  第七节 违约责任 ………………………………………… 435
  第八节 合同的担保 ……………………………………… 441
  案例分析 ………………………………………………… 448

第十九章　劳动法律制度 ································ 451
第一节　劳动合同 ·· 451
第二节　劳动制度和社会保险 ···································· 459
第三节　劳动争议的解决 ··· 466
案例分析 ··· 472

第二十章　经济仲裁法律制度 ································ 474
第一节　经济仲裁概述 ··· 474
第二节　仲裁协议 ·· 476
第三节　仲裁机构 ·· 478
第四节　仲裁程序 ·· 479
第五节　法院对仲裁的协助和监督 ······························ 480
案例分析 ··· 485

第二十一章　民事诉讼法律制度 ····························· 487
第一节　民事诉讼的概念和基本原则 ·························· 487
第二节　审判管辖 ·· 488
第三节　审判程序 ·· 490
第四节　执行程序 ·· 494
第五节　涉外民事诉讼 ··· 495
案例分析 ··· 499

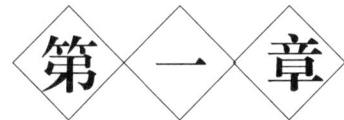

绪　　论

★ 本章学习要点与要求 ★

通过本章的学习应掌握经济法的产生和发展、经济法的概念、调整对象和主要内容、经济法律关系、中国经济法的作用和未来发展等问题。

第一节　经济法的产生和发展

一、西方国家经济法的产生和发展

经济法在资本主义国家的兴起,出现在自由资本主义向垄断资本主义过渡时期。在自由资本主义时期,国家对经济运行采取不干预的政策,国家的任务是保障个人享有财产的绝对权利和缔结契约的自由权;在立法上以个人主义和自由主义为宗旨,并由此形成了资产阶级的三大法律原则,即私有财产神圣不可侵犯、契约自由、权利平等原则,经济生活完全由市场这一"看不见的手"来调节。到自由资本主义末期和垄断资本主义初期,垄断组织迅速扩大,使市场经济所固有的竞争机制和自发调节失去了应有的效应,自由竞争的环境被破坏殆尽,资本主义私有制固有的根本矛盾和社会矛盾一齐激化和爆发出来,这些都严重地威胁着资本主义的经济制度和政治制度。因此,资本主义国家不得不放弃对经济生活不加干预的政策,实行全面干预,把"看得见的手"与"看不见的手"协调起来,开始实行国家干预和市场调节相结合的经济政策。国家干预经济生活就是国家通过法律来调整特定的经济关系,规范市场主体和市场运行,如对竞争行为进行规范和限制,禁止和限制垄断行为。在立法原则和宗旨上也发生了变化。私有财产权不再被认为是一种无限制的绝对的权利,财产权应该为公共福利服务;契约自由不再是当事人意思的绝对自由,契约应不违反"善良风俗"、"公共秩序",并出现了大量的标准合约替代了当事人的自由协商。这样,作为对经济生活进行调控的有力武器,现代意义的经济法就产生了。

随着国家干预手段的运用,经济危机和世界大战造成的巨大破坏得到了有效的控制,而新技术革命又使资本主义得到了一段长时间的稳定发展。后来,西方国家为振兴和发展经济,再次运用国家干预手段,颁布了大量经济法。20世纪60年代以来,经济法在大力振兴和扶持企业稳定发展、保护竞争和反对垄断、实现国民经济的局部"计划化"、提高生产力等方面发挥了重要作用,现在西方各国都很重视经济法制建设。

二、中国经济法的产生和发展

在中国的法律体系中,经济法是一个重要的、独立的法律部门。经济法之所以能够以一个独立的法律部门存在于我国法律体系中,是因为它有着深刻的经济基础、法律基础和社会基础。经济法作为一个独立的法律部门,不仅与其他法律部门并存于中国的法律体系中,而且还在更高的层次上对经济生活进行法律调整,以保障国民经济协调、快速、有序、健康地运行。

中国的经济法是随着新中国的诞生、成长而产生和发展的。中国以公有制为基础的国家性质,要求国家对整个社会经济活动进行管理。对于经济管理和经济协作中产生的社会经济关系,需要有一个从全局出发,以国民经济整体发展和总量平衡为基础,直接作用于社会生产和再生产活动的法律制度来调整,这种法律制度就是经济法。

新中国成立以来,在实现国家经济职能中,经济法起着重要的作用。中国经济法从产生到发展,就是为解放和发展生产力,使整个国民经济协调发展,满足人民的物质文化需要提供法律保证的。建国初期,党和国家就开始着手在经济领域内进行社会主义法制建设,以迅速恢复和发展国民经济,进行有计划的经济建设,完成对生产资料私有制的社会主义改造任务。国民经济恢复和第一个五年计划时期,国家就土地改革、国民经济计划、财政经济工作、税收、基本建设、经济合同、公私合营企业、对外贸易、矿业等很多方面,制定了大量的经济法规,基本上适应了当时社会经济发展的需要。这样,第一个五年计划的顺利进行就有了经济法律保证,成为中国经济发展最快的时期之一。

中国共产党十一届三中全会以后,中国进入了以经济建设为中心的新的历史发展时期。国家制定了一系列正确的方针、政策进行经济体制改革,对内搞活经济,对外实行开放,同时大力加强法制建设,特别是经济法制建设,经济法进入了前所未有的发展时期。在经济立法方面,全国人大及其常务委员会制定了大量的经济法律,国务院制定了大量的经济法规。这些经济法律、法规涉及改革开放和国民经济建设的各个方面,经济法制与经济建设同步发展,相互促进,取得了很大的成绩,对改革开放和国民经济的发展起到了重要的保证和促进作用。这一阶段,中国经济法的发展是与有计划的商品经济体制相关联的。

党的十四大确立了中国经济体制改革的目标是建立社会主义市场经济体制,从此以后,中国经济法制建设有了更加明确的方向。市场经济条件下,在经济法理论方面的某些基本问题上,人们的认识日益趋同,这就为中国经济法的进一步发展奠定了重要的基础。中国经济法进入了一个新的发展阶段。

中国经济法尽管历史不长,但其发展却为世人瞩目,就像作为其存在基础和服务对象的中国市场经济的迅猛发展为世人瞩目一样。只要大力发展市场经济,就必须大力加强经济法的法制建设和经济法学的研究,这已是人们的共识。中国经济法必将在未来中国社会的发展中起到其应有的、更大的作用。

第二节 经济法的概念、调整对象和主要内容

经济法是调整经济管理和经济协作过程中产生的经济关系的法律规范的总称。经济法产生源于国家对经济运行管理和协调的必要性,它通过确立国家管理、协调经济运行的方式促进了生产力的发展,为社会的发展尤其是经济的发展作出了巨大贡献。

中国经济法的调整对象体现了中国经济体制改革和建立社会主义市场经济的目标,是指为实现市场机制和宏观调控的有机结合,维护社会整体利益,在经济管理和经济协作过程中形成的社会关系。具体地说,中国经济法的调整对象包括以下四个方面的社会关系:①国民经济管理关系,它是指各级国家机关之间,国家机关与经济组织、公民之间在国民经济管理活动中产生的经济关系;②经济协作关系,它是指法人、其他经济组织以及公民相互之间在经济往来中产生的经济关系;③市场经济主体在内部经济管理中产生的经济关系,它是指企业、其他经济组织在内部经济管理中产生的经济关系,这种经济关系一方面是经济组织内部机构相互之间的组织管理关系,另一方面是经济组织内部贯彻实行经济责任制过程中产生的经济管理和经济协作关系;④涉外经济关系,包括涉外经济管理关系和涉外经济协作关系。经济管理关系和经济协作关系既相互区别又相互联系,由中国经济法统一地、综合地进行调整。经济法调整经济管理关

系和经济协作关系的统一性和综合性,在关系国计民生的行业中,在地区、行业的经济协调中表现得尤为明显。与调整对象相适应,中国经济法的主要内容包括:

一、市场主体法律制度

市场主体法律制度是经济法的重要内容,离开了市场主体,市场机制和宏观调控机制不能发挥任何作用,经济法的功能也就无法得到实现。因此,市场主体法律制度是中国经济法体系的重要组成部分。市场主体立法的最终目的和衡量标准,应当是提高企业和资本的运作效率,促进国民经济的发展,在中国目前的情况下,增强国有企业的活力更是其主要目标。因此,市场主体的立法应当从中国的国情出发,充分考察我国的经济发展状况和国民的法律文化基础,而不应当仅仅依据某些西方国家的立法历史进程而低估了中国社会发展的复杂性,以一种过去的、外国的经验代替对中国现实的分析。在我国特定的历史阶段,以所有制作为企业法律形态分类和立法的主要标准具有一定的必要性,并起了重要作用,但随着改革的深化,企业法律形态分类和立法应当突破所有制的标准,代之以企业的组织形态和投资者的责任形式。中国目前的市场主体法律制度主要包括:公司法律制度、合伙企业法律制度、外商投资企业法律制度、全民所有制企业法律制度、集体所有制企业法律制度等。

二、宏观调控法律制度

市场机制有着自身不可克服的固有缺陷,这就决定了对经济生活进行宏观调控的必要性,以保持经济总量平衡,抑制通货膨胀,促进经济结构优化,实现经济健康、快速、稳定增长。所以,在一定意义上讲,市场机制与宏观调控的紧密结合是现代市场经济的突出特点之一,在中国这样一个以公有制为基础的社会主义国家建立市场经济体制,更是如此。宏观调控法律制度是宏观调控法制化的要求,是中国经济法的重要组成部分。在以往的计划经济体制下,由于中国长期以来习惯于运用经济政策和行政手段,而不重视运用法律手段来进行宏观调控,所以,宏观调控方面的法律、法规极为有限。改革开放以来,特别是实行市场经济体制以来,中国日益重视运用法律手段来完善宏观经济调控,在对原有法律、法规进行调整、修改的基础上,还制定了很多宏观调控方面的法律、法规。宏观调控法律制度主要包括:计划和统计法律制度、固定资产法律制度、税收法律制度、银行法律制度、价格法律制度以及自然资源和能源法律制度等。

三、市场规制法律制度

市场有序化是充分发挥市场机制作用的前提。要维护市场经济秩序,必须加强对市场的管理,特别是要用法律手段强化对市场秩序的监督,规范市场主体的行为。这是市场经济得以健康、快速发展的前提条件之一。市场规制法律制度包括:反不正当竞争法律制度、反垄断法律制度、证券法律制度、产品质量法律制度、消费者权益保护法律制度和房地产法律制度等。

四、社会保障法律制度

社会保障法律制度是调整以国家和社会为主体,为了保证有困难的劳动者和其他社会成员以及特殊社会群体成员的基本生活并逐步提高其生活质量而发生的社会关系的法律规范的总称。社会保障法律制度包括社会保险法律制度、社会福利法律制度、优抚安置法律制度和社会救济法律制度等。

第三节 经济法律关系

法律关系是法律规范所确认和调整的人与人之间的权利和义务关系,经济法律关系就是由经济法确认和调整的在经济管理和经济协作过程中所产生的权利和义务关系。经济法律关系是法律关系的一部分,它由主体、客体和内容三要素构成。

一、经济法律关系的主体

经济法律关系的主体是指参加经济管理、经济协作和经济组织内部活动,并依法享有经济权利、承担经济义务的当事人。根据我国现行法律规定,经济法律关系主体主要包括:

(一)国家

中华人民共和国是全民所有制财产(包括土地)所有权的唯一主体,又是国民经济的领导者、组织者、管理者,在宏观调控、协调国民经济运行中起着无可替代的作用。

(二)国家机关

行使国家职能的各种机关,特别是直接行使国家经济管理职能的经济管理机关是经济法律关系的重要主体。

(三)企业等法人

我国法人包括国家机关法人、事业单位法人、社会团体法人和企业法人。机关法人和企业法人是经济法律关系中最为活跃、最为重要的主体。企业法人经过工商登记,领取《企业法人营业执照》后正式成立。

（四）非法人经济组织

非法人经济组织是指依法取得营业执照，具有生产经营资格的非法人组织。它们都依法享有一定的经济权利，承担一定的经济义务，成为经济法律关系的主体。非法人经济组织主要包括：合伙企业、分公司、个人独资企业、不具备法人资格的中外合作经营企业和外资企业等。

（五）个体工商户

公民在法律允许的范围内，依法经核准登记从事工商业经营的，为个体工商户。个体工商户与私人独资企业的差别是雇工人数是否在 8 人以上，雇工 8 人以上的即为私营独资企业。个体工商户包括个人经营的个体工商户和家庭经营的个体工商户两种。

（六）农村承包经营户

农村集体经济组织的成员，在法律允许的范围内，按照承包合同规定从事商品经营的，为农村承包经营户。近年来，出现了城镇科技人员、企业家到农村进行农业承包的现象，农业承包的主体已呈多样化趋势。

（七）公民

中国公民是指具有中华人民共和国国籍的自然人。公民作为经济法律关系的主体，其参与的经济法律关系领域也十分广泛。例如：公民购买和转让商品房；公民就其发明创造申请专利并获得专利权；公民作为技术合同的当事人，订立技术开发、技术转让、技术咨询和技术服务合同；公民投资组建有限责任公司或股份有限公司或订立合伙协议、设立合伙企业；公民还是个人所得税的纳税主体；等等。

（八）外国经营者

外国经营者是指与我国进行经济技术合作和往来的外国公司、其他经济组织及个人。他们与我国有关经济管理机关发生经济管理关系，与中国公司、其他经济组织和个人发生经济协作关系。

二、经济法律关系的内容

经济法律关系的内容是指经济法律关系的主体享有的经济权利和承担的经济义务。

（一）经济权利

经济权利是指经济法律关系主体在法定范围内享有的，自己从事或要求他人从事一定经济行为和不为一定经济行为的资格，是经济法律关系主体在经济管理和经济协作活动中实现其意志或利益的可能性。经济权利主要包括：

1. 经济职权。经济职权是国家机关进行经济管理时依法享有的权利。经济职权包括决策权、资源配置权、指挥权、调节权、监督权和其他经济职权。经济职权既是权利，也是义务。

2. 财产所有权。财产所有权是对财产依法享有的独立支配权。除法律规定以外，这种支配权不受任何限制，是一种绝对排他的权利。财产所有权的内容包括以下四项：①占有权，即对财产实际控制的权利；②使用权，即按财产的性能加以利用的权利；③收益权，即取得财产所产生的利益的权利；④处分权，即决定财产在事实上或法律上的命运的权利。所有权的四项内容也就是财产所有权的权能，是实现财产所有权的手段。这四项权能可以由所有人行使，也可以根据法律或协议由所有人将其中的一项乃至数项权能让他人行使，呈现所有权的具体权能与所有权分离，这也是所有权人行使所有权的一种表现。

3. 企业法人财产权。中共中央《关于建立社会主义市场经济体制若干问题的决定》明确提出了"企业法人财产权"的概念，并为《中华人民共和国公司法》（以下简称《公司法》）和《国有企业财产监督管理条例》所吸收。企业法人财产权实质上就是企业（公司）法人对出资者或股东投资形成的全部财产的独立支配权，其内容包括占有、使用、收益和依法处分的权利。

4. 知识产权。知识产权是法律赋予的对无形的智力创造性成果享有的权利。它包括专利权、商标权和著作权等。

5. 债权。债是按照合同的约定或者依照法律的规定，在当事人之间产生的特定权利和义务关系。债权是一种请求权，享有权利的人是债权人，负有义务的人是债务人。债权人有要求债务人依照法律规定或者按照合同约定履行义务的权利，债务人有义务满足债权人的要求。

6. 其他权利。如股权等。

（二）经济义务

经济义务是指经济法律关系主体在经济管理和经济协作过程中依法必须为一定经济行为和不为一定经济行为。经济义务主要有：贯彻国家的方针政策，遵守法律、法规；履行经济管理职责；完成指令性计划；全面履行合同；依法纳税；不侵犯其他经济法律关系主体的合法权益；等等。经济法律关系主体必须履行自己的经济义务，否则，要承担法律责任。

三、经济法律关系的客体

经济法律关系的客体，是指经济法律关系主体享有的经济权利和承担的经济义务所共同指向的对象，它包括物、行为和无形财产等。物是由人们所控制和支配的具有经济价值的财产，包括天然存在的物和人工制造的物，以及充当一般等价物的货币和有价证券等等。物是最广泛的经济法律关系的客体。行为是经济法律关系的主体为达到一定的目的所进行的活动,包括完成一定的工作,提供一定的劳务或行使经济管理职权,如工商管理、征税等。无形资产,如商标、专利技术、技术秘密、商誉、商业秘密等。

四、经济法律关系的保护

经济法律关系的保护是通过法律手段确保经济法律关系主体的经济权利实现,确保经济义务得到履行,以保护主体的合法权益。经济法律关系保护的手段主要有奖励和制裁两种方式。

(一)奖励

奖励是国家行政机关或其他单位依法对贯彻执行经济法、履行经济义务做出显著成绩的单位或个人采取的鼓励措施。奖励可分为物质奖励和精神奖励,两者可以单独使用,也可以同时使用。

(二)制裁

制裁是对不履行或不正确履行经济管理义务、经济协作义务和其他违反经济法的行为给予惩治和处罚。制裁可采用经济制裁、行政制裁和刑事制裁等多种形式。每种形式的制裁可以单独使用,也可以根据情况同时使用。

1.经济制裁。对违反经济法的经济组织和公民的经济制裁措施有以下几种:①赔偿经济损失,即指责任方用钱财来弥补受害者的物质利益损失,并以此来消除造成损害的后果。这是最常用的经济制裁方法。②偿付违约金,即对不履行合同义务的违约方所采取的一种经济制裁,由合同当事人中的违约方向对方偿付一定数量的货币。③罚款,即国家经济管理机关在法定职权范围内,对违反经济法的经济组织或公民依法强制其缴纳一定数量的货币的制裁方法。④强制收购,即对违反国家价格法规、购销物资法规以及其他有关经济法者,情节较轻的,有关财物可由国家强制收购。⑤没收非法所得,即对经济违法行为的当事人的财产实行强制收归国库所有的一种经济制裁。

对违反经济法,不依法行使经济管理职权的,国家行政机关的经济制裁措施主要有罚款和支付赔偿金(即赔偿经济损失)两种。

上述罚款、强制收购和没收非法所得三种制裁方法实际上都是对违反经济法的组织或个人依法采取的行政制裁措施,但由于这些制裁措施均涉及财产的移转,都使有关组织或个人的经济利益减少,因此,我们把它们视为经济制裁。

2.行政制裁。行政制裁是由国家经济管理机关对违反经济法的单位和个人依法采取的行政性制裁措施。它对企业和经济组织采取通报批评、警告、限期停业整顿、吊销营业执照、撤销注册商标、吊销许可证书等方法;对国家行政机关的工作人员和经济组织的职工可采取批评、警告、记过、记大过、降级、降职、撤职、留用察看、开除等处理方法;对公司和个体经营者,可采取批评、警告、责令具结悔过、责令停业、扣缴或吊销营业执照和其他许可证书、行政拘留等方法。

3. 刑事制裁。刑事制裁是对违反经济法并已触犯了国家刑律的经济犯罪分子,依法给予刑事处罚。近些年来,全国人大常委会颁布了许多从重从快打击经济领域内严重经济犯罪活动的有关规定,人民检察院加强了对经济犯罪的检察工作,人民法院加强了对经济犯罪的审判工作,在全国范围内有力地打击了各种经济犯罪活动。

(三) 经济法律关系保护的监督管理机构

在我国,经济法律关系保护的监督管理机构有行政机关和司法机关。行政机关对违反经济法的组织或公民,依行政程序加以处理,以保护法律关系主体的合法权利。这类行政机关主要有:经济组织的上级主管机关、工商行政管理机关、产品质量监督管理机关、专利管理机关、税务机关和审计机关等。各类行政机关在对经济活动实行监督和行使行政职权时,必须廉洁奉公,以保护经济主体合法权益和国家利益为己任。行政机关和行政机关工作人员滥用职权、以权谋私和侵犯经济组织合法权益的,应承担相应的法律责任,受到法律制裁。

司法机关在经济关系的保护中起着重要作用。司法机关主要是指人民法院和人民检察院。我国人民法院主要依靠民事审判来实现其对经济法律关系保护的目的。人民法院审理民事经济案件遵循不告不理和谁主张权利谁负举证责任的原则。当事人间的经济纠纷在自行协商解决不成时,可以依法向人民法院起诉,请求人民法院审理判决。《中华人民共和国行政诉讼法》(以下简称《行政诉讼法》)施行后,对不服经济管理机关处理决定的,可向人民法院提起行政诉讼,人民法院行政审判庭依法进行审理。司法机关对经济法律关系的保护还体现在对违反经济法律和法规、触犯刑律的人依法追究其刑事责任。人民检察院依法行使检察权,对触犯刑律的经济犯罪案件,就其直接责任人员向人民法院提起公诉,并出庭支持公诉,监督法院依法审理案件;人民法院刑事审判庭根据《中华人民共和国刑法》作出判决,追究犯罪分子的刑事责任。

第四节　中国经济法的重要作用

中国的社会主义市场经济与西方的市场经济相比,共同之处都是国家宏观调控之下的市场经济,都要运用法律手段来规范市场主体和市场运行,对市场经济的各种调控手段的运用,也都依靠法律的强制力。中国的社会主义市场经济和西方国家现代市场经济的根本不同之处在于:其一,中国的市场经济体制结构是同公有制经济为主体的所有制结构相结合的,而以公有制为基础的市场经济史无前例,因而中国经济立法应当以实现公有制与市场经济相融为己任,进行制度设计。这样就给中国经济法学提出许多特殊课题。例如,如何界定国有资产的地位、职能、目标、管理体制和运行机制;如何确定国家所有权在市场经济条件下的实现形式,以及各种实现形式的适用范围、条件和协调规则;等等。又如:由于国有资产一方面肩负宏观调控职能,这种有别于非国有资产的特殊性要求对国有资产适用特别法,另一方面由于市场经济在本质上决定了各种市场主体应当统一运行规则而要求对国有资产适用一般法,因此,必须确定国有资产适用特别法的范围和条件,以及如何协调特别法与一般法的关系等等。其二,西方国家的现代市场经济有充分发展的市场经济作为基础,是由自由放任转向国家干预,在法律上表现为私法公法化的过程。而中国的市场经济是有计划的高度集中到权力下放,一方面通过放活微观经济以形成受价值规律支配的市场调节机制,另一方面通过转变政府职能以形成间接控制为主的国家调控机制,这在法律上表现为公法私法化的过程。所以,中国经济法学需要研究西方国家经济法学不曾研究过的许多新问题。例如,如何重新配置国家与企业之间的责、权、利;如何处理宏观调控与微观放活的同步配套关系;为实现经济体制顺利转轨,如何确定双轨制之间的界限和联系,以及规范双轨制并轨的过程等等。以上问题说明,中国经济法和西方国家经济法是有着本质不同的。客观经济规律要求中国必须通过经济立法来明确经济体制改革的目标、原则、范围及措施,从而保护经济体制改革所取得的成果,维护已经确立起来的新经济体制和经济秩序。中国改革开放政策的实现和建设市场经济的目标是中国经济法迅速发展的直接动因,经济法的不断完善又成为保障和推进改革开放的巨大力量。因此,中国经济法作为一个独立法律部门得以产生和发展,除了具有推动我国经济健康运行的合理性之外,还有其独特的历史进步性。具体地讲,中国经济法在政府推进型的经济体制改革中的作用主要体现在以下方面:

一、经济法有利于培育真正合格的、活跃的市场主体,从而奠定发展市场经济的微观基础

活跃的市场主体是一切发达市场经济的必要条件和重要特点。企业和其他经济组织是构成市场的基本细胞,没有真正充满活力的企业和其他经济组织,就没有真正发达的市场。作为经济法一个重要组成部分的市场主体法,通过规范主体的设立、组织机构、运营、清算和终止,确立了各种企业和经济组织的独立的商品生产者和经营者的地位,为它们真正享有完整的独立的生产经营权提供了保障,使它们在市场中独立地享有权利和履行义务,积极地进行各种经济活动,既求得自身的发展,又促进整个市场的繁荣和社会经济的增长。

市场经济主体法的建立和各种主体的形成,为公有制经济的实现提供了多样化的形式,为坚持和完善社会主义公有制为主体、多种所有制经济共同发展的基本经济制度提供了具体制度保障,为国有企业改革、建立现代企业制度提供了模式,为实施抓大放小战略、实现国有企业的战略性改组提供了法律依据。国有大中型企业,可以资本为纽带,通过市场形成具有较强竞争力的跨地区、跨行业、跨所有制和跨国经营的大企业集团;国有小型企业可以采取改组、联合、兼并、租赁、承包经营和股份合作制、出售等形式,加快放开搞活的步伐。

二、经济法有助于培育完善、统一、开放的市场体系

市场是市场经济存在和运行的空间和形式,是市场机制赖以发挥作用的基础。因此,要建立市场经济体制,加快国民经济市场化进程,就必须通过经济立法发展各类市场,特别是资本市场、劳动力市场、技术市场等生产要素市场,完善生产要素价格形成机制。通过经济立法可以改革流通体制,健全市场规则,清除市场障碍,打破地区封锁和部门垄断,最终形成统一开放、竞争有序的市场体系,充分发挥市场对资源配置的基础作用。

三、经济法有助于保证国家对市场经济的宏观调控

建立市场经济体制,政府也要转变职能,不能再像在计划经济体制下那样,对企业和其他经济组织的生产经营活动进行直接的干预和控制,而应使市场机制成为基础性的调节机制,政府对经济运行宏观调控的手段也要以间接调控为主,只有在必要时才运用直接调控手段。当然鉴于市场自身的薄弱环节和消极面,市场调节还存在很大的局限性,它只是一种自发的、盲目的、事后的调节机制。为保持经济总量平衡,抑制通货膨胀,促进重大经济结构优化,实现经济稳定增长,国家还要通过计划、财政、金融、税收、物价等从宏观上调节经济的运行,并要在市场发展方向、产业政策、市场主体行为等方面发挥其自觉的、事前的调节作用,引导市场经济健康发展。

四、经济法对市场经济的运行进行有效的管理

在市场经济条件下,由于赋予了市场主体以充分的自由,市场主体活跃起来,在市场运行中有了生产经营的积极性和自主性。但为防止在物质利益驱使下市场主体可能有的各种不正当行为,如不正当竞争行为、损害公益行为、欺诈行为等等,就必须制定和贯彻反不正当竞争法、产品质量法、合同法、市场管理法等,规范市场行为,对市场运行进行有效管理,保护公平竞争,使市场活而不乱,繁荣有序。

五、经济法有助于推动科学技术的进步和应用

现代世界各国经济增长和国力增强的主要因素之一是科技进步,发达的市场经济要以先进的科学技术为基础。振兴经济首先要振兴科技,要把加速科技进步放在社会经济发展的关键地位;要通过深化改革,建立和完善科技与经济有效结合的机制,加速科技成果的商品化和科技成果向现实生产力的转化;要不断完善保护知识产权的法律制度,认真抓好引进先进技术的消化、吸收和创新工作。专利法、科技进步法、科技成果转化促进法等法律、法规的彼此协调、相互配合,为科技进步及其向生产力的转化提供了法律手段。

六、经济法保障进一步扩大对外开放,加强国际经济技术合作

当代的世界经济,完全不是昔日的以国家和地区为界的封闭经济,生产力高水平、高速度的发展,加快了经济全球化的进程,对外开放已成为各国经济建设和改革的一项重要内容。坚持和完善对外开放,积极参与国际经济合作和竞争,是具有中国特色的社会主义市场经济的一个基本目标和基本政策。我国改革开放以来,在吸引外商投资、技术引进、对外贸易、税收、金融以及经济特区、沿海开放城市和开发区建设等方面,制定了大量的涉外经济法律、法规,为利用外国资金、资源、技术和管理经验,为开拓国际市场,建立适应市场经济要求的、符合国际贸易规范的新型外贸体制提供了法律保障,发挥了极为重要的作用。

总之,充分发挥经济法的作用,既是发展市场经济的迫切要求,也是实现依法治国、建设法治国家必不可少的重要条件。中国已经制定了许多规范宏观经济管理和微观经济运行的经济法律、法规,进一步完善和加快经济立法,必将对中国市场经济体制的建立和完善起到重要的保护和促进作用。

第五节 中国经济法的未来发展

经济法在中国的经济和法制建设中起到了无可代替的重要作用,尤其是在改革开放之后,经济法的作用日渐突出。21世纪以来,"经济全球化"、"可持续发展"和"知识经济"等新观念、新趋势给中国经济法提供了新理念、新视野,给中国经济法学带来了更多的研究课题与更大的发展空间,21世纪的中国经济法无疑会出现空前繁荣的局面。面对这一现实,中国经济法有必要做好充分的准备,未雨绸缪,迎接新世纪的挑战。

一、经济全球化与中国经济法的发展

在经济全球化、区域化迅速发展的今天,各国之间的竞争日益激烈,矛盾和冲突也日益突出,为此,国际经济协调也日显频繁和重要。目前国际经济协调的内容侧重于各国的国内经济政策,因此就必然影响到各国的经济法,并使之在某些方面发生趋同。例如,中国近几年来在税收、外汇等法律制度方面的变化就说明了这一趋势。为了顺应经济全球化和国际经济协调的需要,中国经济法还需在诸多具体法律制度方面作出相应的调整,其中外国直接投资法律制度的调整是一个重要的方面。

改革开放以来,中国外商投资立法取得了很大的成就,并在引资活动中发挥了积极的作用。但是,随着国际投资规范的最新变化,全方位对外开放,尤其是我国已成为世贸组织正式成员,中国外资投资立法面临新的挑战,需要进行改革和重构。从发展的、长远的角度讲,有必要制定一部外国直接投资法作为基本法,来取代现行的以《中外合资经营企业法》、《中外合作经营企业法》、《外资企业法》三部法律为主的外商投资企业法,其主要内容包括:外国直接投资方向,即外国直接投资必须符合我国国民经济发展的要求;外国直接投资的国民待遇,并根据不同行业、部门给予不同优惠待遇;对外国直接投资的指导、管理和监督;外国直接投资的法律保护以及法律责任等。将现行三部外商投资企业法中调整企业设立、终止、组织、内部经营活动等内容的部分划归公司法、合伙企业法以及相关的企业组织法调整;将国家有关经济管理机关对外商投资企业的管理行为划归国内相关的经济法律、法规调整。这样,才能将目前外国直接投资以组织形式为支点的立法模式,转变为国际通行的以资本为支点的立法模式,并结束内、外资分别立法的"双轨制"模式,实现内、外资统一立法,彻底解决目前外资投资立法重复、矛盾的现象,强化法律的权威性及统一性。

二、知识经济与中国经济法的发展

知识经济作为当今世界一种新型、富有生命力的经济形态,正在蓬勃兴起。世界经济合作与发展组织1996年发表的《1996科学、技术和产业展望》中,为知识经济下了定义:知识经济是指以知识(智力)资源的占有、配置、生产和使用(消费)为重要因素的经济。知识经济是第三次产业革命,将成为21世纪的主导型经济形态,将把人类社会带入一个新的时代。知识经济时代的到来,为加速中国产业结构的调整和经济增长方式的转变,探索适合中国国情的可持续发展道路,落实科教兴国战略,缩小与发达国家的差距提供了难得的机遇。同时,知识经济时代的到来必将改变整个世界的发展态势,改变人们的生活方式和行为方式,推动原有经济关系和与之相联系的其他种种社会关系的重新整合,带来人类社会的深刻变革。因此,迎接知识经济的挑战成为中国经济法的时代使命,知识经济对中国经济法的研究提出了新的课题、增加了新的领域。

(一)中国经济法应将促进和保障科技进步作为重要任务

首先,宏观调控法必须向高科技产业倾斜,培养以高科技为基础的先导产业和支柱产业,改造传统产业,加速产业结构和产品结构的调整和优化,使中国走出一条工业化与信息化同步推进的现代化产业发展之路。中国应通过宏观调控方面的立法和执法,制定并实施发展知识经济的战略规划,建立既与国际接轨又有自己特色的知识创新体系,统一规划和组织协调高新科技产业的发展,协调基础研究、应用研究和技术开发之间的关系,建立产、学、研相结合的网络体系。其次,中国经济法应通过市场规制法,依法承认、保护和发展知识资本,鼓励技术创新,鼓励知识进入市场,维护科技工作者的合法权益,调动科技工作者努力创新和进取的积极性,从而为发展知识经济创造良好的法制环境。

(二)中国经济法应研究解决知识经济带来的新问题

知识经济的发展引发了许多新的法律问题,这些问题无法依赖现有的经济法制来解决。例如,信息高速公路向传统的知识产权法制提出了挑战;世界贸易无纸化引发了如何防止欺诈和欺诈的风险如何分担等难题;金融电子化带来了电子资金转账、电子信用卡、电子银行和电子货币互换等新业务;知识经济下的经济安全、社会安全和秘密信息权如何保护;税收、外汇、商品贸易如何控制;国家利益和社会利益如何保护等等。这些问题是中国经济法的新问题,也是中国经济法学的新领域,它要求中国经济法通过自我调整,不断地研究知识经济中的新问题,及时地更新知识,吸取外国经济法学的新成果、新理论,以适应知识经济发展的需要。

三、WTO 与中国经济法的完善

2001 年 12 月 11 日,我国正式成为 WTO 的成员。加入 WTO 后,我国就负有遵守其规则、使我们的法律制度与其不相抵触的义务。入世,标志我国改革开放进入了新阶段,无疑将会促进我国社会主义市场经济体制的建立和完善。而遵守 WTO 规则既然已作为我国政府的一项基本义务,也必然会成为我国经济立法的制度背景和基础。新时期的经济法应是 WTO 规则指导下的经济法。

(一)加入 WTO 对中国经济法发展的影响

首先,WTO 规则主要是约束各成员方政府的行为,而不是直接约束其成员方自身的市场主体。制定 WTO 规则的目的可以说是在于协调规范各成员方政府管理经济的行为,从而创造一个全球性的自由贸易、公平竞争的市场。加入 WTO 后,我国政府在严格遵守 WTO 的规定、履行职能的同时,应当认真考虑保护发展民族经济,提高国民经济竞争力,维护国家经济安全等问题。经济法确立的两大支柱,即"宏观调控法"与

"市场运行法",不仅要为政府管理和协调经济运行提供有效的法律手段,而且在保障我国政府合理、有效地管理国民经济,维护我国入世后的经济发展和经济安全方面也要发挥重大作用。

其次,WTO 的宗旨、原则对经济法的发展具有指导意义。WTO 作为最大的国际经济组织,其颁布的法律规则被视为规制全球市场经济的指针。因此,WTO 规则所遵循的宗旨、原则将对我国经济法的发展具有借鉴和指导意义。在 WTO 确立的若干基本原则方面,我国经济法更有必要将其予以吸收体现,将其作为政府管理经济应该遵守的有效依据,从而保障我国政府今后在经济管理活动中符合 WTO 的要求,履行我国作为 WTO 成员的义务。而且,WTO 基本原则中体现的平等对待所有市场主体、维护市场竞争秩序、执法统一公开的精神,实质上也正是我国经济法应当遵循的原则。

(二)WTO 与我国经济法的完善

加入 WTO 后,我国经济法应当在以下几个主要方面予以完善:

第一,在市场主体法方面,应加强对企业形态选择的研究,尤其要改善现有企业的内部治理结构。

第二,在市场管理法方面,我国目前已经有了《反不正当竞争法》,但尚没有专门的《反垄断法》,反垄断和反限制竞争规范散见在《反不正当竞争法》、《价格法》等法律文件中。《反垄断法》和《反不正当竞争法》承担着维护公平的市场秩序,使市场活而不乱的共同任务,但是两者各有侧重。只有两者有机结合,从宏观和微观两个层面规范市场主体才能构建完整的竞争法体系。所以,我国应该加紧出台《反垄断法》,为我国国内企业和进入中国市场的外资企业提供一个更加公平竞争的环境。此外,还要在消费者权益保护法、产品质量法、广告法等方面加强因商品和服务的跨国流动所引起的对消费者的保护问题。

第三,在宏观调控法方面,我国应根据 WTO 的《补贴与反补贴措施协议》等的规定,立即取消禁止性补贴,合理利用该协议所允许的措施促进贸易发展。此外,对明显不符合 WTO 规则以及我国政府对外承诺的税收政策,应当按照 WTO 规则或规定的过渡时间表进行修改。

本章小结

经济法在资本主义国家作为法律体系中的独立法律部门,出现在自由资本主义向垄断资本主义过渡时期。中国经济法是随着新中国的诞生、成长而产生和发展的。中国共产党十一届三中全会以后,中国进入了以经济建设为中心的新的历史发展时期。

国家制定了一系列正确的方针、政策,进行经济体制改革,对内搞活经济、对外实行开放,大力加强法制建设,特别是经济法制建设。经济法进入了前所未有的发展时期。

经济法是调整经济管理和经济协作过程中产生的经济关系的法律规范的总称。中国经济法的调整对象包括以下四个方面的社会关系:国民经济管理关系、经济协作关系、市场经济主体在内部经济管理中产生的经济关系、涉外经济关系。中国经济法的主要内容包括:市场主体法律制度、宏观调控法律制度、市场规制法律制度、社会保障法律制度。

中国经济法在政府推进型的经济体制改革中的作用主要体现在以下方面:经济法有利于培育真正合格的、活跃的市场主体,从而奠定发展市场经济的微观基础;经济法有助于培育完善、统一、开放的市场体系;经济法有助于保证国家对市场经济的宏观调控;经济法对市场经济的运行进行有效的管理;经济法有助于推动科学技术的进步和应用;经济法保障进一步扩大对外开放,加强国际经济技术合作。

目前,经济法的作用日渐突出。"经济全球化"、"可持续发展"和"知识经济"等新观念、新趋势给中国经济法提供了新理念、新视野,给中国经济法学带来了更多的研究课题与更大的发展空间,21世纪的中国经济法无疑会出现空前的繁荣。

思考练习题

1. 简论经济法的产生和发展。
2. 阐述经济法的概念和调整对象。
3. 阐述中国经济法的重要作用。

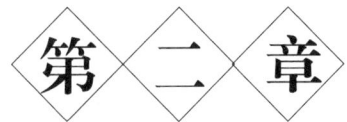

公司法律制度

★ 本章学习要点与要求 ★

通过本章学习应掌握公司的概念与特征、公司的主要种类、有限责任公司和股份有限公司的设立制度、资本及股份制度、组织机构制度;了解公司债券、公司财务与会计制度、公司合并与分立制度、公司解散与清算制度。

第一节 公司法概述

一、公司的概念与种类

(一) 公司的概念和特征

在不同的国家,由于立法习惯及法律体系的差异,公司的概念不尽相同。《中华人民共和国公司法》(以下简称《公司法》)将公司的概念定义为:全部资本由股东出资构成,股东以其认缴的出资额或认购的股份为限对公司承担责任,公司是以其全部财产对公司债务承担责任的依《公司法》成立的企业法人。

作为现代企业的一种重要组织形式,公司有区别于其他企业的以下几个特征:

1.公司是以营利为目的的经济组织。公司是企业,它首先必须在生产、流通等经济领域从事经济活动,这种经济活动不仅仅具有连续性,而且具有明确的内容和范围。同时更重要的是,公司进行经营活动的目的是获取经济利益,即以尽可能少的劳动和物质消耗,获取最大的利润。可见,公司不同于事业单位、群众团体、学术团体、福利机构等非营利性社会组织。

2. 公司是具有法人资格的企业。现代社会中企业的组织形态多种多样,其法律地位各不相同。根据《中华人民共和国民法通则》(以下简称《民法通则》)的规定,企业法人的特征在于其具有建立在独立财产基础上的独立法律人格、独立组织机构,以及能独立对外承担民事责任。公司法之所以赋予公司以法人资格,最根本的原因就是由于公司拥有能够进行经营活动以及为此承担法律责任的独立财产。在此基础上,公司依法建立起一整套有利于财产运用的健全的组织机构,这从组织上保障公司独立进行正常经营活动及以自己的名义独立承担民事责任。

3. 公司是以股东投资为基础设立的股权式企业。作为现代企业的主要形态,公司有其特定的产权结构形式。基于所有权主体追求其财产更有效运用的意志,以所有权主体向公司进行永久性投资的行为为基础,所有权人成为公司股东,传统所有权在公司中转换为股权和公司法人权利。尽管学术界对股权的性质尚存不同看法,但仍可肯定,股权是在新的经济条件下由传统所有权转化而来又与之不同的新的财产权利。股权与公司法人权利相互依存,相互独立,又相互制衡,形成以公司为载体的所有权行使方式,即股权式方式。

4. 公司是依公司法设立的企业。依法成立,是我国《民法通则》对各种法人的共同要求。但公司作为特殊形式的企业法人,它的成立在条件和程序上不同于其他企业法人,它必须依公司法的规定设立。由于现代公司与社会生活日益紧密的联系,各国公司法对公司,特别是对股份有限公司的设立要求都较为严格。我国《公司法》对此也作了严格而详细的规定。只有严格按《公司法》规定的条件和程序设立,才能取得公司法人资格,公司的合法权益也才能得到法律保护。

(二)公司的分类

随着公司在现代社会经济生活中占有越来越重要的地位,公司的规模得到了空前的发展,其组织形式也日益多样化。从目前国外情况来看,公司种类比较繁多,一般的分类是:依股东对公司所承担的财产责任的不同性质,公司可划分为无限责任公司、有限责任公司、股份有限责任公司和两合公司;按公司之间关系的不同,公司可分为母公司和子公司、总公司和分公司;依公司国籍的不同,公司可划分为本国公司、外国公司及跨国公司;从公司法理论的角度,依公司对外信用基础的不同,公司可划分为人合公司和资合公司。

根据我国《公司法》的规定,公司种类相对较简单,主要可分为以下种类:

1. 有限责任公司和股份有限公司。以公司资本是否划分为等额股份及股份是否通过发行股票方式募集,公司划分为有限责任公司和股份有限公司。有限责任公司是股东以其认缴的出资额为限对公司承担责任,公司以其全部财产对其债务承担责任的企业法人。有限责任公司包括一般有限公司、一人有限公司和国有独资公司。一般有限公司是指由2个以上、50个以下的股东出资组成的有限责任公司;一人有限公司是指由一个自然人或一个法人单独出资设立的一人有限责任公司;国有独资公司是指国家单独出资,由国务院或者地方人民政府授权本级人民政府国有资产监督管理机构履行出资人职责设立的有限责任公司。股份有限公司是全部资本划分为等额股份,股东以其所认购股份为限对公司承担责任,公司以其全部财产对公司债务承担责任的企业法人。根据公司的股票是否上市发行,股份有限公司又分为上市公司和不上市公司。

2. 母公司和子公司。根据公司之间的控制或从属关系,公司可分为母公司和子公司。当一个公司拥有另一公司一定比例以上、并足以将其控制的股份时,该公司即为母公司;反之,其一定比例以上的股份被另一公司所拥有,并因此受到该公司控制的公司则为子公司。子公司具有企业法人资格,依法独立承担民事责任。

3. 总公司和分公司。根据公司分支机构的设置和管辖系统,公司可分为总公司和分公司。总公司又称本公司,是依法首先设立的管辖全部组织的总机构;分公司是指受总公司管辖的分支机构。分公司不具有企业法人资格,其民事责任由总公司承担。

4. 本国公司和外国公司。以公司国籍为标准,可以将公司分为本国公司、外国公司。由于我国立法对公司国籍采用了以公司住所地及登记注册地二者结合确定公司国籍的做法,因此外国公司是指依照外国法律在中国境外登记成立的公司。外国公司依《公司法》规定,可以在中国境内设立分支机构,从事经营活动。

二、公司法的概念与公司立法

(一)公司法的概念

公司法是规定公司的设立、组织、活动、解散及其内部、外部关系的法律规范的总称。公司法规范的对象是公司企业。公司法是组织法,是公司设立、变更、解散及内部机构组织和管理的规范;同时公司法也是活动法,它规范着与公司组织特点密切相关的股票和公司债券的发行、转让等公司行为。公司法主要由具有强制性的法律规范组成,体现了国家对微观经济生活的干预。此外,由于公司法与商法的关系,作为国内法的公司法具有一定的国际性。

(二)公司法的产生和发展

公司法作为公司组织、活动及处理对内对外关系的准则,它的产生、发展和完善与公司企业息息相关。同时,作为一种国内法,各国公司法又与其本国的实际紧密相连。中华人民共和国成立以前,由于长期的封建统治,资本主义发展缓慢,直到鸦片战争以后才从国外引进公司制度。清光绪二十九年(1903年)颁布、后为南京临时政府沿用的大清商律是我国第一部有关公司的法律。1927年,国民党政府编制民商统一法典,其中包括公司法,并于1929年颁布,这是一部比较完整的现代公司立法。中华人民共和国成立初期,由于资本主义工商业企业大部分仍以公司形式存在,因此政务院于1950年颁布了《中华人民共和国私营企业暂行条例》,该条例包括无限公司、有限公司、两合公司、股份有限公司、股份两合公司等内容。1955年至1979年的二十几年中,我国企业没有采用公司的组织形式,因此也未制定公司法。从1979年起,随着经济体制改革的深入进行和不断发展,逐渐形成了我国以公有制经济为主体,多种经济成分并存的经济格局,企业组织形式也趋于多样化。自外商投资企业率先采用公司形式后,我国的私营企业、农民股份合作企业、法人型联营企业相继采用了公司形式。20世纪90年代以来,围绕着以增强国有大中型企业活力为中心的企业经济体制改革和股份制试点逐渐推广。1993年12月29日第八届全国人民代表大会常务委员会第五次会议通过了《中华人民共和国公司法》,这是新中国第一部公司法,它的颁布和实施为公司的活动提供了法律依据。

1999年12月25日,第九届全国人民代表大会常务委员会第十三次会议通过了《关于修改〈中华人民共和国公司法〉的决定》,2004年8月28日,第十届全国人民代表大会常务委员会第十一次会议通过了《关于修改〈中华人民共和国公司法〉的决定》,对《公司法》进行了二次修正。2005年10月27日第十届全国人民代表大会常务委员会第十八次会议又对《公司法》作了重大修改,自2006年1月1日起施行。

第二节　有限责任公司

一、有限责任公司的概念与法律特征

根据我国《公司法》的规定,有限责任公司是股东以其认缴的出资额为限对公司承担责任,公司以其全部财产对其债务承担责任的企业法人。

有限责任公司起源于19世纪后半叶的德国。直至20世纪30年代末40年代初,我国企业才开始采用这种公司形式。有限责任公司有下列基本法律特征:

第一,公司的全部资产不划分为等额股份,即公司每一股份在数额上可各不相等。

第二,公司不能发行股票筹资。股东向公司缴纳出资后,公司向股东签发出资证明书,作为股东出资凭证及转让出资时的依据。出资证明书不能流通。

第三,法律对公司股权转让有严格限制。有限公司股东向股东以外的人转让股权,必须符合法定条件和程序,转让才能生效。

第四,法律限制公司股东人数,并严格规定不得超过一定限额。

第五,股东承担有限责任。股东出资后,依法或按约定享有参加公司经营管理以及分配股利的权利;与此同时,当公司经营出现负债、亏损、破产等情况时,公司以其全部资产对其债务承担责任,而股东仅以其出资额为限对公司承担有限的风险责任,即所谓股东有限责任。

二、有限责任公司的设立条件和程序

(一)有限责任公司设立的条件

有限责任公司是企业法人,根据我国《公司法》的规定,其设立必须符合下列条件:股东符合法定人数;股东出资达到法定资本最低限额;股东共同制定公司章程;有公司名称,建立符合有限责任公司要求的组织机构;有公司住所。

(二)有限责任公司设立的程序

1. 确定公司股东数额并达成协议。除法律另有规定外,有限责任公司由50个以下的股东共同出资设立。

2. 订立公司章程。公司章程是公司股东依法订立的关于公司组织活动的具有法律效力的基本规则。有限责任公司章程应经全体股东一致同意后才能制定,并应载明下列事项:①公司名称与住所;②公司经营范围;③公司注册资本;④股东的姓名或名称;⑤股东的出资方式、出资额和出资时间;⑥公司的机构及其产生办法、职权和议事规则;⑦公司的法定代表人;⑧股东会会议认为需要规定的其他事项。全体股东应当在订立的公司章程上签名盖章。

3. 认缴公司资本。有限公司的注册资本为在公司登记机关登记的全体股东认缴的出资额。公司全体股东的首次出资额不得低于注册资本的20%,也不得低于法定的注册资本最低限额,其余部分由股东自公司成立之日起两年内缴足;其中,投资公司可以在5年内缴足。有限责任公司注册资本的最低限额为人民币3万元。法律、行政法规对有限责任公司注册资本的最低限额有较高规定的,从其规定。

4. 公司设立登记。股东的首次出资经依法设立的验资机构验资后,由全体股东指定的代表或共同委托的代理人向公司登记机关报送公司登记申请书、公司章程、验资证明等文件,申请设立登记。

三、有限责任公司股东出资及其股权转让

《公司法》规定,有限责任公司的股东可以用货币出资,也可以用实物、知识产权、土地使用权等可以用货币估价并可以依法转让的非货币财产作价出资。但是,法律、行政法规规定不得作为出资的财产除外。对作为出资的非货币财产应当评估作价,核实财产,不得高估或者低估作价。法律、行政法规对评估作价有规定的,从其规定。此外,全体股东的货币出资金额不得低于有限责任公司注册资本的30%。有限责任公司成立后,发现作为设立公司出资的非货币财产的实际价额显著低于章程所定价额的,应由交付该出资的股东补交其差额,公司设立时的其他股东对此承担连带责任。

公司在成立后向股东签发出资证明书,作为股东已缴纳出资的证明。出资证明书应当记载公司名称;公司成立日期;公司注册资本;股东姓名或者名称、缴纳的出资额和出资日期;出资证明书的编号和核发日期,并由公司盖章。

公司成立后,股东不得抽逃出资。有限责任公司的股东之间可以相互转让其全部或者部分股权。股东向股东以外的人转让股权,应当经其他股东过半数同意。股东应就其股权转让事项书面通知其他股东征求同意。其他股东自接到书面通知之日起30日未答复的,视为同意转让。其他股东半数以上不同意转让的,不同意的股东应当购买该转让的股权,不购买的视为同意转让。经股东同意转让的股权,在同等条件下,其他股东有优先购买权。两个以上股东主张行使优先购买权的,协商确定各自的购买比例,协商不成的,按照转让时各自的出资比例行使优先购买权。公司章程对股权转让另有规定的,从其规定。

此外,《公司法》还规定了法律强制执行股权和异议股东的股权收购请求权。

公司成立后,有下列情形之一的,对股东会该项决议投反对票的股东可以请求公司按照合理的价格收购其股权:①公司连续5年不向股东分配利润,而公司该5年连续营利,并且符合本法规定的分配利润的条件的;②公司合并、分立、转让主要财产的;③公司章程规定的营业期限届满或者章程规定的其他解散事由出现,股东会会议通过决议修改章程而使公司存续的。有限公司收购本公司股东股权时,应当与股东达成收购协议。为防止公司拖延,规定自股东会会议决议通过之日起60日内,股东与公司不能达成股权收购协议的,股东可以自股东会会议决议通过之日起90日内向人民法院提起诉讼。

四、有限责任公司的组织管理机构

(一)有限责任公司的股东会

股东会是公司的权力机构,由全体股东组成。首次股东会会议由出资最多的股东召集和主持。

有限责任公司的股东会,按《公司法》规定可以分为定期召开的股东常会和经代表1/10以上表决权的股东、1/3以上董事或者监事提议召开的股东临时会。根据《公司法》的规定,有限责任公司股东会会议由股东按照出资比例行使表决权,但公司章程另有规定的除外;股东会的议事方式和表决程序除法律另有规定的外,由公司章程加以规定。但是,对于公司增加或者减少注册资本,分立、合并、解散或者变更公司形式,以及修改公司章程所作出的决议,必须经代表2/3以上表决权的股东通过。

有限责任公司设立董事会的,股东会会议由董事会召集,董事长主持,董事长不能履行职务或者不履行职务的,由副董事长主持,副董事长不能履行职务或者不履行职务的,由半数以上董事共同推举一名董事主持。有限责任公司不设董事会的,股东会会议由执行董事召集和主持。董事会或执行董事不能履行或者不履行召集股东会会议职责的,由监事会或者不设监事会的公司的监事召集和主持;监事会或者监事不召集和主持的,代表1/10以上表决数的股东可以自行召集和主持。

股东会依法行使下列职权:①决定公司的经营方针和投资计划;②选举和更换非由职工代表担任的董事监事,决定有关董事的报酬事项;③审议批准董事会的报告;④审议批准监事会或监事的报告;⑤审议批准公司年度财务预算方案、决算方案;⑥审议批准公司的利润分配方案和亏损弥补方案;⑦对公司增加或者减少注册资本作出决议;⑧对发行公司债券作出决议;⑨对公司合并、分立、变更公司形式、解散和清算等事项作出决议;⑩修改公司章程;⑪公司章程规定的其他职权。

股东会的决议内容违反法律、行政法规的无效。股东会的会议召集程序、表决方式违反法律、行政法规或者公司章程,或者决议内容违反公司章程的,股东可以自决议作出之日起60日内,请求人民法院撤销。为了防止股东滥用诉权,股东依照上述规定提起诉讼的,人民法院可以应公司的请求,要求股东提供相应的担保。公司根据股东会或者股东大会决议已办理变更登记的,人民法院宣告该决议无效或者撤销该决议后,公司应当向公司登记机关申请撤销变更登记。

(二)有限责任公司的董事会

有限责任公司的董事会是公司经营决策和业务执行机构,除法律另有规定的外,由3~13人组成。设董事长1人,可以设副董事长。董事长和副董事长的产生办法由公司章程规定。董事任期由公司章程规定,但每届任期不得超过3年,可连选连任。

董事会对股东会负责,并行使下列职权:①负责召集股东会,并向股东会报告工作;②执行股东会决议;③决定公司经营计划和投资方案;④制定公司的年度财务预算方案、决算方案;⑤制定公司的利润分配方案和弥补亏损方案;⑥制定公司增加或者减少注册资本以及发行公司债券的方案;⑦制定公司合并、分立、变更公司形式、解散的方案;⑧决定公司内部管理机构的设置;⑨决定聘任或者解聘公司经理及其报酬事项,并根据经理的提名决定聘任或者解聘公司副经理、财务负责人及其报酬事项;⑩制定公司的基本管理制度;⑪公司章程规定的其他职权。董事会决议的无效与撤销与股东会决议无效与撤销适用相同的规定。

在股东人数较少或者公司规模较小的情况下,有限责任公司可不设董事会,而只设一名执行董事。执行董事可以兼任公司经理,其职权由公司章程规定。

根据公司章程规定,公司董事长、执行董事、经理可以担任公司的法定代表人。

(三) 有限责任公司的经理机构

有限责任公司的经理是负责公司日常经营管理工作的机构。公司经理由董事会聘任或者解聘,对董事会负责,并可列席董事会会议。经理行使下列职权:①主持公司的生产经营管理工作,组织实施董事会决议;②组织实施公司年度经营计划和投资方案;③拟订公司内部管理机构设置方案;④拟订公司的基本管理制度;⑤制定公司的基本规章;⑥提请聘任或者解聘公司副经理、财务负责人;⑦决定聘任或者解聘除应由董事会聘任或者解聘以外的负责管理人员;⑧董事会授予的其他职权。根据《公司法》规定,公司章程对经理职权另有规定的,从其规定。

(四) 有限责任公司的监事和监事会

有限责任公司的监事会是公司经营活动的监督机构。公司设立监事会,经营规模较大的公司,其成员不得少于3人;股东人数较少、经营规模较小的公司,可以设1~2名监事,不设监事会。监事会成员包括股东代表和适当比例的公司职工代表,职工代表由公司职工民主选举和罢免,其比例不得低于1/3。公司的董事、经理、副经理及其他高级管理人员不得兼任监事会成员。监事的任期每届为3年,可以连选连任。监事会或不设监事会的公司的监事行使下列职权:①检查公司的财务;②对董事、高级管理人员执行公司职务的行为进行监督,对违反法律、行政法规、公司章程或者股东会决议的董事、高级管理人员提出罢免的建议;③当董事、高级管理人员的行为损害公司的利益时,要求董事、高级管理人员予以纠正;④提议召开临时股东会,在董事会不履行《公司法》规定的召集和主持股东会会议职责时召集和主持股东会会议;⑤向股东会会议提出提案;⑥依照《公司法》第152条的规定,对董事、高级管理人员提起诉讼;⑦公司章程规定的其他职权。

(五) 董事、监事和高级管理人员的任职资格及义务

由于董事会、监事会和高级管理人员在公司中的特殊重要地位,《公司法》规定,凡有下列情况之一者,不能担任有限责任公司的董事、监事或者高级管理人员:无民事行为能力和限制行为能力;因犯有贪污、贿赂、侵占财产、挪用财产罪或者破坏社会经济秩序罪,被判处刑罚,执行期满未逾5年,或者因犯罪被剥夺政治权利,执行期未逾5年;担任破产清算的公司、企业的董事或厂长、经理,对该公司、企业的破产负有个人责任的,自该公司、企业破产清算完结之日起未逾3年;担任因违法被吊销营业执照的公司、企业的法定代表人,并负有个人责任的,自该公司、企业被吊销营业执照之日起未逾3年;个人所负数额较大的债务到期未清偿。

根据《公司法》规定,董事、监事、高级管理人员应当遵守法律、行政法规和公司章

程,对公司负有忠实义务和勤勉义务;董事、监事、高级管理人员不得利用职权收受贿赂或其他非法收入,不得侵占公司财产。董事、高级管理人员不得有下列行为:①挪用公司资金;②将公司资金以其个人名义或者以其他个人名义开立账户存储;③违反公司章程的规定,未经股东会、股东大会或者董事会同意,将公司资金借贷给他人或者以公司财产为他人提供担保;④违反公司章程的规定或者未经股东会、股东大会同意,与本公司订立合同或者进行交易;⑤未经股东会或者股东大会同意,利用职务便利为自己或者他人谋取属于公司的商业机会,自营或者为他人经营与所任职公司同类的业务;⑥接受他人与公司交易的佣金归为己有;⑦擅自披露公司机密;⑧违反对公司忠实义务的其他行为。

《公司法》第150条及第153条规定,董事、监事、高级管理人员执行公司职务时违反法律、行政法规或者公司章程的规定,给公司造成损失的,应当承担赔偿责任。董事、高级管理人员违反法律、行政法规或者公司章程的规定,损害股东利益的,股东可以向人民法院提起诉讼。

当公司董事和高级管理人员出现《公司法》第150条规定的情形时,有限责任公司的股东可以书面请求监事会或不设监事会的有限责任公司监事向人民法院提起诉讼;当公司监事出现《公司法》第150条规定的情形时,有限责任公司的股东可以书面请求董事会或不设董事会的有限责任公司执行董事向人民法院提起诉讼,监事会、不设监事会的有限责任公司的监事,或者董事会、执行董事收到前款规定的股东书面请求后拒绝提起诉讼,或者自收到请求之日起30日内未提起诉讼,或者情况紧急不立即提起诉讼将会使公司利益受到难以弥补的损害的,有限责任公司股东有权为了公司的利益以自己的名义直接向人民法院提起诉讼。上述规定适用于他人侵犯公司合法权益,给公司造成损失的情形。

五、国有独资公司的特别规定

(一)国有独资公司的概念及特征

公司法的一般原理认为,公司是单个资本的联合。长期以来,很多国家的公司法将一定数量的股东作为公司存在的必要条件。但随着经济的发展,传统的公司法理论开始被突破,在西方国家的经济生活及立法实践中,出现了独资有限责任公司。我国《公司法》对国有独资公司的规定,就源于利用公司制对国有企业进行制度创新过程中对国外独资有限责任公司制度的借鉴。

国有独资公司是指国家单独出资、由国务院或者地方人民政府授权本级人民政府国有资产监督管理机构履行出资人职责的有限责任公司。设立国有独资公司的目的在于:理顺产权关系,实现政企职责分开,探索国有资产的有效实现形式和现代企业制度的内容及其建立途径,转换企业经营机制。目前在国有企业股份制改造过程中,正在进行国有独资公司的试点,其重要意义在于:第一,促进建立一种产权关系明晰、责任明确,国家对企业只负有限责任的国有资产管理和经营体系;第二,促使国有企业政企分开,真正成为自主经营、自负盈亏、自我发展、自我约束的法人实体和市场竞争主体;第三,有利于国有资产存量结构的合理调整和资源优化配置;第四,作为竞争性行业国有企业改组为有限责任公司和股份有限公司的过渡形式,作为垄断性行业、基础行业和公益性行业国有企业的新型企业组织形式。

国有独资公司的特征是:第一,公司的资产最终属于国家所有。第二,公司只有一名股东。《公司法》规定,国有独资公司由国家单独出资、由国务院或者地方人民政府授权本级人民政府国有资产监督管理机构履行出资人职责。第三,尽管只有一名股东,但该股东仍以其出资额为限对公司承担有限责任,公司以其全部资产对其债务承担责任。第四,公司具有法人资格。国有独资公司拥有独立财产,健全的组织机构,以自己的名义独立对外并承担民事责任。

(二)国有独资公司的组织管理

1. 国家投资主体及其职权。国家投资主体是指国家单独出资,由国务院或者地方人民政府授权本级人民政府国有资产监督管理机构履行出资人的职责。国有独资公司不设股东会,由国有资产监督管理机构行使股东会职权。国有资产监督管理机构可以授权公司董事会行使股东会的部分职权,决定公司的重大事项,但公司的合并、分立、解散、增加或者减少注册资本和发行公司债务,必须由国有资产监督管理机构决定;其中,重要的国有独资公司合并、分立、解散、申请破产的,应当由国有资产监督管理机构审核后,报本级人民政府批准。

2. 董事会及经理。国有独资公司董事会是公司的决策机构。董事会成员由国有资产监督管理机构委派,董事会成员中的职工代表由公司职工大会选举产生。董事会设董事长1人,可以设副董事长。董事长、副董事长由国有资产监督管理机构从董事会成员中指定。

国有独资公司的经理由董事会聘任或解聘,经国有资产监督管理机构同意,董事会成员可以兼任经理。

国有独资公司的董事长、副董事长、董事、高级管理人员,未经国有资产监督管理机构同意,不得在其他有限责任公司、股份有限公司或者其他经济组织兼职。

3. 监事会。国有独资公司设监事会,其成员不得少于5人,其中职工代表的比例不得低于1/3,具体比例由公司章程规定。按《公司法》规定,国有独资公司的监事会成员由国有资产监督管理机构委派,监事会成员中的职工代表由公司职工代表大会选举产生。监事会主席由国有资产监督管理机构从监事会成员中指定。

六、一人有限责任公司的特别规定

一人有限责任公司是指只有一个自然人股东或者一个法人股东的有限责任公司。一人有限责任公司的注册资本最低限额为人民币10万元。股东应当一次足额缴纳公司章程规定的出资额。

一个自然人只能投资设立一个一人有限责任公司,该一人有限责任公司不能投资设立新的一人有限责任公司。一人有限责任公司的股东不能证明公司财产独立于股东自己的财产的,应当对公司债务承担连带责任。

一人有限责任公司不设股东会。股东作出《公司法》第38条第1款所列决定的,应当采用书面形式,并由股东签名后置备于公司。

一人有限责任公司应当在每一会计年度终了时编制财务会计报告,并经会计师事务所审计。

第三节 股份有限公司

一、股份有限公司的概念及法律特征

股份有限公司是全部资本划分为等额股份,股东以其所认购股份为限对公司承担责任,公司以其全部资产对公司债务承担责任的企业法人。

股份有限公司起源于17世纪。我国股份有限公司出现于1840年鸦片战争以后。与其他公司相比较,股份有限公司具有集资方便、迅速,有利于企业的现代化经营管理等优点。我国股份有限公司有以下基本法律特征:第一,公司的资本总额划分为金额相等的股份;第二,公司可以向社会公开发行股票筹资,股票可以依法转让;第三,法律对公司股东人数只有最低限额,无最高限额规定;第四,每一股有一票表决权,股东以其所认购股份享受权利,承担义务,公司以其全部资产对公司债务承担责任;第五,公司应将经注册会计师审查验证过的会计报告公开。

二、股份有限公司的设立条件和程序

股份有限公司是企业法人,设立股份有限公司应具备下列条件:①发起人符合法定人数;②发起人认缴和社会公开募集的股本达到法定资本最低限额;③股份发行、筹办事项符合法律规定;④发起人制定公司章程,采用募集方式设立的经创立大会通过;

⑤有公司名称,建立符合股份有限公司要求的组织机构;⑥有公司住所。

由于股份有限公司所具有的特征,其设立程序比有限责任公司要复杂和严格。股份有限公司的设立程序如下:

(一)确定公司设立方式

股份有限公司可以采取发起方式或募集方式设立。采取发起方式设立公司时,公司应发行的全部股份由发起人认购,不再向发起人之外的任何人募集股份。采取募集方式设立公司时,公司应发行股份的一部分(不得少于公司股本总额的35%)由发起人认购,其余股份向社会公开募集或者向特定对象募集。

(二)确定公司发起人

发起人是指依法订立发起人协议、提出设立公司申请、认购公司股份、并对公司设立承担责任的人。发起人应为2人以上200人以下,且其中半数以上须在中国境内有住所。发起人在设立公司时应承担下列法律责任:①公司不能成立时,对设立行为所产生的债务和费用负连带责任,同时,对认股人已缴纳的股款,负返还股款并加算银行同期存款利息的连带责任;②在设立过程中,由于发起人的过失致使公司受到损害时,应当对公司承担赔偿责任。

(三)订立公司章程

股份有限公司章程由全体发起人制订,其法定记载事项应包括:①公司名称和住所;②公司经营范围;③公司设立方式;④公司股份总额、每股金额和注册资本;⑤发起人的姓名或者名称、认购的股份数、出资方式和出资时间;⑥董事会的组成、职权和议事规则;⑦公司法定代表人;⑧监事会的组成、职权和议事规则;⑨公司利润分配办法;⑩公司的解散事由以及清算办法;⑪公司的通知和公告办法;⑫股东大会会议认为需要规定的其他事项。

(四)公司股份的认缴及募集

发起人的出资方式与有限责任公司股东出资方式相同,发起人以发起设立方式设立股份有限公司的,发起人应当书面认定公司章程规定其认购的股份;一次缴纳的,应即缴纳全部出资;分期缴纳的,应即缴纳首期出资。以非货币财产出资的,应当依法办理其财产权的转移手续。以募集设立方式设立股份有限公司的,发起人认购的股份不得少于公司股份总额的35%,法律、行政法规另有规定的除外。

(五)建立公司机构

股份认缴完毕后,股份有限公司即着手建立组织机构。采用发起方式设立公司时,发起人首次缴纳出资后,即选举公司董事会、监事会。采用募集方式设立公司时,公司机构的选举通过创立大会进行,即公司股份缴足后,必须经依法设立的验资机构验资并出具证明。发起人应当自股款缴之日起 30 日内召集创立会议。创立会议的职权是：①审议发起人关于公司筹办情况的报告；②通过公司章程；③选举董事会成员；④选举监事会成员；⑤对公司的设立费用进行审核；⑥对发起人用于抵作股款的财产的作价进行审核；⑦发生不可抗力或者经营条件发生重大变化直接影响公司设立的，可以作出不设立公司的决议。

（六）公司设立登记

公司机构建立后，董事会应依法向登记机关报送申请设立登记文件，申请办理企业法人登记。经工商行政管理机关核准登记注册后，公司即告成立，取得法人资格。

三、股份有限公司的注册资本

股份有限公司采取发起设立方式设立的，注册资本为在公司登记机关登记的全体发起人认购的股本总额。公司全体发起人的首次出资额不得低于注册资本的 20%，其余部分由发起人自公司成立之日起两年内缴足；其中，投资公司可以在 5 年内缴足。在缴足之前，不得向他人募集股份。股份有限公司采取募集方式设立的，注册资本为在公司登记机关登记的实收股本总额。

股份有限公司注册资本的最低限额为人民币 500 万元。法律、行政法规对股份有限公司注册资本的最低限额有较高规定的，从其规定。

四、股份有限公司的组织机构

（一）股东大会

股东大会是由全体股东组成的公司的权力机构。《公司法》第 38 条第 1 款关于有限责任公司股东会职权的规定，适用于股份有限公司股东大会。

股东大会按召开的期限及内容的不同可分为股东年会和股东临时会。有下列情形之一的，应当在两个月内召开临时股东大会：董事人数不足《公司法》规定的人数或者公司章程所规定人数的 2/3 时；公司未弥补的亏损达实收股本总额的 1/3 时；单独或者合计持有公司 10% 以上股份的股东请求时；董事会认为必要时；监事会提议召开时；公司章程规定的其他情形。

股东大会会议由董事会召集，董事长主持；董事长不能履行职务或者不履行职务的，由副董事长主持；副董事长不能履行职务或者不履行职务的，由半数以上董事共同推举 1 名董事主持。董事会不能履行或者不履行召集股东大会会议职责的，监事会应当及时召集和主持；监事会不召集和主持的，连续 90 日以上单独或者合计持有 10% 以上股份的股东可以自行召集和主持。

召开股东大会会议，应当将会议召开的时间、地点和审议的事项于会议召开 20 日前通知各股东;临时股东大会应当于会议召开15日前通知各股东;发行无记名股票的,应当于会议召开30日前公告会议召开的时间、地点和审议的事项。

股东出席股东大会会议,所持每一股份有一表决权。公司持有的本公司股份没有表决权。股东大会作出决议,必须经出席会议的股东所持表决权过半数通过。但是,股东大会作出修改公司章程、增加或者减少注册资本的决议,以及公司合并、分立、解散或者变更公司形式的决议,必须经出席会议的股东所持表决权的2/3以上通过。

股东大会选举董事、监事,可以依照公司章程的规定或者股东大会的决议,实行累积投票制,即股东大会选举董事或者监事时,每一股份拥有与应选董事或者监事人数相同的表决权,股东拥有的表决权可以集中使用。

股东大会决议的无效与撤销制度与有限责任公司的相关制度相同,不再赘述。

(二)董事会及经理

董事会是股份有限公司的经营决策和业务执行机构,向股东大会负责。董事会由5~19人组成。有限责任公司关于董事的任期、董事会职权的规定,适用于股份有限公司。董事会会议由董事长召集和主持。董事长不能履行职务或不履行职务的,由副董事长履行职务;副董事长不能履行职务或不履行职务的,由半数以上董事共同推举1名董事履行职务。股份有限公司董事会每年度至少召开两次会议,代表1/10以上表决权的股东、1/3以上董事或监事会,可以提议召开临时董事会会议。董事会会议应有过半数的董事出席方可举行,董事会作出的决议,必须经全体董事过半数通过;董事会决议实行一人一票的表决规则。董事会应对会议所议事项的决定作成会议记录,出席会议的董事应当在会议记录上签名;董事应当对董事会的决议承担责任,董事会决议违反法律、行政法规或公司章程,致使公司遭受严重损失的,参与决议的董事对公司负赔偿责任。但经证明在表决时曾表明异议并记载于会议记录的,该董事可以免除责任。

股份公司董事会决议的无效和撤销制度与有限责任公司的相关制度相同,此处不再赘述。

股份有限公司的经理是由董事会决定聘任或者解聘的负责公司日常经营管理活动的机构。公司董事会可以决定由董事会成员兼任经理。有限责任公司关于经理职权的规定,适用于股份有限公司经理。

根据《公司法》规定、依照公司章程规定,董事长或经理可以担任股份公司法定代表人。

(三)监事会

股份有限公司的监事会是公司经营活动的监督机构,其成员不得少于3人。监事会由股东代表和适当比例的职工代表组成,其中职工代表的比例不得低于1/3,由公司职工通过职工代表大会、职工大会或者其他形式民主选举产生。监事会设主席1人,可以设副主席。监事会主席和副主席由全体监事过半数选举产生。董事、高级管理人员不得兼任监事。监事会行使职权所必需的费用,由公司承担。股份公司监事会的职权与有限责任公司监事会职权相同。

(四)董事、监事和高级管理人员的任职资格及义务

股份有限公司董事、监事和经理的任职资格及义务的法律规定与有限责任公司相同,此处不再赘述。

当公司董事和高级管理人员出现《公司法》第150条规定的情形时,股份公司连续180日以上单独或者合计持有公司1%以上的股东可以书面请求监事会向人民法院提起诉讼;当公司监事出现《公司法》第150条规定的情形时,上述股东可以书面请求董事会或不设董事会的有限责任公司执行董事向人民法院提起诉讼,监事会、不设监事会的有限责任公司的监事,或者董事会、执行董事收到前款规定的股东书面请求后拒绝提起诉讼,或者自收到请求之日起30日内未提起诉讼,或者情况紧急,不立即提起诉讼将会使公司利益受到难以弥补的损害的,上述公司股东有权为了公司的利益以自己的名义直接向人民法院提起诉讼。上述规定适用于他人侵犯股份公司合法权益,给公司造成损失的情形。

(五)上市公司组织机构的特别规定

《公司法》第121条至第125条,对上市公司组织机构作出了一些特别规定,主要包括:①上市公司在1年内购买、出售重大资产或者担保金额超过公司资产总额的30%的,应当由股东大会作出决议,并经出席会议的股东所持表决权的2/3以上通过;②上市公司设立独立董事,具体办法由国务院规定;③上市公司设董事会秘书,负责公司股东大会和董事会会议的筹备、文件保管以及公司股东资料的管理,办理信息披露事项等;④上市公司董事与董事会会议决议事项所涉及的企业有关联关系的,不得对该项决议行使表决权,也不得代理其他董事行使表决权。该董事会会议由过半数的无关联关系董事出席即可举行,董事会会议所作决议必须经无关联关系董事过半数通过。出席董事会的无关联关系董事人数不足3人的,应将该事项提交上市公司股东大会审议。

五、股份有限公司的股份发行和转让

(一)股份的发行

股份有限公司的股份是公司资本或股东权利义务的等值份额,因此它既是资本的份额,又是计算股东权利义务的基本单位。依股票是否记载股东姓名或名称,股份可划分为记名股和无记名股。公司向发起人、法人发行的股票,应当为记名股票,并应当记载该发起人、法人的名称,不得另立户名或者以代表人姓名记名。依股东享受权利的内

容不同,股份可以划分为普通股和特别股。根据《公司法》的规定,公司可以根据国务院规定发行普通股之外其他种类的股份。

《公司法》规定,股份有限公司股份的发行实行公平、公正的原则,同种类的每一股份应当具有同等权利。股份有限公司在设立阶段可以发行股份,在正式成立以后的整个存在期间也可以发行股份。由于不同阶段股份发行具有不同的特点,《公司法》对股份发行也有不同要求,股份发行一般也以此为标准分为两大类,即设立发行和新股发行。设立发行是指公司在设立过程中发行股份(详见"股份有限公司设立")。新股发行是指公司在成立之后增资发行股份。

股票发行价格可以按票面金额,也可以超过票面金额,但不得低于票面金额。

(二)股份的转让

股份有限公司的股份可依《公司法》规定转让。公司股份转让时应严格遵守以下规定:第一,转让股份,必须在依法设立的证券交易场所进行或者按照国务院规定的其他方式进行;第二,记名股票由股东以背书方式或法律、行政法规规定的其他方式转让,并由公司将受让人的姓名或名称及住所记载于股东名册;第三,股东大会召开前20日内或者公司决定分红股利的基准日前5日内,不得进行上述规定的股东名册的变更登记。但是,法律对上市公司股东名册变更登记另有规定的,从其规定。第四,无记名股票由股东将该股票交付给受让人后即发生法律效力;第五,发起人持有的本公司股份,自公司成立之日起1年内不得转让,公司公开发行股份前已发行的股份,自公司股票在证券交易所上市交易之日起1年内不得转让;第六,公司董事、监事、高级管理人员应当向公司申报所持有的本公司的股份及其变动情况,在任职期间每年转让的股份不得超过其所持有本公司股份总数的25%,所持本公司股份自公司股票上市交易之日起1年内不得转让。上述人员离职半年内,不得转让其所持有的本公司股份,公司章程可以对公司董事、监事、高级管理人员转让其所持有的本公司股份作出其他限制性规定;第七,公司不得收购本公司的股份,但为减少公司资本而注销股份、与持有本公司股票的其他公司合并、将股份奖励给本公司职工或股东因对股东大会作出的公司合并、分立决议持异议要求公司收购其股份的除外。

(三)股票

股票是股份有限公司签发的证明股东所持股份的凭证。它与有限责任公司的出资证明书不同,股票既是股东权利义务的表现形式,同时又可以向社会公开发行和转让。股票应载明下列事项:公司名称;公司成立日期;股票种类、票面金额及代表的股份数;股票的编号;公司盖章及法定代表人签名。记名股票应在股东名册上记载下列事项:股东的姓名或者名称及住所;各股东所持股票的种类及代表的股份数;各股东所持股票的编号;各股东取得其股份的日期。

第四节 公司债券

一、公司债券的概念

公司债券是指公司依法定程序发行,约定在一定期限内还本付息的有价证券。公司债券可以分为记名公司债券与无记名公司债券。此外还有可以转换为股票的公司债券。

二、公司债券的发行及转让

发行公司债券应当符合《中华人民共和国证券法》规定的发行条件。公司发行公司债券应当置备公司债券存根簿。发行记名公司债券的,应当在公司债券存根簿上载明下列内容:债券持有人的姓名或者名称及住所;债券持有人取得债券的日期及债券的编号;债券总额,债券的票面金额、利率、还本付息的期限和方式以及债券的发行日期。发行无记名公司债券的,应当在公司债券存根簿上载明债券总额、利率、偿还期限和方式、发行日期及债券的编号。

公司债券可以转让,转让价格由转让人与受让人约定。公司债券在证券交易所上市交易的,按照证券交易所的交易规则转让。记名公司债券,由债券持有人以背书方式或者法律、行政法规规定的其他方式转让;转让后由公司将受让人的姓名或者名称及住所记载于公司债券存根簿。无记名公司债券的转让,由债券持有人将该债券交付给受让人后即发生转让的效力。

第五节 公司的财务、会计制度

一、公司财务、会计制度的建立

根据《公司法》的规定,公司应依法建立财务、会计制度,在每一会计年度终了时制作财务会计报告,并依法经会计师事务所审计。有限责任公司应在公司章程规定的期限内,将财务会计报告报送各股东;股份有限公司的财务会计报告应当在召开股东大会的 20 日以前置备于本公司,供股东查阅,公开发行股票的股份有限公司必须公告其财务会计报告。

二、公司税后利润的分配

公司税后利润的分配严格按弥补亏损、提取公积金和向股东分配的顺序进行。其中,公积金是公司基于增强自身财力能力、扩大营业范围和预防意外亏损的目的,依照法律和公司章程规定,从税后利润中提取的积累基金。公积金又分为法定公积金和任意公积金。法定公积金是依据法律规定强制提取的公积金,依来源不同又可分为法定盈余公积金和资本公积金。法定盈余公积金是按 10% 的比例从税后利润中提取的,该项公积金累计额为公司注册资本的 50% 时可不再提取;资本公积金来源于公司以超过票面金额的价格发行股票所得的溢价款、国务院财政主管部门规定列入的其他收入,资本公积金不得用于弥补公司的亏损。法定公积金的用途是:弥补亏损、增加股本及国家另有规定的其他用途。任意公积金是由公司股东会或者股东大会决定提取的公积金。

根据《公司法》第 67 条的规定,公司分配股利时,有限责任公司股东按照实际缴纳的出资比例分取红利,但全体股东约定不按照出资比例分取红利的除外;股份有限公司按股东所持股份比例分配,但股份有限公司章程规定不按照持股比例分配的除外。公司股东会、董事会违反法律规定,在弥补亏损、提取法定公积金之前,向股东分配利润的,股东必须将违反规定分配的利润退还公司。

三、会计师事务所的聘用和解聘

公司聘用和解聘承办公司审计业务的会计师事务所,依照公司章程的规定,由股东会、股东大会或者董事会决定。公司股东会、股东大会或者董事会就解聘会计师事务所进行表决时,应当允许会计师事务所陈述意见。

第六节 公司的合并、分立、增资、减资

一、公司合并

公司合并是将两个以上的公司按照法律规定及协议约定变为一个公司的法律行为。公司合并分为吸收合并和新设合并两种形式。吸收合并指一公司吸收其他公司,被吸收公司解散的公司合并方式;新设合并指两个以上公司合并设立一个新公司,合并

各方解散的公司合并方式。公司合并应由合并各方签订协议,编制资产负债表及财产清单,自作出合并决议之日起10日内通知债权人,并于30日内在报纸上公告,在法定期限内债权人有权要求公司清偿债务或提供相应的担保。公司合并时,合并各方的债权、债务由合并后存续的公司或者新设的公司承担。

二、公司分立

公司分立是依法律规定及协议约定将一个公司变为两个或两个以上公司的法律行为。公司分立应编制资产负债表及财产清单,并由股东会作出决议。公司应当自作出决议之日起10日内通知债权人,并于30日内在报纸上公告。

公司分立前的债务由分立后的公司承担连带责任。但是,公司在分立前与债权人就债务清偿达成的书面协议另有约定的除外。

三、公司增资、减资

公司需要减少注册资本时,必须编制资产负债表及财产清单。公司应当自作出减少注册资本决议之日起10日内通知公司债权人,并于30日内在报纸上公告。债权人自接到通知书之日起30日内,未接到通知书的自公告之日起45日内,有权要求公司清偿债务或提供相应的担保。公司减资后的注册资本不得低于法定的注册资本最低限额。有限公司增加注册资本时,股东认缴新增资本的出资应当符合公司法规定,股份公司为增加注册资本发行新股时,股东认购新股应当依照公司法规定进行。公司增加或减少注册资本应当依法向公司登记机关办理变更登记。

第七节 公司的解散和清算

一、公司解散

公司可以在公司章程中订明营业期限,需延长时,应由股东会作出决议,报原审批部门批准,并向原登记机关申请变更登记,办理注册手续。

公司出现下列情况时,可依法解散并进行清算:公司章程规定的营业期限届满或者公司章程规定的其他解散事由出现;股东会议决定解散;因公司合并或者分立需要解散;依法被吊销营业执照、责令关闭或者被撤销;公司经营管理发生严重困难,继续存续会使股东利益受到重大损失,通过其他途径不能解决的,持有公司全部股东表决权

10%以上股东请求法院解散的。

就持有公司全部股东表决权10%以上股东请求法院解散公司的问题,2008年5月12日,最高人民法院通过了《关于适用〈中华人民共和国公司法〉若干问题的规定(二)》,该规定指出,单独或者合计持有公司全部股东表决权10%以上的股东,以下列事由之一提起解散公司诉讼,并符合公司法相关规定的,人民法院应予受理:①公司持续两年以上无法召开股东会或者股东大会,公司经营管理发生严重困难的;②股东表决时无法达到法定或者公司章程规定的比例,持续两年以上不能做出有效的股东会或者股东大会决议,公司经营管理发生严重困难的;③公司董事长期冲突,且无法通过股东会或者股东大会解决,公司经营管理发生严重困难的;④经营管理发生其他严重困难,公司继续存续会使股东利益受到重大损失的情形。

股东以知情权、利润分配请求权等权益受到损害,或者公司亏损、财产不足以偿还全部债务,以及公司被吊销企业法人营业执照未进行清算等为由,提起解散公司诉讼的,人民法院不予受理。人民法院关于解散公司诉讼作出的判决,对公司全体股东具有法律约束力。

二、公司清算

公司依上述原因解散时,应依《公司法》规定进行清算。除因合并或分立需要解散的情形外,均应依法成立清算组,分别适用于不同的清算程序。清算组行使下列职权:①清理公司财产并分别编造资产负债表和财产清单;②通知或者公告债权人;③处理与清算有关的公司未了结的业务;④清缴所欠税款以及清算过程中产生的税款;⑤清理债权、债务;⑥处理公司清偿债务后的剩余财产;⑦代表公司参与民事诉讼活动。一般情况下清算组应在支付清算费用、职工工资、社会保险费用和法定补偿金、缴纳所欠税款、清偿公司债务后,按股东出资比例或持有的股份比例分配剩余财产。清算结束后,清算组应制作清算报告,报股东会、股东大会或者人民法院确认,并报送公司登记机关,申请注销公司登记,公告公司终止。公司即告解散。公司因破产进行清算的,依照有关企业破产的法律实施破产清算。

根据最高人民法院《关于适用〈中华人民共和国公司法〉若干问题的规定(二)》,有限责任公司的股东、股份有限公司的董事和控股股东,以及实际控制人有下列情形之一的,债权人有权主张其对公司债务承担相应法律责任:①未在法定期限内成立清算组开始清算,导致公司财产贬值、流失、毁损或者灭失,债权人有权主张其在造成损失的范围内对公司债务承担赔偿责任;②因怠于履行义务,导致公司主要财产、账册、重要文件等灭失,无法进行清算,债权人有权主张其对公司债务承担连带清偿责任;③公司解散后,恶意处置公司财产给债权人造成损失,或者未经依法清算,以虚假的清算报告骗取公司登记机关办理法人注销登记,债权人有权主张其对公司债务承担相应赔偿责任;④公司未经清算即办理注销登记,导致公司无法进行清算,债权人有权主张其对公司债务承担清偿责任的。

公司未经依法清算即办理注销登记,股东或者第三人在公司登记机关办理注销登记时承诺对公司债务承担责任,债权人主张其对公司债务承担相应民事责任的,人民法院应依法予以支持。

第八节 公司经营活动的法律监督和法律责任

一、对公司法人活动的监督

公司必须严格依照《公司法》的规定进行设立登记、内部管理和经营活动,对于违反《公司法》的行为,依法由有关管理机关进行处理:

第一,办理公司登记时虚报注册资本,提交虚假证明文件或者采取其他欺诈手段隐瞒重要事实取得公司登记的,由公司登记机关责令改正;对虚报注册资本的公司,处以虚报注册资本金额5%~15%以下的罚款;对提交虚假证明文件或者采取其他欺诈手段隐瞒重要事实的公司,处以5万元以上50万元以下的罚款;情节严重的,撤销公司登记或吊销营业执照。

第二,在法定的会计账册以外另立会计账册的,由县级以上人民政府财政部门责令改正,处以5万元以上50万元以下的罚款;将公司资产以个人名义开立账户存储的,没收违法所得,并处以违法所得1倍以上5倍以下的罚款;公司在依法向有关主管部门提供的财务会计报告等材料上作虚假记载或者隐瞒重要事实的,由有关主管部门对直接负责的主管人员和其他直接责任人员处以3万元以上30万元以下的罚款。

第三,公司不按法律规定提取法定公积金的,由县级以上人民政府财政部门责令如数补足应当提取的金额,并对公司处以20万元以下的罚款。

第四,公司在合并、分立、减少注册资本或者进行清算时,不按照《公司法》规定通知或者公告债权人的,由公司登记机关责令改正,并对公司处以1万元以上10万元以下的罚款。

第五,未依法登记为有限责任公司(或其分支机构)或者股份有限公司(或其分支机构),而冒用有限责任公司(或其分支机构)或者股份有限公司(或其分支机构)名义的,由公司登记机关责令改正或者予以取缔,并处10万元以下的罚款。

第六,公司成立后无正当理由超过6个月未开业的,或者开业后自行停业连续6个月以上的,由公司登记机关吊销公司营业执照。公司登记事项发生变更时,未按照《公司法》规定办理有关变更登记手续的,责令限期登记,逾期不登记的,处以1万元以上10万元以下的罚款。

对公司的上述违法行为的主要责任者,构成犯罪的,依法追究刑事责任。

公司违反《公司法》规定,应当承担民事赔偿责任和缴纳罚款、罚金的,其财产不足以支付时,先承担民事赔偿责任。

二、对公司股东、发起人、董事、监事、高级管理人员的监督

公司股东应当遵守法律、行政法规和公司章程,依法行使股东权利,不得滥用公司法人独立地位和股东有限责任损害公司债权人的利益;公司股东滥用公司法人独立地位和股东有限责任,逃避债务,严重损害公司债权人利益的,应当对公司债务承担连带责任。

公司的控股股东、实际控制人、董事、监事、高级管理人员不得利用其关联关系损害公司利益。违反这一规定给公司造成损失的,应当承担赔偿责任。

公司的发起人、股东虚假出资,未交付或者未按期交付作为出资的货币或者非货币财产的,责令改正,处以虚假出资金额5%~15%以内的罚款;公司的发起人、股东在公司成立后,抽逃其出资的,责令改正,处以所抽逃出资金额5%~15%以内的罚款。

三、对公司清算组、资产评估、验资或验证的机构的监督

第一,清算组不按照《公司法》规定向公司登记机关报送清算报告,或者报送清算报告隐瞒重要事实或者有重大遗漏的,由公司登记机关责令改正;清算组成员利用职权徇私舞弊、谋取非法收入或者侵占公司财产的,由公司登记机关责令退还公司财产,没收非法所得,并可处以违法所得1倍以上5倍以下的罚款。构成犯罪的,依法追究刑事责任。

第二,承担资产评估、验资或者验证的机构提供虚假材料的,由公司登记机关没收违法所得,处以违法所得1倍以上5倍以下的罚款,并可由有关主管部门依法责令该机构停业,吊销直接责任人员的资格证书,构成犯罪的,依法追究刑事责任;承担资产评估、验资或者验证的机构因过失提供有重大遗漏的报告的,由公司登记机关责令改正,情节较重的,处以所得收入1倍以上5倍以下的罚款,并可由有关主管部门依法责令该机构停业,吊销直接责任人员的资格证书。承担资产评估、验资或者验证的机构因其出具的评估结果、验资或者验证证明不实,给公司债权人造成损失的,除能够证明自己没有过错的外,在其评估或者证明不实的金额范围内承担赔偿责任。

第二章 公司法律制度

本章小结

公司是全部资本由股东出资构成,股东以其所认缴的出资额或所认购的股份为限对公司承担责任,公司以其全部财产对公司债务承担责任的依《公司法》成立的企业法人。根据我国《公司法》的规定,公司主要可分为以下种类:有限责任公司和股份有限公司、母公司和子公司、总公司和分公司、一人公司和本国公司和外国公司。公司法是规定公司的设立、组织、活动、解散及其内部、外部关系的法律规范的总称。

有限责任公司是股东以其所认缴的出资额为限对公司承担责任,公司以其全部财产对其债务承担责任的企业法人。有限责任公司的股东可以用货币出资,也可以用实物、知识产权、土地使用权等可以用货币估价并可以依法转让的非货币财产作价出资。有限责任公司登记后,股东出资不得抽回,但可以转让。公司法不限制股东之间的出资转让。但股东向股东以外的人转让出资时,必须经其他股东过半数同意,不同意转让股东应当购买该转让的出资,否则,视为同意转让。经股东同意转让的出资,其他股东在同等条件下对该出资有优先购买权。有限责任公司设股东会、董事会和监事会。对公司董事、监事、经理的义务,公司法作出了基本规定。

股份有限公司是全部资本划分为等额股份,股东以其所认购股份为限对公司承担责任,公司以其全部财产对公司债务承担责任的企业法人。股份有限公司的股份可依《公司法》规定转让。公司股份转让时应严格遵守以下规定:转让股份,必须在依法设立的证券交易场所进行,或者按照国务院规定的其他方式进行;记名股票由股东以背书方式或法律、行政法规规定的其他方式转让,并由公司将受让人的姓名或名称及住所记载于股东名册;无记名股票由股东将该股票交付给受让人后即发生法律效力;发起人持有的本公司股份,自公司成立之日起1年内不得转让;公司董事、监事、经理应当向公司申报所持有的本公司的股票,在任职期间每年转让的股份不得超过其所持有本公司股份总数的25%;公司不得收购本公司的股票,但有减少公司资本而注销股份或与持有本公司股票的其他公司合并、将股份奖励给本公司职工,对股东大会作出的公司合并、分立决议持异议的股东请求时除外。

上市公司是指所发行的股票经国务院或国务院授权证券管理部门批准在证券交易所上市交易的股份有限公司。

公司债券是指公司依法定程序发行,约定在一定期限内还本付息的有价证券。公司债券可以分为记名公司债券与无记名公司债券。此外还有可以转换为股票的公司债券。

公司应依法建立财务、会计制度,在每一会计年度终了时制作财务会计报告,并依法经会计师事务所审计。有限责任公司应在公司章程规定的期限内,将财务会计报告报送各股东;股份有限公司的财务会计报告应当在召开股东大会的 20 日以前置备于本公司,供股东查阅,以募集设立方式成立的公司必须公告其财务会计报告。公司税后利润的分配严格按弥补亏损、提取公积金和向股东分配的顺序进行。

公司合并是将两个以上的公司按照法律规定及协议约定变为一个公司的法律行为。公司合并分为吸收合并和新设合并两种形式。公司分立是依法律规定及协议约定将一个公司变为两个或两个以上公司的法律行为。

思考练习题

1. 什么是子公司和分公司?两者有何主要区别?
2. 阐述有限责任公司和股份有限公司的区别。
3. 有限公司股东和股份有限公司的发起人可以有哪些出资形式?
4. 有限责任公司的股东如何转让其股权?
5.《公司法》对股份有限公司股东转让股份有哪些规定?
6. 根据《公司法》规定,哪些人不能担任公司董事和经理?公司的董事、经理应当承担哪些义务?

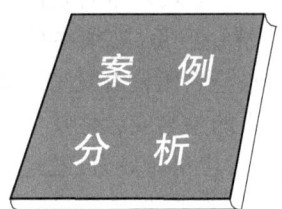

案例
北京正德堂医药有限责任公司与北京国际生物制品
研究所有限公司股东名册变更纠纷上诉案①

上诉人(原审被告):北京正德堂医药有限责任公司(以下简称正德堂公司)

被上诉人(原审原告):北京国际生物制品研究所有限公司(以下简称生物研究所公司)

---

① http://bmla.chinalawinfo.com/case/displaycontent.asp?Gid=117629849&Keyword=。

生物研究所成立于 1994 年 3 月 15 日,2006 年改制为生物研究所公司,注册资金 600 万元,股东由居里公司和京泰公司组成。2006 年 10 月 26 日,工商行政管理部门出具名称变更通知,核准"北京国际生物制品研究所"名称变更为"北京国际生物制品研究所有限公司"。

正德堂公司成立于 2004 年 3 月 31 日,注册资本 50 万元,股东及出资比例为:生物研究所出资 15 万元,王××出资 15 万元,范×出资 10 万元,孙××出资 5 万元,田××出资 3 万元,毛××出资 2 万元。其间历经几个股权变更,最终于 2008 年 3 月 6 日,正德堂公司增资扩股,注册资本增加到 300 万元,股权结构相应变更为:生物研究所出资 15 万元、王××出资 69 万元、王×出资 63 万元,北京世贸天阶医药科技有限公司出资 153 万元。

生物研究所公司改制后多次要求正德堂公司办理股东变更登记手续,并要求行使股东权利并就有偿使用资产进行协商,但正德堂公司始终阻止生物研究所公司依法行使股东权利。2008 年 1 月 15 日,正德堂公司致函生物研究所公司,明确阻止生物研究所公司行使股东权利。生物研究所公司诉至法院,请求确认生物研究所公司股东资格,判令正德堂公司为生物研究所公司办理股东名称变更登记。

正德堂公司则认为,生物研究所与生物研究所公司的关系并非简单更名而是改制,生物研究所原是国有独资企业,2006 年发生增资扩股后,企业性质、法定代表人、注册资金等均发生了根本性变化,应认定生物研究所公司继受生物研究所在正德堂公司的股权的方式为股权转让,这一转让破坏了公司的股权结构。因此,不同意生物研究所公司的诉讼请求。

法理分析

法院经审理认为,尽管生物研究所公司是生物研究所经公司制改造后的产物,并在企业性质、注册资本、股东构成、法定代表人等方面较之后者均发生了变化,但生物研究所改制为公司只是内部机制发生转换,并非外部主体的变更,也不存在生物研究所将权利让渡给生物研究所公司后其主体人格消亡的问题。因此,生物研究所公司当然享有生物研究所持有的正德堂公司的股权,无需通过股权转让的方式取得。

根据《公司法》规定,公司应当将股东的姓名或者名称及其出资额向公司登记机关登记;登记事项发生变更的,应当办理变更登记。现正德堂公司股东生物研究所的登记事项出现变更,正德堂公司应当为其办理变更登记。

为此,一审法院做如下判决:

1. 确认生物研究所公司为正德堂公司股东,出资额为 15 万元。

2. 正德堂公司于判决生效之日起 10 日内为生物研究所公司办理工商变更登记。

正德堂公司不服一审法院民事判决,向二审法院提出上诉。二审法院认定一审判决认定事实清楚,适用法律正确,应予维持。为此,依照《民事诉讼法》第一百五十三条第一款第(一)项之规定,判决:驳回上诉,维持原判。

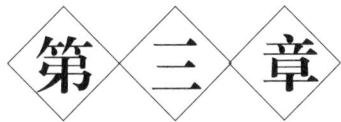

合伙企业法律制度

★ 本章学习要点与要求 ★

通过本章的学习应掌握合伙企业的概念和特征、普通合伙企业的设立条件、普通合伙企业的财产、普通合伙企业的事务执行、普通合伙企业与第三人关系、普通合伙企业的入伙与退伙、有限合伙企业的特殊规定、合伙企业及有限合伙企业的解散和清算等问题。

第一节 概 述

一、合伙企业法概述

企业是市场经济活动的主体,以企业的组织形式和法律地位为标准,企业的法律形态有公司企业、合伙企业和独资企业等表现形式。在法人制度形成之前,合伙是自然人之间为联合起来从事经营活动而可以采取的唯一选择,因此,合伙企业是一种具有悠久历史的企业组织形式。由于合伙企业在投资来源、经营管理以及风险承担等方面的社会化程度较低,所以,在现代市场经济社会中,与公司企业相比,合伙企业在功能上已经退居到次要的地位。但是,由于合伙企业具有设立简便、灵活,组织形式简单,经营管理便利等特点,合伙企业在数量上仍然占有绝对的优势。即使是在市场经济比较发达的国家和地区,合伙企业仍然是一种相当普遍的企业组织形式。就我国的情形而言,由于种种因素导致各地的生产力发展水平并不一致,合伙企业在发展经济、扩大就业、方便人们生活和满足社会多样化需要方面仍然具有重要的作用,因此,国家应在法律制度建设方面对其发展给予鼓励和支持。同时,在我国的合伙企业实践中,也暴露出一些不容忽视的问题,例如生产经营行为有时缺乏自律,企业组织形式不够规范等。为了维护社会经济的正常秩序,必须通过立法克服这些消极现象。

为了规范合伙企业的行为,保护合伙企业及其合伙人的合法权益,维护社会经济秩序,促进社会主义市场经济的发展,1997年2月23日第八届全国人民代表大会常务委员会第二十四次会议通过了《中华人民共和国合伙企业法》(以下简称《合伙企业法》)。《合伙企业法》的制定和实施,有利于进一步完善我国社会主义市场经济主体的法律体系。

2006年8月27日,第十届全国人民代表大会常务委员会第二十三次会议修订了《合伙企业法》。

二、合伙企业的概念和特征

合伙企业,是指自然人、法人和其他组织依照《合伙企业法》在中国境内设立的普通合伙企业和有限合伙企业。

普通合伙企业由普通合伙人组成,合伙人对合伙企业的债务承担无限连带责任。《合伙企业法》对普通合伙人承担责任的形式有特别规定的,从其规定。

有限合伙企业由普通合伙人和有限合伙人组成,普通合伙人对合伙企业的债务承担无限连带责任,有限合伙人以其认缴的出资额为限对合伙企业的债务承担责任。

作为一种市场主体,合伙企业区别于其他市场主体的特征有:

(一)合伙企业是不具有法人资格的营利性经济组织

合伙企业的营利性,使得合伙企业与其他合伙形式但不以营利为目的的合伙组织相区别,后者的设立和活动并不适用《合伙企业法》。合伙企业的组织性,使得合伙企业与一般的民事合伙区别开来,从而成为市场经济活动的主体和多种法律关系的主体。例如,合伙企业可以以自己的名义享有财产权利和其他合法权益,可以自己的名义从事生产经营活动。如同世界上大多数国家一样,我国的《合伙企业法》并没有赋予合伙企业以法人资格。合伙企业不具有法人资格,使得合伙企业与公司企业相区别,合伙人不能像公司的股东那样,对企业的债务只需承担有限责任。需要注意的是,世界上也有少数国家赋予了合伙企业以法人资格,例如法国就是这种立法体例的代表。

(二)普通合伙人对合伙企业的债务承担无限连带清偿责任

《合伙企业法》对普通合伙企业的财产范围作了界定,即合伙人的出资、以合伙企业名义取得的收益和依法取得的其他财产,均为合伙企业的财产。合伙企业的财产对合伙企业的债权人而言,也是一种保障。但是,由于合伙企业具有人合性、灵活性等特点,《合伙企业法》没有规定合伙企业必须具备的最低资本数额,不仅如此,合伙人还可以既非财产又非财产权利的劳务出资,企业的资本数量处于一种不确定的状态;此外,合伙人还可以通过非常灵活的盈余分配等形式最大限度地分配合伙企业在经营中积累的企业财产。因此,合伙企业的债权人并没有数量足够而且较为稳定、可靠的财产保障。一旦合伙企业的债务超过合伙企业的财产,其债权人的合法权益很可能受到损害而得不到救济。所以,《合伙企业法》规定,普通合伙人对合伙企业的债务承担无限连带清偿责任,从而使普通合伙人能够最大限度谨慎、勤勉地执行合伙企业的事务,使合伙企业债权人的合法权益能够得到保障和实现。

(三)合伙企业的设立和内部管理是以合伙协议为基础的

合伙企业是人合企业,所有有关合伙人之间的关系、合伙企业的内部管理等事项均需要合伙人通过合伙协议来约定,例如,合伙人出资、利润分配和亏损分担办法、合伙企业事务的执行、入伙与退伙、合伙企业的解散与清算、违约责任、争议的解决方式等。因此,合伙企业是合伙协议基础上的产物,合伙协议是调整合伙企业内部关系的重要法律文件。如果没有合伙协议,合伙企业就不能成立,同时也无法运作。

(四)合伙人共同出资、合伙经营、共享收益、共担风险

尽管合伙企业属于一种人合企业,普通合伙人对合伙企业的债务承担无限连带责任,但合伙企业仍然需要有与其从事的业务相适应的资本额作为生产经营的物质基础,合伙企业的资本由全体合伙人的共同出资构成。由于合伙人共同出资,合伙人之间有着共同的经济目的和紧密一致的经济利害关系,因此,合伙人在原则上均享有平等地参与执行合伙企业事务的权利,各合伙人互为代理人。当然,对于合伙经营的收益和风险,由合伙人共享、共担。

第二节 普通合伙企业的设立

一、普通合伙企业的设立

(一)普通合伙企业的设立条件

设立合伙企业,应当具备下列条件:

1.有两个以上合伙人。普通合伙企业由自然人、法人和其他组织等普通合伙人组成。国有独资公司、国有企业、上市公司以及公益性的事业单位、社会团体不得成为普

通合伙人。合伙人为自然人的,应当具有完全民事行为能力。

2. 有书面合伙协议。合伙协议应当依法由全体合伙人协商一致,以书面形式订立。订立合伙协议、设立合伙企业,应当遵循自愿、平等、公平、诚实信用的原则。合伙协议应当载明下列事项:合伙企业的名称和主要经营场所的地点;合伙的目的和合伙经营范围;合伙人的姓名或者名称、住所;合伙人的出资方式、数额和缴付期限;利润分配、亏损分担方式;合伙事务的执行;入伙与退伙;争议解决办法;合伙企业的解散与清算以及违约责任等。

合伙协议经全体合伙人签名、盖章后生效。合伙人按照合伙协议享有权利,履行义务。修改或者补充合伙协议,应当经全体合伙人一致同意;但是,合伙协议另有约定的除外。

合伙协议未约定或者约定不明确的事项,由合伙人协商决定;协商不成的,依照《合伙企业法》和其他有关法律、行政法规的规定处理。合伙人履行合伙协议发生争议的,合伙人可以通过协商或者调解解决。不愿通过协商、调解解决或者协商、调解不成的,可以按照合伙协议约定的仲裁条款或者事后达成的书面仲裁协议,向仲裁机构申请仲裁。合伙协议中未订立仲裁条款,事后又没有达成书面仲裁协议的,可以向人民法院起诉。

3. 有各合伙人实际缴付的出资。合伙人应当按照合伙协议约定的出资方式、数额和缴付出资的期限,履行出资义务。各合伙人按照合伙协议实际缴付的出资,为对合伙企业的出资。合伙人可以用货币、实物、知识产权、土地使用权或者其他财产权利出资,也可以用劳务出资。合伙人以实物、知识产权、土地使用权或者其他财产权利出资,需要评估作价的,可以由全体合伙人协商确定,也可以由全体合伙人委托法定评估机构评估。合伙人以劳务出资的,其评估办法由全体合伙人协商确定,并在合伙协议中载明。

以非货币财产出资的,依照法律、行政法规的规定,需要办理财产权转移手续的,应当依法办理。

4. 有合伙企业的名称。如同所有企业一样,合伙企业的名称是代表合伙企业的文字符号,是与其他企业相区别并被社会识别的标志。合伙企业的名称对于维护合伙企业自身的利益、保障其交易对方的利益以及维护社会经济秩序等方面均具有重要的法律意义。合伙企业的名称应当符合我国有关企业名称的管理规定。合伙企业名称中应当标明"普通合伙"字样,不得使用"有限"或者"有限责任"字样。合伙企业未在其名称中标明"普通合伙"字样的,由企业登记机关责令限期改正,处以2 000元以上1万元以下的罚款。

5. 有经营场所。合伙企业的经营场所是合伙企业进行业务活动所必需的必要条件之一,同时,经营场所还是确定合伙企业住所的重要依据。而合伙企业住所的确定,又为确定债务履行地、企业登记地、诉讼管辖地、诉讼文书收受地提供了依据。因此,合伙企业的经营场所具有十分重要的法律意义。

(二)普通合伙企业的设立程序

申请设立合伙企业,应当向企业登记机关提交登记申请书、合伙协议书、合伙人身份证明等文件。合伙企业的经营范围中有属于法律、行政法规规定在登记前须经批准的项目的,该项经营业务应当依法经过批准,并在登记时提交批准文件。

申请人提交的登记申请材料齐全、符合法定形式,企业登记机关能够当场登记的,应予当场登记,发给营业执照。除上述规定情形外,企业登记机关应当自受理申请之日起20日内,作出是否登记的决定。予以登记的,发给营业执照;不予登记的,应当给予书面答复,并说明理由。

合伙企业的营业执照签发日期,为合伙企业成立日期。合伙企业领取营业执照前,合伙人不得以合伙企业的名义从事合伙业务。

合伙企业设立分支机构,应当向分支机构所在地的企业登记机关申请登记,领取营业执照。

二、普通合伙企业的财产

(一)合伙企业财产的构成

《合伙企业法》第20条规定,合伙人的出资、以合伙企业名义取得的收益和依法取得的其他财产,均为合伙企业的财产。由此可见,合伙企业的财产由两部分构成:一部分是合伙人的出资,即合伙人按照合伙协议实际缴付的出资;另一部分则是所有以合伙企业的名义取得的收益,即合伙人以合伙企业的名义从事经营活动的所得。这两部分财产在性质上都是合伙人的共有财产。

(二)合伙企业财产的管理

由于合伙企业的财产归合伙人共有,因此按照调整财产共有关系的法律要求和《合伙企业法》的规定,合伙企业的财产由全体合伙人依照《合伙企业法》的规定及合伙协议的约定共同管理和使用。

为了维护合伙企业财产的完整,并且以此保障合伙企业交易对方的合法权益,除法律另有规定外,合伙企业进行清算前,合伙人不得请求分割合伙企业的财产。合伙人在合伙企业清算前私自转移或者处分合伙企业财产的,合伙企业不得以此对抗不知情的善意第三人。

合伙企业是典型的人合企业,合伙人之间往往具有较强的人身信任或者依附关系。因此,我国《合伙企业法》规定,除合伙协议另有约定外,合伙人向合伙人以外的人转让其在合伙企业中的全部或者部分财产份额时,须经其他合伙人一致同意。合伙人之间转让在合伙企业中的全部或者部分财产份额时,应当通知其他合伙人。合伙人向合伙人以外的人转让其在合伙企业中的财产份额的,在同等条件下,其他合伙人有优先购买权;但是,合伙协议另有约定的除外。合伙人以外的人依法受让合伙人在合伙企业中的财产份额的,经修改合伙协议即成为合伙企业的合伙人,依照《合伙企业法》和修改后的合伙协议享有权利,履行义务。

合伙人以其在合伙企业中的财产份额出质的,在合伙人不能履行债务时,作为质押物的财产份额就有成为强制执行标的的可能,这将会影响到合伙企业的正常经营。因此,合伙人以其在合伙企业中的财产份额出质的,须经其他合伙人一致同意;未经其他合伙人一致同意,其行为无效,由此给善意第三人造成损失的,由行为人依法承担赔偿责任。

三、合伙企业事务的执行

(一)合伙企业事务的执行方式

如前所述,合伙企业具有经营管理形式简便、灵活的特点,表现之一就是合伙企业法没有强制性地要求合伙企业必须建立完善、规范的内部组织机构,在一定意义上讲,这也是合伙企业与公司企业、《合伙企业法》与《公司法》的显著区别之一。普通合伙企业是由合伙人共同出资设立的,合伙人共享合伙企业的收益,共担合伙企业的风险,并对合伙企业的债务承担无限连带责任,因此,普通合伙企业应当由合伙人共同经营,各合伙人对合伙企业事务的执行享有平等的权利。根据《合伙企业法》的规定,合伙人对执行合伙事务享有同等的权利。按照合伙协议的约定或者经全体合伙人决定,可以委托一个或者数个合伙人对外代表合伙企业,执行合伙事务。作为合伙人的法人、其他组织执行合伙事务的,由其委派的代表执行。

(二)合伙企业事务的执行及监督

根据《合伙企业法》的规定,依法委托一个或者数个合伙人执行合伙事务的,其他合伙人不再执行合伙事务。不执行合伙事务的合伙人有权监督执行事务合伙人执行合伙事务的情况。由一个或者数个合伙人执行合伙事务的,执行事务合伙人应当定期向其他合伙人报告事务执行情况以及合伙企业的经营和财务状况,其执行合伙事务所产生的收益归合伙企业,所产生的费用和亏损由合伙企业承担。合伙人为了解合伙企业的经营状况和财务状况,有权查阅合伙企业会计账簿等财务资料。

合伙人分别执行合伙事务的,执行事务合伙人可以对其他合伙人执行的事务提出异议。提出异议时,应当暂停该项事务的执行。受委托执行合伙事务的合伙人不按照合伙协议或者全体合伙人的决定执行事务的,其他合伙人可以决定撤销该委托。

合伙人对合伙企业有关事项作出决议,按照合伙协议约定的表决办法办理。合伙协议未约定或者约定不明确的,实行合伙人一人一票并经全体合伙人过半数通过的表决办法。《合伙企业法》对合伙企业的表决办法另有规定的,从其规定。

除合伙协议另有约定外,合伙企业的下列事项应当经全体合伙人一致同意:①改变合伙企业的名称;②改变合伙企业的经营范围、主要经营场所的地点;③处分合伙企业的不动产;④转让或者处分合伙企业的知识产权和其他财产权利;⑤以合伙企业名义为他人提供担保;⑥聘任合伙人以外的人担任合伙企业的经营管理人员。

(三)合伙企业的利润分配及亏损分担

合伙企业的利润分配、亏损分担,按照合伙协议的约定办理;合伙协议未约定或者约定不明确的,由合伙人协商决定;协商不成的,由合伙人按照实缴出资比例分配、分担;无法确定出资比例的,由合伙人平均分配、分担。合伙协议不得约定将全部利润分配给部分合伙人或者由部分合伙人承担全部亏损。

合伙人按照合伙协议的约定或者经全体合伙人决定,可以增加或者减少对合伙企业的出资。

(四)合伙人及其他经营管理人员的义务

首先,合伙人负有竞业禁止的义务,即合伙人不得自营或者同他人合作经营与本合伙企业相竞争的业务。合伙人违反法律规定,从事与本合伙企业相竞争的业务或者与本合伙企业进行交易,给合伙企业或者其他合伙人造成损失的,依法承担赔偿责任。其次,合伙人负有交易禁止的义务,即除合伙协议另有约定或者经全体合伙人一致同意外,合伙人不得同本合伙企业进行交易。再次,合伙人不得从事损害本合伙企业利益的活动。

合伙人执行合伙事务,或者合伙企业从业人员利用职务上的便利,将应当归合伙企业的利益据为己有的,或者采取其他手段侵占合伙企业财产的,应当将该利益和财产退还合伙企业;给合伙企业或者其他合伙人造成损失的,依法承担赔偿责任。

合伙人对《合伙企业法》规定或者合伙协议约定必须经全体合伙人一致同意始得执行的事务擅自处理,给合伙企业或者其他合伙人造成损失的,依法承担赔偿责任。不具有事务执行权的合伙人擅自执行合伙事务,给合伙企业或者其他合伙人造成损失的,依法承担赔偿责任。

合伙人违反《合伙企业法》规定或者合伙协议的约定,从事与本合伙企业相竞争的业务或者与本合伙企业进行交易的,该收益归合伙企业所有;给合伙企业或者其他合伙人造成损失的,依法承担赔偿责任。

四、合伙企业与第三人的关系

(一)合伙企业与善意第三人的关系

在处理合伙企业与善意第三人的关系时,应当遵循自愿、公平和诚实信用的原则。

合伙企业对合伙人执行合伙事务以及对外代表合伙企业权利的限制,不得对抗善意第三人。

（二）合伙企业与其债权人的关系

合伙企业对其债务,应先以其全部财产进行清偿。合伙企业不能清偿到期债务的,合伙人承担无限连带责任。合伙人由于承担无限连带责任,清偿数额超过《合伙企业法》规定的亏损分担比例的,有权向其他合伙人追偿。

（三）合伙企业与合伙人个人债权人之间的关系

由于合伙企业与其合伙人之间毕竟是不同的利益主体,因此,合伙人个人所负债务不应当影响合伙企业的正常经营,不应当影响其他合伙人的正当权益。为了避免合伙企业以及其他合伙人被某一合伙人的个人债务所累,保障合伙企业和其他合伙人的合法权益,《合伙企业法》规定,合伙人发生与合伙企业无关的债务,相关债权人不得以其债权抵消其对合伙企业的债务,也不得代位行使合伙人在合伙企业中的权利。

合伙人的自有财产不足清偿其与合伙企业无关的债务的,该合伙人可以以其从合伙企业中分取的收益用于清偿;债权人也可以依法请求人民法院强制执行该合伙人在合伙企业中的财产份额用于清偿。人民法院强制执行合伙人的财产份额时,应当通知全体合伙人,其他合伙人有优先购买权;其他合伙人未购买,又不同意将该财产份额转让给他人的,依照《合伙企业法》相关规定为该合伙人办理退伙结算,或者办理削减该合伙人相应财产份额的结算。

五、入伙与退伙

（一）入伙

入伙是指在合伙企业成立之后解散之前,不具有合伙人身份的自然人取得合伙人身份的法律行为。根据《合伙企业法》的规定,新合伙人入伙,除合伙协议另有约定外,应当经全体合伙人一致同意,并依法订立书面入伙协议。订立入伙协议时,原合伙人应当向新合伙人如实告知原合伙企业的经营状况和财务状况。

入伙的新合伙人与原合伙人享有同等权利,承担同等责任。入伙协议另有约定的,从其约定。新合伙人对入伙前合伙企业的债务承担无限连带责任。

合伙企业登记事项因入伙、合伙协议修改等发生变更或者需要重新登记的,应当于作出变更决定或者发生变更事由之日起15日内,向企业登记机关办理有关登记手续。

（二）退伙

1. 退伙的种类。退伙是指具有合伙人身份的自然人在合伙企业存续期间退出合伙企业、失去合伙人资格的法律事实。根据《合伙企业法》的规定,基于退伙的原因不同,退伙可以分为自愿退伙、法定退伙和除名退伙 3 种情形。

(1)自愿退伙。自愿退伙,又称声明退伙,是合伙人基于自愿而退伙。根据《合伙企业法》的规定,自愿退伙可以分为两种类型:

第一,《合伙企业法》第 45 条规定,合伙协议约定合伙期限的,在合伙企业存续期间,有下列情形之一的,合伙人可以退伙:合伙协议约定的退伙事由出现;经全体合伙人一致同意;发生合伙人难以继续参加合伙的事由;其他合伙人严重违反合伙协议约定的义务。

第二,《合伙企业法》第 46 条规定,合伙协议未约定合伙期限的,合伙人在不给合伙企业事务执行造成不利影响的情况下,可以退伙,但应当提前 30 日通知其他合伙人。

合伙人违反《合伙企业法》规定退伙的,应当赔偿由此给合伙企业造成的损失。

(2)法定退伙。法定退伙,又称当然退伙,是指合伙人因出现法律明确规定的事由而退伙。

根据《合伙企业法》第 48 条的规定,合伙人有下列情形之一的,当然退伙:作为合伙人的自然人死亡或者被依法宣告死亡;个人丧失偿债能力;作为合伙人的法人或者其他组织依法被吊销营业执照、责令关闭、撤销,或者被宣告破产;法律规定或者合伙协议约定合伙人必须具有相关资格而丧失该资格;合伙人在合伙企业中的全部财产份额被人民法院强制执行。

合伙人死亡或者被依法宣告死亡的,对该合伙人在合伙企业中的财产份额享有合法继承权的继承人,按照合伙协议的约定或者经全体合伙人一致同意,从继承开始之日起,取得该合伙企业的合伙人资格。有下列情形之一的,合伙企业应当向合伙人的继承人退还被继承合伙人的财产份额:继承人不愿意成为合伙人;法律规定或者合伙协议约定合伙人必须具有相关资格,而该继承人未取得该资格;合伙协议约定不能成为合伙人的其他情形。合伙人的继承人为无民事行为能力人或者限制民事行为能力人的,经全体合伙人一致同意,可以依法成为有限合伙人,普通合伙企业依法转为有限合伙企业。全体合伙人未能一致同意的,合伙企业应当将被继承合伙人的财产份额退还该继承人。

合伙人被依法认定为无民事行为能力人或者限制民事行为能力人的,经其他合伙人一致同意,可以依法转为有限合伙人,普通合伙企业依法转为有限合伙企业。其他合伙人未能一致同意的,该无民事行为能力或者限制民事行为能力的合伙人退伙。

退伙事由实际发生之日为退伙生效日。

(3)除名退伙。除名退伙是指经其他合伙人一致同意,将符合法律规定的除名条件的合伙人强制清除出合伙企业而发生的退伙。

根据《合伙企业法》第 49 条的规定,合伙人有下列情形之一的,经其他合伙人一致同意,可以决议将其除名:未履行出资义务;因故意或者重大过失给合伙企业造成损失;

执行合伙企业事务时有不正当行为;合伙协议约定的其他事由。

对合伙人的除名决议应当书面通知被除名人。被除名人自接到除名通知之日起,除名生效,被除名人退伙。被除名人对除名决议有异议的,可以在接到除名通知之日起 30 日内,向人民法院起诉。

2.退伙的法律后果。

(1)合伙人退伙,不影响其他合伙人之间的合伙关系,合伙企业继续存在。

(2)合伙人退伙的,其他合伙人应当与该退伙人按照退伙时合伙企业的财产状况进行结算,退还退伙人的财产份额。退伙时有未了结的合伙企业事务的,待了结后进行结算。

(3)退伙人在合伙企业中财产份额的退还办法,由合伙协议约定或者由全体合伙人决定,可以退还货币,也可以退还实物。

(4)退伙人对其退伙前已发生的合伙企业债务,与其他合伙人承担连带责任。

(5)合伙人退伙时,合伙企业财产少于合伙企业债务的,由各合伙人按照合伙协议约定的比例分担亏损;合伙协议未约定比例的,由各合伙人平均分担。

(6)合伙人死亡或者被依法宣告死亡的,对该合伙人在合伙企业中的财产份额享有合法继承权的继承人,依照合伙协议的约定或者经全体合伙人同意,从继承开始之日起,即取得该合伙企业合伙人资格。合法继承人不愿意成为该合伙企业合伙人的,合伙企业应退还其依法继承的财产份额。合法继承人为未成年人的,经其他合伙人一致同意,可以在其未成年时由监护人代行其权利。

合伙企业登记事项因退伙、合伙协议修改等发生变更或者需要重新登记的,应当于作出变更决定或者发生变更事由之日起 15 日内,向企业登记机关办理有关登记手续。

六、特殊的普通合伙企业

以专业知识和专门技能为客户提供有偿服务的专业服务机构,可以设立为特殊的普通合伙企业。特殊的普通合伙企业是指合伙人按《合伙企业法》第 57 条的规定承担责任的普通合伙企业。《合伙企业法》第 57 条规定,一个合伙人或者数个合伙人在执业活动中因故意或者重大过失造成合伙企业债务的,应当承担无限责任或者无限连带责任,其他合伙人以其在合伙企业中的财产份额为限承担责任。合伙人在执业活动中非因故意或者重大过失造成的合伙企业债务以及合伙企业的其他债务,由全体合伙人承担无限连带责任。

特殊的普通合伙企业名称中应当标明"特殊普通合伙"字样。

合伙人在执业活动中因故意或者重大过失造成的合伙企业债务,以合伙企业财产对外承担责任后,该合伙人应当按照合伙协议的约定对给合伙企业造成的损失承担赔偿责任。

特殊的普通合伙企业应当建立执业风险基金、办理职业保险。执业风险基金用于偿付合伙人执业活动造成的债务。执业风险基金应当单独立户管理。具体管理办法由国务院规定。

第三节 有限合伙企业

一、有限合伙企业的设立

有限合伙企业由2个以上50个以下合伙人设立;但是,法律另有规定的除外。有限合伙企业至少应当有1个普通合伙人。有限合伙企业名称中应当标明"有限合伙"字样。

有限合伙企业的合伙协议除符合《合伙企业法》第18条的规定外,还应当载明下列事项:①普通合伙人和有限合伙人的姓名或者名称、住所;②执行事务合伙人应具备的条件和选择程序;③执行事务合伙人权限与违约处理办法;④执行事务合伙人的除名条件和更换程序;⑤有限合伙人入伙、退伙的条件、程序以及相关责任;⑥有限合伙人和普通合伙人相互转变的程序。

有限合伙人可以用货币、实物、知识产权、土地使用权或者其他财产权利作价出资。有限合伙人不得以劳务出资。

有限合伙人应当按照合伙协议的约定按期足额缴纳出资;未按期足额缴纳的,应当承担补缴义务,并对其他合伙人承担违约责任。有限合伙企业登记事项中应当载明有限合伙人的姓名或者名称及认缴的出资数额。

二、有限合伙企业的事务执行

有限合伙企业由普通合伙人执行合伙事务。执行事务合伙人可以要求在合伙协议中确定执行事务的报酬及报酬提取方式。

有限合伙人不执行合伙事务,不得对外代表有限合伙企业。有限合伙人的下列行为,不视为执行合伙事务:①参与决定普通合伙人入伙、退伙;②对企业的经营管理提出建议;③参与选择承办有限合伙企业审计业务的会计师事务所;④获取经审计的有限合伙企业财务会计报告;⑤对涉及自身利益的情况,查阅有限合伙企业财务会计账簿等财务资料;⑥在有限合伙企业中的利益受到侵害时,向有责任的合伙人主张权利或者提起诉讼;⑦执行事务合伙人怠于行使权利时,督促其行使权利或者为了本企业的利益以自己的名义提起诉讼;⑧依法为本企业提供担保。

三、对有限合伙企业的几个特殊规定

在利润分配方面,有限合伙企业不得将全部利润分配给部分合伙人;但是,合伙协议另有约定的除外。

在竞业禁止和自我交易方面,有限合伙人可以同本有限合伙企业进行交易;但是,合伙协议另有约定的除外。有限合伙人可以自营或者同他人合作经营与本有限合伙企业相竞争的业务;但是,合伙协议另有约定的除外。

在财产处置方面,有限合伙人可以将其在有限合伙企业中的财产份额出质;但是,合伙协议另有约定的除外。有限合伙人可以按照合伙协议的约定向合伙人以外的人转让其在有限合伙企业中的财产份额,但应当提前30日通知其他合伙人。有限合伙人的自有财产不足清偿其与合伙企业无关的债务的,该合伙人可以以其从有限合伙企业中分取的收益用于清偿;债权人也可以依法请求人民法院强制执行该合伙人在有限合伙企业中的财产份额用于清偿。人民法院强制执行有限合伙人的财产份额时,应当通知全体合伙人。在同等条件下,其他合伙人有优先购买权。

四、有限合伙企业的入伙、退伙和解散

有限合伙企业仅剩有限合伙人的,应当解散;有限合伙企业仅剩普通合伙人的,转为普通合伙企业。第三人有理由相信有限合伙人为普通合伙人并与其交易的,该有限合伙人对该笔交易承担与普通合伙人同样的责任。

有限合伙人未经授权以有限合伙企业名义与他人进行交易,给有限合伙企业或者其他合伙人造成损失的,该有限合伙人应当承担赔偿责任。

新入伙的有限合伙人对入伙前有限合伙企业的债务,以其认缴的出资额为限承担责任。有限合伙人有《合伙企业法》第48条第1款第1项、第3项至第5项所列情形之一的,当然退伙。作为有限合伙人的自然人在有限合伙企业存续期间丧失民事行为能力的,其他合伙人不得因此要求其退伙。作为有限合伙人的自然人死亡、被依法宣告死亡或者作为有限合伙人的法人及其他组织终止时,其继承人或者权利承受人可以依法取得该有限合伙人在有限合伙企业中的资格。

有限合伙人退伙后,对基于其退伙前的原因发生的有限合伙企业债务,以其退伙时从有限合伙企业中取回的财产承担责任。

除合伙协议另有约定外,普通合伙人转变为有限合伙人,或者有限合伙人转变为普通合伙人,应当经全体合伙人一致同意。有限合伙人转变为普通合伙人的,对其作为有限合伙人期间有限合伙企业发生的债务承担无限连带责任。普通合伙人转变为有限合伙人的,对其作为普通合伙人期间合伙企业发生的债务承担无限连带责任。

第四节　合伙企业的解散和清算

一、合伙企业解散的事由

合伙企业解散的事由,是指法律允许合伙企业解散的原因和条件。根据《合伙企业法》的规定,合伙企业有下列情形之一时,应当解散:①合伙期限届满,合伙人决定不再经营;②合伙协议约定的解散事由出现;③全体合伙人决定解散;④合伙人已不具备法定人数满30天;⑤合伙协议约定的合伙目的已经实现或者无法实现;⑥依法被吊销营业执照、责令关闭或者被撤销;⑦法律、行政法规规定的其他原因。

二、合伙企业的清算

（一）清算人的确定

合伙企业解散,清算人由全体合伙人担任;未能由全体合伙人担任清算人的,经全体合伙人过半数同意,可以自合伙企业解散后15日内指定1名或者数名合伙人,或者委托第三人,担任清算人。15日内未确定清算人的,合伙人或者其他利害关系人可以申请人民法院指定清算人。

（二）清算人的职责及法律责任

根据《合伙企业法》第87条的规定,清算人在清算期间执行下列事务:①清理合伙企业财产,分别编制资产负债表和财产清单;②处理与清算有关的合伙企业未了结的事务;③清缴所欠税款;④清理债权、债务;⑤处理合伙企业清偿债务后的剩余财产;⑥代表合伙企业参与民事诉讼活动。

清算人自被确定之日起10日内将合伙企业解散事项通知债权人,并于60日内在报纸上公告。债权人应当自接到通知书之日起30日内,未接到通知书的自公告之日起45日内,向清算人申报债权。

债权人申报债权,应当说明债权的有关事项,并提供证明材料。清算人应当对债权进行登记。

清算期间,合伙企业存续,但不得开展与清算无关的经营活动。

清算人执行清算事务,牟取非法收入或者侵占合伙企业财产的,应当将该收入和侵占的财产退还合伙企业;给合伙企业或者其他合伙人造成损失的,依法承担赔偿责任。清算人违反《合伙企业法》规定,隐匿、转移合伙企业财产,对资产负债表或者财产清单作虚假记载,或者在未清偿债务前分配财产,损害债权人利益的,依法承担赔偿责任。

（三）财产的分配

合伙企业财产在支付清算费用和职工工资、社会保险费用、法定补偿金以及缴纳所欠税款、清偿债务后的剩余财产,依照《合伙企业法》第33条第1款的规定进行分配。

合伙企业不能清偿到期债务的,债权人可以依法向人民法院提出破产清算申请,也可以要求普通合伙人清偿。合伙企业依法被宣告破产的,普通合伙人对合伙企业债务仍应承担无限连带责任。

（四）合伙企业注销登记

合伙企业注销登记是合伙企业解散、消灭其主体资格的法定程序。清算结束,清算人应当编制清算报告,经全体合伙人签名、盖章后,在15日内向企业登记机关报送清算报告,申请办理合伙企业注销登记。合伙企业注销后,原普通合伙人对合伙企业存续期间的债务仍应承担无限连带责任。

清算人在执行清算事务时,未依照《合伙企业法》的规定向企业登记机关报送清算报告,或者报送清算报告隐瞒重要事实,或者有重大遗漏的,由企业登记机关责令改正。由此产生的费用和损失,由清算人承担和赔偿。

本章小结

合伙企业,是指自然人、法人和其他组织依照《合伙企业法》在中国境内设立的普通合伙企业和有限合伙企业。普通合伙企业由普通合伙人组成,合伙人对合伙企业的债务承担无限连带责任。《合伙企业法》对普通合伙人承担责任的形式有特别规定的,从其规定。有限合伙企业由普通合伙人和有限合伙人组成,普通合伙人对合伙企业的债务承担无限连带责任,有限合伙人以其认缴的出资额为限对合伙企业的债务承担责任。

普通合伙企业由自然人、法人和其他组织等普通合伙人组成。国有独资公司、国有企业、上市公司以及公益性的事业单位、社会团体不得成为普通合伙人。合伙人为自然人的,应当具有完全民事行为能力。普通合伙企业的合伙人可以用货币、实物、知识产权、土地使用权或者其他财产权利出资,也可以用劳务出资。合伙人以实物、知识产权、土地使用权或者其他财产权利出资,需要评估作价的,可以由全体合伙人协商确定,也可以由全体合伙人委托法定评估机构评估。合伙人以劳务出资的,其评估办法由全体合伙人协商确定,并在合伙协议中载明。

普通合伙企业应当由合伙人共同经营,各合伙人对合伙企业事务的执行享有平等的权利。根据《合伙企业法》的规定,合伙人对执行合伙事务享有同等的权利。按照合伙协议的约定或者经全体合伙人决定,可以委托一个或者数个合伙人对外代表合伙企业,执行合伙事务。作为合伙人的法人、其他组织执行合伙事务的,由其委派的代表执行。合伙人对合伙企业有关事项作出决议,按照合伙协议约定的表决办法办理。合伙协议未约定或者约定不明确的,实行合伙人一人一票并经全体合伙人过半数通过的表决办法。《合伙企业法》法对合伙企业的表决办法另有规定的,从其规定。普通合伙企业的利润分配、亏损分担,按照合伙协议的约定办理;合伙协议未约定或者约定不明确的,由合伙人协商决定;协商不成的,由合伙人按照实缴出资比例分配、分担;无法确定出资比例的,由合伙人平均分配、分担。合伙协议不得约定将全部利润分配给部分合伙人或者由部分合伙人承担全部亏损。

有限合伙企业由2个以上50个以下合伙人设立;但是,法律另有规定的除外。有限合伙企业至少应当有1个普通合伙人。有限合伙企业名称中应当标明"有限合伙"字样。有限合伙人可以用货币、实物、知识产权、土地使用权或者其他财产权利作价出资。有限合伙人不得以劳务出资。

有限合伙企业由普通合伙人执行合伙事务。执行事务合伙人可以要求在合伙协议中确定执行事务的报酬及报酬提取方式。

有限合伙企业仅剩有限合伙人的,应当解散;有限合伙企业仅剩普通合伙人的,转为普通合伙企业。第三人有理由相信有限合伙人为普通合伙人并与其交易的,该有限合伙人对该笔交易承担与普通合伙人同样的责任。

合伙企业解散的事由,是指法律允许合伙企业解散的原因和条件。合伙企业解散,清算人由全体合伙人担任;未能由全体合伙人担任清算人的,经全体合伙人过半数同意,可以自合伙企业解散后15日内指定1名或者数名合伙人,或者委托第三人,担任清算人。15日内未确定清算人的,合伙人或者其他利害关系人可以申请人民法院指定清算人。

合伙企业财产在支付清算费用和职工工资、社会保险费用、法定补偿金以及缴纳所欠税款、清偿债务后的剩余财产,依照《合伙企业法》第33条第1款的规定进行分配。

合伙企业不能清偿到期债务的,债权人可以依法向人民法院提出破产清算申请,也可以要求普通合伙人清偿。合伙企业依法被宣告破产的,普通合伙人对合伙企业债务仍应承担无限连带责任。

思考练习题

1. 简述合伙企业的概念和特征。
2. 简述普通合伙企业的设立条件。
3. 简述普通合伙企业的财产构成和管理。
4. 普通合伙企业事务的执行方式有哪些?
5. 简述特殊普通合伙企业。
6. 分析有限合伙企业与普通合伙企业的区别。
7. 简述合伙企业退伙的法律形态和法律后果。
8. 简述合伙企业的解散事由。

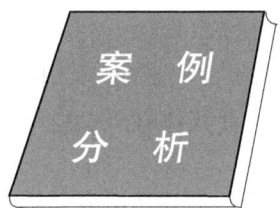

案例

刘国顺与王来忠合伙纠纷再审案①

申请再审人(一审被告、反诉原告,二审上诉人):刘国顺

被申请人(一审原告、反诉被告,二审被上诉人):王来忠

2005 年至 2007 年,王来忠和刘国顺共同投资承建国基公司东一组团陈岗小区 43 号楼工程。2007 年 7 月 18 日双方达成协议书一份,该协议书载明"国基公司东一组团陈岗小区 4 号楼工程是由刘国顺、王来忠二人合伙承建,王来忠投入资金共计 368 000 元整。后期王来忠自愿退出,本工程由经理刘国顺负责处理一切事务。王来忠的投资款由经理刘国顺负责偿还,刘国顺同意从国基公司财务部直接扣除由王来忠本人领取。同意王来忠第一次领取拨款金额的 50%,第二次领取拨款金额的 100%,直到总计领取 368 000 元整为止。本协议自刘国顺、王来忠,证明人张艳妞签字后生效"等内容。后国基公司未依协议内容给王来忠付款。

---

① http://bmla.chinalawinfo.com/case/displaycontent.asp? Gid =117727411&Keyword =。

2008年3月26日,王来忠起诉至法院,请求判令刘国顺偿还其人民币368 000元。刘国顺反诉称,2005年至2007年7月期间,王来忠多次从工地拉走建筑器材用于出租牟利,并在2007年7月18日协议书签订之前向刘国顺借款229 500元。截至2007年7月18日王来忠退伙,其也未返还所借器材及借款。此外,王来忠将合伙财产哈飞路宝面包车一辆(车号豫AEH292)私自开走,至今未还。合伙期间损失20余万元,现要求王来忠分担损失70 000元。故请求判令王来忠返还合伙财产建筑器材、汽车等物品,并返还合伙期间借款合计229 500元,承担合伙期间损失70 000元。

庭审中当事人双方均认可王来忠的总投资款,刘国顺已偿还了2 000元,实际尚欠366 000元投资款。

法理分析

法院经审理认为,王来忠、刘国顺于2007年7月18日达成的协议真实有效,对双方具有法律约束性,王来忠、刘国顺在协议中明确了王来忠的投资款368 000元由刘国顺偿还,且约定王来忠的投资款由第三人国基公司直接交付给债权人王来忠,双方债权债务关系明确。

根据《合同法》相关规定,当事人约定由第三人向债权人履行债务的,第三人不履行债务或者履行债务不符合约定,债务人应当向债权人承担违约责任。因此,第三人国基公司未履行付款义务,刘国顺应当向王来忠承担还款责任。另一方面,因王来忠的借款及借款行为均发生在其退伙之前,刘国顺提供的证据不足以对抗双方2007年7月18日签订的协议书的效力,故刘国顺的反诉请求也难以支持。此外,刘国顺反诉王来忠承担合伙的70 000元损失的请求,因无充分证据,亦不能支持。为此,一审法院依据《民事诉讼法》第六十四条、《民法通则》第一百零八条、《合同法》第六十五条之规定,判决:

1. 被告刘国顺于判决生效后10日内偿还原告投资款366 000元。
2. 驳回被告刘国顺的反诉请求。

其后,二审法院根据《民事诉讼法》第一百五十三条第一款第一项之规定,判决驳回上诉,维持原判。

刘国顺申请再审,再审法院经审理认为,刘国顺与王来忠于2007年7月18日签订的协议书实为退伙协议,二人对合伙财产进行了清算。刘国顺所举王来忠出具的借款条及借走建筑器材的借条,均系与合伙有关的债务,但时间均发生在签订退伙协议之前,应视为双方已在退伙协议中对该债务进行了结算。故刘国顺要求王来忠返还229 500元借款及建筑器材,证据不足,法院不予支持。原审认定事实清楚,适用法律及判决结果正确,应予维持。

个人独资企业法律制度

★ 本章学习要点与要求 ★

通过本章学习应掌握个人独资企业的概念和特征、个人独资企业法的概念和立法宗旨、个人独资企业法的适用范围、个人独资企业的权利和义务、个人独资企业的设立条件和设立程序、个人独资企业的登记管理、个人独资企业投资人的权利和责任、个人独资企业的事务管理、个人独资企业的解散和清算等内容。

第一节 概 述

一、个人独资企业概述

（一）个人独资企业的概念

根据《中华人民共和国个人独资企业法》（以下简称《个人独资企业法》）第2条的规定，个人独资企业是指依照《个人独资企业法》在中国境内设立，由一个自然人投资，财产为投资人个人所有，投资人以其个人财产对企业债务承担无限责任的经营实体。

在我国，关于独资企业的形式和概念，直到1988年的《中华人民共和国私营企业暂行条例》（以下简称《私营企业暂行条例》）才第一次明确规定了独资企业这种法律形式。《私营企业暂行条例》第7条规定，"独资企业是指一人投资经营的企业。独资企业投资者对企业债务负无限责任。"

（二）个人独资企业的特征

在我国,与社会主义市场经济体制相适应的企业形态为公司企业、合伙企业和个人独资企业。相对而言,这三种企业形态各具特色。从宏观方面比较,公司企业具有法人资格,公司的股东既可以是自然人也可以是法人,公司的投资者即股东对公司债务承担有限责任;合伙企业不具有法人资格,合伙人对合伙企业的债务承担无限连带清偿责任;个人独资企业同样不具有法人资格,个人独资企业的投资人只能为自然人,投资人对个人独资企业的债务承担无限清偿责任。通过以上比较可以看出,自然人可以成为上述三种企业形态的投资者。因此,从一定意义上讲,《个人独资企业法》的制定和实施,为自然人的投资提供了又一条新的途径。当然,法律、行政法规禁止从事营利性活动的人,不得作为投资人申请设立个人独资企业。与公司企业、合伙企业相比,独资企业的法律特征主要表现在以下几方面:

1. 在投资人方面,个人独资企业是由一个自然人投资设立的。个人独资企业是一个经营实体,具有组织体的特征,即个人独资企业与投资人是相对分离的。在经营活动中,个人独资企业应当以企业的名义开展经营活动。作为一个经营实体,个人独资企业当然是以营利为目的的,这就意味着个人独资企业可以具有从事经营活动的资格,可以而且也应当在核准登记的范围内从事经营活动。个人独资企业是由一个自然人投资设立的,在这里,自然人只限于具有完全民事行为能力的中国公民。

2. 在产权关系和组织管理方面,个人独资企业的财产为投资人个人所有,即投资人对个人独资企业的财产依法享有所有权。因此,个人独资企业自身不是一个独立的财产权主体,这种产权关系是个人独资企业区别于其他企业形态的重要特点之一。个人独资企业的"独资",意味着没有资本的联合,企业发展的规模会受到相应的限制,个人独资企业一般属于中小型企业。同时,也正是由于"独资",投资人对个人独资企业具有完全的控制权,而且法律没有强制规定企业所有与企业经营分离的机制,投资人可以视企业的情况自主选择经营管理方式。

3. 在法律地位方面,个人独资企业不具有法人资格。独资企业是自然人从事商业经营的一种组织形式,但这种组织本身却不成为独立的法律主体,没有自己的法律人格,其民事或商事活动都是以独资企业主的个人人格或主体身份进行的。由此决定,在财产关系上,独资企业所使用的财产由独资企业主一人投资,也由其一人所有,企业本身没有所有权。虽然独资企业一般都设置有单独的财产目录和业务账簿,用于记载投入企业经营的财产情况和企业业务状况,但其目的只是为了填写纳税账表和使企业主了解、掌握企业的经营状况。在经营管理上,企业主享有决定企业一切事项、管理企业业务的权力,虽然实践中企业主常常把此种管理权通过委托关系而交由代理人或雇员行使,但其权力本源仍在企业主。在利益分配上,企业盈利由企业主独自享有和自由处分;在财产责任上,企业负债等于企业主个人负债,并由其个人承担。如发生资不抵债情况,企业主应以其个人的全部财产而不是仅以其投资于该企业的财产对债务负责,此即所谓的无限责任,其中包括对其雇员在执行职务的过程中产生的损害赔偿责任负责。

4. 在责任承担方面,投资人以其个人财产对企业的债务承担无限责任。由于个人独资企业的投资人以其个人财产对企业债务承担无限责任,因此,个人独资企业的债权人债权的实现在很大程度上依赖于投资人的信用和偿债能力。同时也正是这样的原因,《个人独资企业法》对个人独资企业的资本并没有作出任何强制性规定。当然这并不意味着债权人不再有风险存在了,因为我国尚没有建立起有效的个人财产监控制度。

总之,个人独资企业独特的产权结构和责任承担方式,使得个人独资企业具有了自身的特点。例如,个人独资企业的设立条件、注册资本、登记程序以及内部管理方式的选择等方面也比较灵活。正是考虑上述特点,在立法方面,就采取了一种鼓励投资设立各类企业的政策取向。具体表现为设立条件从宽,设立程序从简,对于企业的注册资本以及投资人的出资数量和方式没有做任何强制性的规定,可以视企业的情况自主选择经营管理方式。这种鼓励设立个人独资企业的立法态度对于繁荣经济、吸纳剩余劳动力都是有利的。

二、个人独资企业法概述

(一)个人独资企业法的概念和立法宗旨

《个人独资企业法》第1条规定,"为了规范个人独资企业的行为,保护个人独资企业投资人和债权人的合法权益,维护社会经济秩序,促进社会主义市场经济的发展,根据宪法,制定本法。"这一条文的内容揭示了该法的立法宗旨:第一,规范个人独资企业的行为;第二,保护个人独资企业投资人和债权人的合法权益;第三,维护社会经济秩序,促进社会主义市场经济的发展。为了贯彻和实现这一宗旨,第九届全国人民代表大会常务委员会第十一次会议于1999年8月30日通过的《中华人民共和国个人独资企业法》,自2000年1月1日起施行。该法共计6章48条,主要规范了个人独资企业的设立、个人独资企业的投资人及事务管理、个人独资企业的解散和清算、法律责任等内容。

(二)制定《个人独资企业法》的意义

我国自实施改革开放的政策之后,城镇个体经济进入了恢复发展的时期。《民法通则》、《城乡个体工商户暂行条例》和《私营企业暂行条例》的颁布,使个体经济获得了前所未有的法律保障。为了进一步保障个体经济和私营经济的发展,《中华人民共和国宪法》(以下简称《宪法》)第16条进一步规定,"在法律规定范围内的个体经济、私营经济等非公有制经济,是社会主义市场经济的重要组成部分"。"国家保护个体经济、私营经济的合法的权利和利益。国家对个体经济、私营经济实行引导、监督和管理"。与宪法的要求相比,上述法律法规有关个人独资企业的规定远远不能满足引导、监督和管理个人独资企业发展的需求,例如,在专门规范私营企业的《私营企业暂行条例》中,只有第7条直接与个人独资企业有关。在现实经济生活中,有的个人独资企业行为不规范,侵害企业债权人和职工的现象时有发生;个人独资企业的正常经营活动受到干扰,个人独资企业投资人权益得不到保障的情况屡见不鲜,影响了个人独资企业的正常发展。因此,《个人独资企业法》的颁布和实施,可以引导、监督和管理个人独资企业,规范个人独资企业的行为,保护个人独资企业投资人和债权人的合法权益,维护社会经济秩序,促进社会主义市场经济的发展。

我国需要建立与社会主义市场经济体制相适应的现代企业制度,企业的法律形态包括公司企业、合伙企业和个人独资企业三种基本类型。相应的专门立法有《公司法》、《合伙企业法》和《个人独资企业法》。《个人独资企业法》的出台,标志着我国现代企业法律制度的建设迈上了一个新的台阶,初步形成了与社会主义市场经济体制相适应的现代企业法律制度体系。

(三)《个人独资企业法》的适用范围

《个人独资企业法》只适用于个人独资企业。根据该法规定,个人独资企业是由一个自然人投资设立,财产为投资人个人所有,投资人以其个人财产对企业债务承担无限责任的经营实体。所以,《个人独资企业法》不适用于具有独资特点的全民所有制企业,不适用于国有独资公司及其他一人公司。

《个人独资企业法》第47条明确规定,"外商独资企业不适用本法"。所谓外商独资企业是指依照《中华人民共和国外资企业法》(以下简称《外资企业法》)在中国境内设立的全部资本由一个外国投资者投资的企业,不包括外国的企业和其他经济组织在中国境内的分支机构。外商独资企业是外资企业的一种具体形式,而且,在现实经济生活中,许多外资企业采取了外商独资企业的形式。根据《外资企业法》第8条的规定,外资企业符合中国法律关于法人条件的规定的,依法取得中国法人资格。换言之,符合中国法律关于法人条件的规定的,外商独资企业也可以取得法人资格,甚至可以采取有限责任公司的形式,与《个人独资企业法》所创设的个人独资企业在法律地位、组织形式、经济功能等诸多方面存在着明显的差异。所以,外商独资企业不适用《个人独资企业法》。

《个人独资企业法》第48条规定,自2000年1月1日起施行。这是适用《个人独资企业法》的时间范围。

三、个人独资企业的权利

作为企业的一种具体类型,个人独资企业与其他企业一样依法享有自主从事经营活动的权利。对个人独资企业应当由国家来保护其合法权益,并采取具体措施鼓励、扶持其发展。对个人独资企业的财产和其他合法权益,应当在法律中规定由国家予以保护。所以,我国《个人独资企业法》第 5 条明确规定,国家依法保护个人独资企业的财产和其他合法权益。不仅如此,为了进一步支持和保护个人独资企业的发展,《个人独资企业法》还规定,个人独资企业可以依法申请贷款、取得土地使用权,并享有法律、行政法规规定的其他权利。任何单位和个人不得违反法律、行政法规的规定,以任何方式强制个人独资企业提供财力、物力、人力;对于违法强制提供财力、物力、人力的行为,个人独资企业有权拒绝。违反法律、行政法规的规定强制个人独资企业提供财力、物力、人力的,按照有关法律、行政法规予以处罚,并追究有关责任人员的责任。

四、个人独资企业的义务

首先,个人独资企业从事经营活动必须遵守法律、行政法规,遵守诚实信用原则,不得损害社会公共利益。个人独资企业在从事经营活动过程中,不得违背法律、行政法规的强制性规定。当然判断个人独资企业的经营行为是否合法,应当以法律、行政法规为依据,不能擅自将判断的依据无限扩大化。在现代社会中,法律的任务之一就是保护社会经济秩序和社会公共利益,因此,个人独资企业的经营活动都不得扰乱社会经济秩序,不得损害社会公共利益。诚实信用原则是市场经济活动中必须遵守的最为基本的原则。个人独资企业在经营活动的各个环节,都应充分注意和维护与交易对方的利益平衡,以及与社会利益的平衡。个人独资企业应当以善意的方式履行自己的义务,不得滥用权利及规避法律或者合同义务。

其次,个人独资企业应当依法履行纳税义务。为公平税负,支持和鼓励个人投资兴办企业,促进国民经济持续、快速、健康发展。国务院决定自 2000 年 1 月 1 日起,对个人独资企业和合伙企业停止征收企业所得税,其投资者的生产经营所得,比照个体工商户的生产、经营所得征收个人所得税。

再次,个人独资企业应当依法设置会计账簿,进行会计核算。在有关会计的专门法律中对企业设置账簿、进行会计核算等事项已经作了具体规定,个人独资企业的财务会计管理应当与之相衔接。

最后,个人独资企业具有保障职工权益的义务。当前,在个人独资企业就业的职工利益并不能得到切实的保护,存在着一些诸如企业不与职工签订劳动合同、随时可以辞退职工、不给予职工交纳社会保险费、不按时发放工资等现象。针对这些现象,《个人独资企业法》规定了企业保护职工权益的义务。《个人独资企业法》第 6 条规定:"个人独资企业应当依法招用职工。职工的合法权益受法律保护。个人独资企业职工依法建立工会,工会依法开展活动。"《个人独资企业法》第 22 条规定:"个人独资企业招用职工的,应当依法与职工签订劳动合同,保障职工的劳动安全,按时、足额发放职工工资。"《个人独资企业法》第 23 条规定:"个人独资企业应当按照国家规定参加社会保险,为职工缴纳社会保险费。"该法第 39 条还特别规定:"个人独资企业违反本法规定,侵犯职工合法权益,未保障职工劳动安全,不缴纳社会保险费用的,按照有关法律、行政法规予以处罚,并追究有关责任人员的责任。"

第二节　个人独资企业的设立

一、个人独资企业的设立条件

根据《个人独资企业法》的规定,我国对个人独资企业在立法上采取了准则主义,即只要符合设立的条件,企业即可登记成立,无须经过有关部门的批准。当然,个人独资企业不得从事法律、行政法规禁止经营的业务。如果个人独资企业拟从事法律、行政法规规定须报经有关部门审批的业务,应当在申请设立登记时提交有关部门的批准文件。

《个人独资企业法》第 8 条规定了设立个人独资企业应当具备的条件,包括:

（一）投资人为一个自然人

个人独资企业中的"人"只能是自然人,因此,个人独资企业属于自然人企业,与合伙企业有相似之处。同时,这一法定条件还意味着自然人之外的法人、其他组织不能投资设立个人独资企业。各国独资企业的立法和司法实践也无一例外地将独资企业确认为自然人投资的一种法律形式。因此,自然人以外的团体或社会组织虽然也常有单独投资经营的情形,但却从不被视为独资企业。如国家单独投资的企业通常被称做国有企业,团体或社会组织单独设立的企业则通常采取"一人公司"的形式。作为个人独资企业的投资人,在数量上仅限于一个,这也正是"独资"的应有之意。

设立个人独资企业,投资人应当有相应的民事权利能力和完全的民事行为能力,法律、行政法规禁止从事营利性活动的人,例如,政府公务员,不得作为投资人申请设立个人独资企业;限制民事行为能力的人和无民事行为能力的人不得作为投资人申请设立个人独资企业。

（二）有合法的企业名称

作为企业的文字符号，企业的名称应当真实地表现出企业的组织形式特征。就个人独资企业而言，企业的名称不仅应当与公司企业和合伙企业区别开来，而且应当与其他个人独资企业区别开来。因此，个人独资企业的名称应当与其责任形式及从事的业务相符合。

（三）有投资人申报的出资

由于个人独资企业的投资人以其个人财产对企业债务承担无限责任，无限责任的责任形式本身就是对交易安全的一种保障，债权人可以通过追究投资人个人的财产责任来保障自己的债权的实现，所以，《个人独资企业法》并没有对个人独资企业规定最低资本数额的要求。

（四）有固定的生产经营场所和必要的生产经营条件

无论何种企业类型，固定的生产经营场所和必要的生产经营条件都是企业开展经营活动的物质基础。

（五）有必要的从业人员

从业人员是企业开展经营活动必不可少的人的要素和条件，关于从业人员的人数，法律并没有作具体规定，由企业视其经营情况而定。

二、个人独资企业的设立程序

个人独资企业的设立程序，是指为使个人独资企业成立而依法进行的一系列法律行为及必经法律程序的总称。因此，个人独资企业设立不仅包括设立个人独资企业的行为，而且也包括设立个人独资企业的所有必经法律程序。个人独资企业的设立程序是个人独资企业设立行为的准则，必须遵守。违背了设立程序，就要承担相应的法律责任。概括地讲，个人独资企业的设立程序主要包括申请、受理和审查、登记。

根据《个人独资企业法》的规定，申请设立个人独资企业，应当由投资人或者其委托的代理人向个人独资企业所在地的登记机关提交设立申请书、投资人身份证明、生产经营场所使用证明等文件。在设立个人独资企业的过程中，既可以由投资人亲自办理有关事项，也可以委托代理人办理有关事项。委托代理人申请设立登记时，应当出具投资人的委托书和代理人的合法证明。个人独资企业设立申请书应当载明下列事项：①企业的名称和住所；②投资人的姓名和居所；③投资人的出资额和出资方式；④经营范围。

登记机关应当在收到设立申请文件之日起15日内，对符合《个人独资企业法》规定条件的予以登记，发给营业执照；对不符合《个人独资企业法》规定条件的，不予登记,并应当给予书面答复,说明理由。个人独资企业的营业执照的签发日期,为个人独资企业的成立日期。在领取个人独资企业营业执照前,投资人不得以个人独资企业名义从事经营活动。违反《个人独资企业法》规定,未领取营业执照,以个人独资企业名义从事经营活动的,责令停止经营活动,处以3 000元以下的罚款。

三、对个人独资企业的登记管理

为了规范个人独资企业的经营行为,强化对个人独资企业登记的管理,《个人独资企业法》规定,违反《个人独资企业法》规定,提交虚假文件或采取其他欺骗手段,取得企业登记的,责令改正,处以5 000元以下的罚款,情节严重的,并处吊销营业执照。涂改、出租、转让营业执照的,责令改正,没收违法所得,处以3 000元以下的罚款,情节严重的,吊销营业执照。伪造营业执照的,责令停业,没收违法所得,处以5 000元以下的罚款,构成犯罪的,依法追究刑事责任。

根据《个人独资企业法》第14条规定,个人独资企业可以设立分支机构,应当由投资人或者其委托的代理人向分支机构所在地的登记机关申请登记,领取营业执照。分支机构经核准登记后,应将登记情况报该分支机构隶属的个人独资企业的登记机关备案。需要强调指出的是,分支机构的民事责任由设立该分支机构的个人独资企业承担。

个人独资企业成立后无正当理由超过6个月未开业的,或者开业后自行停业连续6个月以上的,吊销营业执照。

个人独资企业存续期间登记事项发生变更的,应当在作出变更决定之日起的15日内依法向登记机关申请办理变更登记。

企业对其名称享有专用权,违反《个人独资企业法》的规定,个人独资企业使用的名称与其在登记机关登记的名称不相符合的,责令限期改正,处以2 000元以下的罚款。

四、登记机关的责任

登记机关对不符合《个人独资企业法》规定条件的个人独资企业予以登记,或者对符合《个人独资企业法》规定条件的企业不予登记的,对直接责任人员依法给予行政处分;构成犯罪的,依法追究刑事责任。登记机关的上级部门的有关主管人员强令登记机关对不符合《个人独资企业法》规定条件的企业予以登记,或者对符合《个人独资企业法》规定条件的企业不予登记的,或者对登记机关的违法登记行为进行包庇的,对直接责任人员依法给予行政处分;构成犯罪的,依法追究刑事责任。

为了促使登记机关依法行政,保护个人独资企业及其投资人的合法权益,《个人独资企业法》规定,登记机关对符合法定条件的申请不予登记或者超过法定时限不予答复的,当事人可依法申请行政复议或提起行政诉讼。

第三节 个人独资企业的投资人及事务管理

一、投资人的权利和责任

个人独资企业投资人对本企业的财产依法享有所有权,其有关权利可以依法进行转让或继承。上述规定表明,个人独资企业并不是独立的财产所有权主体,个人独资企业的财产与投资人的个人财产并没有明确的界限。

由于个人独资企业是一个投资人以其个人财产对企业债务承担无限责任的经营实体,因此,《个人独资企业法》第31条规定,个人独资企业财产不足以清偿债务的,投资人应当以其个人的其他财产予以清偿。如果个人独资企业投资人在申请企业设立登记时明确以其家庭共有财产作为个人出资的,应当依法以家庭共有财产对企业债务承担无限责任。

二、个人独资企业的事务管理

《个人独资企业法》第19条规定,个人独资企业投资人可以自行管理企业事务,也可以委托或者聘用其他具有民事行为能力的人负责企业的事务管理。可见,个人独资企业的事务有两种管理方式:其一为自行管理;其二则是委托他人管理。个人独资企业投资人集企业的所有权和经营权于一身,没有实现分离。这两种方式均不会改变投资人与个人独资企业在财产权利和责任承担等方面的关系。为了保护投资人、受托人和第三人的正当权益,投资人委托或者聘用他人管理个人独资企业事务,应当与受托人或者被聘用的人签订书面合同,明确委托的具体内容和授予的权利范围。需要特别指出的是,投资人对受托人或者被聘用的人员职权的限制,不得对抗善意第三人。

为了保护投资人的合法权益,《个人独资企业法》专门规定了受托人或者被聘用的人员的义务和责任。首先,受托人或者被聘用的人员应当履行诚信、勤勉义务,按照与投资人签订的合同负责个人独资企业的事务管理。投资人委托或者聘用的人员管理个人独资企业事务时违反双方订立的合同,给投资人造成损害的,承担民事赔偿责任。其次,投资人委托或者聘用的管理个人独资企业事务的人员不得有下列行为:①利用职务上的便利,索取或者收受贿赂;②利用职务或者工作上的便利侵占企业财产;③挪用企业的资金归个人使用或者借贷给他人;④擅自将企业资金以个人名义或者以他人名义开立账户储存;⑤擅自以企业财产提供担保;⑥未经投资人同意,从事与本企业相竞争的业务;⑦未经投资人同意,同本企业订立合同或者进行交易;⑧未经投资人同意,擅自将企业商标或者其他知识产权转让给他人使用;⑨泄露本企业的商业秘密;⑩法律、行政法规禁止的其他行为。投资人委托或者聘用的人员违反规定从事上述行为,侵犯个人独资企业财产权益的,责令退还侵占的财产;给企业造成损失的,依法承担赔偿责任;有违法所得的,没收违法所得;构成犯罪的,依法追究刑事责任。

第四节 个人独资企业的解散和清算

一、个人独资企业的解散条件

个人独资企业的解散,即个人独资企业的终止。根据《个人独资企业法》第26条的规定,个人独资企业应当解散的情形包括:

1. 投资人决定解散。
2. 投资人死亡或者被宣告死亡,无继承人或者继承人决定放弃继承。
3. 被依法吊销营业执照。
4. 法律、行政法规规定的其他情形。

二、个人独资企业的清算

清算制度的目的是为规范企业清算行为,保护债权人、投资人和其他利害关系人的合法权益,因此,应当坚持公开、公正的原则进行清算。清算工作的主要内容包括通知或者向债权人公告,接受债权人的债权申报,对债权进行审查,财产清理、财产分配等。

根据《个人独资企业法》的规定,个人独资企业解散,由投资人自行清算或者由债权人申请人民法院指定清算人进行清算。投资人自行清算的,应当在清算前15日内书面通知债权人,无法通知的,应当予以公告。债权人应当在接到通知之日起30日内,未接到通知的应当在公告之日起60日内,向投资人申报其债权。个人独资企业解散后,原投资人对个人独资企业存续期间的债务仍应承担偿还责任,但债权人在5年内未向债务人提出偿债请求的,该责任消灭。

清算期间,个人独资企业不得开展与清算项目的无关的经营活动。

三、财产的分配

在清算工作中,财产分配制度的主要内容是财产分配的顺序和内容,其目的是保护债权人、投资人、企业职工以及其他利害关系人的合法权益。根据《个人独资企业法》的规定,个人独资企业解散的,财产应当按照下列顺序清偿:

1. 所欠职工工资和社会保险费用。
2. 所欠税款。
3. 其他债务。

由于个人独资企业是投资人以其个人财产对企业债务承担无限责任的经营实体,因此,《个人独资企业法》规定,个人独资企业财产不足以清偿债务的,投资人应当以其个人的其他财产予以清偿。

在按以上规定的顺序清偿债务前,投资人不得转移、隐匿财产。个人独资企业及其投资人在清算前或清算期间隐匿或转移财产,逃避债务的,依法追回其财产,并按照有关规定予以处罚;构成犯罪的,依法追究刑事责任。

个人独资企业清算结束后,投资人或者人民法院指定的清算人应当编制清算报告,并于15日内到登记机关办理注销登记。

本章小结

个人独资企业是指依照《个人独资企业法》在中国境内设立,由一个自然人投资,财产为投资人个人所有,投资人以其个人财产对企业债务承担无限责任的经营实体。个人独资企业有如下特征:在投资人方面,个人独资企业是由一个自然人投资设立的;在产权关系和组织管理方面,个人独资企业的财产为投资人个人所有,个人独资企业自身不是一个独立的财产权主体;在法律地位方面,个人独资企业不具有法人资格;在责任承担方面,投资人以其个人财产对企业的债务承担无限责任。

《个人独资企业法》只适用于个人独资企业,不适用于国有独资公司及其他一人公司,也不适用于外商独资企业。

国家依法保护个人独资企业的财产和其他合法权益。个人独资企业从事经营活动必须遵守法律、行政法规,遵守诚实信用原则,不得损害社会公共利益。

设立个人独资企业应当具备的条件包括:投资人为一个自然人;有合法的企业名称;有投资人申报的出资;有固定的生产经营场所和必要的生产经营条件;有必要的从业人员。个人独资企业的设立应按照法定程序办理,主要包括申请、受理和审查、登记。

个人独资企业投资人对本企业的财产依法享有所有权,其有关权利可以依法进行转让或继承。个人独资企业投资人可以自行管理企业事务,也可以委托或者聘用其他具有民事行为能力的人负责企业的事务管理。受托人或者被聘用的人员应当履行诚信、勤勉义务,按照与投资人签订的合同负责个人独资企业的事务管理。投资人委托或者聘用的人员管理个人独资企业事务时违反双方订立的合同,给投资人造成损害的,承担民事赔偿责任。投资人委托或者聘用的管理个人独资企业事务的人员不得从事法律禁止的行为。

在发生法定情形时,个人独资企业应当解散。个人独资企业解散,由投资人自行清算或者由债权人申请人民法院指定清算人进行清算。个人独资企业的财产应当按照法定顺序清偿,个人独资企业财产不足以清偿债务的,投资人应当以其个人的其他财产予以清偿。

思考练习题

1. 简述个人独资企业的概念和特征。
2. 简述个人独资企业的权利和义务。
3. 简述个人独资企业的设立条件。
4. 简述个人独资企业投资人的权利和责任。
5. 简述个人独资企业投资人委托或者聘用他人管理企业事务时,受托人或者被聘用人员的义务和责任。

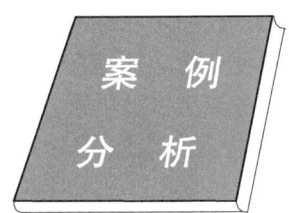

案例
  个人独资企业的雇员侵害本企业的财产利益属民事纠纷还是犯罪行为[①]
  2000年下旬,周某依照《个人独资企业法》规定,投资60万元设立了一家装饰材料厂。同年8月份,该厂聘用的业务员胡某利用外出采购原材料的机会,将其经手的170 000元货款借给某个体户用于经营活动,胡某私下从该个体户处接受利息(好处费)9 000元。胡某的行为使得装饰材料厂资金周转困难,影响了正常的生产经营活动。周

---

① http://www.saic.gov.cn/redshield/xx/xx16.htm。

某要求胡某尽快归还借出的资金,但胡某不仅不归还资金,反而不辞而别。周某遂向公安机关报案。公安机关经过侦查后,以胡某涉嫌犯公司、企业人员受贿罪和挪用资金罪,依法将胡某逮捕,并追回全部借出的资金。

法理分析

这是一起个人独资企业的雇员侵害本企业的财产利益而被追究刑事责任的案件。

由于私营企业财产所有权的私有性以及其内部雇员主体身份的特殊性,长期以来,法律、法规对私有企业财产利益的保护一直限于民事手段。为弥补以往刑事立法之不足,体现刑法的公平保护原则,加大对私有企业财产利益的保护力度,第八届全国人民代表大会第五次会议修订后的《中华人民共和国刑法》(以下简称《刑法》)明确规定了私有企业的职工雇员侵害本企业的财产利益,可以构成下列三种新罪名:

第一,公司、企业人员受贿罪。本罪是指公司、企业的工作人员利用职务上的便利,索取他人财物或者非法收受他人财物,为他人谋取利益,数额较大的行为,以及在经济往来中,违反国家规定,收受各种名义的回扣、手续费归个人所有,数额较大的行为。行为人在主观方面是直接故意,明知索贿或受贿是利用职务上的便利实施的,而非人情馈赠;在客观方面表现为利用职务上的便利,索取或者收受数额较大的财物。至于行为人是否已经为他人谋取了利益,均不影响本罪的成立。

第二,职务侵占罪。本罪是指公司、企业或者其他单位的人员,利用职务上的便利,将本单位的财物非法占为己有,数额较大的行为。行为人在主观方面必须是直接故意,并且具有非法占有单位财物的目的;在客观方面表现为利用职务或工作上主管、经手公司或企业财物等便利条件,以侵吞、盗窃、骗取或者其他手段非法占有本公司或本企业财物归个人所有。

第三,挪用资金罪。本罪是指公司、企业或者其他单位的工作人员,利用职务上的便利,挪用本单位资金归个人使用或者借贷给他人,数额较大,超过3个月未还的,或者虽未超过3个月,但数额较大,进行营利活动的,或者进行非法活动的行为。行为人在主观方面只是想暂时使用本单位资金,准备用后归还,并不想永久占有。无论行为人是出于何种动机而挪用企业资金,均不影响本罪的成立。

综上所述,周某的行为实际上已经涉嫌触犯了《刑法》中规定的公司、企业人员受贿罪和挪用资金罪,公安机关将其逮捕,符合法律规定。

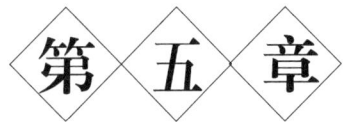

国有企业法律制度

★ **本章学习要点与要求** ★

通过本章的学习应掌握企业和企业法的概念,现代企业制度的特征,国有企业的设立、变更和终止,国有企业的内部管理机构和职工民主管理制度,国有企业的权利和义务等问题,并了解违反全民所有制工业企业法的法律责任。

第一节 企业和企业法概述

一、企业的概念

企业是依法成立的从事生产经营或者服务活动的自主经营、自负盈亏的营利性经济组织,是社会经济生活中独立的市场主体。企业的经济组织性、活动目的的营利性和主体地位的独立性是其最为基本的几个特征。企业的经济组织性是指企业是一个经济组织,是由一定数量的人的要素和物的要素有机结合起来的,但是又独立于这些人的要素和物的要素,其自身就是一个独立的主体。企业活动目的的营利性是指企业的活动是以营利为目的的,即是以资产的增值为目的的。营利性的特征,使得企业与其他社会组织区别开来。企业主体地位的独立性是指企业具有独立的法律地位,企业相互之间是平等的,企业与国家机关和其他社会组织在法律上是独立的。

二、企业法的概念

企业法是指调整国家组织管理企业及企业在设立、组织、活动和解散的过程中发生的经济关系的法律规范的总称。从宏观上讲,企业法是国家通过对各种企业的组织和管理,来实现其组织和管理经济职能的法律手段。从微观上讲,企业法是各种类型企业的组织法和活动法,即企业的设立、内部机构的建立、活动的法律依据。企业法律规范的内容在很大程度上要受制于企业法律形态的划分标准。在相当长的一个时期内,我国最具法律意义的企业法律形态的划分标准是企业的所有制性质。例如,我国针对不同所有制的企业,分别进行立法,制定了用于规范全民所有制企业的《全民所有制工业企业法》;分别用于规范城镇集体企业和乡村集体企业的《城镇集体所有制企业条例》和《乡村集体所有制企业条例》;用于规范私营企业的《私营企业暂行条例》。随着改革和对外开放政策的深化,以企业的所有制作为企业法律形态的划分标准的不足和缺陷日益明显,因此,我国企业法律形态的划分标准发生了一系列的变化。突出的标志是制定和颁布了《公司法》,以及将企业改革的目标确定为建立现代企业制度。这对企业法律形态划分标准以及企业法律的制定有着巨大的影响。自此,我国最具法律意义的企业法律形态的划分标准是企业的组织形式和企业的法律地位。以此为标准,可以将企业划分为公司企业、合伙企业和独资企业,分别受《公司法》、《合伙企业法》和《独资企业法》调整。

第二节 企业改革和现代企业制度

企业改革是我国经济体制改革的中心环节。自从改革开放以来,企业的改革经历了扩权让利阶段、利改税阶段、承包制阶段、转换企业经营机制阶段以及企业制度创新阶段。在前四个阶段的改革过程中,一直是以"两权分离"的理论为指导的。在这一理论的指导下,企业的经营自主权有所扩大,企业的活力也有所增强,但是,政企难以真正地分开,企业始终不能取得独立的经营自主权,没有独立法律主体资格所必需的权利基础。在这样的背景之下,企业制度的创新就提到了重要的议事日程上。

中国共产党第十四届中央委员会第三次全体会议通过的《中共中央关于建立社会主义市场经济体制若干问题的决议》中明确指出,为实现建立社会主义市场经济体制的目标,必须"建立适应市场经济要求,产权明晰、权责明确、政企分开、管理科学的现代企业制度",标志着企业改革步入了富有生命力的制度创新阶段。

与传统的企业制度相比较,现代企业制度具有以下明显的特征:

第一,现代企业具有独立的法人资格。企业是独立的市场主体,企业的独立性不仅表现在它不再是政府机构的附庸,而且表现在它是独立于其他市场主体的,它是独立于企业的出资者即企业的成员。因此,企业拥有独立的财产权,是独立的责任主体。

第二,现代企业的产权关系明晰。出资者在向企业出资之后,即成为公司的股东,并按其投入公司的资本额享有所有者的资产受益、重大决策和选择管理者的权利。出资者只以其对企业的出资为限对企业承担责任,企业的全部资产由出资者的出资及其经营积累构成,企业对全部资产拥有法人财产权,并以全部的资产对自己的经营活动负责,即作为承担法律责任的基础。

第三,现代企业有健全的组织管理机构的体系。现代企业在市场经济的发展中,形成了科学、规范的组织机构,所有者和经营者之间通过公司的权力机构、决策和管理机构、监督机构形成各自独立、权责明确、互相制约的关系,并且通过法律和企业的章程得以确立和实现。这样,既保证了决策的高效率,又保证了决策的科学化、民主化;既保证了经营者拥有充分的自主权,又保证了所有者的利益能够得到充分的保障。

第三节 国有企业法律制度

国有企业法律制度,即全民所有制企业法律制度。现代企业制度的建立不是一朝一夕之事,在这个过程中,传统的企业法律制度仍然要在合理的范围之内发挥其应有的积极作用。更何况,在现实的经济生活中,仍然还有大量国有企业存在。因此,有必要对现行的国有企业法律制度有所了解和掌握。

一、国有企业的概念和法律特点

国有企业是指财产归国家所有,依法自主经营、自负盈亏、独立核算的社会主义的商品生产者和经营单位。与其他所有制的企业相比,国有企业具有以下法律特征:

第一,国有企业的财产属于以社会主义国家为代表的全体人民所有。这是国有企业与其他所有制形式企业的根本区别。

第二,国有企业的经营管理实行所有权与经营权分离的原则。企业财产的所有权属于国家,企业对国家授予其经营管理的财产享有占有、使用和依法处分的权利。

第三,国有企业具有法人资格。为实现政企分离,使国有企业成为有独立地位的商品生产者和经营者,现行的法律赋予了国有企业法人的资格,即国有企业有独立的权利能力和行为能力,以国家授予其经营管理的财产对外承担民事责任。

二、国有企业的设立、变更和终止

(一)国有企业的设立

企业的设立是为了使企业成立而依法进行的一系列法律行为及所经过法律程序的总称。国有企业的设立也是一种法律行为,必须符合法律规定的条件和程序。

根据《中华人民共和国企业法》(以下简称《企业法》)第17条的规定,设立国有企业必须具备的条件是:

1. 产品为社会所需。
2. 有能源、原材料、交通运输的必要条件。
3. 有自己的名称和生产经营场所。
4. 有符合国家规定的资金。
5. 有自己的组织机构。
6. 有明确的经营范围。
7. 法律、法规规定的其他条件。

由于国有企业所处的行业不同,有的国有企业设立时,除应符合上述规定的条件外,还必须符合其他法律、法规规定的条件。有的国有企业的设立条件是由专门的法律法规予以规定的。

根据有关法律法规的规定,国有企业的设立程序可以概括为:申请、审批和登记。设立国有企业应该向各级人民政府、政府主管部门或其授权的审批部门提出设立国有企业的申请,并由这些政府机关根据权限进行审批。设立企业的申请得到批准之后,应在法律规定的期限内办理企业登记注册的手续。国有企业的设立登记必须在开业之前进行,经企业登记主管机关核准登记、并领取营业执照之后,方可以国有企业的名义对外开展经营活动。

(二)国有企业的变更和终止

国有企业的变更是指国有企业发生合并或者分立,以及登记事项发生重大的变化。合并是指国有企业与其他企业按照法律的规定,通过订立合并协议而变成一个企业的法律行为。国有企业的分立是指一个国有企业变成两个或者两个以上国有企业的法律行为。登记事项的变更是指企业登记注册的事项发生了变化,例如企业名称的变化、住所的变化、法定代表人的变化等等。国有企业的合并、分立或者变更登记注册的事项,必须依法进行。在发生了变更之后,应该在法律规定的期限之内,办理相应的变更登记手续。

国有企业的终止是指作为法律主体的资格的消灭。企业终止的原因可以归结为歇业、被撤销、解散、被依法宣告破产以及其他原因。国有企业终止的,应该依法进行清算,并应按照有关法律的规定履行相应的审批手续。之后,还应办理相应的注销登记。

三、国有企业的内部管理机构和职工民主管理制度

（一）国有企业的厂长或经理

1. 厂长的法律地位与职权。根据《企业法》的规定,国有企业的厂长或经理是企业的法定代表人,对外代表企业。在企业的内部,要建立起以厂长为首的生产经营管理系统,厂长在企业中处于中心地位,对企业的物质文明和精神文明建设负全面的责任。

厂长在企业中行使下列职权：

(1)决定或者报请审查批准企业的各项计划。

(2)决定企业的行政机构的设置。

(3)提请政府主管部门任免或者聘任、解聘副厂级行政领导干部。

(4)任免或者聘任、解聘企业中层行政领导干部。

(5)提出企业工资调整方案、奖金分配方案和重要的规章制度,提请职工(代表)大会审查同意,提出福利基金使用方案和其他有关职工生活的重大事项的建议,提请职工(代表)大会审议决定。

(6)依法奖惩职工,提请政府主管部门奖惩副厂级行政领导干部。

2. 厂长的产生及其罢免。概括地讲,《企业法》有关厂长产生方式的规定体现了政府主管部门与职工代表相结合的精神。具体的产生方式可归纳为两种:第一种是由政府的主管部门委任或者招聘,但是须要征求职工代表大会的意见;第二种是由企业职工代表大会选举,但是须报政府主管部门批准。需要特别指出的是,无论具体采用上述两种方式中的哪一种,均应由政府主管部门予以决定。

在一般情况下,厂长由产生的机构予以罢免。

（二）职工的民主管理制度

我国社会主义制度的性质,以及职工对企业的重要性等多种因素,决定了职工民主管理制度的必要性和重要性。

根据《企业法》的规定,企业职工享有参加企业民主管理的权利,有对企业的生产和工作提出意见和建议的权利;有依法享有劳动保护、劳动保险、休息、休假的权利;有向国家机关反映真实情况、对企业领导提出批评和控告的权利。企业的女职工依法享有受特殊劳动保护和劳动保险的权利。

企业职工代表大会是职工民主管理权利的机构,是企业实行民主管理的一项基本制度和基本形式。职工代表大会依法行使下列职权:

1. 听取和审议厂长关于企业的经营方针、长远规划、年度计划、基本建设方案、重大

技术改造方案、职工培训计划、留用资金分配和使用方案的报告,并对其提出意见和建议。

2. 审查同意或者否决企业的工资调整方案、奖金分配方案、劳动保护措施、奖惩办法以及其他重要的规章制度。

3. 审议决定职工福利基金使用方案、职工住宅分配方案和其他有关职工生活福利的重大事项。

4. 评议、监督企业各级行政领导干部,提出奖惩和任免的建议。

5. 根据政府主管部门的决定选举厂长,报政府主管部门批准。

《企业法》第51条规定,职工代表大会的工作机构是企业的工会委员会。即企业的工会委员会负责职工代表大会的日常工作。

四、国有企业的权利

关于国有企业权利的内容,具体地体现在《企业法》和其他一系列有关法律、法规的规定之中。根据《企业法》和《转换企业经营机制条例》的规定,国有企业权利的主要内容可以概括为产、供、销和人、财、物两个方面。

(一)产、供、销方面的权利

1. 生产经营决策权。这一项权利包括以下六点内容:

(1)有权自主作出生产经营决策。企业根据国家宏观计划指导和市场需求,自主作出生产经营决策,生产产品和为社会提供服务。

(2)有权调整生产经营范围。企业可以自主决定在本行业内或者跨行业调整生产经营范围,凡符合国家产业政策导向的,政府有关部门应当给予支持,工商行政管理部门应当办理变更登记手续。

(3)有权要求与需方签订合同。国家根据需要,有权向企业下达指令性计划。企业执行指令性计划,有权要求在政府有关部门组织下,与需方企业签订合同;也可以根据国家规定,要求与政府指定的单位签订国家订货合同。需方企业或者政府指定的单位不签订合同的,企业可以不安排生产。

(4)有权要求调整指令性计划。企业对缺乏应当由国家计划保证的能源、主要物资供应和运输条件的指令性计划,可以根据自身的承受能力和市场变化,要求调整。计划下达部门不予调整的,企业可以不执行。

(5)有权不执行非国家规定的部门下达的指令性计划。除国务院和省级政府计划部门直接下达的,或者授权有关部门下达的指令性计划以外,企业有权不执行任何部门下达的指令性计划。

(6)有权接受或者拒绝指令性计划外的生产任务。企业有权接受或者拒绝任何部门和单位在指令性计划外安排的生产任务。

2. 物资选购权。这一项权利包括以下三点内容：

（1）有权要求与供方签订合同。企业对指令性计划供应的物资，有权要求与生产企业或者其他供货方签订合同。

（2）有权自主采购和调剂物资。企业对指令性计划以外所需的物资，可以自行选择供货单位、供货形式、供货品种和数量，自主签订订货合同，并可以自主进行物资调剂。

（3）有权拒绝执行为企业指定的供货单位和渠道。企业有权拒绝执行任何部门和地方政府以任何方式为企业指定指令性计划以外的供货单位和供货渠道。

3. 产品销售权。这一项权利包括以下三点内容：

（1）有权自主销售指令性计划外的产品。企业可以在全国范围内自主销售本企业生产的指令性计划以外的产品，任何部门和地方政府不得对其采取封锁、限制和其他歧视性措施。

（2）有权销售指令性计划外超产的产品，并可以按照指令性计划规定的范围销售计划内产品。企业根据指令性计划生产的产品，应当按照计划规定的范围销售。需方企业或者政府指定的单位不履行合同的，企业有权停止生产，并可以向政府或者政府有关部门申诉，要求协调解决，也可以依照有关合同法规规定，向人民法院起诉，追究需方企业或者政府指定的单位的违约责任；已经生产的产品，企业可以自行销售。企业在完成指令性计划的产品生产任务后，超产部分可以自行销售。

（3）有权要求与指定的收购单位签订合同。企业生产国家规定由特定单位收购的产品，有权要求与政府指定的收购单位签订合同。收购单位不按照合同收购的，企业可以向政府或者政府有关部门申诉，要求协调解决，也可以依照有关合同法规规定，向人民法院起诉，追究收购单位的违约责任；已经按照合同生产的产品，收购单位不按照合同收购的，企业可以自行销售。

4. 进出口权。这一项权利包括以下六点内容：

（1）有权选择外贸代理企业，参与同外商谈判。企业可以在全国范围内自行选择外贸代理企业从事进出口业务，并有权参与同外商的谈判。

（2）有权自主使用留成外汇和进行外汇调剂。企业根据国家外汇管理的有关规定，自主使用留成外汇和进行外汇调剂。任何部门和单位不得平调和截留企业的留成外汇；不得截留企业有偿上交外汇后应当返还的人民币。

（3）有权在境外提供劳务。企业根据国家规定，可以在境外承揽工程、进行技术合作或者提供其他劳务。

（4）有权根据国家规定进口自用的设备和其他物资。

（5）有权依法享有进出口经营权。具备条件的企业，经政府有关部门批准，依法享有进出口经营权,任何部门和单位不得截留。有进出口经营权的企业,在获得进出口配额、许可证等方面,享有与外贸企业同等的待遇。有进出口经营权的企业,有权根据业务需要,确定本企业经常出入境的业务人员名额,报政府主管部门批准。政府有关部门对企业经常出入境人员的出入境,实行一次性审批、一年内多次有效的办法。有进出口经营权的企业,经国务院授权,可以自行审批出境人员或者邀请境外有关人员来华从事商务活动,报外事部门直接办理出入境手续。

(6)有权根据开展对外业务的实际需要,自主使用自有外汇安排业务人员出境。

5.产品、劳务定价权。这一项权利包括以下三点内容:

(1)有权对日用工业消费品定价。企业生产的日用工业消费品,除国务院物价部门和省级政府物价部门管理价格的个别产品外,由企业自主定价。

(2)有权对生产资料定价。企业生产的生产资料,除国务院物价部门和省级政府物价部门颁布的价格分工管理目录所列的少数产品外,由企业自主定价。

(3)有权对劳务定价。企业提供的加工、维修、技术协作等劳务,由企业自主定价。

6.联营、兼并权。这一项权利包括以下两点内容:

(1)有权依照法律和国务院规定与其他企业、事业单位联营。

(2)有权按照自愿、有偿的原则,兼并其他企业,报政府主管部门备案。

(二)人、财、物方面的权利

1.人事劳动管理权。这一项权利包括以下四点内容:

(1)有权决定企业内部机构设置和人员编制。企业有权决定内部机构的设立、调整和撤销,决定企业的人员编制。企业有权拒绝任何部门和单位提出的设置对口机构、规定人员编制和级别待遇的要求,法律另有规定和国务院有特殊规定的,从其规定。

(2)有权自主进行人事管理。企业按照德才兼备、任人唯贤的原则和责任与权利相统一的要求,自主行使人事管理权。企业对管理人员和技术人员可以实行聘用制、考核制。对被解聘或者未聘用的管理人员和技术人员,可以安排其他工作,包括到工人岗位上工作。企业可以从优秀工人中选拔聘用管理人员和技术人员。经政府有关部门批准,企业可以招聘境外技术人员、管理人员。企业有权根据实际需要,设置在本企业内有效的专业技术职务。按照国家统一规定评定的具有专业技术职称的人员,其职务和待遇由企业自主决定。

(3)有权录用、辞退职工,决定用工形式,实行合理劳动组合。企业按照面向社会、公开招收、全面考核、择优录用的原则,自主决定招工的时间、条件、方式、数量。企业的招工范围,法律和国务院已有规定的,从其规定。企业从所在城镇人口中招工,不受城镇内行政区划的限制。企业有权决定用工形式。企业可以实行合同化管理或者全员劳动合同制。企业可以与职工签订有固定期限、无固定期限或者以完成特定生产工作任务为期限的劳动合同。企业和职工按照劳动合同规定,享有权利和承担义务。企业有权在做好定员、定额的基础上,通过公开考评,择优上岗,实行合理劳动组合。对富余人员,企业可以采取发展第三产业、厂内转岗培训、提前退出岗位休养以及其他方式安置。企业有权依照法律、法规和企业规章,解除劳动合同、辞退、开除职工。

(4)有权自主进行工资、奖金分配。企业的工资总额依照政府规定的工资总额与经济效益挂钩的办法确定。企业在提取的工资总额内,有权自主使用、自主分配工资和奖金。企业有权根据职工的劳动技能、劳动强度、劳动责任、劳动条件和实际贡献,决定工资、奖金的分配档次。企业可以实行岗位技能工资制或者其他适合本企业特点的工资制度,选择适合本企业的具体分配形式。企业有权制定职工晋级增薪、降级减薪的办法,自主决定晋级增薪、降级减薪的条件和时间。除国务院另有规定外,企业有权拒绝任何部门和单位提出的由企业对职工发放奖金和晋级增薪的要求。

2. 投资决策权。这一项权利包括以下三点内容:

(1)有权依法向国内外投资。企业依照法律和国务院有关规定,有权以留用资金、实物、土地使用权、工业产权和非专利技术等向国内各地区、各行业的企业、事业单位投资,购买和持有其他企业的股份。经政府有关部门批准,企业可以向境外投资或者在境外开办企业。

(2)有权从事生产性建设。企业遵照国家企业政策和行业、地区发展规划,以留用资金和自行筹措的资金从事生产性建设,能够自行解决建设和生产条件的,由企业自主决定立项,报政府有关部门备案并接受监督。经土地管理、城市规划、城市建设、环境保护等部门依法办理有关手续后,企业自主决定开工。企业从事生产性建设,不能自行解决建设和生产条件或者需要政府投资的,报政府有关部门批准。企业从事生产性建设,需要银行贷款或者向社会发行债券的,按照国家有关规定,报政府有关部门会同银行审批或者由银行审批。需要使用境外贷款的,报政府有关部门审批。企业遵照国家产业政策,以留利安排生产性建设项目或者补充流动资金的,经企业申请,税务部门批准,可以退还企业再投资部分已缴纳所得税的40%税款。

(3)有权增提新产品开发基金和选择折旧办法。企业根据其经济效益和承受能力,可以增提新产品开发基金,报财政部备案。按照国家统一制定的有关固定资产折旧的规定,企业有权选择具体的折旧办法,确定加速折旧的幅度。

3. 留用资金支配权。这一项权利包括以下三点内容:

(1)有权自主确定有关基金的比例和用途。企业在保证实现企业财产保值、增值的前提下,有权自主确定税后留用利润中各项基金的比例和用途,报政府有关部门备案。

(2)有权支配使用生产发展基金。企业可以将生产发展基金用于购置固定资产、进行技术改造、开发新产品或者补充流动资金,也可以将折旧费、大修理费和其他生产性资金合并用于技术改造或者生产性投资。

(3)有权拒绝任何部门和单位无偿调拨企业留用资金或者强令企业以折旧费、大修理费补交上缴利润。国务院有特殊规定的,从其规定。

4. 债券发行权。企业有权依照《企业法》和国务院发布的《企业债券管理条例》的规定,在境内发行债券。

5. 资产处置权。企业根据生产经营的需要,对一般固定资产,可以自主决定出租、抵押或者有偿转让;对关键设备、成套设备或者重要建筑物可以出租,经政府主管部门批准也可以抵押、有偿转让。法律和行政法规另有规定的除外。企业处置生产性固定资产所得收入,必须全部用于设备更新和技术改造。企业处置固定资产,应当依照国家有关规定进行评估。

6. 拒绝摊派权。企业有权拒绝任何部门和单位向企业摊派人力、物力、财力。企业可以向审计部门或者其他政府有关部门控告、检举、揭发摊派行为,要求作出处理。除法律和国务院另有规定外,企业有权抵制任何部门和单位对企业进行检查、评比、评优、达标、升级、鉴定、考试、考核。

五、国有企业的义务

在《企业法》和其他有关法律、法规中,具体规定了国有企业义务的内容。根据《企业法》和《转换经营机制条例》的规定,国有企业义务的主要内容可以概括为对国家的义务、对社会的义务、对职工的义务三个方面。

(一)企业对国家的义务

1. 遵守法律、法规,坚持社会主义方向的义务。《企业法》第5条明确规定:"企业必须遵守法律、法规,坚持企业的社会主义方向。"这是全民所有制工业企业最基本的义务,其他各项义务实际上都是这一项义务的具体化。严格履行这一项义务,不仅是办好全民所有制工业企业的需要,而且对于加强经济法制建设,发展国民经济具有重要意义。

2. 完成指令性计划的义务。建立社会主义市场经济体制,要求更新计划观念,改进计划方法,改革计划体制。改革计划体制的重要内容之一,是进一步缩小指令性计划。指令性计划具有强制性。承担指令性计划任务的企业,要履行《企业法》第35条第1款规定的义务:"必须完成指令性计划"。

3. 降低产品成本、提高劳动生产率的义务。企业必须保障固定资产的正常维修,改进和更新设备,节约能源和原材料,合理使用劳动力,努力降低产品成本,提高劳动生产率。

4. 遵守财经纪律,依法缴纳税金、费用、利润的义务。企业必须遵守国家关于财政、税收、国有资产管理、劳动工资和物价管理等方面的规定,定期进行财产盘点和审计,做到账实相符,如实反映企业经营成果,不得造成利润虚增或者虚盈实亏,确保企业财产的保值、增值,依法缴纳税金、费用、利润,接受财政、税务、审计、劳动工资和物价等机关的监督。

企业应当依照国家有关规定,建立资产负债和损益考核制度,编制年度财务会计报表,报政府有关部门审批。

企业必须依照国家有关规定,准确核算成本,足额提取折旧费、大修理费和补充流动资金。

企业的生产性折旧费、大修理费、新产品开发基金以及处置生产性固定资产所得收入,不得用于发放工资、奖金或者增加集体福利。

企业必须坚持工资总额增长幅度低于本企业经济效益增长幅度、职工实际平均工资幅度低于本企业过去生产率增长幅度的原则。企业职工工资总额基数的确定与调整,应当报政府有关部门审查核准。

5.维护生产秩序、保护国家财产的义务。企业必须加强保卫工作,维护生产秩序,保护其经营管理的国家财产不受侵犯。

(二)企业对社会的义务

1.保证产品质量和服务质量的义务。企业必须保证产品质量和服务质量,对用户和消费者负责。企业生产的产品质量应当符合下列要求:不存在危及人身、财产安全的不合理的危险,有保障人体健康,人身、财产安全的国家标准、行业标准的,应当符合该标准;具备产品应当具备的使用性能,但是,对产品存在使用性能的瑕疵作出说明的除外;符合在产品或者其包装上注明采用的产品标准,符合以产品说明、实物样品等方式表明的质量状况。

企业不得生产国家明令淘汰的产品;不得伪造产地,伪造或者冒用他人的厂名、厂址;不得伪造或者冒用认证标志、名优标志等质量标志;不得在生产、销售的产品中掺杂、掺假,以假充真、以次充好,以不合格产品冒充合格产品。

2.履行依法订立的合同和协议的义务。企业应当按照重合同、守信用的原则,以及合同和协议中约定的条件,履行自己的全部义务。由于企业的过错,造成合同、协议不能履行或者不能完全履行的,要由企业承担违约责任。

3.防止对环境污染和破坏的义务。企业必须做好环境保护工作,防止对环境的污染和破坏,保护人民健康,促进经济发展。

(三)企业对职工的义务

1.搞好职工教育、提高职工队伍素质的义务。企业应当加强思想政治教育、法制教育、国防教育、科学文化教育和技术业务培训,提高职工队伍的素质。

2. 支持职工开展科学技术活动和劳动竞赛的义务。企业应当支持和奖励职工进行科学研究、发明创造、开展技术革新、合理化建议和社会主义劳动竞赛活动。

3. 实行安全生产的义务。企业必须贯彻安全生产制度,改善劳动条件,做好劳动保护工作,实行安全生产。

六、违反全民所有制工业企业法的法律责任

(一)政府和政府有关部门违法的法律责任

《企业法》第58条规定,任何机关和单位不得侵犯企业依法享有的经营管理自主权;不得向企业摊派人力、物力、财力;不得要求企业设置机构或者规定机构的编制人数。该法第61条对于政府和政府有关部门违反上述规定的法律责任作出了下列规定:政府和政府有关部门的决定违反本法第58条规定的,企业有权向作出决定的机关申请撤销;不予撤销的,企业有权向作出决定的机关的上一级机关或者政府监察部门申诉。接受申诉的机关应于接到申诉之日起30日内作出裁决并通知企业。

根据《转换经营机制条例》第47条的规定,政府有关部门违反该条例,有下列行为之一的,上级机关应当责令其改正;情节严重的,由同级机关或者有关上级机关对主管人员和直接责任人员,给予行政处分;构成犯罪的,由司法机关依法追究刑事责任:一是超越、滥用管理权限下指令性计划并强令企业执行的;二是干预企业投资决策权或者审批企业投资项目有重大失误的;三是以封锁、限制或者其他歧视性措施,侵犯企业物资采购权或者产品销售权的;四是干预、截留企业的产品、劳务定价权的;五是限制、截留企业进出口权,或者平调、挤占、挪用企业自主使用的留成外汇的;六是截留或者无偿调拨企业留用资金,或者干预企业资产处置权的;七是强令企业对职工进行奖励、晋级增薪,干预企业录用、辞退、开除职工或者解除劳动合同的;八是未依照法定程序和条件任免厂长、其他厂级领导或者干预厂长行使企业中层行政管理人员任免权的;九是强令企业设置对口机构、规定人员编制和级别待遇,以及违反法律和国务院规定,对企业进行检查、评比、评优、达标、升级、鉴定、考试、考核的;十是非法要求企业提供人力、物力、财力的,以及对拒绝摊派的企业进行打击报复的;十一是未依照法定程序和条件,阻止或者强迫企业进行组织结构调整的;十二是不依法履行对企业监督、检查职责,或者有其他非法干预企业经营权,侵犯企业合法权益的。

(二)全民所有制工业企业违法的法律责任

对于全民所有制工业企业违反关于企业登记和产品质量的规定应当承担的责任,《企业法》的有关条款作出了规定。该法第59条第2款规定,企业向登记机关弄虚作假、隐瞒真实情况的,给予警告或者处以罚款;情节严重的,吊销营业执照。该法第60条规定,企业因生产、销售质量不合格的产品,给用户和消费者造成财产、人身损害的,

应当承担赔偿责任;构成犯罪的,对直接责任人员依法追究刑事责任。产品质量不符合合同约定的条件的,应当承担违约责任。

《转换经营机制条例》第 48 条对于企业违反该条例有关规定的法律责任作出了比较具体的规定。这就是:企业违反该条例规定,有下列行为之一的,政府或者政府有关部门应当责令其改正;情节严重的,对厂长、其他厂级领导和直接责任人员,分别追究行政责任、给予经济处罚,并依照有关法律、法规,对企业给予相应的行政处罚;构成犯罪的,由司法机关依法追究刑事责任:①未按照规定执行指令性计划,或者不履行合同,长期拖欠贷款的;②对国家直接定价的产品,擅自提价的;③未按照规定履行建设项目审批手续,擅自立项和开工建设的;④因决策失误,建设项目不能按期投产,或者投产后产品无销路、投资无效益,致使企业财产遭受损失的;⑤不具备偿还能力,盲目贷款,致使企业财产遭受损失的;⑥未经批准,擅自处置企业的关键设备、成套设备或者重要建筑物,造成企业财产损失的;⑦滥用劳动用工权、人事管理权和工资、奖金分配权,侵犯职工合法权益的;⑧违反财务制度,不提或者少提折旧费、大修理费,少计成本或者挂账不摊,造成企业利润虚增或者虚盈实亏的;⑨将生产性折旧费、大修理费、新产品开发基金或者处置生产性固定资产所得收入用于发放工资、奖金或者增加集体福利的;⑩在企业变更、终止过程中,因管理不善,或者使用非法手段处置企业财产,造成损失的;⑪因经营管理不善,致使企业财产遭受损失或者企业破产的;⑫其他违反该条例规定,滥用经营权的。

(三)企业和政府有关部门的领导干部违法的法律责任

企业领导干部滥用职权,侵犯职工合法权益,情节严重的,由政府主管部门给予行政处分。企业领导干部滥用职权、假公济私,对职工进行报复陷害的,处 2 年以下有期徒刑或者拘役;情节严重的,处 2 年以上 7 年以下有期徒刑。

企业和政府有关部门的领导干部,因工作过失给企业和国家造成较大损失的,由政府主管部门或者有关上级机关给予行政处分。企业和政府有关部门的领导干部玩忽职守,致使企业财产、国家和人民利益遭受重大损失的,处 5 年以下有期徒刑或者拘役。

(四)有关单位和个人违法的法律责任

违反《企业法》的有关规定,未经政府或者政府主管部门审核批准和工商行政管理部门核准登记,以企业名义进行生产经营活动的,责令停业,没收违法所得。

阻碍企业领导干部依法执行职务,未使用暴力、威胁方法的,由企业所在地公安机关处以 15 日以下拘留、200 元以下罚款或者警告;以暴力、威胁方法阻碍企业领导干部依法执行职务的,处 3 年以下有期徒刑、拘役、罚金或者剥夺政治权利。

扰乱企业的秩序,致使生产、营业、工作不能正常进行,尚未造成严重损失的,由企业所在地公安机关处以 15 日以下拘留、200 元以下罚款或者警告;情节严重,致使生产、营业、工作无法进行,造成严重损失的,对首要分子处5年以下有期徒刑、拘役、管制或者剥夺政治权利。

本章小结

　　企业是依法成立的从事生产经营或者服务活动的自主经营、自负盈亏的营利性经济组织,是社会经济生活中独立的市场主体。企业的经济组织性、活动目的的营利性和主体地位的独立性是其最为基本的几个特征。企业法是指调整国家组织管理企业及企业在设立、组织、活动和解散的过程中发生的经济关系的法律规范的总称。我国最具法律意义的企业法律形态的划分标准是企业的组织形式和企业的法律地位。以此为标准,可以将企业划分为公司企业、合伙企业和独资企业,分别受《公司法》、《合伙企业法》和《独资企业法》调整。

　　企业改革是我国经济改革的中心环节。自从改革开放以来,企业的改革经历了扩权让利阶段、利改税阶段、承包制阶段、转换企业经营机制的阶段以及企业制度创新的阶段。建立适应市场经济要求,产权明晰、权责明确、政企分开、管理科学的现代企业制度,标志着企业改革步入企业制度创新阶段。

　　国有企业是指财产归国家所有,依法自主经营、自负盈亏、独立核算的社会主义的商品生产者和经营单位。国有企业具有以下法律特征:国有企业的财产属于以社会主义国家为代表的全体人民所有;国有企业的经营管理实行所有权与经营权分离的原则;国有企业具有法人资格。设立国有企业必须具备法定条件。国有企业的设立程序可以概括为:申请、审批和登记。国有企业的变更和终止也必须依法登记。国有企业的内部管理实行厂长(经理)负责制。国有企业的厂长或经理是企业的法定代表人,对外代表企业。厂长在企业中处于中心地位。厂长的产生方式有两种:一是由政府的主管部门委任或者招聘,但是须征求职工代表的意见;二是由企业职工代表大会选举,但是须报政府主管部门的批准。一般情况下,厂长由产生的机构予以罢免。企业职工代表大会是职工民主管理权利的机构,是企业实行民主管理的一项基本制度和基本形式。职工代表大会依法行使职权。企业的工会委员会负责职工代表大会的日常工作。国有企业权利的主要内容可以概括为产、供、销和人、财、物两个方面。国有企业义务的主要内容可以概括为对国家的义务、对社会的义务、对职工的义务三个方面。违反全民所有制工业企业法要依法承担法律责任。

第五章 国有企业法律制度

思考练习题

1. 简述企业和企业法的概念。
2. 简述现代企业制度的特征。
3. 简述国有企业的概念和法律特征。
4. 简述职工代表大会的职权。
5. 简述国有企业的权利和义务。

案例1

赵立新不服宁夏回族自治区国有资产管理局行政批复纠纷案①

一审原告(上诉人):赵立新,男,宁夏自动化控制设备成套公司职工

一审被告(二审被上诉人):宁夏回族自治区国有资产管理局

一审第三人:宁夏回族自治区科学技术协会

一审第三人:宁夏自动化控制设备成套公司

1987年6月13日,宁夏科技实业总公司综合服务部(以下简称综合服务部)成立,企业性质为全民所有制,注册资金为25万元,其上级主管部门是宁夏科技实业总公司(以下简称实业总公司)。1988年12月14日,综合服务部名称变更为宁夏科技实业总公司科技器材经营部(以下简称器材经营部),同时,实业总公司下发了"关于给经营服务部增拨固定资产的决定"。根据该决定,实业总公司给器材经营部增拨固定资产205 000元。同月,赵立新与实业总公司签订了《企业承包经营责任制合同书》,约定:器材经营部由赵立新承包,经营承包形式为上缴包干,超收全留,承包期从1989年1月1日至1991年12月31日,承包(考核)指标为1989年实现利润50 000元,1990年实现利润7 000元,1991年实现利润100 000元,每年交纳房租、水电、管理费20 000元。1989年

---

① http://www.court.gov.cn/channel5/xingzheng/xingzheng_4.htm。

1月9日,实业总公司任命赵立新为器材经营部经理。1990年8月10日,器材经营部又更名为宁夏科技实业总公司自动化仪表成套部(以下简称仪表成套部)。1990年12月11日,实业总公司与仪表成套部签订《宁夏科技实业总公司与宁夏科技实业总公司自动化仪表成套部关于经济关系交割及工作人员划分协议书》(以下简称《协议书》),将仪表成套部独立出来,归宁夏科协直接领导并更名为宁夏自动化仪表成套部(以下简称成套部)。《协议书》称:"总公司给仪表成套部投资的营业用房已经收回,不复归仪表成套部所有;仪表成套部的现有固定资产及流动资金全部归仪表成套部所有;总公司分配给仪表成套部使用住房3套,价值167 000元,已由仪表成套部向总公司付清,房产权归仪表成套部所有。"1991年4月,宁夏科协调拨中山北街194平方米营业用房供成套部使用。同月4日,宁夏科协与银川市房地产综合开发公司(以下简称开发公司)签订(91)拆字09号拆迁安置合同,该合同约定:"1.开发公司拆除宁夏科协原194平方米营业及其他用房;2.宁夏科协要求在原地安置并保留产权;3.办公用房按400平方米计算,营业用房按500平方米计算,宁夏科协的房屋款与开发公司房屋款相抵后,宁夏科协应补差给开发公司68 520元。"1991年12月20日,成套部与开发公司签订补充合同,双方确认在(91)拆字09号拆迁安置合同的基础上,就有关安置事宜协商一致,即"开发公司将仪表成套部原地安置在中山北街14号楼5-1和5-2号营业房内,合计面积364.51平方米;扣减原房屋作价和预付款后,仪表成套部实际应向开发公司付补差价245 392元;本合同与原合同有抵触之处,以本合同为准,原合同其他条款不变"。1992年2月22日,成套部办理了上述房屋的房产所有权证。同年6月26日,宁夏回族自治区经济委员会根据宁夏科协的报告,批准成套部更名为宁夏自动化控制设备成套公司。同年7月1日,成套部填写企业申请变更登记注册书,该注册书中载明:成套部更名为宁夏自动化控制设备成套公司,企业性质为全民所有制,注册资金为844 000元,营业场所地址是银川市中山北街得胜小区14号楼5-1、5-2号,营业面积为364.51平方米。同年9月25日,宁夏科协以(1992)第027号文件任命赵立新为成套公司经理,马维孝、葛瑞风、程捷明为副经理。赵立新和上述三人与宁夏科协又签订了新的《承包经营合同书》,承包形式仍为上缴包干,超收全留,承包期自1992年12月31日起为期3年。该合同履行到1993年7月23日,宁夏科协以赵立新在任期间经营管理不善,造成很大损失为由,免去了赵立新的经理职务。在民事诉讼期间,宁夏科协于1997年5月12日向宁夏国有资产管理局申请对成套公司资产进行界定。

1997年5月23日,宁夏国有资产管理局作出宁国资发(1997)46号批复,主要内容是:一、根据国家国有资产管理局国资法规发(1993)68号《国有资产产权界定和产权纠纷处理暂行办法》的有关规定,对成套公司自设立之日起至今,由宁夏科协及实业总公司投入资本的有关证据情况进行核实后,认为以下资本及权益属国有资产:(一)1987

年7月实业总公司设立经营服务部,投资10 238元;(二)1988年12月14日,实业总公司增拨固定资产205 000元,上届承包人结转流动资金10 546元;(三)1989年、1990年承包人按合同规定应向总公司上缴利润及管理费130 000元,经批准未上交,作为国家资本再投入;(四)1991年4月,宁夏科协调拨中山北街194平方米营业用房供成套公司使用,价值约230 000元。1991年12月20日成套公司增购办公用房170.51平方米,价值245 392元。上述四项资产总计831 176元。该企业在续存期间形成的资产增值(利润)所有权相应为国有资产。二、从企业经营者的选聘情况看,成套公司历任法人代表均为宁夏科协同意实业总公司聘任,与现行国有企业经营者的选择方式一致。企业法人代表对企业只有资产经营权并按合同规定履行相关义务,承担相关责任,而不具有企业资产的所有权。三、从成套公司设立注册情况看,其系宁夏科协批准并由其所属实业总公司投资设立的,自1987年设立后至今,名称和法人代表虽几度更换,但其在工商注册登记时的经济性质一直为全民所有制。基于以上事实,对成套公司性质界定为国有企业,其资本权益也界定为国有资产。1997年6月10日,成套公司填写了企业国有资产占有产权登记表。

赵立新对宁国资发(1997)46号批复不服,于1998年3月5日向宁夏回族自治区高级人民法院(一审法院)提起行政诉讼。赵立新诉称:成套公司系其个人挂靠在宁夏科协名下的私人企业。在宁夏科协主管期间,宁夏科协免去其经理职务是侵权行为。宁夏国资局在银川城区法院审理原告与第三人公司财产争议中,将成套公司的831 176元财产界定为国有资产,不仅认定事实不清、证据不足,而且程序违法。请求:①判令撤销宁国资发(1997)46号批复;②判令第三人返还因宁国资发(1997)46号批复侵占的成套公司的财产,赔偿上述财产被侵占期间的全部损失1 580 000元。被告对原告的损失承担连带赔偿责任;③诉讼费由被告及第三人承担。一审法院在审理期间认为原告赵立新第2项返还财产、赔偿损失的诉讼请求属民事争议,且已向人民法院提起民事诉讼,应另案处理。

一审法院经审理认为,成套公司自成立至今,虽然名称多次变更,但其全民所有制的性质一直没有发生变化,不存在原告挂靠问题。作为其主管的上级单位宁夏科协根据规定申请宁夏国资局对该企业的国有资产进行界定是履行法定职责的行为,宁夏国资局依据国家国有资产管理局法规发(1993)68号文件作出宁国资发(1997)46号《关于宁夏科协所属宁夏自动化控制设备成套公司资产产权界定的批复》,主体和程序合法,适用法律正确,应予维持。但宁国资发(1997)46号批复认定部分事实存在瑕疵,事实不清,证据不足。被告举证的"商业企业开业申请登记表"证明,1987年6月13日,总公司为经营服务部支付注册费、工本费238元,7月7日拨款10 000元;但其所举的另一证据"经营服务部向科技总公司挂账明细表"却证明,截至1988年10月,经营部曾数次向总公司还款,尚有8 783.85元挂账处理;两个证据相互矛盾,宁国资发(1997)46号批复认定实业总公司投资10 238元事实不清、证据不足。被告举出"科技实业总公司向经营服务部增拨固定资产决定书",证明1988年2月14日实业总公司向成套公司增拨固定资产205 000元,而被告所举另一证据《协议书》却证明原实业总公司给成套公司投资的营业用房已经收回,不归成套公司所有,宁国资发(1997)46号批复将成套公司主管部门早已收回的财产权仍以该公司所有进行界定缺乏事实依据。另宁国资发(1997)46号批复将10 546元流动资金界定为国有资产也缺乏法律依据;被告所举1988年12月《企业承包经营责任制合同书》证明,1989年考核指标为50 000元,1990年为70 000元,1991年为100 000元,每年交纳房租水电管理费20 000元。原告提供的宁审所字1994第005号审计报告,则证明1989年至1991年实际完成利润78 600元,两年管理费均已上缴,宁国资发(1997)46号批复将具有不确定性的考核指标认定为投资不妥。综上所述,宁国资发(1997)46号批复认定的上述部分事实存在瑕疵,应予撤销。原告主张公司财产权归自己所有无证据证实,不予支持,原告请求撤销中国资发(1997)46号批复的理由不能成立,其要求赔偿的诉讼请求,因当庭不能举证,不予采纳。依据《中华人民共和国行政诉讼法》第54条第1项、第2项第1目、第58条之规定,宁夏回族自治区高级人民法院作出(1999)宁行初字第1号行政判决:

一、维持宁国资发(1997)46号《关于宁夏科协所属宁夏自动化控制设备成套公司资产产权界定的批复》第1条第(四)项、第2条、第3条,即1991年4月宁夏科协调拨中山北街194平方米营业用房归成套公司使用,价值约230 000元。1991年12月20日成套公司增购办公用房170.51平方米,价值245 392元,属国有资产的界定部分和企业性质部分。

二、撤销宁国资发(1997)46号《关于宁夏科协所属宁夏自动化控制设备成套公司资产产权界定的批复》第1条第(一)、(二)、(三)项。即(一)1987年7月,实业总公司设立经营服务部,投资10 238元。(二)1988年12月14日,实业总公司增拨固定资产205 000元。上届承包人结转流动资金10 546元。(三)1989年、1990年承包人按合同规定应向总公司上缴利润及管理费130 000元,经批准未上缴作为国家资本再投入的界定部分。

三、撤销宁国资发(1997)46号《关于宁夏科协所属宁夏自动化控制设备成套公司资产产权界定的批复》第1条中"上述四项资产总计831 176元"的认定部分。

四、驳回原告要求赔偿的诉讼请求。一审案件受理费100元由原告负担。

赵立新不服宁夏回族自治区高级人民法院一审判决,于1999年8月12日向最高人民法院提起上诉。上诉人认为被上诉人作出的(1997)46号批复没有对成套公司的全部资产进行界定,且界定事实不清、证据不足、程序违法、适用法律错误,侵害了上诉人的合法权益。主要理由是:1.一审判决否定上诉人1988年承包成套公司后向企业投入10 546元,否定成套公司购买中山北街194平方米营业用房,否定上诉人在承包期间的个人投入和个人应得部分未曾提取等事实,属于认定事实不清、证据不足。2.成套公司设立之初是集体企业性质,产权界定应按照《集体企业国有资产产权界定办法》进行;宁国资发(1997)46号批复是在上诉人与第三人对成套公司财产发生争议诉讼到银川市城区法院后、法院审理中作出的,其界定行为违反了《国有资产产权界定和产权纠纷处理暂行办法》第31条规定的程序,且该批复没有引用法律和法规的条、款、项。故被上诉人宁夏国资局作出宁国资发(1997)46号批复适用法律错误、程序违法。请求最高人民法院判决撤销宁国资发(1997)46号批复,撤销一审判决,诉讼费由被上诉人承担。被上诉人宁夏国有资产管理局、原审第三人成套公司和宁夏科协答辩中均认为:上诉人上诉理由缺乏事实依据和法律根据,请求最高人民法院驳回上诉人的上诉请求。

最高人民法院根据证据认定的基本事实与原判无异。在法庭审理中,上诉人赵立新、被上诉人宁夏国有资产管理局及原审第三人宁夏科协、成套公司对原审法院判决主文第二项,即撤销宁国资发(1997)46号《关于宁夏科协所属宁夏自动化控制设备成套公司资产产权界定的批复》第1条第(一)、(二)、(三)项判决内容,均未提出异议。

最高人民法院认为,成套公司从成立到发生诉讼,虽依法更名五次、变更企业主管部门一次,但该公司在工商行政管理机关登记的企业经济性质均为"全民所有制"。赵立新作为成套公司的职工,从其与实业总公司及宁夏科协依据《全民所有制工业企业承包经营责任制暂行条例》,签订《承包合同》以及成套公司的上级主管部门任命赵立新为该公司总经理等活动来看,赵立新与成套公司及其上级主管部门系全民所有制企业内部承包经营关系。赵立新所称该公司系挂靠在宁夏科协名下非全民所有制性质的上诉理由不能成立。

中山北街194平方米营业用房系宁夏科协调拨给成套公司使用的房产,该房屋拆迁后的房屋补差款及成套公司增购的170.51平方米办公用房,均系成套公司用企业增值资产所购买。该房屋产权已于1992年2月22日登记在成套公司名下,宁夏国有资产管理局将上述房屋确认为国有资产是合法的。

根据《国有资产产权界定和产权纠纷处理暂行规定》的规定,宁夏国有资产管理局有权对成套公司的国有资产进行界定。《国有资产产权界定和产权纠纷处理暂行规定》第3条规定:"本办法适用于全部或部分占用国有资产单位的产权界定,全民所有制单位与其他所有制单位之间以及全民所有制单位之间的国有资产产权的界定及产权纠纷的处理。"第31条规定:"全民所有制单位与其他经济成分之间发生的产权纠纷,由全民单位提出处理意见,经同级国有资产管理部门同意后,与对方当事人协商解决。协商不能解决的,依司法程序处理。"该条规定的"其他经济成分",是指除全民所有制经济成分以外的其他所有制成分。赵立新与成套公司或公司上级主管部门产生的纠纷不能适用上述规定。宁夏国有资产管理局根据《国有资产产权界定和产权纠纷处理暂行规定》，依宁夏科协的申请对成套公司国有资产进行界定，不属于对产权纠纷作出处理，其所作出的宁国资发(1997)46号批复未引用前述规定的条、款、项，不影响其行为的合法性。上诉人赵立新关于"批复作出的程序违法、批复未引用规定的条款项，一审法院判决认定批复适用法律正确是错误的"等理由不能成立。上诉人赵立新认为，一审判决否定其1988年承包该公司时向企业投入资金10 546元的事实是错误的。经查，该部分事实属宁国资发(1997)46号批复第1条中的第(二)项内容，而该部分内容，已由一审法院判决撤销。

综上所述，最高人民法院认为一审判决认定事实清楚，适用法律正确，程序合法，上诉人赵立新的上诉请求无事实和法律依据，不予支持，遂依照《中华人民共和国行政诉讼法》第61条第(一)项的规定，作出(1999)行终字第15号终审判决：驳回上诉，维持原判。本案二审案件受理费100元，由上诉人赵立新负担。

法理分析

本案是一起行政诉讼案，但涉及国有资产的界定问题。在国有企业进行改革时期，国有资产的界定是一个重要问题。

我国关于国有资产界定的法规依据主要有：国有资产管理局1993年颁布的《国有资产产权界定和产权纠纷处理暂行办法》，原科委1996年颁布的《集体科技企业国有资产产权界定和产权纠纷调处工作试行规则》，财政部、国家工商行政管理局、国家经贸委、国家税务总局1998年联合颁布的《清理甄别"挂靠"集体企业工作的意见》等。

本案中产权界定的对象宁夏自动化控制设备成套公司系属于全民所有制企业，因此应该适用《国有资产产权界定和产权纠纷处理暂行办法》第8条规定，全民所有制企业中的产权界定依下列办法处理：①有权代表国家投资的部门和机构以货币、实物和所有权属于国家的土地使用权、知识产权等向企业投资，形成的国家资本金，界定为国有资产；②全民所有制企业运用国家资本金及在经营中借入的资金等所形成的税后利润经国家批准留给企业作为增加投资的部分以及从税后利润中提取的盈余公积金、公益金和未分配利润等，界定为国有资产；③以全民所有制企业和行政事业单位(以下统称全民单位)担保，完全用国内外借入资金投资创办的或完全由其他单位借款创办的全民所有制企业，其收益积累的净资产，界定为国有资产；④全民所有制企业接受馈赠形成的资产，界定为国有资产；⑤在实行《企业财务通则》、《企业会计准则》以前，全民所有制企业从留利中提取的职工福利基金、职工奖励基金和"两则"实行后用公益金购建的集体福利设施而相应增加的所有者权益,界定为国有资产;⑥全民所有制企业中党、团、工会组织等占用企业的财产,不包括以个人缴纳党费、团费、会费以及按国家规定由企业拨付的活动经费等结余购建的资产,界定为国有资产。

另外,本案作为一起行政诉讼案,法院只对宁夏国有资产管理局进行资产界定这一行政行为是否合法进行了审查。至于原告在承包经营期间与企业发生的纠纷,通过协商或民事诉讼等途径解决,法院对此的判决是正确的。

案例 2

武威市纸箱厂由甘肃凉州皇台酒厂依法兼并被武威市二轻工业局行政干预案[①]

原告:武威市纸箱厂(以下简称纸箱厂)

法定代表人:罗××,厂长

被告:武威市二轻工业局(以下简称二轻局)

法定代表人:李××,局长

第三人:甘肃凉州皇台酒厂(以下简称皇台酒厂)

法定代表人:张××,厂长

武威市纸箱厂系集体所有制企业,甘肃凉州皇台酒厂系全民所有制企业。纸箱厂为了适应市场经济的发展,自1993年2月起曾数次口头请示二轻局,要求批准该厂由皇台酒厂兼并,二轻局不同意。1993年7月30日纸箱厂经厂管会正式讨论,并提交职代会审议通过,同意由皇台酒厂兼并。皇台酒厂于同年8月6日作出同意兼并的决定,并于当日与纸箱厂达成兼并协议,主要内容为:乙方(纸箱厂)同意由甲方兼并,甲方(皇台酒厂)决定兼并乙方;双方定于8月8日举行兼并大会,会后原武威市纸箱厂更名为甘肃凉州皇台酒厂纸箱厂,并进行资产评估、财产清理造册及移交接管工作;乙方现有全部职工并入甲方,工资等待遇按甲方现行标准执行;协议签订后,未办结的法律手续,由双方分头办理……对此,二轻局表示不同意,并于8月7日以公司党委的名义作出武二轻党发〔1993〕039号《关于对纸箱厂与凉州皇台酒厂兼并问题的处理决定》,认为纸箱厂现任党政领导违反组织原则,超越职权范围,擅自决定由皇台酒厂兼并,未经联社职工代表大会讨论,未经主管部门同意和武威市政府批准,其决定不能成立,予以否定;要求纸箱厂现任党政领导作出检查,并根据检查情况,另行处理。8月8日,纸箱厂和皇台酒厂如期举行了兼并大会,武威市委、市人大、市政府、市政协的主要领导人

---

① http://www.hotlong.com/law/index.cfm/5/191 - 4/066F6517 - 89D9 - 4C07 - A5CE - C603FD5A4352.html。

出席了大会并讲了话,肯定皇台酒厂兼并武威市纸箱厂大方向正确,表示支持。同日,二轻局党委发出武二轻党发〔1993〕041号和042号文件,免去罗××的纸箱厂厂长职务;免去秦××副厂长职务;免去梁××纸箱厂党支部书记职务;由孙××负责主持纸箱厂全盘工作。皇台酒厂也于8月8日以甘凉酒发〔1993〕148号文件,聘任罗××为皇台酒厂副厂长兼纸箱厂长,聘任秦××为纸箱厂副厂长;又以皇台酒厂党委甘凉酒发〔1993〕017号文件决定成立甘肃凉州皇台酒厂纸箱厂党支部,并任命梁××为支部书记,罗××为副书记。8月9日,二轻局组织工作组进驻纸箱厂,矛盾随之激化。8月11日,武威地委主要领导人闻讯后带领地、市有关部门领导到纸箱厂现场办公,责成有关部门尽快解决问题,抓好生产。二轻局于当日下午撤走工作组。8月13日武威市人民政府针对兼并问题发出武政发〔1993〕131号文件,认为皇台酒厂与纸箱厂之间不同所有制企业的兼并,符合改革潮流,大方向是正确的,应予以肯定,并要求按程序继续完善兼并的有关事宜。1993年8月21日纸箱厂以武箱字〔1993〕010号文件向二轻局递交"申请批准书",再次请求由皇台酒厂兼并。二轻局于1993年9月9日发出武二轻发〔1993〕164号《关于对武威市纸箱厂"申请批准书"的批复》,不同意纸箱厂由皇台酒厂兼并。同年12月,二轻局邀请有关部门的人员及联社的人员组成联合工作组,对纸箱厂的净资产进行清理界定。纸箱厂认为财产争议一方——市联社的人员参加界定,缺乏公正性,遂于1993年12月8日向武威市中级人民法院提起行政诉讼。联合工作组于12月27日作出了纸箱厂全部净资产属于二轻联社的结论。纸箱厂对此提出异议,并再次申请武威地区中级人民法院委托中介机构界定。武威地区中级人民法院受理后即依法委托有界定资格权的中介机构武威地区审计事务所对纸箱厂的净资产进行全面清理,并作出产权界定。界定结果是:截至1993年8月25日,武威市纸箱厂的账面全部资产总额为4 167 008.67元(不含无形资产即土地),扣除负债总额2 982 827.23元,企业净资产(所有者权益)为1 184 181.44元,其中属二轻联社所有的为244 171.17元,占20.62%;纸箱厂职工股金为21 095.72元,占1.78%;属纸箱厂劳动群众集体所有的918 914.55元,占77.6%。

二轻局认为原告纸箱厂的资产属全联社劳动群众集体所有,纸箱厂无权处分,纸箱厂请求由皇台酒厂兼并,未经主管部门同意,系厂部分领导擅自做主,违反了有关法律规定;纸箱厂效益较好,不需被兼并。

纸箱厂则认为,本厂请求由皇台酒厂兼并的行为符合法律规定,符合改革和企业发展的大方向。纸箱厂的净资产绝大多数属本企业劳动群众集体所有,本厂有权决定由其他企业兼并。此项兼并是经厂管会讨论决定、职工代表大会审议通过的,符合全厂职工的切身利益,而且兼并程序合法。被告二轻局把本企业全部净资产说成属二轻联社所有,无事实依据;二轻局不同意纸箱厂由皇台酒厂兼并和退出联社,违反了法律规定,侵犯了企业的经营自主权。因此要求依法撤销被告二轻局关于不同意纸箱厂被皇台酒厂兼并并退出联社的决定。

武威地区中级人民法院受理后,经审查认为皇台酒厂与被诉具体行政行为有利害关系,遂将其追加为第三人参加诉讼,并依法组成合议庭,对本案进行了公开审理。

经审理认为:企业兼并是社会主义市场经济发展的客观要求,是竞争机制发挥作用的必然结果,也是深化企业改革的重要内容。原告纸箱厂由第三人皇台酒厂实行兼并,这对国家和区域经济的发展都有利,对皇台酒厂、纸箱厂的发展和纸箱厂的三百多名职工更有利。企业的兼并权是法律赋予企业的自主权,应由企业自主决定,政府主管部门应予支持,不应干涉。纸箱厂经厂管会讨论,职代会审议通过,并与皇台酒厂按照自愿、互利原则,达成协议,实施兼并,符合法律规定。同时经界定,纸箱厂占资产所有权的主导地位,可以自主决定被皇台酒厂兼并。二轻局在对纸箱厂的资产尚未评估界定,且在武威市政府发出武政发(1993)131号文件以后,又发出武二轻发〔1993〕164号文件,不同意纸箱厂被皇台酒厂兼并,其具体行政行为事实不清,主要证据不足,程序违法,且与形势和法律有悖,是对企业经营自主权的侵犯,法院不予支持。纸箱厂在被皇台酒厂实施兼并前,未进行资产评估界定,未办理退出联社手续,未终止或解除承包合同,未依法办理企业法人变更登记等,确属不够妥善,但在兼并协议中明确规定,未办结的法律手续在会后分头办理。而且这与被告二轻局的不准退社等行为亦有一定关系。故对上述问题应进一步补充完善有关手续。据此,依据《中华人民共和国行政诉讼法》第54条第(二)项第1、2、5目、《中华人民共和国城镇集体所有制企业条例》第16条、《全民所有制工业企业转换经营机制条例》第16条第2款、《关于企业兼并的暂行办法》第3条、《甘肃省全民所有制工业企业转换经营机制实施办法(试行)》第12条第2、3款的规定,该院于1994年4月29日判决如下:撤销武威市二轻工业局武二轻发(1993)164号《关于对武威市纸箱厂"申请批准书"的批复》。

宣判后,被告二轻局在法定期限内未提出上诉。

法理分析

1. 武威市纸箱厂被皇台酒厂兼并,是顺应形势需要,符合经济发展的要求。武威市有大小纸箱厂14家,年生产量800万平方米以上,而本地需求量却不足300万平方米。由于铁路运费高,销到外地几乎保不了本,因此14家纸箱厂之间竞争非常激烈。过去武威市纸箱厂产品一半由皇台酒厂购买。皇台酒厂1993年开始进行第二次技术改造工程,也准备上一个纸箱生产线,这对武威市纸箱厂的生路是一个威胁。因此,该纸箱厂认为:从经济发展的角度看,不走兼并之路,一旦失去皇台酒厂这个大市场,本厂就可能失去发展机会和生存条件,就有可能因此倒闭。走兼并之路,既于武威地区经济发展有利,对国家经济发展有利,又能避免重复建设,并能保住武威市纸箱厂315名职工的饭碗,于皇台酒厂和纸箱厂的发展都有利。所以,武威市纸箱厂要求由皇台酒厂兼并,是适应市场经济发展的明智之举。武威地区中级人民法院在审理此案过程中,坚持从发展社会主义市场经济角度出发,依法维护企业的自主权,其出发点是正确的。

2. 企业兼并必须完善法律手续。纸箱厂在被皇台酒厂实施兼并前,未先进行资产评估界定,未办理退出联社手续,未终止或解除承包合同,未依法办理企业法人变更登记等。这虽与武威市二轻局的行政干预有一定关系,但毕竟是一种缺陷。其在兼并协议中已明确决定要继续办理未办结的法律手续,武威地区中级人民法院也在判决书中指出,纸箱厂应进一步补办兼并法律手续,是完全必要的。

3. 本案也突出反映了一个问题,即我国企业合并立法,尤其是有关传统公有制企业之间的兼并法规落后于当前企业改革的需要,因此为企业在市场经济中的联合造成了诸多法律障碍。

本案中,二轻局反对兼并的根本依据在于《中华人民共和国城镇集体所有制企业条例》第15条,即"集体企业的合并、分立、停业、迁移或者主要登记事项的变更,必须符合国家的有关规定,由企业提出申请,报经原审批部门批准,依法向原登记机关办理变更登记"。但是,《关于企业兼并的暂行办法》第3条则规定,"……集体所有制企业被兼并,由职工代表大会讨论通过,报政府主管部门备案"。可见,由于法规的不协调、不完善,政府管理职能和企业市场行为的区分、定位不明确,最终埋下了发生本案类似纠纷的隐患。

因此,我国应该完善有关企业合并的相关法规,促进我国企业合并健康有序的进行,发挥企业合并应有的功能效用。

第六章

外商投资企业法律制度

★ 本章学习要点与要求 ★

通过本章的学习应掌握外商投资企业的概念及其种类、外商投资企业的组织形式及法律地位、外商投资企业的设立、外商投资企业的资本、外商投资企业的组织机构、外商投资企业争议的解决等问题。

第一节 外商投资企业法概述

一、外商投资企业的概念及其种类

外商投资企业是外国人依照中华人民共和国法律,在中国境内以私人直接投资方式参与或者独立设立的各类企业的总称。

(一) 外商投资企业的法律特征

1. 外商投资企业是外国人参与或独立设立的企业。外国人是指外国企业、其他经济组织或个人。外国人"参与"设立指外国人与中国人共同设立的合营企业,包括中外合资经营企业和中外合作经营企业。外国人"独立"设立指企业的全部资本均由外国人提供,这类企业为外资企业。港澳台地区的企业、其他经济组织或者个人同内地的企业或者其他经济组织之间设立的合资经营企业、合作经营企业或其独立设立的企业参照适用有关外商投资企业的法律、法规。

2. 外商投资企业是依照中华人民共和国法律,在中国境内设立的企业。因此,外商投资企业具有中国国籍,是中国法人,受中国法律的管辖和保护。

3. 外商投资企业是外国人以私人直接投资方式设立的。凡利用外国政府或各国政府共同设立的国际经济组织的资金兴办的企业,均不属于外商投资企业范畴;凡利用外国人的借款、租赁等间接投资方式兴办的企业也不属于外商投资企业范畴。只有外国人作为企业的设立人参与或独立设立的企业,即外国人以举办企业这种直接投资方式设立的企业才属于外商投资企业范畴。

(二)外商投资企业的类型

根据不同的划分标准,可将外商投资企业进行如下划分:

1. 中外合营企业与外资企业。根据外商投资企业是外国人参与设立,还是独立设立,可将外商投资企业分为中外合营企业与外资企业。凡是外国人与中国合营者共同举办的企业,属于外国人参与设立的企业,称为中外合营企业。其中包括中外合资经营企业和中外合作经营企业。凡是由外国人提供全部资本而设立的企业,就属于外国人独立设立的企业,称为外资企业。

2. 法人型企业和非法人型企业。根据法律规定,中外合资经营企业是具有法人资格的法人型企业。中外合作经营企业和外资企业可以是具有法人资格的法人型企业,也可以是不具有法人资格的非法人型企业。

3. 产品出口企业、先进技术企业和一般外商投资企业。根据国务院《关于鼓励外商投资的规定》,国家对外商投资企业中的产品出口企业和先进技术企业给以特别优惠。产品出口企业是指外商投资企业中产品主要用于出口,年度外汇总收入额减除年度生产经营外汇支出额和外国投资者汇出分得利润所需外汇额以后,外汇有结余的生产型企业。先进技术企业是指外商投资企业中外国投资者提供先进技术,从事新产品开发,实现产品升级换代,以增加出口创汇或者替代进口的生产型企业。产品出口企业和先进技术企业,必须经过确认和考核后,方能从一般外商投资企业中划分出来。

二、外商投资企业法的概念及其法律渊源

外商投资企业法是指我国制定的调整外商投资企业在设立、管理、经营和终止过程中产生的经济关系的法律规范的总称。

外商投资企业的法律渊源包括:《中华人民共和国宪法》中有关外商投资的法律规定,《中华人民共和国民法通则》、《中华人民共和国合同法》、《中华人民共和国企业法人登记管理条例》等有关法律、法规中关于外商投资企业的法律规定和有关外商投资企业的单行法律、法规,如《中华人民共和国中外合资经营企业法》(以下简称《合资经营企业法》)及其实施条例;《中华人民共和国中外合作经营企业法》(以下简称《合作经营企业法》);《中华人民共和国外资企业法》(以下简称《外资企业法》)及其实施细则;《中华人民共和国对外合作开采海洋石油资源条例》;《国务院关于鼓励外商投资的规定》等,以及由地方国家机关颁布的有关外商投资企业的单行法规。

第二节 外商投资企业的概念、组织形式及法律地位

一、中外合资经营企业的概念、组织形式及法律地位

(一)中外合资经营企业的概念和特征

中外合资经营企业是指外国合营者与中国合营者依照《合资经营企业法》在中国境内设立的合营企业。2001年3月15日第九届全国人大第4次会议通过了关于修改《中华人民共和国中外合资经营企业法》的决定,并于公布之日起施行。

中外合资经营企业具有如下法律特征:

1. 中外合资经营企业是由中国合营者和外国合营者共同设立的合营企业。合营各方共同投资、共同经营、共担风险、共负盈亏。

2. 中外合资经营企业是在我国境内设立的。即合资经营企业的审批、登记注册、资本存放地、管理中心、营业中心等均应在我国境内。

3. 中外合资经营企业是依据《合资经营企业法》设立的。这一特征使中外合资经营企业与中外合作经营企业区别开来,中外合作经营企业是依据《合作经营企业法》设立的。法律依据的不同,导致了中外合资经营企业和中外合作经营企业在企业的组织形式、投资方式、资本回收、收益分配和亏损分担、经营管理方式以及解散、清算方式等方面的不同。

(二)中外合资经营企业的组织形式和法律地位

1. 中外合资经营企业的组织形式。根据《合资经营企业法》的规定,中外合资经营企业的组织形式为有限责任公司,即合营企业以其全部资产对其债务承担责任,合营企业中外合资各方以其出资额为限对企业债务负有限责任。

2. 中外合资经营企业的法律地位。根据《中外合资经营企业法实施条例》的规定,依照《合资经营企业法》批准在中国境内设立的中外合资经营企业是中国的法人,受中国法律的管辖和保护。

二、中外合作经营企业的概念、组织形式及法律地位

(一)中外合作经营企业的概念

中外合作经营企业是指依照《合作经营企业法》的规定,在中国境内设立的、由中外合作双方在合作合同中约定投资或者合作条件、收益或者产品的分配、风险和亏损的分担、经营管理的方式和合作企业终止时财产的归属等事项而成立的企业。2000年10月31日第九届全国人大常委会第18次会议通过了关于修改《中华人民共和国中外合作经营企业法》的决定,并于公布之日起施行。

(二)中外合作经营企业的组织形式及法律地位

1. 中外合作经营企业的组织形式。根据《中外合作经营企业法实施细则》的规定,合作企业依法取得中国法人资格的,为有限责任公司。因此,中外合作经营企业的组织形式有两种,即:合作经营企业可以设立为法人型企业,其组织形式主要为有限责任公司;合作经营企业也可以设立非法人型企业,其组织形式主要是合伙企业。

2. 中外合作经营企业的法律地位。中外合作经营企业具有中国国籍,受中国法律的管辖和保护。其中,依法取得法人资格的中外合作经营企业,其法律地位是中国法人;不具备法人资格的中外合作经营企业及其合作各方,依照中国民事法律的有关规定,承担民事责任。

三、外资企业的概念、组织形式及法律地位

(一)外资企业的概念

外资企业是指依照中国有关法律在中国境内设立的全部资本由外国投资者投资的企业,不包括外国的企业和其他经济组织在中国境内的分支机构。2000年10月31日第九届全国人大常委会第18次会议通过了关于修改《中华人民共和国外资企业法》的决定,并于公布之日起施行。

外资企业具有如下法律特征:

1. 外资企业是依照中国有关法律在中国境内设立的企业。外资企业的这一法律特征使其与外国企业区别开来。所谓外国企业,是指在国外依照外国法律设立的,经东道国法律的许可在东道国境内从事经营的企业。

2. 外资企业的全部资本由外国投资者投入,企业中没有中方的资本。这是外资企业与中外合资经营企业的主要区别。

3. 外资企业是指外国的企业和其他经济组织在中国境内的子公司,或者指外商在中国投资新建立的企业,不包括外国的企业和其他经济组织在中国的分支机构。所谓分支机构,广义地讲包括外国的企业和其他经济组织在中国境内的分公司和常驻代表

机构。分公司虽能从事一定的经济活动,但它不实行独立核算,不能单独承担民事责任,因而不具备法人资格。常驻代表机构是外国的企业和其他经济组织派驻到我国,主要从事一定范围的联络、咨询服务以及代理工作的常设机构,它并不属于企业,不能从事经营活动。

（二）外资企业的组织形式和法律地位

1. 外资企业的组织形式。根据《外资企业法实施细则》的规定,外资企业的组织形式为有限责任公司。经批准也可以为其他责任形式。外资企业为有限责任公司的,外国投资者对企业的责任以其认缴的出资额为限。外资企业为其他责任形式的,外国投资者对企业的责任适用中国法律、法规的规定。

2. 外资企业的法律地位。根据《外资企业法》的规定,外资企业符合中国法律关于法人条件的规定的,依法取得中国法人资格。同时,《外资企业法实施细则》规定,外资企业受中国法律的管辖和保护。外资企业在中国境内从事经营活动,必须遵守中国的法律、法规,不得损害中国的社会公共利益。因此,外资企业是具有中国国籍,依法受中国法律的管辖和保护的法人或非法人组织。

第三节　外商投资企业的设立

一、中外合资经营企业的设立

中外合资经营企业的设立是指因组织中外合资经营企业,为其取得中国法律主体资格所须经过的法律程序。

根据《合资经营企业实施条例》的规定,在中国境内设立的合营企业,应当能够促进中国经济的发展和科学技术水平的提高,有利于社会主义现代化建设。国家鼓励、允许、限制或者禁止设立合营企业的行业,按照国家指导外商投资方向的规定及外商投资产业指导目录执行。

（一）设立合营企业的审批机构

根据《合资经营企业法实施条例》的规定,在中国境内设立合营企业,必须经对外贸易经济合作部审查批准。批准后,由对外贸易经济合作部发给批准证书。

凡具备下列条件的,国务院授权省、自治区、直辖市人民政府或国务院有关部门审批,报对外贸易经济合作部备案:

1. 投资总额在国务院规定的投资审批权限以内,中国合营者的资金来源已经落

实的;

2. 不需要国家增拨原材料,不影响燃料、动力、交通运输、外贸出口配额等方面的全国平衡的。

（二）设立合营企业应报送的文件

根据《合资经营企业法实施条例》的规定,申请设立合营企业,由中外合营者共同向审批机构报送下列文件:

1. 设立合营企业的申请书。
2. 合营各方共同编制的可行性研究报告。
3. 由合营各方授权代表签署的合营企业协议、合同和章程。
4. 由合营各方委派的合营企业董事长、副董事长、董事人选名单。
5. 审批机构规定的其他文件。

审批机构发现报送的文件有不当之处的,应当要求限期修改。

（三）批准和登记

审批机构自接到上述规定的文件之日起,3个月内决定批准或者不批准。

申请设立合营企业有下列情况之一的,不予批准:有损中国主权的;违反中国法律的;不符合中国国民经济发展要求的;造成环境污染的;签订的协议、合同、章程显属不公平,损害合营一方权益的。

申请者应当自收到批准证书之日起1个月内,按照国家有关规定,向工商行政管理机关办理登记手续。合营企业的营业执照签发日期,即为该合营企业的成立日期。

二、中外合作经营企业的设立

根据《合作经营企业法实施细则》的规定,设立合作企业的由对外贸易经济合作部或者国务院授权的部门和地方人民政府审查批准。

设立合作企业,应当由中国合作者向审查批准机关报送下列文件:

1. 设立合作企业的项目建议书,并附送主管部门审查同意的文件。
2. 合作各方共同编制的可行性研究报告,并附送主管部门审查同意的文件。
3. 由合作各方的法定代表人或其授权的代表签署的合作企业协议、合同、章程。
4. 合作各方的营业执照或者注册登记证明、资信证明及法定代表人的有效证明文件,外国合作者是自然人的,应当提供有关其身份、履历和资信情况的有效证明文件。
5. 合作各方协商确定的合作企业董事长、副董事长、董事或者联合管理委员会主任、副主任、委员的人选名单。
6. 审查批准机关要求报送的其他文件。

审查批准机关应当自收到规定的全部文件之日起45天内决定批准或者不批准;审

查批准机关认为报送的文件不全或者有不当之处的,有权要求合作各方在指定期间内补全或者修正。对外贸易经济合作部和国务院授权的部门批准设立的合作企业,由对外贸易经济合作部颁发批准证书。国务院授权的地方人民政府批准设立的合作企业,由有关地方人民政府颁发批准证书,并自批准之日起30天内将有关批准文件报送对外贸易经济合作部备案。

申请设立合作企业,有下列情形之一的,不予批准:损害国家主权或者社会公共利益的;危害国家安全的;对环境造成污染损害的以及有违反法律、行政法规或者国家产业政策的其他情形的。

批准设立的合作企业应当依法向工商行政管理机关申请登记,领取营业执照。

三、外资企业的设立

外资企业的设立是指因组织外资企业,并取得中国法律主体资格所必经的法律程序。根据《外资企业法》的规定,设立外资企业,必须有利于中国国民经济的发展。国家鼓励举办产品出口或者技术先进的外资企业。其中,国家禁止或者限制设立外资企业的行业由国务院规定。

(一)外资企业设立的审批机构

设立外资企业的申请,由中华人民共和国对外贸易经济合作部审查批准后,发给批准证书。

设立外资企业的申请属于下列情形的,国务院授权省、自治区、直辖市和计划单列市、经济特区人民政府审查批准后,发给批准证书:

1. 投资总额在国务院规定的投资审批权限以内的。

2. 不需要国家调拨原材料,不影响能源、交通运输、外贸出口配额等全国综合平衡的。

省、自治区、直辖市和计划单列市、经济特区人民政府在国务院授权范围内批准设立外资企业,应当在批准后15天内报对外贸易经济合作部备案。

此外,申请设立的外资企业,其产品涉及出口许可证、出口配额、进口许可证或者属于国家限制进口的,应当依照有关管理权限事先征得对外经济贸易主管部门的同意。

(二)设立外资企业的申请

外国投资者在提出设立外资企业的申请前,应当就下列事项向拟设立外资企业所在地的县级或者县级以上地方人民政府提交报告。报告内容包括:设立外资企业的宗旨;经营范围、规模;生产产品;使用的技术设备;用地面积及要求;需要用水、电、煤、煤气或者其他能源的条件及数量;对公共设施的要求等。县级或者县级以上地方人民政府应当在收到外国投资者提交的报告之日起30天内以书面形式答复外国投资者。

（三）批准和登记

外国投资者设立外资企业，应当通过拟设立外资企业所在地的县级或者县级以上地方人民政府向审批机关提出申请，并报送下列文件：设立外资企业申请书；可行性研究报告；外资企业章程；外资企业法定代表人（或者董事会人选）名单；外国投资者的法律证明文件和资信证明文件；拟设立外资企业所在地的县级或者县级以上地方人民政府的书面答复；需要进口的物资清单以及其他需要报送的文件。

两个或者两个以上外国投资者共同申请设立外资企业，应当将其签订的合同副本报送审批机关备案。

此外，设立外资企业的申请书应当包括外国投资者的姓名或者名称、住所、注册地和法定代表人的姓名、国籍、职务；拟设立外资企业的名称、住所；经营范围、产品品种和生产规模；拟设立外资企业的投资总额、注册资本、资金来源、出资方式和期限；拟设立外资企业的组织形式和机构、法定代表人；采用的主要生产设备及其新旧程度、生产技术、工艺水平及其来源；产品的销售方向、地区和销售渠道、方式；外汇资金的收支安排；有关机构设置和人员编制，职工的招用、培训、工资、福利、保险、劳动保护等事项的安排；可能造成环境污染的程度和解决措施；场地选择和用地面积；基本建设和生产经营所需资金、能源、原材料及其解决办法；项目实施的进度计划以及拟设立外资企业的经营期限。

审批机构应当在收到申请设立外资企业的全部文件之日起90天内决定批准或者不批准。审批机关如果发现上述文件不齐备或者有不当之处，可以要求限期补报或者修改。

申请设立外资企业，有下列情况之一的，不予批准：有损中国主权或者社会公共利益的；危及中国国家安全的；违反中国法律、法规的；不符合中国国民经济发展要求的以及可能造成环境污染的。

设立外资企业的申请经审批机关批准后，外国投资者应当在收到批准证书之日起30天内向工商行政管理机关申请登记，领取营业执照。外资企业的营业执照签发日期，为该企业成立日期。外国投资者在收到批准证书之日起满30天未向工商行政管理机关申请登记的，外资企业批准证书自动失效。

外资企业的分立、合并或者由于其他原因导致资本发生重大变动，须经审批机关批准，并应当聘请中国的注册会计师验证和出具验资报告；经审批机关批准后，向工商行政管理机关办理变更登记手续。

第四节 外商投资企业的资本

一、中外合资经营企业的资本

(一)中外合资经营企业的投资总额和注册资本

中外合资经营企业的投资总额是指按照合营合同、章程规定的生产规模需要投入的基本建设和生产流动资金的总和,包括合营企业的注册资本和合资企业的借款。中外合资经营企业的注册资本,是指为设立合营企业在登记管理机构登记的资本总额,应为合营各方认缴的出资额之和。

1. 中外合资经营企业注册资本和投资总额的比例要求。根据国家工商行政管理局发布的《关于中外合资经营企业注册资本与投资总额比例的暂行规定》,注册资本与投资总额的比例为:投资总额在300万美元以下(含300万美元)的,其注册资本至少应占投资总额的7/10;投资总额在300万~1 000万美元(含1 000万美元)的,其注册资本至少应占投资总额的1/2,其中投资总额在420万美元以下(含420万美元)的,注册资本不得低于210万美元;投资总额在1 000万~3 000万美元(含3 000万美元)的,其注册资本至少应占投资总额的2/5,其中投资总额在1 250万美元以下(含1 250万美元)的,注册资本不得低于500万美元;投资总额在3 000万美元以上的,其注册资本至少应占投资总额的1/3,其中投资总额在3 600万美元以下(含3 600万美元)的,注册资本不得低于1 200万美元。

2. 中外合资经营企业注册资本的减少、增加和转让。根据《合资经营企业法实施条例》的规定,合营企业在合营期内不得减少其注册资本。因投资总额和生产经营规模等发生变化,确需减少的,须经审批机构批准。

合营企业注册资本的转让是指合营一方向合营另一方或合营各方以外第三方转让其部分或全部出资额。合营企业注册资本的转让受到限制,即合营一方要转让其全部或部分出资额时,须经合营他方同意,经原审批机构批准,并向原登记管理机构办理变更登记手续。同时,注册资本的转让还必须符合优先购买权的规定,即合营一方转让其注册资本时,在转让条件相同的前提下,合营他方享有先于第三人购得被转让的出资额的权利。

合营企业注册资本的增加、减少,应当由董事会会议通过,并报审批机构批准,向登记管理机构办理变更登记。

(二)中外合资经营企业合资各方的出资比例和出资方式

1. 合资各方的出资比例。合营各方的出资比例即合资各方在合营企业注册资本中所占的份额。《合资经营企业法》规定,合营企业的注册资本中,外国合营者的投资比例一般不低于25%。我国法律对外国投资者仅在原则上规定了投资的下限,而未规定上限。这样规定的目的一方面是为了更多地吸引外资,另一方面也是为了加强外商对合营企业经营管理的责任。我国颁布的《指导外商投资方向暂行规定》、《外商投资产业指导目录》等行政法规和规章中,对一些行业或项目中的外资所占比例的上限作了规定,主要包括两类:一类是关于基础设施的建设经营项目;一类是涉及国家支柱产业的投资项目。例如,民用机场的建设和经营、核电站的建设和经营,须由国有资产占控股或主导地位。

2. 合资各方出资方式。合资各方的出资方式即合营各方以缴纳何种财产来履行出资义务。《合资经营企业法实施条例》规定,合营者可以用货币出资,也可以用建筑物、厂房、机器设备或其他物料、工业产权、专有技术、场地使用权等作价出资。

(1)货币出资。货币出资是最重要的出资方式。外国合营者出资的货币,按缴款当日中国人民银行公布的基准汇率折算成人民币或者套算成约定的外币。中国合营者出资的人民币,需要折算成外币的,按缴款当日中国人民银行公布的基准汇率折算。

(2)实物出资。实物出资是指以建筑物、厂房、机器设备或其他物料作为出资。作为外国合营者出资的实物,应当是合营企业生产所必需的,而且作价不得高于同类机器设备或其他物料当时的国际市场价格。

(3)工业产权、专有技术出资。外国合营者出资的工业产权或专有技术,必须符合下列条件之一:第一,能显著改进现有产品的性能、质量,提高生产效率的;第二,能显著节约原材料、燃料、动力的。此外,外国合营者还应提交其作为出资的工业产权或专有技术的有关资料,包括专利证书或商标注册证书的复印件、有效状况及其技术特性、实用价值、作价的计算依据、与中国合营者签订的作价协议等有关文件,作为合营合同的附件。

(4)场地使用权出资。即中方合营者将合营企业经营期间的场地使用权作价入股。如果场地使用权未作为中国合营者出资的一部分,合营企业应向中国政府缴纳土地使用费。

外国合营者作为出资的机器设备或者其他物料、工业产权或者专有技术,应当报审批机构批准。

(三)合资各方缴纳出资的程序和期限

1. 合资各方缴纳出资的程序。合资各方从营业执照签发之日起,在合营合同规定的缴纳出资的期限内,按照合同规定的出资方式将出资交付给合营企业或合营企业的开户银行。合资各方缴纳出资后,应由中国注册会计师验资,并出具验资报告。合营企业根据验资报告发给合营各方出资证明书。出资证明书要报送原审批机关和工商行政管理机关备案。

2. 合营各方缴纳出资的期限。合营企业的投资应按照项目进度,在合同、章程中明确规定出资期限。未作规定的,审批机关不予批准,登记机关不予核准登记注册。

合营各方在合同中可以两种方式约定缴纳出资的期限,一是一次缴清,二是分期缴清。合营合同约定一次缴清出资的,出资期限从合营企业营业执照签发之日起计算,最长不超过6个月,即合营各方在6个月内必须缴清各自的出资。合营合同约定分期缴清出资的,合营各方第一期出资不得低于各自认缴出资额的15%,并且出资期限从合营企业营业执照签发之日起计算,最长不超过6个月。合营各方第二期以后的各期出资,其中任何一期出资期限均不得超过3个月。国家工商行政管理局、对外贸易经济合作部发布的《关于进一步加强外商投资企业审批和登记管理有关问题的通知》对分期出资的总期限作了以下规定:①注册资本在50万美元以下(含50万美元的),自营业执照核发之日起1年内缴齐;②注册资本在50万美元以上,100万美元以下(含100万美元的),自营业执照核发之日起1年半内缴齐;③注册资本在100万美元以上,300万美元以下(含300万美元的),自营业执照核发之日起2年内缴齐;④注册资本在300万美元以上,1 000万美元以下(含1 000万美元的),自营业执照核发之日起3年内缴齐;⑤注册资本在1 000万美元以上的,出资期限由审批机关根据实际情况审定。

3. 合营各方未按合同约定期限履行出资义务应承担的法律责任。合营各方未能按规定的期限缴付出资的,视同合营企业自动解散,合营企业批准证书自动失效。合营企业应向工商行政管理机关办理注销登记手续,缴销营业执照,否则工商行政管理机关将吊销其营业执照,并予以公告。

合营各方中的任何一方未按合同规定如期缴付或缴清其出资的,即构成违约。守约方可以申请解散合营企业或申请另找合营者承担违约方在合营合同中的权利和义务;守约方还可以依法要求违约方赔偿因其未缴付或未缴清出资造成的经济损失。除守约方决定撤销或选择新的合营方外,审批机关有权撤销对该企业的批准证书,登记机关可以吊销其营业执照。

二、中外合作经营企业的投资和合作条件

(一)合作企业的投资和合作条件

合作各方应当依照有关法律、行政法规的规定和合作企业合同的约定,向合作企业投资或者提供合作条件。合作各方向合作企业的投资或者提供的合作条件可以是货币,也可以是实物或者工业产权、专有技术、土地使用权等财产权利。中国合作者的投

资或者提供的合作条件,属于国有资产的,应当依照有关法律、行政法规的规定进行资产评估。

依法取得中国法人资格的合作企业中,外国合作者的投资一般不低于合作企业注册资本的25%。在不具有法人资格的合作企业中,对合作各方向合作企业投资或者提供合作条件的具体要求,由对外贸易经济合作部规定。

合作各方应当以其自有的财产或者财产权利作为投资或者合作条件,对该投资或者合作条件不得设置抵押权或者其他形式的担保。

合作各方应当根据合作企业的生产经营需要,依照有关法律、行政法规的规定,在合作企业合同中约定合作各方向合作企业投资或者提供合作条件的期限。

合作各方没有按照合作企业合同约定缴纳投资或者提供合作条件的,工商行政管理机关应当限期履行;限期届满仍未履行的,审查批准机关应当撤销合作企业的批准证书,工商行政管理机关应当吊销合作企业的营业执照,并予以公告。未按照合作企业合同约定缴纳投资或者提供合作条件的一方,应当向已按照合作企业合同约定缴纳投资或者提供合作条件的他方承担违约责任。

（二）合作企业投资和合作条件的变更

合作企业注册资本在合作期限内不得减少。但是,因投资总额和生产经营规模等变化,确需减少的,须经审查批准机关批准。

合作各方之间相互转让或者合作一方向合作他方以外的他人转让属于其在合作企业合同中全部或者部分权利的,须经合作他方书面同意,并报审查批准机关批准。审查批准机关应当自收到有关转让文件之日起30天内决定批准或者不批准。

（三）中外合作经营企业的资本回收

中外合作者在合作企业合同中的约定合作期限届满时,合作企业的全部固定资产无偿是中国合作者所有的,外国合作者在合作期限内可以申请按照下列方式先行回收其投资:

1. 在按照投资或者提供合作条件进行分配的基础上,在合作企业合同中约定扩大外国合作者的收益分配比例。

2. 经财政税务机关按照国家有关税收的规定审查批准,外国合作者在合作企业缴纳所得税前回收投资。

3. 经财政税务机关和审查批准机关批准的其他回收投资方式。

外国合作者在合作期限内先行回收投资的,中外合作者应当依照有关法律的规定和合作企业合同的约定,对合作企业的债务承担责任。

外国合作者提出先行回收投资的申请,应当具体说明先行回收投资的总额、期限和方式,经财政税务机关审查同意后,报审查批准机关审批。

合作企业的亏损未弥补前,外国合作者不得先行回收投资。

三、外资企业的资本

(一)外资企业的注册资本和投资总额

外资企业的注册资本,是指为设立外资企业在工商行政管理机关登记注册的资本总额,即外国投资者认缴的全部出资额。外资企业的投资总额指开办外资企业所需资金总额,即按其生产规模需要投入的基本建设资金和生产流动资金的总和。外资企业的注册资本要与其经营规模相适应,注册资本与投资总额的比例应当符合中国有关规定。

外资企业在经营期内不得减少其注册资本。但是,因投资总额和生产经营规模等发生变化,确需减少的,须经审批机关批准。

外资企业注册资本的增加、转让,须经审批机关批准,并向工商行政管理机关办理变更登记手续。外资企业将其财产或者权益对外抵押、转让,须经审批机关批准并在工商行政管理机关备案。

(二)外资企业外国投资者的出资方式

外国投资者可以用可自由兑换的外币出资,也可以用机器设备、工业产权和专有技术等出资。

1. 外币出资。外国投资者一般应当用可自由兑换的外币出资。经审批机关批准,外国投资者也可以用其从中国境内举办的其他外商投资企业获得的人民币利润出资。

2. 机器设备出资。外国投资者以机器设备作价出资的,该机器设备应当是外资企业生产所必需的,并且作价不得高于同类机器设备当时的国际市场正常价格。

对作价出资的机器设备,应当列出详细的作价出资清单,包括名称、种类、数量、作价等,作为设立外资企业申请书的附件一并报送审批机关。作价出资的机器设备运抵中国口岸时,外资企业应当报请中国的商检机构进行检验,由该商检机构出具检验报告。作价出资的机器设备的品种、质量和数量与外国投资者报送审批机关的作价出资清单列出的机器设备的品种、质量和数量不符的,审批机关有权要求外国投资者限期改正。

3. 工业产权、专有技术出资。外国投资者以工业产权、专有技术作价出资的,该工业产权、专有技术应当为外国投资者自己所有的,并且作价应当与国际上通常的作价原则一致,其作价金额不得超过外资企业注册资本的20%。

对作价出资的工业产权、专有技术,应当备有详细资料,包括所有权证书的复制件、有效状况及其技术性能、实用价值,作价的计算根据和标准等,作为设立外资企业申请书的附件一并报送审批机关。作价出资的工业产权、专有技术实施后,审批机关有权进行检查。该工业产权、专有技术与外国投资者原提供的资料不符的,审批机关有权要求外国投资者限期改正。

(三)外资企业外国投资者缴纳出资的期限

根据《外资企业法》规定,外资企业应当在审查批准机关核准的期限内在中国境内投资;逾期不投资的,工商行政管理机关有权吊销其营业执照。工商行政管理机关对外资企业的投资情况进行检查和监督。外国投资者缴付出资的期限应当在设立外资企业申请书和外资企业章程中载明。外国投资者可以分期缴付出资,但最后一期出资应当在营业执照签发之日起3年内缴清。其中第一期出资不得少于外国投资者认缴出资额的15%,并应当在外资企业营业执照签发之日起90天内缴清。

外国投资者未能在上述规定的期限内缴付第一期出资,或者第一期出资后的其他各期的出资的,外国投资者无正当理由逾期30天不出资的,外资企业批准证书即自动失效。外资企业应当向工商行政管理机关办理注销登记手续,缴销营业执照;不办理注销登记手续和缴销营业执照的,由工商行政管理机关吊销其营业执照,并予以公告。

外国投资者有正当理由要求延期出资的,应当经审批机关同意,并报工商行政管理机关备案。

外国投资者缴付每期出资后,外资企业应当聘请中国的注册会计师验证,并出具验资报告,报审批机关和工商行政管理机关备案。

第五节 外商投资企业的组织机构

一、中外合资经营企业的组织机构

中外合资经营企业的组织机构是指对内管理企业生产、财务、劳动人事等事务,对外代表企业进行采购、销售、投资等活动的常设机关。

根据《合资经营企业法》及其实施条例的规定,中外合资经营企业的组织机构的基本形式是董事会领导下的总经理负责制,因此,其组织机构的基本管理机关是董事会和经营管理机构(即总经理领导下的经理部门)。

(一)董事会

1.董事会的地位和职权。《合资经营企业法实施条例》规定,董事会是合营企业的最高权力机构,决定合营企业的一切重大问题。董事会的职权是由合营企业章程规定的,讨论决定合营企业的一切重大问题,包括企业发展规划、生产经营活动方案、收支预算、利润分配、劳动工资计划、停业,以及总经理、副总经理、总工程师、总会计师、审计师的任命或聘请及其职权和待遇等。

2. 董事会的组成、人数、议事规则。中外合资经营企业董事会由董事组成,其董事成员不得少于3人。董事名额的分配由合营各方参照合营各方出资比例协商确定。董事的任期为4年,经合营各方继续委派可以连任。董事会会议每年至少召开1次,由董事长负责召集并主持。董事长不能召集时,由董事长委托副董事长或者其他董事负责召集并主持董事会会议。经1/3以上的董事提议,可由董事长召开董事会临时会议。董事会会议应有2/3以上的董事出席方能举行。董事不能出席,可出具委托书委托他人代表其出席和表决。董事会根据平等互利的原则,讨论决定合营企业的一切重大问题。下列事项由出席董事会会议董事一致通过方可作出决议:①合营企业章程的修改;②合营企业的中止、解散;③合营企业注册资本的增加、减少;④合营企业的合并、分立。除此之外,由董事会讨论的其他事项,可以根据合营企业章程载明的议事规则作出决议。

3. 董事长。董事长和副董事长由合营各方协商确定或由董事会选举产生。中外合营者的一方担任董事长的,由他方担任副董事长。董事长是合资经营企业的法定代表人。董事长不能履行职责时,应当授权副董事长或者其他董事代表合营企业。

(二) 经营管理机构

合营企业设立经营管理机构,负责企业的日常经营管理工作。经营管理机构设总经理1人,副总经理若干人。副总经理协助总经理工作。

总经理执行董事会会议的各项决议,组织领导合营企业的日常经营管理工作。在董事会授权范围内,总经理对外代表合营企业,对内任免下属人员,行使董事会授予的其他职权。

总经理、副总经理由合营企业董事会聘请,可以由中国公民担任,也可以由外国公民担任。经董事会聘请,董事长、副董事长、董事可以兼任合营企业的总经理、副总经理或者其他高级管理职务。总经理、副总经理不得兼任其他经济组织的总经理或者副总经理,不得参与其他经济组织对本企业的商业竞争。

总经理、副总经理及其他高级管理人员有营私舞弊或者严重失职行为的,经董事会决议可以随时解聘。

(三) 合营企业的工会

合营企业职工有权按照《中华人民共和国工会法》和《中国工会章程》的规定,建立基层工会组织,开展工会活动。合营企业工会是职工利益的代表,有权代表职工同合营企业签订劳动合同,并监督合同的执行。它的基本任务是:依法维护职工的民主权利和物质利益;协助合营企业安排和合理使用福利、奖励基金;组织职工学习政治、科学、技术和业务知识,开展文艺、体育活动;教育职工遵守劳动纪律,努力完成企业的各项经济任务。

合营企业董事会会议讨论合营企业的发展规划、生产经营活动等重大事项时,工会的代表有权列席会议,反映职工的意见和要求。董事会会议研究决定有关职工奖惩、工资制度、生活福利、劳动保护和保险等问题时,工会的代表有权列席会议,董事会应当听取工会的意见,取得工会的合作。

合营企业应当积极支持本企业工会的工作。合营企业应当按照《中华人民共和国工会法》的规定为工会组织提供必要的房屋和设备,用于办公、会议、举办职工集体福利、文化、体育事业。合营企业每月按企业职工实际工资总额的2%拨交工会经费,由本企业工会按照中华全国总工会制定的有关工会经费管理办法使用。

二、中外合作经营企业的组织机构

合作经营企业设董事会或者联合管理委员会。董事会或者联合管理委员会是合作企业的权力机构,按照合作经营企业章程的规定,决定合作经营企业的重大问题。

董事会或者联合管理委员会成员不得少于3人,其名额的分配由中外合作者参照其投资或者提供的合作条件协商确定。董事或者委员的任期由合作企业章程规定;但是,每届任期不得超过3年。

召开董事会会议或者联合管理委员会会议,应当在会议召开的10天前通知全体董事或者委员。董事会或者联合管理委员会也可以用通讯的方式作出决议。

下列事项由出席董事会会议或者联合管理委员会会议的董事或者委员一致通过,方可作出决议:合作企业章程的修改;合作企业注册资本的增加或者减少;合作企业的解散;合作企业的资产抵押;合作企业合并、分立和变更组织形式以及合作各方约定由董事会会议或者联合管理委员会会议一致通过方可作出决议的其他事项。

中外合作经营企业的组织机构的其他规定,与中外合资经营企业相同。

三、外资企业的组织机构

我国对外资企业组织机构没有法律规定。外国投资者可以根据自己和外资企业经营管理的需要,设置企业组织机构。

此外,《外资企业法》规定外资企业的职工依法建立工会组织,开展工会活动,维护职工的合法权益。外资企业应当为本企业工会提供必要的活动条件。

第六节　外商投资企业的购买与销售

一、中外合资经营企业的购买与销售

根据《合资经营企业法实施条例》的规定,合营企业所需的机器设备、原材料、燃料、配套件、运输工具和办公用品等(以下简称物资),有权自行决定在中国购买或者在国外购买。合营企业需要在中国购置的办公、生活用品,按需要量购买,不受限制。

中国政府鼓励合营企业向国际市场销售其产品。合营企业有权自行出口其产品,也可以委托外国合营者的销售机构或者中国的外贸公司代销或者经销。

合营企业在合营合同规定的经营范围内,进口本企业生产所需的机器设备、零配件、原材料、燃料,凡属国家规定需要领取进口许可证的,每年编制一次计划,每半年申领一次。外国合营者作为出资的机器设备或者其他物料,可以凭审批机构的批准文件直接办理进口许可证进口。超出合营合同规定范围进口的物资,凡国家规定需要领取进口许可证的,应当另行申领。

合营企业生产的产品,可以自主经营出口,凡属国家规定需要领取出口许可证的,合营企业按照本企业的年度出口计划,每半年申领一次。

合营企业在国内购买物资的价格以及支付水、电、气、热、货物运输、劳务、工程设计、咨询、广告等服务的费用,享受与国内其他企业同等的待遇。

合营企业应当依照《中华人民共和国统计法》及中国利用外资统计制度的规定,提供统计资料,报送统计报表。

二、中外合作经营企业的购买与销售

合作企业可以自行决定在中国境内或者境外购买本企业自用的机器设备、原材料、燃料、零部件、配套件、元器件、运输工具和办公用品等。

国家鼓励合作企业向国际市场销售其产品。合作企业可以自行向国际市场销售其产品,也可以委托国外的销售机构或者中国的外贸公司代销或者经销其产品。合作企业销售产品的价格,由合作企业依法自行确定。

外国合作者作为投资进口的机器设备、零部件和其他物料以及合作企业用投资总额内的资金进口生产、经营所需的机器设备、零部件和其他物料,免征进口关税和进口环节的流转税。上述免税进口物资经批准在中国境内转卖或者转用于国内销售的,应

当依法纳税或者补税。

合作企业不得以明显低于合理的国际市场同类产品的价格出口产品,不得以高于国际市场同类产品的价格进口物资。

合作企业进口或者出口属于进出口许可证、配额管理的商品,应当按照国家有关规定办理申领手续。

三、外资企业的购买与销售

外资企业有权自行决定购买本企业自用的机器设备、原材料、燃料、零部件、配套件、元器件、运输工具和办公用品等。外资企业在中国购买物资,在同等条件下,享受与中国企业同等的待遇。

外资企业可以在中国市场销售其产品。国家鼓励外资企业出口其生产的产品。外资企业有权自行出口本企业生产的产品,也可以委托中国的外贸公司代销或者委托中国境外的公司代销。外资企业可以自行在中国销售本企业生产的产品,也可以委托商业机构代销其产品。

外国投资者作为出资的机器设备,依照中国规定需要领取进口许可证的,外资企业凭批准的该企业进口设备和物资清单直接或者委托代理机构向发证机关申领进口许可证。外资企业在批准的经营范围内,进口本企业自用并为生产所需的物资,依照中国规定需要领取进口许可证的,应当编制年度进口计划,每半年向发证机关申领一次。

外资企业出口产品,依照中国规定需要领取出口许可证的,应当编制年度出口计划,每半年向发证机关申领一次。

外资企业进口的物资以及技术劳务的价格不得高于当时的国际市场同类物资以及技术劳务的正常价格。外资企业的出口产品价格,由外资企业参照当时的国际市场价格自行确定,但不得低于合理的出口价格。用高价进口、低价出口等方式逃避税收的,税务机关有权根据税法规定,追究其法律责任。

外资企业应当依照《中华人民共和国统计法》及中国利用外资统计制度的规定,提供统计资料,报送统计报表。

第七节　外商投资企业的解散

一、外商投资企业解散的原因

外商投资企业解散的原因包括:合营期或经营期届满;企业发生严重亏损,无力继续经营;合营一方不履行合营企业协议、合同、章程规定的义务,致使企业无法继续经营;破产;因自然灾害、战争等不可抗力遭受严重损失,无法继续经营;合营企业未达到经营目的,同时又无发展前途;外商投资企业合同、章程所规定的其他解除原因已经出现以及违反中国法律、法规,危害社会公共利益被依法撤销。

二、解散的程序

(一)审批

外商投资企业解散的,由法律规定的宣告解散的机关作出宣告企业解散的决议,然后向审批机关提出解散申请书,报审批机构批准。审批机构接到解散申请书后,依法审查,决定批准与不批准。解散申请书批准之日,为外商投资企业宣告解散之日。

(二)清算

外商投资企业的清算依《外商投资企业清算办法》进行。外商投资企业被宣告解散后,就应进入清算程序,即对外公告并通知债权人,提出清算程序、原则和清算委员会人选,报审批机关审核后进行清算。

(三)办理注销登记

外商投资企业解散的,在清算结束后,应当向工商行政管理部门办理企业注销登记。

第八节　外商投资企业争议的解决

一、中外双方投资者争议的解决

中外双方投资者争议,是指中外合资经营企业、中外合作经营企业的合营各方在解释或者履行企业协议、合同、章程时所发生的争议。解决中外双方投资者争议,只能适用中国的法律。解决中外双方投资者争议的方法包括:

(一)协商

协商是指争议双方在自愿的基础上,依据法律规定和协议、合同、章程的约定,直接进行谈判并达成和解,从而解决争议的一种方法。

(二)调解

调解是指争议双方共同聘请第三方作为调解人,由调解人居中斡旋,促使争议双方达成和解,从而解决争议的一种方法。

(三) 仲裁

仲裁是指中外投资者双方在争议发生之前或者争议发生之后,达成书面仲裁协议,自愿将争议提交双方所同意的仲裁机构进行审理,并由仲裁机构作出对争议双方具有约束力的裁决的一种解决争议的方法。

(四) 诉讼

诉讼是指当事人双方将争议提交法院审理并作出裁决,从而解决争议的一种方法。

二、外商投资企业与国内外其他经济组织或个人争议的解决

解决外商投资企业与国内外其他经济组织或个人之间的争议,也可采用协商、调解、仲裁、诉讼的方式。

三、外商投资企业与我国政府管理部门行政争议的解决

外商投资企业在其设立、变更、终止以及经营管理过程中,要与我国各种政府管理部门发生关系,其中一些企业与政府管理部门发生关系时可能出现争议,即行政争议。解决行政争议可以通过如下方式进行:

(一) 行政复议

行政复议是指外商投资企业认为行政机关的具体行政行为侵犯了自己的合法权益,依法申请该行政机关的上级行政机关进行审理并作出处理决定的一种活动。

(二) 行政诉讼

行政诉讼是指外商投资企业与我国政府管理部门发生了争议,认为行政管理机关和其工作人员的具体行政行为侵犯了企业的合法权益,可以直接向法院起诉,或在不服复议机关作出的决定时向法院起诉。

四、外商投资企业劳动争议的解决

外商投资企业的劳动争议,是指企业行政与职工之间因劳动合同的履行、变更、解除以及违反合同责任的承担所产生的争议。解决这种争议可以采用下列方式:

(一) 协商

即由争议双方在自愿的基础上,通过磋商自愿达成和解,从而解决劳动纠纷。

(二) 仲裁

即由争议一方或双方向企业所在地劳动人事部门所设立的仲裁机构申请仲裁。

(三) 诉讼

即当事人一方或双方不服劳动人事部门的仲裁裁决的,可以向人民法院提起诉讼。

本章小结

外商投资企业是外国人依照中国法律,在中国境内以私人直接投资方式参与或者独立设立的各类企业的总称。外商投资企业法是指我国制定的调整外商投资企业在设立、管理、经营和终止过程中产生的经济关系的法律规范的总称。

合营企业的组织形式为有限责任公司,是中国的法人,受中国法律的管辖和保护。合营企业在合营期内不得减少其注册资本。因投资总额和生产经营规模等发生变化,确需减少的,须经审批机构批准。合营一方转让其注册资本时,在转让条件相同的前提下,合营他方享有先于第三人购得被转让的出资额的权利。合营企业注册资本的增加、减少,应当由董事会会议通过,并报审批机构批准,向登记管理机构办理变更登记。合营企业的注册资本中,外国合营者的投资比例一般不低于25%。合营者可以用货币出资,也可以用建筑物、厂房、机器设备或其他物料、工业产权、专有技术、场地使用权等作价出资。合营企业的组织机构的基本形式是董事会领导下的总经理负责制。

合作企业可以设立为法人型企业,其组织形式主要为有限责任公司;合作经营企业也可以设立非法人型企业,其组织形式主要是合伙企业。合作企业具有中国国籍,受中国法律的管辖和保护。合作企业注册资本在合作期限内不得减少。但是,因投资总额和生产经营规模等变化,确需减少的,须经审查批准机关批准。合作各方之间相互转让或者合作一方向合作他方以外的他人转让属于其在合作企业合同中全部或者部分权利的,须经合作他方面同意,并报审查批准机关批准。中外合作者在合作企业合同中的约定合作期限届满时,合作企业的全部固定资产无偿是中国合作者所有的,外国合作者在合作期限内可以申请先行回收其投资。合作企业的亏损未弥补前,外国合作者不得先行回收投资。合作各方向合作企业的投资或者提供的合作条件可以是货币,也可以是实物或者工业产权、专有技术、土地使用权等财产权利。合作经营企业设董事会或者联合管理委员会。

外资企业的组织形式为有限责任公司,经批准也可以为其他责任形式。外资企业受中国法律的管辖和保护。外资企业在经营期内不得减少其注册资本。但是,因投资总额和生产经营规模等发生变化,确需减少的,须经审批机关批准。我国对外资企业组织机构没有法律规定。外国投资者可以根据自己和外资企业经营管理的需要,设置企业组织机构。

思考练习题

1. 简述中外合资经营企业的注册资本和投资总额,并分析中外合资经营企业与依《公司法》设立的有限责任公司在资本制度上的差异。

2. 分析中外合资经营企业与依《公司法》设立的有限责任公司在组织机构上的差异。

3. 简述中外合资经营企业的出资方式。

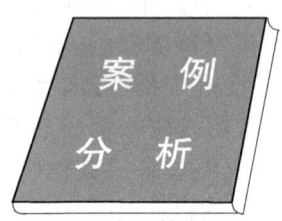

案例

辛克与北京澳际教育咨询有限公司中外合作经营合同纠纷上诉案①

上诉人(一审原告、反诉被告):辛克(英文名 Xin Ke)

被上诉人(一审被告、反诉原告):北京澳际教育咨询有限公司

2005年2月,辛克与北京澳际教育咨询有限公司简称(澳际公司)开始合作经营澳际公司的出国咨询业务。2005年5月17日,辛克与澳际公司签订《移民资质风险保证金付退款约定书》,约定:澳际公司与辛克共同出资并合作经营澳际公司的出国咨询业务,出资及盈利分成比例为:澳际公司40%,辛克60%;双方另行商定合作双方分别负担上交主管单位因私出入境中介资质风险备用金的50%,及各自承担人民币100万元,并就相关事项约定如下:

1. 辛克于签订本约定书之日支付人民币50万元。

2. 余款人民币50万元的支付方式及期限,由澳际公司与辛克另行商定。

3. 如澳际公司的出国咨询业务终止,主管单位将备用金退回至澳际公司时,澳际公司保证在5个工作日内,按照辛克实际支付金额退还给辛克本人。

同日,澳际公司出具收据,其中载明:"辛克交来澳际备用金(人民币)50万元整",

---

① http://bmla.chinalawinfo.com/case/displaycontent.asp?Gid=117574069&Keyword=。

澳际公司加盖了财务专用章。此后,辛克以澳际公司的名义承揽出国咨询业务,对外签订中介合同。

2006年2月27日,澳际公司突然单方面宣布全面接管整个合作业务,强占了辛克的办公室,并将辛克逐出了公司。

2006年3月2日,辛克向澳际公司发出函件,主要内容为:

第一,请澳际公司于收到此信3天内,给予辛克是否到工商局进行股东变更的书面答复(进一步明确辛克作为股东持有60%的股份)。

第二,按双方股权所占有比例进行清算:①双方合作至今,现有净利润,按照双方约定,应按辛克60%,澳际公司40%进行分配;②因澳际公司的原因,双方约定无法继续履行,故澳际公司应退还我为澳际公司垫付的因私出入境中介资质备用金(风险保证金)人民币50万元;③偿还辛克投入的全部设备投资(折价人民币8万元);请澳际公司于收到此信3日内与辛克结清或以书面形式予以确认;④辛克保留对于合作期间业务预期收入的60%追索权。在澳际公司与辛克双方结清以上款项后,辛克会正式与澳际公司办理退出合作的相关手续。长安公证处对邮寄送达文件的内容及过程进行了公证,并对此出具了(2006)长证内经字第1487号《公证书》。

另查,根据澳际公司提交的代理费收款收据记载和辛克在庭审中的当庭自认,2005年2月至2006年2月27日间,辛克掌握澳际公司经营款人民币831 000元,美元3 300元。

法理分析

因上述纠纷,辛克诉至法院,要求解除其与澳际公司间的合作经营关系,对双方在合作期间的经营资产进行清算并按约定的比例进行结算;澳际公司立即向辛克退还中介资质风险备用金(风险保证金)人民币50万元。澳际公司反诉请求法院判令辛克返还澳际公司的经营款共计人民币831 000元,诉讼费由辛克承担。

法院经审理认为,辛克与澳际公司签订的《移民资质风险保证金付退款约定书》约定双方共同出资并合作经营澳际公司的出国咨询业务,该合同系双方当事人真实意思表示,内容不违反我国法律及行政法规的相关规定,应认定合法有效。履行合同过程中,双方发生分歧,致使合作无法继续,现辛克与澳际公司均表示同意解除双方签订的合同,应予以确认双方签订的合同自2006年2月27日解除。根据《合同法》的规定,合同解除后,尚未履行的终止履行,对于已经履行的部分,则产生返还请求权。辛克为实现双方合作而交付澳际公司的人民币50万元,澳际公司应予返还。辛克亦应向澳际公司返还其在合作经营过程中掌握的澳际公司经营款人民币831 000元以及美元

3 300元。

为此,一审法院判决澳际公司于判决生效后 10 日内返还辛克人民币 50 万元,辛克于判决生效后 10 日内返还澳际公司经营款人民币 831 000 元,美元 3 300 元。

辛克不服一审判决,向二审法院提起上诉,主要上诉理由是经营款人民币 831 000 元以及美元 3 300 元是利润,应按比例分配,不应全部返还澳际公司。2008 年 7 月 28 日,二审法院向双方当事人进行事实核对,双方均确认辛克掌握的经营款人民币 831 000元,美元 3 300 元可以视为双方合作的利润。因此,对该部分利润双方应按照澳际公司占 40%,辛克占 60% 的约定进行分配,即辛克应分得人民币 498 600 元,美元 1 980元,澳际公司应分得人民币 332 400 元,美元 1 320 元。为此,二审法院除维持一审法院要求澳际公司于判决生效后 10 日内返还辛克人民币 50 万元的判决外,要求辛克于判决生效后 10 日内返还北京澳际教育咨询有限公司人民币 332 400,美元 1 320元。

税收法律制度

★ 本章学习要点与要求 ★

通过本章的学习应掌握税收的概念和特征、税法的调整对象、税收法律关系、税法的构成要素、流转税的有关法律规定、所得税的有关法律规定、财产税的有关法律规定、资源税的有关法律规定、行为税的有关法律规定以及税收征收管理制度。

第一节 税收概述

一、税收的概念

税收是国家为了实现其职能,凭借政治权力,根据税收法律预先规定的标准,无偿地、强制地征收货币或实物的经济行政活动,是国家取得财政收入的一种分配关系。

税收作为财政收入的主要形式,同国家取得财政收入的其他形式相比较,具有以下基本特征:

第一,强制性。即国家依据法律强制地征税。任何单位和个人,只要是税法规定应该纳税的,都必须无条件地按时、足额地缴纳税款,履行纳税义务,否则就要受到法律制裁。税收的强制性是国家无偿取得财政收入的可靠保证。

第二,无偿性。国家依据税法征税,不需要向纳税人付出任何代价或支付任何报酬。纳税人依法纳税后,财产所有权发生了转移,税款就成为国家的财政收入归国家所有,而不再直接返还给各纳税人。

第三,固定性。国家通过税法,事先规定了明确的征税对象、纳税人、税目、税率、应纳税额的计算方法、纳税期限等。纳税人取得应纳税收入或发生了应纳税的行为,就要按规定的标准缴纳税款。这种规定的标准是相对稳定的,一般不受外界客观因素的影响。

二、税收的种类

税收以征税对象的不同,分为流转税、所得税、财产税、特定行为税和资源税。

（一）流转税

流转税是以商品或非商品的流转额为征税对象的一类税。其特点是：

1. 征税是紧随商品交换和非商品服务进行的。
2. 计税的依据是商品的价格和劳务服务收费标准,税额是商品价格或服务收费标准的组成部分。

流转税类包括:增值税、消费税、营业税、进出口关税、城乡维护建设税。

（二）所得税

所得税是以纳税人的纯收益或总收益为征税对象的一类税。其特点是：

1. 征税对象是纳税人的所得额或收益额,税额的多少取决于纳税人的实际负担能力。
2. 实行比例税率和累进税率。
3. 一般按全年所得额或收益额征收,采取分期预缴、年终汇算清缴,多退少补的方法。

所得税类包括:企业所得税、个人所得税。

（三）财产税

财产税是以法定财产的价值额或租价额为征税对象,根据财产占有或者财产转移的事实所征收的一类税。其基本特征是：

1. 以纳税人所占有或转移的财产为征税对象,客体范围严格依法限定。
2. 面向财产所有人或使用人征收,无税负转移作用。

财产税类包括:房产税、城市房地产税、契税。

（四）特定行为税

特定行为税是依据法定计税单位和标准,对特定行为发生的行为人征收的一类税。其特点是具有鲜明的政策目的性和因时因地制宜的灵活性。

特定行为税类包括:车船使用税、车船使用牌照税、印花税、固定资产投资方向调节税、建筑税、耕地占用税、城镇土地使用税。

(五)资源税

资源税是对在我国境内从事国有资源开发,因资源和开发条件的差异而形成的级差收入征收的一类税。其特点是:

1. 只对税法规定的资源征税。
2. 只限于对因资源的贫富及开发条件不同而形成的级差收入征税。
3. 采用差别税额,按纳税人的资源开发量,划分级差,分别确定税额。

资源税类包括:资源税、盐税。

第二节 税法概述

一、税法的概念

税法是调整税收关系的法律规范,是由国家最高权力机关或其授权的行政机关制定的有关调整国家在筹集财政资金过程中形成的税收关系的法律规范的总称。

税法是一个统称。它的表现形式包括税收法律、条例、施行细则、征收办法等,这些内容共同构成我国税法体系的不可分割的整体。根据我国宪法规定,全国人民代表大会及其常务委员会行使国家立法权,规定、修改和废除国家的各项法律。所以,我国税收的立法机关是全国人民代表大会及其常务委员会,有一些税收法规是由全国人民代表大会及其常务委员会授权国务院制定并公布实施的。

二、税法的调整对象

税法的调整对象是指参与税收征纳关系主体之间所发生的经济关系。这里的征纳关系,一般指代表国家行使征税权的税务机关向负有纳税义务的社会组织和个人征收现金或实物的关系。但由于税收活动与国家职能活动有紧密关系,如税收管理体制、管理权限等,所以,税法还调整着国家权力机关、国家行政机关、税务机关在管理国家税务活动中发生的一种税收权限关系。此外,税法还调整税收程序关系。

具体地说,我国税法调整对象包括以下内容:

第一,税收经济关系,包括税务机关与全民所有制企业之间的征纳关系;税务机关与集体所有制企业之间的征纳关系;税务机关与行政事业单位及其附属宾馆、招待所、印刷厂等单位之间的征纳关系;税务机关与各种形式的经济联合体之间的征纳关系;税务机关与私营企业之间的征纳关系;税务机关与个体工商户、承包经营户之间的征纳关系;税务机关与涉外企业之间的征纳关系,以及税务机关与公民之间的征纳关系。

第二,税收权限关系,包括中央与地方之间的税收立法权限关系,国家权力机关与国家行政机关之间、上级国家机关与下级国家机关之间的税收管理权限关系。

第三,税收程序关系,包括税务登记、账簿凭证管理、税款征收、纳税申报、税务检查、税务争议的解决及税务处罚等程序关系。

三、税收法律关系

税收法律关系,是税法调整国家与纳税义务人之间在税收活动中所发生的以征纳关系为内容的权利和义务关系。它是国家参与国民收入分配和再分配的经济关系在法律上的表现。

（一）税收法律关系的要素

税收法律关系的要素与其他法律关系要素一样,由主体、内容(权利和义务)和客体构成。

1. 税收法律关系的主体。税收法律关系的主体是指税收法律关系的参加者,即在税收法律关系中权利的享有者和义务承担者,即征税主体和纳税主体。征税主体包括国家权力机关、行政管理机关和税务职能机关;纳税主体包括各类纳税义务人。

2. 税收法律关系的内容。税收法律关系的内容是指征收与缴纳双方所享有的权利和应承担的义务。征税主体和纳税主体的权利和义务主要包括以下内容:

(1)征税主体的权利是依法进行征税,办理税务登记,进行税务检查和对违章者进行处罚等;其义务是将税款及时无误地解缴国库,及时把税收争议案件提交上级机关处理等。

(2)纳税主体的权利是按税法规定享有减税、免税和申请退税的权利,对税务机关作出的不合理决定,有权申请上级税务机关复议,如对复议仍持异议,可诉诸法律等;其义务是必须按时办理纳税登记,接受监督检查,提供真实的会计报表及纳税资料,依法缴纳税款,不拖欠,不偷漏税,不抗税等。

3. 税收法律关系的客体,是指税收法律关系主体之间的权利和义务共同指向的对象和实现的目标。包括货币、实物和行为三个方面。它与征税客体不同,征税客体是专指征税对象,即对什么东西征税。税收法律关系的客体中的行为,主要是指在税法制定和执行过程中,发生于国家权力机关与行政机关之间、行政机关与税务机关之间拟订税收指标的行为和金库对税款核实、报解等行为。

（二）税收法律关系的特点

税收法律关系具有以下特点：

1. 由于税收是以国家为主体的一种特定的分配，因此税收法律关系中固定有一方主体必须是国家，另一方是社会组织或个人。

2. 在征税纳税过程中产生的税收法律关系，征税主体享有单方面征收权利，纳税主体负有单方面的缴纳义务，征税主体在征税后不负担相应的货币（实物）义务。但是在特殊的条件下，出现了税法规定的新的法律事实，比如不可抗力带来的灾害影响纳税主体履行纳税义务，这时征纳双方的权利义务不再是单方面的了，即一方享有减免税申请权，另一方有依法给予减免税的义务。

3. 税收法律关系具有财产所有权转移的特点，当纳税义务人在履行了缴纳税金之后，意味着纳税义务人原拥有货币资金（或实物）的所有权已让渡给了国家，税金不再归还纳税人。这是单向的转移，是无偿的。

4. 纳税主体人一旦发生了税法规定的行为和事件，就产生了税收法律关系，是不以征纳双方当事人的意思表示为转移的，因此，纳税人应当依法履行纳税义务，征收主体也要依法行使征税的"职责"。

第三节 税法的构成要素

一、纳税主体

纳税主体又称纳税人、纳税义务人，是指税法规定的直接对国家承担纳税义务的人，包括法人和自然人。纳税人是履行纳税义务的法律承担者，如果纳税人无正当理由拒绝纳税义务，就必须承担法律上的责任。

二、征税对象

征税对象又称征税客体，是指征纳税主体权利义务所指向的对象，是税法的最基本要素，也是征税的直接依据。每一种税法都明确规定征税对象，例如流转税的征税对象是商品销售额或服务性业务的营业额等。

三、税目

税目是指税法规定的具体的征税项目。税目是征税对象的具体化，表明征税的范围。税法规定税目,可以通过明确征税对象的范围,制定高低不同的税率,来贯彻国家的经济政策。

四、税率

税率是指纳税额与征税对象数额之间的比例。税率是税法基本内容的核心部分,是计算应征税额的尺度。我国现行税率分为比例税率、累进税率和定额税率。

(一)比例税率

比例税率是指对同一征税对象,不分数额大小,规定相同的征收比例的税率。

(二)累进税率

累进税率是指对同一征税对象,随数量的增大,征收比例也随之增高的税率。累进税率按照累进依据和累进方式的不同,又分为全额累进税率、超额累进税率和超倍累进税率。全额累进税率是对征税对象全部数额,按照规定的与其相适应的等级的税率计征税额,当征税对象的数额由一个等级上升到另一个等级时,即对其全部数额均按照上升后的等级税率计算征税。超额累进税率是根据征税对象的数额的不同等级部分,按照规定的每个等级的适用税率计算征收的一种累进税率,征税对象数额增加,需要提高一级税率时,只对增加数额按提高一级税率计征税额。超倍累进税率同超额累进税率相似,把征税对象的特定数额部分作为一个计税基数,以这个基数为一倍,按不同超倍数额采用不同的累进税率计征。

(三)定额税率

定额税率也称固定税额,是按征税对象的计量单位直接规定应纳税额的税率形式,采用定额税率征税,税额的多少同征税对象的数量成正比。它一般适用于从量定额征收,例如盐税、烧油特别税等都采用定额税率。

五、纳税环节

纳税环节是指税法规定的征税对象在从生产到消费的流转过程中应当缴纳税款的环节。一般商品从生产到消费往往要经过许多环节,但在税收上只选择其中的一个环节,规定为纳税环节。我国税法一般是根据不同税种和征税对象的特点,遵循有利于控制税源、简化纳税手续、保证收入及时入库和便于集中管理等原则来确定纳税环节的。

六、纳税期限

纳税期限是指税法规定的纳税人向国家缴纳税款的具体限期。纳税人不按纳税期限缴纳税款的,要加收滞纳金。

七、减税免税

减税免税是指税法对某些纳税人和征税对象给予减轻或免除税负的一种优待规定。减税是对应征税款少征收一部分,免税是对应征税款全部予以免征。

我国税收征管实践中,税收减免主要有三种:固定减免、定期减免和临时减免。减免税措施主要包括起征点、免税额和减税、免税。根据我国现行税法规定,减、免税主要是从鼓励生产、社会保障和自然灾害等方面给予减、免税照顾。

八、法律责任

法律责任是指违反税法规定的纳税人和直接责任人应当承担的法律后果。对违反税法的纳税人、扣缴义务人以及其他当事人,应按其违法行为的情节、性质,分别追究其经济责任、行政责任和刑事责任。追究违反税法行为的责任,也是税收的强制性在法律上的集中表现,是税法不可缺少的重要组成部分。

九、纳税争议的解决

纳税争议的解决是指纳税人在纳税或违章处理等问题上同税务机关发生争议时,通过什么程序进行解决。为了保障纳税人、扣缴义务人的合法权益,避免和纠正征税中的错误,税法规定纳税人、扣缴义务人有向税务机关申请复议和向人民法院起诉的权利。对于纳税争议的解决,必须坚持先依照国家法律、法规的规定,交纳税款及滞纳金,后申请复议的原则。对复议决定不服的,可以向人民法院起诉。纳税人、扣缴义务人对税务机关的处罚决定、强制执行措施或者税收保全措施不服的,可以依法申请行政复议,也可以在收到处罚通知后直接向人民法院起诉。

第四节　我国现行税收制度

一、流转税法

(一)增值税

增值税是以应税货物和应税劳务新增加的价值(增值额)为征税对象的一种税。国务院曾于1984年9月18日发布《中华人民共和国增值税条例(草案)》,以适应专业化协作社会大生产的需要,平衡企业间的税收负担,并同产品税一起作为我国流转税制中的重要税种。随着我国税收体制的不断改革和完善,为进一步贯彻简化税制的原则,1993年11月26日,国务院第12次常务会议通过并发布了《中华人民共和国增值税暂行条例》(以下简称《增值税暂行条例》),在全国范围内推行以增值税为主体的流转税制度。《增值税暂行条例》于1994年1月1日起开始施行,1984年9月18日国务院发布的《中华人民共和国增值税条例(草案)》、《中华人民共和国产品税条例(草案)》同时废止。2008年11月5日,国务院第34次常务会议通过修订的《中华人民共和国增值税暂行条例》,自2009年1月1日起施行。

1. 纳税主体。凡是在我国境内从事销售货物或者提供加工、修理修配劳务以及进口货物的单位和个人,为增值税的纳税人。

2. 税率。按照《增值税暂行条例》的规定,增值税采用三种不同的比例税率,其中:

(1)纳税人销售或者进口货物以及提供加工、修理修配劳务的,税率为17%。

(2)纳税人销售或者进口粮食、食用植物油;自来水、暖气、冷气、热水、煤气、石油液化气、天然气、沼气、居民用煤炭制品;图书、报纸、杂志;饲料、化肥、农药、农机、农膜,以及国务院规定的其他货物的,税率为13%。

(3)纳税人出口货物,除国务院另有规定的外,税率为零。

3. 应纳税额的计算。

(1)纳税人销售货物或者提供应税劳务,应纳税额为当期销项税额抵扣当期进项税额的余额,其计算公式为:

$$应纳增值税额 = 当期销项税额 - 当期进项税额$$

因当期销项税额小于当期进项税额不足抵扣时,其不足部分可以结转下期继续抵扣。

销项税额是指纳税人销售货物或者提供应税劳务,按照销售额依率计算并向购买方收取的增值税额(其计算公式为:销项税额 = 销售额 × 税率),其中销售额为纳税人销售货物或者提供应税劳务向购买方收取的全部价款和价外费用,但不包括收取的销项税额。如果纳税人销售货物或者提供应税劳务的价格明显偏低而又无正当理由的,其销售额由主管税务机关核定。纳税人销售货物或者提供应税劳务,应当向购买方开具增值税专用发票,并在增值税专用发票上分别注明销售额和销项税额。

进项税额是指纳税人购进货物或者接受应税劳务所支付或者所负担的增值税额。其中,准予从销项税额中抵扣的进项税额,限于下列增值税扣税凭证上注明的增值税额:①从销售方取得的增值税专用发票上注明的增值税额;②从海关取得的海关进口增值税专用缴款书上注明的增值税额。购进或者销售货物以及在生产经营过程中支付运输费用的,按照运输费用结算单据上注明的运输费用金额和7%的扣除率计算进项税额,即进项税额 = 运输费用金额 × 扣除率。购进农产品,除取得增值税专用发票或者海关进口增值税专用缴款书外,按照农产品收购发票或者销售发票上注明的农产品买价和13%的扣除率计算进项税额,即进项税额＝买价×扣除率。

下列项目的进项税额不得从销项税额中抵扣:①用于非增值税应税项目、免征增值税项目、集体福利或者个人消费的购进货物或者应税劳务;②非正常损失的购进货物及相关的应税劳务;③非正常损失的在产品、产成品所耗用的购进货物或者应税劳务;④国务院财政、税务主管部门规定的纳税人自用消费品;⑤上述货物的运输费用和销售免税货物的运输费用。

(2)小规模纳税人销售货物或者提供应税劳务实行简易办法计算应纳税额。即按照销售额和规定的征收率来计算应纳税额,而不抵扣任何进项税额。其计算公式为:

$$应纳税额 = 销售额 \times 征收率(征收率为3\%。)$$

(3)纳税人进口货物,按组成计税价格依率直接计算应纳税额,不抵扣任何税额。组成计税价格和应纳税额计算公式分别为:

$$组成计税价格 = 关税免税价格 + 关税 + 消费税$$

$$应纳税额 = 组成计税价格 \times 税率$$

进口货物的增值税,由海关代征。

4. 减税、免税。下列项目免征增值税:

(1)农业生产者销售的自产农业产品。

(2)避孕药品和用具。

(3)古旧图书。

(4)直接用于科学研究、科学试验和教学的进口仪器、设备。

(5)外国政府、国际组织无偿援助的进口物资和设备。

(6)由残疾人组织直接进口供残疾人专用的物品。

(7)销售的自己使用过的物品。

此外,纳税人销售额未达到财政部规定的增值税起征点的,也免征增值税。

5. 纳税地点和纳税期限。

(1)纳税地点。①固定业户应当向其所在地主管税务机关申报纳税,总机构和分支机构不在同一县(市)的,应当分别向各自所在地主管税务机关申报纳税;经国家税务总局或其授权的税务机关批准,可以由总机构汇总向总机构所在地主管税务机关申报纳税;②固定业户到外县(市)销售货物的,应当向其机构所在地主管税务机关申请开具外出经营活动税收管理证明,向其机构所在地主管税务机关申报纳税。未持有其机构所在地主管税务机关核发的外出经营活动税收管理证明,到外县(市)销售货物或者提供应税劳务的,应当向销售地主管税务机关申报纳税;未向销售地主管机关申报纳税的,由其机构所在地主管税务机关补征税款;③非固定业户销售货物或者提供应税劳务,应当向销售地主管税务机关申报纳税;④进口货物的,应当由进口人或其代理人向报关地海关申报纳税。

(2)纳税期限。增值税的纳税期限分别为 1 日、3 日、5 日、10 日、15 日、1 个月或者 1 个季度。纳税人的具体纳税期限,由主管税务机关根据纳税人应纳税额的大小分别核定;不能按照固定期限纳税的,可以按次纳税。纳税人以 1 个月或者 1 个季度为一期纳税的,自期满之日起 15 日内申报纳税;以 1 日、3 日、5 日、10 日或者 15 日为一期纳税的,自期满之日起 5 日内预缴税款,于次月 1 日起 15 日内申报纳税并结清上月应纳税款。纳税人进口货物,应当自海关填发税款缴纳证的次日起 15 日内缴纳税款。

纳税人出口适用税率为零的货物,向海关办理出口手续后,凭出口报关单等有关凭证,可以按月向税务机关申报办理该项出口货物的退税。出口货物办理退税后发生退货或者退关的,纳税人应当依法补交已退的税款。

(二)消费税

消费税是对应税消费品征收的一种税。1993 年 11 月 26 日,国务院第 12 次常务会议通过并发布了《中华人民共和国消费税暂行条例》(以下简称《消费税暂行条例》),对消费税的征收做了明确的规定。2008 年 11 月 5 日,国务院34 次常务会议修订了《中华人民共和国消费税暂行条例》,自 2009 年 1 月 1 日起施行。

1. 纳税主体。在我国境内生产、委托加工和进口《消费税暂行条例》规定的应税消费品的单位和个人,以及国务院确定的销售《消费税暂行条例》规定的应税消费品的其他单位和个人,都是消费税的纳税义务人。

2. 税目和税率。消费税的税目目前有 14 个,即:烟、酒及酒精、化妆品、护肤护发品、贵重首饰及珠宝玉石、鞭炮及焰火、成品油、汽车轮胎、摩托车、小汽车、高尔夫球及球具、高档手表、游艇、木制一次性筷子、实木地板。消费税税率实行比例税率和定额税率,其中比例税率分为 10 个高低不同的档次,最高的为 45%,最低的为 3%。纳税人兼营不同税率的应税消费品,应当分别核算不同税率应税消费品的销售额、销售数量。未分别核算销售额、销售数量,或者不同税率的应税消费品组成成套消费品销售的,从高适用税率。

3. 纳税环节。纳税人生产的应税消费品,于销售时纳税。纳税人自产自用的应税消费品,用于连续生产应税消费品的,不纳税;用于其他方面的,于移送使用时纳税。委托加工的应税消费品,除受托方为个人外,由受托方在向委托方交货时代收代缴税款。进口的应税消费品,于报关进口时纳税。

4. 应纳税额的计算。消费税实行从价定率、从量定额或者复合计税的办法计算应纳税额。应纳税额计算公式是:

实行从价定率办法计算的应纳税额 = 销售额 × 税率

实行从量定额办法计算的应纳税额 = 销售数量 × 单位税额

实行复合计税办法计算的应纳税额 = 销售额 × 比例税率 + 销售数量 × 定额税率

其中,销售额是指纳税人销售应税消费品向购买方收取的全部价款和价外费用。

纳税人自产自用的应税消费品纳税的,按照纳税人生产的同类消费品的销售价格计算纳税;没有同类消费品销售价格的,按照组成计税价格计算纳税。实行从价定率办法计算纳税的组成计税价格计算公式为:

组成计税价格 = (成本 + 利润) ÷ (1 - 消费税税率)

实行复合计税办法计算纳税的组成计税价格计算公式为:

组成计税价格 = (成本 + 利润 + 自产自用数量 × 定额税率) ÷ (1 - 比例税率)

委托加工的应税消费品,按照受托方的同类消费品的销售价格计算纳税;没有同类消费品销售价格的,按照组成计税价格计算纳税。其中,实行从价定率办法计算纳税的组成计税价格计算公式为:

组成计税价格 = (材料成本 + 加工费) ÷ (1 - 比例税率)

实行复合计税办法计算纳税的组成计税价格计算公式为:

组成计税价格 = (材料成本 + 加工费 + 委托加工数量 × 定额税率) ÷ (1 - 比例税率)

进口的应税消费品,按照组成计税价格计算纳税。其中,实行从价定率办法计算纳税的组成计税价格计算公式为:

组成计税价格 = (关税完税价格 + 关税) ÷ (1 - 消费税比例税率)

实行复合计税办法计算纳税的组成计税价格计算公式为:

组成计税价格 = (关税完税价格 + 关税 + 进口数量 × 消费税定额税率) ÷ (1 - 消费税比例税率)

纳税人应税消费品的计税价格明显偏低并无正当理由的,由主管税务机关核定其计税价格。

(三) 营业税

营业税是对提供劳务、转让无形资产或销售不动产的单位和个人就其营业额征收的一种税。为了调节不同行业的盈利水平,实行多环节征税,国务院曾于1984年9月18日发布了《中华人民共和国营业税条例(草案)》。随着我国税收体制的改革,为进一步促进社会主义市场经济的发展和保证国家财政收入,进一步完善营业税法,1993年11月26日国务院第12次常务会议通过并发布了《中华人民共和国营业税暂行条例》(以下简称《营业税暂行条例》),并自1994年1月1日起施行,1984年9月18日发布的《中华人民共和国营业税条例(草案)》同时废止。2008年11月5日,国务院第34次常务会议修订通过了《中华人民共和国营业税暂行条例》,自2009年1月1日起施行。

1. 纳税主体。《营业税暂行条例》规定,在我国境内提供应税劳务、转让无形资产或者销售不动产的单位和个人,为营业税的纳税义务人。需要代扣代缴的,扣缴义务人为:①境外的单位或者个人在境内提供应税劳务、转让无形资产或者销售不动产,在境内未设有经营机构的,以其境内代理人为扣缴义务人;在境内没有代理人的,以受让方或者购买方为扣缴义务人。②国务院财政、税务主管部门规定的其他扣缴义务人。

2. 征税对象。是指从事应税行为所取得的营业额。具体可分为三类,即:从事提供应税劳务的营业额;转让无形资产的转让额;销售不动产的销售额。

3. 税目和税率。营业税共设9个税目,内容是:交通运输业、建筑业、金融保险业、邮电通信业、文化体育业、娱乐业、服务业、转让无形资产及销售不动产。营业税的税率均为比例税率。具体为:交通运输业、建筑业、邮电通信业、文化体育业为3%;金融保险业、服务业、转让无形资产及销售不动产为5%;娱乐业为5%~20%。其中纳税人经营娱乐业具体适用的税率,由省、自治区、直辖市人民政府在规定的幅度内决定。纳税人兼有不同税目应税行为的,应当分别核算不同税目的营业额;未分别核算营业额的,从高适用税率。

4. 应纳税额的计算。纳税人提供应税劳务、转让无形资产或者销售不动产,按照营业额和规定的税率计算应纳税额。应纳税额的计算公式为:

$$应纳税额 = 营业额 \times 税率$$

其中,纳税人的营业额为纳税人提供应税劳务、转让无形资产或者销售不动产收取的全部价款和价外费用。但是,下列情形除外:①纳税人将承揽的运输业务分给其他单位或者个人的,以其取得的全部价款和价外费用扣除其支付给其他单位或者个人的运输费用后的余额为营业额;②纳税人从事旅游业务的,以其取得的全部价款和价外费用扣除替旅游者支付给其他单位或者个人的住宿费、餐费、交通费、旅游景点门票和支付给其他接团旅游企业的旅游费后的余额为营业额;③纳税人将建筑工程分包给其他单位的,以其取得的全部价款和价外费用扣除其支付给其他单位的分包款后的余额为营业额;④外汇、有价证券、期货等金融商品买卖业务,以卖出价减去买入价后的余额为营业额;⑤国务院财政、税务主管部门规定的其他情形。

纳税人提供应税劳务、转让无形资产或者销售不动产的价格明显偏低并无正当理由的,由主管税务机关核定其营业额。

5. 减税、免税。《营业税暂行条例》规定,下列项目免征营业税:①托儿所、幼儿园、养老院、残疾人福利机构提供的育养服务,婚姻介绍,殡葬服务;②残疾人员个人提供的劳务;③医院、诊所和其他医疗机构提供的医疗服务;④学校和其他教育机构提供的教育劳务,学生勤工俭学提供的劳务;⑤农业机耕、排灌、病虫害防治、植保、农牧保险以及相关技术培训业务,家禽、牲畜、水生动物的配种和疾病防治;⑥纪念馆、博物馆、文化馆、美术馆、展览馆、书画院、图书馆、文物保护单位举办文化活动的门票收入,宗教场所举办文化、宗教活动的门票收入;⑦境内保险机构为出口货物提供的保险产品。除上述规定的以外,营业税的减税、免税项目由国务院规定。任何地区和部门均不得规定减税、免税项目。

纳税人兼营减税、免税项目的,应当单独核算减税、免税项目的营业额;未单独核算营业额的,不得减税、免税。

纳税人营业额未达到财政部规定的营业税起征点的,免征营业税。

6.纳税地点。①纳税人提供应税劳务,应当向其机构所在地或者居住地的主管税务机关申报纳税。但是,纳税人提供的建筑业劳务以及国务院财政、税务主管部门规定的其他应税劳务,应当向应税劳务发生地的主管税务机关申报纳税。②纳税人转让无形资产应当向其机构所在地或者居住地的主管税务机关申报纳税。但是,纳税人转让、出租土地使用权,应当向土地所在地的主管税务机关申报纳税。③纳税人销售、出租不动产应当向不动产所在地的主管税务机关申报纳税。④扣缴义务人应当向其机构所在地或者居住地的主管税务机关申报缴纳其扣缴的税款。

7.纳税期限。营业税的纳税期限分别为5日、10日、15日、1个月或者1个季度。纳税人的具体纳税期限,由主管税务机关根据纳税人应纳税额的大小分别核定;不能按照固定期限纳税的,可以按次纳税。其中,纳税人以1个月或者1个季度为一个纳税期的,自期满之日起15日内申报纳税;以5日、10日或者15日为一个纳税期的,自期满之日起5日内预缴税款,于次月1日起15日内申报纳税并结清上月应纳税款。

扣缴义务人解缴税款的期限,依照上述规定执行。

(四)土地增值税

土地增值税是对转让房地产所取得的增值额所征收的一种税。为了规范土地、房地产市场交易秩序,合理调节土地增值收益,维护国家权益,1993年11月26日国务院第12次常务会议通过并发布了《中华人民共和国土地增值税条例》(以下简称《土地增值税条例》),并于1994年1月1日起开始施行。

1.纳税主体。土地增值税的纳税主体是转让国有土地使用权、地上的建筑物及其附着物即转让房地产并取得收入的单位和个人。

2.税率。土地增值税实行四级超率累进税率,即:

(1)增值额未超过扣除项目金额50%的部分,税率为30%。

(2)增值额超过扣除项目金额50%,未超过扣除项目金额100%的部分,税率为40%。

(3)增值额超过扣除项目金额100%,未超过扣除项目金额200%的部分,税率为50%。

(4)增值额超过扣除项目金额200%的部分,税率为60%。

3.计税方法。土地增值税按照纳税人转让房地产所取得的增值额依率计算征收。

所谓增值额是指纳税人转让房地产所取得的收入减除应扣除项目金额后的余额。纳税人转让房地产所取得的收入,包括货币收入、实物收入和其他收入。

计算增值额的扣除项目有:取得土地使用权所支付的金额;开发土地的成本、费用;新建房及配套设施的成本、费用,或者旧房及建筑物的评估价格;与转让房地产有关的税金以及财政部规定的其他扣除项目。

纳税人有下列情形之一的,按照房地产评估价格计算征收:①隐瞒、虚报房地产成交价格的;②提供扣除项目金额不实的;③转让房地产的成交价格低于房地产评估价格而又无正当理由的,纳税人应当自转让房地产合同签订之日起7日内向房地产所在地主管税务机关办理纳税申报,并在税务机关核定的期限内缴纳土地增值税。

4. 免税。纳税人有下列情形之一的,免征土地增值税:①纳税人建造普通标准住宅出售,增值额未超过扣除项目金额20%的;②因国家建设需要依法征用、收回的房地产。

二、所得税法

(一)企业所得税

企业所得税是对在中国境内,企业和其他取得收入的组织(以下统称企业)从事生产、经营所得和其他所得征收的一种税。2007年3月16日第十届全国人民代表大会第五次会议通过了《中华人民共和国企业所得税法》(以下简称《企业所得税法》)。

1. 纳税主体。按照《企业所得税法》的规定,在中国境内,企业和其他取得收入的组织为企业所得税的纳税人,依照《企业所得税法》的规定缴纳企业所得税。个人独资企业、合伙企业不适用。具体来说,企业分为居民企业和非居民企业。居民企业是指依法在中国境内成立,或者依照外国(地区)法律成立但实际管理机构在中国境内的企业;非居民企业是指依照外国(地区)法律成立且实际管理机构不在中国境内,但在中国境内设立机构、场所的,或者在中国境内未设立机构、场所,但有来源于中国境内所得的企业。居民企业应当就其来源于中国境内、境外的所得缴纳企业所得税,非居民企业在中国境内设立机构、场所的,应当就其所设机构、场所取得的来源于中国境内的所得,以及发生在中国境外但与其所设机构、场所有实际联系的所得,缴纳企业所得税。非居民企业在中国境内未设立机构、场所的,或者虽设立机构、场所但取得的所得与其所设机构、场所没有实际联系的,应当就其来源于中国境内的所得缴纳企业所得税。

2. 征税对象。企业所得税的征税对象是应纳税所得额。企业每一纳税年度的收入总额,减掉不征税收入、免税收入、各项扣除以及允许弥补的以前年度亏损后的余额,为应纳税所得额。其中,企业以货币形式和非货币形式从各种来源取得的收入,为收入总额。包括销售货物收入;提供劳务收入;转让财产收入;股息、红利等权益性投资收益;利息收入;租金收入;特许权使用费收入;接受捐赠收入以及其他收入。收入总额中的下列收入为不征税收入：①财政拨款；②依法收取并纳入财政管理的行政事业性收费、政府性基金；③国务院规定的其他不征税收入。

企业实际发生的与取得收入有关的、合理的支出包括成本、费用、税金、损失和其他支出，准予在计算应纳税所得额时扣除。具体来说，企业发生的公益性捐赠支出，在年度利润总额12%以内的部分，准予在计算应纳税所得额时扣除。在计算应纳税所得额时，下列支出不得扣除：①向投资者支付的股息、红利等权益性投资收益款项；②企业所得税税款；③税收滞纳金；④罚金、罚款和被没收财物的损失；⑤《企业所得税法》第九条规定以外的捐赠支出；⑥赞助支出；⑦未经核定的准备金支出；⑧与取得收入无关的其他支出。

在计算应纳税所得额时，企业按照规定计算的固定资产折旧，准予扣除。下列固定资产不得计算折旧扣除：①房屋、建筑物以外未投入使用的固定资产；②以经营租赁方式租入的固定资产；③以融资租赁方式租出的固定资产；④已足额提取折旧但仍继续使用的固定资产；⑤与经营活动无关的固定资产；⑥单独估价作为固定资产入账的土地；⑦其他不得计算折旧扣除的固定资产。

在计算应纳税所得额时，企业按照规定计算的无形资产摊销费用，准予扣除。下列无形资产不得计算摊销费用扣除：①自行开发的支出已在计算应纳税所得额时扣除的无形资产；②自创商誉；③与经营活动无关的无形资产；④其他不得计算摊销费用扣除的无形资产。

在计算应纳税所得额时，企业发生的下列支出作为长期待摊费用，按照规定摊销的准予扣除：①已足额提取折旧的固定资产的改建支出；②租入固定资产的改建支出；③固定资产的大修理支出；④其他应当作为长期待摊费用的支出。

此外，企业对外投资期间，投资资产的成本在计算应纳税所得额时不得扣除。企业使用或者销售存货，按照规定计算的存货成本，准予在计算应纳税所得额时扣除。企业转让资产，该项资产的净值准予在计算应纳税所得额时扣除。企业在汇总计算缴纳企业所得税时，其境外营业机构的亏损不得抵减境内营业机构的盈利。

企业纳税年度发生的亏损，准予向以后年度结转，用以后年度的所得弥补，但结转年限最长不得超过5年。

非居民企业取得《企业所得税法》第三条第三款规定的所得，按照下列方法计算其应纳税所得额：①股息、红利等权益性投资收益和利息、租金、特许权使用费所得，以收入全额为应纳税所得额；②转让财产所得，以收入全额减掉财产净值后的余额为应纳税所得额；③其他所得，参照前两项规定的方法计算应纳税所得额。

3.税率和应纳税额。企业所得税的税率为25%。非居民企业取得《企业所得税法》第三条第三款规定的所得，适用税率为20%。企业的应纳税所得额乘以适用税率，减掉依照《企业所得税法》关于税收优惠的规定减免和抵免的税额后的余额,为应纳税额。

企业取得的下列所得已在境外缴纳的所得税税额,可以从其当期应纳税额中抵免,抵免限额为该项所得依照本法规定计算的应纳税额;超过抵免限额的部分,可以在以后5个年度内,用每年度抵免限额抵免当年应抵税额后的余额进行抵补:①居民企业来源于中国境外的应税所得;②非居民企业在中国境内设立机构、场所,取得发生在中国境外但与该机构、场所有实际联系的应税所得。

居民企业从其直接或者间接控制的外国企业分得的来源于中国境外的股息、红利等权益性投资收益,外国企业在境外实际缴纳的所得税税额中属于该项所得负担的部分,可以作为该居民企业的可抵免境外所得税税额,在法律规定的抵免限额内抵免。

4. 税收优惠。国家对重点扶持和鼓励发展的产业和项目,给予企业所得税优惠。

企业的下列收入为免税收入:①国债利息收入;②符合条件的居民企业之间的股息、红利等权益性投资收益;③在中国境内设立机构、场所的非居民企业从居民企业取得与该机构、场所有实际联系的股息、红利等权益性投资收益;④符合条件的非营利组织的收入。

企业的下列所得,可以免征、减征企业所得税:①从事农、林、牧、渔业项目的所得;②从事国家重点扶持的公共基础设施项目投资经营的所得;③从事符合条件的环境保护、节能节水项目的所得;④符合条件的技术转让所得;⑤《企业所得税法》第三条第三款规定的所得。

符合条件的小型微利企业,减按20%的税率征收企业所得税。国家需要重点扶持的高新技术企业,减按15%的税率征收企业所得税。

民族自治地方的自治机关对本民族自治地方的企业应缴纳的企业所得税中属于地方分享的部分,可以决定减征或者免征。自治州、自治县决定减征或者免征的必须报省、自治区、直辖市人民政府批准。

企业的下列支出,可以在计算应纳税所得额时加计扣除:①开发新技术、新产品、新工艺发生的研究开发费用;②安置残疾人员及国家鼓励安置的其他就业人员所支付的工资。

5. 纳税地点和纳税期限。除税收法律、行政法规另有规定外,居民企业以企业登记注册地为纳税地点;但登记注册地在境外的,以实际管理机构所在地为纳税地点。居民企业在中国境内设立不具有法人资格的营业机构的,应当汇总计算并缴纳企业所得税。非居民企业取得《企业所得税法》第三条第二款规定的所得,以机构、场所所在地为纳税地点。非居民企业在中国境内设立两个或者两个以上机构、场所的,经税务机关审核批准,可以选择由其主要机构、场所汇总缴纳企业所得税。非居民企业取得《企业所得税法》第三条第三款规定的所得,以扣缴义务人所在地为纳税地点。

企业所得税按纳税年度计算。纳税年度自公历1月1日起至12月31日止。

企业所得税分月或者分季预缴。企业应当自月份或者季度终了之日起15日内,向税务机关报送预缴企业所得税纳税申报表,预缴税款。企业应当自年度终了之日起5个月内,向税务机关报送年度企业所得税纳税申报表,并汇算清缴,结清应缴应退税款。企业在报送企业所得税纳税申报表时,应当按照规定附送财务会计报告和其他有关资料。

(二)个人所得税

个人所得税是对在我国境内有住所或居住的个人取得的所得和在我国无住所又不居住的个人从我国境内取得的所得征收的一种税。1980年9月10日,第五届全国人民代表大会常务委员会第3次会议通过并颁布了《中华人民共和国个人所得税法》(以下简称《个人所得税法》)。1993年10月31日,第八届全国人民代表大会常务委员会第4次会议又通过了关于修改《中华人民共和国个人所得税法》的决定,并将个人收入调节税、城市个体工商户所得税并入了个人所得税中。1999年8月30日,第九届全国人民代表大会常务委员会第11次会议通过了《关于修改〈中华人民共和国个人所得税法〉的决定》,修改后的个人所得税法自公布之日起开始执行。2005年10月27日第十届全国人大常委会第十八次会议修订了《个人所得税法》,自2006年1月1日起施行。

1. 纳税主体。个人所得税的纳税主体有两类:一类是在中国境内有住所,或者是无住所而在境内居住满1年的个人。这一类纳税人负有从中国境内外所得无限的纳税义务。另一类是在中国境内无居所又不居住或者无住所而在境内居住不满1年的个人,这一类纳税人只就其从中国境内取得的所得负有有限的纳税义务。此外,为公平税负,支持和鼓励个人投资兴办企业,促进国民经济持续、快速、健康发展,国务院决定自2000年1月1日起,对个人独资企业和合伙企业停止征收企业所得税,其投资者的生产经营所得,比照个体工商户的生产、经营所得征收个人所得税。

2. 征税对象。工资、薪金所得;个体工商户的生产经营所得;对企事业单位的承包经营、承租经营所得;劳务报酬所得;稿酬所得;特许权使用费所得;利息、股息、红利所得;财产租赁所得;财产转让所得;偶然所得以及经国务院财政部门确定征税的其他所得。

3. 税率。根据个人所得来源不同,分为超额累进税率和比例税率,具体为:

(1)工资、薪金所得,适用5%~45%的超额累进税率。

(2)个体工商户的生产、经营所得和对企事业单位的承包经营、承租经营所得适用5%~35%的超额累进税率。

(3)稿酬所得,适用20%的比例税率,并按所纳税额减征30%。

(4)劳务报酬所得,适用20%的比例税率。对一次收入畸高的,可以实行加成征收。

(5)其他所得适用20%的比例税率。

4.应纳税所得额的计算。

(1)工资、薪金所得,以每月收入额减除费用1 600元后的余额,为应纳税所得额。2007年12月29日,第十届全国人大常委会第三十一次会议表决通过了关于修改个人所得税法的决定,从2008年3月1日起,我国居民个人所得税起征点将从1 600元上调至2 000元。

(2)个体工商户的生产、经营所得,以每一纳税年度的收入总额,减除成本、费用以及损失后的余额,为应纳税所得额。

(3)对企事业单位的承包经营、承租经营所得,以每一纳税年度的收入总额,减除必要费用后的余额,为应纳税所得额。

(4)劳务报酬所得、稿酬所得、特许权使用费所得、财产租赁所得,每次收入不超过4 000元的,减除800元;4 000元以上的,减除20%的费用,其余额为应纳税所得额。

(5)财产转让所得,以转让财产的收入额减除财产原值和合理费用后的余额,为应纳税所得额。

(6)利息、股息、红利所得,偶然所得和其他所得,以每次收入额为应纳税所得额。

纳税人从中国境内取得的所得,准予在应纳税额中扣除已在境外缴纳的个人所得税税额。

5.减免税。按照《个人所得税法》的规定,有下列情形之一的,经批准可以减税:①残疾、孤老人员和烈属的所得;②因严重自然灾害造成重大损失的;③其他经国务院财政部门批准减税的。

下列各项个人所得免税:①省级人民政府、国务院部委和中国人民解放军军以上单位,以及外国组织、国际组织颁发的科学、教育、文化、技术、卫生、体育、环境保护等方面的奖金;②国债和国家发行的金融债券利息;③按照国家统一规定发给的补贴、津贴;④福利费、抚恤金、救济金;⑤保险赔款;⑥军人的转业费、复员费;⑦按照国家的统一规定发给干部、职工的安家费、退职费、退休工资、离休工资、离休生活补助费;⑧依照我国有关法律规定应予免税的各国驻华使馆、领事馆的外交人员所得;⑨中国政府参加的国际公约、签订的协议中规定免税的所得;⑩经国务院财政部门批准免税的所得。

三、财产税法

(一)房产税

房产税是以房屋为征收对象,按照房价或出租租金所征收的一种税。为了加强对房屋的管理,提高房屋的使用效益,有利于控制固定资产投资规模和配合贯彻国家房产政策,国务院于1986年9月15日发布了《中华人民共和国房产税暂行条例》(以下简称《房产税暂行条例》),自同年10月1日起施行。

1. 纳税主体。纳税人是房产所有人。具体包括:产权属于全民所有的,其经营管理单位为纳税人;产权出典的,其承典人为纳税人;产权所有人、承典人不在房产所在地的,或者产权未确定及租典纠纷未解决的,其房产代管人或者使用人为纳税人。

2. 征税对象。是指在城市、县城、建制镇和工矿区范围内的房产。房产税的计税依据为:①房产余值,即依照房产原值一次减除10%~30%的余值计算缴纳;②房屋租金收入,即以房产实际租金收入为房产税的计税依据。

3. 税率。房产税采用比例税率。房产税分为从价(房价)和从租(房屋租金收入)两种方法计算缴纳。从价计算缴纳的,税率为1.2%;从租计算缴纳的,税率为12%。

4. 减税、免税。依照《房产税暂行条例》规定,减免税主要有:①国家机关、人民团体、军队自用的房产;②由国家财政部拨付经费的单位自用的房产;③宗教寺庙、公园、名胜古迹自用的房产;④个人所有非营业用的房产;⑤经财政部批准免税的其他房产。除此之外,为了鼓励城市居民和企事业单位自建房屋,新建房屋自落成月份起,享受免税3年。翻修房屋超过新建房屋造价1/2的,免税2年。归侨或侨眷港澳同胞兴建的房屋,5年内享受免税待遇。

(二)契税

契税是国家对在境内转让土地、房屋权属的,向承受人征收的一种税。契税的作用是在房屋、土地所有权转移时,保护产权所有人对房产的合法权益,避免产权纠纷,促进安定团结,适当增加财政收入。国务院于1997年7月7日发布了《中华人民共和国契税暂行条例》,并于同年10月1日开始实施,1950年4月3日由中央人民政府政务院发布的《契税暂行条例》同时废止。

1. 纳税主体。契税的纳税主体为承受土地、房产权属的单位或个人。

2. 税率。契税采用比例税率,即3%~5%。具体的适用税率,由省、自治区、直辖市人民政府在这个幅度内按本地区的实际情况确定,并报财政部和国家税务总局备案。

3. 计税依据。①国有土地使用权出让,土地使用权出售、房屋买卖,为成交价格。②土地使用权赠与、房屋赠与,由征收机关参照土地使用权出售、房屋买卖的市场价格核定。③土地使用权交换、房屋交换为所交换的土地使用权、房屋的价格的差额。

4. 应纳税额的计算。契税的应纳税额根据上述税率和计税依据计算。公式为:

$$应纳税额 = 计税依据 \times 税率$$

5. 减税、免税。有下列情形之一的,减征或免征契税:

(1)国家机关、事业单位、社会团体、军事单位承受土地、房屋用于办公、教学、医疗科研和军事设施的,免征;

(2)城镇职工按规定第一次购买公有住房的,免征;
(3)因不可抗力灭失住房而重新购买住房的,酌情准予减征或免征;
(4)财政部规定的其他减征、免征契税的项目。

四、资源税法

资源税是对在我国境内开采原油、天然气、煤炭、其他非金属原矿、黑色金属原矿、有色金属或者盐生产的单位和个人征收的一种税。为促进企业合理开发国家资源,加强经济核算,提高经济效益,国务院于1993年12月25日发布了《中华人民共和国资源税条例》,自1994年1月1日开始实施。1993年12月30日又发布了《中华人民共和国资源税条例实施细则》,1984年发布的《中华人民共和国资源税条例(草案)》、《中华人民共和国盐税条例(草案)》及其实施细则同时废止。

1. 纳税主体。凡是在我国境内从事条例规定的矿产品或者盐生产的单位或个人。

2. 征税对象。以原油、天然气、煤炭、其他非金属原矿、黑色金属原矿、有色金属或者生产盐的开采量或者生产量为征收对象。

3. 税率。按照应税产品的课税数量和规定的单位税额计算。计算公式为:

$$应纳税额 = 课税数量 \times 单位税额$$

其中,课税数量分为两种情况:①纳税人开采或者生产应税产品销售的,以销售量为课税数量;②纳税人开采或者生产应税产品自用的,以自用数量为课税数量。

纳税人具体适用的税额,由财政部商国务院有关部门根据纳税人开采或者生产应税产品的自然状况,在规定的税额幅度内确定。税额幅度为:①石油:8~30元/吨;②天然气:2~15元/立方米;③煤炭:0.3~5元/吨;④其他非金属原矿:0.5~20元/吨(或立方米);⑤黑色金属原矿:2~30元/吨;⑥有色金属原矿:0.4~30元/吨;⑦固体盐:10~60元/吨;⑧液体盐:2~10元/吨。

4. 减税、免税。有下列情形之一的,可以减免资源税:

(1)开采原油过程中用于加热、修井的原油,免税。

(2)纳税人在开采或者生产应税产品过程中,因意外事故或自然灾害等原因遭受重大损失的,由省、自治区、直辖市人民政府酌情决定减税或免税。

(3)国务院规定的其他减税、免税项目。

五、行为税法

(一)印花税

印花税是对书立、领受应税的凭证征收的一种税。为了配合经济管理部门深入贯彻实施各项经济法规,加强对经济凭证和市场的管理,促进经济行为的规范化、法制化,国务院于1988年8月6日发布了《中华人民共和国印花税暂行条例》(以下简称《印花税暂行条例》),自同年10月1日起实施。

1.纳税主体。凡是在我国境内书立、领受印花税条例所列举凭证的单位和个人都是印花税的纳税人。根据书立、领受应纳税凭证的不同,其纳税人可分别称为立合同人、立账簿人、立据人和领受人。

2.征税对象。印花税征税对象是指《印花税暂行条例》所列举的各种凭证。征税对象的具体范围有五大类13个税目:①购销合同、加工承揽合同、建设工程勘察设计合同、建筑安装工程承包合同、财产租赁合同、货物运输合同、仓储保管合同、借款合同、财产保险合同、技术合同或者具有上述合同性质的凭证;②产权转移书据;③营业账簿;④权利、许可证照;⑤经财政部确定征税的其他凭证。

3.税率。印花税采用比例税率和定额税率。按比例税率征税的有各类合同性质的凭证、记载资金的账簿、产权转移书据等。其他营业账簿、权利许可证照等,按件定额纳税。比例税率分为5档,即0.1%、0.01%、0.03%、0.005%和0.003%。定额税率的数额是人民币5元。

4.缴纳方法。缴纳印花税,一般实行"三自"缴纳的办法,即纳税人按照应纳税凭证的性质和适用税目、税率,自行计算应纳税额、自行购买印花税票、自行在应税凭证上粘贴印花税票并注销。鉴于有些同一份凭证一次贴花数额较大和同一凭证贴花次数频繁的实际情况,纳税人报请税务机关批准,可以采取缴款书代替贴花和按期汇总缴纳两种方法。

5.违章处理。印花税实行"轻税重罚"的政策。依照《印花税暂行条例》规定,在应纳税凭证上未贴或少贴印花税票的,除补贴外,可处以应补贴印花税票金额20倍以下的罚款;不按规定注销或者画销印花税票的,可处以10倍以下的罚款;已贴用的印花税票揭下重用的,可处以重用印花税票金额30倍以下的罚款。伪造印花税票的,由税务机关依法追究刑事责任。

(二)车船使用税

车船使用税是以使用车船这一特定行为为征税客体,按车船种类、大小,实行定额征收的一种税。

1.计税依据。车船使用税以车船种类、大小为计税依据。

2.税率。车船使用税采用定额税率,分别车船的大小、种类,按不同的计税单位,规定定额税率。车辆的适用税额,由省级人民政府根据当地经济情况,在条例规定的幅度内自行确定。

3.计征方法。车船使用税的纳税人,是在我国境内拥有并且使用车船的单位和个人。车船使用税实行按年征收,分期缴纳,具体纳税期限由省级人民政府确定。

4.纳税地点。车船使用税在纳税人所在地缴纳。具体地说,对单位应是经营所在地或机构所在地,对个人应是住所所在地。有些企业的车船上了外省的车船牌照,仍应在企业经营所在地纳税。

第五节 税收征收管理法律制度

一、税收征收管理法概述

税收征收管理法是调整在我国税收的征收与缴纳过程中形成的税收关系的法律规范。这里的税收关系是指税务管理、税款征收、税务检查、法律责任等关系。征收管理是指税务机关(各级税务局、税务分局和税务所)依据税法指导纳税人正确履行纳税义务,并对征纳税过程进行组织、管理、监督、检查等一系列工作的总称。

为了加强税收征收管理,保障国家税收收入,保护纳税人的合法权益,全国人民代表大会常务委员会于1992年9月4日公布了《中华人民共和国税收征收管理法》(以下简称《税收征管法》),自1993年1月1日起施行。《税收征管法》根据1995年2月28日第八届全国人民代表大会常务委员会第12次会议《关于修改〈中华人民共和国税收征收管理法〉的决定》修订,2001年4月28日第九届全国人民代表大会常务委员会第21次会议再次修订。

根据《税收征管法》的规定,纳税人为法律、行政法规规定负有纳税义务的单位和个人。扣缴义务人为法律、行政法规规定负有代扣代缴、代收代缴税款义务的单位和个人。税收的开征、停征以及减税、免税、退税、补税,依照法律的规定执行。法律授权国务院规定的,依照国务院所制定的行政法规的规定执行。任何机关单位和个人不得违反法律、行政法规的规定,擅自作出税收开征、停征以及减税、免税、退税、补税的决定。国务院税务主管部门主管全国税收征收管理工作。

二、税务管理

税务管理包括税务登记、账簿凭证管理和纳税申报。

(一)税务登记

税务登记是税务机关对纳税人的开业、变更、注销以及生产经营范围实行法定登记的一项管理制度。根据《税收征管法》的规定,企业,企业在外地设立的分支机构和从事生产、经营的场所,个体工商户和从事生产、经营的事业单位(以下统称从事生产、经营的纳税人)自领取营业执照之日起30日内,持有关证件,向税务机关申报办理税务登记。税务机关应当自收到申报之日起30日内审核并发给税务登记证件。上述规定以外的纳税人办理税务登记和扣缴义务人办理扣缴税款登记的范围和办法,由国务院规定。

从事生产、经营的纳税人,税务登记内容发生变化的,自工商行政管理机关办理变更登记之日起30日内或者在向工商行政管理机关申请办理注销登记之前,持有关证件向税务机关申报办理变更或者注销税务登记。

从事生产、经营的纳税人应当按照国家有关规定,持税务登记证件,在银行或者其他金融机构开立基本存款账户和其他存款账户,并将其全部账号向税务机关报告。银行和其他金融机构应当在从事生产、经营的纳税人的账户中登录税务登记证件号码,并在税务登记证件中登录从事生产、经营的纳税人的账户账号。税务机关依法查询从事生产、经营的纳税人开立账户的情况时,有关银行和其他金融机构应当予以协助。

纳税人按照国务院税务主管部门的规定使用税务登记证件。税务登记证件不得转借、涂改、损毁、买卖或者伪造。

(二)账簿、凭证管理

账簿和凭证是纳税人、扣缴义务人从事生产、经营活动必不可少的工具,也是税务机关进行财务监督和税务检查的重要依据。根据《税收征管法》的规定,纳税人、扣缴义务人按照有关法律、行政法规和国务院财政、税务主管部门的规定设置账簿,根据合法、有效凭证记账,进行核算。从事生产、经营的纳税人的财务、会计制度或者财务、会计处理办法和会计核算软件,应当报送税务机关备案。

纳税人、扣缴义务人的财务、会计制度或者财务、会计处理办法与国务院或者国务院财政、税务主管部门有关税收的规定相抵触的,依照国务院或者国务院财政、税务主管部门有关税收的规定计算应纳税款、代扣代缴和代收代缴税款。

税务机关是发票的主管机关,负责发票印刷、领购、开具、取得、保管、缴销的管理和监督。单位、个人在购销商品、提供或者接受经营服务以及从事其他经营活动中,应当按照规定开具、使用、取得发票。

国家根据税收征收管理的需要,积极推广使用税控装置。纳税人应当按照规定安装、使用税控装置,不得损毁或者擅自改动税控装置。

从事生产、经营的纳税人、扣缴义务人必须按照国务院财政、税务主管部门规定的保管期限保管账簿、记账凭证、完税凭证及其他有关资料。账簿、记账凭证、完税凭证及其他有关资料不得伪造、变造或者擅自损毁。

(三)纳税申报

纳税申报是纳税人、扣缴义务人履行义务的法定手续,也是税务机关征收税款的主要依据。根据《税收征管法》的规定,纳税人必须依照法律、行政法规规定或者税务机关依照法律、行政法规的规定确定的申报期限、申报内容如实办理纳税申报,报送纳税申报表、财务会计报表以及税务机关根据实际需要要求纳税人报送的其他纳税资料。扣缴义务人必须依照法律、行政法规规定或者税务机关依照法律、行政法规的规定确定的申报期限、申报内容如实报送代扣代缴、代收代缴税款报告表以及税务机关根据实际需要要求扣缴义务人报送的其他有关资料。

纳税人、扣缴义务人可以直接到税务机关办理纳税申报或者报送代扣代缴、代收代缴税款报告表,也可以按照规定采取邮寄、数据电文或者其他方式办理上述申报、报送事项。

纳税人、扣缴义务人不能按期办理纳税申报或者报送代扣代缴、代收代缴税款报告表的,经税务机关核准,可以延期申报。经核准延期办理纳税申报、报送事项的,应当在纳税期内按照上期实际缴纳的税额或者税务机关核定的税额预缴税款,并在核准的延期内办理税款结算。

三、税款征收

税款征收是税收征收管理中的一个重要环节,它关系到国家税款能否及时、足额入库。《税收征管法》对纳税人、扣缴义务人和税务机关在税款征收、缴纳过程中的权利、义务作了具体规定。

1. 税务机关依照法律、行政法规的规定征收税款,不得违反法律、行政法规的规定开征、停征、多征、少征、提前征收、延缓征收或者摊派税款。除税务机关、税务人员以及经税务机关依照法律、行政法规委托的单位和人员外,任何单位和个人不得进行税款征收活动。

扣缴义务人依照法律、行政法规的规定履行代扣、代收税款的义务。对法律、行政法规没有规定负有代扣、代收税款义务的单位和个人,税务机关不得要求其履行代扣、代收税款义务。扣缴义务人依法履行代扣、代收税款义务时,纳税人不得拒绝。纳税人拒绝的,扣缴义务人应当及时报告税务机关处理。

税务机关按照规定付给扣缴义务人代扣、代收手续费。

2. 纳税人、扣缴义务人按照法律、行政法规规定或者税务机关依照法律、行政法规的规定确定的期限,缴纳或者解缴税款。

纳税人因有特殊困难,不能按期缴纳税款的,经省、自治区、直辖市国家税务局、地方税务局批准,可以延期缴纳税款,但是最长不得超过3个月。

纳税人未按照规定期限缴纳税款的,扣缴义务人未按照规定期限解缴税款的,税务机关除责令限期缴纳外,从滞纳税款之日起,按日加收滞纳税款万分之五的滞纳金。

3. 纳税人可以依照法律、行政法规的规定书面申请减税、免税。减税、免税的申请须经法律、行政法规规定的减税、免税审查批准机关审批。地方各级人民政府、各级人民政府主管部门、单位和个人违反法律、行政法规规定,擅自作出的减税、免税决定无效,税务机关不得执行,并向上级税务机关报告。

4.税务机关征收税款时,必须给纳税人开具完税凭证。扣缴义务人代扣、代收税款时,纳税人要求扣缴义务人开具代扣、代收税款凭证的,扣缴义务人应当开具。

5.纳税人有下列情形之一的,税务机关有权核定其应纳税额:

(1)依照法律、行政法规的规定可以不设置账簿的。

(2)依照法律、行政法规的规定应当设置账簿但未设置的。

(3)擅自销毁账簿或者拒不提供纳税资料的。

(4)虽设置账簿,但账目混乱或者成本资料、收入凭证、费用凭证残缺不全,难以查账的。

(5)发生纳税义务,未按照规定的期限办理纳税申报,经税务机关责令限期申报,逾期仍不申报的。

(6)纳税人申报的计税依据明显偏低,又无正当理由的。

税务机关核定应纳税额的具体程序和方法由国务院税务主管部门规定。

6.企业或者外国企业在中国境内设立的从事生产、经营的机构、场所与其关联企业之间的业务往来,应当按照独立企业之间的业务往来收取或者支付价款、费用;不按照独立企业之间的业务往来收取或者支付价款、费用而减少其应纳税的收入或者所得额的,税务机关有权进行合理调整。

7.对未按照规定办理税务登记的从事生产、经营的纳税人以及临时从事经营的纳税人,由税务机关核定其应纳税额,责令缴纳;不缴纳的,税务机关可以扣押其价值相当于应纳税款的商品、货物。扣押后缴纳应纳税款的,税务机关必须立即解除扣押,并归还所扣押的商品、货物;扣押后仍不缴纳应纳税款的,经县以上税务局(分局)局长批准,依法拍卖或者变卖所扣押的商品、货物,以拍卖或者变卖所得抵缴税款。

8.税务机关有根据认为从事生产、经营的纳税人有逃避纳税义务行为的,可以在规定的纳税期之前,责令限期缴纳应纳税款;在限期内发现纳税人有明显的转移、隐匿其应纳税的商品、货物以及其他财产或者应纳税的收入的迹象的,税务机关可以责成纳税人提供纳税担保。如果纳税人不能提供纳税担保,经县以上税务局(分局)局长批准,税务机关可以采取下列税收保全措施:

(1)书面通知纳税人开户银行或者其他金融机构冻结纳税人的金额相当于应纳税款的存款。

(2)扣押、查封纳税人的价值相当于应纳税款的商品、货物或者其他财产。

纳税人在前款规定的限期内缴纳税款的,税务机关必须立即解除税收保全措施;限期期满仍未缴纳税款的,经县以上税务局(分局)局长批准,税务机关可以书面通知纳税人开户银行或者其他金融机构从其冻结的存款中扣缴税款,或者依法拍卖或者变卖所扣押、查封的商品、货物或者其他财产,以拍卖或者变卖所得抵缴税款。

个人及其所扶养家属维持生活必需的住房和用品,不在税收保全措施的范围之内。

纳税人在限期内已缴纳税款,税务机关未立即解除税收保全措施,使纳税人的合法利益遭受损失的,税务机关应当承担赔偿责任。

9. 从事生产、经营的纳税人、扣缴义务人未按照规定的期限缴纳或者解缴税款,纳税担保人未按照规定的期限缴纳所担保的税款,由税务机关责令限期缴纳,逾期仍未缴纳的,经县以上税务局(分局)局长批准,税务机关可以采取下列强制执行措施:

(1)书面通知其开户银行或者其他金融机构从其存款中扣缴税款。

(2)扣押、查封、依法拍卖或者变卖其价值相当于应纳税款的商品、货物或者其他财产,以拍卖或者变卖所得抵缴税款。

税务机关采取强制执行措施时,对前款所列纳税人、扣缴义务人、纳税担保人未缴纳的滞纳金同时强制执行。

个人及其所扶养家属维持生活必需的住房和用品,不在强制执行措施的范围之内。

10. 采取税收保全措施、强制执行措施的权力,不得由法定的税务机关以外的单位和个人行使。税务机关采取税收保全措施和强制执行措施必须依照法定权限和法定程序,不得查封、扣押纳税人个人及其所扶养家属维持生活必需的住房和用品。税务机关滥用职权违法采取税收保全措施、强制执行措施,或者采取税收保全措施、强制执行措施不当,使纳税人、扣缴义务人或者纳税担保人的合法权益遭受损失的,应当依法承担赔偿责任。

11. 欠缴税款的纳税人或者他的法定代表人需要出境的,应当在出境前向税务机关结清应纳税款、滞纳金或者提供担保。未结清税款、滞纳金,又不提供担保的,税务机关可以通知出境管理机关阻止其出境。

12. 税务机关征收税款,税收优先于无担保债权,法律另有规定的除外;纳税人欠缴的税款发生在纳税人以其财产设定抵押、质押或者纳税人的财产被留置之前的,税收应当先于抵押权、质权、留置权执行。

纳税人欠缴税款,同时又被行政机关决定处以罚款、没收违法所得的,税收优先于罚款、没收违法所得。

税务机关应当对纳税人欠缴税款的情况定期予以公告。

纳税人有欠税情形而以其财产设定抵押、质押的,应当向抵押权人、质权人说明其欠税情况。抵押权人、质权人可以请求税务机关提供有关的欠税情况。

13. 税务机关扣押商品、货物或者其他财产时,必须开付收据;查封商品、货物或者其他财产时,必须开付清单。

14.纳税人有合并、分立情形的,应当向税务机关报告,并依法缴清税款。纳税人合并时未缴清税款的,应当由合并后的纳税人继续履行未履行的纳税义务;纳税人分立时未缴清税款的,分立后的纳税人对未履行的纳税义务应当承担连带责任。

15.欠缴税款数额较大的纳税人在处分其不动产或者大额资产之前,应当向税务机关报告。

欠缴税款的纳税人因怠于行使到期债权,或者放弃到期债权,或者无偿转让财产,或者以明显不合理的低价转让财产而受让人知道该情形,对国家税收造成损害的,税务机关可以依照合同法的规定行使代位权、撤销权。税务机关依照上述规定行使代位权、撤销权的,不免除欠缴税款的纳税人尚未履行的纳税义务和应承担的法律责任。

16.纳税人超过应纳税额缴纳的税款,税务机关发现后应当立即退还;纳税人自结算缴纳税款之日起3年内发现的,可以向税务机关要求退还多缴的税款并加算银行同期存款利息,税务机关及时查实后应当立即退还;涉及从国库中退库的,依照法律、行政法规有关国库管理的规定退还。

因税务机关的责任,致使纳税人、扣缴义务人未缴或者少缴税款的,税务机关在3年内可以要求纳税人、扣缴义务人补缴税款,但是不得加收滞纳金。

因纳税人、扣缴义务人计算错误等失误,未缴或者少缴税款的,税务机关在3年内可以追征税款、滞纳金;有特殊情况的,追征期可以延长到5年。

对偷税、抗税、骗税的,税务机关追征其未缴或者少缴的税款、滞纳金或者所骗取的税款,不受上述规定期限的限制。

四、税务检查

税务机关有权进行下列税务检查:

1.检查纳税人的账簿、记账凭证、报表和有关资料,检查扣缴义务人代扣代缴、代收代缴税款账簿、记账凭证和有关资料。

2.到纳税人的生产、经营场所和货物存放地检查纳税人应纳税的商品、货物或者其他财产,检查扣缴义务人与代扣代缴、代收代缴税款有关的经营情况。

3.责成纳税人、扣缴义务人提供与纳税或者代扣代缴、代收代缴税款有关的文件、证明材料和有关资料。

4.询问纳税人、扣缴义务人与纳税或者代扣代缴、代收代缴税款有关的问题和情况。

5.到车站、码头、机场、邮政企业及其分支机构检查纳税人托运、邮寄应纳税商品、货物或者其他财产的有关单据、凭证和有关资料。

6. 经县以上税务局(分局)局长批准,凭全国统一格式的检查存款账户许可证明,查询从事生产、经营的纳税人、扣缴义务人在银行或者其他金融机构的存款账户。税务机关在调查税收违法案件时,经设区的市、自治州以上税务局(分局)局长批准,可以查询案件涉嫌人员的储蓄存款。税务机关查询所获得的资料,不得用于税收以外的用途。

税务机关对从事生产、经营的纳税人以前纳税期的纳税情况依法进行税务检查时,发现纳税人有逃避纳税义务行为,并有明显的转移、隐匿其应纳税的商品、货物以及其他财产或者应纳税的收入的迹象的,可以按照法律规定的批准权限采取税收保全措施或者强制执行措施。

纳税人、扣缴义务人必须接受税务机关依法进行的税务检查,如实反映情况,提供有关资料,不得拒绝、隐瞒。税务机关依法进行税务检查时,有权向有关单位和个人调查纳税人、扣缴义务人和其他当事人与纳税或者代扣代缴、代收代缴税款有关的情况,有关单位和个人有义务向税务机关如实提供有关资料及证明材料。税务机关调查税务违法案件时,对与案件有关的情况和资料,可以记录、录音、录像、照相和复制。

税务机关派出的人员进行税务检查时,应当出示税务检查证和税务检查通知书,并有责任为被检查人保守秘密;未出示税务检查证和税务检查通知书的,被检查人有权拒绝检查。

五、法律责任

1. 纳税人有下列行为之一的,由税务机关责令限期改正,可以处2 000元以下的罚款;情节严重的,处2 000元以上10 000元以下的罚款:①未按照规定的期限申报办理税务登记、变更或者注销登记的;②未按照规定设置、保管账簿或者保管记账凭证和有关资料的;③未按照规定将财务、会计制度或者财务、会计处理办法和会计核算软件报送税务机关备查的;④未按照规定将其全部银行账号向税务机关报告的;⑤未按照规定安装、使用税控装置,或者损毁或者擅自改动税控装置的。

纳税人不办理税务登记的,由税务机关责令限期改正;逾期不改正的,经税务机关提请,由工商行政管理机关吊销其营业执照。

纳税人未按照规定使用税务登记证件,或者转借、涂改、损毁、买卖、伪造税务登记证件的,处2 000元以上10 000元以下的罚款;情节严重的,处10 000元以上50 000元以下的罚款。

2. 扣缴义务人未按照规定设置、保管代扣代缴、代收代缴税款账簿或者保管代扣代缴、代收代缴税款记账凭证及有关资料的,由税务机关责令限期改正,可以处2 000元以下的罚款;情节严重的,处2 000元以上5 000元以下的罚款。

3. 纳税人未按照规定的期限办理纳税申报和报送纳税资料的,或者扣缴义务人未按照规定的期限向税务机关报送代扣代缴、代收代缴税款报告表和有关资料的,由税务机关责令限期改正,可以处 2 000 元以下的罚款;情节严重的,可以处 2 000 元以上 10 000 元以下的罚款。

4. 纳税人伪造、变造、隐匿、擅自销毁账簿、记账凭证,或者在账簿上多列支出或者不列、少列收入,或者经税务机关通知申报而拒不申报或者进行虚假的纳税申报,不缴或者少缴应纳税款的,是偷税。对纳税人偷税的,由税务机关追缴其不缴或者少缴的税款、滞纳金,并处不缴或者少缴的税款 50% 以上 5 倍以下的罚款;构成犯罪的,依法追究刑事责任。

扣缴义务人采取上述手段,不缴或者少缴已扣、已收税款,由税务机关追缴其不缴或者少缴的税款、滞纳金,并处不缴或者少缴的税款 50% 以上 5 倍以下的罚款;构成犯罪的,依法追究刑事责任。

5. 纳税人、扣缴义务人编造虚假计税依据的,由税务机关责令限期改正,并处 50 000 元以下的罚款。

纳税人不进行纳税申报,不缴或者少缴应纳税款的,由税务机关追缴其不缴或者少缴的税款、滞纳金,并处不缴或者少缴的税款 50% 以上 5 倍以下的罚款。

纳税人欠缴应纳税款,采取转移或者隐匿财产的手段,妨碍税务机关追缴欠缴的税款的,由税务机关追缴欠缴的税款、滞纳金,并处欠缴税款 50% 以上 5 倍以下的罚款;构成犯罪的,依法追究刑事责任。

6. 以假报出口或者其他欺骗手段,骗取国家出口退税款的,由税务机关追缴其骗取的退税款,并处骗取税款 1 倍以上 5 倍以下的罚款;构成犯罪的,依法追究刑事责任。

对骗取国家出口退税款的,税务机关可以在规定期间内停止为其办理出口退税。

7. 以暴力、威胁方法拒不缴纳税款的,是抗税,除由税务机关追缴其拒缴的税款、滞纳金外,依法追究刑事责任。情节轻微,未构成犯罪的,由税务机关追缴其拒缴的税款、滞纳金,并处拒缴税款 1 倍以上 5 倍以下的罚款。

纳税人、扣缴义务人在规定期限内不缴或者少缴应纳或者应解缴的税款,经税务机关责令限期缴纳,逾期仍未缴纳的,税务机关除依法采取强制执行措施追缴其不缴或者少缴的税款外,可以处不缴或者少缴的税款 50% 以上 5 倍以下的罚款。

扣缴义务人应扣未扣、应收而不收税款的,由税务机关向纳税人追缴税款,对扣缴义务人处应扣未扣、应收未收税款 50% 以上 3 倍以下的罚款。

8. 纳税人、扣缴义务人逃避、拒绝或者以其他方式阻挠税务机关检查的,由税务机关责令改正,可以处 10 000 元以下的罚款;情节严重的,处 10 000 元以上 50 000 元以下的罚款。

9. 违反规定非法印制发票的,由税务机关销毁非法印制的发票,没收违法所得和作案工具,并处10 000元以上50 000元以下的罚款;构成犯罪的,依法追究刑事责任。

从事生产、经营的纳税人、扣缴义务人有税收违法行为,拒不接受税务机关处理的,税务机关可以收缴其发票或者停止向其发售发票。

10.纳税人、扣缴义务人的开户银行或者其他金融机构拒绝接受税务机关依法检查纳税人、扣缴义务人存款账户,或者拒绝执行税务机关作出的冻结存款或者扣缴税款的决定,或者在接到税务机关的书面通知后帮助纳税人、扣缴义务人转移存款,造成税款流失的,由税务机关处100 000元以上500 000元以下的罚款,对直接负责的主管人员和其他直接责任人员处1 000元以上10 000元以下的罚款。其中,罚款额在2 000元以下的,可以由税务所决定。

11.税务机关违反规定擅自改变税收征收管理范围和税款入库预算级次的,责令限期改正,对直接负责的主管人员和其他直接责任人员依法给予降级或者撤职的行政处分。

税务人员徇私舞弊,对依法应当移交司法机关追究刑事责任的不移交,情节严重的,依法追究刑事责任。

未经税务机关依法委托征收税款的,责令退还收取的财物,依法给予行政处分或者行政处罚;致使他人合法权益受到损失的,依法承担赔偿责任;构成犯罪的,依法追究刑事责任。

税务机关、税务人员查封、扣押纳税人个人及其所扶养家属维持生活必需的住房和用品的,责令退还,依法给予行政处分;构成犯罪的,依法追究刑事责任。

税务人员与纳税人、扣缴义务人勾结,唆使或者协助纳税人、扣缴义务人违反税收征管法规定,构成犯罪的,依法追究刑事责任;尚不构成犯罪的,依法给予行政处分。

税务人员利用职务上的便利,收受或者索取纳税人、扣缴义务人财物或者谋取其他不正当利益,构成犯罪的,依法追究刑事责任;尚不构成犯罪的,依法给予行政处分。

税务人员徇私舞弊或者玩忽职守,不征或者少征应征税款,致使国家税收遭受重大损失,构成犯罪的,依法追究刑事责任;尚不构成犯罪的,依法给予行政处分。

税务人员滥用职权,故意刁难纳税人、扣缴义务人的,调离税收工作岗位,并依法给予行政处分。

税务人员对控告、检举税收违法违纪行为的纳税人、扣缴义务人以及其他检举人进行打击报复的,依法给予行政处分;构成犯罪的,依法追究刑事责任。

税务人员违反法律、行政法规的规定,故意高估或者低估农业税计税产量,致使多征或者少征税款,侵犯农民合法权益或者损害国家利益,构成犯罪的,依法追究刑事责任;尚不构成犯罪的,依法给予行政处分。

违反法律、行政法规的规定提前征收、延缓征收或者摊派税款的,由其上级机关或者行政监察机关责令改正,对直接负责的主管人员和其他直接责任人员依法给予行政处分。

违反法律、行政法规的规定,擅自作出税收的开征、停征或者减税、免税、退税、补税以及其他同税收法律、行政法规相抵触的决定的,除依照规定撤销其擅自作出的决定外,补征应征未征税款,退还不应征收而征收的税款,并由上级机关追究直接负责的主管人员和其他直接责任人员的行政责任;构成犯罪的,依法追究刑事责任。

税务人员在征收税款或者查处税收违法案件时,未按照规定进行回避的,对直接负责的主管人员和其他直接责任人员,依法给予行政处分。

12.违反税收法律、行政法规应当给予行政处罚的行为,在5年内未被发现的,不再给予行政处罚。

未按照规定为纳税人、扣缴义务人、检举人保密的,对直接负责的主管人员和其他直接责任人员,由所在单位或者有关单位依法给予行政处分。

六、税务争议

税务争议包括纳税人、扣缴义务人、纳税担保人同税务机关在纳税上发生的争议和当事人对税务机关的处罚决定、强制执行措施或者税收保全措施不服发生的争议。

纳税人、扣缴义务人、纳税担保人同税务机关在纳税上发生争议时,必须先依照税务机关的纳税决定缴纳或者解缴税款及滞纳金或者提供相应的担保,然后可以依法申请行政复议;对行政复议决定不服的,可以依法向人民法院起诉。

当事人对税务机关的处罚决定、强制执行措施或者税收保全措施不服的,可以依法申请行政复议,也可以依法向人民法院起诉。当事人对税务机关的处罚决定逾期不申请行政复议也不向人民法院起诉又不履行的,作出处罚决定的税务机关可以采取强制执行措施,或者申请人民法院强制执行。

本章小结

税收是国家为了实现其职能,凭借政治权力,根据税收法律预先规定的标准,无偿地、强制地征收货币或实物的经济行政活动,是国家取得财政收入的一种分配关系。税收以征税对象的不同,分为流转税、所得税、财产税、特定行为税和资源税。

税法是调整税收关系的法律规范,是由国家最高权力机关或其授权的行政机关制定的有关调整国家在筹集财政资金过程中形成的税收关系的法律规范的总称。税法的构成要素包括:纳税主体、征收对象、税目、税率、纳税环节、纳税期限、减税免税、法律责任和纳税争议的解决。

我国现行税收包括:流转税法、所得税法、财产税法、资源税法和行为税法。

税收征收管理法是调整在我国税收的征收与缴纳过程中形成的税收关系的法律规范。根据《税收征管法》的规定,纳税人为法律、行政法规规定负有纳税义务的单位和个人。扣缴义务人为法律、行政法规规定负有代扣代缴、代收代缴税款义务的单位和个人。税收的开征、停征以及减税、免税、退税、补税,依照法律的规定执行。法律授权国务院规定的,依照国务院所制定的行政法规的规定执行。任何机关单位和个人不得违反法律、行政法规的规定,擅自作出税收开征、停征以及减税、免税、退税、补税的决定。国务院税务主管部门主管全国税收征收管理工作。

思考练习题

1. 简述我国现行的税收制度。
2. 对完善我国现行的所得税制度的思考。
3. 简述税收保全措施和强制执行措施。
4. 简述企业所得税的有关法律规定。
5. 简述如何解决税务争议。

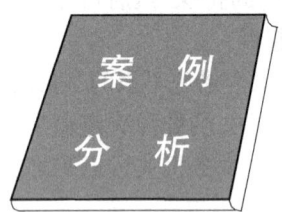

案例

税务行政处罚决定书[①]

某税务机关对纳税人××酒业有限公司依法进行了税务检查,违法事实如下:

一、增值税方面

1. ××酒业有限公司2009年5月至2009年12月期间开具送货单35份,白酒销售金额小计98 669.35元(含税),随同白酒销售的包装物收入小计9 305.00元(含

---

① http://xsgs.gov.cn/xxzl/uploadzl/20107995947629.doc。

税),应纳增值税3 144.88元,已纳增值税1 429.89元,少缴增值税1 714.99元。

2. ××酒业有限公司2008年11月至2009年11月购进酒糟295吨,未按规定进账,全部对外销售,但未申报纳税,经计算,少缴增值税3 030.30元(酒糟平均销售价格按每公斤0.310 8元计算)。

3. ××酒业有限公司2008年1月至2008年10月账外酒糟销售收入19 500.00元,未申报纳税,少缴增值税1 103.77元。

4. ××酒业有限公司2009年1月至10月购进酒精20.99吨,未按规定进账,全部对外销售,未申报纳税,按组成计税价格计算,少缴增值税3 262.84元。以上1.至4.合计少缴增值税9 111.90元。

二、消费税方面

1. ××酒业有限公司2009年8月,按白酒销售数量533公斤,提取消费税533.00元,但在2009年8月酒及酒精消费税纳税申报时,按0.20元申报,少申报消费税532.80元。

2. ××酒业有限公司2009年5月至2009年12月期间开具送货单35份,白酒销售金额小计98 669.35元(含税),随同白酒销售的包装物收入小计9 305.00元(含税),按从价定率办法计算应纳消费税20 965.89元,已纳消费税9 550.59元,少缴消费税11 415.30元。

3. ××酒业有限公司2009年5月至2009年12月期间开具送货单35份,白酒销售数量小计54 264斤,按从量定额办法计算应纳消费税27 132.00元,已纳消费税5 234.70元,少缴消费税21 897.30元。

4. ××酒业有限公司2009年1月至10月购进酒精20.99吨,未按规定进账,全部对外销售,未申报纳税,按组成计税价格计算,少缴消费税5 438.07元。以上1.至4.合计少缴消费税39 283.47元。

综上合计少缴增值税、消费税48 395.37元。

法理分析

根据《税收征收管理法》第63条第1款的规定,纳税人伪造、变造、隐匿、擅自销毁账簿、记账凭证,或者在账簿上多列支出或者不列、少列收入,或者经税务机关通知申报而拒不申报或者进行虚假的纳税申报,不缴或者少缴应纳税款的,是偷税。对纳税人偷税的,由税务机关追缴其不缴或者少缴的税款、滞纳金,并处不缴或者少缴的税款50%以上5倍以下的罚款;构成犯罪的,依法追究刑事责任。为此,该税务机关决定对××酒业有限公司处半倍罚款,即罚款24 197.69元。

行政处罚决定做出后,该税务机关于 2010 年 6 月 1 日依法向××酒业有限公司送达了《行政处罚决定书》,并要求××酒业有限公司自收到行政处罚决定之日起 15 日内缴罚款 24 197.69 元,逾期缴纳罚款的,按《中华人民共和国行政处罚法》规定每日按罚款数额的 3% 加处罚款。此外,行政处罚决定书中告知××酒业有限公司相关事项,包括:①对罚款不服的,可以在收到行政处罚决定书之日起 60 日内依法申请复议或在接到行政处罚决定书之日起 3 个月内直接向人民法院起诉;②规定期限内对行政处罚决定不申请复议也不向人民法院起诉,又不履行行政处罚决定的,该税务机关将按《税收征收管理法》有关规定强制执行或者申请人民法院强制执行。

银行法律制度

★ 本章学习要点与要求 ★

通过本章的学习,应掌握中国人民银行的地位、职责,中国人民银行的业务,商业银行的业务,商业银行业务的基本规则,银监会的主要职责等内容。

第一节 中央银行法律制度

一、中央银行体制的建立

1978年以前,我国实行的是集权型的银行体制,只有一家银行即中国人民银行。这种银行体制虽然曾对我国的经济建设起过重要作用,但其弊病也日益显现。尤其在我国进行经济体制改革后,银行体制的改革已经刻不容缓。从1979年开始,我国陆续恢复和新设了中国农业银行、中国银行和中国人民建设银行,中国人民银行既领导、监督和管理全国的银行和金融事业,又直接办理工商信贷和储蓄存款业务,兼有中央银行和商业银行的双重职能。1983年9月,国务院发布《关于中国人民银行专门行使中央银行职能的决定》,规定中国人民银行是国务院领导和管理全国金融事业的国家机关,不对企业和个人办理信贷业务,强化了中国人民银行的中央银行职能。1984年1月中国工商银行成立,承担原来由中国人民银行办理的工商信贷和储蓄业务。这样,我国的中央银行体制开始形成。1986年1月国务院发布了《中华人民共和国银行管理暂行条例》,进一步明确了中央银行、各专业银行和其他金融机构在我国金融体系中的地位。

为了适应社会主义市场经济体制的要求,1993年4月3日国务院发布了《关于金融体制改革的决定》,将"建立在国务院领导下,独立执行货币政策的中央银行宏观调控体系",确定为我国金融体制改革的重要目标之一。1995年3月18日第八届全国人民代表大会第三次会议通过的《中华人民共和国中国人民银行法》(以下简称《中国人民银行法》)为这一目标的实现提供了法律依据和保障。《中国人民银行法》是我国金融领域的第一部基本法,它的颁布和实施,巩固和完善了我国的中央银行体制,标志着我国金融事业步入了法制化、规范化的轨道,是我国金融法制建设的重要里程碑。

2003年12月27日,第十届全国人民代表大会常务委员会第六次会议通过《关于修改〈中华人民共和国中国人民银行法〉的决定》,对《中国人民银行法》进行了修正。

二、中国人民银行的法律地位、职责和组织机构

(一)中国人民银行的法律地位

中国人民银行是中华人民共和国的中央银行。中国人民银行在国务院领导下,制定和执行货币政策,防范和化解金融风险,维护金融稳定。

中国人民银行的全部资本由国家出资,属于国家所有。

中国人民银行应当向全国人民代表大会常务委员会提出有关货币政策情况和金融业运行情况的工作报告。中国人民银行在国务院领导下依法独立执行货币政策,履行职责,开展业务,不受地方政府、各级政府部门、社会团体和个人的干涉。

(二)中国人民银行的职责

中国人民银行履行下列职责:①发布与履行其职责有关的命令和规章;②依法制定和执行货币政策;③发行人民币,管理人民币流通;④监督管理银行间同业拆借市场和银行间债券市场;⑤实施外汇管理,监督管理银行间外汇市场;⑥监督管理黄金市场;⑦持有、管理、经营国家外汇储备、黄金储备;⑧经理国库;⑨维护支付、清算系统的正常运行;⑩指导、部署金融业反洗钱工作,负责反洗钱的资金监测;⑪负责金融业的统计、调查、分析和预测;⑫作为国家的中央银行,从事有关的国际金融活动;⑬国务院规定的其他职责。

(三)中国人民银行的组织机构

中国人民银行实行行长负责制,设行长一人,副行长若干人,行长领导中国人民银行的工作,副行长协助行长工作。中国人民银行行长的人选,根据国务院总理提名,由全国人民代表大会决定;全国人民代表大会闭会期间,由全国人民代表大会常务委员会决定,由中华人民共和国主席任免。中国人民银行副行长由国务院总理任免。

中国人民银行设立货币政策委员会。1997年4月15日国务院发布了《中国人民

银行货币政策委员会条例》,规定货币政策委员会是中国人民银行制定货币政策的咨询议事机构。货币政策委员会的职责是:在综合分析宏观经济形势的基础上,依据国家的宏观经济调控目标,讨论有关货币政策事项并提出建议。货币政策委员会主席由中国人民银行行长担任。

中国人民银行根据履行职责的需要设立分支机构,作为其派出机构。中国人民银行对分支机构实行集中统一领导和管理。

中国人民银行的行长、副行长及其他工作人员应当恪尽职守,不得滥用职权、徇私舞弊,不得在任何金融机构、企业、基金会兼职,并应当依法保守国家秘密,有责任为其监督管理的金融机构及有关当事人保守秘密。

三、人民币

中华人民共和国的法定货币是人民币,以人民币支付境内的一切公共的和私人的债务,任何单位和个人不得拒收。人民币的单位为元,辅币为角、分。

人民币由中国人民银行统一印制、发行,发行新版人民币时,应当将发行时间、面额、图案、式样、规格予以公告。残缺、污损的人民币,按照中国人民银行的规定兑换,并由中国人民银行负责收回、销毁。中国人民银行设立人民币发行库,在其分支机构设立分支库。分支库调拨人民币发行基金,应当按照上级库的调拨命令办理。任何单位和个人不得违反规定,动用发行基金。

任何单位和个人不得印制、发售代币票券,以代替人民币在市场上流通。禁止伪造、变造人民币,禁止出售、购买运输、持有、使用伪造、变造的人民币。禁止故意毁损人民币。禁止在宣传品、出版物或者其他商品上非法使用人民币图样。

四、货币政策和货币政策工具

(一)货币政策和货币政策目标

1.货币政策的含义。《中国人民银行法》第 2 条规定,中国人民银行作为中华人民共和国的中央银行,在国务院领导下,制定和执行货币政策,防范和化解金融风险,维护金融稳定。所谓货币政策,是指中央银行为实现货币政策目标,调节和控制货币供应量以及处理货币事务的路线、方针、规范和措施的总称。货币政策是国家进行宏观调控的重要手段之一。这是因为,从某种意义上来讲,现代市场经济就是货币经济,经济运行实际上表现为以货币收支为核心的运作过程,货币及其运行是市场经济正常运作的前提。因此,中央银行作为货币的发行者和货币运行的管理者,可以而且能够通过对货币及其运行,尤其是对货币供应量的控制,实现货币供应量与货币必要量的平衡,进而实现社会总需求与社会总供给的平衡。由此可见,货币政策的制定和实施是中央银行实现宏观调控的重要职能。

一般说来,货币政策有以下特征:

(1)货币政策是一种宏观经济政策。货币政策主要涉及国民经济运行中的货币供应量、信用量、利率、汇率及金融市场等宏观经济指标,并通过对这些指标的调节和控制进而影响社会总需求和社会总供给。

(2)货币政策是调控社会总需求的政策。由于社会总需求具体体现为全社会货币支付能力的需求,而货币政策通过调节货币供应量可以调节社会总需求,进而影响社会总需求和社会总供给的互动,实现社会总需求和社会总供给的平衡。

(3)货币政策的实施以间接调控为主。货币政策的实施主要采取经济手段和法律手段,通过对市场主体的管理调控社会总需求。

2. 货币政策目标的概念和内容。货币政策目标是指中央银行采取调节控制货币供应量措施所要达到的目标。一般说来,国际上金融立法确认的货币政策目标有4个,即币值稳定、经济增长、充分就业、国际收支平衡。①币值稳定是指货币购买力的稳定,具体包括:货币在国内市场上的购买力、由汇率体现的货币在国际市场上的购买力以及由利率体现的货币在不同时间内的购买力的稳定;②经济增长,是指国家和地区在一定时期内产品和劳务产出的增加;③充分就业,通常是指在某一货币工资条件下愿意就业的人的就业,而非一切有劳动能力的人全部就业;④国际收支平衡,是指在国际经济往来中,一国对外贸易收入和支出的平衡,具体而言,有两种含义:一是国际收支的静态平衡,即在一年的周期内国际收支相抵达到平衡;二是国际收支的动态平衡,即以经济实际运行可以实现平衡的周期为一个平衡周期,在该周期内达到国际收支平衡。

当然,上述货币政策目标之间不可避免存在一定的冲突,其冲突主要表现为下列矛盾:

(1)币值稳定和经济增长之间的矛盾。一般而言,币值稳定能够为经济增长提供良好的金融环境,而经济增长则为币值稳定奠定了可靠的物质基础。但在实践中,经济的快速增长往往伴随着通货膨胀的产生,从而使币值稳定的目标难以实现。

(2)币值稳定和充分就业之间的矛盾。在市场经济中,要实现充分就业,就必须扩张信用和增加货币供应,刺激投资和消费等有效需求的增加以增加就业机会,但总需求的增加必然引起一般物价水平的上涨,货币的实际购买力将因此而降低。反之,在通货膨胀时要实现稳定币值,必然要紧缩信用和减少货币供应,抑制投资和消费等有效需求,由于社会总需求减少,生产规模缩小,就业机会也必然减少。

(3)币值稳定和国际收支平衡之间的矛盾。国际收支平衡,即当出现国际收支的顺差或逆差时,国家会相应增加和减少进口以平衡国际收支,从而引起国内物价水平的下降和上涨,造成货币币值的不稳定。因而,币值稳定和国际收支平衡难以兼得。

(4) 充分就业与经济增长之间的矛盾。在资本构成不变的情况下,经济增长会增加就业机会,而劳动力投入的增加又会促进经济增长。但是,随着经济的发展和工业化程度的提高,劳动密集型产业逐渐被资金密集型产业和知识密集型产业所取代,从而把大量的普通劳动者排斥在外。因而,现代市场经济中,经济增长和充分就业两个目标难以和谐和统一。

(5) 充分就业与国际收支平衡之间的矛盾。在充分就业条件下,工资有上升的压力,从而可能引发价格上涨和货币对内价值下降,若汇率不变,则人们愿意购买价格相对较低的进口商品,从而导致国际收支失衡;反之,亦然。

(6) 经济增长与国际收支之间的矛盾。经济增长,进口需求会增加,若出口不能随之增加,则可能出现贸易逆差,导致国际收支失衡。为平衡国际收支,需压缩进口需求,抑制国内有效需求,从而导致经济增长速度放慢。因此,经济增长和与国际收支平衡也难以同时兼得。

由于上述货币政策目标之间的冲突,在一定时间内同时实现上述目标的可能性较小,世界各国和地区在确定其货币政策目标时就有一个权衡与取舍的问题,并形成了单一目标的货币政策、双重目标的货币政策和多重目标的货币政策之分。根据《中国人民银行法》第3条规定,我国货币政策目标是保持货币币值的稳定,并以此促进经济增长。

为更好地实现货币政策目标,《中国人民银行法》规定,中国人民银行就年度货币供应量、利率、汇率和国务院规定的其他重要事项作出的决定,报国务院批准后执行。中国人民银行就上述事项以外的其他有关货币政策作出决定后即予执行,并报国务院备案。中国人民银行在国务院领导下依法独立执行货币政策,履行职责,开展业务,不受地方政府、各级政府部门、社会团体和个人的干涉。

《中国人民银行法》规定,中国人民银行设立货币政策委员会。货币政策委员会的职责、组成和工作程序,由国务院规定,报全国人民代表大会常务委员会备案。1997年4月15日,国务院颁布了《中国人民银行货币政策委员会条例》(以下简称《条例》)。该《条例》规定,中国人民银行货币政策委员会是中国人民银行制定货币政策的咨询议事机构,其职责是在综合分析宏观经济形势的基础上,依据国家的宏观经济调控目标,讨论下列货币政策事项,并提出建议:①货币政策的制定、调整;②一定时期内的货币政策控制目标;③货币政策工具的运用;④有关货币政策的重要措施;⑤货币政策与其他宏观经济政策的协调。

中国人民银行报请国务院批准有关年度货币供应量、利率、汇率或者其他货币政策重要事项的决定方案时,应当将货币政策委员会建议书或者会议纪要作为附件,一并报送。中国人民银行报送国务院备案的有关货币政策其他事项的决定,应当将货币政策委员会建议书或者会议纪要作为附件,一并备案。

根据《条例》的规定,货币政策委员会由下列单位的人员组成:中国人民银行行长;中国人民银行副行长2人;国家计划委员会(现国家发展和改革委员会)副主任1人;国家经济贸易委员会(现商务部)副主任1人;财政部副部长1人;国家外汇管理局局长;中国证券监督管理委员会主席;国有独资商业银行行长2人;金融专家1人。货币政策委员会组成单位的调整,由国务院决定。其中,中国人民银行行长、国家外汇管理局局长、中国证券监督管理委员会主席为货币政策委员会当然委员。货币政策委员会其他委员人选,由中国人民银行提名或者中国人民银行向有关部门提名,报请国务院任命。货币政策委员会设主席1人,副主席1人。主席由中国人民银行行长担任,副主席由主席指定。

(二)货币政策工具

货币政策工具是指中央银行为达到货币政策目标而采取的手段。为了实现这一货币政策目标,中国人民银行可以运用下列货币政策工具:

1. 要求金融机构按照规定的比例交存存款准备金。存款准备金是金融业为应付客户提取存款和资金清偿而准备的货币资金。中国人民银行通过提高或降低存款准备金率,限制或增强金融机构扩张贷款、派生存款的能力,从而达到限制或扩大货币信用总量的目的。

2. 确定中央银行基准利率。基准利率是中央银行对金融机构的存、贷款利率。中国人民银行通过提高或降低基准利率影响商业银行从中央银行借入资金的成本,以达到抑制或刺激对信贷资金的需求,导致信贷总量或货币供应量的收缩或扩张。

3. 为在中国人民银行开立账户的金融机构办理再贴现。再贴现是金融机构以合格票据再向中央银行贴现。中国人民银行通过再贴现可以影响金融机构向中央银行贷款的数量,进而收缩或扩张货币供应量。中国人民银行从1994年起开始安排贷款指标开展再贴现业务。

4. 向商业银行提供再贷款。中国人民银行通过发放或收回对商业银行的贷款,吞吐基础货币,可以直接影响金融机构信贷资金增加或减少,从而控制信贷总规模。中国人民银行根据执行货币政策的需要,可以决定对商业银行贷款的数额、期限、利率和方式,但贷款的期限不得超过一年。目前再贷款是中国人民银行运用基础货币向商业银行融通资金的最主要的渠道。

5. 在公开市场上买卖国债和其他政府债券及外汇。中国人民银行通过买进或卖出有价证券,可以进行基础货币的吞吐,增加或减少货币供应量,并进而影响利率。在一些发达国家,公开市场业务是一般性货币政策工具中最重要和最常用的一种。为保证公开市场业务的顺利开展,维护交易双方的合法利益,推动国家货币市场的稳步发展,中国人民银行于 1997 年 3 月 29 日发布了《公开市场业务暨一级交易商管理暂行规定》。该《规定》所称公开市场业务，是指中国人民银行为实现货币政策目标而公开买卖债券的活动；所称公开市场业务一级交易商（以下简称一级交易商），是指经中国人民银行审定的，具有直接与中国人民银行进行债券交易资格的商业银行、证券公司和信托投资公司。该《规定》明确了一级交易商资格的确定、变更或者取消等事宜由中国人民银行负责审批；公开市场业务的日常工作由中国人民银行公开市场业务操作室负责，债券交易的券种是指政府性金融债券、中国银行融资券、国债以及中国人民银行指定的其他债券。债券交易种类包括买卖和回购，一般采用招标方式进行，包括数量招标和利率招标；债券登记、托管和交割统一在中央国债登记结算有限责任公司进行。此外，该《规定》还对一级交易商的条件及审定、一级交易商资格的变更和终止作出了规定。

6. 国务院确定的其他货币政策工具。中国人民银行在必要时，经国务院批准还可以运用其他货币政策工具，如贷款限额等。

中国人民银行为执行货币政策，运用上述货币政策工具时，可以规定具体的条件和程序。

五、中国人民银行的金融监督管理

中国人民银行依法监测金融市场的运行情况，对金融市场实施宏观调控，促进其协调发展。

中国人民银行有权对金融机构以及其他单位和个人的下列行为进行检查监督：①执行有关存款准备金管理规定的行为；②与中国人民银行特种贷款有关的行为；③执行有关人民币管理规定的行为；④执行有关银行间同业拆借市场、银行间债券市场管理规定的行为；⑤执行有关外汇管理规定的行为；⑥执行有关黄金管理规定的行为；⑦代理中国人民银行经理国库的行为；⑧执行有关清算管理规定的行为；⑨执行有关反洗钱规定的行为。

中国人民银行根据执行货币政策和维护金融稳定的需要，可以建议国务院银行业监督管理机构对银行业金融机构进行检查监督。国务院银行业监督管理机构应当自收到建议之日起 30 日内予以回复。

当银行业金融机构出现支付困难，可能引发金融风险时，为了维护金融稳定，中国人民银行经国务院批准，有权对银行业金融机构进行检查监督。

中国人民银行根据履行职责的需要，有权要求银行业金融机构报送必要的资产负债表、利润表以及其他财务会计、统计报表和资料。中国人民银行负责统一编制全国金融统计数据、报表，并按照国家有关规定予以公布。

中国人民银行应当与国务院银行业监督管理机构、国务院其他金融监督管理机构建立监督管理信息共享机制。

六、中国人民银行的财务会计

为保证中国人民银行的独立性,法律规定中国人民银行实行独立的财务预算管理制度。中国人民银行的预算经国务院财政部门审核后,纳入中央预算,接受国务院财政部门的预算执行监督。

中国人民银行每一个会计年度的收入减除该年度支出,并按照国务院财政部门核定的比例提取总准备金后的净利润,全部上缴中央财政。中国人民银行的亏损由中央财政拨款弥补。

中国人民银行的财务收支和会计事务,应当执行法律、行政法规和国家统一的财务会计制度,接受国务院审计机关和财政部门依法分别进行的审计和监督。中国人民银行应当于每一会计年度结束后的3个月内,编制资产负债表、损益表和相关的财务会计报表,并编制年度报告,按照国家有关规定予以公布。

第二节　商业银行法律制度

一、商业银行法概述

(一)商业银行的概念

商业银行,是指依照《中华人民共和国商业银行法》(以下简称《商业银行法》)和《公司法》设立的吸收公众存款、发放贷款、办理结算等业务的企业法人。

商业银行可以经营下列部分或者全部业务:①吸收公众存款;②发放短期、中期和长期贷款;③办理国内外结算;④办理票据承兑与贴现;⑤发行金融债券;⑥代理发行、代理兑付、承销政府债券;⑦买卖政府债券、金融债券;⑧从事同业拆借;⑨买卖、代理买卖外汇;⑩从事银行卡业务;⑪提供信用证服务及担保;⑫代理收付款项及代理保险业务;⑬提供保管箱服务;⑭经国务院银行业监督管理机构批准的其他业务。

商业银行的经营范围由商业银行章程规定,报国务院银行业监督管理机构批准。

商业银行经中国人民银行批准,可以经营结汇、售汇业务。

商业银行是具有法人资格的公司企业,实行自主经营,自担风险,自负盈亏,自我约束,并以效益性、安全性、流动性为经营原则。商业银行依法开展业务,不受任何单位和个人的干涉。商业银行以其全部法人财产独立承担民事责任。

（二）商业银行法的概念

金融体制改革之前，我国实行的是专业银行体制。1986年1月7日国务院发布的《中华人民共和国银行管理暂行条例》，规定各专业银行是国家所有的独立核算的经济实体，按照规定的业务范围，分别经营本、外币的存款、贷款、结算以及个人储蓄存款等业务。

1993年国务院发布了《关于金融体制改革的决定》，提出"把国家专业银行办成真正的国有商业银行，按照现代商业银行经营机制运行，允许商业银行之间有业务交叉，开展竞争"。

1995年5月10日，第八届全国人民代表大会常务委员会第十三次会议通过的《中华人民共和国商业银行法》是我国金融领域的基本法律之一，从根本上促进了国家专业银行向国有商业银行的转变，奠定了商业银行法制的基础，并为商业银行的健康发展创造了良好的环境。2003年12月27日，第十届全国人民代表大会常务委员会第六次会议通过《关于修改〈中华人民共和国商业银行法〉的决定》，对《商业银行法》进行了修正。

（三）我国的商业银行体系

1979年以来，通过政策分设，我国形成了以中国工商银行、中国农业银行、中国人民建设银行和中国银行为主的国有专业银行体系。《商业银行法》颁布后，我国的商业银行体系由以下几部分构成：①由原四大专业银行改建而成的国有商业银行体系；②一般商业银行，全国性的有交通银行、中信实业银行、光大银行等，区域性的有招商银行、福建兴业银行、广东发展银行、上海浦东发展银行、华夏银行、海南发展银行、深圳发展银行等；③城乡合作制银行；④中外合资商业银行、外资商业银行。

二、商业银行的设立

（一）商业银行的设立、变更

设立商业银行，应当经国务院银行业监督管理机构审查批准。未经国务院银行业监督管理机构批准，任何单位和个人不得从事吸收公众存款等商业银行业务，任何单位不得在名称中使用"银行"字样。

设立商业银行，应当具备下列条件：①有符合《商业银行法》和《公司法》规定的章程；②有符合《商业银行法》规定的注册资本最低限额；③有具备任职专业知识和业务工作经验的董事、高级管理人员；④有健全的组织机构和管理制度；⑤有符合要求的营业场所、安全防范措施和与业务有关的其他设施。此外，设立商业银行，还应当符合其他审慎性条件。

具体而言，设立全国性商业银行的注册资本最低限额为10亿元人民币，设立城市商业银行的注册资本最低限额为1亿元人民币，设立农村商业银行的注册资本最低限额为5 000万元人民币。注册资本应当是实缴资本。国务院银行业监督管理机构根据审慎监管的要求可以调整注册资本的最低限额,但不得少于上述规定的限额。

经批准设立的商业银行,由国务院银行业监督管理机构颁发经营许可证,并凭该许可证向工商行政管理部门办理登记,领取营业执照。

商业银行根据业务需要可以在中国境内外设立分支机构,设立分支机构必须经国务院银行业监督管理机构审查批准。在中国境内的分支机构,不按行政区划设立。经批准设立的商业银行分支机构,由国务院银行业监督管理机构颁发经营许可证,并凭该许可证向工商行政管理部门办理登记,领取营业执照。经批准设立的商业银行及其分支机构,由国务院银行业监督管理机构予以公告。

商业银行在中国境内设立分支机构,应当按照规定拨付与其经营规模相适应的营运资金额。拨付各分支机构营运资金额的总和,不得超过总行资本金总额的60%。商业银行对其分支机构实行全行统一核算,统一调度资金,分级管理的财务制度。商业银行分支机构不具有法人资格,在总行授权范围内依法开展业务,其民事责任由总行承担。

商业银行及其分支机构自取得营业执照之日起无正当理由超过6个月未开业的,或者开业后自行停业连续6个月以上的,由国务院银行业监督管理机构吊销其经营许可证,并予以公告。

(二)商业银行的变更

商业银行有下列变更事项之一的,应当经国务院银行业监督管理机构批准:①变更名称;②变更注册资本;③变更总行或者分支行所在地;④调整业务范围;⑤变更持有资本总额或者股份总额5%以上的股东;⑥修改章程;⑦国务院银行业监督管理机构规定的其他变更事项。

三、商业银行的组织机构

商业银行的组织形式、组织机构适用《公司法》的规定。

国有独资商业银行设立监事会。监事会的产生办法由国务院规定。监事会对国有独资商业银行的信贷资产质量、资产负债比例、国有资产保值增值等情况以及高级管理人员违反法律、行政法规或者章程的行为和损害银行利益的行为进行监督。

有下列情形之一的,不得担任商业银行的董事、高级管理人员:①因犯有贪污、贿赂、侵占财产、挪用财产罪或者破坏社会经济秩序罪,被判处刑罚,或者因犯罪被剥夺政治权利的;②担任因经营不善破产清算的公司、企业的董事或者厂长、经理,并对该公司、企业的破产负有个人责任的;③担任因违法被吊销营业执照的公司、企业的法定代表人,并负有个人责任的;④个人所负数额较大的债务到期未清偿的。

四、商业银行业务的基本规则

（一）存款业务的基本规则

存款人将其款项存入银行,只是转移了对货币的实物形态的占用,并未转移所有权,因此,商业银行应保障存款人的利益。

商业银行办理个人储蓄存款业务,应当遵循存款自愿、取款自由、存款有息、为存款人保密的原则。对个人储蓄存款,商业银行有权拒绝任何单位或者个人查询、冻结、扣划,但法律另有规定的除外;对单位存款,商业银行有权拒绝任何单位或者个人查询,但法律、行政法规另有规定的除外;有权拒绝任何单位或者个人冻结、扣划,但法律另有规定的除外。

商业银行的存款利率,应当按照中国人民银行规定的存款利率的上下限确定,并予以公告。商业银行应当保证存款本金和利息的支付,不得拖延、拒绝支付存款本金和利息。为保证商业银行有足够的支付能力,商业银行应当按照中国人民银行的规定,向中国人民银行交存存款准备金,留足备付金。

（二）贷款业务的基本规则

发放贷款是商业银行最基本的业务之一,对于扶持企业发展、促进经济繁荣具有重要意义。因此,《商业银行法》规定,商业银行根据国民经济和社会发展的需要,在国家产业政策指导下开展贷款业务。

商业银行贷款,首先应当对借款人的借款用途、偿还能力、还款方式等情况进行严格审查,并实行审贷分离、分级审批的制度。其次,商业银行贷款,应当要求借款人提供担保,并对保证人的偿还能力,抵押物、质物的权属和价值以及实现抵押权、质权的可行性进行严格审查。经商业银行审查、评估,确认借款人资信良好,确能偿还借款的,可以不提供担保。商业银行贷款时,应当与借款人订立书面合同,合同应当约定贷款种类、借款用途、金额、利率、还款期限、还款方式、违约责任和双方认为需要约定的其他事项。商业银行贷款利率应当按照中国人民银行规定的贷款利率的上下限确定,商业银行不得违反规定提高或者降低利率以及采用其他不正当手段,吸收存款,发放贷款。商业银行贷款应当遵守《商业银行法》对资产负债比例管理的规定。

商业银行不得向关系人发放信用贷款;向关系人发放担保贷款的条件不得优于向其他借款人发放同类贷款的条件。所谓"关系人"是指:①商业银行的董事、监事、管理人员、信贷业务人员及其近亲属;②前项所列人员投资或者担任高级管理职务的公司、企业和其他经济组织。任何单位和个人也不得强令商业银行发放贷款或者提供担保。商业银行有权拒绝任何单位和个人强令要求其发放贷款或者提供担保。经国务院批准的特定贷款项目,国有独资商业银行应当发放贷款,因贷款造成的损失,由国务院采取相应补救措施。

(三) 中间业务的基本规则

商业银行的中间业务是指不构成商业银行表内资产、表内负债,形成银行非利息收入的业务。中间业务可分为9大类:①支付结算类中间业务,包括国内外结算业务;②银行卡业务,包括信用卡和借记卡业务;③代理类中间业务,包括代理证券业务、代理保险业务、代理金融机构委托、代收代付等;④担保类中间业务,包括银行承兑汇票、备用信用证、各类银行保函等;⑤承诺类中间业务,主要包括贷款承诺业务;⑥交易类中间业务,例如,远期外汇合约、金融期货、互换和期权等;⑦基金托管业务,例如,封闭式或开放式投资基金托管业务;⑧咨询顾问类业务,例如,信息咨询、财务顾问等;⑨其他类中间业务,例如,保管箱业务等。

(四) 其他业务的基本原则

商业银行除吸收存款和发放贷款外,还广泛地从事各种金融业务。商业银行在从事其他金融业务时也应遵守相应的规则,这些基本规则主要有:

1. 商业银行在中华人民共和国境内不得从事信托投资和股票业务,不得投资于非自用不动产,也不得向非银行金融机构和企业投资,但国家另有规定的除外。

2. 商业银行办理票据承兑、汇兑、委托收款等结算业务,应当按照规定的期限兑现,收付入账,不得压单、压票或者违反规定退票,并应当公布有关兑现、收付入账期限的规定。

3. 商业银行发行金融债券或者到境外借款,应当依照法律、行政法规的规定报经批准。

4. 同业拆借,应当遵守中国人民银行规定的期限,拆借的期限最长不得超过4个月。商业银行不得利用拆入资金发放固定资产贷款或者用于投资。拆出资金限于交足存款准备金、留足备付金和归还中国人民银行到期贷款之后的闲置资金。拆入资金用于弥补票据结算、联行汇差头寸的不足和解决临时性周转资金的需要。

5. 企业、事业单位可以自主选择一家商业银行的营业场所开立一个办理日常转账结算和现金收付的基本账户,不得开立两个以上基本账户。任何单位和个人不得将单位的资金以个人名义开立账户存储。

6. 商业银行应按照国家有关规定保存财务会计报表、业务合同以及其他资料。

(五) 商业银行的服务价格规则

为规范商业银行服务价格行为,维护消费者的合法权益,促进商业银行健康发展,中国银行业监督管理委员会与国家改革和发展委员会于2003年6月26日联合制定、发布了中国银行业监督管理委员会[2003]第3号令,颁布了《商业银行服务价格管理暂行办法》,对商业银行服务收费行为给予了明确的界定。该规定自2003年10月1日起施行。

《商业银行服务价格管理暂行办法》规定,商业银行制定服务价格、提供银行服务应当遵守国家有关价格法律法规及规章的规定,应当遵循合理、公开、诚信和质价相符的原则,应以银行客户为中心,增加服务品种,改善服务质量,提升服务水平,禁止利用服务价格进行不正当竞争。

根据服务的性质、特点和市场竞争状况,商业银行服务价格分别实行政府指导价和市场调节价。实行政府指导价的商业银行服务范围如下:①人民币基本结算类业务,包括:银行汇票、银行承兑汇票、本票、支票、汇兑、委托收款、托收承付;②中国银行业监督管理委员会、国家发展和改革委员会根据对个人、企事业的影响程度以及市场竞争状况确定的商业银行服务项目。

实行政府指导价的服务价格要按照保本微利的原则制定,具体服务项目及其基准价格和浮动幅度,由国家发展和改革委员会会同中国银行业监督管理委员会制定、调整。

除上述规定外,商业银行提供的其他服务,实行市场调节价。实行市场调节价的服务价格,由商业银行总行、外国银行分行(有主报告行的,由其主报告行)自行制定和调整,其他商业银行分支机构不得自行制定和调整价格。商业银行制定和调整价格时应充分考虑个人和企事业的承受能力。

商业银行办理收付类业务实行"谁委托、谁付费"的收费原则,不得向委托方以外的其他单位或个人收费。商业银行不得对人民币储蓄开户、销户、同城的同一银行内发生的人民币储蓄存款及大额以下取款业务收费,大额取款业务、零钞清点整理储蓄业务除外。①

商业银行应按照商品和服务实行明码标价的有关规定,在其营业网点公告有关服务项目、服务内容和服务价格标准。

商业银行有下列行为的,由政府价格主管部门依据《中华人民共和国价格法》、《价格违法行为行政处罚规定》予以处罚:擅自制定属于政府指导价范围内的服务价格的;超出政府指导价浮动幅度的;不按照规定明码标价的;违反规定的其他价格违法、违规行为。

五、商业银行的接管和终止

(一)商业银行的接管

商业银行已经或者可能发生信用危机,严重影响存款人的利益时,国务院银行业监

---

① "零钞"、"大额"的界定以及相关服务价格的制定和调整,由中国银行业监督管理委员会负责。

督管理机构可以对该银行实行接管。接管的目的是对被接管的商业银行采取必要措施,以保护存款人的利益,恢复商业银行的正常经营能力。被接管的商业银行的债权债务关系不因接管而变化。

接管由国务院银行业监督管理机构决定,并组织实施。国务院银行业监督管理机构的接管决定应当载明下列内容:①被接管的商业银行名称;②接管理由;③接管组织;④接管期限。

接管决定由国务院银行业监督管理机构予以公告。

接管自接管决定实施之日起开始。自接管开始之日起,由接管组织行使商业银行的经营管理权力。接管期限届满,国务院银行业监督管理机构可以决定延期,但接管期限最长不得超过2年。

接管决定规定的期限届满或者国务院银行业监督管理机构决定的接管延期届满;接管期限届满前,该商业银行已恢复正常经营能力;接管期限届满前,该商业银行被合并或者被依法宣告破产的,接管终止。

(二)商业银行的终止

商业银行因分立、合并或者出现公司章程规定的解散事由需要解散的,应当向国务院银行业监督管理机构提出申请,并附解散的理由和支付存款的本金和利息等债务清偿计划。经国务院银行业监督管理机构批准后解散。

商业银行解散的,应当依法成立清算组,进行清算,按照清偿计划及时偿还存款本金和利息等债务。国务院银行业监督管理机构监督清算过程。

商业银行因吊销经营许可证被撤销的,国务院银行业监督管理机构应当依法及时组织成立清算组,进行清算,按照清偿计划及时偿还存款本金和利息等债务。

商业银行不能支付到期债务,经国务院银行业监督管理机构同意,由人民法院依法宣告其破产。商业银行被宣告破产的,由人民法院组织国务院银行业监督管理机构等有关部门和有关人员成立清算组,进行清算。商业银行破产清算时,在支付清算费用、所欠职工工资和劳动保险费用后,应当优先支付个人储蓄存款的本金和利息。

商业银行因解散、被撤销和被宣告破产而终止。

六、商业银行的监督管理

商业银行应当按照有关规定,制定本行的业务规则,建立、健全本行的风险管理和内部控制制度;建立、健全本行对存款、贷款、结算、呆账等各项情况的稽核、检查制度。商业银行对分支机构应当进行经常性的稽核和检查监督。

商业银行应当按照规定向国务院银行业监督管理机构、中国人民银行报送资产负债表、利润表以及其他财务会计、统计报表和资料。

国务院银行业监督管理机构有权依照规定,随时对商业银行的存款、贷款、结算、呆账等情况进行检查监督。检查监督时,检查监督人员应当出示合法的证件。商业银行应当按照国务院银行业监督管理机构的要求,提供财务会计资料、业务合同和有关经营管理方面的其他信息。中国人民银行有权依照《中国人民银行法》第32条、第34条的规定对商业银行进行检查监督。

商业银行应当依法接受审计机关的审计监督。

第三节 银行业监管制度

根据第十届全国人民代表大会第一次会议通过的《关于国务院机构改革方案的决定》,国务院决定设立中国银行业监督管理委员会(以下简称银监会),统一监督管理银行、金融资产管理公司、信托投资公司及其他存款类金融机构,维护银行业的合法、稳健运行。2003年4月28日银监会正式挂牌。银监会从中国人民银行中分离出来,主要考虑的因素有:①货币政策职能与银行监管职能在本质上有重要区别。货币政策属于短期政策,应当能够因势利导、灵活善变;银行监管则属于政府行为,应当从严监管、持之以恒,绝不能够忽紧忽松。因此,为防止货币政策与银行监管的同步振荡,货币政策应当更多地依靠公开市场操作等市场化的政策工具来实现,而不能依靠放松或加强银行监管力度来实现其政策目标;另一方面,银行监管如果出现失误,也不能依靠随意增加货币供给去应对和解决。如果将货币政策职能和银行监管职能集中于中国人民银行,中国人民银行的双重角色——既是货币政策的决策者,又是银行业的管理者——的冲突,可能导致在进行货币政策决策时,站在银行业管理者——而非监管者——的角度保护商业银行的利益。②我国先后成立了证监会、保监会,对证券市场和保险市场进行统一监管。银监会成立后,将形成银、证、保三家监管机构和中国人民银行的金融管理层,从而使各机构各司其职,对整个金融系统进行更科学、更合理的管理,促进金融系统的发展,改善金融环境,应对我国成为WTO成员后要面临的金融形势的要求有重要作用。

为了加强对银行业的监督管理,规范监督管理行为,防范和化解银行业风险,保护存款人和其他客户的合法权益,促进银行业健康发展,2003年12月27日,第十届全国人民代表大会常务委员会第六次会议通过《中华人民共和国银行业监督管理法》(以下简称《银监法》)。2006年10月31日第十届全国人大常委会第二十四次会议通过《关于修改〈中华人民共和国银行业监督管理法〉的决定》,自2007年1月1日起施行。

一、银监会的监管职责和监管措施

(一)银监会的监管职责

国务院银行业监督管理机构依照法律、行政法规制定并发布对银行业金融机构及其业务活动监督管理的规章、规则。

1. 对银行业金融机构设立、变更、终止以及业务范围的监管。国务院银行业监督管理机构依照法律、行政法规规定的条件和程序,审查批准银行业金融机构的设立、变更、终止以及业务范围。

申请设立银行业金融机构,或者银行业金融机构变更持有资本总额或者股份总额达到规定比例以上的股东的,国务院银行业监督管理机构应当对股东的资金来源、财务状况、资本补充能力和诚信状况进行审查。银行业金融机构业务范围内的业务品种,应当按照规定经国务院银行业监督管理机构审查批准或者备案。未经国务院银行业监督管理机构批准,任何单位或者个人不得设立银行业金融机构或者从事银行业金融机构的业务活动。

国务院银行业监督管理机构对银行业金融机构的董事和高级管理人员实行任职资格管理。具体办法由国务院银行业监督管理机构制定。

2. 对银行业金融机构审慎经营规则的监管。银行业金融机构的审慎经营规则,由法律、行政法规规定,也可以由国务院银行业监督管理机构依照法律、行政法规制定。审慎经营规则,包括风险管理、内部控制、资本充足率、资产质量、损失准备金、风险集中、关联交易、资产流动性等内容。银行业金融机构应当严格遵守审慎经营规则。

3. 对银行业金融机构的非现场监管和现场检查。银行业监督管理机构应当对银行业金融机构的业务活动及其风险状况进行非现场监管,建立银行业金融机构监督管理信息系统,分析、评价银行业金融机构的风险状况。

银行业监督管理机构应当对银行业金融机构的业务活动及其风险状况进行现场检查。国务院银行业监督管理机构应当制定现场检查程序,规范现场检查行为。

4. 建立银行业金融机构监督管理评级体系和风险预警机制。国务院银行业监督管理机构应当建立银行业金融机构监督管理评级体系和风险预警机制,根据银行业金融机构的评级情况和风险状况,确定对其现场检查的频率、范围和需要采取的其他措施。

国务院银行业监督管理机构应当建立银行业突发事件的发现、报告岗位责任制度。银行业监督管理机构发现可能引发系统性银行业风险、严重影响社会稳定的突发事件的,应当立即向国务院银行业监督管理机构负责人报告;国务院银行业监督管理机构负责人认为需要向国务院报告的,应当立即向国务院报告,并告知中国人民银行、国务院财政部门等有关部门。

国务院银行业监督管理机构应当会同中国人民银行、国务院财政部门等有关部门建立银行业突发事件处置制度,制定银行业突发事件处置预案,明确处置机构和人员及其职责、处置措施和处置程序,及时、有效地处置银行业突发事件。

国务院银行业监督管理机构负责统一编制全国银行业金融机构的统计数据、报表,并按照国家有关规定予以公布。

5. 对银行业自律组织的活动进行指导和监督。国务院银行业监督管理机构对银行业自律组织的活动进行指导和监督。银行业自律组织的章程应当报国务院银行业监督管理机构备案。

6. 国际交流、合作活动。国务院银行业监督管理机构可以开展与银行业监督管理有关的国际交流、合作活动。

（二）银监会的监管措施

1. 银行业监督管理机构根据履行职责的需要,有权要求银行业金融机构按照规定报送资产负债表、利润表和其他财务会计、统计报表、经营管理资料以及注册会计师出具的审计报告。

2. 银行业监督管理机构根据审慎监管的要求,可以采取下列措施进行现场检查：①进入银行业金融机构进行检查;②询问银行业金融机构的工作人员,要求其对有关检查事项作出说明;③查阅、复制银行业金融机构与检查事项有关的文件、资料,对可能被转移、隐匿或者毁损的文件、资料予以封存;④检查银行业金融机构运用电子计算机管理业务数据的系统。

进行现场检查,应当经银行业监督管理机构负责人批准。进行现场检查时,检查人员不得少于2人,并应当出示合法证件和检查通知书;检查人员少于2人或者未出示合法证件和检查通知书的,银行业金融机构有权拒绝检查。

3. 银行业监督管理机构根据履行职责的需要,可以与银行业金融机构董事、高级管理人员进行监督管理谈话,要求银行业金融机构董事、高级管理人员就银行业金融机构的业务活动和风险管理的重大事项作出说明。

4. 银行业监督管理机构应当责令银行业金融机构按照规定,如实向社会公众披露财务会计报告、风险管理状况、董事和高级管理人员变更以及其他重大事项等信息。

5. 银行业金融机构违反审慎经营规则的,国务院银行业监督管理机构或者其省一级派出机构应当责令限期改正;逾期未改正的,或者其行为严重危及该银行业金融机构的稳健运行、损害存款人和其他客户合法权益的,经国务院银行业监督管理机构或者其省一级派出机构负责人批准,可以区别情形,采取下列措施：①责令暂停部分业务、停止批准开办新业务;②限制分配红利和其他收入;③限制资产转让;④责令控股股东转让股权或者限制有关股东的权利;⑤责令调整董事、高级管理人员或者限制其权利;⑥停止批准增设分支机构。

银行业金融机构整改后,应当向国务院银行业监督管理机构或者其省一级派出机构提交报告。国务院银行业监督管理机构或者其省一级派出机构经验收,符合有关审慎经营规则的,应当自验收完毕之日起3日内解除对其采取的有关措施。

6. 银行业金融机构已经或者可能发生信用危机,严重影响存款人和其他客户合法权益的,国务院银行业监督管理机构可以依法对该银行业金融机构实行接管或者促成机构重组,接管和机构重组依照有关法律和国务院的规定执行。

银行业金融机构有违法经营、经营管理不善等情形,不予撤销将严重危害金融秩序、损害公众利益的,国务院银行业监督管理机构有权予以撤销。

银行业金融机构被接管、重组或者被撤销的,国务院银行业监督管理机构有权要求该银行业金融机构的董事、高级管理人员和其他工作人员,按照国务院银行业监督管理机构的要求履行职责。在接管、机构重组或者撤销清算期间,经国务院银行业监督管理机构负责人批准,对直接负责的董事、高级管理人员和其他直接责任人员,可以采取下列措施:①直接负责的董事、高级管理人员和其他直接责任人员出境将对国家利益造成重大损失的,通知出境管理机关依法阻止其出境;②申请司法机关禁止其转移、转让财产或者对其财产设定其他权利。

7. 经国务院银行业监督管理机构或者其省一级派出机构负责人批准,银行业监督管理机构有权查询涉嫌金融违法的银行业金融机构及其工作人员以及关联行为人的账户;对涉嫌转移或者隐匿违法资金的,经银行业监督管理机构负责人批准,可以申请司法机关予以冻结。

8. 银行业监督管理机构依法对银行业金融机构进行检查时,经设区的市一级以上银行业监督管理机构负责人批准,可以对与涉嫌违法事项有关的单位和个人采取下列措施:①询问有关单位或者个人,要求其对有关情况作出说明;②查阅、复制有关财务会计、财产权登记等文件、资料;③对可能被转移、隐匿、毁损或者伪造的文件、资料,予以先行登记保存。

银行业监督管理机构采取上述规定措施,调查人员不得少于二人,并应当出示合法证件和调查通知书;调查人员少于二人或者未出示合法证件和调查通知书的,有关单位或者个人有权拒绝。对依法采取的措施,有关单位和个人应当配合,如实说明有关情况并提供有关文件、资料,不得拒绝、阻碍和隐瞒。

二、银行市场准入管理

为了提高市场准入效率,促进金融创新,银监会 2003 年 5 月 26 日通过《关于调整银行市场准入管理方式和程序的决定》,对银行市场准入管理的方式和程序进行了调整。该决定自 2003 年 7 月 1 日起施行。

(一)新设分支机构审批权限

《关于调整银行市场准入管理方式和程序的决定》规定,由各银监局或直属分局受理并审核辖区内政策性银行、国有独资商业银行和股份制商业银行分行的筹建申请,报银监会审批。已经银监会批准筹建的机构开业申请,由银监局或直属分局予以核准并颁发营业许可证,抄报银监会。

各银监局或直属分局受理并审批所在城市各银行支行的筹建和开业申请,并颁发营业许可证。由各银监分局受理并审核辖区内各银行支行的筹建申请,报银监局审批;已经银监局批准筹建的机构开业申请,由银监分局核准,并颁发营业许可证,抄报银监局。

(二)新业务审批方式

1. 取消对中资商业银行下列业务的审批:国内保理、代理证券资金清算(银证转账)、代理保险、证券公司受托投资托管、信托资产托管、企业年金托管。取消对中资商业银行下列业务的备案:买方或协议付息票据贴现、法人账户透支、代理信托产品资金收付。

2. 取消对外资银行下列业务的备案:国内保理、买方或协议付息票据贴现、法人账户透支。

3. 各国有独资商业银行、股份制商业银行仅须在开办上述业务后的 10 个工作日内由其总行向银监会书面报告;各城市商业银行、农村商业银行和外资银行仅须在开办上述业务后的 10 个工作日内向所在地银监局、直属分局或银监分局书面报告。

4. 各银行对于已获准开办的新业务,可授权符合条件的下辖分支机构开办。各银行的分支机构经上级行授权即可开办新业务,仅须在开办后的 10 个工作日内向当地银监局、直属分局或银监分局书面报告。

(三)高级管理人员任职资格核准方式

1. 各中资银行、外国独资银行和中外合资银行在本机构内作同级职责平行调动的高级管理人员,若已经经过任职资格审核,原有任职资格仍然有效,无需重新进行核准。

2. 上述高级管理人员调动的离任稽核报告及有关任职材料,可在离任后 1 个月内向所在地银监局、直属分局或银监分局书面报告。

3. 取消外资银行支行副行长任职资格的备案。

三、金融许可证管理

为了加强金融机构的准入管理,促进金融机构依法经营,2003年5月26日银监会通过了《金融许可证管理办法》,2006年12月28日,银监会第55次主席会议通过《关于修改〈金融许可证管理办法〉的决定》,自2007年7月3日起施行。

《金融许可证管理办法》规定,金融许可证是指银监会依法颁发的特许金融机构经营金融业务的法律文件。金融许可证的颁发、更换、扣押、吊销等由银监会依法行使,其他任何单位和个人不得行使上述职权。

根据《金融许可证管理办法》的规定,金融许可证适用于银监会监管的、经批准经营金融业务的金融机构,具体包括政策性银行、商业银行、农村合作银行、城市信用社、农村信用社、村镇银行、贷款公司、农村资金互助社、金融资产管理公司、信托公司、企业集团财务公司、金融租赁公司、汽车金融公司、货币经纪公司等。

银监会对金融许可证实行分级授权、机构审批权与许可证发放权适当分离的管理原则。具体内容详见表8-1。

表 8-1

机构	分级授权内容
银监会	1. 直接监管的金融法人机构(政策性银行、国有商业银行、股份制商业银行、金融资产管理公司、信托公司、企业集团财务公司、金融租赁公司等)金融许可证的颁发与管理 2. 外国独资银行及其分行、中外合资银行及其分行、外国银行分行、外国独资财务公司和中外合资财务公司等外资金融机构金融许可证的颁发与管理
银监局	1. 本辖区内政策性银行、国有商业银行、股份制商业银行分行(含异地支行) 2. 金融资产管理公司分支机构(办事处) 3. 城市商业银行法人机构及其分支机构 4. 外资银行分行以下(不含分行)机构 5. 除银监会直接监管外的信托公司、企业集团财务公司、金融租赁公司等非银行金融机构及其分支机构 6. 城市信用联社、农村信用联社(省级、地市级)、农村商业银行和农村合作银行法人机构 7. 所在地村镇银行、贷款公司、农村资金互助社和所在地金融机构同城营业网点
银监会地区分局	上述机构以外的其他金融机构及其分支机构金融许可证的颁发与管理

发生下列情形,金融机构应当向银监会或其派出机构申请换发金融许可证:①机构

更名;②营业地址(仅限于清算代码)变更;③许可证破损;④许可证遗失;⑤银监会或其派出机构认为其他需要更换许可证的情形。金融机构行政许可被撤销、被撤回,被吊销金融许可证,或者金融机构解散、被撤销、被宣告破产的,应当在收到中国银监会或其派出机构有关文件、法律文书或人民法院宣告破产裁定书之日起 15 日内,将金融许可证交回颁发许可证的银行业监管机构。逾期不交回的,由颁发金融许可证的银行业监管机构在交回期满后 5 日内依法收缴。

金融机构有下列行为之一的,由银监会及其派出机构责令限期改正,给予警告;逾期不改正的,可以处以 3 万元以下罚款;情节严重的,可以取消其直接负责的高级管理人员的任职资格:①不按规定换领金融许可证;②损坏金融许可证;③遗失金融许可证且不向银监会报告;④未在营业场所公示金融许可证。

本章小结

中国人民银行是中华人民共和国的中央银行。中国人民银行是发行的银行,其依法发行的人民币是我国唯一的法定货币。中国人民银行是政府的银行,受国务院领导,其发行的货币是以国家信用作保证,并通过货币政策的制定和执行来调控国民经济。中国人民银行是银行的银行,作为最后贷款人对商业银行的支付能力和风险负有监护责任。

商业银行,是指依照《商业银行法》和《公司法》设立的吸收公众存款、发放贷款、办理结算等业务的企业法人。商业银行的组织形式、组织机构适用《公司法》的规定。商业银行存贷以及其他业务应遵循《商业银行法》规定的基本规则,否则要承担相应的法律责任。

国务院银行业监督管理机构依照法律、行政法规制定并发布对银行业金融机构及其业务活动监督管理的规章、规则。其监督职责主要包括:①对银行业金融机构设立、变更、终止以及业务范围的监管;②对银行业金融机构审慎经营规则的监管;③对银行业金融机构的非现场监管和现场检查;④建立银行业金融机构监督管理评级体系和风险预警机制;⑤对银行业自律组织的活动进行指导和监督;⑥国际交流、合作活动。

思考练习题

1. 试述中国人民银行的宏观调控职能。
2. 试述我国中央银行在金融风险防范中的作用。
3. 商业银行存贷款业务的基本规则是什么?

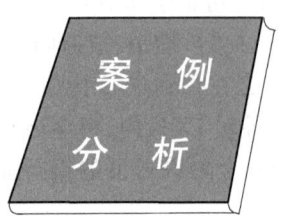

案例

公开市场业务交易公告[2010]第73号①

中国人民银行于本周二(9月28日)以价格(利率)招标方式发行了2010年第八十五期、第八十六期央行票据,并开展了正回购操作。具体情况见表8-2、表8-3和表8-4。

表8-2 第八十五期央行票据发行情况

名称	发行量	期限	价格	参考收益率
2010年第八十五期央行票据	50亿元	1年	97.95元	2.0929%

表8-3 第八十六期央行票据发行情况

名称	发行量	期限	价格	参考收益率
2010年第八十六期央行票据	60亿元	3个月	99.61元	1.5704%

表8-4 正回购操作情况

期限	交易量	中标利率
91天	50亿元	1.57%

中国人民银行公开市场业务操作室
二〇一〇年九月二十八日

法理分析

我国公开市场操作,包括人民币操作和外汇操作两部分。外汇公开市场操作1994

---

① http://www.pbc.gov.cn/publish/zhengcehuobisi/617/2010/20100928103445816838079/20100928103445816838079_.html。

年3月启动,人民币公开市场操作1998年5月26日恢复交易,规模逐步扩大。1999年以来,公开市场操作已成为中国人民银行货币政策日常操作的重要工具,对于调控货币供应量、调节商业银行流动性水平、引导货币市场利率走势发挥了积极的作用。

中国人民银行从1998年开始建立公开市场业务一级交易商制度,选择了一批能够承担大额债券交易的商业银行作为公开市场业务的交易对象。这些交易商可以运用国债、政策性金融债券等作为交易工具与中国人民银行开展公开市场业务。

从交易品种看,中国人民银行公开市场业务债券交易主要包括回购交易、现券交易和发行中央银行票据。其中回购交易分为正回购和逆回购两种。正回购为中国人民银行向一级交易商卖出有价证券,并约定在未来特定日期买回有价证券的交易行为,正回购为央行从市场收回流动性的操作,正回购到期则为央行向市场投放流动性的操作;逆回购为中国人民银行向一级交易商购买有价证券,并约定在未来特定日期将有价证券卖给一级交易商的交易行为,逆回购为央行向市场上投放流动性的操作,逆回购到期则为央行从市场收回流动性的操作。现券交易分为现券买断和现券卖断两种。前者为央行直接从二级市场买入债券,一次性地投放基础货币;后者为央行直接卖出持有债券,一次性地回笼基础货币。中央银行票据即中国人民银行发行的短期债券,央行通过发行央行票据可以回笼基础货币,央行票据到期则体现为投放基础货币。[①]

---

① http://www.pbc.gov.cn/publish/zhengcehuobisi/619/1269/12696/12696_.html

会计与审计法律制度

★ 本章学习要点与要求 ★

通过会计与审计法律制度的学习,要求学生重点掌握会计及会计法的概念、会计工作管理体制、会计核算制度、会计监督、违反《会计法》的法律责任、审计与审计法的概念、审计机关及职权、审计程序、违反《审计法》的法律责任。

第一节 会计法律制度

一、会计法概述

(一)会计的概念

会计是以货币为主要计量单位,通过一系列专门方法,对国家机关、社会团体、企事业单位、个体工商户和其他组织的经济活动进行连续、系统、全面、综合地反映和控制,并能通过参与决策、分析评价业绩、预测前景等措施,促进提高经济效益的一种信息系统,是对经济活动进行核算和管理的重要工具。

会计为管理生产的需要而产生,并随生产的发展而发展。我国的会计起源于西周,发展于唐、宋,完善于明、清。20世纪以来,生产和科技的进步,随着近、现代会计在理论和实务方面迅猛发展,我国的会计工作日益走向科学化、规范化和国际化。

第九章 会计与审计法律制度

(二)会计法的概念

会计法是调整会计关系的法律规范的总称。所谓会计关系,是指会计机构、会计人员在办理会计事务、进行会计核算、实行会计监督过程中以及国家在管理会计工作过程中发生的经济关系。

作为一种特定的经济关系,以货币量度作为统一尺度,通过一整套专门方法,依照法定程序全面、系统、连续地记录和反映经济活动,并在此基础上进行有效的控制和监督,这就是会计关系的典型特征。上述特征决定了会计法调整对象的特殊性。

(三)我国会计法立法概况

新中国成立以来,随着社会主义公有制的建立,我国颁布了不少会计法规,如《各级人民政府暂行总预算会计制度》、《各级人民政府暂行单位预算会计制度》、《国营企业提缴折旧基金会计处理办法》、《国营企业提缴利润会计处理办法》、《会计人员职权试行条例》、《会计人员职权条例》等。1979年改革开放以来,随着经济的发展,我国会计法制建设不断加强,1985年第六届全国人民代表大会常务委员会通过了《中华人民共和国会计法》(以下简称《会计法》),这是我国第一部调整会计关系的基本法律。《会计法》实施以后,随着改革开放的深入和社会主义市场经济的发展,会计工作在改革中不断发展,各个方面发生了很大变化。会计管理体制的改革,各种经济组织及个体工商户会计工作的发展,会计电算化在基层单位的广泛推行,代理记账业务的相继出现等,向我国会计法制的发展和完善提出了新的要求。为适应不断发展的经济改革的需要,使我国会计法制的建设更加适应社会主义市场经济的发展,继1993年八届全国人大通过《中华人民共和国注册会计师法》、中华人民共和国财政部颁布《企业财务通则》及《企业会计准则》、八届全国人大常委会第5次会议颁布《会计法》修正案之后,1999年10月31日第九届全国人大常委会第12次会议又对《会计法》进行了修订,自2000年7月1日起施行。我国《会计法》共七章52条,主要规定会计法的宗旨和适用范围、会计核算、会计监督、会计机构和会计人员以及违反会计法的法律责任等。

(四)会计法的宗旨和适用范围

根据我国《会计法》的规定,会计法的宗旨为:规范会计行为,保证会计资料真实、完整,加强经济管理和财务管理,提高经济效益,维护社会主义市场经济秩序。

我国会计工作在新中国成立以来的社会主义建设中发挥了重要作用。在1979年以来的改革、开放工作中,会计工作得到了加强。与此同时,随着改革的进一步深入和社会主义市场经济的发展,当前的会计工作中也存在一些问题,如基础工作薄弱、数据失真、监督不力、财经纪律松弛等。为了改变这些现象,就必须以《会计法》来规范我国的会计工作,通过依法办事使会计工作走向规范化、制度化和科学化,从而加强会计工作。

我国法律所规定的会计制度能否得到坚决贯彻,会计人员的行为起着关键的作用。

如果会计人员能够坚持原则、依法办事、敢于抵制各种违反财经纪律的行为,会计制度的执行就有了保障。我国的《会计法》通过对会计人员职权及违反会计法法律责任的明确规定,特别是针对会计人员依法行使职权时受到刁难、打击、报复情形所作的法律规定,为会计人员依法行使职权提供了法律保障。

我国经济的发展对会计工作提出了新的、更高的要求。《会计法》的制定和贯彻,将推动会计工作走向全面的规范化、科学化、法制化,这无疑将充分发挥出会计工作在维护社会主义市场经济秩序、加强经济管理、提高经济效益中应有的作用。

根据《会计法》第2条的规定,我国《会计法》适用于国家机关、社会团体、公司、企业、事业单位、个体工商户和其他组织办理会计事务。

二、会计工作管理体制

会计工作管理体制是指会计工作的组织和管理制度。我国实行统一领导、分级管理的会计管理体系。我国的会计工作管理体制包括会计工作的领导体制、会计制度的制定权限、会计机构和会计人员的管理体制。

(一)会计工作领导体制

根据《会计法》的规定,我国国务院财政管理部门管理全国的会计工作;地方各级人民政府的财政部门管理本地区的会计工作;各单位领导人按规定的职权对本单位会计工作进行管理。

(二)会计制度的制定

会计制度是办理会计事务、进行会计工作所遵循的原则和规范的总称。在社会主义市场经济条件下,作为经济管理制度重要组成部分的会计制度,其制定和实施对党和国家财政、经济方针、政策、法规的具体贯彻,对会计工作的统一、科学和规范具有重要意义。

会计制度以其效力为标准,可以分为国家统一的会计制度;地区、部门、军队的会计制度。以内容为标准,可划分为综合性会计制度;有关会计业务方面的制度;有关会计机构和会计人员方面的制度。

根据《会计法》第8条的规定,我国会计制度制定的原则是:

1. 国家统一的会计制度,由国务院财政部门根据《会计法》规定。
2. 国务院有关部门可以按照《会计法》和国家统一会计制度的规定,对会计核算和会计监督有特殊要求的行业实施统一的会计制度的具体办法或补充规定,并报国务院财政部门审核批准。
3. 中国人民解放军总后勤部可以依照《会计法》和国家统一会计制度的规定,制定军队实施统一的会计制度的具体办法,并报国务院财政部门备案。

（三）会计机构和会计人员的管理体制

根据《会计法》的有关规定,会计机构和会计人员的管理体制包括下列具体内容:

1. 会计机构和会计人员的设置。

(1)设置会计机构或会计人员。各单位根据会计业务的需要设置会计机构,在有关机构中设置会计人员并指定会计主管人员。不具备设置条件的,应当委托经批准设立从事会计代理记账业务的中介机构代理记账。

(2)设置总会计师。国有的和国有资产占控股地位或者主导地位的大、中型企业必须设置总会计师。总会计师的任职资格、任免程序、职责权限由国务院规定。

(3)设置出纳人员。会计机构要设置出纳人员。出纳人员不得兼管稽核、会计档案保管和收入、费用、债权债务账目的登记工作。

(4)会计机构内部要建立稽核制度。

2. 会计人员的从业资格。从事会计工作的人员,必须取得会计从业资格证书。担任单位会计机构负责人(会计主管人员)的,除取得会计从业资格证书外,还应当具备会计师以上专业技术职务资格或者从事会计工作3年以上经历。

会计人员应当遵守职业道德,提高业务素质。因有提供虚假财务会计报告,做假账,隐匿或者故意销毁会计凭证、会计账簿、财务会计报告,贪污、挪用公款、职务侵占等与会计职务有关的违法行为被依法追究刑事责任的人员,不得取得或者重新取得会计从业资格证书。

此外,因违法违纪行为被吊销会计从业资格证书的人员,自被吊销会计从业资格证书之日起5年内,不得重新取得会计从业资格证书。

三、会计核算制度

会计核算是指以货币为主要计量单位,通过专门的程序和方法,对国家机关、社会团体、企业、事业单位、个体工商户和其他组织已经发生的经济业务进行连续、系统、全面、综合地记录、计算、分析,为经济管理提供数据资料的工作。

（一）会计核算的内容

根据《会计法》第10条的规定,下列事项应办理会计手续,进行会计核算:①款项和有价证券的收付;②财物的收发、增减和使用;③债权、债务的发生和结算;④资本、基金的增减;⑤收入、支出、费用、成本的计算;⑥财务成果的计算和处理;⑦其他需要办理会计手续,进行核算的事项。

（二）核算期及计量单位

根据《会计法》的规定,会计核算期采用历年制,自公历1月1日起至12月31日止为一个会计年度。会计核算以人民币为记账本位币。业务收支以外国货币为主的单位,也可以选定某种外国货币作为记账本位币,但是编报的会计报表应折算为人民币反映。

(三)《会计法》对会计核算的基本规定

根据《会计法》规定,会计凭证、会计账簿、财务会计报告和其他会计资料,必须符合国家统一的会计制度的规定。使用电子计算机进行会计核算的,其软件及其生成的会计凭证、会计账簿、财务会计报告和其他会计资料,也必须符合国家统一的会计制度的规定。任何单位和个人不得伪造、变造会计凭证、会计账簿及其他会计资料,不得提供虚假的财务会计报告。

1.会计凭证。会计凭证包括原始凭证和记账凭证。

根据《会计法》规定应办理会计手续,进行会计核算的经济业务事项,必须填制或者取得原始凭证并及时送交会计机构。

会计机构、会计人员必须按照国家统一的会计制度的规定对原始凭证进行审核,对不真实、不合法的原始凭证有权不予接受,并向单位负责人报告;对记载不准确、不完整的原始凭证予以退回,并要求按照国家统一的会计制度的规定更正、补充。原始凭证记载的各项内容均不得涂改;原始凭证有错误的,应当由出具单位重开或者更正,更正处应当加盖出具单位印章。原始凭证金额有错误的,应当由出具单位重开,不得在原始凭证上更正。

记账凭证应当根据经过审核的原始凭证及有关资料编制。

2.会计账簿。会计账簿登记,必须以经过审核的会计凭证为依据,并符合有关法律、行政法规和国家统一的会计制度的规定。会计账簿包括总账、明细账、日记账和其他辅助性账簿。

会计账簿应当按照连续编号的页码顺序登记。会计账簿记录发生错误或者隔页、缺号、跳行的,应当按照国家统一的会计制度规定的方法更正,并由会计人员和会计机构负责人(会计主管人员)在更正处盖章。使用电子计算机进行会计核算的,其会计账簿的登记、更正,应当符合国家统一的会计制度的规定。

各单位发生的各项经济业务事项应当在依法设置的会计账簿上统一登记、核算,不得违反本法和国家统一的会计制度的规定私设会计账簿登记、核算。各单位应当定期将会计账簿记录与实物、款项及有关资料相互核对,保证会计账簿记录与实物及款项的实有数额相符、会计账簿记录与会计凭证的有关内容相符、会计账簿之间相对应的记录相符、会计账簿记录与会计报表的有关内容相符。

3.财务会计报告。财务会计报告应当根据经过审核的会计账簿记录和有关资料编制,并符合本法和国家统一的会计制度关于财务会计报告的编制要求、提供对象和提供期限的规定;其他法律、行政法规另有规定的,从其规定。

财务会计报告由会计报表、会计报表附注和财务情况说明书组成。向不同的会计资料使用者提供的财务会计报告,其编制依据应当一致。有关法律、行政法规规定会计报表、会计报表附注和财务情况说明书须经注册会计师审计的,注册会计师及其所在的会计师事务所出具的审计报告应当随同财务会计报告一并提供。

单位提供的担保、未决诉讼等或有事项,应当按照国家统一的会计制度的规定,在财务会计报告中予以说明。

财务会计报告应当由单位负责人和主管会计工作的负责人、会计机构负责人(会计主管人员)签名并盖章;设置总会计师的单位,还须由总会计师签名并盖章。单位负责人应当保证财务会计报告真实、完整。

4. 会计记录使用的文字。会计记录的文字应当使用中文。在民族自治地方,会计记录可以同时使用当地通用的一种民族文字。在中华人民共和国境内的外商投资企业、外国企业和其他外国组织的会计记录可以同时使用一种外国文字。

5. 会计档案的建立及保管。各单位对会计凭证、会计账簿、财务会计报告和其他会计资料应当建立档案,妥善保管。会计档案的保管期限和销毁办法,由国务院财政部门会同有关部门制定。

(四)公司、企业会计核算的特别规定

公司、企业进行会计核算,除应当遵守《会计法》的一般规定外,还应当遵守以下规定:公司、企业必须根据实际发生的经济业务事项,按照国家统一的会计制度的规定确认、计量和记录资产、负债、所有者权益、收入、费用、成本和利润。公司、企业进行会计核算不得有下列行为:

1. 随意改变资产、负债、所有者权益的确认标准或者计量方法,虚列、多列、不列或者少列资产、负债、所有者权益。

2. 虚列或者隐瞒收入,推迟或者提前确认收入。

3. 随意改变费用、成本的确认标准或者计量方法,虚列、多列、不列或者少列费用、成本。

4. 随意调整利润的计算、分配方法,编造虚假利润或者隐瞒利润。

5. 违反国家统一的会计制度规定的其他行为。

四、会计监督

会计监督亦称会计检查,是监督各单位执行国家法律、财经政策、财务制度,提高经济效益,维护财经纪律的有力手段。

(一)会计监督机构

会计监督可分为内部监督和外部监督,因此,根据《会计法》的规定,会计监督机构也相应划分为内部监督机构及外部监督机构。内部监督机构由各单位的会计机构、会计人员担任,监督范围限于本单位;外部监督机构是指财政、审计、税务机关,外部监督机构按国家法律和有关规定对各单位实行会计监督。

(二)《会计法》对会计监督的基本规定

1. 内部监督。

(1)各单位应当建立、健全本单位内部会计监督制度。单位内部会计监督制度应当符合下列要求:记账人员与经济业务事项和会计事项的审批人员、经办人员、财物保管人员的职责权限应当明确,并相互分离、相互制约;重大对外投资、资产处置、资金调度和其他重要经济业务事项的决策和执行的相互监督、相互制约程序应当明确;财产清查的范围、期限和组织程序应当明确;对会计资料定期进行内部审计的办法和程序应当明确。

(2)单位负责人应当保证会计机构、会计人员依法履行职责,不得授意、指使、强令会计机构、会计人员违法办理会计事项。会计机构、会计人员对违反本法和国家统一的会计制度规定的会计事项,有权拒绝办理或者按照职权予以纠正。

(3)会计机构、会计人员发现会计账簿记录与实物、款项及有关资料不相符的,按照国家统一的会计制度的规定有权自行处理的,应当及时处理;无权处理的,应当立即向单位负责人报告,请求查明原因,作出处理。

(4)任何单位和个人对违反本法和国家统一的会计制度规定的行为,有权检举。收到检举的部门有权处理的,应当依法按照职责分工及时处理;无权处理的,应当及时移送有权处理的部门处理。收到检举的部门、负责处理的部门应当为检举人保密,不得将检举人姓名和检举材料转给被检举单位和被检举人个人。

(5)有关法律、行政法规规定,须经注册会计师进行审计的单位,应当向受委托的会计师事务所如实提供会计凭证、会计账簿、财务会计报告和其他会计资料以及有关情况。任何单位或者个人不得以任何方式要求或者示意注册会计师及其所在的会计师事务所出具不实或者不当的审计报告。财政部门有权对会计师事务所出具审计报告的程序和内容进行监督。

2. 外部监督。

(1)财政部门对各单位的下列情况实施监督:是否依法设置会计账簿;会计凭证、会计账簿、财务会计报告和其他会计资料是否真实、完整;会计核算是否符合本法和国家统一的会计制度的规定;从事会计工作的人员是否具备从业资格。

(2)财政、审计、税务、人民银行、证券监管、保险监管等部门应当依照有关法律、行政法规规定的职责,对有关单位的会计资料实施监督检查。

上述监督检查部门对有关单位的会计资料依法实施监督检查后,应当出具检查结论。

五、法律责任

《会计法》所规定的法律责任是指单位领导人、会计人员及其他人员违反会计法规定时,应承担的具有强制性的法律后果。

1. 违反《会计法》规定,有下列行为之一的,由县级以上人民政府财政部门责令限期改正,可以对单位并处 3 000 元以上 50 000 元以下的罚款;对其直接负责的主管人员和其他直接责任人员,可以处 2 000 元以上 20 000 元以下的罚款;属于国家工作人员的,还应当由其所在单位或者有关单位依法给予行政处分。具体行为是:不依法设置会计账簿的;私设会计账簿的;未按照规定填制、取得原始凭证或者填制、取得的原始凭证不符合规定的;以未经审核的会计凭证为依据登记会计账簿或者登记会计账簿不符合规定的;随意变更会计处理方法的;向不同的会计资料使用者提供的财务会计报告编制依据不一致的;未按照规定使用会计记录文字或者记账本位币的;未按照规定保管会计资料,致使会计资料毁损、灭失的;未按照规定建立并实施单位内部会计监督制度或者拒绝依法实施的监督或者不如实提供有关会计资料及有关情况的;任用会计人员不符合本法规定的。

有上述所列行为之一,构成犯罪的,依法追究刑事责任。

会计人员有上述所列行为之一,情节严重的,由县级以上人民政府财政部门吊销会计从业资格证书。

2. 伪造、变造会计凭证、会计账簿,编制虚假财务会计报告,构成犯罪的,依法追究刑事责任。尚不构成犯罪的,由县级以上人民政府财政部门予以通报,可以对单位并处 5 000 元以上 100 000 元以下的罚款;对其直接负责的主管人员和其他直接责任人员,可以处 3 000 元以上 50 000 元以下的罚款;属于国家工作人员的,还应当由其所在单位或者有关单位依法给予撤职直至开除的行政处分;对其中的会计人员,并由县级以上人民政府财政部门吊销会计从业资格证书。

3. 隐匿或者故意销毁依法应当保存的会计凭证、会计账簿、财务会计报告,构成犯罪的,依法追究刑事责任。尚不构成犯罪的,由县级以上人民政府财政部门予以通报,可以对单位并处 5 000 元以上 100 000 元以下的罚款;对其直接负责的主管人员和其他直接责任人员,可以处 3 000 元以上 50 000 元以下的罚款;属于国家工作人员的,还应当由其所在单位或者有关单位依法给予撤职直至开除的行政处分;对其中的会计人员,并由县级以上人民政府财政部门吊销会计从业资格证书。

4. 授意、指使、强令会计机构、会计人员及其他人员伪造、变造会计凭证、会计账簿,编制虚假财务会计报告或者隐匿、故意销毁依法应当保存的会计凭证、会计账簿、财务会计报告,构成犯罪的,依法追究刑事责任;尚不构成犯罪的,可以处 5 000 元以上

50 000元以下的罚款;属于国家工作人员的,还应当由其所在单位或者有关单位依法给予降级、撤职、开除的行政处分。

5. 单位负责人对依法履行职责、抵制违反规定行为的会计人员以降级、撤职、调离工作岗位、解聘或者开除等方式实行打击报复,构成犯罪的,依法追究刑事责任;尚不构成犯罪的,由其所在单位或者有关单位依法给予行政处分。对受打击报复的会计人员,应当恢复其名誉和原有职务、级别。

6. 财政部门及有关行政部门的工作人员在实施监督管理中滥用职权、玩忽职守、徇私舞弊或者泄露国家秘密、商业秘密,构成犯罪的,依法追究刑事责任;尚不构成犯罪的,依法给予行政处分。

第二节 审计法律制度

一、审计法的概念

(一)审计的概念

审计是一种经济监督活动,它是由专职从事审计工作的机关和人员依国家法律及有关规定,运用专门程序和方法,对国家财政收支、国有金融机构和企业、事业单位组织的财务收支及其他依法应接受审计的财政和财务收支进行审查,以维护国家财政经济秩序,促进廉政建设,保障国民经济的健康发展。

审计是社会经济发展到一定阶段的产物。我国的审计起源于西周、秦汉时期,并随着社会经济的发展而不断演进。审计以其独立性、权威性区别于其他监督手段,是执行国家经济职能,维护国家经济秩序和经济利益,保持政权稳定的重要保障。

(二)审计法的概念

审计法是调整审计关系的法律规范的总称。所谓审计关系,是指审计机关依法对国家财政收支、国有金融机构和企、事业单位组织的财务收支,以及其他依法应接受审计的财政和财务收支进行审查监督过程中发生的经济关系。审计活动的独立性、强制性和权威性决定了审计关系的特定性,因此也决定了审计法区别于其他法律的特殊性。

(三)我国审计法的立法概况

中华人民共和国成立以后,由于经济体制方面的原因,国家没有颁布关于审计工作方面的法律、法规,没有设置独立的审计机构,审计工作主要由各级财政部门负责。1979年以后,随着改革开放的进行及经济的发展,审计立法被提上了议事日程。1982

年,我国宪法肯定了审计工作、明确赋予了审计机关以审计监督权。1983年,中央成立了国家审计署,全国自上而下成立了各级地方审计机构。1985年国务院颁布了《关于审计工作的暂行规定》;同年12月,审计署作出了《关于内部审计工作的若干规定》;1988年10月21日,国务院颁发了《中华人民共和国审计条例》;1994年8月31日,第八届全国人民代表大会常委会第9次会议通过了《中华人民共和国审计法》(以下简称《审计法》),这部法律于1995年1月1日起施行。作为新中国审计立法史上第一部调整审计关系的基本法,《审计法》的颁布标志着我国审计法制建设达到了一个新的高度,《审计法》的实施将为加强国家的审计监督,维护国家经济秩序,促进廉政建设和国民经济的健康发展,提供法律保障。2006年2月28日,第十届全国人大常委会第二十次会议通过《关于修改〈中华人民共和国审计法〉的决定》,自2006年6月1日起施行。

二、审计机关及其职权

（一）审计机关的组成

1. 中央审计机关。国务院设立审计署,为中央审计机关。审计署在国务院总理领导下,主管全国的审计工作。审计长是审计署的行政首长。

2. 地方审计机关。省、自治区、直辖市,设区的市、自治州、县、自治县,不设区的市、市辖区的人民政府的审计机关,为地方审计机关。各地方审计机关分别在省长、自治区主席、市长、州长、县长、区长和上一级审计机关的领导下,负责本行政区域内的审计工作。地方各级审计机关对本级人民政府和上一级审计机关负责并报告工作。

审计机关根据工作需要,经本级人民政府批准,可以在其审计管辖范围内设立派出机构,派出机构根据审计机关的授权,依法进行审计工作。

审计人员应具备与其从事的审计工作相适应的专业知识和业务能力。审计人员依法执行职务,受法律保护。

（二）审计机关的职责

根据《审计法》的规定,审计机关行使下列职责:

1. 对本级各部门(含直属单位)和下级政府预算的执行情况和决算以及其他财政收支情况,进行审计监督。

2. 审计署在国务院总理领导下,对中央预算执行情况和其他财政收支情况进行审计监督,向国务院总理提出审计结果报告。地方各级审计机关分别在省长、自治区主席、市长、州长、县长、区长和上一级审计机关的领导下,对本级预算执行情况和其他财政收支情况进行审计监督,向本级人民政府和上一级审计机关提出审计结果报告。

3. 对国有金融机构的资产、负债、损益,进行审计监督。

4. 对国家的事业组织和使用财政资金的其他事业组织的财务收支,进行审计监督。

5.审计机关对国有企业的资产、负债、损益,进行审计监督。对国有资本占控股地位或者主导地位的企业、金融机构的审计监督,由国务院规定。

6.审计机关对政府投资和以政府投资为主的建设项目的预算执行情况和决算,进行审计监督。

7.审计机关对政府部门管理的和其他单位受政府委托管理的社会保障基金、社会捐赠资金以及其他有关基金、资金的财务收支,进行审计监督。

8.审计机关对国际组织和外国政府援助、贷款项目的财务收支,进行审计监督。

9.按照国家有关规定,对国家机关和依法属于审计机关审计监督对象的其他单位的主要负责人,在任职期间对本地区、本部门或者本单位的财政收支、财务收支以及有关经济活动应负经济责任的履行情况,进行审计监督。

除上述规定的审计事项外,审计机关对其他法律、行政法规规定应当由审计机关进行审计的事项,依照本法和有关法律、行政法规的规定进行审计监督。此外,审计机关有权对与国家财政收支有关的特定事项,向有关地方、部门、单位进行专项审计调查,并向本级人民政府和上一级审计机关报告审计调查结果。

(三)审计机关的权限

根据《审计法》的规定,审计机关在履行职责的过程中,享有下列权利:

1.有权要求被审计单位按照审计机关的规定提供预算或者财务收支计划、预算执行情况、决算、财务会计报告,运用电子计算机储存、处理的财政收支、财务收支电子数据和必要的电子计算机技术文档,在金融机构开立账户的情况,社会审计机构出具的审计报告,以及其他与财政收支或者财务收支有关的资料,被审计单位不得拒绝、拖延、谎报。

被审计单位负责人对本单位提供的财务会计资料的真实性和完整性负责。

2.进行审计时,有权检查被审计单位的会计凭证、会计账簿、财务会计报告和运用电子计算机管理财政收支、财务收支电子数据的系统,以及其他与财政收支、财务收支有关的资料和资产,被审计单位不得拒绝。

3.进行审计时,有权就审计事项的有关问题向有关单位和个人进行调查,并取得有关证明材料。有关单位和个人应当支持、协助审计机关工作,如实向审计机关反映情况,提供有关证明材料。

审计机关经县级以上人民政府审计机关负责人批准,有权查询被审计单位在金融机构的账户。审计机关有证据证明被审计单位以个人名义存储公款的,经县级以上人民政府审计机关主要负责人批准,有权查询被审计单位以个人名义在金融机构的存款。

4.进行审计时,被审计单位不得转移、隐匿、篡改、毁弃会计凭证、会计账簿、财务会计报告以及其他与财政收支或者财务收支有关的资料,不得转移、隐匿所持有的违反国家规定取得的资产。审计机关对被审计单位违反前述规定的行为,有权予以制止;必要时,经县级以上人民政府审计机关负责人批准,有权封存有关资料和违反国家规定取得的资产;对其中在金融机构的有关存款需要予以冻结的,应当向人民法院提出申请。

审计机关对被审计单位正在进行的违反国家规定的财政收支、财务收支行为,有权予以制止;制止无效的,经县级以上人民政府审计机关负责人批准,通知财政部门和有关主管部门暂停拨付与违反国家规定的财政收支、财务收支行为直接有关的款项,已经拨付的,暂停使用。

审计机关采取前述规定的措施不得影响被审计单位合法的业务活动和生产经营活动。

5. 认为被审计单位所执行的上级主管部门有关财政收支、财务收支的规定与法律、行政法规相抵触的,应当建议有关主管部门纠正;有关主管部门不予纠正的,审计机关应当提请有权处理的机关依法处理。

6. 审计机关可以向政府有关部门通报或者向社会公布审计结果。审计机关通报或者公布审计结果,应当依法保守国家秘密和被审计单位的商业秘密,遵守国务院的有关规定。

7. 审计机关履行审计监督职责,可以提请公安、监察、财政、税务、海关、价格、工商行政管理等机关予以协助。

三、审计程序

审计程序是审计机构及审计人员对审计项目从开始到结束的审计工作步骤。根据《审计法》的有关规定,审计工作按下列程序进行:

(一)编制审计项目计划,成立审计组

编制审计项目计划是审计机关正确、有效地组织审计工作的重要条件之一。在审计项目计划制定之后,审计机关根据计划确定的审计事项成立审计组,并在实施审计3日前,向被审计单位送达审计通知书。遇有特殊情况,经本级人民政府批准,审计机关可以直接持审计通知书实施审计。

(二)进行审计、获取证明材料

审计人员通过审查会计凭证、会计账簿、会计报表,查阅与审计事项有关的文件、资料,检查现金、实物、有价证券,向有关单位和个人调查等方式进行审计,取得证明材料。

(三)制作、提交审计报告

审计组对审计事项实施审计后,应向审计机关提出审计报告。审计报告报送审计机关前,应征求被审计单位的意见,被审计单位应自接到审计报告之日起10日内,将其书面意见送交审计组。审计组应当将审计对象的书面意见一并报送审计机关。

(四)审计机关出具审计决定

审计机关按照审计署规定的程序对审计组的审计报告进行审议,并对被审计对象对审计组的审计报告提出的意见一并研究后,提出审计机关的审计报告;对违反国家规定的财政收支、财务收支行为,依法应当给予处理、处罚的,在法定职权范围内作出审计决定或者向有关主管机关提出处理、处罚的意见。

审计机关应当将审计机关的审计报告和审计决定送达被审计单位和有关主管机关、单位。审计决定自送达之日起生效。

(五)审计监督

上级审计机关认为下级审计机关作出的审计决定违反国家有关规定的,可以责成下级审计机关予以变更或者撤销,必要时也可以直接作出变更或者撤销的决定。

四、法律责任

《审计法》所规定的法律责任是指被审计单位、审计机关的本级各部门(含直属单位)和下级政府、审计人员,以及其他有关人员违反《审计法》规定时应承担的具有强制性的法律后果。按行为主体的不同,违反审计法的法律责任可划分为以下几类:

(一)被审计单位及其有关人员违反《审计法》的情形及应承担的法律责任

1. 被审计单位违反《审计法》规定,拒绝或拖延提供与审计事项有关的资料,或者拒绝、阻碍检查的,审计机关应责令改正,可以通报批评,给予警告,拒不改正的,依法追究责任。

2. 被审计单位违反规定,转移、隐匿、篡改、毁弃会计凭证、会计账簿、财务会计报告以及其他与财政收支、财务收支有关的资料,或者转移、隐匿所持有的违反国家规定取得的资产,审计机关认为对直接负责的主管人员和其他直接责任人员依法应当给予处分的,应当提出给予处分的建议,被审计单位或者其上级机关、监察机关应当依法及时作出决定,并将结果书面通知审计机关;构成犯罪的,依法追究刑事责任。

3. 对被审计单位违反国家规定的财务收支行为,审计机关、人民政府或者有关主管部门在法定职权范围内,依照法律、行政法规的规定,区别情况采取责令限期缴纳应当上缴的款项、责令限期退还被侵占的国有资产、责令限期退还违法所得;责令按照国家统一的会计制度的有关规定进行处理以及其他处理措施,并可以依法给予处罚。

(二)审计机关的本级各部门(含直属单位)和下级政府违反《审计法》的情形及应承担的法律责任

对本级各部门(含直属单位)和下级政府违反预算的行为或者其他违反国家规定的财政收支行为,审计机关、人民政府或者有关主管部门在法定职权范围内,依照法律、行政法规的规定,区别情况采取下列处理措施:①责令限期缴纳应当上缴的款项;②责令限期退还被侵占的国有资产;③责令限期退还违法所得;④责令按照国家统一的会计制度的有关规定进行处理;⑤其他处理措施。

(三)直接负责的主管人员和其他直接责任人员的法律责任

被审计单位的财政收支、财务收支违反国家规定,审计机关认为对直接负责的主管人员和其他直接责任人员依法应当给予处分的,应当提出给予处分的建议,被审计单位或者其上级机关、监察机关应当依法及时作出决定,并将结果书面通知审计机关。

(四)审计人员违反《审计法》的情形及应承担的法律责任

审计人员滥用职权、徇私舞弊、玩忽职守或者泄露所知悉的国家秘密、商业秘密的,依法给予处分;构成犯罪的,依法追究刑事责任。

(五)其他有关人员违反《审计法》的情形及应承担的法律责任

报复陷害审计人员,依法给予处分;构成犯罪的,依法追究刑事责任。

本章小结

会计法是调整会计关系的法律规范的总称。我国的会计工作管理体制包括会计工作的领导体制、会计制度的制定权限、会计机构和会计人员的管理体制。下列事项应办理会计手续:款项和有价证券的收付;财物的收发、增减和使用;债权债务的发生和结算;资本、基金的增减;收入、支出、费用和成本的计算;财务计算的成果和处理等。会计监督分为内部监督和外部监督。

审计法是调整审计关系法律规范的总称。审计机关应当遵循审计法的规定行使职责,出具审计意见书。

思考练习题

1. 我国《会计法》对会计人员的从业资格有何规定?
2. 根据我国《审计法》的规定,简述审计机关的职责。

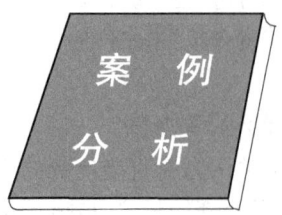

案例

某会计师事务所对一家企业进行年终审计,在审查"银行存款日记账"时,发现经调整后的银行存款日记账和银行对账单不相等。审计人员经过认真的审查,最后发现企业将属于第二年的收入转入本年核算。针对这种情况,审计人员重点审查企业的销售收入实现情况。经审查发现,企业还有一部分应收账款不符合会计制度规定,如将一笔只签订了购销合同,而没有实际履行的业务,也作为销售收入的实现进行了财务处理。问他们为什么这样做,该企业的会计主管说,因今年正赶上企业领导人改选,要求收入达到一定的规模,从而粉饰企业的经营状况,故在单位领导人的授意下,累计多转产品销售收入160万元。

法理分析

这是一起领导人授意,提前确认收入以达到个人升官晋职目的的案件。

《会计法》第26条规定:"公司、企业进行会计核算不得有下列行为:①随意改变资产、负债、所有者权益的确认标准或者计量方法,虚列、多列、不列或者少列资产、负债、所有者权益;②虚列或者隐瞒收入,推迟或者提前确认收入;③随意改变费用、成本的确认标准或者计量方法,多列、不列或者少列费用、成本;④随意调整利润的计算、分配方法,编造虚假利润或者隐瞒利润;⑤违反国家统一的会计制度规定的其他行为。"《会计法》第28条规定:"单位负责人应当保证会计机构、会计人员依法履行职责,不得授意、指使、强令会计机构、会计人员违法办理会计事项。会计机构、会计人员对违反本法和国家统一的会计制度规定的会计事项,有权拒绝办理或者按照职权予以纠正。"本案的当事人违反了上述规定。因此,可以根据《会计法》的下列规定进行处罚:由县级以上人民政府财政部门责令限期改正,可以对单位并处3 000元以上50 000元以下的罚款;对其直接负责的主管人员和其他直接责任人员,可以处2 000元以上20 000元以下的罚款;属于国家工作人员的,还应当由其所在单位或者有关单位依法给予行政处分。

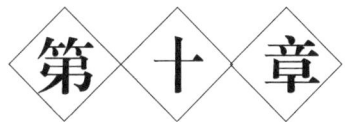

反不正当竞争法律制度

★ 本章学习要点与要求 ★

通过本章学习应掌握反不正当竞争法的立法目的和调整对象、不正当竞争行为的概念和特征、不正当竞争行为的种类、不正当竞争行为的法律责任。

第一节 概 述

一、反不正当竞争法的立法目的和调整对象

在市场经济活动中,竞争是最基本的运行机制之一,竞争的结果表现为优胜劣汰。面对日趋激烈的市场竞争,有的经营者为了争取竞争优势,采取与商业道德相悖的不正当竞争行为。不正当竞争行为必然会破坏公平的竞争秩序,阻碍市场经济的健康、有序的运行。因此,世界各国都十分重视通过法律手段来限制和禁止危害正当竞争的行为。由于法律传统的差异和市场经济发育的进程的不同,各国的立法模式并不一致。有些国家在区别垄断行为、限制竞争的行为以及不正当竞争行为的基础上分别立法,例如德国、日本和韩国即采取这一立法模式;有些国家采取统一立法的模式,对垄断、限制竞争以及不正当竞争行为进行全面规范和调整,例如,匈牙利在1990年制定的《禁止不正当竞争法》即是;有些国家并没有一部关于反不正当竞争的基本法律,而是分别对各种违背公平、诚实信用原则的市场竞争行为制定若干单行法律,美国是采取这一立法模式国

家的代表。早在1890年,美国国会就通过了《保护贸易和商业不受非法限制与垄断之害法》(也称《谢尔曼法》),以此为基础进一步迅速建立起一整套竞争法律制度,因此,《保护贸易和商业不受非法限制与垄断之害法》被认为是现代竞争法产生的标志。

在我国的现实经济生活中,不正当竞争行为也已经大量存在,有些不正当竞争行为已经成为社会公害,迫切需要完善的法律制度对各种不正当竞争行为予以禁止和制裁。为保障社会主义市场经济健康发展,鼓励和保护公平竞争,制止不正当竞争,保护经营者和消费者的合法权益,1993年9月2日,第八届全国人民代表大会常务委员会第三次会议通过了《中华人民共和国反不正当竞争法》(以下简称《反不正当竞争法》),1993年12月1日起施行。2006年12月30日,最高人民法院审判委员会第1412次会议通过了《最高人民法院关于审理不正当竞争民事案件应用法律若干问题的解释》。

根据《反不正当竞争法》的规定,我国目前反不正当竞争法规范的主要是典型的不正当竞争行为和部分限制竞争行为。因此,反不正当竞争法的调整对象,就是在制止不正当竞争行为过程中发生在监督管理机构与经营者之间、经营者相互之间以及经营者与消费者之间的社会关系,主要包括监督管理机构与经营者之间的监督管理关系,经营者之间以及经营者与消费者之间的民事赔偿关系。

二、不正当竞争行为的概念及其特征

(一)不正当竞争行为的概念

根据我国《反不正当竞争法》的规定,不正当竞争行为是指经营者违反市场交易的基本原则,损害其他经营者合法权益,扰乱社会经济秩序的行为。

(二)不正当竞争行为的特征

1. 不正当竞争行为的主体具有经营性。不正当竞争行为是经营者的行为。所谓经营者是指从事商品经营或者营利性服务(以下所称商品包括服务)的法人、其他经济组织和个人。

需要特别指出的是,一般情况下不正当竞争行为的主体是经营者,但在特殊情况下政府机关也可能成为不正当竞争行为的主体。这是我国《反不正当竞争法》在考虑了我国社会经济生活的实际情况后而作出的具有中国特色的规定。

2. 不正当竞争行为具有违法性。不正当竞争行为违反法律规定,主要是违反《反不正当竞争法》的规定。《反不正当竞争法》第二章列举了11类行为。在某些情况下,经营者的某些行为虽然难以被确认为该法明确规定的不正当竞争行为,但是,只要是违反了自愿、平等、公平、诚实、信用的原则或者违背了公认的商业道德的行为,也应被认定为不正当竞争行为。

3. 不正当竞争行为侵害的客体是其他经营者的合法权益和正常的社会经济秩序。不正当竞争行为至少有以下几方面的危害性:①破坏公平竞争的市场秩序;②阻碍技术进步和社

会生产力的发展;③损害其他经营者的正常经营和合法权益,使守法经营者蒙受物质上和精神上的双重损害;④有些不正当竞争行为,如虚假广告和欺骗性有奖销售,还可能损害广大消费者的合法权益;⑤给我国对外开放政策带来消极影响,严重损害国家利益。

第二节 不正当竞争行为的种类

《反不正当竞争法》第二章列举的不正当竞争行为,是判断经营者在市场交易中的行为是否属不正当竞争行为的法律依据。但是,由于在现实经济生活中不正当竞争行为的复杂多样性,以及随着经济生活的发展变化还会不断出现其他形式的不正当竞争行为,《反不正当竞争法》不可能将所有的不正当竞争行为全部列举出来,只是列举了各国《反不正当竞争法》中普遍予以禁止的、典型的不正当竞争行为和我国现实经济生活中表现突出、危害严重、迫切需要制止的不正当竞争行为。

一、采用假冒或仿冒等混淆手段从事市场交易

根据《反不正当竞争法》第5条规定,属于这类不正当竞争行为的有:

(一)假冒他人注册商标

商标是商品生产者或经营者在其生产、制造、加工、拣选、经销的商品上或者其从事服务的场所所使用的特殊标志,以便使自己的商品和服务与他人的同类商品和服务相区别。经商标局核准注册并刊登在商标公告上的商标称为注册商标。商标注册人对已经注册的商标享有受法律保护的专用权,未经其许可,任何人都不得在同一种商品、同一种服务或者类似商品、类似服务上使用与其注册商标相同或相近似的商标。假冒他人注册商标是一种违反《商标法》的规定、侵犯注册商标专用权的行为。因此,《商标法》对这种违法行为要予以规范。同时,由于假冒他人注册商标的行为不仅侵害注册商标所有人的权益,而且会损害消费者和公众的利益,因而也是一种典型的不正当竞争行为,应当受《反不正当竞争法》的调整。

(二)擅自使用知名商品特有的名称、包装、装潢,或者使用与知名商品近似的名称、包装、装潢,造成和他人的知名商品相混淆,使购买者误认为是该知名商品

这一不正当竞争行为的构成要件有:①名称、包装、装潢须为知名商品所特有。所谓知名商品,是指在中国境内具有一定的市场知名度,为相关公众所知悉的商品。人民法院

认定知名商品,应当考虑该商品的销售时间、销售区域、销售额和销售对象,进行任何宣传的持续时间、程度和地域范围,作为知名商品受保护的情况等因素,进行综合判断。原告应当对其商品的市场知名度负举证责任。所谓特有的名称、包装、装潢,是指经营者为自己的商品独创的有显著性特点的名称、包装、装潢,是该商品与其他商品相区别的标志。由经营者营业场所的装饰、营业用具的式样、营业人员的服饰等构成的具有独特风格的整体营业形象,可以认定为知名商品所特有的"装潢"。②这一不正当竞争行为在客观方面表现为两种基本形式。一种是使用与他人知名商品相同的名称、包装、装潢,即作相同使用。另一种是使用与知名商品近似的名称、包装、装潢,即作相近似的使用。

(三)擅自使用他人的企业名称或者姓名,引人误认为是他人的商品

企业名称或姓名是区别商品或服务来源的营业标志,是反映经营者的营业或服务活动的外在特征。根据《企业名称登记管理规定》,企业对其名称有专用权。企业名称或者姓名体现了经营者通过付出努力和资本获得的无形资产,保护企业名称或者姓名可以保护附于企业名称或者姓名中的商业信誉。盗用他人的商业信誉是典型的不正当竞争行为。

这里的企业名称或姓名是一个广义的概念。它所指的是参与市场交易的经营者的名称,包括各种所有制形式的企业的名称,各种组织形式的企业的名称,同时也包括了个体工商户和从事生产经营活动的事业单位的名称。其中姓名包括了无名称字号的个体工商户、个人合伙的投资者在市场交易中使用的自己的姓名。

(四)在商品上伪造或冒用认证标志、名优标志等质量标志,伪造产地,对商品质量作引人误解的虚假表示

认证标志是质量认证机构准许经其认证产品质量合格的企业在产品或包装上使用的质量标志。产品质量认证是国家监督管理产品质量的一项法律制度。名优标志是经国际或国内有关机构或社会组织评定为名优产品而发给经营者的一种质量荣誉标志。商品的产地指商品的制造、加工地或者商品生产者的所在地。

二、商业贿赂

商业贿赂是指经营者在市场交易活动中,为争取交易机会,特别是为争得相对于竞争对手的市场优势,通过秘密给付财物或者其他报偿等不正当手段收买客户的负责人、雇员、合伙人、代理人和政府有关部门工作人员等能够影响市场交易的有关人员的行为。商业贿赂具有以下特征:

1.商业贿赂的主体是从事市场交易的经营者,既可以是卖方,也可以是买方。

2.商业贿赂是经营者在主观上出于故意和自愿进行的行为。其目的是为了排挤竞争对手以占取竞争优势。

3.商业贿赂在客观方面表现为违反国家有关财务、会计及廉政等方面的法律、法规

的规定,秘密给付财物或其他报偿,具有很大的隐蔽性。

4.商业贿赂的形式除了金钱回扣之外,还有提供免费度假、旅游、高档宴席、色情服务、赠送昂贵物品、房屋装修以及解决子女、亲属入学、就业等多种方式。

根据《反不正当竞争法》第8条规定:"在账外暗中给予对方单位或者个人回扣的,以行贿论处;对方单位或者个人在账外暗中收受回扣的,以受贿论处。"但是,"经营者销售或者购买商品,可以以明示方式给对方折扣,可以给中间人佣金。经营者给对方折扣、给中间人佣金的,必须如实入账。接受折扣、佣金的经营者必须如实入账。"

三、引人误解的虚假宣传

我国《反不正当竞争法》第9条明确规定:"经营者不得利用广告或者其他方法,对商品的质量、制作成分、性能、用途、生产者、有效期限、产地等作引人误解的虚假宣传。广告的经营者不得在明知或者应知的情况下,代理、设计、制作、发布虚假广告。"

根据以上规定,实施引人误解的虚假宣传的不正当竞争行为,在方式上表现为利用广告的方法和其他方法两类。这实际上已经包括了所有能够使社会公众知悉的宣传形式。

引人误解的虚假宣传,既包括虚假宣传,也包括引人误解的宣传两种类型。就宣传的内容而言,包括商品的质量、制作成分、性能、用途、生产者、有效期限、产地等任何一项或几项的虚假或引人误解。所谓虚假宣传是指商品宣传的内容与商品的实际情况不相符合,如将国产商品宣传为进口商品等。所谓引人误解的宣传是指就一般的社会公众的合理判断而言,宣传的内容会使接受宣传的人或受宣传影响的人对被宣传的商品产生错误的认识,从而影响其购买决策的商品宣传。有些宣传的内容虽是真实的,但仍有可能产生引人误解的后果。如广告"意大利聚酯漆家具",消费者很容易理解为是意大利进口家具,但实际上只是用意大利进口漆涂的家具。这则广告难以被认定为虚假广告,但是,因为这则广告致使消费者发生误解,所以,应认定其为引人误解的广告。

具体来说,根据《反不正当竞争法司法解释》的规定,经营者具有下列行为之一,足以造成相关公众误解的,可以认定为反不正当竞争法第九条第一款规定的引人误解的虚假宣传行为:①对商品作片面的宣传或者对比的;②将科学上未定论的观点、现象等当做定论的事实用于商品宣传的;③以歧义性语言或者其他引人误解的方式进行商品宣传的。以明显的夸张方式宣传商品,不足以造成相关公众误解的,不属于引人误解的虚假宣传行为。人民法院应当根据日常生活经验、相关公众一般注意力、发生误解的事实和被宣传对象的实际情况等因素,对引人误解的虚假宣传行为进行认定。

四、侵犯商业秘密

所谓商业秘密,根据《反不正当竞争法》第10条第3款的规定,是指不为公众所知悉、能为权利人带来经济利益、具有实用性并经权利人采取保密措施的技术信息和经营信息。商业秘密不仅包括那些凭技能或经验产生的,在实际中尤其是工业中适用的技术信息,如工艺流程、技术秘诀、设计图纸、化学配方等,而且包括那些具有秘密性质的经营管理方法以及与经营管理方法密切相关的经营信息,如管理方法、产销策略、货源情报、客户名单等。

能够成为商业秘密的技术信息和经营信息,必须具备以下三项基本条件:①秘密性,即技术信息和经营信息不为公众所知悉。秘密性是商业秘密的本质特征。②实用性,即技术信息和经营信息能给权利人带来实际的或潜在的经济利益及竞争优势。实用性是商业秘密的价值所在。③保密性,即权利人对技术信息和经营信息采取了保密措施。权利人是否采取保密措施不仅是技术信息或经营信息能否成为商业秘密的条件,也是寻求法律保护的前提。具有下列情形之一,在正常情况下足以防止涉密信息泄漏的,应当认定权利人采取了保密措施:①限定涉密信息的知悉范围,只对必须知悉的相关人员告知其内容;②对于涉密信息载体采取加锁等防范措施;③在涉密信息的载体上标有保密标志;④对于涉密信息采用密码或者代码等;⑤签订保密协议;⑥对于涉密的机器、厂房、车间等场所限制来访者或者提出保密要求;⑦确保信息秘密的其他合理措施。

根据《反不正当竞争法》第10条的规定,侵犯商业秘密的不正当竞争行为有以下3种情形:

1. 以盗窃、利诱、胁迫或者其他不正当手段获取权利人的商业秘密。盗窃商业秘密既包括内部知情人员也包括外部人员盗窃权利人的商业秘密。以利诱手段获取商业秘密,是指行为人通过向掌握、了解商业秘密的有关人员直接提供财物或提供更优厚的工作条件或对此作出某些承诺,诱使其向行为人提供商业秘密。以胁迫手段获取商业秘密是指行为人用威胁、强制方法迫使了解、掌握商业秘密的人员向其提供商业秘密。以其他不正当手段获取商业秘密是指用盗窃、利诱、胁迫等之外的手段,如通过虚假陈述而从权利人处骗取商业秘密,通过所谓"洽谈业务"、"合作开发"、"学习取经"等活动套取权利人的商业秘密。

2. 披露、使用或者允许他人使用上述手段获取的权利人的商业秘密。以盗窃、利诱、胁迫或其他不正当手段获取权利人的商业秘密是不正当竞争行为,因此,商业秘密非法获取者向第三人披露、自己使用或允许第三人使用以上述不正当手段获取的商业秘密同样应予禁止。

3. 违反约定或者违反权利人有关保守商业秘密的要求,披露、使用或者允许他人使用其所掌握的商业秘密。这种情况,是指在与权利人签订有保密协议或权利人对其商业秘密有保密要求的情况下,掌握或了解权利人商业秘密的人,应当遵守有关保密的约定或权利人提出的保密要求。否则,如果违反约定或要求,擅自向他人披露、自己使用或允许他人使用其所了解或掌握的商业秘密,同样是侵犯他人商业秘密的不正当竞争行为。需要指出的是,如果权利人与通过合法手段掌握、了解权利人的商业秘密的人之间没有保守商业秘密的约定,或者权利人也没有向他们提出保守商业秘密的要求,商业秘密的合法获取人披露、使用或允许他人使用其掌握的商业秘密,不构成侵犯商业秘密的不正当竞争行为。

此外,第三人明知或者应知以上违法行为,获取、使用或者披露他人的商业秘密,视为侵犯商业秘密。这样规定,弥补了上述三种情况规定的不足,有利于全方位地禁止侵犯商业秘密的不正当竞争行为。

《反不正当竞争法》从保护公平竞争、制止不正当竞争的角度,将侵犯商业秘密的行为作为不正当竞争行为予以禁止,是对我国知识产权法律制度的补充。同时,《反不正当竞争法》为制止人才流动中的侵犯商业秘密的行为提供了法律依据。

五、经营者以排挤竞争对手为目的,以低于成本的价格销售商品

《反不正当竞争法》第 11 条规定:"经营者不得以排挤竞争对手为目的,以低于成本的价格销售商品。"但同时规定:"有下列情形之一的,不属于不正当竞争行为:①销售鲜活商品;②处理有效期限即将到期的商品或者其他积压的商品;③季节性降价;④因清偿债务、转产、歇业降价销售商品。"

这种不正当竞争行为的主要特征是:①行为的主体是在市场交易中处于销售者地位的经营者。②经营者实施该行为在主观上是故意的,其目的是为了排挤竞争对手。③经营者实施了以低于成本的价格销售商品的行为。成本是指企业在产品生产、产品销售或提供劳务中发生的费用的总和。对不同类型的企业的成本核算,应依据有关规定进行。

六、违背购买者的意愿搭售商品或者附加其他不合理的条件而销售商品

《反不正当竞争法》第 12 条规定:"经营者销售商品,不得违背购买者的意愿搭售商品或者附加其他不合理的条件。"所谓搭售商品或者附加其他不合理的条件是指经营者利用其经济优势,违背购买者的意愿,在销售一种商品或提供一种服务时,要求购买者以购买另一种商品或接受另一种服务为条件,或者就商品或服务的价格、销售对象、销售地区等进行不合理的限制。

七、违反规定的有奖销售

有奖销售是指经营者以提供奖品或奖金的手段推销的行为。符合公认的商业道德的有奖销售可以起到活跃市场、促进公平竞争的积极作用;违背公认的商业道德、采取不正当竞争手段的有奖销售,不仅会损害其他经营者的合法权益、损害消费者的利益,

而且会扰乱社会经济秩序。因此,我国《反不正当竞争法》并没有简单地肯定或否定有奖销售,而是通过禁止以下三种形式的有奖销售而对这一促销手段进行调整的:①采用谎称有奖或者故意让内定人员中奖的欺骗方式进行有奖销售;②利用有奖销售的手段推销质次价高的商品;③抽奖式的有奖销售,最高的金额超过5 000元。

根据《反不正当竞争法》的规定,前两种有奖销售被《反不正当竞争法》绝对禁止,但对抽奖式的有奖销售则是有条件的禁止。其标准就是最高金额是否超过5 000元,超过者即被禁止。我国《反不正当竞争法》之所以对抽奖式有奖销售的最高奖的金额作出限制,是因为巨奖销售会引发消费者的暴利心理、传递错误的市场信息、妨碍市场机制的正常发挥、破坏正常的市场竞争秩序。

八、商业诽谤

《反不正当竞争法》第14条规定:"经营者不得捏造、散布虚伪事实,损害竞争对手的商业信誉、商品声誉。"经营者捏造、散布虚伪事实,损害竞争对手的商业信誉、商品声誉,即商业诽谤,是侵害公民或法人名誉权和荣誉权行为的一种商业化表现形式。商业诽谤是一种典型的不正当竞争行为。商业信誉和商品声誉是经营者在市场竞争中赢得优势地位的资本和支柱。损害竞争对手的商业信誉、商品声誉,会给竞争对手正常经营活动造成不利影响,损害其应有的市场竞争优势地位,甚至导致严重的经济损失。

九、投标招标中的不正当竞争行为

我国《反不正当竞争法》第15条规定:"投标者不得串通投标,抬高标价或者压低标价。投标者和招标者不得相互勾结,以排挤竞争对手的公平竞争。"从以上规定可以看出,我国《反不正当竞争法》规定了投标招标中常见的两种类型的不正当竞争行为。

1. 投标者串通投标,抬高标价或压低标价的行为。这类行为的表现形式主要有:①投标者之间相互串通,一致抬高标价;②投标者相互串通,一致压低标价;③投标者相互串通,轮流以高价位或低价位中标;④投标者相互间就标价以外的其他事项串通。

2. 投标者和招标者之间相互勾结,以排挤竞争对手的行为。这类行为的表现形式主要有:①招标者在开标前,私下开启投标者的投标文件,并泄密给内定投标者;②招标者在审查评选标书时,对不同的投标者实施差别对待;③投标者和招标者相互勾结,投标者在公开投标时压低标价,中标后再给招标者以额外补偿;④招标者向特定的投标者泄露其标底;等等。

十、公用企业或其他依法具有独占地位的经营者强制交易的行为

我国《反不正当竞争法》第6条规定:"公用企业或者其他依法具有独占地位的经

营者,不得限定他人购买其指定的经营者的商品,以排挤其他经营者的公平竞争。"这一类不正当竞争行为的主体主要是两种,其一是公用企业,其二是其他依法不具有独占地位的经营者。公用企业主要包括电力、自来水、热水、煤气、通讯、公共交通等领域。所谓"其他依法具有独占地位的经营者"是指在特定的市场上,一个经营者处于无竞争的状态或取得了压倒性和排除竞争的能力,也指两个以上经营者不进行价格竞争,而在它们对外的关系上具有上述地位和能力。

从行为的客观方面来看,享有独占地位的经营者限定他人购买其指定的经营者的商品,往往与这些享有独占地位的经营者所提供的商品或服务有直接关系,而且,被指定的经营者和享有独占地位的经营者之间有着某种利益关系,如是其下属企业等。同时,享有独占地位的经营者在实施这一行为时往往采用软硬兼施的手段,如以这种商品质量好、符合使用要求等理由为借口,或者以削减、停止商品或服务相威胁,迫使他人接受其条件。

由于这类行为限制了用户、消费者的自由选择权,将生活同种商品的其他经营者完全排斥在特定的市场之外,妨碍了市场的公平竞争机制的正常运行,因此被我国《反不正当竞争法》所禁止。

十一、政府及其所属部门滥用行政权力限制竞争的行为

我国《反不正当竞争法》第7条规定:"政府及其所属部门不得滥用行政权力,限定他人购买其指定的经营者的商品,限制其他经营者正当的经营活动。政府及其所属部门不得滥用行政权力,限制外地商品进入本地市场,或者本地商品流向外地市场。"

一般说来,反不正当竞争立法主要是规范经营者的市场交易行为,我国《反不正当竞争法》还将政府及其所属部门的行为列入调整的范围,这是我国反不正当竞争立法的特点之一。根据《反不正当竞争法》第7条的规定,政府及其所属部门滥用行政权力限制竞争的行为有:①限定他人购买其指定的经营者的商品;②限制其他经营者正当的经营活动;③限制外地商品进入本地市场;④限制本地商品流向外地市场。

其中,前两类限制竞争的行为属于超经济强制交易的行为,其危害性是显而易见的。政府及其所属部门滥用行政权力,对正常的公平竞争秩序横加干涉,不仅会损害广大消费者的权益、限制其他经营者正当的经营活动,从而影响社会经济健康发展,而且会滋生权钱交易、官商结合等腐败现象。后两类限制竞争的行为也被称为地区封锁。所谓地区封锁是指地方政府或其所属部门通过行政权力建立市场壁垒的行为以及由该行为造成或可能造成的市场壁垒后果。地区封锁实际上是一种垄断行为,但不同于一般的经济垄断,而是一种行政性垄断,其主体不是经营者而是地方政府及其所属部门。地区封锁是我国建立社会主义市场经济体制过程中出现的一种消极现象。地区封锁从狭隘的地方利益出发,采用不合理的甚至是违法的行政手段,人为地阻碍全国统一市场的形成,限制地区之间的贸易往来,割裂地区之间的资源、技术等经济联系,阻碍产业、产品结构的调整,阻碍资源的优化配置,加剧了地区间的经济矛盾和发展不平衡,保护了落后企业和落后产品,削弱了企业改进技术和管理的积极性。因此,地区封锁是一种严重破坏公平竞争的行为,也是一种应被法律严厉制止的滥用行政权力的行为。

第三节 监督检查及法律责任

一、对不正当竞争行为的监督检查

(一)监督检查的部门

各级人民政府应当采取措施,制止不正当竞争行为,为公平竞争创造良好的环境和条件。

县级以上人民政府工商行政管理部门对不正当竞争行为进行监督检查;法律、行政法规规定由其他部门监督检查的,依照其规定。

依据该法,县级以上人民政府的工商行政管理部门对不正当竞争行为进行监督检查;法律、行政法规规定的其他部门也有权依法对这种行为进行监督检查,具体有技术监督管理部门,食品卫生管理部门等。

同时,国家鼓励、支持和保护一切组织和个人对不正当竞争行为进行社会监督。

(二)监督检查部门的职权

县级以上监督检查部门对不正当竞争行为,可以进行监督检查。监督检查部门在监督检查不正当竞争行为时,有权行使下列职权:

1. 按照规定程序询问被检查的经营者、利害关系人、证明人,并要求提供证明材料或者与不正当竞争行为有关的其他资料。

2. 查询、复制与不正当竞争行为有关的协议、账册、单据、文件、记录、业务函电和其他资料。

3. 检查与《反不正当竞争法》规定的采用假冒或仿冒等混淆手段从事市场交易的不正当竞争行为有关的财物,必要时可以责令被检查的经营者说明该商品的来源和数量,暂停销售,听候检查,不得转移、隐匿、销毁该财物。

监督检查部门在监督检查不正当竞争行为时,被检查的经营者、利害关系人和证明人应当如实提供有关资料或者情况。

监督检查部门工作人员监督检查不正当竞争行为时,应当出示检查证件。

为了保证《反不正当竞争法》能够得到贯彻和实施,该法还规定了负责监督检查部门及其工作人员在违反法律规定时应当承担的法律责任。监督检查不正当竞争行为的国家机关工作人员滥用职权、玩忽职守,构成犯罪的,依法追究刑事责任;不构成犯罪的,给予行政处分。监督检查不正当竞争行为的国家机关工作人员徇私舞弊,对明知有违反《反不正当竞争法》规定构成犯罪的经营者故意包庇不使他受追诉的,依法追究刑事责任。

二、不正当竞争行为的法律责任

法律责任是指行为人由于其违法行为而应当承担的不利的法律后果。不正当竞争行为是经营者违反《反不正当竞争法》的规定,损害其他经营者的合法权益,扰乱社会经济秩序的违法行为。只要实施了各种不正当竞争行为以及与不正当竞争有关的违法行为,就要承担相应的法律责任。根据我国《反不正当竞争法》的规定,不正当竞争行为应承担的法律责任包括经济民事责任、行政责任和刑事责任等责任形式。

(一)不正当竞争行为的经济、民事责任

《反不正当竞争法》规定经济、民事责任的意义在于保护合法经营者的权益不受损害,以及受到损害时可以得到相应的补偿。

不正当竞争行为给被侵害的经营者造成损害的,应当承担损害赔偿责任,被侵害的经营者的损失难以计算的,赔偿额为侵权人在侵权期间因侵权所获得的利润;并应当承担被侵害的经营者因调查该经营者侵害其合法权益的不正当竞争行为所支付的合理费用。

被侵害的经营者的合法权益受到不正当竞争行为损害的,可以向人民法院提起诉讼。

(二)不正当竞争行为的行政责任

《反不正当竞争法》规定行政责任的目的在于利用行政处罚的手段使被破坏的市场经济竞争秩序得以恢复。该法规定的行政责任形式主要包括责令停止违法行为、责令改正、消除影响、没收违法所得、罚款以及吊销营业执照等。

经营者假冒他人的注册商标,擅自使用他人的企业名称或者姓名,伪造或者冒用认证标志、名优标志等质量标志,伪造产地,对商品质量作引人误解的虚假表示的,依照《中华人民共和国商标法》、《中华人民共和国产品质量法》的规定处罚。

经营者擅自使用知名商品特有的名称、包装、装潢,或者使用与知名商品近似的名称、包装、装潢,造成和他人的知名商品相混淆,使购买者误认为是该知名商品的,监督检查部门应当责令停止违法行为,没收违法所得,可以根据情节处以违法所得1倍以上3倍以下的罚款;情节严重的可以吊销营业执照;销售伪劣商品,构成犯罪的,依法追究刑事责任。

经营者采用财物或者其他手段进行贿赂以销售或者购买商品,构成犯罪的,依法追究刑事责任;不构成犯罪的,监督检查部门可以根据情节处以1万元以上20万元以下的罚款,有违法所得的,予以没收。

公用企业或者其他依法具有独占地位的经营者,限定他人购买其指定的经营者的商品,以排挤其他经营者的公平竞争的,省级或者设区的市的监督检查部门应当责令停止违法行为,可以根据情节处以 5 万元以上 20 万元以下的罚款。被指定的经营者借此销售质次价高商品或者滥收费用的,监督检查部门应当没收违法所得,可以根据情节处以违法所得 1 倍以上 3 倍以下的罚款。

经营者利用广告或者其他方法,对商品作引人误解的虚假宣传的,监督检查部门应当责令停止违法行为,消除影响,可以根据情节处以 1 万元以上 20 万元以下的罚款。广告的经营者,在明知或者应知的情况下,代理、设计、制作、发布虚假广告的,监督检查部门应当责令停止违法行为,没收违法所得,并依法处以罚款。

侵犯商业秘密的,监督检查部门应当责令停止违法行为,可以根据情节处以 1 万元以上 20 万元以下的罚款。

经营者违反规定进行有奖销售的,监督检查部门应当责令停止违法行为,可以根据情节处以 1 万元以上 10 万元以下的罚款。

投标者串通投标,抬高标价或者压低标价;投标者和招标者相互勾结,以排挤竞争对手的公平竞争的,其中标无效。监督检查部门可以根据情节处以 1 万元以上 20 万元以下的罚款。

经营者有违反被责令暂停销售,不得转移、隐匿、销毁与不正当竞争行为有关的财物的行为的,监督检查部门可以根据情节处以被销售、转移、隐匿、销毁财物的价款的 1 倍以上 3 倍以下的罚款。

当事人对监督检查部门作出的处罚决定不服的,可以自收到处罚决定之日起 15 日内向上一级主管机关申请复议;对复议决定不服的,可以自收到复议决定书之日起 15 日内向人民法院提起诉讼;也可以直接向人民法院提起诉讼。

政府及其所属部门违反规定,限定他人购买其指定的经营者的商品、限制其他经营者正当的经营活动,或者限制商品在地区之间正常流通的,由上级机关责令其改正;情节严重的,由同级或者上级机关对直接责任人员给予行政处分。被指定的经营者借此销售质次价高商品或者滥收费用的,监督检查部门应当没收违法所得,可以根据情节处以违法所得 1 倍以上 3 倍以下的罚款。

(三)不正当竞争行为的刑事责任

刑事责任是对违法行为进行的最为严厉的法律制裁,适用于那些对其他经营者、消费者和社会经济秩序损害严重、情节恶劣的不正当竞争行为。对于刑事责任,《反不正当竞争法》只是作了原则规定,确定具体的刑事责任要适用我国刑事法律的相应规定。

本章小结

不正当竞争行为是指经营者违反市场交易的基本原则,损害其他经营者合法权益,扰乱社会经济秩序的行为。

典型的不正当竞争行为有十一类:采用假冒或仿冒等混淆手段从事市场交易;商业贿赂;引人误解的虚假宣传;侵犯商业秘密;经营者以排挤竞争对手为目的,以低于成本的价格销售商品;违背购买者的意愿搭售商品或者附加其他不合理的条件而销售商品;违反规定的有奖销售;商业诽谤;投标招标中的不正当竞争行为;公用企业或其他依法具有独占地位的经营者强制交易的行为;政府及其所属部门滥用行政权力限制竞争的行为。

各级人民政府及有关部门依法对不正当竞争行为进行监督检查,以制止不正当竞争行为。从事不正当竞争行为的,依法承担相应民事、经济责任,行政责任,刑事责任。

思考练习题

1. 简述反不正当竞争法的立法目的和调整对象。
2. 简述不正当竞争行为的概念和特征。
3. 简述不正当竞争行为的种类。
4. 试析采用假冒或仿冒手段从事不正当竞争行为的类型。
5. 什么是商业贿赂?商业贿赂和"折扣"、"佣金"有什么区别?
6. 什么叫商业秘密?侵犯商业秘密的不正当竞争行为有哪些情形?
7. 简述从事不正当竞争行为可能承担的法律责任。

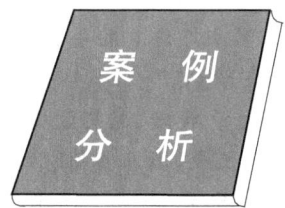

案例

××网诉××侵犯商业秘密纠纷①

原告:甲方[××网信息技术(北京)有限公司]

被告:乙方(北京××时代科技有限公司软件工程师)

---

① http://bjgy.chinacourt.org/public/detail.php? id=58911。

甲方是一家成立于1999年8月主要经营旅游信息咨询、酒店订房服务等项目的外资企业。2005年6月27日，甲方与乙方签订了《劳动合同书》。该合同书约定，乙方在甲方公司担任其技术部的 ASP 程序员。同时，双方在合同书附件（1）"商业秘密及互不竞争"条款中分项约定了"保密义务、商业秘密的定义、请示义务、返还义务"等6项内容，根据这个附件第1条"保密义务"的约定，乙方在劳动合同期限内及劳动合同终止后任何时间内，应遵守甲方指定的保密制度，包括未经甲方书面同意乙方不得将任何商业秘密用于任何与执行职务无关的情况，否则甲方有权对乙方加以违纪处分，且乙方必须按有关的中国法律规定赔偿甲方的损失。第2条"定义"约定，商业秘密是指不为公众所知悉，能为甲方带来经济利益，具有实用性并经甲方采取了合理的保密措施，可用于生产、销售或经营的技术信息和经营信息，具体包括7种形式，其第d种形式为"甲方之市场销售资料，包括成本、经销商资料、市场推广计划、价位策略、销售渠道、销售模式、行销策略及计划、报价单、客户名单及资料等"。

2006年7月初，在乙方向甲方提出辞职申请后，甲方通知其办理相关手续，并告知乙方要封存其电脑。在乙方告知甲方其把信息放到家中台式电脑后，甲方派人员跟随乙方到其家中把台式电脑的硬盘拿回公司。

2006年7月3日，甲方向北京市公证处提出了保全证据的公证申请。2006年7月4日下午，在北京市朝阳区甲方的办公场所，甲方职员王××等人在北京市公证处公证员的监督下，对乙方所使用的台式电脑一台和笔记本电脑一台外观进行了拍照，然后对其进行了密封（粘贴封条并签名、盖章）并留存于甲方的办公场所。

2006年7月7日下午，在北京市公证处，经与公证处公证员的谈话后，乙方对公证申请人甲方所述事实确认无误并同意以关系人身份为申请人甲方作证。随后，乙方起草了一份《保证书》并办理了公证手续。在该《保证书》中，乙方承认，"在工作期间，利用自己的工作权限先后几次在甲方的电脑系统服务器中导出大量数据，这些数据的内容为甲方的客户资料，具体包括：客户姓名、联系电话、入住酒店记录、酒店价格、客人电子邮箱地址等信息。上述导出操作的时间集中在2006年5月、6月，数据大小有几百兆"。同时，乙方表示，"同意将我个人电脑中的所有上述与甲方相关的客户资料拷贝一份交存北京市公证处进行证据保全公证，之后将删除所有上述客户资料，并向甲方保证本人不会再保存或持有任何甲方的客户资料，并从未向任何人披露、拷贝、提供、传输过这些客户资料"。该《保证书》右下方有乙方的签名和捺印指纹。2006年7月26日，甲方向北京市公证处支付公证费5 000元。

2006年12月18日，甲方委托事务中心对甲方提交的光盘中所记载的信息"是否不为公众所知悉"这一鉴定主题进行技术鉴定。事务中心组成专家鉴定组，于2006年12月22日针对该鉴定主题和光盘资料进行了鉴定，并形成了《技术鉴定报告书》。该

《技术鉴定报告书》第六点"鉴定结论"载明:"专家组鉴定认定甲方光盘中的客户资料、机票订单资料、信用卡资料、酒店订单资料等四类资料所记载的特定、确切的信息组合所构成的整体经营信息不为公众所知悉"。2007年1月9日,甲方向事务中心支付了技术鉴定费用18 000元。

此外,根据2006年9月《委托代理合同》的约定,甲方为此案委托北京市××律师事务所进行案件代理,约定了代理费3万元。2007年5月10日,双方又签订了一份《补充协议》,该协议显示,甲方已向北京市××律师事务所支付了50%的代理费,即1.5万元,并约定:"原协议项下剩余的代理费用,具体支付时间及方式,由双方视诉讼过程及判决结果的具体情况另行协商确定。"

法理分析

商业秘密是指不为公众所知悉、能为权利人带来经济利益、具有实用性并经权利人采取保密措施的技术信息和经营信息。从以下几个方面予以考查,本案中乙方从甲方拷贝的客户资料等经营信息构成可受法律保护的商业秘密。首先,这些经营信息并非同行业普遍知悉的信息。甲方在经营过程中长期积累才形成这些经营信息,它们不为通常从事有关信息工作的人员所普遍了解和掌握,从其他公开渠道也不易获得。故甲方通过自己的经营努力而形成的、特定化的客户资料等经营信息,具有秘密性。其次,这些信息对于甲方具有实用价值。这些经营信息记载了甲方的营销渠道或客户的消费行为,是甲方稳定客户群、开拓市场、增强企业竞争力的重要依据。也就是说,作为一家主要经营旅游信息咨询、酒店订房服务等项目的外资企业,客户资料等经营信息对甲方具有实用性。再次,甲方对该秘密信息采取了保密措施。2005年6月27日,在乙方与甲方签订的《劳动合同书》中,作为合同附件(1)的"商业秘密及互不竞争条款"详细约定了乙方在甲方工作期间及离职后应当承担的相应保密义务。同时,为保证经营信息不被披露,甲方采取了常规技术监测等相关保密措施,并经常对这些保密措施进行系统升级。所以,上述这些约定和措施共同构成了法律意义上的保密措施。综上,本案中乙方从甲方拷贝的客户资料等经营信息具有秘密性、实用性、保密性,构成可受法律保护的商业秘密。

根据我国《反不正当竞争法》第十条的规定,"以盗窃、利诱、胁迫或者其他不正当手段获取权利人的商业秘密"以及"违反约定或者违反权利人有关保守商业秘密的要求,披露、使用或者允许他人使用其所掌握的商业秘密"都构成对他人商业秘密的侵犯。在本案中,乙方自2005年6月起至其离职,在甲方担任技术部的ASP程序员,负责系统维护事务,其工作内容与甲方经营信息管理系统密不可分,具有接触作为甲方商业秘密的客户资料等经营信息的职务便利,其应明知甲方对经营信息进行着严格的管理、监控和维护,亦应明知甲方相关保密规定,且其因与甲方之间的《劳动合同书》而应对甲方的商业秘密承担保密义务,对此,乙方提出的因为甲方没有按照劳动合同内容给他上保险而致保密协议作为劳动合同一部分无法生效的辩称意见,无事实和法律依据,法院不予采信。据此,乙方从甲方拷贝客户资料等经营信息并存放在自己家用台式电脑中这一行为,已经构成对甲方商业秘密的侵犯,应当承担相应的法律责任。

  因此,依据《中华人民共和国反不正当竞争法》第十条第一款第(一)项、第(三)项、第二十条之规定,法院判决如下:①乙方立即停止侵权行为,不得以任何目的、形式使用甲方的商业秘密;②本判决生效之日起 10 日内,乙方赔偿甲方经济损失及合理支出 1.5 万元;③驳回原告甲方其他诉讼请求。

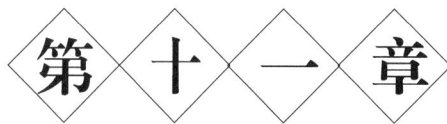

反垄断法律制度

★ 本章学习要点与要求 ★

通过本章学习,应理解反垄断法与反不正当竞争法的关系,掌握垄断协议、滥用市场支配地位、经营者集中三种经济性垄断和行政性垄断的含义及构成要件,熟悉对涉嫌垄断行为的调查程序、掌握垄断行为的法律责任。

第一节 垄断及反垄断法概述

一、垄断的概念和产生的原因

竞争机制是市场经济中最为重要的机制,市场机制的优越性从总体上来说都是建立在竞争制度之上的。一旦竞争机制被扭曲,市场秩序和市场结构就会遭到破坏,市场机制就不能正常发挥作用,市场经济体制的优越性就无法得到体现。源于自由竞争的垄断就是对市场竞争机制的破坏,而反垄断法的目的就是为了维护和促进公平竞争,因此反垄断法必须对垄断进行规制,以实现充分、有效地竞争。总的来说,垄断的危害性主要表现为妨害市场竞争,影响社会资源优化配置,影响技术进步和经营者组织效率,损害消费者利益造成社会福利的损失,损害经济民主甚至危及民主政治。

（一）垄断概念的界定

垄断作为一个法学概念，学者对它的定义一般会受到各国反垄断法和竞争法规定的影响。由于各国反垄断法规制的重点有所不同，世界上并没有关于垄断的一般定义。结合《中华人民共和国反垄断法》（以下简称《反垄断法》）的规定，本书认为，所谓垄断行为是指排除、限制竞争以及可能排除、限制竞争的行为，包括经营者之间达成排除或者限制竞争的协议、决定或者其他协同一致的行为，经营者滥用市场支配地位的行为，经营者之间可能排除或者限制竞争的集中行为，以及行政机关和法律、法规授权的具有管理公共事务职能的组织滥用行政权力，排除或者限制竞争的行为。

（二）垄断产生的原因

从市场机制运作的角度考察，垄断是自由竞争的结果，其后果则是竞争机制的正常运转受到了扭曲和损害。在垄断资本主义形成过程中，诸如卡特尔、托拉斯、康采恩、辛迪加等多种形式的垄断组织大量出现，竞争机制的作用受到了限制，市场活力严重不足，市场秩序和市场结构遭到了破坏，中小企业的生存和发展遭到了前所未有的危机，消费者的权益受到了损害，全社会的经济效益呈现出不断下降的趋势，经济机会均等、经济权力平等的理念愈来愈难以实现。在这样的社会经济背景下，如何维护竞争机制正常地发挥作用，如何保护经济地位处于劣势的中小企业和广大消费者，保障整个社会的经济秩序，反垄断立法被陆续纳入了各国的重要议事日程。

垄断行为的出现，在法律上则是传统民商法所奉行的"契约自由"、"意思自治"的异化物，例如，企业联合限价、联合限价生产数量、联手排挤竞争对手等限制竞争的行为都是以合同或者协议的形式出现，都声称是企业间的自愿行为，是真实意思的一致产物；然而，这些行为的危害性是不言而喻的。因此，对于垄断行为的规制，传统民商法深感力不从心，难以有更大的作为，在这样的背景下，反垄断法作为一种新的法律机制应运而生。

二、反垄断法的立法模式

（一）竞争法立法模式的种类

反垄断法在不同国家有不同的称谓。在美国，反垄断法以反托拉斯为主要内容，故被称为"反托拉斯法"；在德国，反垄断法以控制企业联合组织（卡特尔）之间的协议为主要内容，故被称为"反卡特尔法"，也可称为"反限制竞争法"；在日本，反垄断法以反对私人垄断和限制竞争作为反垄断法的主要内容，故被称为"禁止私人垄断及确保公平交易的法律"。

竞争法律制度包括反垄断和反不正当竞争两个方面。由于政治体制、经济体制、法律传统等方面的差异，各国竞争法律制度的立法模式并不完全相同，可以概括为两种类型:分立式立法和合并式立法。前者对反垄断和反不正当竞争分别立法,这种模式以德国、韩国等国家为代表;后者将反垄断和反不正当竞争合并在一个法律之中,这种模式以匈牙利、俄罗斯等国家为代表。我国采用分立式立法的模式。

(二)反垄断法与反不正当竞争法的关系

由于我国采用分立式立法模式,因此,如何正确认识和处理反不正当竞争法和反垄断法的关系,不仅具有理论意义,而且还具有实践意义。垄断与不正当竞争都具有破坏市场竞争秩序的危害性,因此,反垄断法和反不正当竞争法具有相同的任务,即维护公平的市场竞争秩序,使市场活而不乱。同时,由于垄断源于竞争,甚至是不正当竞争所追逐的目标,是竞争的异化;而且,一旦垄断形成,必然会限制甚至扼杀竞争。因此,反不正当竞争法与反垄断法也是相互关联、相互配合的。但是,垄断与不正当竞争对市场竞争秩序所造成的危害有较大差异,不正当竞争危害的是具体的、个体的经营者的正当利益,直接后果是竞争过滥;而垄断则是限制竞争,导致有效竞争不足,危害的是特定市场或者特定经济领域的整体,甚至是整个国民经济。因此,反不正当竞争法与反垄断法是有所不同的,各有侧重。反不正当竞争法规制的是不正当竞争行为,表现为经营者在市场交易中,违反自愿、平等、公平、诚实信用的原则和公认的商业道德,损害其他经营者的合法权益,扰乱社会经济秩序的行为。而反垄断法以贯彻国家的竞争政策为宗旨,从维护竞争性的市场结构出发,规制的是垄断行为,防止和改变有效竞争不足的局面,国家的竞争政策必须建立在国家经济制度、产业政策基础之上,本身即包含对特殊行业或商品、服务给予政策保护。反不正当竞争法是从保护其他经营者合法权益的角度来维护公平竞争的,而反垄断法则是从保障整体市场正常运转的角度来维护公平竞争的。

只有反不正当竞争法与反垄断法有机结合,从微观和宏观两个层面规制市场主体的行为,才能构架完整的竞争法体系。因此,这两种规制竞争行为的法律机制缺一不可。

三、反垄断法的立法目的和适用范围

(一)反垄断法的立法目的

根据我国《反垄断法》第1条的规定,反垄断法的立法目的是为了预防和制止垄断行为,保护市场公平竞争,提高经济运行效率,维护消费者利益和社会公共利益,促进社会主义市场经济健康发展。

(二)反垄断法的适用范围

1.空间范围。《反垄断法》第2条规定,中华人民共和国境内经济活动中的垄断行为,适用本法;中华人民共和国境外的垄断行为,对境内市场竞争产生排除、限制影响的,适用本法。可见,我国的《反垄断法》具有域外效力。

2. 主体范围。反垄断法调整的是竞争关系,因此,参与市场竞争的经营者是竞争法律关系的主体。所称经营者,是指从事商品生产、经营或者提供服务的自然人、法人和其他组织。但是值得注意的是,在确定竞争所涉及的范围时,需要对相关市场进行界定,所谓相关市场,是指经营者在一定时期内就特定商品或者服务(以下统称商品)进行竞争的商品范围和地域范围。界定相关市场,一般主要考虑竞争所涉及的产品范围、地域范围和时间范围这三个因素。

第二节 对垄断协议的规制

一、垄断协议的含义

垄断协议,是指排除、限制竞争的协议、决定或者其他协同行为。垄断协议与合同法所称的协议是有区别的,主要表现在:

其一,协议的表现形式不同。合同法中的协议主要有两种形式,即口头协议和书面协议。除非根据法律的规定或者当事人另有特殊约定外,默示不能订立合同;而竞争法意义上的垄断协议除了可通过口头形式、书面形式表现外,还可以通过其他形式出现,比如,行业协会或者企业协会的决议,通过团体的形式形成的集体意思,并由成员予以执行。

其二,订立的方式有所不同。合同法意义上的协议的订立需要一方或各当事人明确的意思表示和积极的行为方可达成,默示也是一种明确的意思表示,这与沉默不同,沉默不属于意思表示,因此仅有沉默不能成立合同;而竞争法意义上的垄断协议大部分情况需要一方或双方明确的意思表示和积极的行为方可达成,但是经营者之间协调一致采取的共同行动,虽然各方彼此心照不宣,也属于垄断协议的范围。

其三,法律对这两种协议的态度不同。反垄断法不是私法,规制垄断协议是反垄断法的重要任务,但是垄断协议并非必然地不利于经济,有些垄断协议是受到法律保护的。但是从总体上讲,反垄断法以禁止、排除垄断协议为原则,以豁免垄断协议为例外;合同法是典型的私法,只有当事人之间的协议没有约定相关内容或约定不明确的时候,才可以适用合同法,除非协议违反法律的强制性规定,合同法对协议都是予以保护的,可以说合同法对合同法意义上的协议以鼓励、保护为原则,以禁止、限制为例外。

其四,竞争法是强制法,当事人不能以垄断协议的约定排除适用竞争法,或排除国家执法机关的管辖权;合同法是任意法,当事人可以以协议的内容约定排除适用合同法,也可以排除适用国家执法机关的管辖权,比如,以仲裁的方式解决争议等。

总而言之,竞争法意义上的垄断协议的含义和外延都广于合同法意义上的协议。

二、垄断协议的种类

根据不同的标准,垄断协议可以有不同的分类。横向垄断协议与纵向垄断协议的划分是竞争法对垄断协议最基本的分类,这是基于协议的签订者或主体之间的关系所进行的划分。所谓横向垄断协议,又称为水平垄断协议,是指在生产或销售过程中,处于同一环节的、相互具有直接竞争关系的经营者之间共同决定价格、产量、技术、产品、设备、交易对象、交易地区等所订立的协议,比如,电视机的生产厂家共同订立的有关限制生产数量、提高产品价格的协议;所谓纵向垄断协议,又称为垂直垄断协议,是指处于不同的生产经营阶段,相互不具有直接竞争关系的经营者之间订立的协议,比如,电视机的生产商与电视机的销售商之间订立的协议。一般而言,横向垄断协议对竞争的危害较为直接和严重,多适用本身违法原则;纵向垄断协议对竞争的影响比横向垄断协议弱,多适用合理原则。

三、典型的横向垄断协议

我国《反垄断法》第13条规定,禁止具有竞争关系的经营者达成下列垄断协议:固定或者变更商品价格;限制商品的生产数量或者销售数量;分割销售市场或者原材料采购市场;限制购买新技术、新设备或者限制开发新技术、新产品;联合抵制交易;国务院反垄断执法机构认定的其他垄断协议。可见,《反垄断法》对于以上横向垄断协议适用了本身违法原则。

(一)固定或者变更商品价格

固定或者变更商品价格,又称价格卡特尔,是指以限制内容为商品价格的横向垄断协议。正是由于价格在竞争机制中处于核心的地位,以及以上的危害,所以消除或者限制价格竞争的联合行为也就是最为严重的反竞争行为。它成为各国反垄断法首当其冲的规制对象。各国法律一般都规定价格卡特尔是自身违法行为,即只要这个行为存在,就可以认定其为违法行为,只有极少数的例外。

(二)限制商品的生产数量或者销售数量

限制商品的生产数量或者销售数量,又被称为数量卡特尔,是指限制商品的生产或者销售数量的横向垄断协议。在现实生活中,数量卡特尔总是与价格卡特尔联系在一起的。如果一个卡特尔仅仅限制价格而不限制生产、销售数量,那么卡特尔成员就会为了增加利润而竞相扩大生产或销售规模。这样,随着产量或者销售数量的增加,卡特尔的垄断高价就会难以维持,最后降低到正常的价格水平。所以,一个稳定的价格卡特尔总是同时伴随着一个数量卡特尔。通过这两方面的限制,卡特尔成员之间便不存在实质性的竞争。

正因为数量卡特尔是严重的限制竞争行为,所以同价格卡特尔一样,一般适用自身违法的原则。不仅赤裸裸地限制产品生产或者销售数量的横向垄断协议是违法的,而且只要一个协议中存在着数量限制的机制,该协议就是违法的。

(三)分割销售市场或者原材料采购市场

分割销售市场或者原材料采购市场,又称地域卡特尔,是指以划分销售市场和原材料采购市场为内容的横向垄断协议。同价格、数量卡特尔一样,也是赤裸裸的限制竞争。地域卡特尔的表现形式也是多种多样的。最基本的表现形式是地理市场的划分,即参与协议的当事人企业各自分得一块地域份额,在这一特定的地域内独家享有生产或者销售的权利,参加协议的其他当事人企业则不得在该地域范围内生产或者销售特定的商品。

地域卡特尔的危害也是明显的。在某些方面,地域卡特尔的危害比价格卡特尔还要大。因为通过划分地理位置、客户或者产品,消除竞争者,只剩下了唯一的竞争者,尽管可能市场有限,但其毕竟获得了一定区域的垄断地位,这样不仅价格方面不受竞争影响,而且在服务、质量和革新方面也不会受到影响,完全破坏了竞争机制的作用。而且,它比较稳定,因为它克服了成本不同的生产者之间的内部差异,这种差异常常会导致价格卡特尔的短命。这种稳定加重了它的危害性。

正因为地域卡特尔有如此的危害性,所以各国立法对其一般都采取和价格卡特尔一样的态度,即使用自身违法原则,只要有此行为不再考虑后果,都以违法论。当然,也和价格卡特尔一样,该原则也有例外。

(四)限制购买新技术、新设备或者限制开发新技术、新产品

在技术转让过程中,限制性竞争行为一直是难以回避的问题。知识产权是法律赋予权利人对特定的客体的垄断权。授予知识产权的垄断权的目的在于刺激科技进步、鼓励技术创新。但是如果权利人滥用垄断地位实施限制竞争行为,就必须受到竞争法的规制。因此,与合法取得的经济地位一样,依照知识产权法获得的垄断地位是受法律所保护的垄断地位,而不是竞争法所要反对的对象。竞争法所要反对的是滥用这种垄断地位实施妨碍竞争的行为。我国《合同法》第323条规定:"订立技术合同,应当有利于科学技术的进步,加速科学技术成果的转化、应用和推广";第329条规定:"非法垄断技术、妨碍技术进步或者侵害他人技术成果的技术合同无效。"

(五)联合抵制交易

联合抵制交易,是指竞争者之间联合起来不与其他竞争对手、供应商或者客户交易的横向垄断协议。联合抵制的表现形式是多种多样的。有时是针对竞争者实施的;有

时是针对垂直关系的其他企业实施的;有时是相当大的数量的竞争者为将特定的企业排挤出市场而实施的。但所有的这些情况大体上可以分为两类,即促进竞争的联合抵制和反竞争的联合抵制。反竞争的联合抵制通常发生在以下的情况之下,即联合使相关企业取得市场支配地位,它们通过直接拒绝与竞争对手进行交易,或者迫使供应商或者客户中断与这些竞争对手进行交易,从而将竞争对手置于不利的地位。这种联合抵制通常是拒绝某企业获取某种必需的产品、设施、资源等。这样的联合没有效率可言,或者说,其反竞争的可能性是明显的,而促进竞争的效果是很不清楚的。

除了以上五种典型的横向垄断协议外,《反垄断法》还授权国务院反垄断执法机构有权认定其他垄断协议是否属于应被禁止的横向垄断协议。

四、纵向垄断协议

从内容方面分析,纵向垄断协议限制竞争主要是通过限定转售的交易条件实现的。限定转售的交易条件,又可以分为价格条件和非价格条件两类。价格条件又可以区分为固定转售价格、限定转售的最低价格、限定转售的最高价格三种情形。一般而言,限定转售价格的危害要大于限定转售的其他交易条件。就对转售价格的限定而言,对转售最低价格的限定,其危害要大于对转售最高价格的限定。基于上述观念,国际上的基本趋势表现为有关转售规制的范围不断减少,由一般性地禁止转售到只禁止对转售价格的限定,由一般性地禁止对转售价格的限定到仅禁止对转售最低价格的限定,对于维持最高转售价格的行为,则根据合理原则进行分析。鉴于以上立法趋势,我国《反垄断法》第十四条规定,"禁止经营者与交易相对人达成下列垄断协议:(一)固定向第三人转售商品的价格;(二)限定向第三人转售商品的最低价格;(三)国务院反垄断执法机构认定的其他垄断协议"。

五、反垄断法的豁免制度

(一)豁免制度的含义

反垄断法的豁免制度是反垄断法的重要内容之一。豁免制度是指一些垄断行为在形式上与反垄断法禁止的情形相符合,但总体上又有利于社会利益,因而不再适用反垄断法禁止性规定的法律制度。这并非说被豁免的垄断行为对竞争没有危害,而是它对竞争的危害被其所带来的福利所抵消,甚至许可这类垄断行为所带来的其他好处将超过禁止或取缔该行为所能带来的好处。可见,豁免是利益衡量的结果,即在"利大于弊"的情况下,将其排除适用反垄断法的禁止规定。

各国反垄断法都有豁免条款。由于各国或一国的不同时期经济发展和竞争政策不同,反垄断法的豁免条款或者豁免范围也有所不同,豁免条款的法律形式具有灵活多样的特点,完全依各国反垄断法的制定情况而定。

(二)我国《反垄断法》对垄断协议的豁免制度

1.可以被豁免的垄断协议。我国《反垄断法》第十五条规定,经营者能够证明所达成的协议属于下列情形之一的,不适用本法第十三条、第十四条的规定:①为改进技术、研究开发新产品的;②为提高产品质量、降低成本、增进效率,统一产品规格、标准或者实行专业化分工的;③为提高中小经营者经营效率,增强中小经营者竞争力的;④为实现节约能源、保护环境、救灾救助等社会公共利益的;⑤因经济不景气,为缓解销售量严重下降或者生产明显过剩的;⑥为保障对外贸易和对外经济合作中的正当利益的;⑦法律和国务院规定的其他情形。

2.豁免的条件。属于前述第①项至第⑤项情形,不适用反垄断法第十三条、第十四条规定的,经营者还应当证明所达成的协议不会严重限制相关市场的竞争,并且能够使消费者分享由此产生的利益。

此外,需要注意的是,反垄断法的豁免制度与反垄断法的除外制度经常被混用,事实上两者的区分十分明显。反垄断法的除外制度就是反垄断法明确规定不适用反垄断法的情形,例如,《反垄断法》第五十五条规定,除非经营者滥用知识产权,排除、限制竞争的行为,否则,经营者依照有关知识产权的法律、行政法规规定行使知识产权的行为,不适用本法;第五十六条规定,农业生产者及农村经济组织在农产品生产、加工、销售、运输、储存等经营活动中实施的联合或者协同行为,不适用本法。

第三节 对滥用市场支配地位的规制

一、滥用市场支配地位行为的概念和特征

(一)滥用市场支配地位行为的概念

禁止经营者在经营活动中滥用市场支配地位、排除或限制竞争,是各国反垄断立法的共同内容。市场支配地位,是指经营者在相关市场内具有能够控制商品价格、数量或者其他交易条件,或者能够阻碍、影响其他经营者进入相关市场能力的市场地位。此外,如果经营者的市场占有率达到法律规定的比例,并且使其他经营者难以进入,或者使现有的其他经营者难以扩展市场,可以推断其处于市场支配地位。所谓滥用市场支配地位行为是在相关市场中,占支配地位的企业利用其市场支配地位实施的垄断行为。需要指出的是,这个概念并不强调这种行为的后果。到目前为止,大多数国家和地区都

采用不充分列举的办法来对滥用市场支配地位的行为进行界定。

（二）滥用市场支配地位行为的特征

滥用市场支配地位的行为具有如下特征：首先是行为主体的特定性，即是由具有市场支配地位的企业实施的；其次是行为本身的反竞争性，即滥用行为是反竞争的行为，而其反竞争性又是与特定的主体联系在一起的。换言之，单就具体行为本身而言，某些行为未必具有固有的反竞争性，只是因为支配企业实施这些行为才具有反竞争性；其他不具有支配地位的一般企业实施同样的行为，就不具有反竞争性，不会受到竞争法的禁止或限制。例如，低于成本销售的行为，如果不是支配地位的企业实施的，就不是掠夺性定价，不属于反垄断法禁止的滥用支配地位行为，而是促销或者竞争行为。

二、反垄断法对滥用市场支配地位行为的规制

（一）禁止滥用市场支配地位行为规制的必要程序

一般而言，反垄断法对禁止滥用市场支配地位行为的规制，需要经过以下必要的程序：①界定可能发生滥用行为所存在的市场；②界定企业是否具有市场支配地位；③认定对竞争有害的具体行为，并确定其在相关市场上的整体影响。企业可以在相关市场上通过合法手段获得支配地位，法律允许并鼓励这种方式，反垄断法只是禁止滥用市场支配地位的行为。各国反垄断法对上述基本内容的规定迥然有异。有的国家规定支配地位主要或完全根据市场份额来确定；有的国家还考虑进入条件以及影响企业行使市场力量的其他因素；有的国家着重于企业实施损害竞争机制的排他性行为。

（二）滥用市场支配地位的行为种类

根据我国《反垄断法》的规定，认定经营者具有市场支配地位应当依据下列因素：①该经营者在相关市场的市场份额，以及相关市场的竞争状况；②该经营者控制销售市场或者原材料采购市场的能力；③该经营者的财力和技术条件；④其他经营者对该经营者在交易上的依赖程度；⑤其他经营者进入相关市场的难易程度；⑥与认定该经营者市场支配地位有关的其他因素。

有下列情形之一的，可以推定经营者具有市场支配地位：①一个经营者在相关市场的市场份额达到 1/2 的；②两个经营者在相关市场的市场份额合计达到 2/3 的；③三个经营者在相关市场的市场份额合计达到 3/4 的。有前款第二项、第三项规定的情形，其中有的经营者市场份额不足 1/10 的，不应当推定该经营者具有市场支配地位。被推定具有市场支配地位的经营者，有证据证明不具有市场支配地位的，不应当认定其具有市场支配地位。

《反垄断法》第 17 条规定，禁止具有市场支配地位的经营者从事下列滥用市场支配地位的行为：①以不公平的高价销售商品或者以不公平的低价购买商品；②没有正当理由,以低于成本的价格销售商品;③没有正当理由,拒绝与交易相对人进行交易;④没有正当理由,限定交易相对人只能与其进行交易或者只能与其指定的经营者进行交易;⑤没有正当理由搭售商品,或者在交易时附加其他不合理的交易条件;⑥没有正当理由,对条件相同的交易相对人在交易价格等交易条件上实行差别待遇;⑦国务院反垄断执法机构认定的其他滥用市场支配地位的行为。下面进行具体分析。

　　1. 以不公平的高价销售商品或者以不公平的低价购买商品,即垄断高价。垄断高价又称超高定价,系指一个占市场支配地位的经营者直接或间接地实行不公平的购买或者销售价格,或者以其他不公平交易条件与他人进行交易,从而构成滥用市场支配地位的行为。这种滥用行为是一种传统的滥用行为,其最为典型的表现就是凭借自身在市场中的支配地位对消费者或者用户索取不合理的垄断高价,牟取超额利润。

　　2. 没有正当理由,以低于成本的价格销售商品,即掠夺性定价,是占市场支配地位的一个或多个经营者为排挤现有竞争对手或阻止新的经营者进入相关市场以维持其垄断地位,无正当理由地以低于其成本的价格持续销售商品,并且在将竞争对手排挤出市场以后又规定垄断价格的行为。掠夺性定价行为不仅在短期内损害了竞争对手的利益,造成了对市场竞争秩序的破坏,从长远看,也必然损害广大消费者的利益,其对竞争造成的巨大损害是不言自明的。

　　3. 没有正当理由,拒绝与交易相对人进行交易,即拒绝交易,又称抵制,是指占市场支配地位的经营者拒绝向其购买者销售或购买商品的行为。其典型的行为是拒绝供货,例如,一个占市场支配地位的化学原料供应商拒绝向一个药品生产企业供应生产所需要的某种化学原料。

　　4. 没有正当理由,限定交易相对人只能与其进行交易或者只能与其指定的经营者进行交易,即强制性的独家交易,是指占有市场支配地位的经营者只允许它的客户与其自身或者其指定的其他经营者进行交易,否则拒绝与该客户进行交易。独家交易行为的本质是阻碍交易相对人与占市场支配地位的企业的竞争对手进行交易,因而限制了占市场支配地位的企业与其同行之间的竞争。

　　5. 没有正当理由搭售商品,或者在交易时附加其他不合理的交易条件,即搭售,是指经营者利用其市场支配地位,在销售某种商品时强迫交易相对人购买其不需要、不愿购买的商品,或者接受其他不合理的条件。这种行为不仅限制了交易相对人自由选择商品的活动,还会导致其他竞争对手的交易机会相对减少的后果,妨碍市场的竞争自由。搭售行为的本质是占有市场支配地位的企业通过这种行为将其在某个市场的竞争不公平地辐射到搭售品的市场上,从而不公平地限制这些商品或者服务的竞争。

　　6. 没有正当理由,对条件相同的交易相对人在交易价格等交易条件上实行差别待遇,即差别待遇又称歧视待遇行为,是指占支配地位的经营者没有正当理由而对条件相同的交易对方提供不同的价格或者其他交易条件,致使有些客户处于不利的竞争地位。其中最为典型的就是价格歧视,即居于市场支配地位的经营者就同一种商品对条件相同的若干交易相对人实行不同的价格销售,从而造成该经营者的交易相对人之间的不平等竞争。

第四节　对经营者集中的规制

一、经营者集中的概念和特征

(一)经营者集中的概念

我国《反垄断法》第20条规定,经营者集中是指下列情形:经营者合并、经营者通过取得股权或者资产的方式取得对其他经营者的控制权、经营者通过合同等方式取得对其他经营者的控制权或者能够对其他经营者施加决定性影响。

应当注意,反垄断法意义上的经营者集中虽然包括企业法意义上的企业合并,但是两者并不相同。企业法意义上的企业合并是指两个或者两个以上的独立的企业依法达成合意,合并为一个企业的法律行为。企业法意义上的企业合并有两种形式,即新设合并和吸收合并。企业法意义上的企业集中是一种狭义的企业集中,反垄断法意义上的经营者集中不仅包括企业法意义上的企业集中,还有更广泛的含义。

(二)经营者集中的特征

反垄断法意义上的经营者集中,具有以下特征:

1. 经营者集中的主体是独立的处于存续状态的企业,包括各种形式的独立企业。按照企业的组织形式不同,企业可以分为公司、合伙企业和个人独资企业。不只公司可以成为经营者集中的主体,合伙企业以及个人独资企业也可以成为经营者集中的主体。

2. 经营者集中必须要有经营者集中的行为。经营者集中的行为包括两个或者两个以上相互独立的企业合并为一个企业,或者企业之间通过取得股份、财产以及交叉任职或其他能够使一个企业直接或者间接控制另一个企业的行为。

3. 经营者集中的后果是一个企业能够直接或者间接控制另一个企业。也就是说,企业之间通过上述的企业合并、取得股份、取得财产、交叉任职或者其他方式,实现了一个企业直接或者间接控制另一个企业的后果,而这种直接或者间接的控制往往会对市场竞争产生破坏作用,所以反垄断法对其予以规制。

二、企业过度集中对竞争的危害

反垄断法对经营者集中行为进行调整,其目的是规范经营者集中对市场竞争关系的影响,并通过禁止或者限制不当的经营者集中来保护其他竞争者的合法权益,维护公平的竞争环境,保护消费者的合法权益。

经营者集中并不一定会削弱市场上的竞争。企业适度地集中,有利于发挥规模经济的作用,有利于优化企业组织机构和产业结构,有利于提高企业的国际竞争力。是否会削弱市场竞争主要取决于有关市场上的竞争情况以及参与集中的企业的自身状况。在充分竞争的市场上,经营者集中通常不会削弱市场竞争,相反还有可能会促进市场竞争。反垄断法要规制的是过度的集中。其原因是:竞争对手之间的集中会消除企业之间的竞争;处于市场支配地位的企业能更有效地操纵市场;集中会增加其他企业进入市场的障碍;企业的过度集中往往与排挤竞争对手的掠夺性定价等行为同时存在。经营者集中规制的焦点是关注集中所导致的潜在的、对竞争不利的后果。因此,各国反垄断法对于破坏市场有效竞争的企业过度集中都是加以禁止的。

三、经营者集中的分类

依照不同的标准,可以将经营者集中划分为不同的类型。值得注意的是,按照不同标准对经营者集中进行分类,不仅在理论上具有学术意义,而且在司法实践中也有重要价值。

(一)按集中当事人是否处于相同的生产经营阶段划分

按照集中当事人是否处于相同的生产经营阶段,可以将经营者集中分为横向经营者集中、纵向经营者集中和混合经营者集中。这种对经营者集中的划分主要是依据经营者集中对竞争秩序危害性的大小。因为当事人是否处于相同的生产经营阶段,其集中后对竞争的影响是不同的。

(二)按经营者集中的不同实现方式划分

按照经营者集中的不同实现方式,可以将经营者集中分为企业合并、取得股份、取得财产、交叉任职等集中方式。

1. 企业合并。这里所说的企业合并,是指企业法意义上的企业合并。企业法意义上的企业合并是指两个或者两个以上的独立的企业依法达成合意,合并为一个企业的法律行为。企业法意义上的企业合并有两种形式,即新设合并和吸收合并。

2. 取得股份。反垄断法意义上的取得股份是指企业之间通过股份的取得,使一个企业能够直接或者间接控制另一个企业,它是经营者集中的一种重要方式。取得股份之所以作为经营者集中的一种形态,原因在于通过股份的取得,一个企业可能直接或者间接地控制另一个企业,这就有可能导致市场势力的集中,破坏公平的市场竞争环境。

取得股份虽然是经营者集中的重要方式,但是,并非所有的取得股份的行为都是经营者集中。当一个企业仅取得另一个企业很小份额的股份的时候,它们相互之间的影响就很小。一般来讲,如果一个企业取得另一个企业50%以上的股份,它就可以对被取得企业施加支配性影响,这通常被称为控股。但在市场经济条件下,随着企业股份在市场上的分散化,企业一般不需要取得50%以上的股份,就可以实现对被取得企业的控制。因此,法律上应当对取得的股份在量上作出适当的规定。德国《反对限制竞争法》第37条第3款规定,一个企业取得另一个企业的股份,如果这些股份或者它们与该企业以往所持有的股份共同达到被取得企业25%或者50%的资本或者表决权,这两个企业便可以视为实现了集中。将取得股份划分为25%和50%的意义在于,取得股份越大,企业从经济上和法律上集中的可能性就越大,从而在竞争政策上对其进行控制的必要性就越大。

3. 取得财产。反垄断法意义上的取得财产(acquisition of assets)是指企业之间通过取得财产的方式,使一个企业能够直接或者间接地控制另一个企业。同取得股份一样,取得财产也是一种重要的经营者集中方式。如果一个企业通过购买、承担债务或者其他方式取得了另一个企业全部或者相当部分的财产,那么这两个企业便实现了集中。

4. 交叉任职。反垄断法意义上的交叉任职是指企业之间通过兼任管理职务的行为,使一个企业能够直接或者间接地控制另一个企业。如果一家企业的董事会、监事会或者其他被委托执行事务的机构中有一部分成员兼任了另一家企业的管理机构的成员,并且使该企业能够实现对另一家企业直接或者间接的控制,那么,这种交叉任职的行为也被视为反垄断法意义上的经营者集中。

四、我国《反垄断法》对经营者集中的规制

我国《反垄断法》规定,经营者集中是指下列情形:经营者合并;经营者通过取得股权或者资产的方式取得对其他经营者的控制权;经营者通过合同等方式取得对其他经营者的控制权或者能够对其他经营者施加决定性影响。经营者集中达到国务院规定的申报标准的,经营者应当事先向国务院反垄断执法机构申报,未申报的不得实施集中。

关于经营者集中的申报制度,在理论上有四种可能的制度安排,即自愿的事先申报、强制的事先申报、自愿的事后申报、强制的事后申报。在历经演变和取舍之后,目前普遍采取了强制的事先申报制度。我国《反垄断法》顺应这一制度选择,在第21条规定了强制事先申报制度,即经营者集中达到国务院规定的申报标准的,经营者应当事先向国务院反垄断执法机构申报,未申报的不得实施集中。这一规定,有利于克服自愿申报机制的缺陷,实现经营者集中制度的价值;可以避免事后申报而得不到批准所导致的

困境和资源浪费;可以增加反垄断法的事先指引功能。所有的这些优势都将有助于反垄断法立法目标的实现。

经营者集中有下列情形之一的,可以不向国务院反垄断执法机构申报:①参与集中的一个经营者拥有其他每个经营者50%以上有表决权的股份或者资产的;②参与集中的每个经营者50%以上有表决权的股份或者资产被同一个未参与集中的经营者拥有的。

经营者向国务院反垄断执法机构申报集中,应当提交下列文件、资料:①申报书;②集中对相关市场竞争状况影响的说明;③集中协议;④参与集中的经营者经会计师事务所审计的上一会计年度财务会计报告;⑤国务院反垄断执法机构规定的其他文件、资料。申报书应当载明参与集中的经营者的名称、住所、经营范围、预定实施集中的日期和国务院反垄断执法机构规定的其他事项。经营者提交的文件、资料不完备的,应当在国务院反垄断执法机构规定的期限内补交文件、资料。经营者逾期未补交文件、资料的,视为未申报。

国务院反垄断执法机构应当自收到经营者提交的符合规定的文件、资料之日起30日内,对申报的经营者集中进行初步审查,作出是否实施进一步审查的决定,并书面通知经营者。国务院反垄断执法机构作出决定前,经营者不得实施集中。国务院反垄断执法机构作出不实施进一步审查的决定或者逾期未作出决定的,经营者可以实施集中。

国务院反垄断执法机构决定实施进一步审查的,应当自决定之日起90日内审查完毕,作出是否禁止经营者集中的决定,并书面通知经营者。作出禁止经营者集中的决定,应当说明理由。审查期间,经营者不得实施集中。有下列情形之一的,国务院反垄断执法机构经书面通知经营者,可以延长前款规定的审查期限,但最长不得超过60日:①经营者同意延长审查期限的;②经营者提交的文件、资料不准确,需要进一步核实的;③经营者申报后有关情况发生重大变化的。国务院反垄断执法机构逾期未作出决定的,经营者可以实施集中。

经营者集中具有或者可能具有排除、限制竞争效果的,国务院反垄断执法机构应当作出禁止经营者集中的决定。但是,经营者能够证明该集中对竞争产生的有利影响明显大于不利影响,或者符合社会公共利益的,国务院反垄断执法机构可以作出对经营者集中不予禁止的决定。对不予禁止的经营者集中,国务院反垄断执法机构可以决定附加减少集中对竞争产生不利影响的限制性条件。国务院反垄断执法机构应当将禁止经营者集中的决定或者对经营者集中附加限制性条件的决定,及时向社会公布。

对外资并购境内企业或者以其他方式参与经营者集中涉及国家安全的,除依照本法规定进行经营者集中审查外,还应当按照国家有关规定进行国家安全审查。

第五节 对行政性垄断的规制

一、行政性垄断的概念和特征

行政性垄断是指行政机关和法律、法规授权的具有管理公共事务职能的组织滥用行政权力,排除、限制竞争。行政性垄断主要有以下法律特征:

第一,行政性垄断的实施主体是行政机关和法律、法规授权的具有管理公共事务职能的组织,其中的行政机关包括中央政府所属的各部门、地方各级政府、地方各级政府所属的各部门,但不包括中央政府。

第二,行政性垄断的本质特征是滥用行政权力。行政性垄断所凭借的不是一种经济优势,而是一种行政权力优势,即所谓超经济的力量;并且,这种优势是通过对行政权力的滥用表现出来的。

第三,行政性垄断具有鲜明的强制性。行政性垄断是以行政权力为后盾,借助行政权力的权威不正当地干预特定市场上企业间的竞争。对特定市场上的企业来说,它们既不能无视行政性垄断的存在,也不能逃避或抗拒行政性垄断的强制力量。

二、行政性垄断的分类

依据不同的标准,可以对行政性垄断进行不同的分类。

第一,依据行使行政权力的表现方式,行政性垄断既可以表现为具体行政行为又可表现为抽象行政行为。为了禁止以抽象行政行为实施的行政性垄断,《反垄断法》第三十七条明确规定,行政机关不得滥用行政权力制定含有排除、限制竞争内容的规定。

第二,行政性垄断表现为对全国统一市场的条块分割。条状分割即行业垄断,又称部门垄断、部门封锁、部门壁垒、部门贸易壁垒等;块状分割即地区封锁,又称地区垄断、地区壁垒、地区贸易壁垒。部门垄断是指政府各部门为保护本部门的企业和经济利益,滥用行政权力而实施的排除、限制其他部门企业参与本部门市场竞争的违法行为。地区垄断是指地方政府及其所属部门为保护本地企业的经济利益,滥用行政权力而实施的排除、限制外地企业参与本地市场竞争或本地企业参与外地市场竞争的违法行为。针对地区封锁,国务院于2001年4月21日专门出台了《国务院关于禁止在市场经济活动中实行地区封锁的规定》,规定禁止各种形式的地区封锁行为。

三、行政性垄断的危害

行政性垄断是一种比经济性垄断影响更广泛、更持久、更严重的排除和限制竞争的不法行为,因而其危害性远甚于经济性垄断。具体来说,行政性垄断的危害主要体现在以下诸方面:

第一,阻碍全国统一市场的形成。行政性垄断总是从某一地区或某一部门的利益出发,将该地区或该部门与其他地区或其他部门隔绝开来,形成地区经济封锁和部门经济封锁,从而直接阻碍和破坏全国市场的形成。

第二,损害市场主体独立自主的经营权和消费者的利益。地区垄断和部门垄断等行政性垄断行为破坏了优胜劣汰机制正常发挥作用,保护了落后经营者,使广大消费者没有选择的余地,不得不接受质量低劣的商品或服务。

第三,阻碍形成自由、公平的有效竞争秩序。行政性垄断通过"条块分割"和企业差别待遇等行政手段,直接阻碍企业之间的自由和公平的竞争,从而在一定的交易领域直接限制甚至排除竞争,自然难以期待出现有效竞争的良好秩序。

第四,极易演化为经济性垄断。从1980年以来,为发展规模经济和打破地区、部门垄断,国务院经济管理部门纷纷采用行政手段促成企业的兼并、重组,结果建立了一批全国性和地区性的行政性公司和企业集团,但未想到反行政性垄断的目的未达到,反而在一定程度上增强了地区封锁和部门垄断,严重限制了竞争。由于这些行政性公司、企业集团都占有很大的市场份额,一旦进入了经济领域,极易演化成经济性垄断。

此外,行政性垄断的根本目的在于保护地区和部门的利益,它的泛滥会使企业不再把精力放在如何提高经济效益和科学管理水平来进行正当的合法竞争,而是将大量的费用用于政府寻租行为,尤其是争取得到行政权力的庇护,这必然产生官商勾结、权钱交易等腐败现象,从而败坏良好的社会风气。可以说,现在的腐败盛行和道德水准下降与行政性垄断的猖獗不无直接联系。

四、《反垄断法》对行政性垄断行为的规制

我国《反垄断法》在总则部分作出了原则规定。该法第八条规定,行政机关和法律、法规授权的具有管理公共事务职能的组织不得滥用行政权力排除、限制竞争。

为了打破行业垄断,《反垄断法》第32条规定,行政机关和法律、法规授权的具有管理公共事务职能的组织不得滥用行政权力,限定或者变相限定单位或者个人经营、购买、使用其指定的经营者提供的商品。

为了打破地区封锁,《反垄断法》第33条规定,行政机关和法律、法规授权的具有管理公共事务职能的组织不得滥用行政权力,实施下列行为,妨碍商品在地区之间的自

由流通:①对外地商品设定歧视性收费项目、实行歧视性收费标准,或者规定歧视性价格;②对外地商品规定与本地同类商品不同的技术要求、检验标准,或者对外地商品采取重复检验、重复认证等歧视性技术措施,限制外地商品进入本地市场;③采取专门针对外地商品的行政许可,限制外地商品进入本地市场;④设置关卡或者采取其他手段,阻碍外地商品进入或者本地商品运出;⑤妨碍商品在地区之间自由流通的其他行为。针对现实经济生活中暴露的问题,第三十四条规定,行政机关和法律、法规授权的具有管理公共事务职能的组织不得滥用行政权力,以设定歧视性资质要求、评审标准或者不依法发布信息等方式,排斥或者限制外地经营者参加本地的招标投标活动。第三十五条规定,行政机关和法律、法规授权的具有管理公共事务职能的组织不得滥用行政权力,采取与本地经营者不平等待遇等方式,排斥或者限制外地经营者在本地投资或者设立分支机构。

此外,行政机关和法律、法规授权的具有管理公共事务职能的组织不得滥用行政权力,强制经营者从事《反垄断法》禁止的垄断行为。

第六节 反垄断法的实施

一、反垄断法的适用原则

关于反垄断法的适用原则,在美国的实践中形成了本身违法原则(Per se illegal)和合理原则(Rule of Reason)两项重要原则。这两项原则,最初是作为判断是否构成限制竞争协议的标准而确立的,后被各国反垄断法所采用,作为判断垄断及垄断性行为违法与否的原则,成为"重要的或者基本性的竞争政策分析工具"。

本身违法原则是指,当某种行为一旦被认定为反垄断法明文规定的类型,无需对其经济理由和经济后果进行进一步调查,便可认定其非法。本身违法原则的形成则经历了一系列的判例。在1940年的美国诉索科尼真空油公司案(United States v. Socony-Vacuum Oil CO)中,该原则得到最终确立。该案中美国联邦最高法院认为:"有些协议或做法由于它们本身危害竞争以及对该危害无法弥补,肯定意味着是不合理的,因而是非法的,无需详细调查该类协议造成的确切损害或对其适用作出辩解。"本身违法原则最大的优势是避免了旷日持久的司法调查,简化了反垄断法的适用程序,从而节省诉讼成本。同时,这一原则的适用,为反垄断法带来了极大的确定性,使企业可预期其行为所带来的后果。例如,价格卡特尔、数量卡特尔、联合抵制等行为属于典型的可适用本身违法原则的行为。

"合理原则"是指在衡量案件的所有情况下,决定企业的行为是否对竞争有不合理的限制。合理原则是一种衡量方法,用来确定案件中的行为是否属于法律禁止的行为。根据合理原则,是否对竞争秩序构成危害是特定的垄断状态或者垄断行为成为反垄断法规制对象的直接尺度。反垄断主管机关在全面衡量当事人行为对市场影响的基础上,确定该行为是否违法。从美国法发展史上可知,创设合理原则的初衷在于豁免少数限制性协议,具有弥补本身违法原则不足的功能。然而,值得注意的是,合理原则的弹性使得它的适用范围可宽可窄,适用标准可严可松。受其规制的对象既可以是极为抽象的"不合理的"、"对公众有害的"、"压制或毁灭竞争的"行为,也可以是较为具体的"结果导致垄断或意图形成垄断的行为",还可以是把握不准的"反竞争效果大于竞争利益的行为"。[①]在增加法官和执法官员的自由裁量权的同时,也进一步增加了争议解决中的非连续性和不可预见性。这既是该原则的最大优点,也是它的致命缺陷。另外,它的弹性也产生了新的司法成本,降低了特定行为合法性的确定性,增加了诉讼争议的发生率。

合理原则采取个案评价的方式,体现了该原则的灵活性。合理原则的应用与一国的产业政策和竞争政策息息相关,这正体现了反垄断法的经济政策性,所以,合理原则在不同的国家以及同一个国家的不同发展时期的判断标准是不同的。在不同的历史时期采取宽严有别的企业集中政策是发达国家反垄断立法及实践的价值取向。

二、反垄断主管机构

(一)机构的设置及其特点

"徒法不足以自行",而且竞争法的规定往往比较原则,因此如何保证竞争法的实施就是一个十分重要的立法和执法问题。各国法律一般都专门规定竞争法的主管机关,由其负责竞争法的执法。总结其他国家和地区的立法例,可以发现竞争法的主管机关具有以下特点:

1. 主管机关具有法定性。各国对竞争法的主管机关的设立及职权均由法律明确规定,如美国制定了专门的《联邦贸易委员会法》,德国《反限制竞争法》第二编标题为"卡特尔当局"。通过这些明确规定,不但赋予了主管机关较高的法律地位和独立性,而且使其行使职权有了具体的法律依据。

2. 主管机关的独立性。由于竞争法对市场经济十分重要,而违反竞争法的主体通常能得到丰厚的利益,它们为了获得或者维护这种地位有很强的寻租动机,因此为了使

---

① 王天习:《论美国托拉斯法"模糊性"的三大表现》,《法学评论》2002年第1期,第109页。

主管机关摆脱各种利益冲突和其他机关对它的影响,并避免出现监管者被俘获的现象,各国都强调主管机关的独立性。美国联邦贸易委员会是独立的管制委员会,德国联邦卡特尔局虽然隶属于联邦经济部,但德国却是以强调主管机关独立性著称的,联邦卡特尔局裁决的独立性基本可以不受利益集团争执的影响。

3. 主管机关的专业性。由于竞争关系本身就是一种复杂的社会现象,竞争法规定一般都很原则,对执法者执法水平有很高的要求。竞争法的执法不仅牵涉到法律问题,还可能与一国或一地区的产业政策、经济政策相联系,因此各国竞争法主管机关一般由法学家、律师和经济学家等专家组成,这些成员具有法学、经济学和管理学等专业知识。具有专业性和专家化的主管机关不但可以提高执法活动的科学性和效率,而且能提高主管机关的独立性,因为这些人本身就是专家,不容易受到其他因素影响。

4. 主管机关权力的广泛性。为了保证竞争法能得到有效实施,各国一般规定主管机关有广泛的权力。虽然主管机关性质上是行政机关,但其享有的权力远远超过了行政权力,还享有准立法权和准司法权。主管机关有权根据法律或立法机关的授权制定、颁布具有普遍约束力的规范性文件,并且可以按照准司法程序处理违反竞争法的案件。对于主管机关的具体权力将在主管机关的权限中具体介绍。

(二)主管机构的工作程序

竞争法的公力实施通常是由竞争法的主管机关通过行政权(包括准立法权和准司法权)进行的。正如上文所指出的,许多国家的主管机关对违反竞争法的行为进行处理一般是采用准司法程序,这种实施方式是竞争法区别于一般法律的重要特征。

(三)我国《反垄断法》确立了"双层次多机构"的反垄断实施体制

1. 不同性质的实施机构及其职责。

(1)国务院反垄断委员会。《反垄断法》规定,国务院设立反垄断委员会,负责组织、协调、指导反垄断工作。反垄断委员会履行下列职责:研究拟订有关竞争政策;组织调查、评估市场总体竞争状况,发布评估报告;制定、发布反垄断指南;协调反垄断行政执法工作;国务院规定的其他职责。国务院反垄断委员会的组成和工作规则由国务院规定。

(2)国务院反垄断执法机构。国务院规定的承担反垄断执法职责的机构(以下统称国务院反垄断执法机构)依照规定,负责反垄断执法工作。国务院反垄断执法机构根据工作需要,可以授权省、自治区、直辖市人民政府相应的机构,依照本法规定负责有关反垄断执法工作。

2. 执法机构的执法保障措施及义务。反垄断执法机构调查涉嫌垄断行为,可以采取下列措施:①进入被调查的经营者的营业场所或者其他有关场所进行检查;②询问被调查的经营者、利害关系人或者其他有关单位或者个人,要求其说明有关情况;③查阅、复制被调查的经营者、利害关系人或者其他有关单位或者个人的有关单证、协议、会计账簿、业务函电、电子数据等文件、资料;④查封、扣押相关证据;⑤查询经营者的银行账户。采取前款规定的措施,应当向反垄断执法机构主要负责人书面报告,并经批准。

反垄断执法机构调查涉嫌垄断行为,执法人员不得少于2人,并应当出示执法证件。执法人员进行询问和调查,应当制作笔录,并由被询问人或者被调查人签字。反垄断执法机构及其工作人员对执法过程中知悉的商业秘密负有保密义务。

3.被调查的经营者的配合义务。被调查的经营者、利害关系人或者其他有关单位或者个人应当配合反垄断执法机构依法履行职责,不得拒绝、阻碍反垄断执法机构的调查。被调查的经营者、利害关系人有权陈述意见。反垄断执法机构应当对被调查的经营者、利害关系人提出的事实、理由和证据进行核实。

4.对垄断行为的处理。反垄断执法机构对涉嫌垄断行为调查核实后,认为构成垄断行为的,应当依法作出处理决定,并可以向社会公布。

5.经营者承诺制度。对反垄断执法机构调查的涉嫌垄断行为,被调查的经营者承诺在反垄断执法机构认可的期限内采取具体措施消除该行为后果的,反垄断执法机构可以决定中止调查。经营者承诺制度有助于节约执法资源并有效地打击垄断行为,因而为很多国家的反垄断法所采纳。

中止调查的决定应当载明被调查的经营者承诺的具体内容。反垄断执法机构决定中止调查的,应当对经营者履行承诺的情况进行监督。经营者履行承诺的,反垄断执法机构可以决定终止调查。有下列情形之一的,反垄断执法机构应当恢复调查:①经营者未履行承诺的;②作出中止调查决定所依据的事实发生重大变化的;③中止调查的决定是基于经营者提供的不完整或者不真实的信息作出的。

第七节 法律责任

一、经营者违反《反垄断法》的法律责任

(一)垄断行为的民事责任

《反垄断法》第50条明确规定,经营者实施垄断行为,给他人造成损失的,依法承担民事责任。

(二)垄断行为的行政责任

1.垄断协议的行政责任。经营者违反反垄断法的规定,达成并实施垄断协议的,由

反垄断执法机构责令停止违法行为,没收违法所得,并处上一年度销售额1%以上10%以下的罚款;尚未实施所达成的垄断协议的,可以处50万元以下的罚款。

值得注意的是,由于许多垄断协议是秘密达成的,反垄断执法机构发现并查处秘密垄断协议的难度甚大。鼓励秘密垄断协议的参与者告发,有利于阻止达成秘密垄断协议、及时发现秘密垄断协议并防止其危害的持续和蔓延。我国《反垄断法》借鉴其他国家立法经验,引入了宽恕制度,以有力打击秘密垄断协议、节约执法资源。为此,第四十六条第二款规定,经营者主动向反垄断执法机构报告达成垄断协议的有关情况并提供重要证据的,反垄断执法机构可以酌情减轻或者免除对该经营者的处罚。

此外,针对行业协会,反垄断法专款规定,行业协会违反反垄断法的规定,组织本行业的经营者达成垄断协议的,反垄断执法机构可以处50万元以下的罚款;情节严重的,社会团体登记管理机关可以依法撤销其登记。

2. 滥用市场支配地位的行政责任。经营者违反反垄断法的规定,滥用市场支配地位的,由反垄断执法机构责令停止违法行为,没收违法所得,并处上一年度销售额1%以上10%以下的罚款。

3. 经营者违法实施集中的行政责任。经营者违反反垄断法的规定实施集中的,由国务院反垄断执法机构责令停止实施集中、限期处分股份或者资产、限期转让营业以及采取其他必要措施恢复到集中前的状态,可以处50万元以下的罚款。

二、行政性垄断的法律责任

行政机关和法律、法规授权的具有管理公共事务职能的组织滥用行政权力,实施排除、限制竞争行为的,由上级机关责令改正;对直接负责的主管人员和其他直接责任人员依法给予处分。反垄断执法机构可以向有关上级机关提出依法处理的建议。法律、行政法规对行政机关和法律、法规授权的具有管理公共事务职能的组织滥用行政权力实施排除、限制竞争行为的处理另有规定的,依照其规定。

三、妨害反垄断调查的法律责任

对反垄断执法机构依法实施的审查和调查,拒绝提供有关材料、信息,或者提供虚假材料、信息,或者隐匿、销毁、转移证据,或者有其他拒绝、阻碍调查行为的,由反垄断执法机构责令改正,对个人可以处2万元以下的罚款,对单位可以处20万元以下的罚款;情节严重的,对个人处2万元以上10万元以下的罚款,对单位处20万元以上100万元以下的罚款;构成犯罪的,依法追究刑事责任。

我国《反垄断法》第53条规定,对反垄断执法机构依据本法第二十八条、第二十九条作出的决定不服的,可以先依法申请行政复议;对行政复议决定不服的,可以依法提起行政诉讼。对反垄断执法机构作出的前款规定以外的决定不服的,可以依法申请行政复议或者提起行政诉讼。

四、反垄断执法机构工作人员的法律责任

反垄断执法机构工作人员滥用职权、玩忽职守、徇私舞弊或者泄露执法过程中知悉的商业秘密构成犯罪的,依法追究刑事责任;尚不构成犯罪的,依法给予处分。

本章小结

所谓垄断行为是指排除、限制竞争以及可能排除、限制竞争的行为,包括经营者之间达成排除或者限制竞争的协议、决定或者其他协同一致的行为,经营者滥用市场支配地位的行为,经营者之间可能排除或者限制竞争的集中行为,以及行政机关和法律、法规授权的具有管理公共事务职能的组织滥用行政权力,排除或者限制竞争的行为。垄断行为的出现,在法律上则是传统民商法所奉行的"契约自由"、"意思自治"的异化物。

各国竞争法律制度的立法模式并不完全相同,可以概括为两种类型:分立式立法和合并式立法。我国采用分立式立法的模式。反不正当竞争法与反垄断法是有所不同的,各有侧重。

在确定竞争所涉及的范围时,需要对相关市场进行界定。所谓相关市场,是指经营者在一定时期内就特定商品或者服务进行竞争的商品范围和地域范围。

垄断协议是指排除、限制竞争的协议、决定或者其他协同行为。垄断协议与合同法所称的协议还是有区别的。

根据不同的标准,垄断协议可以有不同的分类。横向垄断协议与纵向垄断协议的划分是竞争法对垄断协议最基本的分类。一般而言,横向垄断协议对竞争的危害较为直接和严重,多适用本身违法原则;纵向垄断协议对竞争的影响比横向垄断协议弱,多适用合理原则。

反垄断法的豁免制度是反垄断法的重要内容之一。反垄断法的豁免制度与反垄断法的除外制度有明显的区别。

市场支配地位是指经营者在相关市场内具有能够控制商品价格、数量或者其他交易条件,或者能够阻碍、影响其他经营者进入相关市场能力的市场地位。禁止具有市场支配地位的经营者从事下列滥用市场支配地位的行为:①以不公平的高价销售商品或者以不公平的低价购买商品;②没有正当理由,以低于成本的价格销售商品;③没有正当理由,拒绝与交易相对人进行交易;④没有正当理由,限定交易相对人只能与其进行

交易或者只能与其指定的经营者进行交易;⑤没有正当理由搭售商品,或者在交易时附加其他不合理的交易条件;⑥没有正当理由,对条件相同的交易相对人在交易价格等交易条件上实行差别待遇;⑦国务院反垄断执法机构认定的其他滥用市场支配地位的行为。

经营者集中是指经营者合并、经营者通过取得股权或者资产的方式取得对其他经营者的控制权、经营者通过合同等方式取得对其他经营者的控制权或者能够对其他经营者施加决定性影响。反垄断法意义上的经营者集中虽然包括企业法意义上的企业合并,但是两者并不相同。关于经营者集中我国《反垄断法》规定了强制事先申报制度。

行政性垄断是指行政机关和法律、法规授权的具有管理公共事务职能的组织滥用行政权力,排除、限制竞争。行政性垄断既可以表现为具体行政行为又可表现为抽象行政行为。行政性垄断表现为对全国统一市场的条块分割。行政性垄断是一种比经济性垄断影响更广泛、更持久、更严重的排除和限制竞争的不法行为,因而其危害性远甚于经济性垄断。

关于反垄断法的适用原则,本身违法原则和合理原则成为"重要的或者基本性的竞争政策分析工具"。

各国法律一般都专门规定竞争法的主管机关,由其负责竞争法的执法,具有法定性、独立性、专业性等特点。我国《反垄断法》确立了"双层次多机构"的反垄断实施体制。

经营者承诺制度有助于节约执法资源并有效地打击垄断行为,因而为很多国家的反垄断法所采纳。

经营者违反反垄断法,可能要承担民事责任、行政责任。借鉴了其他国家立法中的有益经验,我国《反垄断法》引入了"宽恕制度"。

思考练习题

1. 垄断协议的分类标准和分类意义是什么?
2. 哪些垄断协议应该适用自身违法标准,为什么?
3. 滥用市场支配地位的种类有哪些?
4. 反垄断法意义上的企业集中与企业法意义上的企业合并有哪些异同?
5. 简述我国反垄断法制止行政性垄断的意义。
6. 我国反垄断法主管机构的特点是什么?

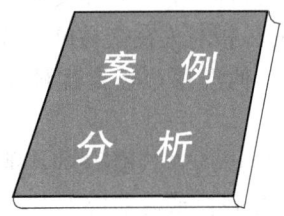

案例

中华人民共和国商务部公告(2009年 第22号)[①]

中华人民共和国商务部收到美国可口可乐公司(简称可口可乐公司)与中国汇源果汁集团有限公司(简称中国汇源公司)的经营者集中反垄断申报,根据《反垄断法》第30条,现公告如下:

一、立案和审查过程

2008年9月18日,可口可乐公司向商务部递交了申报材料。9月25日、10月9日、10月16日和11月19日,可口可乐公司根据商务部要求对申报材料进行了补充。11月20日,商务部认为可口可乐公司提交的申报材料达到了《反垄断法》第23条规定的标准,对此项申报进行立案审查,并通知了可口可乐公司。由于此项集中规模较大、影响复杂,2008年12月20日,初步的审查工作结束后,商务部决定实施进一步审查,书面通知了可口可乐公司。在进一步审查过程中,商务部对集中造成的各种影响进行了评估,并于2009年3月20日前完成了审查工作。

……

三、审查工作

立案后,商务部对此项申报依法进行了审查,对申报材料进行了认真核实,对此项申报涉及的重要问题进行了深入分析,并通过书面征求意见、论证会、座谈会、听证会、实地调查、委托调查以及约谈当事人等方式,先后征求了相关政府部门、相关行业协会、果汁饮料企业、上游果汁浓缩汁供应商、下游果汁饮料销售商、集中交易双方、可口可乐公司中方合作伙伴以及相关法律、经济和农业专家等方面意见。

四、竞争问题

审查工作结束后,商务部依法对此项集中进行了全面评估,确认集中将产生如下不利影响:

---

① http://fldj.mofcom.gov.cn/aarticle/ztxx/200903/20090306108494.html。

1. 集中完成后,可口可乐公司有能力将其在碳酸软饮料市场上的支配地位传导到果汁饮料市场,对现有果汁饮料企业产生排除、限制竞争效果,进而损害饮料消费者的合法权益。

2. 品牌是影响饮料市场有效竞争的关键因素,集中完成后,可口可乐公司通过控制"美汁源"和"汇源"两个知名果汁品牌,对果汁市场控制力将明显增强,加之其在碳酸饮料市场已有的支配地位以及相应的传导效应,集中将使潜在竞争对手进入果汁饮料市场的障碍明显提高。

3. 集中挤压了国内中小型果汁企业生存空间,抑制了国内企业在果汁饮料市场参与竞争和自主创新的能力,给中国果汁饮料市场有效竞争格局造成不良影响,不利于中国果汁行业的持续健康发展。

五、附加限制性条件的商谈

为了减少审查中发现的不利影响,商务部与可口可乐公司就附加限制性条件进行了商谈。商谈中,商务部就审查中发现的问题,要求可口可乐公司提出可行解决方案。可口可乐公司对商务部提出的问题表述自己的看法,并先后提出了初步解决方案及其修改方案。经过评估,商务部认为可口可乐公司针对影响竞争问题提出的救济方案,仍不能有效减少此项集中产生的不利影响。

六、审查决定

鉴于上述原因,根据《反垄断法》第28条和第29条,商务部认为,此项经营者集中具有排除、限制竞争效果,将对中国果汁饮料市场有效竞争和果汁产业健康发展产生不利影响。鉴于参与集中的经营者没有提供充足的证据证明集中对竞争产生的有利影响明显大于不利影响或者符合社会公共利益,在规定的时间内,可口可乐公司也没有提出可行的减少不利影响的解决方案,因此,决定禁止此项经营者集中。

本决定自公告之日起生效。

中华人民共和国商务部
二〇〇九年三月十八日

法理分析

以上所举案例是我国首例禁止经营者集中的案例。

根据国务院2008年8月1日第20次常务会议通过的《关于经营者集中申报标准的规定》,经营者集中达到下列标准之一的,应当事先向国务院商务主管部门申报,未申报的不得实施集中:①参与集中的所有经营者上一会计年度在全球范围内的营业额合计超过100亿元人民币,并且其中至少两个经营者上一会计年度在中国境内的营业额均超过4亿元人民币;②参与集中的所有经营者上一会计年度在中国境内的营业额合计超过20亿元人民币,并且其中至少两个经营者上一会计年度在中国境内的营业额均超过4亿元人民币。营业额的计算,应当考虑银行、保险、证券、期货等特殊行业、领域的实际情况,具体办法由国务院商务主管部门会同国务院有关部门制定。经营者集中未达到上述规定的申报标准,但按照规定程序收集的事实和证据表明该经营者集中具有或者可能具有排除、限制竞争效果的,国务院商务主管部门应当依法进行调查。上述案例中的经营者集中达到国务院规定的申报标准,为此,当事人向国家商务主管部门提出申报。

　　国家商务主管部门审查经营者集中时,应当考虑下列因素:①参与集中的经营者在相关市场的市场份额及其对市场的控制力;②相关市场的市场集中度;③经营者集中对市场进入、技术进步的影响;④经营者集中对消费者和其他有关经营者的影响;⑤经营者集中对国民经济发展的影响;⑥国务院反垄断执法机构认为应当考虑的影响市场竞争的其他因素。经营者集中具有或者可能具有排除、限制竞争效果的,国务院反垄断执法机构应当作出禁止经营者集中的决定。

　　综上,国家商务主管部门最终决定禁止美国可口可乐公司与中国汇源公司的经营者集中。

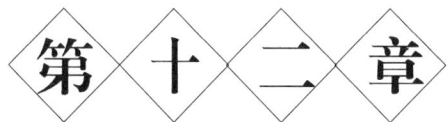

证券法律制度

★ 本章学习要点与要求 ★

通过本章的学习应掌握证券的概念和种类、证券法的概念和基本原则、证券市场的主体、证券发行制度、证券上市、证券交易的概念及交易场所、禁止的证券交易行为、上市公司收购的概念和意义、上市公司收购的主要具体制度、证券监管制度、证券投资基金的概念、证券投资基金的设立和募集、基金托管人和基金管理人、基金持有人的权利和义务。

第一节 证券和证券法概述

一、证券的概念和种类

证券是证明持有者享有一定权益的凭证的通称,是用来证明证券持有者按其所载取得相应权益的凭证。证券是商品经济和社会化大生产的产物。

从总体讲,证券可以分为两大类:一类是无价证券,即证券本身不能是其持有者取得收入的证券,例如车船票、商品供应券即属于无价证券;另一类则是有价证券,即具有一定票面金额,证明其持有者有权按其取得一定收入的证券。有价证券又有广义和狭义之分。广义的有价证券包括货币证券和资本证券,货币证券主要包括汇票、本票和支票,它们属于票据法的调整对象;狭义的有价证券主要是指资本证券,也就是证券法上所指的证券,它主要包括股票、公司债券和国务院确定的其他证券。

股票是股份有限公司发行的证明股东所持股份的凭证。股票可以根据股东所享有的权利分成普通股和优先股;根据票面上是否记有股东姓名分为记名股票和无记名股票;根据是否有票面金额分为面额股票和无面额股票,等等。

债券是一种债务证书,是对借款承担偿还本息义务的凭证。债券持有人可凭债券按期支取固定利息,并在到期时向发行人收回本金。债券根据发行人的不同可分为政府债券、金融债券和企业债券三大类。

二、证券法的概念和基本原则

证券法是调整证券发行、交易和证券监管过程中发生的经济关系的法律规范的总称,这是广义上证券法的概念。狭义的证券法,即证券法典,例如,我国全国人民代表大会常务委员会制定的《中华人民共和国证券法》。根据《证券法》第 2 条的规定,我国《证券法》主要适用于股票、公司债券和国务院依法认定的其他证券。对于这几种证券,《证券法》既适用于其发行,即一级市场,也适用于其交易,即二级市场。

证券市场是整个市场体系的重要组成部分,在现代经济生活中起着日益重要的作用。自改革开放以来,随着证券市场的建立和发展,证券市场的法制建设也取得了很大的成绩。为了规范证券发行和交易行为,保护投资者的合法权益,维护社会经济秩序和社会公共利益,促进社会主义市场经济的发展,1998 年 12 月 29 日第九届全国人民代表大会常务委员会第六次会议通过了《证券法》,自 1999 年 7 月 1 日起施行。2004 年 8 月 28 日,第十届全国人民代表大会常务委员会第十一次会议通过了《关于修改〈中华人民共和国证券法〉的决定》,对《证券法》进行了修改。2005 年 10 月 27 日,第十届全国人民代表大会常务委员会第十八次会议再次对《证券法》进行了修改。在中国境内,股票、公司债券和国务院依法认定的其他证券的发行和交易,都要适用该法。该法未规定的,适用公司法和其他法律、行政法规的规定。在此之前,我国还制定了《企业债券管理条例》、《股票发行与交易管理暂行条例》、《禁止证券欺诈行为暂行办法》、《证券投资基金管理暂行办法》等。这一系列证券法规的制定和实施,使我国的证券法和证券管理渐成体系并日臻完善。

证券法的基本原则是指证券法所规定的证券发行和证券交易活动必须遵循的基本准则,是证券立法、司法和执法的出发点和指导思想,它体现了证券法的基本精神。《证券法》第 3 条和第 4 条分别规定,"证券的发行、交易活动,必须实行公开、公平、公正的原则","证券发行、交易活动的当事人具有平等的法律地位,应当遵守自愿、有偿、诚实信用的原则"。由此可见,证券法的基本原则是公平、公正、公开的原则和自愿、有偿、诚实信用的原则。

公平原则是指在证券发行和交易活动中,投资人、发行人、证券商和证券专业服务机构等市场主体的法律地位平等,即平等地享受权利和承担义务,公平地开展竞争,合法权益受到公平保护。它要求不同经济实力、不同地区的投资人应享受同等的待遇。

公正原则是指在证券市场中,立法者应制定公正的规则,司法者和管理者按照这一规则公正地执行法律,对一切被监管者给予公正待遇。它禁止任何人在证券发行或交易中以其特权或优势获得不公正利益,使对方当事人蒙受不公正的损失。市场操纵、虚假陈述、欺诈客户、内幕交易等都是违反公正原则的行为。

公开原则,即信息披露制度,是指依照法律、行政法规的规定,具有信息披露义务的证券发行人、证券持有人及其他有关机构和人员,应当按照证券主管部门规定的内容、程序和时间履行公开义务。它体现三层精神:第一,证券应当向社会公开发行;第二,证券发行后,应当在证券交易场所公开交易,禁止非法"黑市"交易;第三,必须公开与证券发行、交易相关的信息。信息公开的基本要求是真实、准确、完整,没有虚假、误导性陈述或者重大遗漏。

公开原则是公正、公平的前提和保障,是实现公平、公正的必要措施,是证券法的精髓所在。实行公开原则,有利于投资者在全面了解情况的基础上作出投资决定,以维护投资者的利益;有利于发行公司接受广大股东和社会公众的监督,从而改善自身的经营管理;有利于国家及时掌握证券发行和交易信息,对证券市场实行统一管理和监督。贯彻公开原则的具体制度即是信息披露制度,主要包括:发行披露制度,如公告招股说明书、公司债券募集办法、财务会计报告;上市披露制度,即披露上市公告书;定期披露制度,包括中期报告和年度报告;临时披露制度,即临时报告,包括重大事件公告和公司收购公告。中期报告、年度报告和临时报告是保证上市公司信息持续公开的重要法律文件。《证券法》规定,发行人、上市公司公告招股说明书、公司债券募集办法、财务会计报告、上市报告文件、年度报告、中期报告、临时报告以及其他信息披露资料有虚假记载、误导性陈述或者有重大遗漏,致使投资者在证券交易中遭受损失的,发行人、上市公司应当承担赔偿责任;发行人、上市公司的董事、监事、高级管理人员和其他直接责任人员以及保荐人、承销的证券公司应当与发行人、上市公司承担连带赔偿责任。但是,能够证明自己没有过错的除外。发行人、上市公司的控股股东、实际控制人有过错的,应当与发行人、上市公司承担连带赔偿责任。证券监督管理机构、证券交易所、保荐人、承销的证券公司及有关人员,对公司依照法律、行政法规规定必须作出的公告,在公告前不得泄露其内容。依法必须披露的信息,应当在国务院证券监督管理机构指定的媒体发布,同时将其备置于公司住所、证券交易所,供社会公众查阅。

证券法律制度中的诚实信用原则是指证券发行与交易活动的当事人应当诚实履行义务,不得有任何证券欺诈行为,不得以损害国家、集体或他人利益为目的,不得滥用权利。证券管理机构和证券争议处理机关在履行职责时,如果没有法律依据或法律规定不明,应当依据诚实信用原则解释法律和处理问题。

第二节 证券市场的主体

证券市场的主体主要由证券投资者、证券公司、证券交易的服务机构、上市公司以及证券交易场所构成。在证券法律关系中,这些主体既是权利享有者,同时也是义务的承担者。关于上市公司,已在公司法律制度中讲述。在证券市场上,除了上述主体之外,还有证券监督管理机关。证券监督管理机关与上述主体之间是一种监管与被监管的关系。关于证券管理机关,将在本章专设一节进行讲述。

一、证券投资者

在证券市场,投资者是重要的市场主体。许多证券法律关系须有投资者的参与才能形成。《证券法》规定,投资者委托证券公司进行证券交易,应当申请开立证券账户。证券登记结算机构应当按照规定以投资者本人的名义为投资者开立账户。投资者申请开立账户,必须持有证明中国公民身份或者中国法人资格的合法证件。国家另有规定的除外。在证券交易中,禁止法人非法利用他人账户从事证券交易,禁止法人出借自己或者他人的证券账户。法律、行政法规规定禁止参与股票交易的人员直接或者以化名、借他人名义持有、买卖股票,若发生此类情况,应责令依法处理其非法持有的股票,没收违法所得,并处以所买卖股票等值以下的罚款;属于国家工作人员的,还应当依法给予行政处分。违反规定,法人以他人名义设立账户或者利用他人账户买卖证券的,责令改正,没收违法所得,并处以违法所得1倍以上5倍以下的罚款;没有违法所得或者违法所得不足3万元的,处3万元以上30万元以下的罚款。其直接负责的主管人员和其他直接责任人员给予警告,并处以3万元以上30万元以下的罚款。国有企业和国有资产控股的企业买卖上市交易的股票,必须遵守国家有关规定。

二、证券公司

(一)证券公司的概念及其分类

证券公司,是指依照《公司法》规定设立的并经国务院证券监督管理机构审查批准可以从事证券经营业务的有限责任公司或股份有限公司。证券公司必须在其名称中标明证券有限责任公司或者证券股份有限公司字样。

从总体上讲,证券公司的职能可以概括为自营、经纪和承销。各国证券立法对于证券公司职能是否兼营,立法有两种主张。分业经营主义主张各类证券商须严格遵守其业务范围,在承销、自营、经纪等业务中专事其一,以防损害委托人利益;综合经营主义则主张证券商可以兼营两种以上职能,以维持证券市场价格的持续性、流动性,促进市场交易发展。《证券法》第125条规定,经国务院证券监督管理机构批准,证券公司可以经营下列部分或者全部业务:证券经纪;证券投资咨询;与证券交易、证券投资活动有关的财务顾问;证券承销与保荐;证券自营;证券资产管理以及其他证券业务。由此可见,《证券法》规定对证券公司实行按照业务类型进行管理,有利于证券公司适应市场竞争和金融创新,为证券公司集团化发展和设立专门从事某项证券业务的专业子公司提供了法律依据。

(二)证券公司的设立条件

设立证券公司,应当具备下列条件:

1. 有符合法律、行政法规规定的公司章程。

2. 主要股东具有持续营利能力,信誉良好,最近3年无重大违法违规记录,净资产不低于人民币2亿元。

3. 有符合《证券法》规定的注册资本。

4. 董事、监事、高级管理人员具备任职资格,从业人员具有证券从业资格。

5. 有完善的风险管理与内部控制制度。

6. 有合格的经营场所和业务设施。

7. 法律、行政法规规定的和经国务院批准的国务院证券监督管理机构规定的其他条件。

(三)证券公司的人事、风险及业务的管理

1. 对证券公司的人事管理。根据《证券法》的有关规定,证券公司的董事、监事、高级管理人员,应当正直诚实,品行良好,熟悉证券法律、行政法规,具有履行职责所需的经营管理能力,并在任职前取得国务院证券监督管理机构核准的任职资格。有《公司法》第147条规定的情形或下列情形之一的不得担任证券公司的董事、监事、高级管理人员:因违法行为或者违纪行为被解除职务的证券交易所、证券登记结算机构的负责人或者证券公司的董事、监事、高级管理人员,自被解除职务之日起未逾5年;因违法行为或者违纪行为被撤销资格的律师、注册会计师或者投资咨询机构、财务顾问机构、资信评级机构、资产评估机构、验证机构的专业人员,自被撤销资格之日起未逾5年;因违法行为或者违纪行为被开除的证券交易所、证券登记结算机构、证券服务机构、证券公司的从业人员和被开除的国家机关工作人员,不得招聘为证券公司的从业人员。此外,国家机关工作人员和法律、行政法规规定的禁止在公司中兼职的其他人员,不得在证券公司中兼任职务。

2. 对证券公司的资金和资产管理。证券公司自营业务必须以自己的名义进行,不得假借他人名义或者以个人名义进行。证券公司的自营业务必须使用自有资金和依法筹集的资金,不得将其自营账户借给他人使用。

国务院证券监督管理机构应当对证券公司的净资本、净资本与负债的比例、净资本与净资产的比例,净资本与自营、承销、资产管理等业务规模的比例,负债与净资产的比例,以及流动资产与流动负债的比例等风险控制指标作出规定。证券公司不得为其股东或股东的关联人提供融资或者担保。证券公司从每年的税后利润中提取交易风险准备金,用于弥补证券交易的损失,其提取的具体比例由国务院证券监督管理机构规定。

3. 对证券公司业务类型的管理。根据《证券法》的规定,证券公司应当建立健全内部控制制度,采取有效隔离措施,防范公司与客户之间、不同客户之间的利益冲突。证券公司必须将其证券经纪业务、证券承销业务、证券自营业务和证券资产管理业务分开办理,不得混合操作。

4. 对证券公司受托买卖证券业务的管理。证券公司办理经纪业务,应当置备统一制定的证券买卖委托书,供委托人使用。采取其他委托方式的,必须作出委托记录。客户的证券买卖委托,不论是否成交,其委托记录应当按规定的期限,保存于证券公司。

证券公司接受证券买卖的委托,应当根据委托书载明的证券名称、买卖数量、出价方式、价格幅度等,按照交易规则代理买卖证券,如实进行交易记录;买卖成交后,应当按规定制作买卖成交报告单交付客户。证券交易中确认交易行为及其交易结果的对账单必须真实,并由交易经办人员以外的审核人员逐笔审核,保证账面证券余额与实际持有的证券相一致。

证券公司为客户买卖证券提供融资融券服务,应当按照国务院的规定并经国务院证券监督管理机构批准。

证券公司办理经纪业务,不得接受客户的全权委托而决定证券买卖、选择证券种类、决定买卖数量或者买卖价格。证券公司不得以任何方式对客户证券买卖的收益或者赔偿证券买卖的损失作出承诺。

证券公司及其从业人员不得未经过其依法设立的营业场所私下接受客户委托买卖证券。证券公司的从业人员在证券交易活动中,执行所属的证券公司的指令或者利用职务违反交易规则的,由所属的证券公司承担全部责任。

三、证券登记结算机构

《证券法》规定,证券持有人所持有的证券上市交易前,应当全部存管在证券登记结算机构。证券登记结算机构不得挪用客户的证券。证券登记结算采取全国集中统一的运营方式。证券登记结算机构是指经国务院证券监督管理机构批准设立的,为证券交易提供集中的登记、存管与结算服务的机构,是不以营利为目的的法人。我国目前的证券登记结算机构为中国证券登记结算有限责任公司。

证券登记结算机构应当履行的职能包括:证券账户、结算账户的设立;证券的存管和过户;证券持有人名册登记;证券交易所上市证券交易的清算和交收;受发行人的委托派发证券权益;办理与上述业务有关的查询;国务院证券监督管理机构批准的其他业务。

证券登记结算机构应当向证券发行人提供证券持有人名册及其有关资料。证券登记结算机构应当根据证券登记结算的结果,确认证券持有人持有证券的事实,提供证券持有人登记资料。证券登记结算机构应当保证证券持有人名册和登记过户记录的真实、准确、完整,不得隐匿、伪造、篡改或者毁损上述记录。证券登记结算机构应当妥善保存登记、存管和结算的原始凭证。重要的原始凭证的保存期不少于20年。

为保证业务的正常进行,证券登记结算机构应当具有必备的服务设备和完善的数据安全保护措施,建立完善的业务、财务和安全防范等管理制度,建立完善的风险管理系统。

为了防范可能发生的各种风险,保证证券市场的稳健运行,证券登记结算机构应当设立证券结算风险基金,并存入指定银行的专门账户。结算风险基金用于垫付或者弥补因违约交收、技术故障、操作失误、不可抗力造成的证券登记结算机构的损失。证券结算风险基金从证券登记结算机构的业务收入和收益中提取,并可以由结算参与人按证券交易业务量的一定比例缴纳。证券结算风险基金应当专项管理。证券登记结算机构以证券结算风险基金赔偿后,应当向有关责任人追偿。

证券登记结算机构申请解散,应当经国务院证券监督管理机构批准。

四、证券服务机构

证券服务机构,是指根据证券投资和证券交易业务的需要,依法设立的从事证券投资咨询、资信评估等证券交易服务业务的专业机构,主要包括证券投资咨询机构、财务顾问机构、资信评级机构、资产评估机构和会计师事务所。从事证券服务业务的投资咨询机构和资信评级机构,应当按照国务院有关主管部门规定的标准或者收费办法收取服务费用。

根据《证券法》的有关规定,投资咨询机构、财务顾问机构、资信评级机构从事证券服务业务的人员,必须具备证券专业知识和从事证券业务或者证券服务业务2年以上经验。投资咨询机构及其从业人员不得从事下列行为:代理委托人从事证券投资;与委托人约定分享证券投资收益或者分担证券投资损失;买卖本咨询机构提供服务的上市公司股票;利用传播媒介或者通过其他方式提供、传播虚假或者误导投资者的信息;法律、行政法规禁止的其他行为。有上述所列行为之一,给投资者造成损失的,依法承担赔偿责任。

为了强化对证券交易服务机构的管理和保护投资者的合法权益,《证券法》规定,证券服务机构为证券的发行、上市、交易等证券业务活动制作、出具审计报告、资产评估报告、财务顾问报告、资信评级报告或者法律意见书等文件,应当勤勉尽责,对所依据的文件资料内容的真实性、准确性和完整性进行核查和验证,其制作出具的文件有虚假记载、误导性陈述或者重大遗漏给他人造成损失的,应当与发行人、上市公司承担连带赔偿责任,但是能够证明自己没有过错的除外。

五、证券交易所

证券交易所是提供证券交易的场所。《证券法》第102条规定,证券交易所是为证券集中交易提供场所和设施,组织和监督证券交易,实行自律管理的法人。证券交易所有会员制和公司制两种形式。目前,我国上海证券交易所、深圳证券交易所均采用会员制。进入交易所参与集中交易的,必须是交易所的会员。

鉴于我国的具体情况,《证券法》规定,证券交易所的设立和解散,由国务院决定;证券交易所章程的制定和修改,必须经国务院证券监督管理机构批准;证券交易所设总经理一人,由国务院证券监督管理机构任免。作出上述规定充分体现了国家对证券交易所的监管。

证券交易所必须在其名称中标明证券交易所字样。其他任何单位或者个人不得使用证券交易所或者近似的名称。

根据《证券法》的规定,有《公司法》第147条规定的情形或下列情形之一的,不得担任证券交易所的负责人:因违法行为或者违纪行为被解除职务的证券交易所、证券登记结算机构的负责人或者证券公司的董事、监事、高级管理人员,自被解除职务之日起未逾5年;因违法行为或者违纪行为被撤销资格的律师、注册会计师或者投资咨询机构、财务顾问机构、资信评级机构、资产评估机构、验证机构的专业人员,自被撤销资格之日起未逾5年。此外,因违法行为或者违纪行为被开除的证券交易所、证券登记结算机构、证券服务机构、证券公司的从业人员和被开除的国家机关工作人员,不得招聘为证券交易所的从业人员。

为了保障证券交易所的正常运行和维护交易所会员的正当权益,《证券法》规定,证券交易所可以自行支配的各项费用收入,应当首先用于保证其证券交易场所和设施的正常运行并逐步改善。实行会员制的证券交易所的财产积累归会员所有,其权益由会员共同享有,在其存续期间,不得将其积累分配给会员。

证券交易所应当为组织公平的集中交易提供保障,公布证券交易即时行情,并按交易日制作证券市场行情表,予以公布。未经证券交易所许可,任何单位和个人不得发布证券交易即时行情。证券交易所对证券交易实行实时监控,并按照国务院证券监督管理机构的要求,对异常的交易情况提出报告。证券交易所应当对上市公司及相关信息披露义务人披露的信息进行监督,督促上市公司依法及时、准确地披露信息。证券交易所根据需要,可以对出现重大异常交易情况的证券账户限制交易,并报国务院证券监督管理机构备案。

因突发性事件而影响证券交易的正常进行时,证券交易所可以采取技术性停牌的措施;因不可抗力的突发性事件或者为维护证券交易的正常秩序,证券交易所可以决定临时停市。证券交易所采取技术性停牌或者决定临时停市,必须及时报告国务院证券监督管理机构。

证券交易所要依照证券法律、行政法规制定上市规则、交易规则、会员管理规则和其他有关规则,并报国务院证券监督管理机构批准。按照依法制定的交易规则进行的交易,不得改变其交易结果。对交易中违规交易者应负的民事责任不得免除;在违规交易中所获利益,依照有关规定处理。

证券交易所的负责人和其他从业人员在执行与证券交易有关的职务时,与其本人或者其亲属有利害关系的,应当回避。在证券交易所内从事证券交易的人员,违反证券交易所有关交易规则的,由证券交易所给予纪律处分;对情节严重的,应撤销其资格,禁止其入场进行证券交易。

证券交易所应当从其收取的交易费用和会员费、席位费中提取一定比例的金额设立风险基金。风险基金由证券交易所理事会管理。证券交易所应当将收存的风险基金存入开户银行专门账户,不得擅自使用。

第三节 证券发行制度

一、证券发行概述

证券发行,是指经批准符合条件的证券发行人,以筹集资金为目的,按照一定程序将证券销售给投资者的行为。

通过证券发行而建立起来的市场称为证券发行市场,又叫一级市场,它一般由发行人、承销机构和投资人构成。发行人通过发行证券来筹集资金。承销机构是在证券发行市场上帮助发行人发行证券,并为此获取手续费和佣金收入的机构。证券承销业务采取代销或者包销方式。证券代销是指证券公司代发行人发售证券,在承销期结束时,将未售出的证券全部退还给发行人的承销方式。证券包销是指证券公司将发行人的证券按照协议全部购入或者在承销期结束时将售后剩余证券全部自行购入的承销方式。根据我国《证券法》的规定，发行人申请公开发行股票，可转换为股票的公司债券，依法采取承销方式的，或者公开发行法律、行政法规规定实行保荐制度的其他证券的，应当聘请具有保荐资格的机构担任保荐人。发行人向不特定对象发行的证券，法律、行政法规规定应当由证券公司承销的，发行人应当同证券公司签订承销协议。股票发行采用代销方式，代销期限届满，向投资者出售的股票数量未达到拟公开发行股票数量70%的，为发行失败。发行人应当按照发行价并加算银行同期存款利息返还股票认购人。证券的代销、包销期最长不得超过90日。公开发行证券的发行人有权依法自主选择承销的证券公司。证券公司不得以不正当竞争手段招揽证券承销业务。证券公司承销证券，应当对公开发行募集文件的真实性、准确性、完整性进行核查；发现有虚假记载、误导性陈述或者重大遗漏的，不得进行销售活动；已经销售的，必须立即停止销售活动，并采取纠正措施。向不特定对象发行的证券票面总值超过人民币5 000万元的，应当由承销团承销。承销团应当由主承销和参与承销的证券公司组成。证券公司在代销、包销期内，对所代销、包销的证券应当保证先行出售给认购人，证券公司不得为本公司事先预留所代销的证券和预先购入并留存所包销的证券。

根据我国《证券法》的有关规定，公开发行证券，必须符合法律、行政法规规定的条件，并依法报经国务院证券监督管理机构或者国务院授权的部门核准；未经依法核准，任何单位和个人不得公开发行证券。有下列情形之一的，为公开发行：向不特定对象发行证券的；向特定对象发行证券累计超过200人的；法律、行政法规规定的其他发行行为。非公开发行证券，不得采用广告、公开劝诱和变相公开方式。发行人向国务院证券监督管理机构或者国务院授权的部门报送的证券发行申请文件，必须真实、准确、完整。为证券发行出具有关文件的证券服务机构和人员，必须严格履行法定职责，保证其所出具文件的真实性、准确性和完整性。国务院证券监督管理机构或者国务院授权的部门应当自受理证券发行申请文件之日起3个月内依照法定条件和法定程序作出予以核准或者不予核准的决定，发行人根据要求补充、修改发行申请文件的时间不计算在内；不予核准的，应当作出说明。国务院证券监督管理机构或者国务院授权的部门对已作出的核准证券发行的决定，发现不符合法定条件和法定程序，尚未发行证券的，停止发行；已经发行尚未上市的，撤销发行核准决定，发行人应当按照发行价并加算银行同期存款利息，返还证券持有人。保荐人应当与发行人承担连带责任，但是能够证明自己没有过错的除外；发行人的控股股东、实际控制人有过错的，应当与发行人承担连带责任。

证券发行申请经核准，发行人应当依照法律、行政法规的规定，在证券公开发行前，公告公开发行募集文件，并将该文件置备于指定场所供公众查阅。发行证券的信息在依法公开前,任何知情人不得公开或者泄露该信息。发行人不得在公告公开发行募集文件之前发行证券。未经法定的机关核准或者审批,擅自公开或者变相公开发行证券的,责令停止发行,退还所募资金并加算银行同期存款利息,处以非法所募资金金额1%以上5%以下的罚款。对擅自公开或者变相公开发行证券设立的公司,由依法履行监督管理职责的机构会同县级以上人民政府予以取缔。对直接负责的主管人员和其他直接责任人员给予警告,并处以3万元以上30万元以下的罚款。证券公司承销或者代理买卖未经核准擅自公开发行证券的,责令停止承销或者代理买卖,没收违法所得,并处以违法所得1倍以上5倍以下的罚款。没有违法所得或者违法所得不足30万元的,处以30万元以上60万元以下的罚款。给投资者造成损失的,应当与发行人承担连带赔偿责任。对直接负责的主管人员和其他直接责任人员给予警告,撤销任职资格或者证券从业资格,并处以3万元以上30万元以下的罚款。

二、股票的发行

股票的发行,是指股份有限公司(包括经批准拟成立的股份有限公司)以募集资本为目的,分配或出售自己的股份,由投资人认购的行为。

股票发行按不同的标准有不同的分类。按股票发行时间的不同可分为设立发行和新股发行。设立发行又可分为发起设立方式中的发行和募集设立中的发行;新股发行又可分为公开发行新股、配股和送股。按股票发行方式的不同可分为公募发行和私募发行。前者指股份有限公司通过证券承销机构公开向广大社会公众发行股票的方式;后者是指股份公司直接向特定的认购人发行股票,如发起设立发行、送股发行、配股发行。按发行的地域范围不同,可分为境内发行和境外发行。按股票投资者的不同,可分为内资股发行和外资股发行。不同种类的股票发行,其发行的条件和程序也是不同的。

公司公开发行新股,应当符合下列条件:具备健全且运行良好的组织机构;具有持续营利能力,财务状况良好,最近3年财务会计文件无虚假记载,无其他重大违法行为;经国务院批准的国务院证券监督管理机构规定的其他条件。上市公司非公开发行新股,应当符合经国务院批准的国务院证券监督管理机构规定的条件,并报国务院证券监督管理机构核准。公司对公开发行股票所募资金,必须按招股说明书所列资金用途使用。改变招股说明书所列资金用途,必须经股东大会批准。擅自改变用途而未作纠正的,或者未经股东大会认可的,不得发行新股。

股票依法发行后,发行人经营与收益的变化,由发行人自行负责;由此变化引致的投资风险,由投资者自行负责。

关于股票的发行价格,我国《证券法》规定,股票发行采取溢价发行的,其发行价格由发行人与承销的证券公司协商确定。

合理的股票发行价不仅有利于保护一级市场投资者的利益,而且也是股票上市后在二级市场能够有良好表现的基础。但是,在引入了市场协商机制之后,市盈率不再是确定股票发行价格的硬性标准,股票发行价的确定有出现随意性和不合理性的可能,而且企业的筹资冲动与承销商的竞争压力都易形成发行价偏高的现象,这也会进一步损害投资者的利益。因此,中国证监会根据《证券法》的规定制定了《股票发行定价分析报告指引》,这是维护股票发行定价的公正性与合理性,保护投资者利益的重要举措。它规定了定价分析报告应包括:公司所处行业分析、公司现状与发展前景分析、二级市场分析及发行价格的确定方法和结果,从而给企业提供了完整的定价依据,增强了确定发行价的透明度。

三、债券的发行

债券的发行分为金融债券的发行、企业债券的发行和政府债券的发行。根据《证券法》的规定,政府债券的发行并不适用该法的规定。目前,在我国境内发行的企业债券,依据债券发行企业是否属于公司制企业为标准,可以分为公司债券和非公司债券两种形态。公开发行公司债券,应当符合下列条件:股份有限公司的净资产不低于人民币3 000万元,有限责任公司的净资产不低于人民币6 000万元,累计债券金额不超过公司净资产的40%;最近3年平均可分配利润足以支付公司债券1年的利息;筹集的资金投向符合国家产业政策;债券的利率不超过国务院限定的利率水平以及国务院规定的其他条件。公开发行公司债券筹集的资金,必须用于核准的用途,不得用于弥补亏损和非生产性支出。上市公司发行可转换为股票的公司债券,除应当符合上述规定的条件外,还应当符合《证券法》关于公开发行股票的条件,并报国务院证券监督管理机构核准。对于非公司债券形态的企业债券的发行,则要适用《企业债券管理条例》中的有关规定。根据《企业债券管理条例》的规定,企业发行债券的条件为:企业规模达到国家规定的要求;企业财务制度符合国家规定;具有偿债能力;企业经济效益良好,发行企业债券前连续3年盈利;所筹资金的用途符合国家产业政策。

第四节 证券上市

一、股票上市

(一)股票上市的条件和程序

股票上市就是指已经发行的股票按照法律规定的条件和程序在依法设立的证券交

易所上市交易或者在国务院批准的其他证券交易场所转让。

股份有限公司申请股票上市,应当符合下列条件:股票经国务院证券监督管理机构核准已公开发行;公司股本总额不少于人民币3 000万元;公开发行的股份达到公司股份总数的25%以上;公司股本总额超过人民币4亿元的,公开发行股份的比例为10%以上;公司最近3年无重大违法行为,财务会计报务无虚假记载。证券交易所可以规定高于上述规定的上市条件,并报国务院证券监督管理机构批准。国家鼓励符合产业政策并符合上市条件的公司的股票上市交易。

股票上市交易申请经证券交易所审核同意后,签订上市协议的公司应当在规定的期限内公告股票上市的有关文件,并将该文件置备于指定场所供公众查阅。此外,签订上市协议的公司还应当公告下列事项:股票获准在证券交易所交易的日期;持有公司股份最多的前10名股东的名单和持股数额;公司的实际控制人;董事、监事、高级管理人员的姓名及其持有本公司股票和债券的情况。

（二）股票上市的暂停和终止

根据《证券法》第55条的规定,上市公司有下列情形之一的,由证券交易所决定暂停其股票上市:①公司股本总额、股权分布等发生变化不再具备上市条件;②公司不按规定公开其财务状况,或者对财务会计报告作虚假记载;③公司有重大违法行为;④公司最近3年连续亏损;⑤证券交易所上市规则规定的其他情形。

上市公司有下列情形之一的,由证券交易所决定终止其股票上市交易:①公司股本总额、股权分布等发生变化不再具备上市条件,在证券交易所规定的期限内仍不能达到上市条件;②公司不按照规定公开其财务状况,或者对财务会计报告作虚假记载,且拒绝纠正;③公司最近3年连续亏损,在其后1个年度内未能恢复营利;④公司解散或者被宣告破产;⑤证券交易所上市规则规定的其他情形。

二、债券的上市

债券的上市交易就是指已经发行的债券按照法律规定的条件和程序在依法设立的证券交易所挂牌供投资者公开进行买卖。

（一）债券上市的条件和程序

公司申请其公司债券上市交易必须符合下列条件:公司债券的期限为1年以上;公司债券实际发行额不少于人民币5 000万元;公司申请其债券上市时仍符合法定的公司债券发行条件。

公司申请其发行的公司债券上市交易,由证券交易所依照法定条件和法定程序核准。

公司债券上市交易申请经证券交易所同意后,签订上市协议的公司应当在规定的期限内公告公司债券上市文件及有关文件,并将其申请文件置备于指定场所供公众查阅。

(二)公司债券上市交易的暂停和终止

公司债券上市交易后,公司有下列情形之一的,由证券交易所决定暂停其公司债券上市交易:

1. 公司有重大违法行为。
2. 公司情况发生重大变化不符合公司债券上市条件。
3. 发行公司债券所募集的资金不按照核准的用途使用。
4. 未按照公司债券募集办法履行义务。
5. 公司最近2年连续亏损。

公司有以上第1项、第4项所列情形之一经查实后果严重的,或者有以上第2项、第3项、第5项所列情形之一,在限期内未能消除的,由证券交易所决定终止该公司债券上市。

公司解散或者被宣告破产的,由证券交易所终止其公司债券上市交易。

第五节 证券交易

一、证券交易的概念及交易场所

证券交易又称证券买卖,是指已经发行的证券在不同的证券投资者之间再次进行有偿转让的行为。证券交易当事人依法买卖的证券,必须是依法发行并交付的证券。非依法发行的证券,不得买卖。依法发行的股票、公司债券及其他证券,法律对其转让期限有限制性规定的,在限定的期限内不得买卖。依法公开发行的股票、公司债券及其他证券,应当在依法设立的证券交易所上市交易或者在国务院批准的其他证券交易场所转让。进行证券交易而形成的市场是证券交易市场,又称二级市场,依据证券交易场所的不同,证券交易可分为场内交易和场外交易。

场内交易,是指在证券交易所进行的证券交易。场内交易具有以下特征:①场内交易是集中的、有形的市场,其交易都要集中于证券交易所营业厅进行;②只有经过批准依法取得证券交易所会员资格的证券经营机构才能直接参与场内交易,没有取得会员资格的投资者需要委托会员来买卖证券;③交易的证券是经过法定程序的严格审批允许上市的证券;④采取集中竞价的交易方式,成交顺序坚持价格优先、时间优先和客户委托优先;⑤坚持公开原则。

场外交易,是指在证券交易所以外进行的证券交易。场外交易具有以下特征:①场外交易是分散的、无形的市场;②场外交易的参加者资格无特殊限制;③交易证券的种类复杂;④交易方式灵活,由交易当事人协议确定或者按照国务院证券管理部门规定的其他方式确定证券交易价格。

二、证券交易的程序

在我国,进入证券交易所参与集中交易或者国务院证券监督管理机构批准的其他方式交易的,必须是具有证券交易所会员资格的证券公司。因此不具有交易所会员资格的一般投资者必须委托证券公司才能进行场内交易。一般投资者(即客户)参加场内交易的程序包括:①开户,即由投资者开设证券交易账户,包括证券专户和资金专户;②委托,即投资者以书面、电话以及其他方式,委托为其开户的证券公司代其买卖证券,投资者通过其开户的证券公司买卖证券的,应当采用市价委托或者限价委托;③成交,即证券公司根据投资者的委托,按照时间优先的规则提出交易申报,参与证券交易所场内的集中竞价交易,完成证券交易;④清算和过户,证券登记结算机构根据成交结果,按照清算交割规则,进行证券和资金的清算交割,办理证券的登记过户手续。

三、禁止的证券交易行为及其法律责任

《证券法》明确规定,证券发行、交易活动,必须遵守法律、行政法规;禁止欺诈、内幕交易和操纵证券交易市场的行为。这些被禁止的证券交易行为,不仅侵害正当的证券投资者的利益,破坏正常的证券市场秩序,而且还会影响国民经济的发展和社会秩序的稳定。

根据《证券法》的规定,禁止的证券交易违法行为主要有以下几种:

(一)内幕交易

内幕交易,是指知悉内幕交易信息的知情人员或者非法获取内幕信息的其他人员违反法律规定,泄露内幕信息、根据内幕信息买卖证券或者建议他人买卖证券的行为。《证券法》明确规定,禁止证券交易内幕信息的知情人和非法获取内幕信息的人利用内幕信息从事证券交易活动。

知悉证券交易内幕信息的知情人即内幕人员包括:发行人的董事、监事、高级管理人员,公司的实际控制人及其董事、监事、高级管理人员;发行人控股的公司及其董事、监事、高级管理人员;由于所任公司职务可以获取公司有关内幕信息的人员;证券监督管理机构工作人员以及由于法定的职责对证券的发行、交易进行管理的其他人员;保荐人、承销的证券公司、证券交易所、证券登记结算机构、证券服务机构的有关人员;国务

院证券监督管理机构规定的其他人。

在证券交易活动中,涉及公司的经营、财务或者对该公司证券的市场价格有重大影响的尚未公开的信息,为内幕信息。下列各项信息皆属内幕信息:公司的经营方针和经营范围的重大变化;公司的重大投资行为和重大的购置财产的决定;公司订立重要合同,而该合同可能对公司的资产、负债、权益和经营成果产生重要影响;公司发生重大债务和未能清偿到期重大债务的违约情况;公司发生重大亏损或者遭受重大损失;公司生产经营的外部条件发生的重大变化;公司的董事、1/3以上的监事或者经理发生变动;持有公司5%以上股份的股东或者实际控制人,其持有股份或者控制公司的情况发生较大变化;公司减资、合并、分立、解散及申请破产的决定;涉及公司的重大诉讼,股东大会、董事会决议被依法撤销或者宣告无效;公司涉嫌犯罪被司法机关立案调查,公司董事、监事、高级管理人员涉嫌犯罪被司法机关采取强制措施;公司分配股利或者增资的计划;公司股权结构的重大变化;公司债务担保的重大变更;公司营业用主要资产的抵押、出售或者报废一次超过该资产的30%;公司的董事、监事、高级管理人员的行为可能依法承担重大损害赔偿责任;上市公司收购的有关方案;国务院证券监督管理机构认定的对证券交易价格有显著影响的其他重要信息。

为股票发行出具审计报告、资产评估报告或者法律意见书等文件的证券服务机构和人员,在该股票承销期内和期满后6个月内,不得买卖该种股票。此外,为上市公司出具审计报告、资产评估报告或者法律意见书等文件的证券服务机构和人员,自接受上市公司委托之日起至上述文件公开后5日内,不得买卖该种股票。

上市公司董事、监事、高级管理人员持有上市公司股份5%以上的股东,将其所持有的该公司的股票在买入后6个月内卖出,或者在卖出后6个月内又买入,由此所得收益归该公司所有,公司董事会应当收回该股东所得收益。但是,证券公司因包销购入售后剩余股票而持有5%以上股份的,卖出该股票时不受6个月时间限制。如果公司董事会不按照以上规定执行的,股东有权要求董事会在30日内执行,公司董事会未在上述期限内执行的,股东有权为了公司的利益以自己的名义直接向法院提起诉讼。而且,如果公司董事会不执行上述规定,负有责任的董事要依法承担连带责任。

知悉证券交易内幕信息的知情人员或者非法获取内幕信息的其他人员,不得买入或者卖出所持有的该公司的证券,或者泄露该信息或者建议他人买卖该证券。持有或者通过协议、其他安排与他人共同持有5%以上股份的自然人、法人和其他组织收购上市公司的股份,《证券法》另有规定的,适用其规定。

证券交易内幕信息的知情人和非法获取内幕信息的人,在内幕信息公开前,不得买卖该公司的证券,泄露该信息或者建议他人买卖该证券的,应责令依法处理非法获得的证券,没收违法所得,并处以违法所得1倍以上5倍以下的罚款。没有违法所得或者违法所得不足3万元的,处以3万元以上60万元以下的罚款。单位从事内幕交易的,还应当对直接负责的主管人员和其他责任人员给予警告,并处以3万元以上30万元以下的罚款。证券监督管理机构工作人员进行内幕交易的,从重处罚。内幕交易行为给投资者造成损失的,行为人应当依法承担赔偿责任。

(二) 操纵市场

操纵市场,是指单位或个人以获取利益或者减少损失为目的,利用手中掌握的资金、信息等优势或者滥用职权影响证券市场价格,制造证券市场假象,诱导或者致使投资者在不了解事实真相的情况下作出证券投资决定,扰乱证券市场秩序的行为。

根据《证券法》的规定,禁止任何人以下列手段操纵证券市场:单独或者合谋,集中资金优势、持股优势或者利用信息优势联合或者连续买卖,操纵证券交易价格;与他人串通,以事先约定的时间、价格和方式相互进行证券交易或者相互买卖并不持有的证券,影响证券交易价格或者证券交易量;在自己实际控制的财产之间进行证券交易,影响证券交易价格或者证券交易量;以其他手段操纵证券市场。任何人违反规定,操纵证券市场的,责令依法处理其非法持有的证券,没收违法所得,并处以违法所得1倍以上5倍以下的罚款。没有违法所得或者违法所得不足30万元的,处以30万元以上300万元以下的罚款。单位操纵证券市场的,还应当对直接负责的主管人员和其他责任人员给予警告,并处以10万元以上60万元以下的罚款。操纵证券市场行为给投资者造成损失的,行为人应当依法承担赔偿责任。

(三) 虚假陈述

虚假陈述是指任何单位或者个人对证券发行、交易及其相关活动的事实、性质、前景、法律等事项作出不实、严重误导或者含有重大遗漏的和其他任何形式的虚假陈述或者诱导,致使投资者在不了解事实真相的情况下作出证券投资决定的行为。《证券法》规定,各种传播媒介传播证券交易信息必须真实、客观,禁止误导。禁止国家工作人员、传播媒介从业人员和有关人员编造、传播虚假信息,扰乱证券市场。证券交易所、证券公司、证券登记结算机构、证券服务机构及其从业人员,证券业协会、证券监督管理机构及其工作人员,在证券交易活动中不得作出虚假陈述或者信息误导。违反《证券法》第78条第1款、第3款规定,扰乱证券市场的,由证券监督管理机构责令改正,没收违法所得,并处以违法所得1倍以上5倍以下的罚款;没有违法所得或者违法所得不足3万元的,处以3万元以上20万元以下的罚款。违反《证券法》第78条第2款规定,在证券交易活动中作出虚假陈述或者信息误导的,应责令改正,处以3万元以上20万元以下的罚款;属于国家工作人员的,还应当依法给予行政处分。证券服务机构未勤勉尽责,所制作、出具的文件有虚假记载,误导性陈述或者重大遗漏的,责令改正,没收业务收入,暂停或者撤销证券服务业务许可,并处以业务收入1倍以上5倍以下的罚款。对直接负责的主管人员和其他责任人员给予警告,撤销证券从业资格,并处以3万元以上10万元以下的罚款。证券交易所、证券公司、证券登记结算机构、证券服务机构的从业人员或者证券业协会的工作人员,故意提供虚假资料,伪造、篡改或者销毁交易记录,诱骗投资者买卖证券的,撤销证券从业资格,并处以3万元以上10万元以下的罚款;属于国家工作人员的,还应当依法给予行政处分。

(四)欺诈客户

《证券法》第79条规定,在证券交易中,禁止证券公司及其从业人员从事下列损害客户利益的欺诈行为:违背客户的委托为其买卖证券;不在规定时间内向客户提供交易的书面确认文件;挪用客户所委托买卖的证券或者客户账户上的资金;未经客户的委托,擅自为客户买卖证券,或者假借客户的名义买卖证券;为牟取佣金收入,诱使客户进行不必要的证券买卖;利用传播媒介或者通过其他方式提供、传播虚假或者误导投资者的信息;其他违背客户真实意思表示,损害客户利益的行为。证券公司违背客户的委托买卖证券、办理交易事项,或者违背客户真实意思表示,办理交易以外的其他事项,责令改正,并处以1万元以上10万元以下的罚款,给客户造成损失的,依法承担赔偿责任。证券公司、证券登记结算机构挪用客户的资金或者证券,或者未经客户的委托,擅自为客户买卖证券的,依《证券法》第210条承担相应的法律责任。欺诈客户行为给客户造成损失的,行为人应当依法承担赔偿责任。

(五)信用交易

信用交易又称保证金交易或垫头交易,它是指投资者买卖股票时,只提供一部分现款或股票,其余部分由证券商垫付的交易方式,包括融资和融券两种形式。在国际上,有些国家,例如美国、日本等,规定在一定的条件下可以从事信用交易。我国《证券法》第142条规定,证券公司为客户买卖证券提供融资、融券服务,应当按照国务院的规定并经国务院证券监督管理机构批准。证券公司违反规定,为客户买卖证券提供融资、融券的,没收违法所得,暂停或者撤销相应业务许可,并处以非法融资、融券等值以下的罚款。对直接负责的主管人员和其他责任人员给予警告,撤销其任职资格或者证券从业资格,并处以3万元以上30万元以下的罚款。

(六)在证券交易中被禁止的其他行为

适度的投机性投资行为是证券市场运行和发展的必要组成部分,但是,如果投机过度,则对整个市场的稳健运行和良性发展是不利的。《证券法》规定,证券交易以现货和国务院规定的其他方式进行交易。除此之外,为了抑制过度的投机行为,《证券法》还规定,证券交易所、证券公司、证券登记结算机构从业人员、证券监督管理机构工作人员和法律、行政法规禁止参与股票交易的其他人员,在任期或者法定限期内,不得直接或者以化名、借他人名义持有、买卖股票,也不得收受他人赠送的股票。而且任何原先不具有上述身份的人在成为前列人员时,其原已持有的股票,必须依法转让。

根据《证券法》第80条的规定,在证券交易中,禁止法人非法利用他人账户从事证券交易;禁止法人出借自己或者他人的证券账户。根据《证券法》第83条的规定,国有企业和国有资产控股的企业买卖上市交易的股票,必须遵守国家的有关规定。此外,《证券法》禁止挪用公款进行证券交易。

第六节 上市公司的收购

一、上市公司收购的概念及种类

(一)上市公司收购的概念及特征

上市公司收购,是指收购人通过在证券交易所的股份转让活动持有一个上市公司的股份达到一定比例,通过证券交易所股份转让活动以外的其他合法途径控制一个上市公司的股份达到一定程度,导致其获得或者可能获得对该公司的实际控制权的行为。上市公司收购具有以下法律特征:

1. 上市公司收购是一种股权买卖,股权是收购的标的。
2. 在上市公司收购过程中,收购人为股权的买受人或受让方,被收购公司即目标公司的股东为股权的出卖人或转让人。目标公司本身不是股权的出卖人或转让方。
3. 上市公司收购的目的是获取对目标公司的控制权,因此,上市公司收购又不同于普通的股权买卖,收购成功后,收购人将取得对目标公司的控制权。

(二)上市公司收购的种类

依据不同标准,上市公司收购有不同种类。根据收购方式不同,可分为要约收购、协议收购及其他合法方式收购。要约收购是指收购人通过向目标公司所有股东发出在要约期满后以一定价格购买其持有的股份的意思表示而进行的收购;协议收购是指收购人在证券交易所之外,通过和目标公司股东协商一致达成协议,受让其持有股份而进行的上市公司收购。根据收购者收购目标公司股份的数量不同,可以分为部分要约收购和全面要约收购。部分要约收购的标的为占目标公司股份总数一定比例的股份,无论部分要约收购还是全面要约收购,均要向目标公司的全体股东发出要约。根据收购者的收购目的不同,可以分为友好收购与敌意收购。友好收购是指得到了目标公司经营者合作,敌意收购是指遭到目标公司经营者的拒绝,敌意收购中目标公司经营者经常采取反收购措施来阻碍收购的顺利完成。

二、上市公司收购前大股东持股变动信息披露义务

通过证券交易所的证券交易,投资者持有或者通过协议、其他安排与他人共同持有一个上市公司已发行的股份达到5%时,应当在该事实发生之日起3日内,向国务院证券监督管理机构、证券交易所作出书面报告,通知该上市公司,并予公告;在上述期限内,不得再行买卖该上市公司的股票。

投资者持有或者通过协议、其他安排与他人共同持有一个上市公司已发行的股份达到5%后,其所持该上市公司已发行的股份比例每增加或者减少5%,应当依照前款规定进行报告和公告。在报告期限内和作出报告、公告后2日内,不得再行买卖该上市公司的股票。

根据证券法的规定,上述书面报告和公告,应当包括下列内容:① 持股人的名称、住所;②持有的股票的名称、数额;③持股达到法定比例或者持股增减变化达到法定比例的日期。

三、要约收购的基本规则

(一)适用要约收购规则的法定情形

我国《证券法》第88条的规定,通过证券交易所的证券交易,投资者持有或者通过协议、其他安排与他人共同持有一个上市公司已发行的股份达到30%时,继续进行收购的,应当依法向该上市公司所有股东发出收购上市公司全部或者部分股份的要约。

(二)要约收购的报告制度

依照《证券法》第88条的规定发出收购要约,收购人必须事先向国务院证券监督管理机构报送上市公司收购报告书,并载明下列事项:①收购人的名称、住所;②收购人关于收购的决定;③被收购的上市公司名称;④收购目的;⑤收购股份的详细名称和预定收购的股份数额;⑥收购期限、收购价格;⑦收购所需资金额及资金保证;⑧报送上市公司收购报告书时持有被收购公司股份数占该公司已发行的股份总数的比例。收购人还应当将上市公司收购报告书同时提交证券交易所。

(三)有关收购要约的规则

1.收购要约的公告。上市公司的收购必然会对目标公司的股票价格产生重大影响,因此,上市公司收购的有关方案属于内幕信息,不得滥用。收购人在依法报送上市公司收购报告书之日起15日后,公告其收购要约。在上述期限内,国务院证券监督管理机构发现上市公司收购报告书不符合法律、行政法规规定的,应当及时告知收购人,收购人不得公告其收购要约。

2. 要约收购的期限。收购要约约定的收购期限不得少于30日,并不得超过60日。

3. 收购要约的约束力及变更。对于收购人,收购要约的约束力表现为,在收购要约确定的承诺期限内,收购人不得撤销其收购要约。收购人需要变更收购要约的,必须事先向国务院证券监督管理机构及证券交易所提出报告,经批准后,予以公告;收购要约对收购人的约束力即是对目标公司的股东保护机制,因此,为平等地保护目标公司的所有股东,《证券法》第92条规定,收购要约提出的各项收购条件,适用于被收购公司的所有股东。同时,采取要约收购方式的,收购人在收购期限内,不得采取要约规定以外的形式和超出要约的条件买入被收购公司的股票。

4. 被收购公司股东承诺出售的股份数额超过预定收购的股份数额时的处理。在收购人公告收购要约之后,被收购公司股东承诺出售的股份数额可能等于、少于也可能超过收购人预定收购的股份数额。在等于或者少于时,收购人分别履行各自的义务即可,不会在被收购公司的股东之间引发利益冲突。但是,在被收购公司股东承诺出售的股份数额超过预定收购的股份数额时,则可能出现利益冲突,为体现证券法的公平原则,平等地保护目标公司的所有股东,证券法明确规定,收购上市公司部分股份的收购要约应当约定,被收购公司股东承诺出售的股份数额超过预定收购的股份数额的,收购人按比例进行收购。

此外,为了防止收购人假借收购活动扰乱正常的证券交易秩序以获取不当利益,平等地保护目标公司的所有股东,采取要约收购方式的,收购人在收购期限内,不得卖出被收购公司的股票。

四、有关协议收购的基本规则

采取协议收购方式的,收购人可以依照法律、行政法规的规定同被收购公司的股东以协议方式进行股份转让。以协议方式收购上市公司时,达成协议后,收购人必须在三日内将该收购协议向国务院证券监督管理机构及证券交易所作出书面报告,并予公告。在公告前不得履行收购协议。

为了确保收购协议的履行,有效预防可能发生的违约行为,证券法规定,采取协议收购方式的,协议双方可以临时委托证券登记结算机构保管协议转让的股票,并将资金存放于指定的银行。值得注意的是,采取协议收购时,由于转让方仅限于目标公司的部分特定股东,因此,为了平等地保护目标公司的所有股东,证券法规定,采取协议收购方式的,收购人收购或者通过协议、其他安排与他人共同收购一个上市公司已发行的股份达到30%时,继续进行收购的,应当向该上市公司所有股东发出收购上市公司全部或者部分股份的要约。但是,经国务院证券监督管理机构免除发出要约的除外。

五、收购行为完成后的法律效果

收购期限届满,被收购公司股权分布不符合上市条件的,该上市公司的股票应当由证券交易所依法终止上市交易;其余仍持有被收购公司股票的股东,有权向收购人以收购要约的同等条件出售其股票,收购人应当收购。收购行为完成后,被收购公司不再具备股份有限公司条件的,应当依法变更企业形式。在上市公司收购中,收购人持有的被收购的上市公司的股票,在收购行为完成后的 12 个月内不得转让。收购行为完成后,收购人与被收购公司合并,并将该公司解散的,被解散公司的原有股票由收购人依法更换。

收购行为完成后,收购人应当在 15 日内将收购情况报告国务院证券监督管理机构和证券交易所,并予公告。需要特别指出的是,收购上市公司中由国家授权投资的机构持有的股份,应当按照国务院的规定,经有关主管部门批准。

第七节　证券监管制度

《证券法》第 7 条规定,国务院证券监督管理机构依法对全国证券市场实行集中统一监督管理。同时,该法第 8 条规定,在国家对证券发行、交易活动实行集中统一监督管理的前提下,依法设立证券业协会,实行自律性管理。由此可见,我国证券市场的监管体制可以概括为政府集中统一监督管理与行业自律相结合的体制。

一、政府集中统一监督管理制度

《证券法》第 178 条规定,国务院证券监督管理机构依法对证券市场实行监督管理,维护证券市场秩序,保障其合法运行。国务院证券监督管理机构在对证券市场实施监督管理中履行下列职责:依法制定有关证券市场监督管理的规章、规则,并依法行使审批或者核准权;依法对证券的发行、上市、交易、登记、存管、结算,进行监督管理;依法对证券发行人、上市公司、证券公司、证券交易所、证券登记结算机构、证券投资基金管理公司、证券服务机构的证券业务活动,进行监督管理;依法制定从事证券业务人员的资格标准和行为准则,并监督实施;依法监督检查证券发行和交易的信息公开情况;依法对证券业协会的活动进行指导和监督;依法对违反证券市场监督管理法律、行政法规的行为进行查处;法律、行政法规规定的其他职责。国务院证券监督管理机构可以和其他国家或者地区的证券监督管理机构建立监督管理合作机制,实施跨境监督管理。

国务院证券监督管理机构在依法履行职责的过程中,有权采取下列措施:对证券发行人、上市公司、证券公司、证券投资基金管理公司、证券服务机构、证券交易所、证券登记结算机构进行现场检查;进入涉嫌违法行为发生场所调查取证;询问当事人和与被调查事件有关的单位和个人,要求其对与被调查事件有关的事项作出说明;查阅、复制与被调查事件有关的财产权登记、通讯记录等资料;查阅、复制当事人和与被调查事件有关的单位和个人的证券交易记录、登记过户记录、财务会计资料及其他相关文件和资料;对可能被转移、隐匿或者毁损的文件和资料,可以予以封存;查询当事人和与被调查事件有关的单位和个人的资金账户、证券账户和银行账户,对有证据证明有转移或者隐匿违法资金、证券等涉案财产或者隐匿、伪造、毁损重要证据的,经国务院证券监督管理机构主要负责人批准,可以冻结或者查封;在调查操纵证券市场、内幕交易等重大证券违法行为时,经国务院证券监督管理机构主要负责人批准,可以限制被调查事件当事人的证券买卖,但限制的期限不得超过 15 个交易日,案情复杂的,可以延长 15 个交易日。

国务院证券监督管理机构依法履行职责,被检查、调查的单位和个人应当配合,如实提供有关文件和资料,不得拒绝、阻碍和隐瞒。国务院证券监督管理机构依据调查结果,对证券违法行为作出的处罚决定,应当公开。国务院证券监督管理机构依法履行职责,发现证券违法行为涉嫌犯罪的,应当将案件移送司法机关处理。

国务院证券监督管理机构依法制定的规章、规则和监督管理工作制度应当公开。国务院证券监督管理机构工作人员依法履行职责,进行监督检查或者调查时,其监督检查、调查的人员不得少于 2 人,并应当出示合法证件和监督检查、调查通知书。监督检查、调查的人员少于 2 人或者未出示合法证件和监督检查、调查通知书的,被检查、调查的单位有权拒绝。国务院证券监督管理机构工作人员必须忠于职守,依法办事,公正廉洁,不得利用自己的职务便利牟取不正当的利益,不得泄露所知悉的有关单位和个人的商业秘密。国务院证券监督管理机构的工作人员不得在被监管的机构中兼任职务。

二、证券业自律管理制度

证券业协会是在国家对证券发行、交易活动实行统一监督管理的前提下依法设立的证券行业的自律性组织,是社会团体法人。我国的证券业协会已经于 1991 年 8 月 28 日成立。根据《证券法》的规定,证券公司应当加入证券业协会。证券业协会的权力机构为由全体会员组成的会员大会。证券业协会设理事会,理事会成员依章程的规定经选举产生。证券业协会的章程由会员大会制定,并报国务院证券监督管理机构备案。根据《证券法》的规定,证券业协会的职责为:教育和组织会员遵守证券法律、行政法规,依法维护会员的合法权益,向证券监督管理机构反映会员的建议和要求;收集整理证券信息,为会员提供服务;制定会员应遵守的规则,组织会员单位的从业人员的业务培训,开展会员间的业务交流;对会员之间、会员与客户之间发生的纠纷进行调解;组织会员就证券业的发展、运作及有关内容进行研究;监督、检查会员行为,对违反法律、行政法规或者协会章程的,按照规定给予纪律处分;国务院证券监督管理机构赋予的其他职责。

此外,与证券监管及其体制密切相关的一个重要问题是金融业的经营及监管体制。《证券法》根据我国的实际情况,确立了证券业和银行业、信托业、保险业分业经营、分业管理的体制。因此,证券公司与银行、信托、保险业务机构应当分别设立、分业经营和分业管理。但是,国家另有规定的除外。

第八节 证券投资基金

一、证券投资基金的概念

投资基金,又称共同投资基金或单位信托,是通过向投资人发行股票或受益凭证募集资金,交由专业投资机构管理,以获取一定收益的投资工具。证券投资基金(以下简称基金)是专门投资证券市场的金融工具,是一种利益共享、风险共担的集合证券投资方式,即通过发行基金单位集中投资者的资金,由基金托管人托管,由基金管理人管理和运作资金,从事股票、债券等金融工具的投资。与其他投资工具相比较,基金具有专业化管理、分散风险、资产高度流动性和收益稳定等特点。

依不同的标准,可以对基金做不同的分类。按照基金投资目标和风险偏好划分,可分为成长型基金、收入型基金、平衡基金等。成长型基金以资本增值为投资目标,注重目标公司的资本增值,其风险偏好较收入型基金、平衡基金更强;收入型基金的目标是增加当期收入,而对证券增值并不重视,它一般投资于各种收入稳定的有价证券,其风险偏好较弱;平衡基金则介于成长型基金和收入型基金之间,选择不同公司的债券、优先股和普通股进行资金分配,主要目的是在所投资的债券中得到利益收益,同时获得普通股的资本增值。按照组织形式划分,可分为契约型基金和公司型基金。契约型基金是根据设立共同基金的法律制度,在规定当事人的权利和义务的投资信托契约的基础上,由受托人、委托人和受益人三方组成;公司型基金则通过向公众发行股份筹集资金,设立股份公司以从事各种证券投资。按照经营方式划分,可分为封闭式基金和开放式基金。封闭式基金是指事先确定发行总额,在封闭期间内基金单位总数不变,基金上市后投资者可以通过证券市场转让、买卖基金单位的一种基金;开放式基金是指基金发行总额不固定,基金单位总数随时增减,投资者可以按基金的报价在国家规定的营业场所申购或者赎回基金单位的一种基金。

为了加强对基金的管理,保护基金当事人的合法权益,促进证券市场的健康、稳定发展,1997年11月5日经国务院批准,1997年11月14日证监会发布了《证券投资基金管理暂行办法》,在我国境内从事基金活动及与该活动相关的自然人、法人和其他组织,应当遵守该办法。

2003年10月28日,第十届全国人民代表大会常务委员会第五次会议通过《中华人民共和国证券投资基金法》(以下简称《证券投资基金法》),对在我国境内通过公开发售基金份额募集证券投资基金,由基金管理人管理,基金托管人托管,为基金份额持有人的利益,以资产组合方式进行证券投资的活动进行了规定。

二、基金份额的募集、交易、申购与赎回

(一)基金份额的募集

基金管理人发售基金份额,募集基金,应当向国务院证券监督管理机构提交下列文件,并经国务院证券监督管理机构核准:①申请报告;②基金合同草案;③基金托管协议草案;④招募说明书草案;⑤基金管理人和基金托管人的资格证明文件;⑥经会计师事务所审计的基金管理人和基金托管人最近3年或者成立以来的财务会计报告;⑦律师事务所出具的法律意见书;⑧国务院证券监督管理机构规定提交的其他文件。

国务院证券监督管理机构应当自受理基金募集申请之日起6个月内依照法律、行政法规及国务院证券监督管理机构的规定和审慎监管原则进行审查,作出核准或者不予核准的决定,并通知申请人;不予核准的,应当说明理由。基金募集申请经核准后,方可发售基金份额。

基金份额的发售,由基金管理人负责办理;基金管理人可以委托经国务院证券监督管理机构认定的其他机构代为办理。

基金管理人应当自收到核准文件之日起6个月内进行基金募集。超过6个月开始募集,原核准的事项未发生实质性变化的,应当报国务院证券监督管理机构备案;发生实质性变化的,应当向国务院证券监督管理机构重新提交申请。

基金管理人应当在基金份额发售的3日前公布招募说明书、基金合同及其他有关文件。基金募集不得超过国务院证券监督管理机构核准的基金募集期限,基金募集期限自基金份额发售之日起计算。基金募集期限届满,封闭式基金募集的基金份额总额达到核准规模的80%以上,开放式基金募集的基金份额总额超过核准的最低募集份额总额,并且基金份额持有人人数符合国务院证券监督管理机构规定的,基金管理人应当自募集期限届满之日10日内聘请法定验资机构验资,自收到验资报告之日起10日内,向国务院证券监督管理机构提交验资报告,办理基金备案手续,并予以公告。

基金募集期限届满,不能满足上述规定的,基金管理人应当承担下列责任:①以其固有财产承担因募集行为而产生的债务和费用;②在基金募集期限届满后30日内返还投资人已缴纳的款项,并加计银行同期存款利息。

基金募集期间募集的资金应当存入专门账户,在基金募集行为结束前,任何人不得动用。

(二)封闭性基金的基金份额交易

封闭式基金的基金份额,经基金管理人申请,国务院证券监督管理机构核准,可以在证券交易所上市交易。国务院证券监督管理机构可以授权证券交易所依照法定条件和程序核准基金份额上市交易。

基金份额上市交易,应当符合下列条件:①基金的募集符合法律规定;②基金合同期限为5年以上;③基金募集金额不低于2亿元人民币;④基金份额持有人不少于1 000人;⑤基金份额上市交易规则规定的其他条件。

基金份额上市交易规则由证券交易所制定,报国务院证券监督管理机构核准。

基金份额上市交易后,有下列情形之一的,由证券交易所终止其上市交易,并报国务院证券监督管理机构备案:①不再具备上市交易条件;②基金合同期限届满;③基金份额持有人大会决定提前终止上市交易;④基金合同约定的或者基金份额上市交易规则规定的终止上市交易的其他情形。

(三)开放式基金的基金份额的申购与赎回

开放式基金的基金份额的申购、赎回和登记,由基金管理人负责办理;基金管理人可以委托经国务院证券监督管理机构认定的其他机构代为办理。

基金管理人应当在每个工作日办理基金份额的申购、赎回业务;基金合同另有约定的,按照其约定。

基金管理人应当按时支付赎回款项,但是下列情形除外:①因不可抗力导致基金管理人不能支付赎回款项;②证券交易场所依法决定临时停市,导致基金管理人无法计算当日基金资产净值;③基金合同约定的其他特殊情形。

发生上述情形之一的,基金管理人应当在当日报国务院证券监督管理机构备案。上述情形消失后,基金管理人应当及时支付赎回款项。

开放式基金应当保持足够的现金或者政府债券,以备支付基金份额持有人的赎回款项。基金财产中应当保持的现金或者政府债券的具体比例,由国务院证券监督管理机构规定。

三、基金托管人和基金管理人

（一）基金托管人

1. 基金托管资格的取得。基金托管人由依法设立并取得基金托管资格的商业银行担任。申请取得基金托管资格，应当具备下列条件，并经国务院证券监督管理机构和国务院银行业监督管理机构核准：①净资产和资本充足率符合有关规定；②设有专门的基金托管部门；③取得基金从业资格的专职人员达到法定人数；④有安全保管基金财产的条件；⑤有安全高效的清算、交割系统；⑥有符合要求的营业场所、安全防范设施和与基金托管业务有关的其他设施；⑦有完善的内部稽核监控制度和风险控制制度；⑧法律、行政法规规定的和经国务院批准的国务院证券监督管理机构、国务院银行业监督管理机构规定的其他条件。

2. 基金托管人的职责。基金托管人应当履行下列职责：①安全保管基金财产；②按照规定开设基金财产的资金账户和证券账户；③对所托管的不同基金财产分别设置账户，确保基金财产的完整与独立；④保存基金托管业务活动的记录、账册、报表和其他相关资料；⑤按照基金合同的约定，根据基金管理人的投资指令，及时办理清算、交割事宜；⑥办理与基金托管业务活动有关的信息披露事项；⑦对基金财务会计报告、中期和年度基金报告出具意见；⑧复核、审查基金管理人计算的基金资产净值和基金份额申购、赎回价格；⑨按照规定召集基金份额持有人大会；⑩按照规定监督基金管理人的投资运作；⑪国务院证券监督管理机构规定的其他职责。

基金托管人发现基金管理人的投资指令违反法律、行政法规和其他有关规定，或者违反基金合同约定的，应当拒绝执行，立即通知基金管理人，并及时向国务院证券监督管理机构报告。基金托管人发现基金管理人依据交易程序已经生效的投资指令违反法律、行政法规和其他有关规定，或者违反基金合同约定的，应当立即通知基金管理人，并及时向国务院证券监督管理机构报告。

3. 基金托管资格的取消。国务院证券监督管理机构和国务院银行业监督管理机构对有下列情形之一的基金托管人，依据职权责令整顿，或者取消基金托管资格：①有重大违法违规行为；②不再具备取得基金托管资格的条件；③法律、行政法规规定的其他情形。

4. 基金托管人职责的终止。有下列情形之一的，基金托管人职责终止：①被依法取消基金托管资格；②被基金份额持有人大会解任；③依法解散、被依法撤销或者被依法宣告破产；④基金合同约定的其他情形。

基金托管人职责终止的，基金份额持有人大会应当在 6 个月内选任新的基金托管人；在新基金托管人产生前，由国务院证券监督管理机构指定临时基金托管人。

基金托管人职责终止的,应当按照规定聘请会计师事务所对基金财产进行审计,并将审计结果予以公告,同时报国务院证券监督管理机构备案。此外,基金托管人应当妥善保管基金财产和基金托管业务资料,及时办理基金财产和基金托管业务的移交手续,新基金托管人或者临时基金托管人应当及时接收。

（二）基金管理人

2004 年 9 月 27 日,证监会发布《证券投资基金管理公司管理办法》,自 2004 年 10 月 1 日起施行。

1. 基金管理公司的设立条件。《证券投资基金管理公司管理办法》规定,设立基金管理公司,应当具备下列条件:①股东符合《证券投资基金法》和本办法的规定;②有符合《证券投资基金法》、《公司法》以及中国证监会规定的章程;③注册资本不低于 1 亿元人民币,且股东必须以货币资金实缴,境外股东应当以可自由兑换货币出资;④有符合法律、行政法规和中国证监会规定的拟任高级管理人员以及从事研究、投资、估值、营销等业务的人员,拟任高级管理人员、业务人员不少于 15 人,并应当取得基金从业资格;⑤有符合要求的营业场所、安全防范设施和与业务有关的其他设施;⑥设置了分工合理、职责清晰的组织机构和工作岗位;⑦有符合中国证监会规定的监察稽核、风险控制等内部监控制度;⑧经国务院批准的中国证监会规定的其他条件。

基金管理公司的主要股东是指出资额占基金管理公司注册资本的比例(以下简称出资比例)最高,且不低于 25% 的股东。主要股东应当具备从事证券经营、证券投资咨询、信托资产管理或者其他金融资产管理;注册资本不低于 3 亿元人民币;具有较好的经营业绩,资产质量良好;持续经营 3 个以上完整的会计年度,公司治理健全,内部监控制度完善;最近 3 年没有因违法违规行为受到行政处罚或者刑事处罚;没有挪用客户资产等损害客户利益的行为;没有因违法违规行为正在被监管机构调查,或者正处于整改期间;具有良好的社会信誉,最近 3 年在税务、工商等行政机关,以及金融监管、自律管理、商业银行等机构无不良记录。基金管理公司除主要股东外的其他股东,注册资本、净资产应当不低于 1 亿元人民币,资产质量良好,且具备规定的其他条件。中外合资基金管理公司中,出资比例最高的境内股东应当具备本办法第 7 条第 2 款规定的主要股东的条件;其他境内股东应当具备本办法第八条规定的条件。

中外合资基金管理公司的境外股东应当具备下列条件:为依其所在国家或者地区法律设立,合法存续并具有金融资产管理经验的金融机构,财务稳健,资信良好,最近 3 年没有受到监管机构或者司法机关的处罚;所在国家或者地区具有完善的证券法律和监管制度,其证券监管机构已与中国证监会或者中国证监会认可的其他机构签订证券监管合作谅解备忘录,并保持着有效的监管合作关系;实缴资本不少于 3 亿元人民币的等值可自由兑换货币;经国务院批准的中国证监会规定的其他条件。香港特别行政区、澳门特别行政区和台湾地区的投资机构比照适用上述规定。

基金管理公司股东的出资比例应当符合中国证监会的规定。基金管理公司的股东不得持有其他股东的股份或者其他股东的权益；不得与其他股东同属一个实际控制人或者有其他关联关系。中外合资基金管理公司外资出资比例或者拥有的权益比例，累计（包括直接持有和间接持有）不得超过国家证券业对外开放所做的承诺。一家机构或者受同一实际控制人控制的多家机构参股基金管理公司的数量不得超过两家，其中控股基金管理公司的数量不得超过一家。

2. 基金从业人员。

（1）基金从业人员任职资格。《证券投资基金法》规定，下列人员不得担任基金管理人的基金从业人员：因犯有贪污贿赂、渎职、侵犯财产罪或者破坏社会主义市场经济秩序罪，被判处刑罚的；对所任职的公司、企业因经营不善破产清算或者因违法被吊销营业执照负有个人责任的董事、监事、厂长、经理及其他高级管理人员，自该公司、企业破产清算终结或者被吊销营业执照之日起未逾5年的；个人所负债务数额较大，到期未清偿的；因违法行为被开除的基金管理人、基金托管人、证券交易所、证券公司、证券登记结算机构、期货交易所、期货经纪公司及其他机构的从业人员和国家机关工作人员；因违法行为被吊销执业证书或者被取消资格的律师、注册会计师和资产评估机构、验证机构的从业人员、投资咨询从业人员；法律、行政法规规定不得从事基金业务的其他人员。

（2）基金高级管理人员任职要求。2004年9月27日，证监会发布《证券投资基金行业高级管理人员任职管理办法》，自2004年10月1日起施行。该办法规定，申请基金高级管理人员任职资格，应当具备下列条件：取得基金从业资格；通过证监会或者其授权机构组织的高级管理人员证券投资法律知识考试；具有3年以上基金、证券、银行等金融相关领域的工作经历及与拟任职务相适应的管理经历，督察长还应当具有法律、会计、监察、稽核等工作经历；没有公司法、证券投资基金法等法律、行政法规规定的不得担任公司董事、监事、经理和基金从业人员的情形；最近3年没有受到证券、银行、工商和税务等行政管理部门的行政处罚。

3. 基金管理人的职责。基金管理人应当履行下列职责：①依法募集基金，办理或者委托经国务院证券监督管理机构认定的其他机构代为办理基金份额的发售、申购、赎回和登记事宜；②办理基金备案手续；③对所管理的不同基金财产分别管理、分别记账，进行证券投资；④按照基金合同的约定确定基金收益分配方案，及时向基金份额持有人分配收益；⑤进行基金会计核算并编制基金财务会计报告；⑥编制中期和年度基金报告；⑦计算并公告基金资产净值，确定基金份额申购、赎回价格；⑧办理与基金财产管理业务活动有关的信息披露事项；⑨召集基金份额持有人大会；⑩保存基金财产管理业务活动的记录、账册、报表和其他相关资料;⑪以基金管理人名义,代表基金份额持有人利益行使诉讼权利或者实施其他法律行为;⑫国务院证券监督管理机构规定的其他职责。

基金管理人不得将其固有财产或者他人财产混同于基金财产从事证券投资;不得不公平地对待其管理的不同基金财产;不得利用基金财产为基金份额持有人以外的第三人牟取利益;不得向基金份额持有人违规承诺收益或者承担损失。

4. 对基金管理公司的监督管理。证监会依照法律、行政法规、中国证监会规定和审慎监管原则对基金管理公司的公司治理、内部监控、经营运作、风险状况,以及相关业务活动进行非现场检查和现场检查。

(1)非现场检查。非现场检查主要以审阅基金管理公司报送材料的方式进行。基金管理公司应当向中国证监会和所在地中国证监会派出机构报送下列材料:经具有从事证券相关业务资格的会计师事务所审计的基金管理公司年度报告;由具有从事证券相关业务资格的会计师事务所出具的基金管理公司内部监控情况的年度评价报告;监察稽核季度报告和年度报告;证监会根据审慎监管原则要求报送的其他材料。基金管理公司应当自年度结束之日起3个月内报送基金管理公司年度报告和年度评价报告;自季度结束之日起15日内报送监察稽核季度报告,自年度结束之日起30日内报送监察稽核年度报告。

基金管理公司发生下列情形之一的,应当自发生之日起5日内向中国证监会和所在地中国证监会派出机构报告:公司股东的出资被司法机关采取诉讼保全等措施;公司股东处分其出资;公司股东发生合并、分立或者进行重大资产、债务重组;公司股东被监管机构或者司法机关立案调查;公司股东进入清算程序或者被接管;公司及其董事、高级管理人员、基金经理受到刑事、行政处罚;公司及其董事、高级管理人员、基金经理被监管机构或者司法机关调查;公司财务状况发生重大变化;对公司经营产生重大影响的其他事项。

(2)现场检查。证监会可以采取下列措施对基金管理公司进行现场检查,并根据日常监管情况确定现场检查的对象、内容和频率:进入基金管理公司及其分支机构进行检查;要求基金管理公司提供与检查事项有关的文件、会议记录、报表、凭证和其他资料;询问基金管理公司的工作人员,要求其对有关检查事项做出说明;查阅、复制基金管理公司与检查事项有关的文件、资料,对可能被转移、隐匿或者毁损的文件、资料予以封存;检查基金管理公司运用电子计算机管理业务数据的系统;证监会规定的其他措施。

中国证监会对基金管理公司进行现场检查,检查人员不得少于两人,并应当出示合法证件;检查人员少于两人或者未出示合法证件的,基金管理公司有权拒绝检查。

5. 基金管理资格的取消。国务院证券监督管理机构对有下列情形之一的基金管理人,依据职权责令整顿,或者取消基金管理资格:①有重大违法违规行为;②不再具备基金管理人应当具备的条件;③法律、行政法规规定的其他情形。

6.基金管理人职责的终止。有下列情形之一的,基金管理人职责终止:①被依法取消基金管理资格;②被基金份额持有人大会解任;③依法解散、被依法撤销或者被依法宣告破产;④基金合同约定的其他情形。

基金管理人职责终止的,基金份额持有人大会应当在6个月内选任新基金管理人;新基金管理人产生前,由国务院证券监督管理机构指定临时基金管理人。

基金管理人职责终止的,应当按照规定聘请会计师事务所对基金财产进行审计,并将审计结果予以公告,同时报国务院证券监督管理机构备案。此外,基金管理人应当妥善保管基金管理业务资料,及时办理基金管理业务的移交手续,新基金管理人或者临时基金管理人应当及时接收。

四、基金份额持有人权利及其行使

(一)基金份额持有人的权利

基金份额持有人享有下列权利:①分享基金财产收益;②参与分配清算后的剩余基金财产;③依法转让或者申请赎回其持有的基金份额;④按照规定要求召开基金份额持有人大会;⑤对基金份额持有人大会审议事项行使表决权;⑥查阅或者复制公开披露的基金信息资料;⑦对基金管理人、基金托管人、基金份额发售机构损害其合法权益的行为依法提起诉讼;⑧基金合同约定的其他权利。

(二)基金份额持有人大会

基金份额持有人大会由基金管理人召集;基金管理人未按规定召集或者不能召集时,由基金托管人召集。代表基金份额10%以上的基金份额持有人就同一事项要求召开基金份额持有人大会,而基金管理人、基金托管人都不召集的,代表基金份额10%以上的基金份额持有人有权自行召集,并报国务院证券监督管理机构备案。

召开基金份额持有人大会,召集人应当至少提前30日公告基金份额持有人大会的召开时间、会议形式、审议事项、议事程序和表决方式等事项。基金份额持有人大会不得就未经公告的事项进行表决。

基金份额持有人大会可以采取现场方式召开,也可以采取通讯等方式召开。下列事项应当通过召开基金份额持有人大会审议决定:①提前终止基金合同;②基金扩募或者延长基金合同期限;③转换基金运作方式;④提高基金管理人、基金托管人的报酬标准;⑤更换基金管理人、基金托管人;⑥基金合同约定的其他事项。

每一基金份额具有一票表决权,基金份额持有人可以委托代理人出席基金份额持有人大会并行使表决权。基金份额持有人大会应当有代表50%以上基金份额的持有人参加,方可召开;大会就审议事项作出决定,应当经参加大会的基金份额持有人所持表决权的 50% 以上通过；但是，转换基金运作方式、更换基金管理人或者基金托管人、提前终止基金合同，应当经参加大会的基金份额持有人所持表决权的 2/3 以上通过。

基金份额持有人大会决定的事项，应当依法报国务院证券监督管理机构核准或者备案，并予以公告。

五、基金的运作与信息披露

（一）基金的运作

基金管理人运用基金财产进行证券投资，应当采用资产组合的方式。资产组合的具体方式和投资比例，依照《证券投资基金法》和国务院证券监督管理机构的规定在基金合同中约定。

基金财产应当用于下列投资：①上市交易的股票、债券；②国务院证券监督管理机构规定的其他证券品种。

基金财产不得用于承销证券；不得向他人贷款或者提供担保；不得从事承担无限责任的投资；不得买卖其他基金份额（国务院另有规定的除外）；不得向其基金管理人、基金托管人出资或者买卖其基金管理人、基金托管人发行的股票或者债券；不得买卖与其基金管理人、基金托管人有控股关系的股东或者与其基金管理人、基金托管人有其他重大利害关系的公司发行的证券或者承销期内承销的证券；不得从事内幕交易、操纵证券交易价格及其他不正当的证券交易活动。

（二）基金的信息披露

基金管理人、基金托管人和其他基金信息披露义务人应当依法披露基金信息，并保证所披露信息的真实性、准确性和完整性。

基金信息披露义务人应当确保应予披露的基金信息在国务院证券监督管理机构规定的时间内披露，并保证投资人能够按照基金合同约定的时间和方式查阅或者复制公开披露的信息资料。

公开披露的基金信息包括：①基金招募说明书、基金合同、基金托管协议；②基金募集情况；③基金份额上市交易公告书；④基金资产净值、基金份额净值；⑤基金份额申购、赎回价格；⑥基金财产的资产组合季度报告、财务会计报告及中期和年度基金报告；⑦临时报告；⑧基金份额持有人大会决议；⑨基金管理人、基金托管人的专门基金托管部门的重大人事变动；⑩涉及基金管理人、基金财产、基金托管业务的诉讼；⑪依照法律、行政法规有关规定，由国务院证券监督管理机构规定应予披露的其他信息。

对公开披露的基金信息出具审计报告或者法律意见书的会计师事务所、律师事务所，应当保证其所出具文件内容的真实性、准确性和完整性。

公开披露基金信息，不得有虚假记载、误导性陈述或者重大遗漏；不得对证券投资业绩进行预测;不得违规承诺收益或者承担损失;不得诋毁其他基金管理人、基金托管人或者基金份额发售机构。

本章小结

证券法是调整证券发行、交易和证券监管过程中发生的经济关系的法律规范的总称。我国证券法的基本原则包括公平、公正、公开的原则和自愿、有偿、诚实信用的原则。

证券市场的主体主要由证券投资者、证券公司、证券交易的服务机构、上市公司以及证券交易场所构成。

证券发行,是指经批准符合条件的证券发行人,以筹集资金为目的,按照一定程序将证券销售给投资者的行为。通过证券发行而建立起来的市场称为证券发行市场,又叫一级市场,它一般由发行人、承销机构和投资人构成。承销机构是在证券发行市场上帮助发行人发行证券,并为此获取手续费和佣金收入的机构。证券承销业务采取代销或者包销方式。根据我国《证券法》的有关规定,公开发行证券,必须符合法律、行政法规规定的条件,并依法报经国务院证券监督管理机构或者国务院授权的部门核准;未经依法核准,任何单位和个人不得公开发行证券。

股票的上市是指已经发行的股票按照法律规定的条件和程序在依法设立的证券交易所挂牌供投资者公开进行买卖。我国证券法明确规定了股票上市交易的条件。国家鼓励符合产业政策并符合上市条件的公司股票上市交易。债券的上市是指已经发行的债券按照法律规定的条件和程序在依法设立的证券交易所挂牌供投资者公开进行买卖。

证券交易又称证券买卖,是指已经发行的证券在不同的证券投资者之间再次进行交换的行为。证券交易当事人依法买卖的证券,必须是依法发行并交付的证券。非依法发行的证券,不得买卖。依法发行的股票、公司债券及其他证券,法律对其转让期限有限制性规定的,在限定的期限内,不得买卖。经依法核准的上市交易的股票、公司债券及其他证券,应当在证券交易所或者国务院规定的其他场所交易。进行证券交易而形成的市场是证券交易市场,又称二级市场,依据证券交易场所的不同,证券交易可分为场内交易和场外交易。在我国,进入证券交易所参与集中竞价交易的,必须是具有证券交易所会员资格的证券公司。一般投资者(即客户)参加场内交易的程序包括:①开户;②委托;③成交;④清算和过户。《证券法》明确规定,证券发行、交易活动,必须遵守法律、行政法规。我国《证券法》规定的禁止的证券交易行为主要有以下几种:内幕交易、操纵市场、虚假陈述、欺诈客户、信用交易、在证券交易中被禁止的其他行为。

根据《证券法》的规定,上市公司收购可以采取要约收购或者协议收购的方式。要约收购,是指收购方通过向被收购方的股东发出收购要约的方式进行的收购;协议收购,是收购方依照法律、行政法规的规定同被收购公司的股票持有人以协议方式进行的收购。

我国证券市场的监管体制为政府集中统一监督管理与行业自律相结合的体制。国务院证券监督管理机构依法对证券市场实行监督管理,维护证券市场秩序,保障其合法运行。证券业协会是在国家对证券发行、交易活动实行统一监督管理的前提下依法设立的、证券行业的自律性组织,是社会团体法人。

证券投资基金(以下简称基金)是专门投资证券市场的金融工具,是一种利益共享、风险共担的集合证券投资方式,即通过发行基金单位集中投资者的资金,由基金托管人托管,由基金管理人管理和运作资金,从事股票、债券等金融工具的投资。与其他投资工具相比较,基金具有专业化管理、分散风险、资产高度流动性和收益稳定等特点。

基金管理人发售基金份额,募集基金,应当经国务院证券监督管理机构核准。封闭式基金的基金份额,经基金管理人申请,国务院证券监督管理机构核准,可以在证券交易所上市交易。开放式基金的基金份额的申购、赎回和登记,由基金管理人负责办理;基金管理人可以委托经国务院证券监督管理机构认定的其他机构代为办理。

基金托管人由依法设立并取得基金托管资格的商业银行担任。基金管理人由依法设立的基金管理公司担任。基金份额持有人享有分享基金财产收益;参与分配清算后的剩余基金财产;依法转让或者申请赎回其持有的基金份额;按照规定要求召开基金份额持有人大会;对基金份额持有人大会审议事项行使表决权;查阅或者复制公开披露的基金信息资料;对基金管理人、基金托管人、基金份额发售机构损害其合法权益的行为依法提起诉讼以及基金合同约定的其他权利。

基金份额持有人大会应当有代表50%以上基金份额的持有人参加,方可召开;大会就审议事项作出决定,应当经参加大会的基金份额持有人所持表决权的50%以上通过;但是,转换基金运作方式、更换基金管理人或者基金托管人、提前终止基金合同,应当经参加大会的基金份额持有人所持表决权的2/3以上通过。

基金管理人运用基金财产进行证券投资,应当采用资产组合的方式。资产组合的具体方式和投资比例,依照《证券投资基金法》和国务院证券监督管理机构的规定在基金合同中约定。基金管理人、基金托管人和其他基金信息披露义务人应当依法披露基金信息,并保证所披露信息的真实性、准确性和完整性。

思考练习题

1. 简述证券的概念和种类。
2. 简述证券法的基本原则。
3. 简述证券市场的主体。
4. 简述股票发行的概念和种类。
5. 何谓证券交易？试比较场内交易和场外交易的异同。
6. 《证券法》规定的禁止的证券交易行为有哪些？
7. 什么是内幕交易？试析内幕交易行为的构成要件。
8. 简述上市公司收购的主要具体制度。
9. 简述证券投资基金的概念及类别。

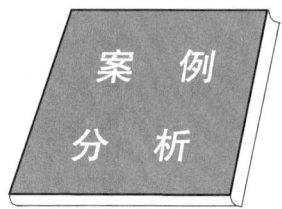

案例

况某、张×渝、徐某内幕交易①

一、内幕信息的形成与公开过程

2007年，况某受托就格力地产借壳海星科技上市事宜与海星集团接洽。2007年10月29日，格力集团召开董事会，表决通过与海星集团的股权收购协议。主要内容为：格力集团以8.9元/股的价格收购海星集团6 000万股；格力集团以委托贷款形式向海星集团贷款人民币3亿元，用于清理海星科技对外债务；格力集团认购海星科技向格力集团定向增发2.4亿股股票，实现格力集团控股海星科技51.99%。

2007年10月29日下午"海星科技"临时停牌。2007年10月30日，海星科技发布公告称其控股股东海星集团已与一家公司签订《股份购买意向书》，转让其持有的海星科技部分股权，同时涉及重大资产出售、主营业务变更以及定向增发等事宜。因谈判尚

---

① 中国证监会行政处罚决定书(2010)32号，http://www.csrc.gov.cn/pub/zjhpublic/G00306212/201009/t20100913_184612.htm。

存在重大不确定性,从公告之日起停牌。

2007年12月13日,海星科技发布董事会决议公告,称公司与格力集团签署《股份收购协议》。当日,"海星科技"复牌后涨停。

二、内幕信息在况某、张×渝、徐某之间传递的过程

况某称,2007年10月,他经常会在家中与人电话沟通海星科技卖壳、格力地产买壳等事宜。2007年10月25日上午,况某的外甥女徐某让况妻张×渝推荐股票,张×渝推荐了包括"海星科技"在内的几支股票,并告诉徐某,海星科技打算将壳卖给格力房产,具有重组的可能。

三、徐某知悉内幕信息后买卖股票的情况

2001年7月19日,徐某在招商证券珠海人民东路营业部开立资金账户29×××909,下挂上海股东账户A21××7445和深圳股东账户97×××259,账户代理人为张×渝,代理权限为全权代理,该账户已办理银证转账。2007年10月25日,股东账户A21××7445买入"海星科技"55 000股,成交金额为350 350元,实际买入成本为352 191.8元;10月26日,该账户买入"海星科技"5 000股,成交金额为31 500元,实际买入成本为31 665.65元。2008年6月19日,该账户将2007年10月25日、26日买入的60 000股"海星科技"全部卖出,成交金额为404 942.82元,实际卖出收入为403 627.5元。扣除手续费、印花税等,实际获利19 770.05元。

2006年4月20日,徐某的丈夫李某在招商证券珠海市人民东路营业部开立资金账户29×××024,下挂上海股东账户A35×××3764和深圳股东账户009×××9977,该账户已办理银证转账。2007年10月25日,股东账户A35×××3764共计买入"海星科技"39 600股,成交金额为256 816元,实际买入成本为258 057.51元。2008年3月18日、3月27日、6月19日,该账户陆续将2007年10月25日买入的39 600股"海星科技"卖出,扣除手续费、印花税等,实际获利92 576元。

法理分析

针对上述事实,中国证监会认为,格力集团房地产业务借壳海星科技,即海星集团将其持有的海星科技6 000万股(占公司总股本的17.77%)转让给格力集团,海星科技资产全部置出后,格力集团将其全资拥有的两家房地产业务子公司100%股权置入海星科技等事项,在公开披露前属于《证券法》第七十五条第二款第(七)项规定的内幕信息;况某受格力集团方面委托,全程参与了格力集团房地产业务借壳海星科技事项的沟通、联络、谈判、协议达成,对相关并购重组事项的进展、前景与细节有着全面、准确的了解,本应保持高度的注意与谨慎,认真做好相关信息的保密与管理,但他却未采取必

要的保密措施,将有关内幕信息泄露给其配偶张×渝,因此,认定况某的行为构成《证券法》第二百零二条规定的知悉内幕信息者在信息公开前"泄露该信息"的行为;张×渝作为况某的配偶,在家中听到况某电话中与人谈论的内幕信息后,将有关信息告诉了徐某,并建议徐某买入海星科技股票,其行为构成了《证券法》第二百零二条规定的知悉内幕信息者在信息公开前"泄露该信息"并"建议他人买卖该证券"的行为;徐某从张×渝处获悉内幕信息后,接受了张×渝的建议,多次买入海星科技股票,其行为构成了《证券法》第二百零二条规定的知悉内幕信息者在信息公开前"买卖该证券"的行为。

为此,根据当事人违法行为的事实、性质、情节与社会危害程度,依据《证券法》第二百零二条的规定,中国证监会决定:

1. 对况某、张×渝分别处以3万元罚款。
2. 没收徐某违法所得112 346.05元,并处以112 346.05元罚款。

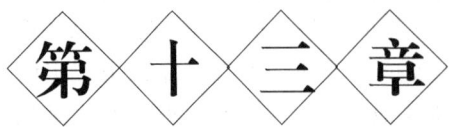

票据法律制度

★ 本章学习要点与要求 ★

通过本章的学习应掌握票据的概念和特征、票据的种类、票据法律关系、票据行为的概念和特征、票据行为的代理、票据权利的概念、票据权利的取得、票据权利的消灭、票据抗辩，了解我国银行结算中的票据。

第一节 票据和票据法概述

一、票据

（一）票据的概念

票据一词有广义和狭义之分，广义上的票据包括各种有价证券和凭证，如股票、国库券、发票、提单等，狭义上的票据是指票据法规定的票据。不过各国票据法所规定的票据并不完全相同，如德国、法国、瑞士等国票据法仅包括汇票和本票，不包括支票；英国的汇票法中同时规定了本票和支票，并没用票据这个概念；美国则将汇票、本票和支票以及存款单统称为"商业证券"。旧中国票据法上的票据指汇票、本票和支票。新中国成立后，大陆地区一直沿用这一概念。1995年5月10日第八届全国人大常委会通过的《中华人民共和国票据法》（以下简称《票据法》）第2条第2款规定："本法所称的票据，是指汇票、本票和支票。"人们通常都是从狭义上来理解票据概念的。我国《票据法》上的票据是指出票人依法签发的,规定由自己或委托他人在见票时或者指定的日期向收款人或者持票人无条件支付一定金额的有价证券。

票据具有如下法律特征:

1. 票据是一种有价证券。"有价"是指票据有一定的价值,票面必须载明一定的货币金额,而且只能用货币来表现和支付,不能用实物量如商品、货物来表现和支付。票据的这种价值,随票据的设立而取得,随票据的出让而转移。票据的有价还表现在它可以在证券市场进行买卖,可以到银行贴现,可以作为债权证券保留直到到期,也可以在到期前以较低条件如贴补利息进行转让。总之,票据是一种有价的、表示财产权的凭证。

2. 票据是一种设权证券。票据上的权利和义务,必须作成票据才能发生,没有票据则无所谓权利和义务。票据一经设立,票据上载明的权利和义务便随之确立。而且,票据权利转让时必须交付票据,票据权利行使时,也必须出示票据。票据与其所表示的权利不可分离。

3. 票据是一种要式证券。票据作为债务支付凭证、债权实现凭证,应当具备必要的形式和内容,并能以准确的文字明确表述。如载明票据种类、付款人姓名、付款日期、付款地点、收款人或其指定人的姓名、出票日期及出票地点、出票人签名等。对此,大多数国家和地区不仅用法律形式加以明确规定,并且有事先印刷好的固定格式。法律规定票据欠缺应记载之事项,不发生法律效力,如我国《票据法》第22条、第76条和第85条分别规定了汇票、本票和支票必须记载的事项,并规定缺少任何一项必须记载的事项将导致汇票、本票和支票无效。此外,票据的流通和转让必须按照一定的程序,办理一定的手续,否则,无法律效力。

4. 票据是一种无因证券。虽然票据是设权证券,票据的设立是有原因的,《票据法》第10条第1款规定:"票据的签发、取得和转让,应当遵循诚实信用的原则,具有真实的交易关系和债权债务关系。"《支付结算办法》第22条规定:"票据的签发、取得和转让,必须具有真实的交易关系和债权债务关系。"但是,票据在流通过程中只需具备法律规定的要件,而不问票据设立的原因是什么。票据债务人除明知持票人恶意取得(如欺诈、盗窃)外,应无条件按票据内容支付款项,无权要求持票人说明取得票据的原因,因为票据持有人难以了解也无须了解票据行为如何产生、前手持有票据的原因,否则,票据无法流通,因此,票据是无因证券。

5. 票据是一种可流通证券。除不得转让的票据(如出票人记明"不得转让"字样的票据)外,票据可以像货币一样流通。票据流通通过背书或其他转让方式把票据权利转让给他人,不必事先通知债务人就能对债务人发生法律效力。谁持有合法票据,谁就拥有权利,而无论票据流通了多少次。

· 273 ·

6. 票据是一种文义证券。票据的权利和义务,完全根据票据上所记载的文字意义来决定,不得以票据记载以外的任何理由,改变票据的效力。票据的这个特点主要是为了保护善意持票人,以维持交易安全。

(二) 票据的种类

《票据法》将票据分为汇票、本票和支票三种。

1. 汇票。汇票是由出票人签发的,委托付款人在见票时或者在指定日期无条件支付确定的金额给收款人或者持票人的票据。汇票有三方当事人,即出票人、付款人和收款人。汇票的出票人对付款人来说是债权人,而对收款人来说则是债务人。汇票一经付款人承兑,付款人就成为主债务人,出票人是从债务人。从不同的角度,可将汇票分为不同的种类。按签发汇票的主体的不同,可将汇票分为银行汇票和商业汇票;以付款期限长短的不同,可将汇票分为即期汇票和远期汇票;以记载收款人的方式的不同,可将汇票分为记名汇票和无记名汇票;按签发和支付地点的不同,可分为国内汇票和国际汇票;根据银行对付款的要求的不同,可分为跟单汇票和光票。

2. 本票。本票是由出票人签发的,承诺自己在见票时无条件支付确定的金额给收款人或持票人的票据。本票的当事人有两个,即发票人和收款人。由于本票的发票人就是付款人,所以本票无须承兑。本票可以分为商业本票和银行本票、即期本票和远期本票等类型。

3. 支票。支票是出票人签发的,委托办理支票存款业务的银行或者其他金融机构在见票时无条件支付确定的金额给收款人或持票人的票据。支票的当事人有三个:出票人、收款人和付款人。付款人只能是银行。支票有两个特点,一是以银行为付款人,二是见票即付。支票的种类,国外通常分为记名式支票、无记名式支票、平行线支票和保付支票等数种。我国现在所用支票分为现金支票、转账支票。

(三) 票据的作用

票据是随着商品经济的发展而发展的,而票据反过来又促进了商品经济、市场经济的繁荣和发展。票据的作用主要体现在如下几方面:

1. 支付手段。票据最原始、最简单的作用是作为支付手段,代替现金的使用,以克服点数的麻烦,节省计算现金的时间,减少货币流通量。作为支付手段,各种票据都可以使用,例如,买主支付价款给卖主,可以直接签发支票,也可以签发本票,还可以签发汇票;反过来,卖主也可以利用票据向买主收款。使用票据代替现金付款,已成为现代社会中必不可少的支付手段。票据还可以作为异地支付的手段,这就是汇兑作用。比如甲地的买主要送款给乙地的卖主,乙地的卖主要向甲地的买主收款,都可以通过甲乙两地的银行和两地的其他关系人使用汇票、本票或支票。

2. 信用手段。现代贸易离不开信用,即使在个人生活中有时也需要利用信用关系。

个人间的借贷,买卖当事人间的延期付款,都可以使用所谓"远期票据"。票据的这一作用主要表现在汇票和本票上。票据当事人可以凭借某人的信用,将未来可取得的金钱作为现在的金钱来使用。票据的这一作用,克服了金钱支付在时间上的障碍。例如,某甲从某乙处购买一批货物,某甲要两个月后才付款,某甲就可以签发两个月后到期付款的汇票或本票。这时票据上所表现的不仅仅是价款,而且还是两个月的信用关系。在这种情况下,某甲实际上是得到了某乙的短期贷款。取得票据的人如果在到期日之前急需现金,可以将未到期的票据送到银行去贴现;持票人如果在到期日前需履行某一债务,也可通过背书方式将票据转让给其债权人以达到履行该债务的目的。票据的背书制度客观上增强了票据的信用职能。票据背书的次数越多,说明该票据的信用越强。因为每一次背书的背书人,都对票据权利的实现负有担保责任。

3. 结算作用。利用票据进行债权债务的结算,也是票据的一种重要作用。实际上结算就是当事人相互之间的支付。简单的结算就是互有债务的双方各签发一张本票给对方,待两张本票都届到期日即可抵消债务,若有差额,再由一方用现款给付差额。复杂的结算,则要通过现代的票据交换制度进行。国际间的票据结算非常盛行,不仅在同一城市内设立票据交换中心,而且国际间在各大贸易中心都设立了票据交换中心,利用票据进行国际间的结算。在现代国际贸易中,用票据来抵偿国际间的债权债务关系,不但可以免除现金输送的麻烦,而且可以使异地之间的债权债务得以抵消,从而使国际间的结算安全、可靠。

4. 融资手段。这是票据的最新职能,即持票人可将未到期的票据通过票据贴现而得到现金。票据贴现业务现在多由商业银行经营,各国中央银行经营再贴现业务。银行经营票据贴现业务,实际上就是向需用现金者提供现金。现在国际票据市场之所以繁荣,在一定程度上是因为它不仅经营到期票据的交换和买卖,而且经营未到期票据的交换和买卖。正是由于这项业务的兴起,使票据具有融资的职能,促进了国际社会经济的繁荣。

二、票据法

(一)票据法的概念

票据法是指调整汇票、本票、支票等票据的签发、转让和当事人之间的权利和义务关系的法律规范的总称。票据法的调整对象包括:票据的种类、形式和内容,票据的签发、转让和流通以及票据当事人之间的权利和义务关系,救济措施等。票据法也有广义和狭义之分。广义的票据法是指各种法律中有关票据的法律规范的总称,除了以"票据法"名称颁布的法律外,还包括其他法律法规中有关票据的规定,如刑法中有关票据欺诈罪的规定,民事诉讼法中有关公示催告的规定;狭义的票据法仅指票据的专门立法,如《中华人民共和国票据法》以及《票据管理实施办法》。

(二) 我国票据法的发展概况

我国的票据立法始于清末,当时借鉴了其他国家的一些票据立法经验,但该法一直没有公布。1928年8月,国民党政府草拟了第一个票据法草案,由行政院提交立法院审议通过,于1929年10月3日由国民政府公布施行。这是我国第一个《票据法》,全文共139条。次年7月1日,又公布《票据法施行法》,共208条。现在该法仍在台湾地区施行,以后1960年修订一次,1973年又经修订,同时将原《票据法施行法》改为《票据法施行细则》,1977年、1986年该法又经修订,施行至今。

新中国成立后,旧的《票据法》被废除。我国大陆开始用行政方法管理票据。20世纪50年代末,国家实行严格的现金管理,信用集中于银行,限制和取消了商业信用,票据无多大作用,其信用也受到很大限制。20世纪80年代,随着改革、开放的深入进行,票据制度在我国逐渐恢复,票据立法也被提上议事日程。1988年6月8日,上海市政府发布了《上海市票据暂行规定》。这是新中国第一个全面的地方性"票据法",该规定共5章86条,规定了汇票、本票、支票等制度。虽然这个规定对票据的信用和流通仍有一定限制,但已基本上恢复了比较正规的票据制度,是新中国票据立法史上的一个里程碑。1988年8月,经国务院同意,中国人民银行决定全面改革银行结算制度,于1988年12月19日颁布了《银行结算办法》。新的结算制度,简化了结算种类,扩大了票据的使用范围,废止了一些不适应商品经济的结算方式,建立起以支票、汇票、本票和信用卡为核心的"三票一卡"的银行结算制度。1993年5月,中国人民银行发布了《商业汇票办法》,进一步完善票据制度。1995年5月10日,我国正式颁布《中华人民共和国票据法》。《票据法》共分7章111条,规定了票据的种类、票据行为以及涉外票据的法律适用、法律责任等,为我国的票据活动提供了一部专门的法律依据。《票据法》从1996年1月1日起生效实施后,中国人民银行又配套颁布了《票据管理实施办法》(1997年6月23日经国务院批准,1997年8月21日由中国人民银行发布,自1997年10月1日起施行)和《支付结算办法》(自1997年12月1日起施行),连同其他法律法规中有关票据的规定,可以说,我国已经初步建立了一套适应社会主义市场经济发展需要的票据法律体系。2004年8月28日,第十届全国人民代表大会常务委员会第十一次会议通过了《关于修改〈中华人民共和国票据法〉的决定》,对《票据法》进行了修改。

(三) 国际间的统一票据法运动

长期以来世界上存在着三大票据法系,即法国法系、德国法系和英美法系。由于三大票据法系在票据种类、立法形式和立法内容上都存在着差异,因此影响着国际间的票据交换和流通。票据的流通又不可能局限于一国地域,因此,从19世纪末期开始,为了发挥票据的职能,发展国际经济贸易,繁荣世界经济,国际上不断掀起统一票据法运动。

这一运动大约经历了四个阶段:第一个阶段是19世纪末的"国际法协会"及"国际法学会"的统一活动,议定了《布莱梅规则》和《标准票据法》;第二个阶段是20世纪初海牙国际票据法统一会议,制定了《票据统一公约》、《汇票、本票统一规则》、《支票统一规则》;第三个阶段是20世纪30年代日内瓦国际票据法统一会议,议定统一票据法,形成了一些公约;第四个阶段是从20世纪70年代开始延续至今的联合国国际贸易法委员会统一票据的努力。联合国国际贸易法委员会从1971年起开始草拟国际间统一适用的票据法,供参与国际经济贸易的国家和地区自由采用。1986年6月16日至7月11日的联合国国际贸易法委员会第十九届会议(纽约)向大会提交了《国际汇票和国际本票公约草案》,该草案共8章80条,1988年12月9日于纽约定稿为《国际汇票和国际本票公约》,并于1990年6月30日前开放签字。目前,国际间的统一票据法运动仍在进行中。

三、票据法律关系

票据法律关系是指票据当事人之间在票据的签发和转让等过程中发生的权利义务关系。包括票据关系和票据法上的非票据关系。票据关系是指当事人基于票据行为而发生的债权债务关系,如出票人与收款人之间、收款人与付款人之间、背书人与被背书人之间的关系等。票据法上的非票据关系是指由票据法所规定的,不是基于票据行为而直接发生的法律关系,如对恶意取得票据的人行使票据返还请求权而产生的关系,这类关系是为了保障票据关系中权利义务的实现而由法律直接规定的。

票据关系与票据的基础关系不同。票据的基础关系是票据关系发生的原因或前提,《票据法》第10条第1款规定:"票据的签发、取得和转让,应当遵循诚实信用的原则,具有真实的交易关系和债权债务关系。"这就是强调票据的基础关系。但票据关系一经形成,就与其基础关系相分离,基础关系是否存在、是否有效,对票据关系一般不构成影响。另外,《票据法》第18条还规定:"持票人因超过票据权利时效或者因票据记载事项欠缺而丧失票据权利的,仍享有民事权利,可以请求出票人或者承兑人返还其与未支付的票据金额相当的利益。"也就是说,票据关系不存在不影响基础关系的效力。

票据法律关系也由主体、内容和客体三要素构成。主体就是票据法律关系的当事人,该当事人在票据法律关系中因地位和作用的不同而有不同的名称,概而言之,有出票人(也称发票人)、持票人、承兑人、付款人、收款人、背书人、被背书人、保证人等名称。票据法律关系的内容是主体依法所享有的权利和承担的义务。如《票据法》规定,票据的原记载人可以对票据上一些非主要记载事项进行更改,持票人可以要求承兑人或者其他付款人按票据上所记载的金额付款等等,这些都是主体享有的权利。《票据法》还规定,票据上的记载事项应当真实,不得伪造、变造,出票人应该无条件地按票据上所记载的金额支付给收款人或者持票人等等,这些就是主体的义务。票据法律关系的客体只能是一定数额的金钱而不能是别的东西,这是因为签发票据的目的就是为支付或者清偿一定数额的金钱。

第二节 票据行为

一、票据行为的概念

票据行为是指以产生票据上载明的债权债务关系为目的的要式行为。票据的出票、背书、承兑、保证等行为都是票据行为。

票据行为分为基本票据行为和附属票据行为。出票是创造票据的基本行为,票据上的权利和义务都是根据票据的出票而产生,故称为基本票据行为;其他诸如背书、承兑、保证等都是以出票为前提发生的,所以称之为附属票据行为。汇票可发生上述全部票据法律行为;本票由于是以出票人为付款人的票据,故无需承兑,可发生出票、背书、保证等行为;支票是以银行或其他金融机构为付款人的票据,故可发生出票、背书两种行为。

票据行为具有以下特征:

（一）要式性

票据行为的要式性是指制成票据必须具备票据法所规定的应记载事项的全部要件,否则该票据无效。如缺少发票人姓名或银行名称、票据金额、发票日期等绝对记载事项之一的票据即成为无效票据。

票据行为的要式性还表现为在票据上不得有违反应记载事项的记载。如果在票据上出现了这种被禁止的记载事项的话,其记载不发生效力,严重的还可使票据归于无效。例如,在票据上记载出票人不负担保付款的责任就属于不发生效力的记载;而在票据上出现中文大写和数码记载的票据金额不一致的情形,则此票据全然无效。

（二）抽象性

票据行为的抽象性指票据关系超脱于票据的基础关系而发生。票据行为的存在只追求票据的目的即支付一定的金额,而不追究票据所产生的原因是买卖、劳务、租赁、承揽还是其他。票据的内容并不表示票据所产生的原因,而是只要具备了规定的书面形式就成立、生效。

（三）独立性

票据行为的独立性指票据行为之间互不依赖而各自独立发生效力。当一种票据行为被认为无效或者被撤销,不影响其他票据行为的效力,其他票据行为继续有效。如某甲的出票行为被认定为无效,收款人某乙已将此票据背书转让给了丙,这时,乙不得以甲的出票行为无效而推脱自己背书行为的责任,乙仍应对票据负责。

票据行为的成立必须符合以下要件:第一,行为人必须具有从事票据行为的能力。《票据法》第6条规定:"无民事行为能力人或者限制民事行为能力人在票据上签章的,其签章无效。"第二,行为人的意思表示必须真实或无缺陷。《票据法》第12条第1款规定:"以欺诈、盗窃或者胁迫等手段取得票据的,或者明知有前列情形,出于恶意取得票据的,不得享有票据权利。"第三,行为的内容必须符合法律、法规的规定。《票据法》第3条规定:"票据活动应当遵守法律、行政法规,不得损害社会公共利益。"因为票据行为是一种合法行为。第四,票据行为必须符合法定的形式。《票据法》对票据上的签章和记载事项都有明确的规定。《票据法》第7条规定:"票据上的签章,为签名、盖章或者签名加盖章","法人和其他使用票据的单位在票据上的签章,为该法人或者该单位的盖章加其法定代表人或者其授权的代理人的签章","在票据上的签名,应当为该当事人的本名"。第8条规定:"票据金额以中文大写和数码同时记载,二者必须一致,二者不一致的,票据无效。"第9条第1款规定:"票据上的记载事项必须符合本法的规定。"第2款规定:"票据金额、日期、收款人名称不得更改,更改的票据无效。"

二、票据行为的代理

票据行为可以代理。《票据法》第5条第1款规定:"票据当事人可以委托其代理人在票据上签章,并应当在票据上表明其代理关系。"设立票据代理制度的目的是为了适应票据交易范围扩大、距离遥远所造成的票据流通的需要,同时也是为了方便票据当事人及时、有效地利用票据进行各项经济活动。

票据行为的代理必须:①标明本人的名义;②记明为本人代理的意思;③代理人签名或者盖章;④经本人授权。《票据法》对票据行为的代理实行严格的"显名主义"。

票据行为的代理分为法定代理和意定代理两种。法定代理是依法律规定或法院指定而授权的代理;意定代理是因委任、雇佣等合同而由本人授权的代理。票据代理是代理人基于法定代理或意定代理而代本人进行法律行为的一种活动。代理人在代理权限内所为的代理行为,实际上就是被代理的本人的行为,因此其后果应由本人直接负责。此外,《票据法》规定,"没有代理权而以代理人名义在票据上签章的,应当由签章人承担票据责任;代理人超越代理权限的,应当就其超越权限的部分承担票据责任。"

三、出票

出票又称发票,是指出票人按法定形式签发票据并将它交付收款人的票据行为。票据上的一切权利和义务均由此产生。出票行为包括两个方面:一是作成票据并在票据上签字,二是将票据交付给收款人。两者缺一不可。出票人作成票据后未交付给收款人的,不算出票,只有把票据交给收款人,出票行为才算完成。

各国票据法对票据的形式要件都有严格的规定,必须详加记载。票据记载的事项一般包括无条件支付一定金额的命令或承诺的文字、付款人姓名和收款人姓名、付款时间和地点、出票时间和地点以及出票人签名等等。有些国家票据法还要求票据上注明"汇票"、"本票"和"支票"字样。

出票是以创设票据权利为目的的票据行为,所以出票人依照票据法所规定的方式完成出票行为后,应即发生票据法上的效力。这种效力就是使票据完成而进入流通领域,票据权利按票据上所载文义发生,出票人则应承担票据法上的义务。

出票行为是单方法律行为,出票人作成票据并在票据上签字而交付即发生法律效力,不以得到他人的同意或允诺为必要条件。

四、背书

背书是指在票据背面或者粘单上记载有关事项并签章的票据行为。依据《票据法》的规定,背书是票据权利转让的重要方式。除无记名票据仅以票据交付即可转让外,记名票据必须由转让人在票据背面签名作背书后才能转让。票据背书转让时,由背书人在票据背面签章、记载被背书人名称和背书日期。背书未记载日期的,视为在票据到期日前背书。原则上,任何记名票据都可以背书转让,但票据出票人在票据正面记载"不得转让"字样的,票据不得转让,其直接后手再背书转让的,出票人对其直接后手的被背书人不承担保证责任。《支付结算办法》还规定,填明"现金"字样的银行汇票、银行本票和用于支取现金的支票不得背书转让。区域性银行汇票仅限于在本区域内背书转让。银行本票、支票仅限于在其票据交换区域内背书转让。区域性银行汇票和银行本票、支票的出票人向规定区域以外的收款人出票的,背书人向规定区域以外的被背书人转让票据的,区域外的银行不予受理。票据被拒绝承兑、拒绝付款或者超过付款提示期限的,不得背书转让。

背书不得附有条件。背书附有条件的,所附条件不具有票据上的效力。

背书有如下一些特点:①背书是一种附属票据行为;②背书以转让票据权利为目的;③背书行为具有无因性;④背书行为具有单纯性。

理论上,背书的方式,有记名式背书和空白背书两种。记名式背书是背书人应在票据背面记明被背书人的姓名或商号、背书年月日以及背书人签名;空白背书是指不记载被背书人姓名或商号,仅由背书人在票据背面签名的背书。但我国《票据法》第30条规定:"汇票以背书转让或者以背书将一定的汇票权利授予他人行使时,必须记载被背书人。"也就是说,我国法律不承认空白背书。

背书具有如下三方面的效力:第一,转让权利的效力。票据上的一切权利,依背书由背书人转让给被背书人,被背书人取代背书人而取得票据所有权及其他一切权利。第二,担保责任的效力。背书人虽因背书而丧失了票据上的权利,但他的责任并没有解除,他应对其后手负担保承兑和担保付款的责任。《票据法》第37条规定:"背书人以背书转让汇票后,即承担保证其后手所持汇票承兑和付款的责任。背书人在汇票得不到承兑或者付款时,应当向持票人清偿本法第70条、第71条规定的金额和费用。"第三,证明权利资格的效力。通过背书的连续性,可以证明持票人是正当地取得权利。以背书转让的票据,背书应当连续。持票人以背书的连续,证明其票据权利。非经背书转让,而以其他合法方式取得票据的,依法举证,证明其票据权利。《票据法》第31条第1款规定:"以背书转让的汇票,背书应当连续。持票人以背书的连续,证明其汇票权利;非经背书转让,而以其他合法方式取得汇票的,依法举证,证明其汇票权利。"背书连续,是指票据第一次背书转让的背书人是票据上记载的收款人,前次背书转让的被背书人是后一次背书转让的背书人,依次前后衔接,最后一次背书转让的被背书人是票据的最后持票人。票据的背书人应当在票据背面的背书栏依次背书。背书栏不敷背书的,可以使用统一格式的粘单,黏附于票据凭证上规定的粘接处。粘单上的第一记载人,应当在票据和粘单的粘接处签章。

五、承兑

承兑是汇票所特有的一种票据行为。承兑就是指汇票付款人承诺在汇票到期日支付汇票金额的票据行为,也就是承担支付汇票金额的债务的行为。付款人承兑后,就负有到期付款的义务,而收款人取得到期向承兑人请求付款的确定权利。

承兑在理论上可以分为两种:第一,一般承兑,又称普通承兑或单纯承兑。这种承兑,付款人对于出票人的付款指令毫无保留地完全确认,不附加任何条件。第二,附有限制条件的承兑,又称保留承兑或非单纯承兑。这种承兑对承兑要附加额外条件,或改变汇票原有规定,因而事实上也改变了出票人原来在汇票上的指示。附有限制条件的承兑还可分为多种方式。但《票据法》第43条规定:"付款人承兑汇票,不得附有条件;附有条件的,视为拒绝承兑。"可见,我国法律是不允许附有限制条件的承兑的。

汇票承兑产生一定的效力。汇票付款人承兑后,应负到期付款的责任。汇票未经承兑之前,主债务人是发票人而不是付款人,汇票经承兑后,付款人成为汇票的承兑人,承兑人是主债务人,而发票人和背书人却成了从债务人。但承兑前后债务人主次的变化,并不意味着发票人和背书人对汇票责任的解除。若汇票承兑人到期拒不付款,持票人有权向发票人或背书人等行使追索权。可见,承兑前后债务人主次的变化,只能说明清偿债务的顺序而已。事实上,发票人和背书人及承兑人对汇票付款负有连带责任。

六、保证

保证是票据法上补充特定债务人信用不足的一种制度。票据法上设立保证制度，更能促进票据的流通。为票据债务人担保票据债务履行的人是保证人。具有代为清偿票据债务能力的法人、其他组织或者个人都可以作保证人，但除法律另有规定以外，国家机关、以公益为目的的事业单位、社会团体、企业法人的分支机构和职能部门不得为保证人。

票据法上的保证有如下特点：①票据保证是一种要式行为。保证人应当依照票据法的规定，在票据或者其粘单上记载保证事项。《票据法》第46条规定："保证人必须在汇票或者粘单上记载下列事项：（一）表明'保证'的字样；（二）保证人名称和住所；（三）被保证人的名称；（四）保证日期；（五）保证人签章。"保证人为出票人、付款人、承兑人保证的，应当在票据的正面记载保证事项；保证人为背书人保证的，应当在票据的背面或者其粘单上记载保证事项。②票据保证以担保票据债务履行为目的。③票据保证是一种附属票据行为。④票据保证是一种单方法律行为。⑤票据保证具有独立性。

保证可作如下分类：第一，全部保证与部分保证。前者是就票据金额全部所作的保证，后者是就票据的一部分金额所作的保证。第二，单独保证与共同保证。保证人只有一人时的保证为单独保证，数个保证人共同所为的保证为共同保证，共同保证人之间承担连带责任。

保证人为票据保证行为后，即与被保证人负有同一责任，也就是说，被保证人承担什么样的责任，保证人也应承担什么样的责任。《票据法》第49条规定，保证人对合法取得汇票的持票人所享有的汇票权利，承担保证责任。第50条规定，保证人与被保证人对持票人承担连带责任。汇票到期后得不到付款的，持票人有权向保证人请求付款，保证人应当按其保证金额范围足额付款。

第三节　票据权利

一、票据权利的概念

票据权利是指持票人向票据债务人请求支付票据金额的权利。它对票据的债权人来说是付款请求权，对票据担保人来说则是追偿权。票据法规定票据权利的双重请求权，目的在于保护持票人，维护票据流通的安全和便利。

（一）付款请求权

付款请求权是持票人向票据主债务人请求支付票据金额的权利。

（二）追索权

追索权是指票据不获承兑或遭到拒绝付款时，债权人向其前手（背书人或出票人）请求偿还票据金额、利息及其他一切费用的权利。只要不获承兑或遭到拒绝付款，就可行使追索权。

追索权的行使可以在汇票到期前，也可以在汇票到期后，前者称为期前追索权，后者称为到期追索权。《票据法》第61条第2款规定了汇票到期前持票人可以行使追索权的三种情形：①汇票被拒绝承兑的；②承兑人或者付款人死亡、逃匿的；③承兑人或付款人被依法宣告破产的或者因违法被责令终止业务活动的。

追索权还可以根据行使人不同而分为最初追索权和再追索权，前者是持票人行使的追索权，后者是为已清偿的票据债务人向其前手进行再追索的追索权，即持票人可按照背书次序，依次向背书人或出票人追索，也可不按顺序向任何一个对汇票负有责任的人追索，如果被追索者清偿了票款和费用，就取得了持票人的权利。

《票据法》第62条规定，持票人行使追索权时，应当提供被拒绝承兑或者被拒绝付款的有关证明，该证明可以是"拒绝证明"，也可以是"退票理由书"。"拒绝证明"应当包括下列事项：①被拒绝承兑、付款的票据的种类及其主要记载事项；②拒绝承兑、付款的事实依据和法律依据；③拒绝承兑、付款的时间；④拒绝承兑人、拒绝付款人的签章。"退票理由书"应当包括下列事项：①所退票据的种类；②退票的事实依据和法律依据；③退票时间；④退票人签章。持票人因承兑人或者付款人死亡、逃匿或者其他原因，不能取得拒绝证明的，可以用下列证明：①医院或者有关单位出具的承兑人、付款人死亡的证明；②司法机关出具的承兑人、付款人逃匿的证明；③公证机关出具的具有拒绝证明效力的文书；④人民法院依法宣告破产的司法文书；⑤有关行政机关责令终止业务活动的行政处罚决定。

追索权设置的目的是补偿持票人因不获承兑、不获付款所受的损失。各国票据法都对请求偿付款项的范围作了明确的规定，以防止清偿范围不清而引起新的纠纷。我国《票据法》第70条对此就有明确的规定："持票人行使追索权，可以请求被追索人支付下列金额和费用：①被拒绝付款的汇票金额；②汇票金额自到期日或者提示付款日起至清偿日止，按照中国人民银行规定的利率计算的利息；③取得有关拒绝证明和发出通知书的费用。"第71条还规定，被追索人清偿后可以向其他汇票债务人行使再追索权，请求其他汇票债务人支付下列金额和费用：①已清偿的全部金额；②已清偿的全部金额自清偿日起至再追索清偿日止，按照中国人民银行规定的利率计算的利息；③发出通知的费用。这里的利率指中国人民银行规定的流动资金贷款利率。

二、票据权利的取得

票据权利的取得可分为原始取得与继受取得、善意取得与恶意取得。

(一) 原始取得和继受取得

1. 原始取得,指由出票人作成票据,并将其交付于收款人的取得方式。

2. 继受取得,指由于背书转让而从背书人手中取得票据的方式。此外,因公司合并、继承、强制执行等而取得票据权利的也属于继受取得的范围。

(二) 善意取得与恶意取得

1. 善意取得,指在无意损害他人利益或无重大过失的情况下从无处分权人手中取得票据,并且具有背书连续的要件。善意取得票据权利者,即使票据让与人的票据权利有某种瑕疵,也不因此影响善意取得票据者享有票据权利,债务人也不得以此为由向善意取得票据者主张抗辩。

2. 恶意取得,指票据取得人明知转让票据者无处分或交付票据的权利,而仍取得该票据的行为。由于恶意而取得票据的持票人可能遭到拒绝付款,因此,对于持票人是否恶意取得票据必须加以证明才能确认。票据法一般都规定拒绝付款的债务人负有举证责任。这种规定是基于保护票据流通无阻和票据的无因性。票据债务人如果主张持票人是恶意取得票据而拒绝付款,就应该对恶意的事实加以举证说明。被证明是恶意取得票据者不得享有票据上的权利。《票据法》第12条第1款规定:"以欺诈、盗窃或者胁迫等手段取得票据的,或者明知有前列情形,出于恶意取得票据的,不得享有票据权利。"

受让人应当知道或者有可能知道让与人无处分票据的权利而不认真审查就取得票据的行为,被认为是有重大过失的取得票据的行为。重大过失取得票据的后果与责任,同恶意取得票据的情况相仿。《票据法》第12条第2款规定:"持票人因重大过失取得不符合本法规定的票据的,也不得享有票据权利。"

三、票据权利的消灭

票据权利的消灭与其他债权的消灭有共同之处,如因清偿、抵消、更改、免除、提存等而消灭。但它们之间也有不同之处:因票据权利为绝对的证券金钱债权,其存在与消灭均同证券的存在与否有关。下列原因可引起票据权利消灭:

(一) 付款原因

票据到期时,经持票人提示,票据债务人支付票据金额后,票据权利消灭。

(二) 时效原因

票据权利在一定期限内不行使便失去了效力。各国票据法对不同的票据当事人的不同权利规定了相应的时效。票据上的权利的时效一般较长,为 3 年,而对前手的追索权的时效较短,一般为 4~6 个月。汇票、本票的权利时效较长,支票的权利时效较短。我国《票据法》第 17 条规定:"票据权利在下列期限内不行使而消灭:①持票人对票据的出票人和承兑人的权利,自票据到期日起 2 年。见票即付的汇票、本票,自出票日起 2 年;②持票人对支票出票人的权利,自出票日起 6 个月;③持票人对前手的追索权,自被拒绝承兑或者被拒绝付款之日起 6 个月;④持票人对前手的再追索权,自清偿日或者被提起诉讼之日起 3 个月。"

(三) 票据涂销原因

票据涂销是指在合法票据上的签名或其他重要应记载事项出现被涂抹、勾画、削刻、清除等现象。

票据被涂销后是否还继续有效,各国票据法有不同的规定,学术界也有不同的见解。英国票据法规定:记载事项被涂销的票据,如果是票据权利人故意所为,其票据失去效力。法国的学者们认为,不论是故意还是过失,票据一旦被涂销便没有效力。日本专家则认为,票据系流通证券,主张票据权利不因其要件事项被涂抹而失去效力,只要票据债权人能证明被涂抹的真实意义,仍可行使票据权利。

由于票据权利人欲改变票据权利而故意进行的涂销,应认为是有权涂销,这种涂销应发生票据权利消灭的效力。那种由于盗窃、掠夺或诈骗而取得票据的无票据权利的人的涂销,当然不应发生消失票据权利的效力。票据法允许的涂销,当然也不能消灭票据权利。

四、票据抗辩

票据抗辩是指票据债务人对票据权利人提出一定的合法事由,以拒绝其行使权力的行为。这里的一定的合法事由被称为抗辩原因,债务人享有的拒绝债权人行使权力的权利,称为抗辩权。

票据抗辩的原因,可分为物的抗辩和人的抗辩两大类。

(一) 物的抗辩

这是指基于票据本身的内容发生的事由而提出的抗辩。这种抗辩完全来自票据本身,不论持票人是谁,也不论债务人是谁,都能成立。这种抗辩又被称为绝对的抗辩或客观的抗辩。这种抗辩又可分为两类:第一,一切票据债务人可以行使的物的抗辩;第二,特定票据债务人可以行使的物的抗辩。

(二) 人的抗辩

这是指票据债务人对抗特定票据债权人的抗辩,也称相对抗辩或主观抗辩。这种抗辩同样可以分为两类:第一,票据上的一切债务人可以提出,但只能向特定的债权人行使的抗辩;第二,只有特定的票据债务人可以向特定的债权人行使的抗辩。

票据的特性在于流通,法律虽然规定了票据抗辩制度,但如果任意以票据记载内容以外的事项作为抗辩的理由,那么不但会使持票人蒙受损失,而且会使票据权利人缺乏安全感,从而阻碍票据流通,因此,为了保证票据权利的安全与流通,各国票据法都对票据抗辩作了不同的限制。这种限制可分为两个方面:第一,票据债务人不能以自己与出票人之间所存在的抗辩事由来对抗持票人;第二,票据债务人不能以自己与持票人的前手之间所存在的抗辩事由来对抗持票人。

五、票据丧失

票据丧失是持票人丧失了对票据的占有。票据丧失时,可以依法办理挂失止付手续。《票据法》第15条规定,有明确的付款人或代理人付款的票据丧失时,失票人可以及时通知票据付款人或代理付款人挂失止付。失票人通知票据的付款人或者代理付款人挂失止付时,应当填写挂失止付通知书并签章。挂失止付通知书应当记载下列事项:①票据丧失的时间和事由;②票据种类、号码、金额、出票日期、付款日期、付款人名称、收款人名称;③挂失止付人的名称、营业场所或者住所以及联系方法。付款人或者代理付款人收到挂失止付通知书,应当立即暂停支付。失票人应当在通知挂失止付后3日内,依法向人民法院申请公示催告,或者向人民法院提起诉讼。付款人或者代理付款人自收到挂失止付通知书之日起12日内没有收到人民法院的止付通知书的,自第13日起,挂失止付通知书失效。付款人或者代理付款人在收到挂失止付通知书前,已经依法向持票人付款的,不再接受挂失止付。

第四节　我国支付结算中的票据

20世纪50年代以来,我国强调运用行政手段管理经济,取消了汇票和本票,限制支票的使用范围。1988年12月9日,中国人民银行颁发了《银行结算办法》,推行"三票一卡"结算制度,建立各种票据结算方式,恢复和发展各种票据的使用,如银行汇票、商业汇票、银行本票和支票等。《票据法》颁布后,1997年9月19日中国人民银行又发布了《支付结算办法》,对这些票据进行进一步规范。票据目前主要限于我国银行结算领域。

一、汇票

我国现行使用的汇票分为银行汇票和商业汇票。

(一)银行汇票

银行汇票是出票银行签发的,由其在见票时按照实际结算金额无条件支付给收款人或者持票人的票据。银行汇票的出票银行为银行汇票的付款人。单位和个人各种款项结算,均可使用银行汇票。银行汇票可以用于转账,填明"现金"字样的银行汇票也可以用于支取现金。

银行汇票的出票和付款,全国范围限于中国人民银行和各商业银行参加"全国联行往来"的银行机构办理。跨系统银行签发的转账银行汇票的付款,应通过同城票据交换将银行汇票和解讫通知提交给同城的有关银行审核支付后抵用。

银行汇票必须记载下列事项:表明"银行汇票"的字样;无条件支付的承诺;出票金额;付款人名称;收款人名称;出票日期;出票人签章。欠缺任一记载事项的,银行汇票无效。

银行汇票的提示付款期限自出票日起1个月。持票人超过付款期限提示付款的,代理付款人不予受理;持票人须在票据权利时效内向出票银行作出说明,并提供本人身份证件或单位证明,持银行汇票和解讫通知向出票银行请求付款。

银行汇票可以背书转让。银行汇票的背书转让以不超过出票金额的实际结算金额为准。未填写实际结算金额或者实际结算金额超过出票金额的银行汇票,不得背书转让。

银行汇票丧失,失票人可以凭人民法院出具的其享有票据权利的证明,向出票银行请求付款或退款。

(二)商业汇票

商业汇票是出票人签发的,委托付款人在指定日期无条件支付确定的金额给收款人或者持票人的票据。

商业汇票分为商业承兑汇票和银行承兑汇票。商业承兑汇票由银行以外的付款人承兑;银行承兑汇票由银行承兑。商业汇票的付款人为承兑人。

在银行开立账户的法人以及其他组织之间,必须具有真实的交易关系或债权债务关系,才能使用商业汇票。出票人不得签发无对价的商业汇票用以骗取银行或者其他票据当事人的资金。

商业汇票必须记载下列事项:表明"商业承兑汇票"或"银行承兑汇票"的字样;无条件支付的委托;确定的金额;付款人名称;收款人名称;出票日期;出票人签章。欠缺任一记载事项的,商业汇票无效。

商业承兑汇票可以由付款人签发并承兑,也可以由收款人签发交由付款人承兑。银行承兑汇票应由在承兑银行开立存款账户的存款人签发。

商业汇票可以在出票时向付款人提示承兑后使用,也可以在出票后先使用再向付款人提示承兑。

定日付款或者出票后定期付款的商业汇票,持票人应当在汇票到期日前向付款人提示承兑。见票后定期付款的汇票,持票人应当自出票日起1个月内向付款人提示承兑。汇票未按照规定期限提示承兑的,持票人丧失对其前手的追索权。

商业汇票的付款人接到出票人或持票人向其提示承兑的汇票时,应当向出票人或持票人签发收到汇票的回单,记明汇票提示承兑日期并签章。付款人应当在自收到提示承兑的汇票之日起3日内承兑或者拒绝承兑。付款人拒绝承兑的,必须出具拒绝承兑的证明。付款人承兑商业汇票,应当在汇票正面记载"承兑"字样和承兑日期并签章。付款人承兑商业汇票,不得附有条件;承兑附有条件的,视为拒绝承兑。

商业汇票的付款期限,最长不得超过6个月。定日付款的汇票付款期限自出票日起计算,并在汇票上记载具体的到期日。出票后定期付款的汇票付款期限自出票日起按月计算,并在汇票上记载。见票后定期付款的汇票付款期限自承兑或拒绝承兑日起按月计算,并在汇票上记载。

二、银行本票

银行本票是银行签发的,承诺自己在见票时无条件支付确定的金额给收款人或者持票人的票据。我国法律仅规定了银行本票,没有规定商业本票,更没有个人可以签发本票的规定。

银行本票的使用限于单位和个人在同一票据交换区域需要支付各种款项的情况。

银行本票必须记载下列事项:表明"银行本票"的字样;无条件支付的承诺;确定的金额;收款人名称;出票日期;出票人签章。欠缺上列记载事项之一的,银行本票无效。银行本票分为定额和不定额两种。定额银行本票的面额为1 000元、5 000元、10 000元和50 000元4种。

银行本票的提示付款期限自出票日起最长不得超过2个月。持票人超过付款期限提示付款的,代理付款人不予受理。

银行本票一律为记名式,可以背书转让。

银行本票丧失,失票人可以凭人民法院出具的其享有票据权利的证明,向出票银行请求付款或退款。

三、支票

支票是出票人签发的,委托办理支票存款业务的银行在见票时无条件支付确定的金额给收款人或者持票人的票据。支票的出票人,为在经中国人民银行当地分支行批准办理支票业务的银行机构开立可以使用支票的存款账户的单位和个人。单位和个人在同一票据交换区域的各种款项的结算,均可以使用支票。支票的付款人为支票上记载的出票人的开户银行。

支票可以分为现金支票和转账支票。现金支票上印有"现金"字样,只能用于支取现金;转账支票上印有"转账"字样,只能用于转账。支票上未有"现金"或者"转账"字样的,为普通支票。普通支票既可以用于支取现金,又可以用于转账。在普通支票左上角画两条平行线的,为画线支票,画线支票只能用于转账。

签发支票必须记载下列事项:表明"支票"的字样;无条件支付的委托;确定的金额;付款人名称;出票日期;出票人签章。欠缺记载上列事项之一的,支票无效。

支票的出票人必须在银行账户余额内向收款人签发支票。出票人签发空头支票或者签章与预留银行签章不符的支票或者支付密码错误的支票,银行应予以退票,并按票面金额处以5%但不低于1 000元的罚款;持票人有权要求出票人赔偿支票金额2%的赔偿金。对屡次签发上述支票的,银行应停止其签发支票。

第五节　法律责任

我国的《票据法》、《刑法》、《票据管理实施办法》、《支付结算办法》对违反票据法律规范的各种行为规定了刑事责任、行政责任和民事责任。

一、刑事责任

(一)伪造、变造金融票证罪

我国《刑法》第177条规定,伪造、变造汇票、本票、支票的,处5年以下有期徒刑或者拘役,并处或单处2万元以上20万元以下罚金;情节严重的,处5年以上10年以下有期徒刑,并处5万元以上50万元以下罚金;情节特别严重的,处10年以上有期徒刑或者无期徒刑,并处5万元以上50万元以下罚金或者没收财产。单位犯本罪的,对单位判处罚金,并对其直接负责的主管人员和其他直接责任人员,以上述规定处罚。

当然,伪造、变造金融票证罪,还包括伪造、变造委托收款凭证、汇款凭证、银行存单等其他银行结算凭证、信用证或者附随的单据、文件或者伪造信用卡的行为。

(二)非法出具金融票证罪

我国《刑法》第188条规定,银行或者其他金融机构的工作人员违反规定,为他人出具票据,造成较大损失的,处5年以下有期徒刑或者拘役;造成重大损失的,处5年以上有期徒刑。单位犯本罪的,对单位判处罚金,并对其直接负责的主管人员和其他直接责任人员,以上述规定处罚。

非法出具金融票证罪,还包括违反规定,为他人出具信用证或者其他保函、存单、资信证明的行为。

(三)对违法票据予以承兑、付款、保证罪

我国《刑法》第189条规定,银行或者其他金融机构的工作人员在票据业务中,对违反《票据法》规定的票据予以承兑、付款、保证,造成重大损失的,处5年以下有期徒刑或者拘役;造成特别重大损失的,处5年以上有期徒刑。单位犯本罪的,对单位判处罚金,并对其直接负责的主管人员和其他直接责任人员,以上述规定处罚。

(四)票据诈骗罪

票据诈骗罪是《刑法》第194条、第199条和第200条规定的一种罪,是以非法占有为目的,采用虚构事实、隐瞒真相的方法,利用金融票据进行诈骗活动,数额较大的行为。具体包括5种行为:①明知是伪造、变造的汇票、本票、支票而使用的;②明知是作废的汇票、本票、支票而使用的;③冒用他人的汇票、本票、支票的;④签发空头支票或者与其预留印鉴不符的支票,骗取财物的;⑤汇票、本票的出票人签发无资金保证的汇票、本票或者在出票时作虚假记载,骗取财物的。

犯本罪诈骗数额较大的,处5年以下有期徒刑或者拘役,并处2万元以上20万元以下罚金;诈骗数额巨大的或者有其他严重情节的,处5年以上10年以下有期徒刑,并处5万元以上50万元以下罚金;诈骗数额特别巨大的或者有其他特别严重情节的,处10年以上有期徒刑或者无期徒刑,并处5万元以上50万元以下罚金或者没收财产。诈骗数额特别巨大并且给国家和人民利益造成特别重大损失的,处无期徒刑或者死刑,并处没收财产。单位犯本罪的,对单位判处罚金,并对其直接负责的主管人员和其他直接责任人员,处5年以下有期徒刑或者拘役;诈骗数额巨大的或者有其他严重情节的,处5年以上10年以下有期徒刑;诈骗数额特别巨大的或者有其他特别严重情节的,处10年以上有期徒刑或者无期徒刑。

二、行政责任

有下列行为之一,情节轻微,不构成犯罪的,由公安机关依法予以处罚:①伪造、变造票据的;②故意使用伪造、变造票据的;③签发空头支票或者与其预留印鉴不符的支票,骗取财物的;④签发无可靠资金来源的汇票、本票,骗取资金的;⑤汇票、本票的出票人在出票时作虚假记载,骗取财物的;⑥冒用他人的票据,或者故意使用过期或者作废的票据,骗取财物的;⑦付款人与出票人、持票人恶意串通,实施前六项所列行为之一的。

签发空头支票或者签发与其预留的签章不符的支票,不以骗取财物为目的的,由中国人民银行处以票面金额5%但不低于1 000元的罚款;持票人有权要求出票人赔偿支票金额 2% 的赔偿金。

金融机构的工作人员在票据业务中玩忽职守,对违反票据法和有关规定的票据予以承兑、付款、保证或者贴现,不构成犯罪的,对直接负责的主管人员和其他直接责任人员给予警告、记过、撤职或者开除的处分。

票据的付款人对见票即付或者到期的票据,故意压票、拖延支付的,由中国人民银行处以压票、拖延支付期间内每日票据金额千分之零点七的罚款;对直接负责的主管人员和其他直接责任人员给予警告、记过、撤职或者开除的处分。

违反中国人民银行规定,擅自印制票据的,由中国人民银行责令改正,处以 1 万元以上 20 万元以下的罚款;情节严重的,中国人民银行有权提请有关部门吊销其营业执照。

三、民事责任

金融机构的工作人员在票据业务中玩忽职守,对违反票据法规定的票据予以承兑、付款、保证或者贴现,给当事人造成损失的,由该金融机构和直接责任人员依法承担赔偿责任。

票据的付款人故意压票、拖延支付,给持票人造成损失的,依法承担赔偿责任。

本章小结

票据是指出票人依法签发的,规定由自己或委托他人在见票时或者指定的日期向收款人或者持票人无条件支付一定金额的有价证券。分为汇票、本票和支票三种。

票据法是指调整汇票、本票、支票等票据的签发、转让和当事人之间的权利和义务关系的法律规范的总称。

票据行为是指以产生票据上载明的债权债务关系为目的的要式行为。票据的出票、背书、承兑、保证等行为都是票据行为。票据行为分为基本票据行为和附属票据行为。票据当事人可以委托其代理人在票据上签章,并应当在票据上表明其代理关系。没有代理权而以代理人名义在票据上签章的,应当由签章人承担票据责任;代理人超越代理权限的,应当就其超越权限的部分承担票据责任。

票据权利是指持票人向票据债务人请求支付票据金额的权利。它对票据的债权人来说是付款请求权,对票据担保人来说则是追偿权。票据法规定票据权利的双重请求权,目的在于保护持票人,维护票据流通的安全和便利。票据权利的取得可分为原始取得与继受取得、善意取得与恶意取得。

票据抗辩是指票据债务人对票据权利人提出一定的合法事由,以拒绝其行使权力的行为。票据抗辩的原因,可分为物的抗辩和人的抗辩两大类。

思考练习题

1. 简述票据的作用。
2. 简述票据行为的代理与民事代理的不同。
3. 简述票据保证与民事保证的不同。

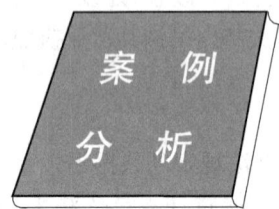

案例

山东景芝酒厂与澳洋集团有限公司票据返还请求权纠纷上诉案①

上诉人(原审被告):山东景芝酒厂(以下简称景芝酒厂)

被上诉人(原审原告):澳洋集团有限公司(以下简称澳洋集团)

2008年4月30日,杭州宏生纺织有限公司(以下简称宏生公司)向浙江杭州余杭农村合作银行崇贤支行申请银行承兑汇票1份,票号为GA/OI02388908,出票人为宏生公司,收款人为玛纳斯澳洋科技有限责任公司(以下简称玛纳斯澳洋公司),付款行及承兑行为浙江杭州余杭农村合作银行崇贤支行,票面金额40万元。玛纳斯澳洋公司收到后将该承兑汇票背书转让给了江苏澳洋科技股份有限公司(以下简称江苏澳洋公司)。江苏澳洋公司在汇票背书人栏加盖了财务专用章和徐利英印章后将该汇票交给了澳洋集团,但未在被背书人栏中记载被背书人名称。

2008年9月24日,澳洋集团因遗失该汇票向原审法院申请公示催告,在公示催告期间,景芝酒厂作为持票人向法院申报权利,审理法院于2008年11月14日作出(2008)余民催字第73号民事裁定书,终结了公示催告程序。

经查明,景芝酒厂系从崔兴华处取得该承兑汇票,崔兴华在汇票粘单背书人栏中加盖了安丘市华山钢材有限公司(以下简称华山公司)财务专用章和王大有印章,而华山

---

① http://bmla.chinalawinfo.com/case/displaycontent.asp? Gid=117723760&Keyword=。

公司未经工商行政管理部门登记注册。景芝酒厂收到该承兑汇票后又背书转让给了泸州陈年窖酒厂。泸州陈年窖酒厂通过中国农业银行泸县支行委托收款,因该票据已被申请公示催告,故将承兑汇票退还给景芝酒厂。

澳洋集团2008年11月17向法院提起诉讼,请求法院依法确认澳洋集团是票号为GA/0102388908银行承兑汇票的合法持有人,景芝酒厂返还该票据。景芝酒厂则答辩称其取得的该票据各项记载事项齐全,背书连续,根据票据法以及相关法律的规定,为善意取得并支付对价,依法应当享有票据权利。

法理分析

法院经审理认为,景芝酒厂作为争议银行承兑汇票的其中一个背书人,其应当对其直接前手华山公司背书的真实性负责,即应当对华山公司的身份和票据行为的真实性负责。而所谓的华山公司未经工商行政管理部门登记注册成立,承兑汇票上华山公司的印章系伪造。景芝酒厂作为所谓的华山公司的直接后手取得票据过程中存在重大过失,其虽然持有该承兑汇票但不享有票据权利。澳洋集团已提供证据证明其是从江苏澳洋公司处合法取得该承兑汇票的,其对该承兑汇票享有汇票权利。澳洋集团要求景芝酒厂返还承兑汇票的诉讼请求,理由成立,法院予以支持。

为此,依照《票据法》相关规定,一审法院判决景芝酒厂于判决生效后10日内返还澳洋集团GA/0102388908银行承兑汇票。

景芝酒厂不服一审法院判决,向二审院提起上诉。二审法院认为原审判决认定事实清楚,适用法律正确,实体处理亦无不当,为此驳回上诉,维持原判。

第十四章 房地产法律制度

★ 本章学习要点与要求 ★

通过本章的学习应掌握土地使用出让法律制度、土地使用权划拨法律制度、房地产开发法律制度、房地产交易法律制度、外商开发经营房地产、房地产权属登记法律制度的主要内容。

第一节 房地产法概述

一、房地产

（一）房地产的概念

房地产狭义上是指房屋、屋基地以及在空间上与房屋和屋基地紧密结合的附属土地；广义上指土地及附着在土地上的房屋和其他人工构筑物，与不动产含义相同。

（二）房地产的种类

土地和房屋是房地产的两大基本类别。土地有过生地、生地、熟地和过熟地，建筑用地和非建筑用地，国有土地和集体土地，农村土地和城市土地等等类别。城市土地是指市、县城、县属建制镇行政区划区和工矿区范围内的土地，可分为九类，即居住用地、公共设施用地（含商业用地）、工业用地、仓储用地、对外交通用地、道路广场用地、市政公用设施用地、绿地和特殊用地。房屋按建筑结构可分为钢结构、钢筋混凝土结构、砖混结构、砖木结构和其他结构房屋;按功能用途可分为住宅、工业厂房和仓库、商场和商业店铺、办公用房、宾馆饭店、文体娱乐设施、政府和公用设施用房、多功能建筑;按价格构成可分为商品房(市场价房)和房改房(成本价房或标准价房);按所有权的归属可分为公房和私房,公房又可分为直管公房即由国家各级房地产管理部门直接经营管理的公房和自管公房即由各机关、团体、企事业单位自行经营管理的公房。

二、房地产法概况

广义的房地产法是指调整房地产关系的各种法律规范的总称。其调整的房地产法律关系有:①房地产经济管理法律关系,如土地利用规划和房屋建设规划关系,土地使用和房地产开发建设审批关系,土地征用关系,房地产产权产籍管理关系,房地产市场主体、市场秩序和市场规划管理关系等;②房地产经济协作法律关系,如房屋拆迁关系,房地产开发设计关系,土地开发与房屋建设关系,房地产转让、租赁、抵押、交换、继承、赠与关系,集体土地使用和承包经营关系,房地产相邻关系、共有关系及中介服务关系,房屋维修和物业管理关系等;③既有经济管理又有经济协作的法律关系,如国有土地使用权的出让和受让关系,公有住房售买和租赁关系,国有房地产的经营管理关系等。

狭义的房地产法,指 1994 年 7 月 5 日第八届全国人大常委会第八次会议通过 2007 年 8 月 30 日修改《中华人民共和国城市房地产管理法》(以下简称《房地产法》)以及与实施《房地产法》有关的行政法规、地方性法规和规章。如《城市房地产开发经营管理条例》(1998 年 7 月 20 日)、《城市房屋租赁管理办法》(1995 年 4 月 28 日)、《城市房地产转让管理规定》(1995 年 8 月 7 日发布、2001 年 8 月 15 日修改)、《城市商品房预售管理办法》(1994 年 11 月 15 日发布、2001 年 8 月 15 日修改、2004 年 7 月 20 日修改)、《商品房销售管理办法》(2001 年 4 月 4 日)、《房屋登记办法》(2008 年 2 月 15 日发布)、《城镇国有土地使用权出让和转让条例》(1990 年 5 月 19 日)、《城市房地产中介服务管理规定》(1996 年 1 月 8 日发布、2001 年 8 月 15 日修改)、《城市房地产抵押管理办法》(1997 年 5 月 9 日发布、2001 年 8 月 15 日修改)、《划拨土地使用权管理暂行办法》(1992 年 3 月 8 日)、《注册房地产估价师管理办法》(2006 年 12 月 25 日发布)等等。本章所讲的房地产法主要是狭义的房地产法的内容。

三、房地产行政主管部门

《房地产法》第 7 条第 1 款规定:"国务院建设行政主管部门、土地管理部门依照国务院规定的职务划分,各司其职,密切配合,管理全国房地产工作。"目前,国务院建设行政主管部门作为全国建设事业的职能部门,其主要职责是:研究制定城市建设、房地产业的方针、政策、法规;指导和管理全国城市规划;负责房地产行业管理;指导城镇土地使用权有偿转让、房地产开发经营、房屋商品化工作,规范房地产市场;指导和推动城镇住宅建设;参与指导住房制度改革等。国土资源部是负责全国土地、城乡地政统一管理的职能部门和行政执法部门,其在地政方面的主要职责是:负责拟定土地的方针、政策和法规;统一管理全国土地和城乡地籍、地政工作,查处土地权属纠纷;制定土地资源利用规划、计划和土地后备资源开发规划、计划;主管全国土地的征用、划拨、出让工作;管理土地市场、规范土地市场,负责土地使用权转让、出租、抵押等的权属管理和监督检查等。

《房地产法》第 7 条第 2 款规定:"县级以上地方人民政府房产管理、土地管理部门的机构设置及其职权由省、自治区、直辖市人民政府确定。"目前我国大多数地方人民政府实行房、地分管体制,分设相应的机构,但也有一些城市建立了统一管理房地产的体制,如北京市。

第二节 房地产开发用地

房地产开发用地是进行基础设施和房屋建设所需用的土地。从所有权的角度看,房地产开发用地只能是国有土地,不能是集体所有的土地。集体所有的土地必须先行征用转为国有土地后才能用于房地产开发。国家实行土地所有权与土地使用权分离制度,房地产开发企业只取得土地使用权。房地产开发用地的取得方式有土地使用权出让和划拨两种。

一、土地使用权出让

(一)土地使用权出让的概念和特征

土地使用权出让,是指国家将国有土地使用权在一定年限内出让给土地使用者,由土地使用者向国家支付土地使用权出让金的行为。

土地使用权出让具有如下法律特征:

1. 土地使用权的出让以土地所有权与土地使用权的分离为基础。国家出让土地使用权后作为土地所有者的地位不变,受让者只享有土地使用权。

2. 土地使用权的出让方只能是国家,政府部门是其代表者。《房地产法》第 12 条第 1 款规定:"土地使用权出让,由市、县人民政府有计划、有步骤地进行。出让的每幅地块、用途、年限和其他条件,由市、县人民政府土地管理部门会同城市规划、建设、房产管理部门共同拟订方案,按照国务院规定,报经有批准权的人民政府批准后,由市、县人民政府土地管理部门实施。"第 15 条规定:"土地使用权出让合同由市、县人民政府土地管理部门与土地使用者签订。"由于作为出让方的国家是由各级政府代表的,因此,出让行为具有经济管理的性质。

对于土地使用权的受让方《房地产法》未作具体规定。根据《城市房地产开发经营管理条例》的规定,受让方应为依法成立的房地产开发企业。

3. 土地使用权的出让是有期限的,最高出让年限由法律法规规定。

4. 土地使用权出让是有偿的。受让方取得一定年限的土地使用权要向国家支付一定数额的土地使用权出让金。

5. 土地使用权出让是要式法律行为。土地使用权出让,应当签订书面出让合同,并办理土地使用权登记,领取土地使用证。

（二）土地使用权出让的方式

土地使用权出让,可以采取拍卖、招标或者双方协议的方式。

1. 拍卖出让方式。拍卖出让方式是指国有土地代表者在指定的时间、地点,组织符合条件的有意受让土地使用权的单位或个人到场,就拟出让使用权的土地公开叫价竞卖,按"价高者得"的原则确定土地使用权受让人的一种出让方式。其明显特点是公开平等竞争,排除了出让方的任何主观因素,排除了私下交易并可使出让方获得较高的出让金。拍卖出让应该遵守《中华人民共和国拍卖法》(1996 年 7 月 5 日)。

2. 招标出让方式。招标出让方式是指在指定的期限内,由符合条件的单位或个人以书面招标方式,竞投某块土地的使用权,由招标人根据一定的要求,择优确定土地使用权受让人的出让方式。

由于土地有特殊用途,其开发涉及复杂的技术问题,投标者对开发土地可以提出不同的方案,报出自己的投标价金。招标人要进行认真评标,然后确定中标人。

招标出让方式引进了竞争机制,但获得土地使用权的,并不一定是出价最高者,因为评标时,既要考虑投标价金,也要考虑投标规划设计方案和企业的资信情况。招标出让应该遵守《中华人民共和国招标投标法》(1999 年 8 月 30 日)。

3. 协议出让方式。协议出让方式是指市、县人民政府土地管理部门与土地使用权的有意受让人,直接就土地使用权出让的有关事宜进行协商,达成一致协议的出让方式。

由于协议出让方式没有公开竞争机制,随意性大,会造成不公平竞争、以权谋私及国有资产流失,因此必须对其加以限制。《房地产法》第 13 条第 2 款规定:"商业、旅游、娱乐和豪华住宅用地,有条件的,必须采取拍卖、招标方式;没有条件,不能采取拍卖、招标方式的,可以采取双方协议的方式。"第 3 款规定:"采取双方协议方式出让土地使用权的出让金不得低于按国家规定所确定的最低价"。

(三) 土地使用权出让的最高年限

土地使用权出让的最高年限，是指法律规定的一次出让签约的最长使用年限。每一地块的具体使用年限，由土地使用权出让合同约定，但约定不可以高于法定最高年限。《房地产法》第13条规定，"土地使用权出让最高年限由国务院规定"。国务院发布的《城镇国有土地使用权出让和转让暂行条例》第12条按用途确定了土地使用权的最高年限：①居住用地70年；②工业用地50年；③教育、科技、文化、卫生、体育用地50年；④商业、旅游、娱乐用地40年；⑤综合或其他用地50年。

(四) 土地使用权出让的程序

1. 确立房地产开发用地控制指标。由省级以上人民政府根据国民经济和社会发展需要以及房地产业发展对土地的需求，在保证土地供需平衡基础上提出房地产开发用地计划控制指标。包括国家级控制指标和省级控制指标，可分为长期、中期和年度控制指标三种。

2. 制定年度出让土地使用权总面积方案。市、县人民政府根据省级人民政府下达的房地产开发用地控制指标，结合当地房地产开发对土地需求的情况，分年度拟定出让土地使用权总面积方案，并将方案报上一级人民政府审批。

3. 拟定具体出让方案。市、县人民政府土地管理部门会同城市规划、建设和房地产管理部门等，共同拟定出让地块的具体方案，编制《土地使用条件》、《土地使用权出让合同》等，并根据不同的出让方式准备相应的法律文件。如果拟出让的土地属集体所有或旧城改造用地，还要拟定征地补偿安置方案或拆迁安置补偿方案。征地补偿工作应该符合《中华人民共和国土地管理法》（1998年8月29日），拆迁安置补偿工作应该遵循《城市房屋拆迁管理条例》（2001年6月13日）。

具体出让方案要经市、县人民政府审批。

4. 正式报批。具体出让方案经市、县人民政府审批后，要向上一级人民政府正式报批。经上一级人民政府审查批准后，拟出让地块的准备工作即告完成。

5. 确定受让方。即出让方采取拍卖、招标或协议方式确定受让方。

6. 签订土地使用权出让合同、交纳出让金。无论采取哪种出让方式，出让方与受让方都要签订书面土地使用权出让合同。随后受让方应按合同约定交纳土地使用权出让金。

7. 颁发《国有土地使用证》。受让方付清出让金后，由出让方向受让方颁发《国有土地使用证》。至此，土地使用权出让程序完成。

(五) 土地使用权出让合同

土地使用权出让合同是市、县人民政府土地管理部门与土地使用者，就出让特定地块的土地使用权的有关事宜达成的、明确双方权利义务关系的书面协议。

土地使用权出让合同通常包括下列主要条款：

1. 出让合同双方当事人。
2. 出让地块的位置、编号、面积、四至范围及现状。
3. 出让期限。
4. 土地使用权出让金的数额、币种、支付方式和支付期限。
5. 定金。土地使用者在签订合同后,按出让金的一定比例支付定金,一般为出让金总额的5%~20%。
6. 建设规划条件(土地使用条件)。对受让方所受让的土地在类别、用途、覆盖率、容积率、地上物高度、外观及配套设施等方面作出具体要求。在出让期限内受让方如需改变合同规定的土地用途,必须取得出让方和市、县人民政府城市规划行政主管部门的同意,签订变更协议或重新签订土地使用权出让合同,相应调整土地使用权出让金。
7. 交付出让地块的期限和方式。
8. 土地使用权转让、出租、抵押的条件。
9. 违约责任。如果出让方不按合同规定提供土地使用权,受让方有权解除合同,要求出让方双倍返还定金,并可请求违约赔偿。如果受让方不按时交纳出让金,出让方有权解除合同、没收定金并请求赔偿;如果受让方不按合同约定的期限和条件开发利用土地或非法转让土地使用权,出让方有权实施处罚,并可无偿收回土地使用权。
10. 纠纷解决办法。
11. 合同生效条件。

(六)土地使用权的终止和续期

1. 土地使用权的终止。因出现法律规定的情况,致使受让人丧失了土地使用权,为土地使用权的终止。《房地产法》规定了四种导致土地使用权终止的情况:

(1)使用期限届满。《房地产法》第22条第2款规定:"土地使用权出让合同约定的年限届满,土地使用者未申请续期或者虽申请续期但依照前款规定未获批准的,土地使用权由国家无偿收回。"此款不仅规定期满终止,而且规定了终止的法律后果,即土地使用权由国家无偿收回,至于地上建筑物及其他附着物如何处置未作规定。不过《城镇国有土地使用权出让和转让暂行条例》已规定:"土地使用权期满,土地使用权及其地上建筑物、其他附着物所有权由国家无偿取得。"也许将来《物权法》对此会有不同的规定。

(2)提前收回。《房地产法》第20条后段规定,国家在特殊情况下,根据社会公共利益的需要,可以依照法律程序提前收回,并根据土地使用者使用土地的实际年限和开发土地的实际情况给予相应的补偿。

(3)因逾期开发而被无偿收回。《房地产法》第26条规定,以出让方式取得土地使用权进行房地产开发的,必须按照土地使用权出让合同约定的土地用途、动工开发期限开发土地。满2年未动工开发的,可以无偿收回土地使用权。

（4）土地灭失。《房地产法》第21条规定："土地使用权因土地灭失而终止。"地震、海平面升高、火山爆发、泥石流等自然灾害可以造成土地的性质或地貌发生改变，使土地灭失。

2. 土地使用权的续期。土地使用权的使用年限届满，土地使用者需要继续使用土地的，可以申请续期。申请应当至迟于届满前一年提出。除根据社会公共利益需要收回该幅土地外，应当批准续期申请。经批准后，出让方与受让方应当重新签订土地使用权出让合同，依照规定支付土地使用权出让金，领取《国有土地使用证》。

二、土地使用权划拨

（一）土地使用权划拨的概念

土地使用权划拨是指县级以上人民政府依法批准，在土地使用者缴纳补偿、安置等费用后，将该幅土地交付其使用，或者将国有土地使用权无偿交付给土地使用者使用的行为。

土地使用权划拨是一种具体的行政行为，但其基础仍然是土地所有权与土地使用权的分离。划拨的土地使用权如果不补办土地使用权出让手续，就不能像出让土地使用权那样进行转让、交易。

以划拨方式取得的土地使用权除法律、行政法规另有规定外，没有使用期限的限制，也无需付代价或只付出很少的代价。

长期以来，我国绝大部分的土地使用权是以划拨方式获得的。

（二）土地使用权划拨的范围

《房地产法》第24条规定，下列建设用地的土地使用权，确属必需的，可以由县级以上人民政府依法批准划拨：①国家机关用地和军事用地；②城市基础设施用地和公益事业用地；③国家重点扶持的能源、交通、水利等项目用地；④法律、行政法规规定的其他用地。

（三）土地使用权划拨的程序

1. 建设项目用地预审。建设项目可行性研究论证时，由土地行政主管部门对建设项目用地有关事项进行审查，提出建设项目用地预审报告；可行性研究报告报批时，必须附具土地行政主管部门出具的建设项目用地预审报告。土地行政主管部门主要是根据土地利用总体规划、土地利用年度计划和建设用地标准，对建设用地有关事项进行审查并提出意见。

2. 申请、审查与批准。建设单位持建设项目的有关批准文件，向市、县人民政府主管部门提出建设用地申请，由市、县人民政府土地行政主管部门审查，拟定供地方案，报市、县人民政府批准。需要报上级人民政府批准的，应当报上级人民政府批准。

3. 核发《国有土地划拨决定书》。供地方案经批准后，由市、县人民政府向建设单位颁发《建设用地批准书》,并由市、县人民政府土地行政管理部门向土地使用者核发《国有土地划拨决定书》。

4. 土地登记。建设项目竣工后,县级以上地方人民政府土地管理部门核查实际用地,办理土地登记手续,核发《国有土地使用证》,取得划拨土地使用权。

第三节　房地产开发

一、房地产开发的概念

房地产开发,是指在依法取得土地使用权的国有土地上进行基础设施、房屋建设的行为。房地产开发既可以是单纯的土地的开发和再开发(达到三通一平或七通一平)或单纯的房屋的开发和再开发,也可以是土地房屋一体化开发;既可以是经营性开发,也可以是自用性开发;既可以是单项开发,也可以是小区开发、成片开发;既可以是新城区开发,也可以是旧城区改造;既可以是以土地使用权作价入股的合资开发,也可以是以土地使用权合作开发。

二、房地产开发的原则

房地产开发与管理应遵循下列基本原则。

1. 严格执行城市规划原则。《房地产法》规定"房地产开发必须严格执行城市规划"。严格执行城市规划就是要执行"一书两证"制度,即送审《选址意见书》和申领《建设用地规划许可证》和《建设工程规划许可证》。

2. 坚持经济效益、社会效益和环境效益相统一的原则。经济效益是开发者赖以生存和发展的必要条件,追求经济效益是从事开发经营活动的主要目的之一。但房地产的开发影响到城市建设和文化事业发展,影响城市生态环境的改善。事实表明,没有经济效益的提高,不可能有社会事业的发展和环境的改善;但是,绝不能以牺牲社会效益和环境效益为代价,片面追求经济效益,必须坚持三者的统一。

3. 实行全面规划、合理布局、综合开发、配套建设。这是在总结我国多年来城市建设、房地产开发的经验的基础上,提出来的一条原则,应当长期坚持。

4. 按土地使用权出让合同约定开发的原则。《房地产法》第26条规定:"以出让方式取得土地使用权进行房地产开发的,必须按照土地使用权出让合同约定的土地用途、动工开发期限开发土地。"

5. 保证开发产品质量的原则。房地产的质量事关百年大计,具有严重质量问题的房地产,会造成产权人和使用人巨大的财产损失和人身伤亡。因此,必须保证房地产的质量。《房地产法》规定:"房地产开发项目的设计、施工,必须符合国家的有关标准和规范。""房地产开发项目竣工,经验收合格后,方可交付使用。"房地产建设行政管理部门还对房地产开发企业实行资质管理制度,这些都是有力的保障措施。

6. 鼓励开发、建设居民住宅的原则。住房不仅是人们生活的必要条件,也是衡量人们生活水平的重要指标。长期以来国家非常重视居民住宅的开发建设,以改善居民的住房条件。《房地产法》第4条规定:"国家根据社会、经济发展水平,扶持发展居民住宅建设,逐步改善居民的居住条件。"第29条规定:"国家采取税收等方面的措施鼓励和扶持房地产开发企业建设居民住宅。"

三、房地产开发企业

(一) 房地产开发企业的概念

产地产开发企业(即房地产开发商或发展商)是以营利为目的,从事房地产开发和经营的企业,包括房地产开发的专营企业、兼营企业和房地产开发项目公司。房地产开发企业依法可以在取得土地使用权的城市规划区内的国有土地上进行基础设施建设、房屋建设,并转让房地产开发项目或者销售、出租商品房。

(二) 房地产开发企业的设立条件

根据《房地产法》和《城市房地产开发经营管理条例》的规定,设立房地产开发公司应当具备下列条件:①有自己的名称和组织机构;②有固定的经营场所;③有100万元以上的注册资本;④有4名以上持有资格证书的房地产专业、建筑工程专业的专职技术人员,2名以上持有资格证书的专职会计人员;⑤法律、行政法规规定的其他条件。

(三) 房地产开发企业的形式

除法律另有规定者外,设立房地产开发企业应当依据《公司法》的规定采取有限责任公司或股份有限公司的形式;原有房地产开发企业应当改组为规范化的公司。国家鼓励以国有土地使用权作为投资或合作条件,与外商组成开发企业。

(四) 房地产开发企业设立的程序

除法律另有规定外,设立房地产开发企业的程序与设立公司的程序相同,应当向县级以上工商行政管理部门申请登记,登记部门应当在收到申请之日起30日内予以登记;对不予登记的,应当说明理由。

(五) 备案和核定资质等级

房地产开发企业在领取营业执照之日起30日内,应当到登记机关所在地的房地产开发主管部门备案。主管部门对设立公司手续完备的,根据其资产、专业技术人员和开发经营业绩等核定其资质等级,颁发《房地产开发企业资质等级证书》。房地产开发企业的资质从最高的资质一级企业到最低的资质五级企业共5个等级。房地产开发企业应当按照核定的资质等级,承担相应的房地产开发项目。建设部早在1993年11月16日就发布了《房地产开发企业资质管理规定》,作为资质管理的依据。

四、房地产开发项目建设

(一)房地产开发项目的立项

立项就是确定房地产开发项目。确定房地产开发项目,应当符合土地利用总体规划、年度建设用地计划和城市规划、房地产开发年度计划的要求;按照国家有关规定需要经计划主管部门批准的,还应当报计划主管部门批准,并纳入年度固定资产投资计划。确定房地产开发项目,应当坚持旧区改建和新区建设相结合的原则,注重开发基础设施薄弱、交通拥挤、环境污染严重以及危旧房屋集中的区域,保护和改善城市生态环境,保护历史文化遗产。

县级以上地方人民政府城市规划行政主管部门和房地产开发主管部门应当在土地使用权出让或者划拨前就下列事项提出书面意见,作为土地使用权出让或者划拨的依据之一:房地产开发项目的性质、规模和开发期限;城市规划设计条件;基础设施和公共设施的建设要求;基础设施建成后的产权界定;项目拆迁补偿、安置要求。

房地产开发项目涉及拆迁的,拆迁补偿安置方案必须符合《城市房屋拆迁管理条例》,报经批准后方可实施。

房地产开发项目应当建立资本金制度,资本金占项目总投资的比例不得低于20%。

(二)房地产开发项目的勘察设计

房地产开发项目确定后,房地产开发企业必须向城市规划主管部门申请《建设用地规划许可证》。在取得该证后组织项目的勘察设计工作,并报有关部门批准。然后向城市规划主管部门申请核发《建设工程规划许可证》。在取得《建设工程规划许可证》后方可申请《开工许可证》,正式开工。

(三)房地产开发项目的施工

房地产开发项目的开发建设应当统筹安排配套基础设施,并根据先地下、后地上的原则实施。

房地产开发企业应当按照土地出让合同约定的土地用途、动工开发期限进行项目开发建设。出让合同约定的动工开发期限满1年未动工开发的,可以征收相当于土地使用权出让金20%以下的土地闲置费;满2年未动工开发的,可以无偿收回土地使用权。但是,因为不可抗力或者政府、政府有关部门的行为或者动工开发必需的前期工作造成动工迟延的除外。

房地产开发企业开发建设的房地产项目,应当符合有关法律、法规的规定和建设工程质量、安全标准、建筑工程勘察、设计、施工的技术规范以及合同的约定。开发企业应当对其开发建设的房地产开发项目的质量承担责任。勘察、设计、施工、监理等单位应当依照法律、法规的规定或者合同的约定,承担相应的责任。

房地产开发企业应当将房地产开发项目建设过程中的主要事项记录在房地产开发项目手册中,并定期送房地产开发主管部门备案。

(四)房地产开发项目的竣工验收

房地产开发项目竣工后,房地产开发企业应当向项目所在地的县级以上地方人民政府房地产开发主管部门提出竣工验收申请。主管部门在接到竣工验收申请之日起30日内,对涉及公共安全的内容,组织工程质量监督、规划、消防、人防等有关部门或者单位进行验收。对住宅小区等群体房地产项目还应该进行综合验收,以检查城市规划设计条件的落实情况、城市规划要求配套的基础设施和公共设施的建设情况、单项工程的工程质量验收情况、拆迁安置方案的落实情况和物业管理的落实情况。经验收合格后,方可交付使用。未经验收或者验收不合格的,不得交付使用。房地产开发企业应当在商品房交付使用时,向购买人提供《住宅质量保证书》和《住宅使用说明书》。前者应当列明工程质量监督单位核验的质量等级、保修范围、保修期限和保修单位等内容。房地产开发企业应当按照住宅质量保证书的约定,承担商品房保修责任。保修期内,因房地产开发企业对商品房进行维修,致使房屋原使用功能受到影响,给购买人造成损失的,应当依法承担赔偿责任。

第四节 房地产交易

一、房地产交易的概念和原则

(一)房地产交易的概念

房地产交易是指房地产转让、房地产抵押和房屋租赁,是房地产在二级市场和三级市场上的流通活动的总称。

(二)房地产交易的原则

1. 房屋所有权和土地使用权同时交易原则。由于房屋所有权与土地使用权不可分割,同一房地产的房屋所有权和土地使用权只能由同一主体享有,因此,《房地产法》第

31条规定:"房地产转让、抵押时,房屋的所有权和该房屋占用范围内的土地使用权同时转让、抵押。"

2. 出让合同规定的权利义务在交易中承接的原则。无论一个房地产项目在二级市场和三级市场交易了多少次,原出让合同依然有效,出让合同对每一个房地产交易当事人都有约束力。《房地产法》第41条规定:"房地产转让时,土地使用权出让合同载明的权利、义务随之转移。"第42条规定:"以出让方式取得土地使用权的,转让房地产后,其土地使用权的使用年限为原土地使用权出让合同约定的使用年限减去原土地使用者已经使用年限后的剩余年限。"这两条规定都反映了出让合同中的权利义务在交易中承接的原则。

3. 房地产交易价格接受国家管理的原则。国家定期确定并公布基准地价、标定地价和各类房屋的重置价格,实行房地产价格评估制度和房地产成交价格申报制度。

基准地价,是指城市国有土地使用权的基本标准价格,是一定时期、一定区域内不同用途土地使用权的级别平均价格。基准地价包括以下含义:一是一定时期如1年内的平均地价;二是一定区域内的级别平均地价;三是按不同用途分别测定的平均地价。基准地价主要反映地价总体变化趋势和较稳定的各级、各类土地使用权的平均价格,是国家对土地使用权价格进行宏观控制、管理和引导房地产市场中土地使用权价格的依据,同时又是国家征收土地使用税、参与土地收益分配、防止各地竞相压价和地价狂涨的衡量标准。

标定地价,是指对需要进行土地使用权出让、转让、抵押的地块评定的具体价格,它是以基准地价为依据,根据市场行情、地块大小、形状、容积率、微观区位和土地使用年限等条件评定的某一具体地块在某一时间的价格。

房屋的重置价格,又称房屋的现价或时价,是指按照当前的建筑技术、工艺水平、建筑材料价格、人工和运输费用等条件,重新建造同类结构、式样、质量标准的房屋所需的费用。房屋的重置价格,对于房屋拆迁中的价格补偿等,具有十分重要的意义。

4. 房地产交易应依法办理权属登记的原则。《房地产法》第35条规定:"房地产转让、抵押,当事人应当依照本法第五章的规定办理权属登记。"

二、房地产转让

(一)房地产转让的概念

房地产转让,是指房地产权利人通过买卖、赠与或者其他合法方式将房地产转移给他人的行为。房地产转让后,房地产权利人的权利一次性全部转移给受让人。房地产转让构成房地产二级市场和三级市场(一级市场指土地使用权的有偿出让)。所谓其他合法方式,主要包括下列行为:①以房地产作价入股,与他人成立企业法人;②一方提供土地使用权,另一方或者多方提供资金,合资、合作开发经营房地产,而使房地产权属发生变更的;③因企业被收购、兼并或合并,房地产权属随之转移的;④以房地产抵债的;⑤法律、法规规定的其他情形。

(二)房地产转让的条件

1. 以出让方式取得土地使用权的房地产转让条件。

(1)转让时房屋未建成的,则要符合下列条件:①按照出让合同约定已经支付全部使用权出让金,并取得土地使用权证书;②按照出让合同约定进行投资开发,属于房屋建设工程的,应完成开发投资总额的25%以上;属于成片开发土地的,依照规划对土地进行开发建设,完成排水、供电、供热、道路交通、通信等市政基础设施、公用设施的建设,达到场地平整,形成工业用地或者其他建设用地条件。

转让未建成房屋实质上是单纯转让土地使用权,是转让房地产开发项目,地上已建部分只是作为土地的增值部分;受让方应具备房地产开发企业的条件,继续进行开发。转让人和受让人应当自土地使用权变更登记手续办理完毕之日起30日内,持房地产开发项目转让合同到房地产开发主管部门备案。尚未完成拆迁补偿安置的,原拆迁补偿安置合同中的有关权利、义务随之转移给受让人。项目转让人应当书面通知被拆迁人。由此可见,转让房地产开发项目和商品房预售是不同的。

(2)转让时房屋已经建成的,这时实质上是商品房现售,房地产开发企业将竣工验收合格的商品房出售给买受人,由买受人支付房价款。商品房现售应当符合下列条件:①现售商品房的房地产开发企业应当具有企业法人营业执照和房地产开发企业资质证书;②持有土地使用权证书或者使用土地的批准文件;③持有建设工程规划许可证和施工许可证;④已通过竣工验收;⑤拆迁安置已经落实;⑥供水、供电、供热、燃气、通信等配套基础设施具备交付使用条件,其他配套基础设施和公共设施具备交付使用条件或者已确定施工进度和交付日期;⑦物业管理方案已经落实。房地产开发企业应当将房地产开发项目手册及符合商品房现售条件的有关证明文件报送房地产开发主管部门备案。

2. 以划拨方式取得土地使用权的房地产转让条件。《房地产法》第39条规定:"以划拨方式取得土地使用权的,转让房地产时,应当按照国务院规定,报有批准权的人民政府审批。有批准权的人民政府准予转让的,应当由受让方办理土地使用权出让手续,并依照国家有关规定缴纳土地使用权出让金。""以划拨方式取得土地使用权的,转让房地产报批时,有批准权的人民政府按照国务院决定可以不办理土地使用权出让手续的,转让方应当按照国务院规定将转让房地产所获收益中的土地收益上缴国家或者作其他处理。"

3. 房地产转让的禁止条件。下列房地产,不得转让:①以出让方式取得的土地使用权,不符合上述以出让方式取得土地使用权的房地产转让的必备条件的;②司法机关和行政机关依法裁定、决定查封或者以其他形式限制房地产权利的;③依法收回土地使用权的;④共有房地产,未经其他共有人书面同意的;⑤权属有争议的;⑥未依法登记领取权属证书的;⑦法律、行政法规规定禁止转让的其他情形。

(三) 房地产转让程序

房地产转让应当按照下列程序办理:

1. 房地产转让当事人签订书面转让合同。书面转让合同应当载明下列主要内容:双方当事人的姓名或者名称、住所;房地产权属证书名称和编号;房地产坐落位置、面积、四至界限;土地宗地号、土地使用权取得的方式及年限;房地产的用途或使用性质;成交价格及支付方式;房地产交付使用的时间;违约责任;双方约定的其他事项。

商品房买卖合同应当明确以下主要内容:

当事人的姓名或者名称和住所;商品房基本状况;商品房销售方式;商品房价款的确定方式及总价款、付款方式、付款时间;交付使用条件及日期;装饰、设备标准承诺;供水、供电、供热、燃气、通讯、道路、绿化等配套基础设施和公共设施的交付承诺和有关权益、责任;公共配套建筑的产权归属;面积差异的处理方法;办理产权登记有关事宜;解决争议的方法;违约责任;双方约定的其他事项。商品房买卖可以使用商品房买卖示范文本。

2. 房地产转让当事人在房地产转让合同签订后 90 日内持房地产权属证书、当事人的合法证明、转让合同等有关文件向房地产所在地的房地产管理部门提出申请,并申报成交价格。

3. 房地产管理部门对提供的有关文件进行审查,并在 7 日内做出是否受理申请的书面答复,7 日内未作答复的,视为同意受理。

4. 房地产管理部门核实申报成交价格,并根据需要对转让的房地产进行现场查勘和评估。

5. 房地产转让当事人按照规定缴纳有关税费。

6. 房地产管理部门办理房屋权属登记手续,核发房地产权属证书。

(四) 商品房预售

商品房预售是房地产开发经营企业将正在建设中的商品房预先出售给买受人,由买受人支付定金或房价款的行为。商品房预售后,预售人必须继续进行房地产开发,直到将商品房最终交付给买受人。

商品房预售应符合下列条件:①已交付全部土地使用权出让金,取得土地使用权证书;②持有建设工程规划许可证和施工许可证;③按提供的预售商品房计算,投入开发建设的资金达到工程建设总投资的 25% 以上,并已经确定施工进度和竣工交付日期;

④已办理预售登记,取得商品房预售许可证明。

申请办理《商品房预售许可证》应当提交下列证件及资料:①已交付全部土地使用权出让金、取得土地使用权证书的证明材料;②持有建设工程规划许可证和施工许可证;③按提供的预售商品房计算,投入开发建设的资金达到工程建设总投资的25%以上并已经确定施工进度和竣工交付日期的证明文件;开发经营企业的《营业执照》和资质等级证书;工程施工合同;商品房预售方案(说明商品房的位置、装修标准、竣工交付日期、预售总面积、交付使用后的物业管理等内容,并应当附商品房预售总平面图、分层平面图)。

房地产开发企业预售商品房时,应当向预购人出示商品房预售许可证明。商品房预售人应当在商品房预售合同签订之日起30日内持合同到商品房所在地的县级以上人民政府房地产开发主管部门和负责土地管理工作的部门办理备案手续。商品房预售所得的款项必须用于所预售的商品房建设。预售的商品房交付使用之日起90日内,承购人应当持有关凭证到县级以上人民政府房地产管理部门和土地管理部门办理权属登记手续。

三、房地产抵押

(一)房地产抵押的概念

房地产抵押,是指抵押人以其合法的房地产以不转移占有的方式向抵押权人提供债务履行担保的行为。债务人不履行债务时,债权人(抵押权人)有权依法以抵押的房地产拍卖所得的价款优先受偿。所谓抵押人是将依法取得的房地产作为抵押物担保本人或者第三人履行债务的公民、法人或者其他组织。所谓抵押权人是接受房地产抵押作为债务人履行债务担保的债权人。房地产抵押的两种特殊形式是预购商品房贷款抵押和在建工程抵押。前者是指购房人在支付首期房价款后,由银行代其支付其余的购房款,将所购商品房抵押给贷款银行作为偿还贷款履行担保的行为。后者是指以合法取得的土地使用权连同在建工程的投入资产,以不转移占有的方式抵押给贷款银行作为偿还贷款履行担保的行为。目前规范房地产抵押的规章有《关于土地使用权抵押登记有关问题的通知》(1997年1月3日)和《城市房地产抵押管理办法》(1997年5月9日发布、2001年8月15日修改)

(二)可以抵押的房地产的范围

根据《房地产法》和《担保法》的规定,下列房地产可以设定抵押:①依法取得的房屋所有权连同该房屋占用范围内的土地使用权;②以出让方式取得的土地使用权;③以出让方式取得的土地使用权连同该土地上的房屋所有权。

下列房地产不得设定抵押:权属不明或有争议的房地产;用于教育、医疗、市政等公共福利事业的房地产;列入文物保护的建筑物和有重要纪念意义的其他建筑物;已依法公告列入拆迁范围的房地产;被依法查封、扣押、监管或者以其他形式限制的房地产;依法不得抵押的其他房地产。

设定房地产抵押应该注意以下问题:①以划拨方式取得的土地使用权,不能单独设定抵押。②设定房地产抵押权的土地使用权是以划拨方式取得的,依法拍卖该房地产后,应当从拍卖所得的价款中缴纳相当于应缴纳的土地使用权出让金后,抵押权人方可优先受偿。③房地产抵押合同签订后,土地上新增的房屋不属于抵押范围。需要拍卖该抵押的房地产时,可以依法将土地上新增的房屋一起拍卖,但对拍卖新增房屋所得,抵押权人无权优先受偿。④以在建工程已完工部分抵押的,其土地使用权随之抵押。⑤土地使用权不得设立抵押。⑥国有企业、事业单位法人以国家授予其经营管理的房地产抵押的,应当符合国有资产管理的有关规定;以集体所有制企业的房地产抵押的,必须经集体所有制企业职工(代表)大会通过,并报其上级主管机关备案;以外商投资企业的房地产抵押的,除非章程另有规定,必须经过董事会通过;以有限责任公司、股份有限公司的房地产抵押的,除非章程另有规定,必须经董事会或股东大会通过。⑦以享受国家优惠政策购买的房地产抵押的,其抵押额以房地产权利人可以处分和收益的份额比例为限。

(三)房地产抵押合同

抵押人和抵押权人应当订立书面抵押合同,载明下列主要内容:

抵押人、抵押权人的名称或者个人姓名、住所;主债权的种类、数额;抵押房地产的处所、名称、状况、建筑面积、用地面积以及四至等;抵押房地产的价值;抵押房地产的占用管理人、占用管理方式、占用管理责任以及外毁损灭失的责任;债务人履行债务的期限;抵押权灭失的条件;违约责任;争议解决方式;抵押合同订立的时间与地点;双方约定的其他事项。以在建工程抵押的,抵押合同还应当载明以下内容:《国有土地使用权证》、《建设用地规划许可证》和《建设工程规划许可证》编号;已交纳的土地使用权出让金或者需要交纳的相当于土地使用权出让金的款额;已投入在建工程的工程款;施工进度及工程竣工日期;已完成的工作量和工程量。此外,抵押权人要求抵押房地产保险、要求在房地产抵押后限制抵押人出租、转让抵押房地产或者改变抵押房地产用途的,也应当在抵押合同中载明。

(四)房地产抵押登记

房地产抵押合同自签订之日起30日内,抵押当事人应当到房地产所在地的房地产管理部门办理房地产抵押登记。办理房地产抵押登记应当向登记机关交验相关文件资料。登记机关应当对申请人的申请进行审核,并在受理之日起7日内做出是否准予登记的书面答复。

已取得房屋所有权证书的房地产抵押的,登记机关应当在原《房屋所有权证》上作他项权利记载后,由抵押人收执,并向抵押权人颁发《房屋他项权证》。以预售商品房或者在建工程抵押的,登记机关应当在抵押合同上作记载,抵押的房地产在抵押期间竣工的,当事人应当在抵押人领取房地产权属证书后,重新办理房地产抵押登记。

(五)抵押房地产的处分

抵押权人处分抵押房地产时,应当事先通知抵押人、共有人或者出租人,经与抵押人协商可以通过拍卖等合法方式处分抵押房地产,协商不成的,抵押权人可以向人民法院起诉。处分抵押房地产时,在同等条件下,共有人或承租人依法享有优先购买权。处分抵押房地产所得的金额,依下列顺序分配:支付处分抵押房地产的费用;扣除抵押房地产应缴纳的税款;偿还抵押权人债权本息及支付违约金;赔偿由债务人违反合同而对抵押权人造成的损害;剩余金额交还抵押人。

因依法处分抵押房地产而取得土地使用权和地上建筑物、其他附着物所有权的,有关当事人应当依法办理注销抵押登记和房地产所有权转移登记手续。

四、房屋租赁

(一)房屋租赁的概念

房屋租赁,是指房屋所有权人作为出租人将其房屋出租给承租人使用,由承租人向出租人支付租金的行为。根据可供出租的房租权属性质不同,房屋出租可以分为公房(直管公房、自管公房)出租、私房出租和商品房出租;根据房屋用途和执行的政策不同,房屋出租可以分为住宅出租、廉租房出租、商业用房出租。

(二)房屋租赁的条件

公民、法人或者其他组织对享有所有权的房屋和国家授权管理、经营的房屋可以依法出租。根据《城市房屋租赁管理办法》第6条,有下列情形之一的房屋不得出租:①未依法取得房屋所有权证的;②司法机关和行政机关依法裁定、决定查封或者以其他形式限制房地产权利的;③共有房屋未取得共有人同意的;④权属有争议的;⑤属于违法建筑的;⑥不符合安全标准的;⑦已抵押未经抵押权人同意的;⑧不符合公安、环保、卫生等主管部门有关规定的;⑨有关法律、法规规定禁止出租的其他情形。

(三)住宅用房与营业用房的不同租赁政策

住宅用房主要是指供家庭居住使用的房屋。住宅用房是人们必需的生活资料,法律规定其租赁适用特殊政策。营业用房是指《房地产法》第54条规定:"住宅用房的租赁,应当执行国家和房屋所在城市人民政府规定的租赁政策。租赁房屋从事生产、经营活动的,由租赁双方协商议定租金和其他租赁条款。""以营利为目的,房屋所有权人将以划拨方式取得使用权的国有土地上建成的房屋出租的,应当将租金中所含土地收益上缴国家"。住宅用房中的城镇廉租房是政府和单位在住房领域实施社会保障职能,向具有城镇常住户口的最低收入家庭提供的租金相对低廉的普通住宅。

(四)房屋租赁合同

无论是住宅用房租赁还是营业用房租赁,出租人和承租人都应当签订书面租赁合同。租赁合同应当具备以下条款:①当事人姓名或者名称及住所;②房屋的坐落、面积、装修及设施状况;③租赁用途;④租赁期限;⑤租金及交付方式;⑥房屋修缮责任;⑦转租的约定;⑧变更和解除合同的条件;⑨违约责任;⑩当事人约定的其他条款。

房屋租赁期限届满,租赁合同终止。承租人需要继续租用的,应当在租赁期满前3个月提出,并经出租人同意,重新签订租赁合同。

租赁期限内,房屋出租人转让房屋所有权的,房屋受让人应当继续履行原租赁合同的规定。出租人在租赁期限内死亡的,其继承人应当继续履行原租赁合同。住宅用房承租人在租赁期限内死亡的,其共同居住2年以上的家庭成员可以继续承租。

(五)租赁登记

房屋租赁实行登记备案制度。签订、变更、终止租赁合同的,当事人应当向房屋所在地直辖市、市、县人民政府房地产管理部门登记备案,经房地产管理部门审查合格后,颁发《房屋租赁证》。《房屋租赁证》是租赁行为合法有效的凭证,可以作为经营场所的合法凭证,或作为公安部门办理户口登记的凭证。

(六)房屋租赁当事人的权利和义务

房屋出租人享有依合同约定收取租金的权利,负有依照租赁合同约定的期限将房屋交付承租人的义务。不能按期交付的,应当交付违约金;给承租造成损失的,应当承担赔偿责任。

承租人享有依合同约定使用承租房屋的权利。承租人负有按期缴纳租金义务,如有违约,应当支付违约金。承租人有义务爱护并合理使用所承租的房屋及附属设施,不得擅自拆改、扩建或增添。确需变动的,必须征得出租人同意,并签订书面合同。因承租人过错造成房屋损坏的,由承租人负责修复或者赔偿。

出租住宅用房的自然损耗或合同约定由出租人修缮的,由出租人负责修复,不及时修复,致使房屋发生破坏性事故,造成承租人财产损失或者人身伤害的,应当承担赔偿责任。租用房屋从事生产、经营活动的,修缮责任由双方当事人在租赁合同中约定。

出租人在租赁期限内,不得随意收回房屋。确需提前收回房屋时,应当事先征得承租人同意,给承租人造成损失的,应当予以赔偿。但承租人有下列行为之一的,出租人有权终止合同,收回房屋,因此而造成损失的,由承租人赔偿:①将承租的房屋擅自转租的;②将承租的房屋擅自转让、转借他人或擅自调换使用的;③将承租房屋擅自拆改结构或改变用途的;④拖欠租金累计6个月以上的;⑤公有住宅用房无正当理由闲置6个月以上的;⑥利用承租房屋进行违法活动的;⑦故意损坏承租房屋的;⑧法律、法规规定其他可以收回的情况。

（七）转租

房屋转租是指房屋承租人将承租的房屋再出租的行为。转租可以是承租房屋的全部或部分,但转租必须征得出租人同意,并允许其从转租中获得收益。

房屋转租,应当订立转租合同。转租合同必须经原出租人书面同意,并办理登记备案手续。

五、房地产中介服务

（一）房地产中介服务的概念

房地产中介服务是指房地产咨询、房地产价格评估、房地产经纪等媒介活动的总称。

房地产咨询是指为房地产活动当事人提供法律法规、政策、信息、技术等方面服务的经营活动。

房地产价格评估是指对房地产进行测算,评定其经济价值和价格的经营活动。

房地产经纪是指为委托人提供房地产信息和居间代理业务的经营活动。

（二）中介服务人员资格管理

从事房地产咨询业务的人员,必须具有房地产及相关专业中等以上学历,有与房地产咨询业务相关的初级以上专业技术职称并取得考试合格证书。

房地产估价师必须是经国家统一考试、执业资格认证,取得《房地产估价师执业资格证书》,并经注册登记取得《房地产估价师注册证》的人员。房地产估价员必须是经过考试,取得《房地产估价员岗位合格证》的人员。

房地产经纪人必须是经过考试、注册并取得《房地产经纪人资格证》的人员。

（三）中介服务机构管理

房地产中介服务应通过房地产中介服务机构进行。房地产中介服务机构包括房地产咨询机构、房地产价格评估机构、房地产经纪机构等。房地产中介服务机构应当具备下列条件:①有自己的名称和组织机构;②有固定的服务场所;③有必要的财产和经费;④有足够数量的专业人员;⑤法律、行政法规规定的其他条件。设立房地产中介服务机构,应当向工商行政管理部门申请设立登记,领取营业执照后,方可开业。

第五节　房地产权属登记管理

一、房地产权属登记管理的概念

房地产权属是指房地产权利在主体上的归属状态。根据主体不同，我国房地产权属具有多种形态，如国有土地所有权、集体土地所有权、国有土地使用权（含出让土地使用权、划拨土地使用权、城镇私房使用地的使用权）、集体土地使用权、城镇房屋所有权（含直管公房所有权、自管公房所有权、集体房屋所有权、私人房屋所有权和其他房屋所有权）、农村房屋所有权、房屋使用权和房地产抵押权等。

房地产权属登记管理，是指房地产管理部门对房地产权属状况进行持续地记录，并向房地产权利人颁发权利证明书的行为。房地产权属登记可以分成房产权属登记和地产权属登记，房地产权属登记又有总登记、初始登记、转移登记、变更登记、他项权利登记和注销登记等具体情况。

《土地管理法》第11条规定，农民集体所有的土地由县级人民政府登记造册，核发证书，确认所有；农民集体所有的土地依法用于非农业建设的，由县级人民政府登记造册，核发证书，确认建设用地使用权；单位和个人依法使用的国有土地，由县级人民政府登记造册，核发证书，确认使用权；中央国家机关使用的国有土地的具体登记发证机关，由国务院确定。《房地产法》第61条、第62条规定房地产权利的变动应当登记，由县级以上人民政府或其有关部门颁发土地使用证书或房屋所有权证书。因此，在我国，房地产权利的产生及变动以登记为成立要件，依法进行房地产权属登记是取得该房地产权利的要式行为。

房地产权属登记具有三项功能，即权利确认功能、权利公示功能和管理功能。

二、国有土地使用权登记

《房地产法》第61条第1款规定："以出让或者划拨方式取得土地使用权，应当向县级以上地方人民政府土地管理部门申请登记，经县级以上地方人民政府土地管理部门核实，由同级人民政府颁发土地使用权证书。"

三、房屋所有权登记

《房地产法》第61条第2款规定："在依法取得的房地产开发用地上建成房屋的，

应当凭土地使用权证书向县级以上地方人民政府房产管理部门申请登记,由县级以上地方人民政府房产管理部门核实并颁发房屋所有权证书。"

四、房地产的变更登记

房地产变更登记是指因扩建、改建、增建、翻建以及拆除、自然灾害等原因而发生的房地产增减、土地用途的变更、权利人名称的变更以及房地产转让时所进行的登记。《房地产法》第61条第3款规定:"房地产转让或者变更时,应当向县级以上地方人民政府房产管理部门申请房产变更登记,并凭变更后的房屋所有权证书向同级人民政府土地管理部门申请土地使用权变更登记,经同级人民政府土地管理部门核实,由同级人民政府更换或者更改土地使用权证书。"因权利人名称变更或房屋现状发生变化,权利人应当自事实发生之日起30日内申请变更。房屋因买卖、交换、赠予、继承、划拨、转让分割、合并、裁决等原因致使其权属发生转移的,当事人应当自事实发生之日起90日内申请所有权转移登记。

五、房地产抵押登记

《房地产法》第62条规定:房地产抵押时,应当向县级以上地方人民政府规定的部门办理抵押登记。因处分抵押房地产而取得土地使用权和房屋所有权的,应当依照规定办理过户登记。具体办理房地产抵押登记时,还应该遵守前述有关房地产抵押的规定。

六、房地产权属统一登记

前文所述土地和房屋分别登记的办法,因实践中有的地方已对房地产实行统一由一个部门管理的办法,《房地产法》便作了例外规定,即经省、自治区、直辖市人民政府确定,县级以上地方人民政府由一个部门统一负责房产管理和土地管理工作的,可以制作、颁发统一的房地产权证书,将房屋的所有权和该房屋占用范围内的土地使用权的确认和变更,分别载入房地产权证书。

第六节 违反房地产法的法律责任

违反房地产法的法律责任是指公民、法人或者其他组织违反房地产法所应承担的法律后果,包括经济责任、行政责任和刑事责任。《房地产法》及与实施《房地产法》有关的行政法规、行政规章中都有法律责任的规定，本节主要介绍《房地产法》规定的法律责任。

一、擅自批准出让或擅自出让土地使用权的法律责任

擅自批准出让或者擅自出让土地使用权用于房地产开发的，由上级机关或者所在单位给予有关责任人员行政处分。

二、违法开发房地产的法律责任

未取得营业执照擅自从事房地产开发业务的，由县级以上工商行政管理部门责令停止房地产开发业务活动，没收违法所得，可以并处违法所得5倍以下的罚款。

未取得资质等级证书或者超越资质等级从事房地产开发经营的，由县级以上人民政府房地产开发主管部门责令限期改正，处5万元以上10万元以下的罚款；逾期不改正的，由工商行政管理部门吊销营业执照。

房地产开发企业将验收不合格的房屋交付使用的，由县级以上人民政府房地产开发主管部门责令限期返修，并处交付使用的房屋总造价2%以下的罚款；情节严重的，由工商行政管理部门吊销营业执照；给购买人造成损失的，应当依法承担赔偿责任；造成重大伤亡事故或者其他严重后果，构成犯罪的，依法追究刑事责任。

三、违法转让房地产的法律责任

转让不符合转让条件的出让土地使用权的，由县级以上人民政府土地管理部门责令停止违法行为，没收违法所得，可以并处违法所得5倍以下的罚款。

转让不符合转让条件的划拨土地的房地产的，由县级以上人民政府土地管理部门责令缴纳土地使用权出让金，没收违法所得，可以并处罚款。

《刑法》第228条规定："以牟利为目的，违反土地管理法规、非法转让、倒卖土地使用权，情节严重的，处3年以下有期徒刑或者拘役，并处或者单处非法转让、倒卖土地使用权价额百分之五以上百分之二十以下的罚金；情节严重的，处3年以上7年以下有期徒刑，并处非法转让、倒卖土地使用权价额百分之五以上百分之二十以下罚金。"

四、违法预售商品房的法律责任

预售商品房不符合法定条件的，由县级以上人民政府房地产管理部门责令停止预售活动，没收违法所得，可以并处已收取的预付款1%以下的罚款。

预售人未依法办理预售合同登记备案手续的，或挪用商品房预售款，不用于所预售的商品房的工程建设的，由县级以上人民政府房地产管理部门处以警告、责令停止预售、责令补办手续、吊销《商品房预售许可证》，并可处以罚款。

五、擅自从事房地产中介服务的法律责任

未取得营业执照擅自从事房地产中介服务业务的,由直辖市、市、县人民政府房地产管理部门会同有关部门责令停止房地产中介业务,并可处以1万元以上3万元以下的罚款。

六、房地产管理机关及其工作人员的法律责任

没有法律、法规的依据,向房地产开发企业收费的,上级机关应当责令退回所收取的钱款;情节严重的,由上级机关或者所在单位给予直接责任人员行政处分。

房地产管理部门工作人员玩忽职守、滥用职权,构成犯罪的,依法追究刑事责任;不构成犯罪的,给予行政处分。

房地产管理部门工作人员利用职务上的便利,索取他人财物,或者非法收受他人财物为他人谋取利益,构成犯罪的,依法追究索贿受贿罪;不构成犯罪的,给予行政处分。

本章小结

房地产狭义上是指房屋、屋基地以及在空间上与房屋和屋基地紧密结合的附属土地;广义上指土地及附着在土地上的房屋和其他人工构筑物,与不动产含义相同。

广义的房地产法是指调整房地产关系的各种法律规范的总称。狭义的房地产法,指1994年7月5日第八届全国人大常委会第八次会议通过《城市房地产管理法》以及与实施《房地产法》有关的行政法规、地方性法规和规章。房地产开发用地是进行基础设施和房屋建设所需用的土地。从所有权的角度看,房地产开发用地只能是国有土地,不能是集体所有的土地。集体所有的土地必须先行征用转为国有土地后才能用于房地产开发。国家实行土地所有权与土地使用权分离制度,房地产开发企业只取得土地使用权。房地产开发用地的取得方式有土地使用权出让和划拨两种。

房地产开发,是指在依法取得土地使用权的国有土地上进行基础设施、房屋建设的行为。房地产开发既可以是单纯的土地的开发和再开发(达到三通一平或七通一平)或单纯的房屋的开发和再开发,也可以是土地房屋一体化开发;既可以是经营性开发,也可以是自用性开发;既可以是单项开发,也可以是小区开发、成片开发;既可以是新城区开发,也可以是旧城区改造;既可以是以土地使用权作价入股的合资开发,也可以是以土地使用权合作开发。

房地产交易是指房地产转让、房地产抵押和房屋租赁,是房地产在二级市场和三级市场上的流通活动的总称。

房地产权属登记管理,是指房地产管理部门对房地产权属状况进行持续地记录,并向房地产权利人颁发权利证明书的行为。房地产权属登记可以分成房产权属登记和地产权属登记,房地产权属登记又有总登记、初始登记、转移登记、变更登记、他项权利登记和注销登记等具体情况。

思考练习题

1. 简述商品房预售的有关法律规定。
2. 简述房地产抵押的有关法律规定。
3. 简述外商开发经营房地产的主要法律规定。

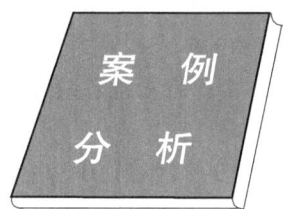

案例

方城县食品总公司与方城县小史店镇河西村二组土地使用权出让合同纠纷上诉案①

上诉人(原审原告):方城县食品总公司

被上诉人(原审被告):方城县小史店镇河西村二组

1974年1月13日,原告下属单位小史店分公司(原称小史店食品站)与小史店大队第十二队社员郭长有签订协定书一份,小史店食品站通过此协定书占有了原属郭长有的宅基地五分半,并补偿给郭长有迁房费300元,付给十二队地基费和建房费350元。

1989年元月13日,原告下属单位小史店分公司(原称小史店食品经营处)与河西村二组签订《占地协议书》一份,协议约定,食品处自1965年以来占用二组的房场基地一处,由食品处一次性补偿给二组人民币3 500元,房场所有权永归食品处所有,同时约定房场四至是:北至街道边与翟国山楼基齐,东至古洞边,南至路,西至食品处西院,合二亩二分二厘。

---

① http://bmla.chinalawinfo.com/case/displaycontent.asp? Gid=117705038&Keyword=。

1997年4月3日,原告下属单位小史店分公司与被告河西村二组签订了《占地补偿合同》一份,该合同约定食品公司一次性付给被告4 000元起建费,河西村二组允许食品公司建房,房子竣工后,自1998年元月1日起,食品公司每年付给河西村二组占地补偿费2 000元。

合同签订后食品公司下属单位于1997年4月8日向河西村二组支付了4 000元建房费,1999年2月5日、2000年1月1日、2000年12月30日、2001年1月1日共向河西村二组支付6 000元占地补偿费,经申请方城县人民政府于1997年8月30日向食品公司下属单位小史店分公司颁发了方国用(1997)字第01号《国有土地使用证》,将上述争议的土地使用权确定给食品公司享有。2000年食品公司申请土地变更登记,方城县人民政府又将上述土地使用证收回,向食品公司重新核发了方国用(2000)字第01-4号《国有土地使用证》,确定四至为东至南北巷道的西边缘,西至健康路、水沟,南至东西路的北边缘,北至张四、周章柱、李自民,使用面积1 271.79平方米。

食品公司于2001年4月18日诉请确认1997年4月3日签订的土地补偿合同无效并返还起建费4 000元及占地补偿费6 000元。

案件审理中,河西村二组提起行政诉讼,请求撤销方国用(1997)字第01号《国有土地使用证》,方城县人民法院2002年3月25日作出(2002)方行初字第019号行政判决书,驳回了河西村二组的诉讼请求。河西村二组上诉至南阳市中级人民法院,2002年8月12日,南阳市中级人民法院作出(2002)南行终字第23号判决书驳回上诉,维持原判。

法理分析

法院经审理认为,1997年4月3日食品公司下属单位小史店食品公司与河西村二组签订的《占地补偿合同》,食品公司没有提供证据证实是在受胁迫情况下签订的该合同,其内容违反了原告的真实意思表示,故对其诉讼请求不予支持。为此,一审法院依照《民事诉讼法》规定,判决驳回原告的诉讼请求。原告不服一审判决,向二审法院提出上诉。二审法院认为原审认定事实清楚,适用法律正确,上诉人食品公司上诉理由不能成立,依法判决驳回上诉,维持原判。

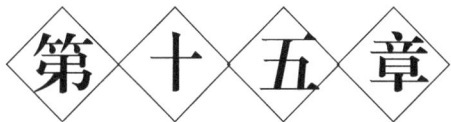

知识产权法律制度

★ 本章学习要点与要求 ★

通过本章学习要掌握知识产权的概念及特征,专利权的主体和客体,专利权的申请、审查和批准及授予条件,专利权的期限、终止和无效,专利实施的强制许可,专利权的保护,商标的概念、种类和作用,不得作为商标使用的标志和不得作为商标注册的标志,商标注册的申请、审查和核准,注册商标的续展、转让和使用许可,注册商标争议的裁定,商标使用的管理,注册商标专用权的保护,著作权法保护的客体,著作权的内容、归属以及保护期限等。

第一节 知识产权法概述

一、知识产权的概念

知识产权是人们依照法律对其智力成果,在一定期限和地区内享有的专有权。

根据《与贸易有关的知识产权协定》,要求予以保护的知识产权类型有 7 种:版权和相关权、商标权、地理标志权、工业品外观设计权、专利权、集成电路布图设计权和商业秘密权。我国知识产权法律保护体系主要包括专利权、商标权和著作权。

二、知识产权的特征

知识产权有四个特征：

（一）专门法律确认

知识产权需要有专门法律的保护。世界绝大多数国家都有关于知识产权保护的专门法律规定，如商标法、专利法、著作权法等。专利权的取得，需要发明创造人或其所属单位依据专利法的规定，向国家的专门主管机关提出申请，经主管机关依法定程序审查批准，并以法定形式正式确认，才能给予法律保护。

（二）专有性

法律规定智力成果的无形财产权专属于发明创造人或其所属单位、商标专用权人，从而排除了他人享有同样权利的可能性。因为知识形成的无形财产与有形的物质财产不同，它只要公之于众，不通过无形财产所有人的许可，可以同时为许多人所占有和使用。并取得收益。为了保护发明创造人或其所属单位、商标专用权人的利益，国家赋予专利权人和商标专用权人在有效期内，对发明创造和注册商标享有独占、使用、收益和处分的权利，任何第三人未经专利权人和商标专用权人的许可，不得使用，否则，即构成侵权行为，就要依法受到制裁。此外，知识产权的专有性还体现在对某一项智力成果的专有权，只能授予一次，其他人不能再被授予该项知识产权。

（三）地域性

一国的知识产权法所保护的知识产权，除在一定的情况下适用统一保护知识产权的国际公约以及个别国家承认另一国批准的知识产权有效以外，只在该国范围内有效，对其他国家不发生法律效力，即不发生域外效力。如果想在他国得到保护，必须依他国法律的规定获得知识产权。

（四）时间性

知识产权的保护是有一定期限的，这个时间界限就是知识产权的有效保护期。法律规定的期限届满以后，知识产权的财产权利即自行终止。法律保护知识产权人在有效期限内的独占权，超过有效期限则丧失其知识产权，其智力成果成为社会财富。

三、知识产权法的概念

知识产权法是调整国家确认、保护和使用知识产权而发生的各种社会关系的法律规范的总称。迄今为止，我国已相继颁布和实施了《中华人民共和国商标法》、《中华人民共和国商标法实施细则》、《中华人民共和国专利法》、《中华人民共和国专利法实施细则》、《中华人民共和国著作权法》、《中华人民共和国著作权法实施条例》等法律、法规。

四、知识产权的国际保护

（一）知识产权国际保护的必要性和意义

知识产权的效力是有地域限制的，它只能在授予这种权利的国家内存在和行使，但是，人类智力的成果却很容易超越国界，特别是现代世界，交通和通讯联络异常便利，人员、知识、技术产品交流日趋频繁，为了共同的发展和繁荣，各国应当鼓励这种交流。因此，各国政府经过谈判，在知识产权的不同领域订立了一系列的国际条约，以此扩大各国之间的技术交流、技术合作和技术贸易，从而促进各国科学技术的日益进步和工业生产的迅速发展。有关知识产权国际保护的世界性或地区性的国际条约很多，最主要的有《保护工业产权巴黎公约》、《专利合作条约》、《商标注册马德里协定》、《商标注册条约》、《保护文学和艺术作品伯尔尼公约》等等。此外，还成立了政府间的国际机构——世界知识产权组织（WIPO）。

（二）《保护工业产权巴黎公约》

《保护工业产权巴黎公约》是1883年在巴黎签订的，并经过多次修改。它有100多个成员国，是保护工业产权方面影响最大的国际公约。1984年11月14日我国第六届全国人民代表大会常务委员会第八次会议决定我国加入巴黎公约，自1985年3月19日起，该公约对我国生效。它的主要原则和制度有以下三条：

1. 国民待遇原则。在工业产权的国际保护方面，每一缔约国必须把它同本国国民的待遇同等地给予其他缔约国国民；非缔约国国民如在缔约国国内有住所或营业场所，也应得到同样的保护。

2. 优先权制度。缔约国国民第一次向一个缔约国提出专利或商标注册申请后，又在一定期限内（发明和实用新型为12个月，工业品外观设计和商标为6个月）就同一发明创造和商标向另一个缔约国申请时，其第二次的申请日应视同第一次申请日。在优先权期限内，即使有任何第三人就相同的发明或商标提出申请或已实施了该发明或使用了该商标，申请人仍因享有优先权而获得专利权或商标专用权。

3. 独立性原则。各缔约国独立地按本国的法律规定来确定是否给予专利权或商标专用权，不受该专利权或商标专用权在其他缔约国决定的影响，就是说，同一发明创造或商标在一个成员国取得了专利权或商标专用权，并不意味着在其他成员国也一定可以取得专利权或商标专用权；反之，同一发明创造专利权或商标专用权在一个成员国被撤销或终止，也不意味着它在其他成员国一定被撤销或终止。

（三）《商标注册马德里协定》和《商标注册条约》

《商标注册马德里协定》（以下简称《协定》）是1891年4月于西班牙马德里签订

的,目的是为简化商标国际注册手续。我国于 1989 年 10 月 4 日加入了该《协定》。《商标注册条约》(以下简称《条约》)是 1973 年 6 月于维也纳签订的。《条约》和《协定》均规定,其成员国必须是《保护工业产权巴黎公约》的成员国,《协定》、《条约》的成员国的商标所有人均可向世界知识产权组织国际局申请商标国际注册,不必分别向每个国家提出申请。此外,《协定》还规定,申请商标注册首先要取得本国商标主管部门的商标注册,然后通过本国商标主管部门提出申请,使用文字必须限于法文。而《条约》则规定,商标注册申请人可直接向世界知识产权组织国际局申请国际注册,不需先在本国注册,使用文字可用法文,也可用英文。《协定》与《条约》是两个并行的国际条约,一个国家可以同时参加这两个条约,也可以只参加其中一个条约。这两个国际条约的缔约国的国民,可以按其申请商标保护的不同对象而援用其中任何一个。

(四)《保护文学和艺术作品伯尔尼公约》

1878 年,由著名文学家雨果主持在巴黎召开一次重要的文学大会,建立了一个国际文学艺术协会。1883 年,该协会将一份经过多次讨论的国际公约草案交给瑞士政府。瑞士政府于 1886 年 9 月 9 日在伯尔尼举行的第三次大会上予以通过,定名为《保护文学和艺术作品伯尔尼公约》(简称《伯尔尼公约》),原始签字国有英国、法国、德国、意大利、瑞士、比利时、西班牙、利比里亚、海地和突尼斯,公约 1887 年 12 月生效。我国 1992 年 10 月 15 日成为该公约成员国。

《伯尔尼公约》保护缔约国国民的或在缔约国内首次发表的一切文学艺术作品,包括文学、科学和艺术领域内的一切作品,如图书、讲课、演讲、讲道、戏剧、哑剧、舞蹈、乐曲、电影作品、图画、建筑、雕塑、摄影作品,实用艺术品,地理学、解剖学、建筑学或科学方面的图表、图示及立体作品等。此外,对翻译、改编、乐曲整理,以某一文学或艺术作品的其他改造得到的演绎作品,只要不损害原作的著作权,与原作同等的保护。

第二节 专利法

一、专利和专利法的概念

(一) 专利

专利一词,通常有三种含义:①专利是专利权的简称;②专利是指受专利法保护的发明创造,一般包括发明、实用新型和外观设计三种专利;③专利是指专利文献,其重要部分为记载发明创造内容的专利说明书。专利权是指按专利法的规定,由国家专利机关授予发明人、设计人或其所属单位在一定期限内对某项发明或设计享有的专有权。

（二）专利法

专利法是调整在确认和保护发明创造的专有权以及在利用专有的发明创造过程中产生的社会关系的法律规范的总称。

1984年3月12日，第六届全国人民代表大会常务委员会第四次全会通过了《中华人民共和国专利法》（以下简称《专利法》），1985年4月1日起开始实施。1985年1月19日经国务院批准，我国国务院专利行政部门公布了《中华人民共和国专利法实施细则》（以下简称《专利法实施细则》）。《专利法》的颁布和实施，标志着我国保护发明创造的法律制度进入了一个新的历史时期，也是我国经济和科技体制的一项重大改革。1992年9月4日第七届全国人民代表大会常务委员会第二十七次会议通过了《关于修改〈中华人民共和国专利法〉的决定》，据此，对原《专利法》作了第一次修正。2000年8月25日第九届全国人民代表大会常务委员会第十七次会议又一次通过了《关于修改〈中华人民共和国专利法〉的决定》，并据此对原《专利法》作了第二次修正。2008年12月27日，全国人大常委对《专利法》进行了第三次修正，自2009年10月1日起施行。

《专利法》第1条明确了立法的目的是：保护发明创造专有权，鼓励发明创造，有利于发明创造的推广应用，促进科学技术的进步和创新，适应社会主义现代化建设的需要。

二、专利权的主体

专利权的主体，是指可以申请并取得专利权的单位和个人。享有专利权的单位和个人统称为专利权人。

（一）职务发明单位

职务发明单位即发明人、设计人所在的单位。企业、事业单位、社会团体、国家机关的工作人员执行本单位的任务或者主要是利用本单位的物质技术条件所完成的发明创造属职务发明。

执行本单位的任务所完成的发明创造是指：①在本职工作中所做出的发明创造；②履行本单位交付的本职工作之外的任务所作出的发明创造；③退职、退休或调动工作1年以内作出的与其在原单位承担的本职工作或者分配的任务有关的发明创造。

利用本单位的物质条件是指：在发明创造过程中利用本单位的资金、设备、零部件、原材料或不向外公开的技术资料等。

职务发明创造申请专利的权利属于该单位；申请被批准后，该单位为专利权人。需要强调的是，对于利用本单位的物质技术条件所完成的发明创造，法律允许单位与发明人或者设计人以合同的方式约定专利申请权和专利权的归属，即有约定的，从其约定。

被授予专利权的单位应当对职务发明创造的发明人或者设计人给予奖励;发明创造专利实施后,该单位应根据其推广应用的范围和取得的经济效益,对发明人或者设计人给予合理的报酬。按照《专利法实施细则》规定,被授予专利权的单位可以与发明人、设计人约定或者在其依法制定的规章制度中规定在《专利法》中规定的奖励、报酬的方式和数额。被授予专利权的单位未与发明人、设计人约定也未在其依法制定的规章制度中规定在《专利法》中规定的奖励的方式和数额的,应当自专利权公告之日起3个月内发给发明人或者设计人奖金。一项发明专利的奖金最低不少于3 000元;一项实用新型专利或者外观设计专利的奖金最低不少于1 000元。由于发明人或者设计人的建议被其所属单位采纳而完成的发明创造,被授予专利权的单位应当从优发给奖金。此外,被授予专利权的单位未与发明人、设计人约定也未在其依法制定的规章制度中规定在《专利法》中规定的报酬的方式和数额的,在专利权有效期限内,实施发明创造专利后,每年应当从实施该项发明或者实用新型专利的营业利润中提取不低于2%或者从实施该项外观设计专利的营业利润中提取不低于0.2%,作为报酬给予发明人或者设计人,或者参照上述比例,给予发明人或者设计人一次性报酬;被授予专利权的单位许可其他单位或者个人实施其专利的,应当从收取的使用费中提取不低于10%,作为报酬给予发明人或者设计人。

(二)非职务发明的发明人、设计人

非职务发明创造,申请专利的权利属于发明人或设计人,申请被批准后,专利权归申请专利的发明人或设计人所有,任何单位和个人不得压制非职务发明。

(三)共同发明人、设计人

由两个以上单位或者个人合作完成的发明创造,称为共同发明创造。完成该项发明创造的人,称为共同发明人或共同设计人。

确定共同发明人、设计人的标准是,对所完成的发明、设计共同作出创造性的贡献。因此,在协作或委托完成发明创造的当事人中,仅仅从资金、设备、场地等物质条件方面给予支持,或帮助完成中间试验等辅助性工作的人,不是共同发明人、设计人。

根据《专利法》的规定,两个以上单位或者个人合作完成的发明创造、一个单位或者个人接受其他单位或者个人委托所完成的发明创造,除另有协议外,申请专利的权利属于完成或者共同完成的单位或者个人;申请被批准后,专利权归申请的单位或者个人。

三、专利权的客体

专利权的客体,是指专利法保护的对象,即依法可以取得专利权的发明创造。我国《专利法》所称的发明创造,是指发明、实用新型和外观设计。

（一）发明

专利法所称的发明，是指对产品、方法或者其改进所提出的新的技术方案。所以发明分为产品发明和方法发明。其中产品发明包括制造品的发明、材料物品的发明；方法发明包括制造产品方法的发明、使用产品方法的发明、测量方法和通讯方法的发明等。

发明和发现是两个截然不同的概念。发明是指所制造的产品或提出的生产方法是前所未有的。发现则是指揭示自然界已经存在但尚未被人们所认识的事物。科学发现依法不能被授予专利权。

（二）实用新型

实用新型，是指对产品的形状、构造或者二者的结合所提出的适于实用的新的技术方案。

实用新型在一些国家被称为小发明。它与发明的主要区别在于：①发明既包括产品发明，也包括方法发明，而实用新型仅指具有一定形状的物品发明，方法发明以及没有固定形状和构造的产品发明不属于实用新型的范畴；②实用新型同发明相比，对产品创造性要求较低。

（三）外观设计

外观设计，是指对产品的形状、图案或者其结合以及与色彩与形状、图案的结合所作出的富有美感并适于工业上应用的新设计。其中，形状指设计可以是平面或立体轮廓，指所占的空间形状；图案是指作为装饰而加于产品表面的花色图样、线条等；色彩是指产品表面所用的颜色。外观设计很多是形状、图案和色彩三者的结合。

外观设计同发明、实用新型的区别是：它只涉及美化产品的外表和形状，而不涉及产品的制造和设计技术。

（四）对专利权客体的限制

我国《专利法》规定，对下列各项不授予专利权：①科学发现；②智力活动的规则和方法；③疾病的诊断和治疗方法；④动物和植物品种；⑤用原子核变换方法获得的物质。⑥对平面印刷品的图案、色彩或者二者的结合作出的主要起标识作用的标记。而对第④项所列产品的生产方法，可以依据《专利法》规定授予专利权。

四、授予专利权的条件

发明创造必须符合专利法规定的条件，才能被授予专利权。这些条件包括形式条件和实质条件两方面。前者是关于专利申请文书的写法和格式，后者是关于发明创造本身状况的。在此，我们将着重讨论授予专利权的实质条件。

（一）授予发明和实用新型专利的条件

授予专利权的发明和实用新型是指其应当具备新颖性、创造性和实用性。

新颖性。是指该发明或者实用新型不属于现有技术；①也没有任何单位或者个人就同样的发明或者实用新型在申请日以前向国务院专利行政部门提出过申请，并记载在申请日以后公布的专利申请文件或者公告的专利文件中。但是，申请专利的发明创造在申请日以前6个月内，有下列情形之一的，不丧失新颖性：①在中国政府主办或者承认的国际展览会上首次展出的；②在规定的学术会议或者技术会议上首次发表的；③他人未经申请人同意而泄露其内容的。

创造性。是指与现有技术相比，该发明具有突出的实质性特点和显著的进步，该实用新型具有实质性特点和进步。

实用性。是指该发明或者实用新型能够制造或者使用，并且能够产生积极效果。

（二）授予外观设计专利的条件

授予专利权的外观设计，应当不属于现有设计；②也没有任何单位或者个人就同样的外观设计在申请日以前向国务院专利行政部门提出过申请，并记载在申请日以后公告的专利文件中。授予专利权的外观设计与现有设计或者现有设计特征的组合相比，应当具有明显区别。授予专利权的外观设计不得与他人在申请日以前已经取得的合法权利相冲突。

五、专利权人的权利和义务

（一）专利权人的权利

1. 独占权。专利权人有自己实施其专利的权利，并排除其他任何人支配其专利的权利。

2. 转让权。专利权人有将自己的专利权转让给他人的权利。转让专利权的当事人必须订立书面合同，并在国务院专利行政部门登记，由国务院专利行政部门予以公告。专利申请权或者专利权的转让自登记之日起生效。我国的单位或个人向外国转让专利权，须经国务院有关主管部门批准。

3. 许可权。专利权人有许可他人实施其专利并收取使用费的权利。专利实施许可合同应当以书面的形式订立，被许可人无权允许合同规定以外的任何单位或者个人实施该专利。

4. 标记权。专利权人有在专利产品或者该产品的包装上标明专利标记和专利号的

---

① 现有技术，是指申请日以前在国内外为公众所知的技术。
② 现有设计，是指申请日以前在国内外为公众所知的设计。

权利。发明人和设计人无论是否为专利权人,都有在专利文件上写明自己是发明人或者设计人的权利。这种人身权利,不因专利权的转让而消失。

5. 排除侵害权。专利权人在自己的专利权受到侵犯时,有请求管理专利工作的部门进行处理,或者直接向人民法院起诉的权利。

6. 放弃专利权的权利。专利权人有权以书面声明形式放弃其专利权。

(二)专利权人的义务

1. 有缴纳年费的义务。年费实际上是专利权人付给国务院专利行政部门的管理费用。专利权人应从授予专利权的当年开始缴纳专利年费,不按规定缴纳年费的,专利权应予终止。

2. 职务发明创造取得专利后,作为专利权人的单位有向发明人或设计人给予报酬奖励的义务。

六、专利的申请和专利申请的审查、批准

(一)专利的申请

1. 专利申请的准备工作。专利申请人在专利申请以前,应该做好以下准备工作:①了解专利申请的有关实体或者程序的法律规定;②确定所申请的发明创造是否具有新颖性;③论证申请专利是否具有经济利益;④准备申请专利时应递交的文件。

2. 申请专利时应向国务院专利行政部门提交有关法律文件。申请发明专利和实用新型专利时应向国务院专利行政部门递交以下4个文件。

(1)请求书。请求书是申请人正式要求国务院专利行政部门授予其专利权所必须递交的一个文件。

(2)说明书。说明书是具体说明发明或者实用新型的文件。说明书应当对发明或者实用新型作出清楚、完整的说明,以所属领域的技术人员能够实现为准。为了说明专利申请的技术内容,有时需附图加以说明。

(3)权利要求书。权利要求书是以说明书为依据,说明要求专利保护的范围。权利要求应当有独立权利要求,也可以有从属权利要求。独立权利要求应当从整体上反映发明或者实用新型的技术方案,记载解决技术问题的必要技术特征;从属权利要求应当用附加的技术特征,对引用的权利要求作进一步限定。

(4)摘要。摘要是对发明或实用新型技术的要点的扼要说明,即说明发明或者实用新型的名称和清楚地反映所要解决的技术问题、解决该问题的技术方案的要点以及主要用途,便于专业技术人员检索。

申请外观设计专利应向国务院专利行政部门递交的文件比较简单,只需递交请求书及外观设计的图片或照片等,并写明使用该外观设计的产品及其所属类别。

3. 先申请原则和申请日的确定。我国专利法同世界上大多数国家的专利法一样,采用先申请原则。所谓先申请原则是指专利权授予同样发明中第一个申请专利权的人。这个原则只承认申请的先后,而不管发明的先后。因此,申请日的确定非常重要。申请日是判断专利申请是否具备新颖性的时间标准,也是专利权有效期限及其他一些法定程序的起算日。《专利法》第28条规定,国务院专利行政部门收到专利申请文件之日为申请日。如果申请文件是邮寄的,以寄出的邮戳日为申请日。

4. 优先权和取得优先权的条件。我国是《保护工业产权巴黎公约》的成员国,我国专利法赋予申请人在我国申请专利享有外国优先权。《专利法》第29条规定,申请人自发明或者实用新型在外国第一次提出专利申请之日起12个月内,或者自外观设计在外国第一次提出专利申请之日起6个月内,又在中国就相同主题提出专利申请的,依照该外国同中国签订的协议或者共同参加的国际条约,或者依照相互承认优先权的原则,可以享有优先权。申请人自发明或者实用新型在中国第一次提出专利申请之日起12个月内,又向国务院专利行政部门就相同主题提出专利申请的,可以享有优先权。《专利法》第30条规定,申请人要求优先权,应当在申请的时候提出书面声明,并且在3个月内提交第一次提出的专利申请文件的副本;未提出书面声明或者逾期未提交专利申请文件副本的,视为未要求优先权。

5. 外国申请人向中国申请专利和中国申请人向外国申请专利的规定。外国申请人向中国申请专利,是指在中国没有经常居所或者营业所的外国人、外国企业或者外国其他组织的专利申请。这种申请要依照其所属国同中国签订的协议或者共同参加的国际条约,或者依照互惠原则,根据《专利法》的规定办理,并应当委托依法设立的专利代理机构办理。

任何单位或者个人将在中国完成的发明或者实用新型向外国申请专利的,应当事先报经国务院专利行政部门进行保密审查。保密审查的程序、期限等按照国务院的规定执行。中国单位或者个人可以根据中国参加的有关国际条约提出专利国际申请。申请人提出专利国际申请的,应当遵守上述规定。国务院专利行政部门依照中国参加的有关国际条约、《专利法》和国务院有关规定处理专利国际申请。对违反上述规定向外国申请专利的发明或者实用新型,在中国申请专利的,不授予专利权。

(二)对于发明专利申请的审查和批准

我国对发明专利申请采用早期公开、延迟审查制度。其审批程序如下:

1. 初步审查,也称形式审查,它是专利审批程序的第一阶段。在这个阶段,国务院专利行政部门将收到的专利申请文件进行初步审理,并为以后的公布或公告做好准备。因此,初步审查,一要对专利申请文件的格式进行审查,核对专利申请文件是否齐备,格式是否符合规定;二要对专利申请的内容进行审查,主要是看申请内容是否属于授予专利权的范畴,是否需要保密等。

2. 早期公开,是指国务院专利行政部门收到发明专利申请后,经初步审查,如果认为符合《专利法》的规定,自申请日起满18个月即行公布。国务院专利行政部门也可以根据申请人的请求早日公布其申请。

早期公开的内容包括说明书、摘要、权利要求书以及申请人的姓名、地址、申请日期、申请号和国际专利分类等。公开的内容刊登在国务院专利行政部门公开发行的专利公报上。

3. 实质审查,主要是从技术角度审查发明创造是否符合《专利法》所要求的三性,即新颖性、创造性和实用性。审查工作由国务院专利行政部门的审查员来担任。

实质审查主要是应申请人的要求而进行的审查。申请人从申请日起3年内,要求优先权的,自优先权日起3年内,可随时请求国务院专利行政部门对其发明专利申请进行实质审查。如果申请人在3年期限内没有提出实质审查的要求,就被视为撤回。在此3年期限内,国务院专利行政部门认为对其发明专利申请有进行实质性审查的必要时,可以自行进行实质审查。专利申请人有义务按国务院专利行政部门的要求,办理有关手续。

发明专利的申请人请求实质审查的时候,应当提交在申请日前与其发明相关的参考资料。发明专利已经在外国提出过申请的,申请人请求实质审查的时候,国务院专利行政部门可以要求申请人在指定期限内提交该国为审查其申请进行检索的资料或者审查结果的资料;无正当理由不提交的,该申请即被视为撤销。

国务院专利行政部门对发明专利申请进行实质审查后,认为不符合《专利法》规定的,应当通知申请人,要求其在指定的期限内陈述意见,或者对其申请进行修改;无正当理由逾期不答复的,该申请即被视为撤回。

发明专利申请经申请人陈述意见或者进行修改后,国务院专利行政部门仍然认为不符合《专利法》规定的,应当予以驳回。

4. 授予专利权。发明专利申请经实质审查没有发现驳回理由的,国务院专利行政部门应当作出授予发明专利权的决定,发给发明专利证书,并予以登记和公告。发明专利权自公告之日起生效。

（三）对实用新型和外观设计专利申请的审查和批准

实用新型和外观设计专利申请经初步审查没有发现驳回理由的,国务院专利行政部门应当作出授予实用新型专利权或者外观设计专利权的决定,发给相应的专利证书,并予以登记和公告。实用新型专利权或者外观设计专利权自公告之日起生效。

（四）对驳回申请不服的复审请求

专利申请人对国务院专利行政部门驳回申请不服的,可在收到通知之日起3个月内向专利复审委员会提交复审请求书。申请人在复审请求书中要说明请求复审的问题、理由,并提供必要的论证资料即证明文件。复审委员会经过审查,作出复审决定,并通知申请人。

专利申请人对驳回复审请求的决定不服的,可以在收到通知之日起3个月内向人民法院起诉。

七、专利代理的概念

（一）专利代理的概念

专利代理是指专利代理机构以委托人的名义,在代理权限范围内,办理专利申请或者办理其他专利事务。

专利代理制度有利于我国专利制度的顺利贯彻实施。专利代理人可以从技术、经济、法律等方面为申请人提出建议,帮助专利申请人完成无法独立完成的工作。

各国专利法一般对专利代理都有明确规定。我国《专利法》第19条以及1991年3月4日由国务院发布的《专利代理条例》也对此作了明文规定。

（二）专利代理机构

专利代理机构是指接受委托人的委托,在委托权限范围内,办理专利申请或者办理其他专利事务的服务机构。专利代理机构包括:办理涉外专利事务的专利代理机构、办理国内专利事务的专利代理机构、办理国内事务的律师事务所。

我国企业、事业单位或者个人在国内申请专利和办理其他专利事务的,可以委托专利代理机构办理,也可自行办理。我国单位或个人将其在国内完成的发明创造向外国申请专利的,应当首先向我国国务院专利行政部门申请专利,并经国务院有关主管部门同意后,委托国务院指定的专利代理机构办理。在我国没有经常居所或者营业所的外国人、外国企业或者外国其他组织在我国申请专利和办理其他专利事务的,应当委托中华人民共和国国务院指定的专利代理机构办理。

专利代理机构承办的事务包括:①提供专利事务方面的咨询;②代写专利申请文件,办理专利申请,请求实质审查或者复审的有关事务;③提出异议,请求宣告专利权无效的有关事务;④办理专利申请权、专利权的转让及专利许可的有关事务;⑤接受聘请,指派专利代理人担任专利顾问;⑥办理其他有关事务。

专利代理机构接受委托,应当有委托人具名的书面委托书,写明委托事项和委托权限。专利代理机构可以根据需要,指派委托人指定的专利代理人承办代理业务。专利代理机构接受委托,承办业务,可以按照国家有关规定收取费用。

（三）专利代理人

专利代理人是指获得《专利代理人资格证书》,持有《专利代理工作证》的人员。申请专利代理人资格的人员,要经本人申请,专利代理人考核委员会考核合格后,才能取得《专利代理人资格证书》。专利代理人必须承办专利代理机构委派的专利代理业务,不得自行接受委托。专利代理人依法从事专利代理业务,受国家法律的保护,不受任何单位和个人的干涉。

八、专利权的期限、终止和无效

（一）专利权的期限

专利权的期限,是指专利权的时间效力。专利权的时间性特点,决定了专利权有严格的时间限制。

专利权人对其发明创造所享有的独占权,仅在法律规定的期限内受到法律的保护。超过法律规定的有效期限,专利权就自行消灭,这个发明创造就成为全社会的公共财富,任何人都可以自由地利用业已失效的专利。

专利权在我国的期限,根据《专利法》规定,发明专利为20年,实用新型和外观设计专利为10年,均自申请之日起算。

（二）专利权的终止

专利权的终止有两种情况：

1. 期限届满终止,这称为正常终止。
2. 期限届满以前终止,这称为提前终止。提前终止的原因是：或者由于专利权人没有按期缴纳年费,或者由于专利权人以书面声明放弃专利权。

专利权在期限届满前终止,由国务院专利行政部门登记和公告。

（三）专利权的无效

自国务院专利行政部门公告授予专利权之日起,任何单位或者个人认为该专利权的授予不符合《专利法》有关规定的,都可以请求专利复审委员会宣告该专利权无效。对专利复审委员会宣告专利权无效或者维持专利权的决定不服的,可以自收到通知之日起3个月内向人民法院起诉。人民法院应当通知无效宣告请求程序的对方当事人作为第三人参加诉讼。

宣告无效的专利权视为自始不存在。宣告专利权无效的决定,对在宣告专利权无效前人民法院作出并已执行的专利侵权的判决、调解书,已经履行或者强制执行的专利侵权纠纷处理决定,以及已经履行的专利实施许可合同和专利转让合同,不具有追溯力。但是因专利权人的恶意给他人造成的损失,应当给予赔偿。依照上述规定不返还专利侵权赔偿金、专利使用费、专利权转让费,明显违反公平原则,应当全部或部分返还。

九、专利的实施

专利实施,是指专利权人或者他人为了生产经营目的制造、使用、许诺销售、销售专利产品或使用专利方法。专利的实施有以下几种情况:

(一)专利权人实施

专利权人取得专利后,依照专利的性能,制造其产品,使用其方法,以取得最大的经济效益。专利权人实施又分为两种情况:一是专利权人自己单独实施;二是专利权人将专利作为投资,与他人合资经营或合作经营进行合作实施。

(二)许可他人实施

专利权人通过订立许可合同的方式,许可他人实施其专利,获得使用费。

(三)依国家需要指定实施

《专利法》第14条规定,国有企业、事业单位的发明专利,对国家利益或者公共利益具有重大意义的,国务院有关主管部门和省、自治区、直辖市人民政府报经国务院批准,可以决定在批准的范围内推广应用,允许指定的单位实施,由实施单位按照国家规定向专利权人支付使用费。

(四)强制许可

强制许可,是指国务院专利行政部门在一定条件下,不需要经过专利权人的同意,准许其他单位和个人实施专利权人的专利的一种强制性法律手段。

在以下情况出现时才给予强制许可:

1.有下列情形之一的,国务院专利行政部门根据具备实施条件的单位或者个人的申请,可以给予实施发明专利或者实用新型专利的强制许可:①专利权人自专利权被授予之日起满3年,且自提出专利申请之日起满4年,无正当理由未实施或者未充分实施其专利的;②专利权人行使专利权的行为被依法认定为垄断行为,为消除或者减少该行为对竞争产生的不利影响的。

2.在国家出现紧急状况或者非常情况时,或者为了公共利益的目的,国务院专利行政部门可以给予实施发明专利或者实用新型专利的强制许可。

3.为了公共健康目的,对取得专利权的药品,国务院专利行政部门可以给予制造并将其出口到符合中国参加的有关国际条约规定的国家或者地区的强制许可。

4.一项取得专利权的发明或者实用新型比之前已经取得专利权的发明或者实用新型具有显著经济意义的重大技术进步,其实施又有赖于前一发明或者实用新型的实施的,国务院专利行政部门根据后一专利权人的申请,可以给予实施前一发明或者实用新型的强制许可。在依照上述规定给予实施强制许可的情形下,国务院专利行政部门根据前一专利权人的申请,也可以给予实施后一发明或者实用新型的强制许可。

关于强制许可,依照《专利法》的规定,要明确以下几点:①强制许可涉及的发明创造为半导体技术的,其实施限于公共利益的目的和为消除或者减少垄断行为对竞争产生的不利影响。②除为消除或者减少垄断行为对竞争产生的不利影响,为了公共健康目的对取得专利权的药品给予的强制许可外,强制许可的实施应当主要为了供应国内市场。③依照《专利法》规定,主张专利权人自专利权被授予之日法定时间内无正当理由未实施或者未充分实施其专利,以及后一专利权人的专利实施有赖于前一发明或者实用新型的实施而申请强制许可的单位或者个人应当提供证据,证明其以合理的条件请求专利权人许可其实施专利,但未能在合理的时间内获得许可。④实施又有赖于前一发明或者实用新型的实施的国务院专利行政部门作出的给予实施强制许可的决定,应当及时通知专利权人,并予以登记和公告。给予实施强制许可的决定,应当根据强制许可的理由规定实施的范围和时间。强制许可的理由消除并不再发生时,国务院专利行政部门应当根据专利权人的请求,经审查后作出终止实施强制许可的决定。⑤取得实施强制许可的单位或者个人不享有独占的实施权,并且无权允许他人实施。⑥取得实施强制许可的单位或者个人应当付给专利权人合理的使用费,或者依照中华人民共和国参加的有关国际条约的规定处理使用费问题。付给使用费的,其数额由双方协商;双方不能达成协议的,由国务院专利行政部门裁决。

专利权人对国务院专利行政部门关于实施强制许可的决定不服的,专利权人和取得实施强制许可的单位或者个人,对国务院专利行政部门关于实施强制许可的使用费的裁决不服的,可以自收到通知之日起3个月内向人民法院起诉。

十、专利侵权和专利权的保护

(一)专利侵权

专利侵权,是指受《专利法》保护的有效专利权遭到某种违法行为的侵害。专利权取得专利权后,享有对其发明创造的专有权,即发明和实用新型专利权被授予后,除法律另有规定的以外,任何单位或者个人未经专利权人许可,不得为生产经营目的而制造、使用、许诺销售、销售、进口其专利产品,或者使用其专利方法以及使用、许诺销售、销售、进口依照该专利方法直接获得的产品;外观设计专利权被授予后,任何单位或者个人未经专利权人许可,不得为生产经营目的而制造、许诺销售、销售、进口其外观设计专利产品。因此,侵犯了专利权人的专有权,就构成专利侵权行为。根据《专利法》的规定,专利侵权有以下特征:第一,未经专利权人许可;第二,以生产经营为目的;第三,实施了受法律保护的有效专利。专利侵权行为表现为:如果专利是一种产品,则是他人未经专利权人同意而制造、使用、许诺销售、销售、进口了这种专利产品;如果专利是一种方法,则是他人未经专利权人同意而使用了这种方法以及使用、许诺销售、销售、进口依照该专利方法直接获得的产品。对外观设计专利来说,是指未经专利权人许可,制造、销售、进口外观设计专利产品的行为。

对侵权行为的判断是以专利权保护的范围为准的。《专利法》规定,发明或实用新型专利权的保护范围以权利要求的内容为准,这种权利要求是指国务院专利行政部门批准专利后在颁布的专利文件中确认的权利要求。外观设计专利权的保护范围,以表示在图片或者照片中的该外观设计专利产品为准,即保护范围以使用这种外观设计的特定产品为准,而在其他产品上使用相同的外观设计,不构成侵权。

在发生侵权纠纷的时候,当事人首先可以协商解决,如不愿协商或者协商不成的,专利权人或者利害关系人可请求管理专利工作的部门处理。这里的管理专利工作的部门,是指国务院有关主管部门和省、市、自治区、经济特区人民政府设立的专利管理机关。管理专利工作的部门接到专利权人或利害关系人的请求后,应进行调查,如果发现侵权行为属实,有权责令侵权人立即停止其侵权行为。当事人不服的,可以自收到处理通知之日起15日内依照《中华人民共和国行政诉讼法》向人民法院起诉。侵权人期满不起诉又不停止侵权行为的,管理专利工作的部门可以请求人民法院强制执行。对于侵犯专利权的赔偿数额,管理专利工作的部门可以进行调解,调解不成的,当事人可以依法向人民法院起诉。

专利权人发现侵权行为以后,也可以直接向人民法院起诉。专利权人或者利害关系人有证据证明他人正在实施或者即将实施侵犯其专利权的行为,如不及时制止将会使其合法权益受到难以弥补的损害的,可以在起诉前向人民法院申请采取责令停止有关行为和财产保全的措施。专利诉讼的时效是2年,自专利权人或利害关系人得知或者应当得知侵权行为之日算起。发明专利申请公布后至专利权授予前使用该发明未支付适当使用费的,专利权人要求支付使用费的诉讼时效为2年,自专利权人得知或者应当得知他人使用其发明之日起计算,但是,专利权人于专利权授予之日前即已得知或者应当得知的,自专利权授予之日起计算。

当专利侵权纠纷涉及新产品的制造方法,制造同样产品的单位或者个人应当提供其产品制造方法不同于专利方法的说明;涉及实用新型专利的,人民法院或者管理专利工作的部门可以要求专利权人出具由国务院专利行政部门作出的检索报告。

下列几种情形,依照《专利法》的规定,不视为侵犯专利权的行为:

1. 专利权人制造、进口或者经专利权人许可而制造、进口的专利产品或者依照专利方法直接获得的产品售出后,使用、许诺销售或者销售该产品的行为,不为侵权。这依据的是专利权用尽原则。

2. 在专利申请日前,已经开始制造相同于专利产品的产品,或使用相同于专利方法的方法,或已作好制造、使用的准备。在这种情况下,该先使用人有权在原有范围内继续制造、使用专利产品或使用专利方法。但先使用人不得扩大生产规模,不得将产品或方法转让给他人(除非连同使用该发明的企业一起转让)。这依据的是先用权原则。

3.临时通过中国领土、领水、领空的外国船只、飞机或车辆等运输工具,为运输工具自身需要而在其装置和设备上使用有关专利产品或方法的,依照其所属国同中国签订的协议或者共同参加的国际条约或者依照互惠原则,将不构成侵权。

4.专为科学研究和实验而使用有关专利产品或方法的,也不构成侵权。

5.为提供行政审批所需要的信息,制造、使用、进口专利药品或者专利医疗器械的,以及专门为其制造、进口专利药品或者专利医疗器械的。

为生产经营目的使用许诺销售或者销售不知道是未经专利权人许可而制造并售出的专利产品或者依照专利方法直接获得的产品,能证明其产品合法来源的,不承担赔偿责任。

(二)专利犯罪

《专利法》规定了3种行为构成犯罪:一是假冒专利罪;二是专利工作人员徇私枉法罪;三是发明人未经批准,擅自向国外申请专利泄露国家重要机密罪。与《专利法》保护最直接有关的是假冒专利罪。

依据我国《专利法》的规定,专利权人有权在其专利产品或者该产品的包装上标明专利标记和专利号,这是专利权人的标记权。如果他人未经专利权人许可,在非专利产品上或其包装上标明专利标记或专利号,就是假冒他人专利的侵权行为,情节严重的,就构成假冒他人专利罪。根据《刑法》第216条的规定,处3年以下有期徒刑或者拘役,并处或者单处罚金。

第三节 商标法

一、商标和商标法的概念和作用

(一)商标的概念

商标是商品和商业服务的标记,它是商品生产者或经营者用以标明自己所生产或销售的商品和商业服务者提供的服务,与其他人生产或销售的同类商品和提供的同类服务相区别的标记。这种标记一般用文字、图形、字母、数字、三维标志和颜色组合以及上述要素的组合来表示,并置于商品表面或商品包装上和服务场所及服务说明书上。商标具有以下特征:

第一,商标是商品和商业服务的标记,它与商品和商业服务有紧密的联系,是用在商品和服务领域的特定标记。

第二,商标是区别不同商品生产者、经营者和商业服务者的标记。这就使商标与商品的外观装潢设计区分开来。商品的外观装潢是使商品富于美感的设计,它并不能区别不同的商品生产者、经营者和商业服务者。

第三,商标可以在长期的商品交易中产生信誉,反映商品的质量和服务水平,为商品的购买者和服务对象提供特殊的信息。

(二)商标的分类

按照不同的标准,可以对商标进行不同的分类。

1. 按结构分类,商标可以分为文字商标、图形商标、字母商标、数字商标、三维标志商标、颜色组合商标以及上述要素组合商标。

2. 按商标权利样态的不同,可以分为注册商标、未注册商标和驰名商标。

驰名商标是指那些在市场上享有较高声誉的商标。认定驰名商标应当考虑下列因素:①相关公众对该商标的知晓程度;②该商标使用的持续时间;③该商标的任何宣传工作的持续时间、程度和地理范围;④该商标作为驰名商标受保护的记录;⑤该商标驰名的其他因素。由于驰名商标的声誉较高,其标指的商品通常具有较高的市场占有率,因此,围绕驰名商标的不正当竞争行为大大多于普通商标。为了保护驰名商标,《中华人民共和国商标法》(以下简称《商标法》)第13条规定:"就相同或者类似商品申请注册的商标是复制、摹仿或者翻译他人未在中国注册的驰名商标,容易导致混淆的,不予注册并禁止使用。就不相同或不相类似商品申请注册的商标是复制、摹仿或者翻译他人已经在中国注册的驰名商标,误导公众,致使该驰名商标注册人的利益可能受到损害的,不予注册并禁止使用。"

3. 按商标使用的领域和作用不同,可以分为商品商标、服务商标、集体商标和证明商标。

商品商标是指自然人、法人或者其他组织用于其生产、制造、加工、拣选或者经销的商品上的商标。服务商标是指自然人、法人或者其他组织用于其提供的服务项目上的商标。集体商标是指以团体、协会或者其他组织名义注册,供该组织成员在商事活动中使用,以表明使用者在该组织中成员资格的标志。证明商标是指由对某种商品或者服务具有监督能力的组织所控制,而由该组织以外的单位或者个人使用于其商品或者服务,用于证明该商品或者服务的原产地、原料、制造方法、质量或者其他特定品质的标志。

集体商标、证明商标注册和管理的特殊事项,由国务院工商行政管理部门规定。

(三)不得作为商标使用和注册的标志

1. 不得作为商标使用的标志。我国《商标法》第10条规定下列标志不得作为商标使用：同中华人民共和国的国家名称、国旗、国徽、军旗、军徽、勋章相同或相近似的,以及同中央国家机关的名称、所在地特定地点的名称或者标志性建筑物的名称、图形相同的;同外国的国家名称、国旗、国徽、军旗相同或者近似的,但该国政府同意的除外;同政府间国际组织的名称、旗帜、徽记相同或者近似的,但该组织同意或者不易误导公众的除外;与表明实施控制、予以保证的官方标志、检验印记相同或者近似的,但经授权的除外;同"红十字"、"红新月"的名称标志相同或者近似的;带有民族歧视性的;带有欺骗性容易使公众对商品的质量等特点或者产地产生误认的;有害于社会主义道德风尚或者有其他不良影响的。县级以上行政区划地名或者公众知晓的外国地名,也不得作为商标。但是地名具有其他含义或者作为集体商标、证明商标组成部分的除外;已经注册的使用地名的商标继续有效。

2. 不得作为商标注册的标志。《商标法》第11条规定,下列标志不得作为商标注册:①仅有本商品的通用名称、图形、型号的;②仅直接表示商品的质量、主要原料、功能、用途、重量、数量及其他特点的;③缺乏显著特征的。前述标志经过使用取得显著特征,并便于识别的,可以作为商标注册。

《商标法》第12条规定,以三维标志申请注册的,仅由商品自身的性质产生的形状、为获得技术效果而需有的商品形状或者使商品具有实质性价值的形状,不得注册。

《商标法》第13条规定,就相同或者类似商品申请注册的商标是复制、摹仿或者翻译他人未在中国注册的驰名商标,容易导致混淆的,不予注册并禁止使用。就不相同或者不相类似商品申请注册的商标是复制、摹仿或者翻译他人已经在中国注册的驰名商标,误导公众,致使该驰名商标注册人的利益可能受到损害的,不予注册并禁止使用。

《商标法》第15条规定,未经授权,代理人或者代表人以自己的名义将被代理人或者被代表人的商标进行注册,被代理人或者被代表人提出异议的,不予注册并禁止使用。就同一种商品或者类似商品申请注册的商标与他人在先使用的未注册商标相同或者近似,申请人与该他人具有上述规定以外的合同、业务往来关系或者其他关系而明知该他人商标存在,该他人提出异议的,不予注册。

《商标法》第16条规定,商标中有商品的地理标志,而该商品并非来源于该标志所标示的地区,误导公众的,不予注册并禁止使用;但是,已经善意取得的继续有效。所谓地理标志,是指标示某商品来源于某地区,该商品的特定质量、信誉或者其他特征,主要由该地区的自然因素或者人文因素所决定的标志。

(四)商标的作用

1. 区别商品的不同生产者、经营者和商业服务的不同服务者。通过商标可以了解商品的来源和服务处所,这对于确立企业信誉,追究商品生产者、经营者和商业服务者的产品质量及服务责任具有重要意义。

2. 促使商品生产者、经营者和商业服务者保证和提高产品及服务质量。商品和服务质量是商标信誉的基础,信誉卓著的商标又为消费者和服务对象提供了安全感。因此,商标在保证和提高产品质量和服务质量方面具有重要作用。

3. 便于广告宣传。商标是联结消费者与生产经营者和商业服务者的纽带,商标可以引导消费者选购商品、选择服务者。优质的产品和服务,商标信誉好,产品和服务在市场上的竞争力强,以商标做广告可以使用户和客户产生好感,促使其消费,接受服务,使产品销路旺畅,服务业务发达。信誉好的商标,常常通过消费者和客户的主动介绍而广为人知,因此,商标本身也起到了广告的作用。

4. 有利于发展国际贸易。在国际贸易中,商标对于打开销路,占领国际市场,提高商品的竞争力具有重要作用。

（五）商标法的概念

商标法是调整在确认、保护商标专用权和商标使用过程中发生的社会关系的法律规范的总称。

1982年8月23日,第五届全国人民代表大会第二十四次会议通过了《中华人民共和国商标法》,于1983年3月1日起施行。1988年1月3日,国务院批准修订此法。同年1月13日,国家工商行政管理局发布了《中华人民共和国商标法实施细则》(以下简称《实施细则》)。1993年2月22日,第七届全国人民代表大会常务委员会第三十次会议通过了对商标法的第一次修正。1993年7月15日,国务院批准了对《实施细则》的第二次修订;1995年4月23日国务院又批准了第三次修订,同年5月12日由国家工商行政管理局发布施行。2001年10月27日,第九届全国人民代表大会常务委员会第二十四次会议通过了对《商标法》的第二次修正。2013年8月30日第十二届全国人民代表大会常务委员会第四次会议通过了对《商标法》的第三次修正。

商标法调整的社会关系包括:①调整商标管理机关与自然人、法人或者其他组织,在商标注册、使用和管理过程中所发生的关系;②调整自然人、法人或者其他组织自身及相互之间,因注册商标的转让、许可使用和商标争议而发生的关系;③调整国家工商行政管理部门与地方工商行政管理部门内部在商标管理中的关系。

（六）商标法的任务和作用

《商标法》第1条明确规定,我国商标法的任务是:加强商标管理,保护商标专用权,促使生产、经营者保证商品和服务质量,维护商标信誉,以保障消费者和生产、经营者的利益,促进社会主义市场经济的发展。

商标法的具体作用表现在以下几个方面:

1. 有利于保护注册商标专用权,维护生产、经营者的合法权益,有利于企业创名牌、保名牌,提高生产积极性。

2. 有利于禁止利用商标进行不正当竞争的行为,保障社会主义竞争的正常秩序。

3. 有利于加强商标管理,监督产品质量和服务质量,维护消费者的利益。

4. 保障我国注册商标专用权人在国际市场上的合法权益,发展对外经济贸易。在对外贸易活动中,商标是占领国际市场的重要工具,依法保护注册商标的专用权,有利于维护我国的合法权益。同时,外国人和外国企业的商标权益在我国也依法受到保护。

二、商标注册

(一)商标注册的概念

商标注册,是指商标使用人将使用的商标依照《商标法》规定的注册条件、程序,向商标管理机关提出注册申请,经商标局依法审核批准,在商标注册簿上登录,发给商标注册证,并予以公告,授予注册人以商标专用权的法律活动。经过商标局核准注册并刊登在商标公告上的商标称为注册商标。

注册商标由商标注册人使用,商标注册人享有专用权,具有排他性,他人不得侵犯。商标注册人有权标明"注册商标"或者注册标记。

商标的注册与不注册的区别在于:非注册商标不享有法律赋予的商标专用权,当非注册商标与注册商标相同或相近似并用于相同或相类似的产品和服务项目时,非注册商标应立即停止使用。

商标注册制度是保护商标专用权的一项基本法律制度,我国与世界上其他许多国家的商标法都允许使用经过注册的商标或使用未经注册的商标,但只有经过注册的商标才能取得专用权,受法律保护。

我国《商标法》第4条规定:自然人、法人或者其他组织在生产经营活动中,对其商品或者服务需要取得商标专用权的,应当向商标局申请商标注册。

(二)必须注册的商品

对于国家规定必须使用注册商标的商品,必须申请商标注册,未经核准注册的,不得在市场上销售。必须注册的商品,是指与人民生活关系比较密切,直接涉及人民健康的极少数商品,依照《实施细则》的规定,国家规定并由国家工商行政管理局公布的人用药品和烟草制品,以及由国家工商行政管理局公布必须使用注册商标的其他商品,必须使用注册商标。申请人用药品商标注册,应当附送卫生行政部门发给的《药品生产企业许可证》或者《药品经营企业许可证》;申请卷烟、雪茄烟和包装的烟丝的烟草制品的注册商标,应当附送国家烟草主管机关批准生产的证明文件;申请国家规定必须使用注册商标的其他商品的商标,应附送有关主管部门批准的证明文件。对部分商品作出必须使用注册商标的规定,是对自愿注册原则的补充,是商标注册制度的组成部分。

(三) 商标注册申请人

商标注册申请人,可以是自然人、法人或者其他组织以及符合《商标法》第17条规定的外国人或者外国企业。《商标法》第17条的规定是:"外国人或者外国企业在中国申请商标注册的,应当按其所属国和中华人民共和国签订的协议或者共同参加的国际条约办理,或者按对等原则办理。"

申请人申请商标注册,可以委托国家工商行政管理局认可的商标代理组织代理,也可以直接办理。但是,外国人或者外国企业在中国申请商标注册和办理其他商标注册事宜的,应当委托国家认可的具有商标代理资格的组织代理。

两个以上的自然人、法人或者其他组织可以共同向商标局申请注册同一商标,共同享有和行使该商标的专用权。

(四) 申请商标注册的方法

商标注册申请采用"一类商品、一个商标、一份申请"的原则,依照商标注册用商品和服务国际分类表规定的类别提出申请。如果商标注册申请人在不同类别的商品上申请注册同一商标的,应当按商品分类表提出注册申请。对于注册商标,如果需要在核定使用范围之外的商品上取得商标专用权的,应当另行提出注册申请。注册商标需要改变其标志的,应当重新提出注册申请。注册商标需要改变注册人的名义、地址或者其他注册事项的,应当提出变更申请。

申请商标注册应当向商标局提出商标注册申请,申请时每个商标申请人应交送商标注册申请书1份、商标图样10份(指定颜色的彩色商标,应当交送着色图样10份)、黑白墨稿1份。

对于代理申请商标注册、转让注册和续展注册,除交送申请文件和费用外,并交送代理人委托书1份。代理人委托书应载明代理内容、权限和委托人的国籍。

为申请注册商标所申报的事项和所提供的材料应当真实、准确、完整。

(五) 商标注册的优先权

商标注册申请人自其商标在外国第一次提出商标注册申请之日起6个月内,又在中国就相同商品以同一商标提出商标注册申请的,依照该外国同中国签订的协议或者共同参加的国际条约,或者按照相互承认优先权的原则,可以享有优先权。要求优先权时,应当在提出商标注册申请的时候提出书面声明,并且在3个月内提交第一次提出的商标注册申请文件的副本;未提出书面声明或者逾期未提交第一次商标注册申请文件副本的,视为未要求优先权。

商标在中国政府主办的或者承认的国际展览会展出的商品上首次使用的,自该商品展出之日起6个月内,该商标的注册申请人可以享有优先权。要求优先权时,应当在提出商标注册申请的时候提出书面声明,并且在3个月内提交展出其商品的展览会名称、在展出商品上使用该商标的证据、展出日期等证明文件;未提出书面声明或者逾期未提交有关展出的证明文件的,视为未要求优先权。

《商标法》第31条规定,申请商标注册不得损害他人现有的在先权利,也不得以不正当手段抢先注册他人已经使用并有一定影响的商标。

(六) 商标注册的审查和核准

商标注册的审查和核准包括以下几个程序:

1. 初步审定。初步审定是对申请注册的商标进行形式和实质审查。初步审定内容包括:申请人是否具备合法资格;申请文件是否齐全,内容是否合格,手续是否齐备;申请注册的商标是否符合法律规定的条件,是否违反禁用条款;申请注册的商标,是否同他人在相同或者相类似商品或同一服务项目上已申请在先或已注册的商标相同或相似,等等。经初步审查,凡是符合商标法规定的,由商标局初步审查,予以公告;凡不符合法律规定的,由商标局驳回申请,不予公告。

2. 公告。经过初步审定的商标在商标局编印的定期刊物《商标公告》上进行公告,以征询社会各方面意见,协助商标局进行审查。

根据《商标法》及其《实施细则》的规定,两个或两个以上的商标注册申请人,在同一种商品或类似商品上,以相同或者近似的商标申请注册的,初步审定并公告申请在先的商标;如果这些申请人是同一天申请的,初步审定并公告使用在先的商标,驳回其他人的申请,不予公告;如果同一天申请的各申请人均于同日使用该商标的,由各申请人进行协商,协商一致的,应当在30日内将书面协议报送商标局,超过30天达不成协议的,在商标局主持下,由申请人抽签决定,或者由商标局裁定。这一规定是采用申请在先的原则,并以使用在先的原则作补充。

3. 驳回商标注册申请的复审。申请注册的商标在初步审定程序中如被驳回,申请人不服的,可以自收到驳回通知书之日起15日内向商标评审委员会申请复审。商标评审委员会应当自收到申请之日起9个月内作出决定,并书面通知申请人。有特殊情况需要延长的,经国务院工商行政部门批准,可以延长3个月。当事人对商标评审委员会的决定不服的,可以自收到通知之日起30日内向人民法院起诉。

4. 商标异议制度。《商标法》规定,对初步审定公告的商标,自公告之日起3个月内,在先权利人、利害关系人认为违反《商标法》第13条第二款和第三款、第15条、第16条第一款、第30条、第31条、第32条规定的,或者任何人认为违反《商标法》第10条、第11条、第12条规定的,可以向商标局提出异议。对初步审定公告的商标提出异议的,商标局应当听取异议人和被异议人陈述事实和理由,经调查核实后,自公告期满之日起12个月内作出是否准予注册的决定,并书面通知异议人和被异议人。有特殊情况需要延长的,经国务院工商行政管理部门批准,可以延长6个月。

商标局作出准予注册决定的,发给商标注册证,并予公告。异议人不服的,可以依照《商标法》第44条、第45条的规定向商标评审委员会请求宣告该注册商标无效。商标局作出不予注册决定,被异议人不服的,可以自收到通知之日起15日内向商标评审委员会申请复审。商标评审委员会应当自收到申请之日起12个月内作出复审决定,并书面通知异议人和被异议人。有特殊情况需要延长的,经国务院工商行政管理部门批准,可以延长6个月。被异议人对商标评审委员会的决定不服的,可以自收到通知之日起30日内向人民法院起诉。人民法院应当通知异议人作为第三人参加诉讼。

商标评审委员会在依照上述规定进行复审的过程中,所涉及的在先权利的确定必须以人民法院正在审理或者行政机关正在处理的另一案件的结果为依据的,可以中止审查。中止原因消除后,应当恢复审查程序。

5.核准注册。经过初步审定公告的商标,公告期满无异议的,商标局予以核准注册,发给申请人商标注册证,并予以公告。当事人在法定期限内对商标局作出的驳回申请决定、不予注册决定不申请复审或者对商标评审委员会作出的复审决定不向人民法院起诉的,驳回申请决定、不予注册决定或者复审决定生效。经商标局决定异议不能成立的,予以核准注册,发给申请人商标注册证,并予以公告;经商标局决定异议成立的,不予核准注册。经审查异议不成立而准予注册的商标,商标注册申请人取得商标专用权的时间自初步审定公告3个月期满之日起计算。自该商标公告期满之日起至准予注册决定做出前,对他人在同一种或者类似商品上使用与该商标相同或者近似的标志的行为不具有追溯力;但是,因该使用人的恶意给商标注册人造成的损失,应当给予赔偿。

商标注册申请人或者注册人发现商标申请文件或者注册文件有明显错误的,可以申请更正。商标局依法在其职权范围内作出更正,并通知当事人。这里所说的更正错误不涉及商标申请文件或者注册文件的实质性内容。

三、注册商标的续展、转让和使用许可

(一)注册商标的有效期

注册商标的专用权具有时间性。我国《商标法》规定,注册商标有效期为10年,该期限从商标核准注册之日起计算。

(二)注册商标的续展

注册商标的续展,是指在注册商标有效期满时,需要继续使用该注册商标的,经过法定手续延长商标专用权的有效期。我国《商标法》规定,续展的期限为10年,续展的次数法律不作限制。注册商标的续展申请,应在商标有效期届满前12个月内向商标局

提出,如果因故不能在规定的期限内提出的,可以给予6个月的宽展期。如果超过6个月的宽展期仍未提出续展申请的,注销其注册,商标专用权即告丧失。

(三)注册商标的转让

注册商标的转让,是指商标注册人按一定的程序将注册商标的专用权转让给他人。《实施细则》规定,转让注册商标的,转让人与受让人应当签订转让协议,并共同向商标局提出申请,提交转让注册商标申请书,转让注册商标申请手续由受让人办理。受让人必须符合商标申请人的条件。经商标局核准后,发给受让人相应证明,并予公告。受让人自公告之日起享有商标专用权。受让人应当保证使用该注册商标的商品质量。

转让注册商标的,商标注册人对其在相同或类似商品上注册的相同或近似的商标,必须一并办理相关手续。对容易导致混淆或者其他不良影响的转让注册商标申请,商标局不予核准,书面通知申请人并说明理由。

(四)注册商标的使用许可

注册商标的使用许可,是指商标注册人将其注册商标通过签订使用许可合同,许可他人使用,被许可人享有该注册商标的使用权。许可人和被许可人应当在许可合同签订之日起3个月内,将许可合同副本交送其所在地县级工商行政管理机关存查,由许可人报送商标局备案,并由商标局予以公告。依照《商标法》的规定,许可人应当监督被许可人使用其注册商标的商品质量,被许可人应当保证使用该注册商标的商品质量。经许可使用他人注册商标的,必须在使用该注册商标的商品上标明被许可人的名称和商品产地。

四、商标的代理

商标代理,是指商标代理组织以委托人的名义,在代理权限内为委托人办理商标注册申请或者其他商标事务的行为。

根据《商标法》及其《实施细则》的规定,申请商标注册、转让注册、续展注册、变更注册人名义或者地址、补发《商标注册证》等有关事项,我国申请人可以委托国家工商行政管理局认可的商标代理组织办理,也可直接办理。但是,外国人或者外国企业在中国申请商标注册或者办理其他商标事宜,应当委托国家认可的具有商标代理资格的组织代理。

五、注册商标的无效宣告

已经注册的商标,违反《商标法》第10条、第11条、第12条规定的,或者以欺骗手段或者其他不正当手段取得注册的,由商标局宣告该注册商标无效;其他单位或者个人可以请求商标评审委员会宣告该注册商标无效。

商标局作出宣告注册商标无效的决定,应当书面通知当事人。当事人对商标局的决定不服的,可以自收到通知之日起15日内向商标评审委员会申请复审。商标评审委员会应当自收到申请之日起9个月内作出决定,并书面通知当事人。有特殊情况需要延长的,经国务院工商行政管理部门批准,可以延长3个月。当事人对商标评审委员会的决定不服的,可以自收到通知之日起30日内向人民法院起诉。

其他单位或者个人请求商标评审委员会宣告注册商标无效的,商标评审委员会收到申请后,应当书面通知有关当事人,并限期提出答辩。商标评审委员会应当自收到申请之日起9个月内作出维持注册商标或者宣告注册商标无效的裁定,并书面通知当事人。有特殊情况需要延长的,经国务院工商行政管理部门批准,可以延长3个月。当事人对商标评审委员会的裁定不服的,可以自收到通知之日起30日内向人民法院起诉。人民法院应当通知商标裁定程序的对方当事人作为第三人参加诉讼。

此外,已经注册的商标,违反《商标法》第13条第二款和第三款、第15条、第16条第一款、第30条、第31条、第32条规定的,自商标注册之日起5年内,在先权利人或者利害关系人可以请求商标评审委员会宣告该注册商标无效。对恶意注册的,驰名商标所有人不受5年的时间限制。

商标评审委员会收到宣告注册商标无效的申请后,应当书面通知有关当事人,并限期提出答辩。商标评审委员会应当自收到申请之日起12个月内作出维持注册商标或者宣告注册商标无效的裁定,并书面通知当事人。有特殊情况需要延长的,经国务院工商行政管理部门批准,可以延长6个月。当事人对商标评审委员会的裁定不服的,可以自收到通知之日起30日内向人民法院起诉。人民法院应当通知商标裁定程序的对方当事人作为第三人参加诉讼。商标评审委员会在依照上述规定对无效宣告请求进行审查的过程中,所涉及的在先权利的确定必须以人民法院正在审理或者行政机关正在处理的另一案件的结果为依据的,可以中止审查。中止原因消除后,应当恢复审查程序。

法定期限届满,当事人对商标局宣告注册商标无效的决定不申请复审或者对商标评审委员会的复审决定、维持注册商标或者宣告注册商标无效的裁定不向人民法院起诉的,商标局的决定或者商标评审委员会的复审决定、裁定生效。依照《商标法》第44条、第45条的规定宣告无效的注册商标,由商标局予以公告,该注册商标专用权视为自始即不存在。

宣告注册商标无效的决定或者裁定,对宣告无效前人民法院作出并已执行的商标侵权案件的判决、裁定、调解书和工商行政管理部门作出并已执行的商标侵权案件的处理决定以及已经履行的商标转让或者使用许可合同不具有追溯力。但是,因商标注册人的恶意给他人造成损失的,应当给予赔偿。依照上述规定不返还商标侵权赔偿金、商标转让费、商标使用费,明显违反公平原则的,应当全部或者部分返还。

六、商标管理

商标管理是国家商标主管机关依法对于注册商标和未注册商标的使用以及商标印制等行为所进行的管理活动。加强商标管理工作对于促进生产者、服务者保证商品或者服务的质量,维护商标信誉,保障消费者利益,保障社会主义市场经济的健康发展,具有重要的意义。

负责全国商标注册和管理工作的商标主管机关是国家工商行政管理局商标局,地方各级工商行政管理部门负责地方的商标管理工作。商标管理机构的主要任务是:严格执行《商标法》,监督商标的正确使用,制止商标的滥用等违法行为。

(一)商标印制管理

根据1985年12月22日国家工商行政管理局发布的《商标印制管理暂行办法》,商标印制工作必须由持有工商行政管理机关核发的营业执照,并经核定允许承揽商标印制业务的企业承担,严格禁止无照或者超越经营范围承揽商标印制业务。

需印制注册商标者,凭《中华人民共和国商标注册证》到所在地县级工商行政管理局开具《注册商标印制证明》,凭该证明,委托商标印制单位印制。

需印制未注册商标者凭营业执照,到所在地县级工商行政管理局领取《未注册商标印制委托书》,凭委托书委托印制单位印制。

(二)商标使用管理

商标注册人在使用注册商标的过程中,自行改变注册商标、注册人名称、地址或者其他注册事项的,由地方工商行政管理部门责令限期改正;期满不改正的,由商标局撤销其注册商标。

此外,注册商标成为其核定使用的商品的通用名称或者没有正当理由连续3年不使用的,任何单位或者个人可以向商标局申请撤销该注册商标。商标局应当自收到申请之日起9个月内作出决定。有特殊情况需要延长的,经国务院工商行政管理部门批准,可以延长3个月。

注册商标被撤销、被宣告无效或者期满不再续展的,自撤销、宣告无效或者注销之日起一年内,商标局对与该商标相同或者近似的商标注册申请不予核准。

将未注册商标冒充注册商标使用的,或者使用未注册商标违反《商标法》第10条规定的,由地方工商行政管理部门予以制止,限期改正,并可以予以通报、处以罚款。

对商标局撤销或者不予撤销注册商标的决定,当事人不服的,可以自收到通知之日起15日内向商标评审委员会申请复审。商标评审委员会应当自收到申请之日起9个月内作出决定,并书面通知当事人。有特殊情况需要延长的,经国务院工商行政管理部门批准,可以延长3个月。当事人对商标评审委员会的决定不服的,可以自收到通知之日起30日内向人民法院起诉。法定期限届满,当事人对商标局作出的撤销注册商标的决定不申请复审或者对商标评审委员会作出的复审决定不向人民法院起诉的,撤销注册商标的决定、复审决定生效。

被撤销的注册商标,由商标局予以公告,该注册商标专用权自公告之日起终止。

七、商标专用权的保护

注册商标专用权,是指注册商标的所有人对其注册商标所享有的独占使用权,以核准注册的商标和核定使用的商品为限。未经其许可,任何人都不准在同一种商品或者类似商品上使用与其注册商标相同或近似的商标。当他人侵害了注册商标专用权时,注册商标专用权人有权采取保护措施,既可以请求工商行政管理部门予以行政保护,也可以请求人民法院给予司法保护。行政保护不是诉讼的必经程序。

(一)商标侵权行为的概念和种类

商标侵权行为,是指侵害他人注册商标专用权的行为。《商标法》第57条规定,有下列行为之一的,均属侵犯注册商标专用权:

1. 未经商标注册人的许可,在同一种商品上使用与其注册商标相同的商标的;

2. 未经商标注册人的许可,在同一种商品上使用与其注册商标近似的商标,或者在类似商品上使用与其注册商标相同或者近似的商标,容易导致混淆的;

3. 销售侵犯注册商标专用权的商品的;

4. 伪造、擅自制造他人注册商标标识或者销售伪造、擅自制造的注册商标标识的;

5. 未经商标注册人同意,更换其注册商标并将该更换商标的商品又投入市场的;

6. 故意为侵犯他人商标专用权行为提供便利条件,帮助他人实施侵犯商标专用权行为的;

7. 给他人的注册商标专用权造成其他损害的。

(二)对商标侵权的法律救济

1. 救济途径。有《商标法》第57条所列侵犯注册商标专用权行为之一,引起纠纷的,由当事人协商解决;不愿协商或者协商不成的,商标注册人或者利害关系人可以向人民法院起诉,也可以请求工商行政管理部门处理。工商行政管理部门处理时,认定侵权行为成立的,责令立即停止侵权行为,没收、销毁侵权商品和主要用于制造侵权商品、伪造注册商标标识的工具,并可处以罚款。对侵犯注册商标专用权的行为,工商行政管理部门有权依法查处;涉嫌犯罪的,应当及时移送司法机关依法处理。

2. 执法职权。县级以上工商行政管理部门根据已经取得的违法嫌疑证据或者根据举报,对涉嫌侵犯他人注册商标专用权的行为进行查处时,可以行使下列职权:询问有关当事人,调查与侵犯他人注册商标专用权有关的情况;查阅、复制当事人与侵权活动有关的合同、发票、账簿以及其他有关资料;对当事人涉嫌从事侵犯他人注册商标专用权活动的场所实施现场检查;检查与侵权活动有关的物品;对有证据证明是侵犯他人注册商标专用权的物品,可以查封或者扣押。工商行政管理部门依法行使前款规定的职权时,当事人应当予以协助、配合,不得拒绝、阻挠。

3. 赔偿数额。侵犯商标专用权的赔偿数额,按照权利人因被侵权所受到的实际损失确定;实际损失难以确定的,可以按照侵权人因侵权所获得的利益确定;权利人的损失或者侵权人获得的利益难以确定的,参照该商标许可使用费的倍数合理确定。对恶意侵犯商标专用权,情节严重的,可以在按照上述方法确定数额的1倍以上3倍以下确定赔偿数额。赔偿数额应当包括权利人为制止侵权行为所支付的合理开支。

人民法院为确定赔偿数额,在权利人已经尽力举证,而与侵权行为相关的账簿、资料主要由侵权人掌握的情况下,可以责令侵权人提供与侵权行为相关的账簿、资料;侵权人不提供或者提供虚假的账簿、资料的,人民法院可以参考权利人的主张和提供的证据判定赔偿数额。

权利人因被侵权所受到的实际损失、侵权人因侵权所获得的利益、注册商标许可使用费难以确定的,由人民法院根据侵权行为的情节判决给予300万元以下的赔偿。

注册商标专用权人请求赔偿,被控侵权人以注册商标专用权人未使用注册商标为由提出抗辩的,人民法院可以要求注册商标专用权人提供此前3年内实际使用该注册商标的证据。注册商标专用权人不能证明此前三年内实际使用过该注册商标,也不能证明因侵权行为受到其他损失的,被控侵权人不承担赔偿责任。此外,销售不知道是侵犯注册商标专用权的商品,能证明该商品是自己合法取得并说明提供者的,不承担赔偿责任。

4. 即发侵权救济。商标注册人或者利害关系人有证据证明他人正在实施或者即将实施侵犯其注册商标专用权的行为,如不及时制止,将会使其合法权益受到难以弥补的损害的,可以在起诉前向人民法院申请采取责令停止有关行为和财产保全的措施。

5. 诉前证据保全。为制止侵权行为,在证据可能灭失或者以后难以取得的情况下,商标注册人或者利害关系人可以在起诉前向人民法院申请保全证据。

6. 刑事责任。未经商标注册人许可,在同一种商品上使用与其注册商标相同的商标,构成犯罪的,除赔偿被侵权人的损失外,还应依法追究刑事责任。伪造、擅自制造他人注册商标标识或者销售伪造、擅自制造的注册商标标识,构成犯罪的,除赔偿被侵权人的损失外,还应依法追究刑事责任。销售明知是假冒注册商标的商品,构成犯罪的,除赔偿被侵权人的损失外,还应依法追究刑事责任。1993年2月22日,第七届全国人大常委会第三十次会议通过的《关于惩治假冒注册商标犯罪的补充规定》是严厉打击假冒商标犯罪的一个重要决定。《中华人民共和国刑法》第213~215条也对有关商标的犯罪作出了规定。

第四节 著作权法

一、著作权法律制度

为保护文学、艺术和科学作品作者的著作权,以及与著作权有关的权益,鼓励有益于社会主义精神文明、物质文明建设的作品的创作和传播,促进社会主义文化和科学事业的发展与繁荣,1990年9月7日第七届全国人民代表大会常务委员会第十五次会议通过《中华人民共和国著作权法》(以下简称《著作权法》),2001年10月27日第九届全国人民代表大会常务委员会第二十四次会议通过《关于修改〈中华人民共和国著作权法〉的决定》。

二、著作权保护的客体

根据《著作权法》的规定,著作权所保护的作品,包括以下列形式创作的文学、艺术和自然科学、社会科学、工程技术等作品:文字作品;口述作品;音乐、戏剧、曲艺、舞蹈、杂技艺术作品;美术、建筑作品;摄影作品;电影作品和以类似摄制电影的方法创作的作品;工程设计图、产品设计图、地图、示意图等图形作品和模型作品;计算机软件以及法律、行政法规规定的其他作品。依法禁止出版、传播的作品,不受《著作权法》保护。此外,《著作权法》不适用于法律、法规,国家机关的决议、决定、命令和其他具有立法、行政、司法性质的文件,及其官方正式译文;时事新闻;历法、通用数表、通用表格和公式。民间文学艺术作品的著作权保护办法由国务院另行规定。

三、著作权的内容

(一)人身权

著作权包括下列人身权:①发表权,即决定作品是否公之于众的权利;②署名权,即表明作者身份,在作品上署名的权利;③修改权,即修改或者授权他人修改作品的权利;④保护作品完整权,即保护作品不受歪曲、篡改的权利。

(二)财产权

著作权的财产权包括:①复制权,即以印刷、复印、拓印、录音、录像、翻录、翻拍等方式将作品制作一份或者多份的权利;②发行权,即以出售或者赠与方式向公众提供作品的原件或者复制件的权利;③出租权,即有偿许可他人临时使用电影作品和以类似摄制电影的方法创作的作品、计算机软件的权利,计算机软件不是出租的主要标的的除外;

④展览权,即公开陈列美术作品、摄影作品的原件或者复制件的权利;⑤表演权,即公开表演作品,以及用各种手段公开播送作品的表演的权利;⑥放映权,即通过放映机、幻灯机等技术设备公开再现美术、摄影、电影和以类似摄制电影的方法创作的作品等的权利;⑦广播权,即以无线方式公开广播或者传播作品,以有线传播或者转播的方式向公众传播广播的作品,以及通过扩音器或者其他传送符号、声音、图像的类似工具向公众传播广播的作品的权利;⑧信息网络传播权,即以有线或者无线方式向公众提供作品,使公众可以在其个人选定的时间和地点获得作品的权利;⑨摄制权,即以摄制电影或者以类似摄制电影的方法将作品固定在载体上的权利;⑩改编权,即改变作品,创作出具有独创性的新作品的权利;⑪翻译权,即将作品从一种语言文字转换成另一种语言文字的权利;⑫汇编权,即将作品或者作品的片段通过选择或者编排,汇集成新作品的权利;⑬应当由著作权人享有的其他权利。

著作权人可以许可他人行使其财产权,并依照约定或者《著作权法》有关规定获得报酬。著作权人可以全部或者部分转让其财产权,并依照约定或者《著作权法》有关规定获得报酬。

四、著作权的归属

(一)职务作品著作权的归属

《著作权法》规定,创作作品的公民是作者。公民为完成法人或者其他组织工作任务所创作的作品是职务作品,著作权由作者享有,但法人或者其他组织有权在其业务范围内优先使用。作品完成两年内,未经单位同意,作者不得许可第三人以与单位使用的相同方式使用该作品。有下列情形之一的职务作品,作者享有署名权,著作权的其他权利由法人或者其他组织享有,法人或者其他组织可以给予作者奖励:①主要是利用法人或者其他组织的物质技术条件创作,并由法人或者其他组织承担责任的工程设计图、产品设计图、地图、计算机软件等职务作品;②法律、行政法规规定或者合同约定著作权由法人或者其他组织享有的职务作品。

由法人或者其他组织主持,代表法人或者其他组织意志创作,并由法人或者其他组织承担责任的作品,法人或者其他组织视为作者。如无相反证明,在作品上署名的公民、法人或者其他组织为作者。

(二)合作作品、委托创作作品著作权的归属

两人以上合作创作的作品,著作权由合作作者共同享有。没有参加创作的人,不能成为合作作者。合作作品可以分割使用的,作者对各自创作的部分可以单独享有著作权,但行使著作权时不得侵犯合作作品整体的著作权。受委托创作的作品,著作权的归属由委托人和受托人通过合同约定。合同未作明确约定或者没有订立合同的,著作权属于受托人。

五、著作权的保护期

作者的署名权、修改权、保护作品完整权的保护期不受限制。公民的作品,其发表权、财产权规定的权利保护期为作者终生及其死亡后50年,截止于作者死亡后第50年的12月31日;如果是合作作品,截止于最后死亡的作者死亡后第50年的12月31日。法人或者其他组织的作品、著作权(署名权除外)由法人或者其他组织享有的职务作品,其发表权、财产权的权利保护期为50年,截止于作品首次发表后第50年的12月31日,但作品自创作完成后50年内未发表的,《著作权法》不再保护。

六、权利的限制

(一)合理使用

在下列情况下使用作品,可以不经著作权人许可,不向其支付报酬,但应当指明作者姓名、作品名称,并且不得侵犯著作权人依照《著作权法》享有的其他权利:①为个人学习、研究或者欣赏,使用他人已经发表的作品;②为介绍、评论某一作品或者说明某一问题,在作品中适当引用他人已经发表的作品;③为报道时事新闻,在报纸、期刊、广播电台、电视台等媒体中不可避免地再现或者引用已经发表的作品;④报纸、期刊、广播电台、电视台等媒体刊登或者播放其他报纸、期刊、广播电台、电视台等媒体已经发表的关于政治、经济、宗教问题的时事性文章,但作者声明不许刊登、播放的除外;⑤报纸、期刊、广播电台、电视台等媒体刊登或者播放在公众集会上发表的讲话,但作者声明不许刊登、播放的除外;⑥为学校课堂教学或者科学研究,翻译或者少量复制已经发表的作品,供教学或者科研人员使用,但不得出版发行;⑦国家机关为执行公务在合理范围内使用已经发表的作品;⑧图书馆、档案馆、纪念馆、博物馆、美术馆等为陈列或者保存版本的需要,复制本馆收藏的作品;⑨免费表演已经发表的作品,该表演未向公众收取费用,也未向表演者支付报酬;⑩对设置或者陈列在室外公共场所的艺术作品进行临摹、绘画、摄影、录像;⑪将中国公民、法人或者其他组织已经发表的以汉语言文字创作的作品翻译成少数民族语言文字作品在国内出版发行;⑫将已经发表的作品改成盲文出版。

上述规定适用于对出版者、表演者、录音录像制作者、广播电台、电视台的权利的限制。

(二)法定许可

为实施九年制义务教育和国家教育规划而编写出版教科书,除作者事先声明不许使用的外,可以不经著作权人许可,在教科书中汇编已经发表的作品片段或者短小的文字作品、音乐作品或者单幅的美术作品、摄影作品,但应当按照规定支付报酬,指明作者姓名、作品名称,并且不得侵犯著作权人依照本法享有的其他权利。

上述规定适用于对出版者、表演者、录音录像制作者、广播电台、电视台的权利的限制。

七、著作权的保护

根据《著作权法》的规定,侵犯著作权或者与著作权有关的权利的,侵权人应当按照权利人的实际损失给予赔偿;实际损失难以计算的,可以按照侵权人的违法所得给予赔偿。赔偿数额还应当包括权利人为制止侵权行为所支付的合理开支。权利人的实际损失或者侵权人的违法所得不能确定的,由人民法院根据侵权行为的情节,判决给予50万元以下的赔偿。

著作权人或者与著作权有关的权利人有证据证明他人正在实施或者即将实施侵犯其权利的行为,如不及时制止将会使其合法权益受到难以弥补的损害的,可以在起诉前向人民法院申请采取责令停止有关行为和财产保全的措施。为制止侵权行为,在证据可能灭失或者以后难以取得的情况下,著作权人或者与著作权有关的权利人可以在起诉前向人民法院申请保全证据。

本章小结

知识产权是指对智力成果,在一定期限和地区内享有的专有权。在我国知识产权主要指专利权、商标权和著作权。

专利包括发明专利、实用新型专利和外观设计专利,其授予的条件是发明和实用新型专利要求具有新颖性、创造性和实用性,外观设计专利要求具有新颖性。专利权的授予采取先申请原则。专利的审查采取发明专利实质性审查,实用新型和外观设计专利采取形式审查方式,任何单位或者个人如认为被授予的专利权不符合法律规定的,都可以请求专利复审委员会宣告该专利无效。专利权被授予后,除法律另有规定外,任何单位或者个人未经专利权人许可,都不得实施其专利。

商标经商标局核准注册享有商标专用权。商标注册申请采用"一类商品、一个商标、一份申请"的原则。申请注册的商标经初步审定,予以公告。公告之日起3个月为异议期。异议期内无异议,则予以核准注册,授予商标专用权。申请商标注册不得损害他人的在先权利,亦不得以不正当手段抢注他人已经使用并具有一定影响的商标。注册商标的有效期为10年,期满可以续展。转让注册商标的,转让人和受让人应当签订协议,并共同向商标局提出申请。受让人应当保证使用该注册商标的商品的质量。商标注册人可以通过签订商标使用许可合同,许可他人使用其注册商标。未经注册商标权人许可,在同一种商品或者类似商品上使用与其注册商标相同或者近似的商标的;销售侵犯注册商标专用权的商品的;伪造、擅自制造他人注册商标标识或者销售伪造、擅自制造的注册商标标识的;未经商标注册人同意,更换其注册商标并将该更换商标的商品又投入市场的;给他人的注册商标专用权造成其他损害的,均属于对注册商标的侵犯。

著作权包括人身权和财产权。作者的署名权、修改权、保护作品完整权的保护期不受限制。公民的作品,其发表权、财产权规定的权利保护期为作者终生及其死亡后50年,截止于作者死亡后第50年的12月31日;如果是合作作品,截止于最后死亡的作者死亡后第50年的12月31日。法人或者其他组织的作品、著作权(署名权除外)由法人或者其他组织享有的职务作品,其发表权、财产权的权利保护期为50年,截止于作品首次发表后第50年的12月31日,但作品自创作完成后50年内未发表的,《著作权法》不再保护。著作权的行使限制有合理使用和法定许可。

思考练习题

1. 试对比我国《专利法》中对发明专利,实用新型和外观设计授予专利权的实质性条件及其审查批准制度的异同。
2. 试述我国《专利法》对专利权的法律保护。
3. 试述我国《商标法》确立的商标注册的审查与核准制度。
4. 试述我国《商标法》对商标权的法律保护。
5. 著作权的内容有哪些?
6. 著作权权利的限制有哪些?

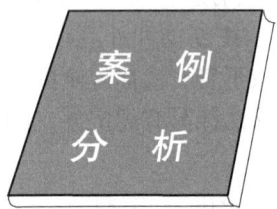

案例1

宁国市明光机电设备制造有限公司与佘根生发明专利
临时保护期使用费纠纷上诉案①

上诉人(原审被告):宁国市明光机电设备制造有限公司(明光公司)。

---

① http://bmla.chinalawinfo.com/case/displaycontent.asp? Gid=117732403&Keyword=。

被上诉人(原审原告):佘根生

原审被告:兰溪市百色丽晶饰品厂(百色饰品厂)

2004年9月10日,佘根生向国家知识产权局申请名称为"磨盘升降式水晶磨面机"的实用新型专利和发明专利。2005年12月28日被授予实用新型专利权,并进行授权公告,专利号为ZL200420082728.5。2006年3月15日,佘根生申请的磨盘升降式水晶磨面机发明专利公开(公告),并于2009年1月28日获得授权公告,专利号为ZL200410066258.8。

佘根生(甲方)曾与明光公司(乙方)签订专利实施许可合同,约定:"一、项目概括:工作自动旋转式水晶磨面机(专利号:CN200420082727.0)和磨盘升降式水晶磨面机(专利号:CN200420082728.5)。二、乙方权利义务:2.1乙方向甲方支付合同专利技术许可使用费人民币壹拾万元,支付方式为现金;2.2(略)。三、甲方权利义务:(略)。四、合同有效期:4.1本合同有效期为:2006年11月1日至2007年12月31日,原则上没有特殊情况发生,双方同意续签,许可费另行协商。五、违约责任:5.1……如果乙方违反合同2.1款或4.1款以后继续实施合同技术,则乙方构成侵害专利权,须立即停止侵权行为,承担侵权责任,并向甲方赔偿损失50万元……"2007年12月4日,明光公司与百色饰品厂签订工矿产品购销合同,由百色饰品厂向明光公司购买20台双头水晶磨面机,并在2008年2月底实际交付。

2009年2月27日,佘根生以"明光公司以营利为目的,未经原告许可,生产、销售多种规格的磨盘升降式水晶磨面机专利侵权产品,百色饰品厂以经营为目的使用明光公司制造的专利侵权产品磨盘升降式水晶磨面机进行生产、加工水晶工艺品,已构成对佘根生专利的侵权"为由,诉至法院。请求判令:

1. 明光公司立即停止生产、销售侵犯发明专利号为ZL200410066258.8磨盘升降式水晶磨面机专利权的行为。

2. 百色饰品厂立即停止使用侵权专利产品进行生产、加工水晶工艺品的行为。

3. 两原审被告赔偿佘根生经济损失50万元。

4. 两原审被告支付佘根生维权的合理费用1万元,两原审被告承担本案诉讼费用。

法院经审查认定:被控侵权产品包含了涉案专利ZL200410066258.8独立权利要求中的全部必要技术特征,被控侵权产品落入了涉案专利的保护范围。

法理分析

法院认为,因佘根生涉案发明专利的申请日为2004年9月10日,授权公告日为2009年1月28日,故明光公司在2009年1月28日之前生产、销售被控侵权产品应认定为合理使用。因佘根生没有提供有效证据证明明光公司在2009年1月28日之后有生产、销售被控侵权产品的行为,故佘根生要求明光公司停止生产、销售侵犯发明专利号为ZL200410066258.8磨盘升降式水晶磨面机专利权的行为以及赔偿经济损失的诉讼请求,不予支持。因百色饰品厂为生产经营目的使用的被控侵权产品有合法来源,且佘根生亦没有证据证明百色饰品厂明知使用的被控侵权产品是未经专利权人许可而制造的产品,故其依法不承担赔偿责任。

但是,根据《专利法》的规定,发明专利申请公布后,申请人可以要求实施其发明的单位或者个人支付适当的费用,但关于支付使用费的具体数额,由于我国法律未对如何计算发明专利临时保护期使用费作出规定,法院综合考虑各种因素,包括明光公司采用该技术生产产品的价格、时间、专利许可使用费以及原告专利权的类别、维权的合理开支等因素,酌情确定使用费数额为15万元。

此外,佘根生要求百色饰品厂停止使用被控侵权产品进行生产、加工水晶工艺品的诉讼请求,因被控侵权产品已落入佘根生涉案专利的保护范围,其行为已构成侵权,故法院予以支持。

案例 2

北京方正颐和科技有限公司与北大方正集团有限公司侵犯注册商标专用权及不正当竞争纠纷[①]

北京北大方正集团公司于1997年7月4日申请注册第1232969号"方正颐和"商标,1998年12月21日被核准注册,核定使用商品为第9类"电子计算机,电子计算机外部设备"等。该商标经续展有效期限至2018年12月20日。2004年3月19日,北京北大方正集团公司更名为北大方正集团有限公司(以下简称北大方正公司)。

北京方正颐和科技有限公司(以下简称方正颐和公司)成立于1999年2月2日,成立初期主营方正颐和笔记本电脑并成为方正颐和笔记本电脑的代理商。2006年8月3日,方正颐和公司申请注册"方正颐和文字及图"商标,申请在第9类商品上使用,包括卫星导航仪、网络通信设备等。同年8月14日,方正颐和公司申请注册"TourMate途美"商标,申请号为5540861,指定使用的商品为第9类。方正颐和公司的产品上标注了"TourMate"、"TourMate/途美"、"途美"、"方正颐和途美"、"方正颐和·途美"等标识。

2008年4月9日,北京市海诚公证处出具(2008)京海诚内民证字第02519号公证书,对北大方正公司代理人于2008年4月1日购买一个"方正颐和·途美A861型的

---

① http://bmla.chinalawinfo.com/case/displaycontent.asp? Gid=117732527&Keyword=。

GPS卫星导航仪"和两张"方正颐和·途美CDMA无线上网卡"的行为进行了公证。载明：①两张无线上网卡的包装盒上分别标注有"方正颐和·途美CDMA 1X无线上网卡"和"方正颐和·途美CDMA无线上网卡"字样，其中一个产品还标注有"北京方正颐和·途美荣誉出品"字样；客户服务卡标注有"TourMate 方正颐和途美"字样。②卫星导航仪的包装盒上标注有"方正颐和·途美GPS卫星导航仪"字样，其产品图标下标注有"方正颐和·途美"，说明书和客户服务卡分别标注有"TourMate 方正颐和·途美"字样。

北大方正公司认为方正颐和公司侵犯其商标专用权而向法院提起诉讼。

法理分析

北大方正公司依法拥有的"方正颐和"注册商标专用权应当受到法律保护。"方正颐和"注册商标核定使用的计算机及其外部设备与方正颐和公司生产的GPS导航仪和无线上网卡等商品属于类似商品，方正颐和公司未经北大方正公司许可，在其生产的GPS导航仪和无线上网卡的产品及包装盒、说明书、保修卡上突出使用"方正颐和"字样，容易使相关公众误认为方正颐和公司与"方正颐和"注册商标及其所有人存在特定关联，从而对其产品来源产生混淆和误认。因此，方正颐和公司的上述行为侵犯了北大方正公司享有的"方正颐和"注册商标专用权，应当承担停止侵权、消除影响、赔偿损失等法律责任。

至于方正颐和公司的企业名称是否侵犯北大方正公司的注册商标专用权，法院经审理认为：首先，方正颐和公司明知"方正颐和"为北大方正公司的注册商标，其未经北大方正公司许可将"方正颐和"作为企业字号并经营计算机等商品，主观上存在不正当使用北大方正公司注册商标和利用北大方正公司商誉的故意。其次，方正颐和公司成立初期与北大方正公司及其关联企业存在合作关系并经销方正颐和笔记本电脑，方正颐和公司与"方正颐和"注册商标在客观上也已经形成了某种特定联系，难以避免相关公众误认为方正颐和公司与北大方正公司存在控股等关联关系或者误认为方正颐和公司拥有"方正颐和"注册商标专用权。再次，虽然"方正颐和"注册商标的核定使用商品没有"无线上网卡"、"GPS导航仪"等通信设备，北大方正公司亦未在上述通信设备上使用过"方正颐和"商标，但方正颐和公司所经营的无线上网卡、GPS导航仪等通信设备与"方正颐和"注册商标核定使用的计算机外部设备在功能、用途、销售渠道、消费对象等方面相近，属于类似商品。方正颐和公司在通信设备上突出使用"方正颐和"，必然导致相关公众对该通信设备来源产生混淆误认。因此，法院认定方正颐和公司企业名称侵犯北大方正公司的注册商标专用权。

案例3

　　原告：曹××

　　被告：施×

　　原告曹××诉称：被告施×未经本人许可，在其编著的《赛前集训》一书中抄袭了其未公开发表的PPT课程讲座内容，构成对其著作权的侵犯，给其造成了损失。请求法院判决被告施×停止侵权行为并公开赔礼道歉以及支付侵权赔偿金10万元。

　　被告施×辩称：在编著涉案图书时，从互联网上下载了原告的PPT讲座内容并在涉案图书中使用了约1万字左右。本人已就此侵权行为向原告写信致歉并邮寄了2 000元作为赔偿，但原告没有接受。本人已通知出版社停止发行涉案图书并采取删除侵权内容后提前再版涉案图书的方式停止了侵权行为。希望能与原告和解解决本案纠纷。

法理分析

　　本案中，施×未经曹××的许可，擅自从互联网下载曹××的讲座内容出版发行，构成了对曹××著作权的侵害。为此，经法院调解，施×就前述侵犯原告曹××著作权的行为向原告曹××书面致歉，并一次性赔偿原告曹××损失1万元。

产品质量法律制度

★ 本章学习要点与要求 ★

通过本章学习应掌握产品质量法的概念和特点、产品质量法的立法宗旨和调整范围、企业质量体系认证制度、产品质量认证制度、产品质量的监督检查制度、各级人民政府的产品质量责任和义务、生产者和销售者的产品质量责任和义务、产品责任、违反《产品质量法》的法律责任。

第一节 产品质量法概述

一、产品质量法的概念及特点

产品质量法，是调整生产、流通、交换、消费领域中因产品质量而产生的社会关系的法律规范的总称。

我国对产品质量立法非常重视，先后颁布了数十个与质量有关的法律、法规。例如《中华人民共和国食品卫生法（试行）》、《中华人民共和国药品管理法》、《工业产品质量责任条例》、《中华人民共和国标准化法》、《部分国产家用电器"三包"规定》、《产品质量监督试行办法》、《化妆品卫生监督条例》、《产品质量认证管理条例》等等。为了适应社会主义市场经济体制的建立和完善，进一步实行改革开放和积极参与国际市场竞争的需要；为了维护市场经济秩序，打击伪劣商品；为了切实地保护广大用户和消费者的合法权益;为了进一步建立和完善我国的产品质量法律体系,1988年国家将产品质量法列入立法规划。经过几年的调查、研究和论证,1993年2月22日第七届全国人民代表大会常务委员会第十三次会议通过了《中华人民共和国产品质量法》(以下简称《产品质量法》),并根据2000年7月8日第九届全国人民代表大会常务委员会第十六次会议《关于修改〈中华人民共和国产品质量法〉的决定》修正。

一般来说,产品质量法调整的社会关系分为两大类:即在产品质量监督管理过程中产生的监督与被监督、管理与被管理的社会关系和在产品交换过程中产生的具有等价交换性质的社会关系。由产品质量法所调整的社会关系决定,产品质量法具有以下几个主要特征:

(一)产品质量法的法律规范具有多样性

因产品质量法既调整产品质量监督管理关系,也调整产品质量关系,所以产品质量法中既有行政法律规范,也有经济、民事法律规范,还有刑事法律规范。

(二)技术性法律规范在产品质量法律规范中占有重要地位

产品质量问题集经济性、社会性和技术性于一身。其中,技术性法律规范在产品质量法中占据重要地位。

(三)行政规章在产品质量法的贯彻实施中具有重要意义

大量的产品质量法律规范要由行政规章进一步加以明确,并依靠行政规章协助实施。这主要体现在有关产品质量监督管理的法律规范上。

二、产品质量法的立法宗旨和调整范围

根据《产品质量法》的规定,产品质量的立法宗旨是加强对产品质量的监督管理,提高产品质量水平,明确产品质量责任,保护消费者的合法权益,维护社会经济秩序。

《产品质量法》规制的产品,限于经过加工、制作,用于销售的产品。建设工程不适用《产品质量法》的规定,但是,建设工程使用的建筑材料、建筑构配件和设备,属于上述规定的产品范围的,适用《产品质量法》的规定。

第二节 产品质量的监督管理

一、产品质量监督管理主管部门

根据《产品质量法》的规定,国务院产品质量监督部门主管全国产品质量监督工作。国务院有关部门在各自的职责范围内负责产品质量监督工作。县级以上地方产品质量监督部门主管本行政区域内的产品质量监督工作。县级以上地方人民政府有关部门在各自的职责范围内负责产品质量监督工作。

二、产品质量检验制度

《产品质量法》规定，产品质量应当检验合格，不得以不合格产品冒充合格产品。可能危及人体健康和人身、财产安全的工业产品，必须符合保障人体健康和人身、财产安全的国家标准、行业标准；未制定国家标准、行业标准的，必须符合保障人体健康和人身、财产安全的要求。禁止生产、销售不符合保障人体健康和人身、财产安全的标准和要求的工业产品。

国家标准和行业标准，根据《中华人民共和国标准化法》（以下简称《标准化法》）的规定，国家标准由国务院标准化行政主管部门根据在全国范围内统一技术要求的需要制定；行业标准由国务院有关行政主管部门对没有国家标准而又需要在全国某个行业范围内统一技术要求来予以制定，并报国务院标准化行政主管部门备案。国家标准、行业标准分为强制性标准和推荐性标准。保障人体健康，人身、财产安全的标准和法律、行政法规规定强制执行的标准是强制性标准，其他标准是推荐性标准。

三、质量认证制度

质量认证制度分为企业质量体系认证制度和产品质量认证制度。

（一）企业质量体系认证制度

企业质量体系认证，是指依据一定的标准和要求，由认证机构对企业质量体系进行审核、评定，确认符合标准要求时，由认证机构向企业颁发认证证书，以证明企业质量体系符合相应要求的活动过程。企业质量体系认证，是目前国际上通行的一种产品质量监督管理制度。为了促进企业建立、健全质量体系，以便企业具备生产稳定质量产品的条件，从而提高企业的市场竞争能力，《产品质量法》规定，国家根据国际通用的质量管理标准，推行企业质量体系认证制度。企业根据自愿原则可以向国务院产品质量监督部门认可的或者国务院产品质量监督部门授权的部门认可的认证机构申请企业质量体系认证。经认证合格的，由认证机构颁发企业质量体系认证证书。

（二）产品质量认证制度

产品质量认证，是由公正的第三方依据产品标准和相应的技术要求，对产品质量进行检验、测试，确认并通过颁发认证证书和准许使用认证标志的方式来证明某产品符合要求的活动。《产品质量法》规定，国家参照国际先进的产品标准和技术要求，推行产品质量认证制度。企业根据自愿原则可以向国务院产品质量监督部门认可的或者国务院产品质量监督部门授权的部门认可的认证机构申请产品质量认证。经认证合格的，由认证机构颁发产品质量认证证书，准许企业在产品或者其包装上使用产品质量认证标志。

产品质量认证分为安全认证和合格认证。安全认证是指对涉及人身健康及生命和财产安全的产品依照国家法律规定的强制性标准进行的用以证明产品符合安全要求的认证活动。实行安全认证的产品，必须符合《中华人民共和国标准化法》（以下简称《标准化法》）中有关强制性标准的要求。合格认证是指对一般产品依据国家标准或者行业标准所进行的用以证明产品符合标准要求即合格的认证活动。实行合格认证的产品，必须符合《标准化法》规定的国家标准或者行业标准的要求。

获准使用认证标志的企业，有以下义务：①在认证证书规定的范围内使用认证标志，即只能在认证证书所载明的已经认证合格的产品上使用；②按照规定的使用方法和要求使用认证标志；③保证使用认证标志的产品符合获准认证时的质量水平；等等。

产品质量认证工作，由国务院产品质量监督管理部门统一管理，由国务院产品质量监督管理部门或者国务院产品质量监督管理部门授权的部门认可的认证机构即各行业认证委员会具体实施。

四、产品质量监督检查制度

产品质量监督包括三个层次的监督，即：国家监督、消费者监督和社会监督。

（一）国家监督

产品质量的国家监督，是指国务院以及地方各级产品质量监督部门依法对生产领域、流通领域的产品质量进行的强制性监督检查活动。

1.国家监督的方式。根据《产品质量法》的规定，国家对产品质量实行以抽查为主要方式的监督检查制度，对可能危及人体健康和人身、财产安全的产品，影响国计民生的重要工业产品以及消费者、有关组织反映有质量问题的产品进行抽查。抽查的样品应当在市场上或者企业成品仓库内的待销产品中随机抽取。监督抽查工作由国务院产品质量监督部门规划和组织。县级以上地方产品质量监督部门在本行政区域内也可以组织监督抽查。法律对产品质量的监督检查另有规定的，依照有关法律的规定执行。

国家监督抽查的产品，地方不得另行重复抽查；上级监督抽查的产品，下级不得另行重复抽查。

根据监督抽查的需要，可以对产品进行检验。检验抽取样品的数量不得超过检验的合理需要，并不得向被检查人收取检验费用。监督抽查所需检验费用，应按照国务院规定列支。

国务院和省、自治区、直辖市人民政府的产品质量监督部门应当定期发布其监督抽查的产品的质量状况公告。产品质量监督部门或者其他国家机关以及产品质量检验机构不得向社会推荐生产者的产品；不得以对产品进行监制、监销等方式参与产品经营活动。

2. 对抽查产品的检验。根据《产品质量法》的规定，产品质量检验机构必须具备相应的检测条件和能力，经省级以上人民政府产品质量监督部门或者其授权的部门考核合格后，方可承担产品质量检验工作。法律、行政法规对产品质量检验机构另有规定的，依照有关法律、行政法规的规定执行。

从事产品质量检验、认证的社会中介机构必须依法设立，不得与行政机关和其他国家机关存在隶属关系或者其他利益关系。产品质量检验机构、认证机构必须依法按照有关标准，客观、公正地出具检验结果或者认证证明，对准许使用认证标志的产品进行认证后的跟踪检查，并对不符合认证标准而使用认证标志的，要求其改正；情节严重的，取消其使用认证标志的资格。

生产者、销售者对抽查检验的结果有异议的，可以自收到检验结果之日起15日内向实施监督抽查的产品质量监督部门或者其上级产品质量监督部门申请复检，由受理复检的产品质量监督部门作出复检结论。

3. 产品质量监督管理部门的行政执法职权。经监督抽查的产品质量不合格的，由实施监督抽查的产品质量监督部门责令其生产者、销售者限期改正。逾期不改正的，由省级以上人民政府产品质量监督部门予以公告；公告后经复查仍不合格的，责令停业，限期整顿；整顿期满后经复查产品质量仍不合格的，吊销营业执照。监督抽查的产品有严重质量问题的，依照有关规定处罚。

县级以上产品质量监督部门根据已经取得的违法嫌疑证据或者举报，对涉嫌违反《产品质量法》规定的行为进行查处时，可以行使下列职权：①对当事人涉嫌从事违反《产品质量法》的生产、销售活动的场所实施现场检查；②向当事人的法定代表人、主要负责人和其他有关人员调查、了解与涉嫌从事违反《产品质量法》的生产、销售活动有关的情况；③查阅、复制当事人有关的合同、发票、账簿以及其他有关资料；④对有根据认为不符合保障人体健康和人身、财产安全的国家标准、行业标准的产品或者有其他严重质量问题的产品，以及直接用于生产、销售该项产品的原辅材料、包装物、生产工具，予以查封或者扣押。

县级以上工商行政管理部门按照国务院规定的职责范围，对涉嫌违反《产品质量法》规定的行为进行查处时，可以行使上述规定的职权。

（二）消费者监督

消费者是产品的最终使用者，也是产品质量问题的直接受害者，因此，消费者有权对产品质量进行监督。《产品质量法》规定,消费者有权就产品质量问题,向产品的生产者、销售者查询;向产品质量监督部门、工商行政管理部门及有关部门申诉,接受申诉的部门应当负责处理。

(三)社会监督

保护消费者权益的社会组织可以就消费者反映的产品质量问题建议有关部门负责处理,支持消费者对因产品质量造成的损害向人民法院起诉。

此外,任何单位和个人有权对违反《产品质量法》规定的行为,向产品质量监督部门或者其他有关部门检举。产品质量监督部门和有关部门应当为检举人保密,并按照省、自治区、直辖市人民政府的规定给予奖励。

第三节 产品质量责任和义务

一、各级人民政府的产品质量责任和义务

根据《产品质量法》的规定,各级人民政府应当把提高产品质量纳入国民经济和社会发展规划,加强对产品质量工作的统筹规划和组织领导,引导、督促生产者、销售者加强产品质量管理,提高产品质量,组织各有关部门依法采取措施,制止产品生产、销售中违反《产品质量法》规定的行为,保障《产品质量法》的施行。

各级人民政府工作人员和其他国家机关工作人员不得滥用职权、玩忽职守或者徇私舞弊,包庇、放纵本地区、本系统发生的产品生产、销售中违反《产品质量法》规定的行为,或者阻挠、干预依法对产品生产、销售中违反《产品质量法》规定的行为进行查处。

各级地方人民政府和其他国家机关有包庇、放纵产品生产、销售中违反《产品质量法》规定的行为的,依法追究其主要负责人的法律责任。

任何单位和个人不得排斥非本地区或者非本系统企业生产的质量合格产品进入本地区、本系统。

二、生产者、销售者的产品质量责任和义务

(一)建立健全内部产品质量管理制度

根据《产品质量法》的规定,生产者、销售者应当建立健全内部产品质量管理制度,严格实施岗位质量规范、质量责任以及相应的考核办法。

（二）生产者的产品质量责任和义务

生产者应当对其生产的产品质量负责。产品质量应当符合下列要求：

1. 不存在危及人身、财产安全的不合理的危险，有保障人体健康和人身、财产安全的国家标准、行业标准的，应当符合该标准；

2. 具备产品应当具备的使用性能，但是，对产品存在使用性能的瑕疵作出说明的除外；

3. 符合在产品或者其包装上注明采用的产品标准，符合以产品说明、实物样品等方式表明的质量状况。

生产者生产的产品或者其包装上的标识必须真实，并符合下列要求：①有产品质量检验合格证明；②有中文标明的产品名称、生产厂厂名和厂址；③根据产品的特点和使用要求，需要标明产品规格、等级、所含主要成分的名称和含量的，用中文相应予以标明；④需要事先让消费者知晓的，应当在外包装上标明，或者预先向消费者提供有关资料；⑤限期使用的产品，应当在显著位置清晰地标明生产日期和安全使用期或者失效日期；⑥使用不当，容易造成产品本身损坏或者可能危及人身、财产安全的产品，应当有警示标志或者中文警示说明。

裸装的食品和其他根据产品的特点难以附加标识的裸装产品，可以不附加产品标识。

易碎、易燃、易爆、有毒、有腐蚀性、有放射性等危险物品以及储运中不能倒置和其他有特殊要求的产品，其包装质量必须符合相应要求，依照国家有关规定作出警示标志或者中文警示说明，标明储运注意事项。

生产者不得生产国家明令淘汰的产品；不得伪造产地，不得伪造或者冒用他人的厂名、厂址；生产者不得伪造或者冒用认证标志等质量标志；不得掺杂、掺假，不得以假充真、以次充好，不得以不合格产品冒充合格产品。

（三）销售者的产品质量责任和义务

1. 销售者应当建立并执行进货检查验收制度，验明产品合格证明和其他标识。
2. 销售者应当采取措施，保证销售产品的质量。
3. 销售者不得销售国家明令淘汰并停止销售的产品和失效、变质的产品。
4. 销售者销售的产品的标识应当符合《产品质量法》的规定。
5. 销售者不得伪造产地，不得伪造或者冒用他人的厂名、厂址。
6. 销售者不得伪造或者冒用认证标志等质量标志。
7. 销售者销售产品，不得掺杂、掺假，不得以假充真、以次充好，不得以不合格产品冒充合格产品。

第四节 损害赔偿

一、修理、更换、退货和赔偿损失

售出的产品有下列情形之一的,销售者应当负责修理、更换、退货;给购买产品的消费者造成损失的,销售者应当赔偿损失:

1. 不具备产品应当具备的使用性能而事先未作说明的;
2. 不符合在产品或者其包装上注明采用的产品标准的;
3. 不符合以产品说明、实物样品等方式表明的质量状况的。

销售者依照规定负责修理、更换、退货、赔偿损失后,属于生产者的责任或者属于向销售者提供产品的其他销售者(以下简称供货者)的责任的,销售者有权向生产者、供货者追偿。

销售者未按照规定给予修理、更换、退货或者赔偿损失的,由产品质量监督部门或者工商行政管理部门责令改正。

生产者之间,销售者之间,生产者与销售者之间订立的买卖合同、承揽合同有不同约定的,合同当事人按照合同约定执行。

二、产品责任

(一)产品责任的承担主体

因产品存在缺陷①造成人身、缺陷产品以外的其他财产(以下简称他人财产)损害的,生产者应当承担赔偿责任。

生产者能够证明有下列情形之一的,不承担赔偿责任:

1. 未将产品投入流通的。
2. 产品投入流通时,引起损害的缺陷尚不存在的。
3. 将产品投入流通时的科学技术水平尚不能发现缺陷的存在的。

由于销售者的过错使产品存在缺陷,造成人身、他人财产损害的,销售者应当承担赔偿责任。销售者不能指明缺陷产品的生产者,也不能指明缺陷产品的供货者的,销售

---

① 缺陷,是指产品存在危及人身、他人财产安全的不合理的危险;产品有保障人体健康和人身、财产安全的国家标准、行业标准的,其缺陷是指不符合该标准。

者应当承担赔偿责任。

因产品存在缺陷造成人身、他人财产损害的,受害人可以向产品的生产者要求赔偿,也可以向产品的销售者要求赔偿。属于产品的生产者的责任,产品的销售者赔偿的,产品的销售者有权向产品的生产者追偿。属于产品的销售者的责任,产品的生产者赔偿的,产品的生产者有权向产品的销售者追偿。

(二)产品责任的赔偿范围

因产品存在缺陷造成受害人人身伤害的,侵害人应当赔偿医疗费、治疗期间的护理费、因误工减少的收入等费用;造成残疾的,还应当支付残疾者生活自助具费、生活补助费、残疾赔偿金以及由其扶养的人所必需的生活费等费用;造成受害人死亡的,并应当支付丧葬费、死亡赔偿金以及由死者生前扶养的人所必需的生活费等费用。

因产品存在缺陷造成受害人财产损失的,侵害人应当恢复原状或者折价赔偿。受害人因此遭受其他重大损失的,侵害人应当赔偿损失。

(三)产品责任的诉讼时效

因产品存在缺陷造成损害要求赔偿的诉讼时效期间为2年,自当事人知道或者应当知道其权益受到损害时起计算。

因产品存在缺陷造成损害要求赔偿的请求权,在造成损害的缺陷产品交付最初消费者满10年丧失;但是,尚未超过明示的安全使用期的除外。

三、产品质量纠纷的解决途径

因产品质量发生民事纠纷时,当事人可以通过协商或者调解解决。当事人不愿通过协商、调解解决或者协商、调解不成的,可以根据当事人各方的协议向仲裁机构申请仲裁;当事人各方没有达成仲裁协议或者仲裁协议无效的,可以直接向人民法院起诉。

仲裁机构或者人民法院可以委托法律规定的产品质量检验机构,对有关产品质量进行检验。

第五节 违反《产品质量法》的法律责任

一、生产、销售不符合国家标准、行业标准的产品的法律责任

生产、销售不符合保障人体健康和人身、财产安全的国家标准、行业标准的产品的,

责令停止生产、销售,没收违法生产、销售的产品,并处违法生产、销售产品(包括已售出和未售出的产品,下同)货值金额等值以上3倍以下的罚款;有违法所得的,并处没收违法所得;情节严重的,吊销营业执照;构成犯罪的,依法追究刑事责任。

二、在产品中掺杂、掺假,以假充真,以次充好,以不合格产品冒充合格产品的法律责任

在产品中掺杂、掺假,以假充真,以次充好,或者以不合格产品冒充合格产品的,责令停止生产、销售,没收违法生产、销售的产品,并处违法生产、销售产品货值金额50%以上3倍以下的罚款;有违法所得的,并处没收违法所得;情节严重的,吊销营业执照;构成犯罪的,依法追究刑事责任。

三、生产、销售国家明令淘汰产品的法律责任

生产国家明令淘汰的产品的,销售国家明令淘汰并停止销售的产品的,责令停止生产、销售,没收违法生产、销售的产品,并处违法生产、销售产品货值金额等值以下的罚款;有违法所得的,并处没收违法所得;情节严重的,吊销营业执照。

四、销售失效、变质的产品的法律责任

销售失效、变质的产品的,责令停止销售,没收违法销售的产品,并处违法销售产品货值金额2倍以下的罚款;有违法所得的,并处没收违法所得;情节严重的,吊销营业执照;构成犯罪的,依法追究刑事责任。

五、伪造产地,伪造或者冒用他人厂名、厂址的,伪造或者冒用质量标志的法律责任

伪造产品产地的,伪造或者冒用他人厂名、厂址的,伪造或者冒用认证标志等质量标志的,责令改正,没收违法生产、销售的产品,并处违法生产、销售产品货值金额等值以下的罚款;有违法所得的,并处没收违法所得;情节严重的,吊销营业执照。

六、违反产品标识规定的法律责任

产品标识不符合法律规定的,责令改正;有包装的产品标识不符合《产品质量法》第27条第(4)项、第(5)项规定,情节严重的,责令停止生产、销售,并处违法生产、销售产品货值金额30%以下的罚款;有违法所得的,并处没收违法所得。

七、拒绝接受产品质量监督检查的法律责任

拒绝接受依法进行的产品质量监督检查的,给予警告,责令改正;拒不改正的,责令

停业整顿;情节特别严重的,吊销营业执照。

八、产品质量检验机构、认证机构的法律责任

产品质量检验机构、认证机构伪造检验结果或者出具虚假证明的,责令改正,对单位处5万元以上10万元以下的罚款,对直接负责的主管人员和其他直接责任人员处1万元以上5万元以下的罚款;有违法所得的,并处没收违法所得;情节严重的,取消其检验资格、认证资格;构成犯罪的,依法追究刑事责任。

产品质量检验机构、认证机构出具的检验结果或者证明不实,造成损失的,应当承担相应的赔偿责任;造成重大损失的,撤销其检验资格、认证资格。

产品质量认证机构违反规定,对不符合认证标准而使用认证标志的产品,未依法要求其改正或者取消其使用认证标志资格的,对因产品不符合认证标准给消费者造成的损失,与产品的生产者、销售者承担连带责任;情节严重的,撤销其认证资格。

九、社会团体、社会中介机构的法律责任

社会团体、社会中介机构对产品质量作出承诺、保证,而该产品又不符合其承诺、保证的质量要求,给消费者造成损失的,与产品的生产者、销售者承担连带责任。

在广告中对产品质量作虚假宣传,欺骗和误导消费者的,依照《中华人民共和国广告法》的规定追究法律责任。

十、各级人民政府工作人员和其他国家机关工作人员的法律责任

各级人民政府工作人员和其他国家机关工作人员有下列情形之一的,依法给予行政处分;构成犯罪的,依法追究刑事责任:

1. 包庇、放纵产品生产、销售中违反《产品质量法》规定行为的。
2. 向从事违反《产品质量法》规定的生产、销售活动的当事人通风报信,帮助其逃避查处的。
3. 阻挠、干预产品质量监督部门或者工商行政管理部门依法对产品生产、销售中违反《产品质量法》规定的行为进行查处,造成严重后果的。

产品质量监督部门在产品质量监督抽查中超过规定的数量索取样品或者向被检查人收取检验费用的,由上级产品质量监督部门或者监察机关责令退还;情节严重的,对直接负责的主管人员和其他直接责任人员依法给予行政处分。

产品质量监督部门或者其他国家机关违反规定,向社会推荐生产者的产品或者以监制、监销等方式参与产品经营活动的,由其上级机关或者监察机关责令改正,消除影响,有违法收入的予以没收;情节严重的,对直接负责的主管人员和其他直接责任人员

依法给予行政处分。

产品质量检验机构有上述所列违法行为的,由产品质量监督部门责令改正,消除影响,有违法收入的予以没收,可以并处违法收入1倍以下的罚款;情节严重的,撤销其质量检验资格。

产品质量监督部门或者工商行政管理部门的工作人员滥用职权、玩忽职守、徇私舞弊,构成犯罪的,依法追究刑事责任;尚不构成犯罪的,依法给予行政处分。

十一、其他

对生产者专门用于生产《产品质量法》第49条、第51条所列的产品或者以假充真的产品的原辅材料、包装物、生产工具,应当予以没收。

知道或者应当知道属于《产品质量法》规定禁止生产、销售的产品而为其提供运输、保管、仓储等便利条件的,或者为以假充真的产品提供制假生产技术的,没收全部运输、保管、仓储或者提供制假生产技术的收入,并处违法收入50%以上3倍以下的罚款;构成犯罪的,依法追究刑事责任。

服务业的经营者将《产品质量法》第49条至第52条①规定禁止销售的产品用于经营性服务的,责令停止使用;对知道或者应当知道所使用的产品属于《产品质量法》规定禁止销售的产品的,按照违法使用的产品(包括已使用和尚未使用的产品)的货值金额,依照《产品质量法》对销售者的处罚规定处罚。

隐匿、转移、变卖、损毁被产品质量监督部门或者工商行政管理部门查封、扣押的物品的,处被隐匿、转移、变卖、损毁物品货值金额等值以上3倍以下的罚款;有违法所得的,并处没收违法所得。

以暴力、威胁方法阻碍产品质量监督部门或者工商行政管理部门的工作人员依法

---

① 第49条:生产、销售不符合保障人体健康和人身、财产安全的国家标准、行业标准的产品的,责令停止生产、销售,没收违法生产、销售的产品,并处违法生产、销售产品(包括已售出和未售出的产品,下同)货值金额等值以上3倍以下的罚款;有违法所得的,并处没收违法所得;情节严重的,吊销营业执照;构成犯罪的,依法追究刑事责任。

第50条:在产品中掺杂、掺假,以假充真,以次充好,或者以不合格产品冒充合格产品的,责令停止生产、销售,没收违法生产、销售的产品,并处违法生产、销售产品货值金额50%以上3倍以下的罚款;有违法所得的,并处没收违法所得;情节严重的,吊销营业执照;构成犯罪的,依法追究刑事责任。

第51条:生产国家明令淘汰的产品的,销售国家明令淘汰并停止销售的产品的,责令停止生产、销售,没收违法生产、销售的产品,并处违法生产、销售产品货值金额等值以下的罚款;有违法所得的,并处没收违法所得;情节严重的,吊销营业执照。

第52条:销售失效、变质的产品的,责令停止销售,没收违法销售的产品,并处违法销售产品货值金额2倍以下的罚款;有违法所得的,并处没收违法所得;情节严重的,吊销营业执照;构成犯罪的,依法追究刑事责任。

执行职务的,依法追究刑事责任;拒绝、阻碍但未使用暴力、威胁方法的,由公安机关依照治安管理处罚条例的规定处罚。

对依照规定没收的产品,依照国家有关规定进行销毁或者采取其他方式处理。

同时,为保护消费者的合法权益,《产品质量法》规定,违反规定的,应当承担民事赔偿责任和缴纳罚款、罚金,其财产不足以同时支付时,应先承担民事赔偿责任。

本章小结

产品质量法,是调整生产、流通、交换、消费领域中因产品质量而产生的社会关系的法律规范的总称。《产品质量法》规制的产品,限于经过加工、制作,用于销售的产品。建设工程不适用《产品质量法》的规定,但是,建设工程使用的建筑材料、建筑构配件和设备,属于上述规定的产品范围的,适用《产品质量法》的规定。

国务院产品质量监督部门主管全国产品质量监督工作。

产品质量监督包括三个层次监督,即:国家监督、消费者监督和社会监督。

各级人民政府应当把提高产品质量纳入国民经济和社会发展规划,加强对产品质量工作的统筹规划和组织领导。生产者、销售者应当对其生产的产品质量负责。

售出的产品不具备产品应当具备的使用性能而事先未作说明的;不符合在产品或者其包装上注明采用的产品标准的;不符合以产品说明、实物样品等方式表明的质量状况的,销售者应当负责修理、更换、退货;给购买产品的消费者造成损失的,销售者应当赔偿损失。销售者依照规定负责修理、更换、退货、赔偿损失后,属于生产者的责任或者属于向销售者提供产品的其他销售者的责任的,销售者有权向生产者、供货者追偿。

因产品存在缺陷造成人身、缺陷产品以外的其他财产损害的,生产者应当承担赔偿责任。生产者能够证明有下列情形之一的,不承担赔偿责任:未将产品投入流通的;产品投入流通时,引起损害的缺陷尚不存在的;将产品投入流通时的科学技术水平尚不能发现缺陷的存在的。

由于销售者的过错使产品存在缺陷,造成人身、他人财产损害的,销售者应当承担赔偿责任。销售者不能指明缺陷产品的生产者,也不能指明缺陷产品的供货者的,销售者应当承担赔偿责任。

因产品存在缺陷造成损害要求赔偿的诉讼时效期间为2年,自当事人知道或者应当知道其权益受到损害时起计算。因产品存在缺陷造成损害要求赔偿的请求权,在造成损害的缺陷产品交付最初消费者满10年丧失;但是,尚未超过明示的安全使用期的除外。

思考练习题

1. 简述各级人民政府的产品质量责任和义务。
2. 产品质量监督管理部门的行政执法职权。
3. 简述产品质量责任和产品责任的异同。

案例

李展英诉常林股份有限公司等产品质量损害赔偿纠纷案①

原告:李展英

被告:常林股份有限公司

被告:丽水市中义汽车租赁有限公司

被告:杭州常林工程机械有限公司

2000年8月15日,被告丽水市中义汽车租赁有限公司向被告杭州常林工程机械有限公司购买ZLM50B装载机一台,合同价格为284 000元,质量三包期限为1年或1 500工作小时。2000年8月22日,原告李展英与被告丽水市中义汽车租赁有限公司签订汽车租赁合同一份。合同约定:被告丽水市中义汽车租赁有限公司根据原告李展英的要求,将经原告确认的车辆租赁给原告;租赁车辆的所有权属于被告丽水市中义汽车租赁有限公司,原告享有使用权和收益权;租赁期满,原告在全部缴清租金和偿清其他债务后,租赁车辆归原告所有;租赁期限为2000年8月23日至2002年8月22日。2000年8月17日,原告李展英对讼争装载机进行了验收接收。

2004年5月25日,丽水仲裁委员会根据原告李展英和被告丽水市中义汽车租赁有限公司的仲裁约定受理了原告李展英的仲裁申请,仲裁期间,针对装载机质量问题及装载机租赁费用问题,仲裁委委托浙江方圆公正产品质量司法鉴定事务所以浙质(鉴)

---

① http://bmla.chinalawinfo.com/newlaw2002/slc/slc.asp? db = fnl&gid = 117520539。

字第2004-544号作出鉴定结论:该装载机存在后车架的槽钢材质不适合用焊接方式、在受力复杂处设置焊缝连接等质量缺陷;后车架裂缝系槽钢选材、设计、焊接工艺不当导致该处超过允许极限而造成;变速箱支脚裂纹系铸件本身质量不良引起;丽水市价格认证中心以(2004)认字第200号价格鉴定报告书确定讼争装载机2001年10月至2003年期间的月租金为人民币14 000元/月。

2004年12月13日,丽水仲裁委员会经审理后认为:被告丽水市中义汽车租赁有限公司和被告杭州常林工程机械有限公司签订的装载机销售合同、原告李展英和被告丽水市中义汽车租赁有限公司签订的汽车租赁合同均合法有效,双方均应严格履行;销售、租赁的产品不合格的被告应依法承担调换、修理的义务,造成损失的,应依法承担赔偿责任;原告在纠纷产生过程中也存在一定过错,对质量问题造成的损失也应承担相应的责任。并据此裁决由被告杭州常林工程机械有限公司对讼争装载机的大梁和变速箱支脚给予更换并修复,并赔偿原告5个月的租金损失70 000元,被告丽水市中义汽车租赁有限公司承担连带责任。

2005年5月11日,杭州市拱墅区人民法院在对仲裁执行一案进行听证后认为,丽水仲裁委员会仲裁时程序不当、适用法律错误,故裁决对丽水仲裁委员会(2004)丽仲案字第19号裁决书不予执行。

2006年3月30日,丽水仲裁委员会对原告李展英的再次仲裁申请不予受理,通知原告可以向人民法院起诉。

法理分析

在本案中,原告李展英与被告常林股份有限公司、被告杭州常林工程机械有限公司之间没有合同关系,原告主张权利的基础是产品质量缺陷造成的侵权损害。从原告关于产品质量问题的举证看,其主要依据是浙江方圆公正产品质量司法鉴定事务所出具的浙质(鉴)字第2004-544号质量鉴定报告,该报告和其之后的补充说明存在明显的逻辑上的矛盾和推理上的混乱。鉴定报告认为,装载机后车架的材料经检测相当于35号中碳钢,该材料焊接性能差,不适合用焊接方式,焊接处极易产生裂纹,从而得出装载机存在后车架的槽钢材质不适合用焊接方式、在受力复杂处设置焊缝连接等质量缺陷及后车架裂缝系槽钢选材、设计、焊接工艺不当导致该处超过允许极限而造成的鉴定结论;而补充报告则认为,对后车架材料再次检测结果和第一次检测结果在碳含量上存在一定差异,不能认为是35号钢,但材料钢号不同并不能改变对原鉴定结论的判断;鉴定报告认为,后车架槽钢材质不适合、槽钢选材不当导致存在质量缺陷和造成裂缝,而补充报告却认为材料的钢号不同并不影响鉴定结论;鉴定报告和补充说明之间的矛盾以及槽钢材质检测上的粗疏,直接影响到鉴定结论的客观性和权威性,对其鉴定结论法院难以采信。

从原告主张的相关费用和损失来分析,21 800元的大梁更换费用不属于产品质量缺陷造成的损失范畴,在本案中不具备主张的法律基础,其数额的确定在证据上也不具备可采性;装载机的租费损失是否客观存在缺乏事实依据,和装载机的质量问题之间也缺乏必然的因果关系。2001年8月15日的《技术服务卡》所显示的1 200工作小时、2004年8月鉴定时装载机所显示的3 659工作小时和原告陈述的2001年发现质量问题后即停止使用讼争装载机的事实也互相矛盾,原告停止使用讼争装载机和租用装载机的事实依据不足。

因此,原告认为讼争装载机存在质量缺陷依据不足,因质量问题而给原告造成各项费用租金损失也缺乏依据,其主张难以得到支持。最后,依照《中华人民共和国民事诉讼法》第一百三十条、《最高人民法院关于民事诉讼证据的若干规定》第二条的规定,法院判决如下:驳回原告李展英的诉讼请求。案件受理费4 690元,其他诉讼费用1 000元(含公告费),合计人民币5 690元,由原告负担。

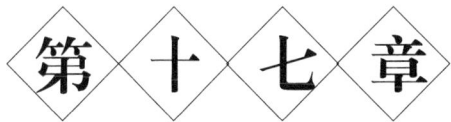

消费者权益保护法律制度

★ 本章学习要点与要求 ★

通过本章的学习,应掌握消费者及消费者权益保护法的概念、消费者权益保护法的立法宗旨和适用范围、消费者权益保护法的基本原则、消费者的基本权利、经营者的义务、消费者权益争议的解决途径、侵害消费者权益的法律责任和责任主体等问题。

第一节 消费者权益保护法概述

随着社会经济的发展,消费者,尤其是个人消费者与生产经营者相比,无论是在经济条件、议价能力方面,还是在自我保护方面,都处于弱势的地位,时常受到来自生产经营者方面的侵害。在保护消费者权益的社会运动推动下,基于维护社会经济秩序、保证社会经济生活正常运行的目的,各国和地区先后着手制定了保护消费者的法律,消费者权益保护法由此产生。1993年10月31日我国第八届全国人民代表大会常务委员会第四次会议通过了《中华人民共和国消费者权益保护法》(以下简称《消费者权益保护法》)。

根据2009年8月27日第十一届全国人民代表大会常务委员会第十次会议《关于修改部分法律的决定》第一次修正,根据2013年10月25日第十二届全国人民代表大会常务委员会第五次会议《关于修改〈中华人民共和国消费者权益保护法〉的决定》第二次修正。

一、消费者及消费者权益保护法的概念

(一)消费者的概念

根据《消费者权益保护法》的规定,消费者是指为生活消费需要而购买、使用经营者所提供的商品或接受经营者所提供的服务的市场主体。因此,《消费者权益保护法》所指的消费者具有以下法律特征:

1. 消费者的消费活动属于生活消费。
2. 消费者消费的客体既包括商品也包括服务。
3. 消费者的消费活动表现为购买、使用商品和接受服务。
4. 消费者主要包括个人消费者,但也不排除单位消费者。

(二)消费者权益保护法的概念

消费者权益保护法有广义和狭义之分。广义的消费者权益保护法是指所有涉及消费者权益保护的各种法律规范的总和;狭义的消费者权益保护法,则是指国家有关保护消费者权益的专门立法文件。

消费者权益保护法的调整对象,是因对消费者提供保护而产生的社会关系。国家对消费者进行保护主要通过以下两种途径实现:第一,对经营者与消费者之间的商品交换关系作出直接的强制性规定;第二,对与消费者有关的生产经营活动进行必要的监督管理。前者如要求生产经营者在销售商品或提供服务时明码标价、禁止搭售等;后者如生产经营药品、食品、化妆品,必经国家有关主管部门核准许可,对生产、销售伪劣商品进行查禁等。另外,为了提高消费者的自我保护能力,国家还专门设立了一些保护消费者权益的组织,这些组织除了帮助消费者解决他们与生产经营者之间发生的消费纠纷之外,还向广大的消费者提供必要的教育和咨询服务等。因此,消费者权益保护法调整以下三种社会关系:

第一,国家与经营者之间的关系,即为了保护消费者而在国家与经营者之间产生的监督管理与被监督管理的关系。

第二,国家与消费者之间的关系,即在消费者权益保护法中表现为保护与被保护、指导与被指导的关系。

第三,消费者与生产经营者之间的关系,即在自愿、平等、公平、诚实信用的基础之上的等价有偿的商品交换关系。

二、《消费者权益保护法》的立法宗旨和适用范围

(一)《消费者权益保护法》的立法宗旨

《消费者权益保护法》的立法宗旨是通过制定保护消费者权益的专门法律,保护消

费者的合法权益,维护社会经济秩序,促进社会主义市场经济的健康发展。

(二)《消费者权益保护法》的适用范围

《消费者权益保护法》适用于消费者为生活消费需要而购买、使用商品或接受服务,以及经营者为消费者提供其生产、销售的商品或提供服务等行为。另外,鉴于我国的具体情况,农民购买、使用直接用于农业生产的各种生产资料的生产性消费活动,亦受消费者权益保护法的保护。

三、消费者权益保护法的基本原则

消费者权益保护法的基本原则贯穿于国家有关保护消费者权益的立法过程中,体现在保护消费者权益的具体法律规定上,它既是立法的指导原则,也是司法、守法的基本准则。

(一)国家保护原则

国家保护原则是指由国家对消费者提供法律保护的原则。《消费者权益保护法》规定,国家保护消费者的合法权益不受侵害。国家采取措施,保障消费者依法行使权利,维护消费者的合法权益。

国家保护原则具体体现在以下方面:

1.国家制定保护消费者权益的政策、法律,明确消费者在社会经济生活中,特别是在与生产经营者的关系中所处的特殊法律地位、消费者所享有的权利,以及对这种地位和权利的保护措施等。

2.有关国家机关负责对实际生活中发生的侵犯消费者权益的行为进行监督、查处。

3.国家司法机关采取迅速、便捷的方式解决消费者与经营者发生的消费纠纷,维护消费者的利益。

4.国家设立专门的保护消费者的组织机构,专门从事保护消费者权益的活动。

(二)全社会保护原则

全社会保护原则是指在国家对消费者提供特别保护之外,社会各界都有相应的责任、义务对消费者进行保护的原则。《消费者权益保护法》规定,保护消费者的合法权益是全社会的共同责任。国家鼓励、支持一切组织和个人对损害消费者合法权益的行为进行社会监督。大众传播媒介应当作好维护消费者合法权益的宣传,对损害消费者合法权益的行为进行舆论监督。

第二节 消费者的权利与经营者的义务

消费者的权利与经营者的义务是消费者权益保护法的核心内容,它为保护消费者的权益、规范经营者的行为提供了法律依据。

一、消费者的权利

根据《消费者权益保护法》的规定,我国消费者享有以下几项基本权利:

(一)安全权

安全权是指消费者在购买、使用商品或接受服务时,享有人身、财产安全不受损害的权利。因此,《消费者权益保护法》规定,消费者在购买、使用商品和接受服务时享有人身、财产安全不受损害的权利。消费者有权要求经营者提供的商品和服务符合保障人身、财产安全的要求。

(二)知情权

知情权又称了解权,是指消费者享有知悉其购买、使用的商品或者接受的服务的真实情况的权利。因此,《消费者权益保护法》规定,消费者享有知悉其购买、使用的商品或者接受的服务的真实情况的权利。消费者有权根据商品或者服务的不同情况,要求经营者提供商品的价格、产地、生产者、用途、性能、规格、等级、主要成分、生产日期、有效期限、检验合格证明、使用方法说明书、售后服务,或者服务的内容、规格、费用等有关情况。

(三)自主选择权

自主选择权,即消费者享有自主地选择商品或服务的权利。因此,《消费者权益保护法》规定,消费者享有自主选择商品或者服务的权利。消费者有权自主选择提供商品或服务的经营者,自主选择商品品种或者服务方式,自主决定购买或者不购买任何一种商品、接受或者不接受任何一项服务。消费者在自主选择商品或者服务时,有权进行比较、鉴别和挑选。

(四)公平交易权

公平交易权,即消费者在与经营者交易中享有获得公平待遇的权利。因此,《消费者权益保护法》规定,消费者享有公平交易的权利。消费者在购买商品或者接受服务时,有权获得质量保障、价格合理、计量正确等公平交易条件,有权拒绝经营者的强制交易行为。

（五）受偿权

受偿权，即消费者在受到损害的时候有权要求经营者予以赔偿的权利。因此，《消费者权益保护法》规定，消费者因购买、使用商品或者接受服务受到人身、财产损害的，享有依法获得赔偿的权利。

（六）结社权

结社权，即消费者享有成立维护自身权益的组织的权利。因此，《消费者权益保护法》规定，消费者享有依法成立维护自身合法权益的社会团体的权利。

（七）获得知识权

获得知识权，即消费者享有获得有关知识的权利。因此，《消费者权益保护法》规定，消费者享有获得有关消费和消费者保护方面的知识的权利。消费者应当努力掌握所需商品或者服务的知识和使用技能。正确使用商品，提高自我保护意识。

（八）受尊重权

《消费者权益保护法》规定，消费者在购买、使用商品和接受服务时，享有其人格尊严、民族风俗习惯得到尊重的权利，享有个人信息依法得到保护的权利。

（九）监督权

监督权，即消费者享有对商品和服务以及保护消费者权益工作进行监督的权利。为此，《消费者权益保护法》规定，消费者享有对商品和服务以及保护消费者权益工作进行监督的权利。消费者有权检举、控告侵害消费者权益的行为和国家机关及其工作人员在保护消费者权益工作中的违法、失职行为，有权对保护消费者权益工作提出批评、建议。

二、经营者的义务

经营者的义务，是指经营者在与消费者的商品交换关系中承担的义务。消费者权利的实现有赖于经营者义务的履行。

根据《消费者权益保护法》的规定，经营者的义务包括以下几个方面。

（一）依法定或者约定履行义务

依法定或者约定履行义务，是指经营者应当按照法律的规定或者合同的约定履行义务，包括：

1. 经营者向消费者提供商品或者服务，应当按照《中华人民共和国产品质量法》和其他有关法律、法规的规定履行义务。

2. 经营者和消费者有约定的，应当按照约定履行义务，但双方的约定不得违背法律、法规的规定。

3.经营者提供商品或服务,按照国家规定或者与消费者的约定,承担包修、包换、包退或者其他责任的,应当按照国家规定或者约定履行,不得故意拖延或者无理拒绝。

（二）听取意见和接受监督

《消费者权益保护法》规定,经营者应当听取消费者对其提供的商品或者服务的意见,接受消费者的监督。

（三）保证商品和服务安全

《消费者权益保护法》规定,经营者应当保证提供的商品和服务的安全,包括:

1.经营者应当保证其提供的商品或者服务符合保障人身、财产安全的要求。对可能危及人身、财产安全的商品和服务,应当向消费者作出真实的说明和明确的警示,并说明和标明正确使用商品或者接受服务的方法以及防止危害发生的方法。宾馆、商场、餐馆、银行、机场、车站、港口、影剧院等经营场所的经营者,应当对消费者尽到安全保障义务。

2.经营者发现其提供的商品或者服务存在缺陷,有危及人身、财产安全危险的,应当立即向有关行政部门报告和告知消费者,并采取停止销售、警示、召回、无害化处理、销毁、停止生产或者服务等措施。采取召回措施的,经营者应当承担消费者因商品被召回支出的必要费用。

（四）提供真实信息

《消费者权益保护法》规定,经营者应当向消费者提供有关商品或者服务的真实信息,不得作引人误解的虚假宣传。经营者对消费者就其提供的商品或者服务的质量和使用方法等问题提出的询问,应当作真实、明确的答复。

为保障消费者获知真实信息,《消费者权益保护法》规定,商店提供的商品应当明码标价。经营者应当标明真实名称和标记,租赁他人柜台或者场地的经营者,应当标明其真实名称和标记。

（五）出具凭证和单据

《消费者权益保护法》规定,经营者提供商品或者服务,应当按照国家有关规定或者商业惯例向消费者出具发票等购货凭证或者服务单据;消费者索要发票等购货凭证或者服务单据的,经营者必须出具。

（六）保证质量

《消费者权益保护法》规定,经营者应当保证在正常使用商品或者接受服务的情况下,其提供的商品或者服务应当具有的质量、性能、用途和有效期限;但消费者在购买该商品或者接受该服务前已经知道其存在瑕疵,且该瑕疵不违反法律强制性规定的除外。经营者以广告、产品说明、实物样品或者其他方式表明商品或者服务的质量状况的,应当保证其提供的商品或者服务的实际质量与表明的质量状况相符。

经营者提供的机动车、计算机、电视机、电冰箱、空调器、洗衣机等耐用商品或者装饰装修等服务,消费者自接受商品或者服务之日起6个月内发现瑕疵,发生争议的,由经营者承担有关瑕疵的举证责任。

(七)不得从事不公平、不合理的交易

经营者在经营活动中使用格式条款的,应当以显著方式提请消费者注意商品或者服务的数量和质量、价款或者费用、履行期限和方式、安全注意事项和风险警示、售后服务、民事责任等与消费者有重大利害关系的内容,并按照消费者的要求予以说明。

经营者不得以格式条款、通知、声明、店堂告示等方式,作出排除或者限制消费者权利、减轻或者免除经营者责任、加重消费者责任等对消费者不公平、不合理的规定,不得利用格式条款并借助技术手段强制交易。格式条款、通知、声明、店堂告示等含有上述所列内容的,其内容无效。

(八)不得侵犯消费者的人身权

根据《消费者权益保护法》的规定,经营者不得对消费者进行侮辱、诽谤,不得搜查消费者的身体及其携带的物品,不得侵犯消费者的人身自由。

经营者收集、使用消费者个人信息,应当遵循合法、正当、必要的原则,明示收集、使用信息的目的、方式和范围,并经消费者同意。经营者收集、使用消费者个人信息,应当公开其收集、使用规则,不得违反法律、法规的规定和双方的约定收集、使用信息。

经营者及其工作人员对收集的消费者个人信息必须严格保密,不得泄露、出售或者非法向他人提供。经营者应当采取技术措施和其他必要措施,确保信息安全,防止消费者个人信息泄露、丢失。在发生或者可能发生信息泄露、丢失的情况时,应当立即采取补救措施。经营者未经消费者同意或者请求,或者消费者明确表示拒绝的,不得向其发送商业性信息。

(九)依法无理由退货

根据《消费者权益保护法》规定,经营者采用网络、电视、电话、邮购等方式销售商品,消费者有权自收到商品之日起7日内退货,且无需说明理由,但下列商品除外:

1. 消费者定做的;
2. 鲜活易腐的;
3. 在线下载或者消费者拆封的音像制品、计算机软件等数字化商品;
4. 交付的报纸、期刊。

除上述所列商品外,其他根据商品性质并经消费者在购买时确认不宜退货的商品,不适用无理由退货。

消费者退货的商品应当完好。经营者应当自收到退回商品之日起7日内返还消费者支付的商品价款。退回商品的运费由消费者承担;经营者和消费者另有约定的,按照约定。

第三节 消费者合法权益保护机构及其职责

一、国家对消费者合法权益的保护

根据《消费者权益保护法》的规定,国家对消费者合法权益的保护的职责主要体现在以下几个方面:

1. 国家制定有关消费者权益的法律、法规和政策时,应当听取消费者的意见和要求。

2. 各级人民政府应当加强领导,组织、协调、督促有关行政部门作好保护消费者合法权益的工作。各级人民政府应当加强监督,预防危害消费者人身、财产安全行为的发生,及时制止危害消费者人身、财产安全的行为。

3. 各级人民政府工商行政管理部门和其他有关行政部门应当依照法律、法规的规定,在各自的职责范围内采取措施,保护消费者的合法权益。有关行政部门应当听取消费者及其社会团体对经营者交易行为、商品和服务质量问题的意见,及时调查处理。

4. 有关国家机关应当依照法律、法规的规定,惩处经营者在提供商品和服务中侵害消费者合法权益的违法犯罪行为。

5. 人民法院应当采取措施,方便消费者提起诉讼。对符合《中华人民共和国民事诉讼法》起诉条件的消费者权益争议必须受理,及时审理。

二、消费者组织对消费者合法权益的保护

根据《消费者权益保护法》的规定,消费者协会和其他消费者组织是依法成立的对商品和服务进行社会监督的、保护消费者合法权益的社会团体。

消费者协会履行下列公益性职能:

1. 向消费者提供消费信息和咨询服务,增强消费者维护自身合法权益的能力,引导文明、健康、节约资源和保护环境的消费方式。

2. 参与有关行政部门对商品和服务的监督、检查。

3. 就有关消费者合法权益的问题,向有关部门反映、查询,提出建议。

4. 受理消费者的投诉,并对投诉事项进行调查、调解。

5. 投诉事项涉及商品和服务质量问题的,可以委托具有资格的鉴定人鉴定,鉴定人应当告知鉴定意见。

6. 就损害消费者合法权益的行为,支持受损害的消费者提起诉讼或者依照《消费者权益保护法》提起诉讼。

7. 对损害消费者合法权益的行为,通过大众传播媒介予以揭露、批评。

8. 参与制定有关消费者权益的法律、法规和强制性标准。

各级人民政府对消费者协会履行职能应当予以支持。

消费者组织不得从事商品经营和营利性服务,不得以牟利为目的向社会推荐商品和服务。

第四节　消费者权益争议及其解决

一、消费者权益争议的解决途径

消费者和经营者发生消费者权益争议的,可以通过下列途径解决:

1. 与经营者协商和解。
2. 请求消费者协会或者依法成立的其他调解组织调解。
3. 向有关行政部门提诉。
4. 根据与经营者达成的仲裁协议提请仲裁机构仲裁。
5. 向人民法院提起诉讼。

消费者向有关行政部门投诉的,该部门应当自收到投诉之日起7个工作日内,予以处理并告知消费者。

此外,对侵害众多消费者合法权益的行为,中国消费者协会以及在省、自治区、直辖市设立的消费者协会可以向人民法院提起诉讼。

二、侵害消费者合法权益责任主体的确定

1. 消费者在购买、使用商品时,其合法权益受到损害的,可以向销售者要求赔偿。销售者赔偿后,属于生产者的责任或者属于向销售者提供商品的其他销售者的责任的,销售者有权向生产者或者其他销售者追偿。

消费者或者其他受害人因商品缺陷造成人身、财产损害的,可以向销售者要求赔偿,也可以向生产者要求赔偿。属于生产者责任的,销售者赔偿后,有权向生产者追偿;

属于销售者责任的,生产者赔偿后,有权向销售者追偿。

消费者在接受服务时,其合法权益受到损害的,可以向服务者要求赔偿。

2. 消费者在购买、使用商品或者接受服务时,其合法权益受到损害,因原企业分立、合并的,可以向变更后承受其权利义务的企业要求赔偿。

3. 使用他人营业执照的违法经营者提供商品或者服务,损害消费者合法权益的,消费者可以向其要求赔偿,也可以向营业执照的持有人要求赔偿。

4. 消费者在展销会、租赁柜台购买商品或者接受服务,其合法权益受到损害的,可以向销售者或者服务者要求赔偿。展销会结束或者柜台租赁期满后,也可以向展销会的举办者、柜台的出租者要求赔偿。展销会的举办者、柜台的出租者赔偿后,有权向销售者或者服务者追偿。

5. 消费者因经营者利用虚假广告提供商品或者服务,其合法权益受到损害的,可以向经营者要求赔偿。广告的经营者发布虚假广告的,消费者可以请求行政主管部门予以惩处。广告的经营者不能提供经营者的真实名称、地址的,应当承担赔偿责任。

6. 消费者通过网络交易平台购买商品或者接受服务,其合法权益受到损害的,可以向销售者或者服务者要求赔偿。网络交易平台提供者不能提供销售者或者服务者的真实名称、地址和有效联系方式的,消费者也可以向网络交易平台提供者要求赔偿;网络交易平台提供者作出更有利于消费者的承诺的,应当履行承诺。网络交易平台提供者赔偿后,有权向销售者或者服务者追偿。

网络交易平台提供者明知或者应知销售者或者服务者利用其平台侵害消费者合法权益,未采取必要措施的,依法与该销售者或者服务者承担连带责任。

三、侵害消费者权益的法律责任

(一)经营者侵犯消费者权益的民事责任

1. 经营者提供商品或者服务有下列情形之一的,除《消费者权益保护法》另有规定外,应当按照《中华人民共和国产品质量法》和其他有关法律、法规的规定,承担民事责任:①商品存在缺陷的;②不具备商品应当具备的使用性能而出售时未作说明的;③不符合在商品或者其包装上注明采用的商品标准的;④不符合商品说明、实物样品等方式表明的质量状况的;⑤生产国家明令淘汰的商品或者销售失效、变质的商品的;⑥销售的商品中数量不足的;⑦服务的内容和费用违反约定的;⑧对消费者提出的修理、重做、更换、退货、补足商品数量、退还货款和服务费用或者赔偿损失的要求,故意拖延或者无理拒绝的;⑨法律、法规规定的其他损害消费者权益的情形。

2. 经营者提供的商品或者服务,造成消费者或者其他受害人人身伤害的,应当支付医疗费、治疗期间护理费、因误工减少的收入等费用;造成残疾的,还应当支付残疾者生活自助具费、生活补助费、残疾赔偿金以及由其扶养的人所必需的生活费等费用。

经营者提供的商品或者服务，造成消费者或者其他受害人死亡的，应当支付丧葬费、死亡赔偿金以及由死者生前扶养的人所必需的生活费等费用。

3. 经营者对消费者进行侮辱、诽谤，搜查消费者的身体及其携带的物品，从而侵犯消费者的人格尊严、人身自由或者侵害消费者个人信息依法得到保护的权利的，应当停止侵害、恢复名誉、消除影响、赔礼道歉，并赔偿损失。

4. 经营者提供的商品或者服务，造成消费者财产损害的，应当按照消费者的要求，以修理、重做、更换、退货、补足商品数量、退还货款和服务费用或者赔偿损失等方式承担民事责任。消费者与经营者另有约定的，按照约定履行。

5. 对国家规定或者经营者与消费者约定包修、包换、包退的商品，经营者应当负责修理、更换或者退货。在保修期内两次修理仍不能正常使用的，经营者应当负责更换或者退货。对包修、包换、包退的大件商品，消费者要求经营者修理、更换、退货的，经营者应当承担运输等合理费用。

在邮购商品中，经营者未按照约定提供商品的，应当按照消费者的要求履行约定或者退回货款，并应当承担消费者必须支付的合理费用。

经营者预收货款但未按照约定提供商品或者服务的，应当按照消费者的要求履行约定或者退回预付款，并应当承担预付款的利息、消费者必须支付的合理费用。

6. 经营者提供商品或者服务有欺诈行为的，应当按照消费者的要求增加赔偿其受到的损失，增加赔偿的金额为消费者购买商品的价款或者接受服务的费用的 3 倍；增加赔偿的金额不足 500 元的，为 500 元。法律另有规定的，依照其规定。

经营者明知商品或者服务存在缺陷，仍然向消费者提供，造成消费者或者其他受害人死亡或者健康严重损害的，受害人有权要求经营者依照《消费者权益保护法》第 49 条、第 51 条等法律规定赔偿损失，并有权要求所受损失 2 倍以下的惩罚性赔偿。

（二）经营者侵犯消费者权益的行政责任

经营者有下列行为之一的，《中华人民共和国产品质量法》和其他有关法律、法规对处罚机关和处罚方式有规定的，依照法律、法规的规定执行；法律、法规未作规定的，由工商行政管理部门责令改正，可以根据情节单处或者并处警告、没收违法所得、处以违法所得 1 倍以上 5 倍以下的罚款；没有违法所得的，处以 1 万元以下的罚款；情节严重的，责令停业整顿、吊销营业执照：

1. 生产、销售的商品不符合保障人身、财产安全要求的；
2. 在商品中掺杂、掺假，以假充真，以次充好，或者以不合格商品冒充合格商品的；
3. 生产国家明令淘汰的商品或者销售失效、变质的商品的；
4. 伪造商品的产地，伪造或者冒用他人的厂名、厂址，伪造或者冒用认证标志、名优

标志等标志的;

5. 销售的商品应当检验、检疫而未检验、检疫或者伪造检验、检疫结果的;

6. 对商品或者服务作引人误解的虚假宣传的;

7. 对消费者提出的修理、重做、更换、退货、补足商品数量、退还货款和服务费用或者赔偿损失的要求,故意拖延或者无理拒绝的;

8. 侵害消费者人格尊严或者侵犯消费者人身自由的;

9. 法律、法规规定的对损害消费者权益应当予以处罚的其他情形。

经营者对上述行为的处罚决定不服的,可以自收到处罚决定之日起15日内向上一级机关申请复议,对复议决定不服的,可以自收到复议决定书之日起15日内向人民法院提起诉讼;也可以直接向人民法院提起诉讼。

(三) 经营者侵犯消费者权益的刑事责任

根据我国《消费者权益保护法》,追究刑事责任的情况主要包括以下几种:

1. 经营者提供商品或者服务,造成消费者或者其他受害人人身伤害或者死亡,构成犯罪的,依法追究刑事责任。我国《刑法》第140条至第150条对生产、销售伪劣商品罪作出了具体的规定。

2. 以暴力、威胁等方法阻碍有关行政部门工作人员依法执行职务的,依法追究刑事责任。

3. 国家机关工作人员有玩忽职守或者包庇经营者侵害消费者合法权益的行为,情节严重,构成犯罪的,依法追究刑事责任。

(四) 经营者侵犯消费者权益的精神损害赔偿

根据2001年2月26日最高人民法院审判委员会第1161次会议通过的《最高人民法院关于确定民事侵权精神损害赔偿责任若干问题的解释》的规定,自然人因下列人格权利遭受非法侵害,向人民法院起诉请求赔偿精神损害的,人民法院应当依法予以受理:生命权、健康权、身体权;姓名权、肖像权、名誉权、荣誉权;人格尊严权、人身自由权。违反社会公共利益、社会公德侵害他人隐私或者其他人格利益,受害人以侵权为由向人民法院起诉请求赔偿精神损害的,人民法院应当依法予以受理。自然人死亡后,其近亲属因下列侵权行为遭受精神痛苦,向人民法院起诉请求赔偿精神损害的,人民法院应当依法予以受理:以侮辱、诽谤、贬损、丑化或者违反社会公共利益、社会公德的其他方式,侵害死者姓名、肖像、名誉、荣誉的;非法披露、利用死者隐私,或者以违反社会公共利益、社会公德的其他方式侵害死者隐私的;非法利用、损害遗体、遗骨,或者以违反社会公共利益、社会公德的其他方式侵害遗体、遗骨的。

因侵权致人精神损害,但未造成严重后果,受害人请求赔偿精神损害的,一般不予支持,人民法院可以根据情形判令侵权人停止侵害、恢复名誉、消除影响、赔礼道歉。

因侵权致人精神损害,造成严重后果的,人民法院除判令侵权人承担停止侵害、恢复名誉、消除影响、赔礼道歉等民事责任外,可以根据受害人一方的请求判令其赔偿相应的精神损害抚慰金。精神损害抚慰金包括以下方式:

1. 致人残疾的,为残疾赔偿金。
2. 致人死亡的,为死亡赔偿金。
3. 其他损害情形的精神抚慰金。

精神损害的赔偿数额根据以下因素确定:①侵权人的过错程度,法律另有规定的除外;②侵害的手段、场合、行为方式等具体情节;③侵权行为所造成的后果;④侵权人的获利情况;⑤侵权人承担责任的经济能力;⑥受诉法院所在地的平均生活水平。

法律、行政法规对残疾赔偿金、死亡赔偿金等有明确规定的,适用法律、行政法规的规定。

受害人对损害事实和损害后果的发生有过错的,可以根据其过错程度减轻或者免除侵权人的精神损害赔偿责任。

本章小结

消费者是指为生活消费需要而购买、使用经营者所提供的商品或接受经营者所提供的服务的市场主体。消费者权益保护法,有广义和狭义之分。广义的消费者权益保护法,是指所有涉及消费者权益保护的各种法律规范的总和;狭义的消费者权益保护法,则是指国家有关保护消费者权益的专门立法文件。

《消费者权益保护法》适用于消费者为生活消费需要而购买、使用商品或接受服务,以及经营者为消费者提供其生产、销售的商品或提供服务等行为。另外,鉴于我国的具体情况,农民购买、使用直接用于农业生产的各种生产资料的生产性消费活动,亦受消费者权益保护法的保护。

我国消费者享有以下几项基本权利:安全权,知情权,自主选择权,公平交易权,受偿权,结社权,获得知识权,受尊重权和监督权。

经营者的义务包括:依法定或者约定履行义务,听取意见和接受监督,保证商品和服务安全,提供真实信息,出具凭证和单据,保证质量,不得从事不公平、不合理的交易,不得侵犯消费者的人身权。

消费者和经营者发生消费者权益争议的,可以通过下列途径解决:与经营者协商和解;请求消费者协会调解;向有关行政部门申诉;根据与经营者达成的仲裁协议提请仲裁机构仲裁;向人民法院提起诉讼。

思考练习题

1. 简述消费者权利的内容,并举例说明。
2. 简述侵害消费者合法权益责任主体的确定。
3. 简述经营者侵犯消费者权益的精神损害赔偿的有关规定。

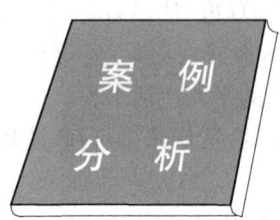

案例

张志强诉徐州苏宁电器有限公司侵犯消费者权益纠纷案①

原告:张志强

被告:徐州苏宁电器有限公司

2004年1月1日,原告张志强在被告苏宁公司以1 600元的价格购买一台伊莱克斯 BCD-170K型冰箱,机号为34600150(以下简称第一台冰箱)。后因该机出现质量问题,苏宁公司两次上门进行维修仍未修复,遂于2004年7月24日为张志强更换一台同品牌、同型号的冰箱(以下简称第二台冰箱)。当日,苏宁公司的工作人员将第二台冰箱送至张志强住宅楼下,在张志强及其家人不在场的情况下自行拆除外包装后,将第二台冰箱抬上楼交给张志强的家人。苏宁公司的工作人员未经张志强及其家人验货,未收回第一台冰箱的三包凭证、说明书等资料,同时也未将第二台冰箱的三包凭证等资料留下,未办理必要的交接手续,即带第一台冰箱离开。后张志强发现第二台冰箱上有污渍、霉斑等,认为该冰箱系使用过的旧冰箱,遂与苏宁公司进行交涉,双方协商未果。

法理分析

根据《消费者权益保护法》的规定,经营者为消费者提供商品或服务时,应当遵循诚实信用原则,消费者亦有权知悉其所购买、使用的商品或接受的服务的真实情况。本

---

① http://bmla.chinalawinfo.com/newlaw2002/slc/slc.asp?db=fnl&gid=117507930。

案被告苏宁公司是长期专门从事家用电器经营的商家,在避免纠纷、解决纠纷方面,较普通消费者具有更为丰富的经验,应当具备足够的能力来证实交付原告张志强的第二台冰箱为新机。因此,证明第二台冰箱为新机的举证责任应由被告承担。现被告无证据证实第二台冰箱为新机,应当承担举证不能的法律后果。此外,被告给付原告的三包凭证中明确记载:"属下列情况之一者,不实行三包……4、三包凭证型号与修理产品不符或者涂改的。"据此,原告持有的第一台冰箱的三包凭证等资料登记的机号与第二台冰箱不符,必然导致原告在今后的使用过程中难以享受三包服务。综上,被告不能证明其提供的第二台冰箱是新机,且在为原告提供商品的过程中存在服务瑕疵,给原告享受售后服务带来困难,具有过错。被告的行为违反了诚实信用原则,构成欺诈,应当承担相应的民事责任。

因此,徐州市泉山区人民法院于2004年10月25日判决:①自本判决生效之日起10日内,被告徐州苏宁电器有限公司返还原告张志强购货款1 600元;②自本判决生效之日起10日内,被告徐州苏宁电器有限公司赔偿原告张志强损失1 600元;③自本判决生效之日起10日内,被告徐州苏宁电器有限公司赔偿原告张志强误工费43元,交通费20元,合计63元;④驳回原告张志强要求被告徐州苏宁电器有限公司赔偿电话费的诉讼请求;⑤自本判决生效之日起10日内,原告张志强返还被告徐州苏宁电器有限公司伊莱克斯BCD-170K型号冰箱一台。案件受理费150元,其他诉讼费50元,由被告徐州苏宁电器有限公司承担。

在上诉审理中,徐州市中级人民法院认为,要确定上诉人苏宁公司为被上诉人张志强更换的第二台冰箱是否为新机,首先必须明确举证责任的分配,即由谁对第二台冰箱是否为新机进行证明。根据我国现行法律的规定,一般的证明责任分配原则是"谁主张,谁举证",即提出诉讼请求的一方当事人应对其诉讼主张承担举证责任。但是,法律同时也设置了证明责任分配的特殊规则,即举证责任倒置。举证责任倒置是对证明责任分配一般原则的例外规定和必要补充,必须有明确的法律依据方可使用,不能任意扩大适用范围。最高人民法院《关于民事诉讼证据的若干规定》(以下简称民事诉讼证据规定)第四条第一款列举了应当适用举证责任倒置的八种情形,同时该条第二款规定:"有关法律对侵权诉讼的举证责任有特殊规定的,从其规定。"本案既不具有上述规定列举的应当适用举证责任倒置的情形,也没有相关法律对本案涉及的侵权诉讼的举证责任分配作出特殊规定,故本案不应适用举证责任倒置,而应该按照证明责任分配的一般原则确定举证责任。张志强主张第二台冰箱是使用过的旧机器,即应由其举证加以证明,一审法院将该项举证责任分配给上诉人不当。一审期间,张志强虽然提交了关于第二台冰箱情况的录像带,但没有其他证据相互印证,不能仅根据该录像带认定第二台冰箱是使用过的旧机器,张志强主张第二台冰箱是使用过的旧机器证据不足,上诉人的上诉理由成立,予以支持。

关于被上诉人张志强要求互相返还并由上诉人苏宁公司赔偿其误工费、交通费的问题,上诉人在为被上诉人更换冰箱的过程中,虽然将第二台冰箱送至被上诉人家中,但没有履行必要的交接手续,也没有将第二台冰箱的三包凭证交付被上诉人。虽然上诉人主张被上诉人可依据第一台冰箱的三包凭证就第二台冰箱享受正常的售后服务,但是被上诉人持有的第一台冰箱的三包凭证所载机号与第二台冰箱机号不符,必然导致被上诉人不能享受正常的售后服务。一审法院认定上诉人在服务中存在瑕疵是正确的。考虑到被上诉人在购买冰箱的过程中,经历了购机后修理、修理不好又调换、调换后又发生纠纷等诸多情况,加之上诉人在服务过程中存在瑕疵,已经导致被上诉人对上诉人的商品及服务失去信心,一审法院判决双方互相返还并由上诉人赔偿被上诉人因本案纠纷造成的误工费、交通费并无不当,但认定上诉人存在欺诈行为并判决上诉人赔偿被上诉人相当于1倍货款的经济损失,证据不足,应予改判。

据此,徐州市中级人民法院于2005年3月8日判决:(1)维持徐州市泉山区人民法院(2004)泉民一初字第1961号民事判决第①、③、④、⑤项。(2)撤销徐州市泉山区人民法院(2004)泉民一初字第1961号民事判决第②项。(3)驳回被上诉人张志强要求上诉人苏宁公司赔偿1 600元损失的诉讼请求。一审诉讼费150元,其他诉讼费50元;二审诉讼费143元,合计343元,由上诉人苏宁公司负担。

张志强不服二审判决,向徐州市中级人民法院申请再审。再审期间,双方当事人争议的焦点仍是第二台冰箱是否为新机的问题。徐州市中级人民法院认为:

1.《消费者权益保护法》第八条规定:"消费者享有知悉其购买、使用的商品或者接受的服务的真实情况的权利。消费者有权根据商品或者服务的不同情况,要求经营者提供商品的价格、产地、生产者、用途、性能、规格、等级、主要成分、生产日期、有限期限、检验合格证明、使用方法说明书、售后服务,或者服务的内容、规格、费用等有关情况。"据此,再审申请人张志强作为消费者,有权利向作为商家的被申请人苏宁公司主张对第二台冰箱真实情况的知情权,苏宁公司亦有义务就此向张志强作出说明。

2.被申请人苏宁公司的行为构成欺诈,应当承担惩罚性赔偿责任。《消费者权益保护法》第四十九条规定:"经营者提供商品或者服务有欺诈行为的,应当按照消费者的要求增加赔偿其受到的损失,增加赔偿的金额为消费者购买商品的价款或者接受服务的费用的一倍。"最高人民法院《关于贯彻执行〈中华人民共和国民法通则〉若干问题的意见(试行)》第六十八条规定:"一方当事人故意告知对方虚假情况,或者故意隐瞒真实情况,诱使对方当事人做出错误意思表示的,可以认定为欺诈行为。"再审申请人张志强主张苏宁公司承担惩罚性赔偿责任,即应对苏宁公司是否存在欺诈行为承担举证责任。在本案中,张志强已经提供了其制作的录像带,用以证明苏宁公司为其调换的第二台冰箱不是新机器,且存在诸多的表面缺陷。同时,第二台冰箱如果是新机器,应当附有随机单证,苏宁公司亦承认未向张志强提供第二台冰箱的随机凭证(合格证、维修单、使用说明书等)。根据《中华人民共和国产品质量法》第二十七条的规定,产品或者其包装上的标识必须真实,并应当有产品质量检验合格证明;根据产品的特征和使用要求,需要标明产品规格、等级、所含主要成分的名称和含量的,应当用中文相应予以标明;需要事先让消费者知晓的,也应当在外包装上标明,或者预先向消费者提供有关资料。该规定是强制性规定,苏宁公司作为商品销售者对此应当明知,却不向作为消费者的张志强提供第二台冰箱的随机单证,其行为属于故意隐瞒真实情况,应认定为欺诈。苏宁公司主张因第一台冰箱的随机单证没有收回而未提供第二台冰箱的随机单证,张志强可凭第一台冰箱的随机单证就第二台冰箱享受售后服务。对此法院认为,随机单证是商品的身份证明,与商品一一对应,具有不可替换性。苏宁公司的上述主张既不符合常理,也与商品单证的特性不符,且苏宁公司在本案一审、二审乃至再审期间始终未出示该随机单证,不能确定第二台冰箱是否附有随机单证,亦即不能确定第二台冰箱是未经使用过的新机器,故对苏宁公司的抗辩主张不予支持。

根据《消费者权益保护法》第一条的规定,该法的立法目的是为保护消费者的合法权益,维护社会经济秩序,促进社会主义市场经济健康发展。再审申请人张志强主张被申请人苏宁公司的行为构成欺诈、应当承担惩罚性赔偿责任,并提交了相应的证据,苏宁公司如有异议,应就其行为不构成欺诈承担举证责任。苏宁公司提供的第二台冰箱的储存单、提货单及送货人的证言,仅表明其送货的过程,并不能证明第二台冰箱为全新的机器,其提交的证据缺乏证明力,应承担举证不能的不利后果。二审判决确有错误,依法应予改判。

综上,徐州市中级人民法院依照《中华人民共和国民事诉讼法》第一百五十三条第一款第(三)项,最高人民法院《关于适用〈中华人民共和国民事诉讼法〉若干问题的意见》第二百零一条,《消费者权益保护法》第八条、第十一条、第四十九条之规定,于2006年4月21日判决如下:①撤销该院(2004)徐民一终字第2482号民事判决;②维持徐州市泉山区人民法院(2004)泉民一初字第1961号民事判决。

原一审案件受理费150元、其他诉讼费50元,二审案件受理费143元,均由徐州苏宁电器有限公司负担。

合同法律制度

★ 本章学习要点与要求 ★

通过本章学习应掌握合同的概念和法律特征、合同的种类、合同法的概念和基本原则、合同的订立主体、合同的条款、订立合同的程序、缔约过失责任、合同的效力(无效、撤销和可变更、效力待定)、合同履行的原则、双务合同履行中的抗辩权、合同的保全、合同的变更与转让、合同权利义务的终止、违约责任、合同争议的解决与合同的担保。

第一节 合同法概述

一、合同的概念及其法律特征

（一）合同的概念

合同制度是自人类社会有国家以来就存在的古老的法律制度，它是商品经济发展的产物。商品经济条件下，任何主体的财产或劳务必须通过交换才能实现其价值，合同就是保障交换实现的法律形式。

合同的概念有广义与狭义之分。广义的合同指任何确定权利与义务关系的协议，它的种类除了民事法律中的合同之外，还包括行政法中的行政合同、劳动法中的劳动合同以及国际法中的国家合同等协议。狭义的合同是指当事人之间设立、变更、终止民事权利与义务关系的协议,《中华人民共和国合同法》(下称《合同法》)就采用了狭义的合同概念。该法第2条规定:"本法所称合同是平等主体的自然人、法人、其他组织之间设立、变更、终止民事权利义务关系的协议。婚姻、收养、监护等有关身份关系的协议,适用其他法律的规定。"

(二)合同的法律特征

合同是商品交易的基本法律形式,具有以下法律特征:

1. 合同是设立、变更、终止民事权利义务关系的民事行为。①合同是一种民事行为。合同有有效合同与无效合同之分,有效合同是民事法律行为,无效合同则因为危害了国家与社会公共利益而被法律明确认定不具有有效合同的法律效力,当事人还要承担因其无效行为而产生的法律责任。②合同的目的及内容是设立、变更或终止民事权利义务关系。③《合同法》调整的民事权利义务关系是财产关系,不包括身份关系,《合同法》第2条第2款规定:"婚姻、收养、监护等有关身份关系的协议,适用其他法律的规定"。

2. 合同是双方或多方的民事行为,是当事人意思表示一致的结果。①合同的成立必须要有两个或两个以上的当事人,当事人的法律地位是平等的。②各方当事人须互相作出意思表示,且该意思表示建立在自愿的基础之上。③各方当事人作出的意思表示应当是一致的,即当事人之间具备了"合意",合同才能成立。

3. 合同主体具有特定性,合同本身具有相对性。合同主体的特定性是指合同关系仅发生在特定当事人之间,无论是债权人还是债务人都必须是确定的、具体的,如果只有一方是特定的,而另一方是不特定的,则不可能构成合同关系。合同的相对性则是指合同关系主要对特定的合同当事人产生法律约束力(法律或合同另有规定的除外),只有合同的一方当事人能够向另一方当事人提出请求和提起诉讼,而第三人非依法律及合同的规定,不享受债权,亦不承担债务与合同责任。在合同法中,涉他合同不是主要形式,而是一种例外。合同原则上具有相对性,但这一原则也存在例外,例如,《合同法》第73条规定:"因债务人怠于行使其到期债权,对债权人造成损害的,债权人可以向人民法院请求以自己的名义代位行使债务人的债权,但该债权专属于债务人自身的除外。代位权的行使范围以债权人的债权为限。债权人行使代位权的必要费用,由债务人负担。"第74条规定:"因债务人放弃其到期债权或者无偿转让财产,对债权人造成损害的,债权人可以请求人民法院撤销债务人的行为。债务人以明显不合理的低价转让财产,对债权人造成损害,并且受让人知道该情形的,债权人也可以请求人民法院撤销债务人的行为。撤销权的行使范围以债权人的债权为限。债权人行使撤销权的必要费用,由债务人负担。"这里所规定的债权人的代位权与撤销权的行使都涉及合同关系之外的第三人,但这只是合同相对性原则的例外。

二、合同的种类

合同依据不同的标准有不同的分类,实践中主要有以下几种:

(一)双务合同与单务合同

这是依据当事人之间是否互负义务进行的分类。双务合同是指当事人双方互负对待给付义务的合同。如买卖、租赁、承揽、运输等合同均为双务合同,在双务合同中双方当事人均享有一定权利、负有一定义务,且权利与义务之间具有对应性,即一方当事人所享有的权利是另一方当事人所负有的义务,反之亦然。单务合同则是合同当事人中一方负有义务,另一方不负有相对义务的合同,显然单务合同中当事人之间权利与义务不存在双务合同中的对应性,呈现出一方享有权利、另一方负担相应义务的构架,这一类合同并不是合同的主要形式,其典型的合同形态是一般赠与合同。

双务合同与单务合同区分的法律意义在于在这两种合同中,当事人之间的关系不同。在双务合同中,当事人之间的权利与义务因对应性而互相依赖,一方权利的享有与另一方义务的履行相关联;单务合同则不存在这种情形。这一不同导致这两类合同在同时履行抗辩权规则上的不同。同时履行抗辩权指在双务合同中,当事人一方在他方当事人未为对待给付前,有拒绝自己给付的权利。在单务合同中,由于只有一方负担义务,不存在双方权利与义务的相互对应的牵连问题,不负有履行义务的一方向负有义务的一方提出履行请求时,对方无权要求同时履行,也即单务合同不适用同时履行抗辩权规则。例如,《合同法》第66条规定:"当事人互负债务,没有先后履行顺序的,应当同时履行。一方在对方履行之前有权拒绝其履行要求。一方在对方履行债务不符合约定时,有权拒绝其相应的履行要求。"

(二)有偿合同与无偿合同

根据当事人双方是否获得利益,可以将合同分为有偿合同与无偿合同。有偿合同是指一方通过履行合同规定的义务而给对方某种利益,对方要求得到该利益必须为此支付相应代价的合同。有偿合同是商品交换最典型的法律形式,在实践中,绝大多数反映交易关系的合同都是有偿的。无偿合同是指一方付给对方某种利益,对方取得该利益时并不支付任何报酬的合同。无偿合同并不是反映交易关系的典型形式。

有偿合同与无偿合同区分的法律意义在于:第一,义务的不尽内容相同。在无偿合同中,义务人原则上应承担较低的注意义务;在有偿合同中,当事人所承担的注意义务比无偿合同中的注意义务要重,如《合同法》第374条规定:"保管期间,因保管人保管不善造成保管物毁损、灭失的,保管人应当承担赔偿责任,但保管是无偿的,保管人证明自己无重大过失的,不承担损害赔偿责任"。第二,主体要求不同。订立有偿合同的当事人原则上应具备完全行为能力;而限制行为能力人非经其法定代理人的同意,不得订立与其年龄、智力状况不相适应的有偿合同,但对于一些纯获利的无偿合同,限制行为能力人即使未取得法定代理人的同意也可以订立。对此,《合同法》第47条第1款规定:"限制民事行为能力人订立的合同,经法定代理人追认后,该合同生效,但纯获利益的合同或者与年龄、智力、精神健康状况相适应而订立的合同,不必经法定代理人追认。"

（三）有名合同与无名合同

根据法律是否规定了合同的名称,可将合同分为有名合同与无名合同。有名合同又称典型合同,是指法律上已经确认了一定的名称及规则的合同,如《合同法》分则规定的15类合同都属有名合同。无名合同又称非典型合同,是指法律上尚未确定一定名称与规则的合同。根据合同自愿原则,只要不违背法律的禁止性规范和社会公共利益,当事人可以自由订立无名合同。

有名合同和无名合同划分的法律意义在于:有名合同的内容,法律通常都有直接的规定,但多为任意性规范,当事人可以通过约定变更其中的内容。对于无名合同,《合同法》规定:"本法分则或者其他法律没有明文规定的合同,适用本法总则的规定,并可以参照本法分则或者其他法律最相类似的规定。"

（四）诺成合同与实践合同

诺成合同是指当事人双方意思表示一致即可成立的合同。实践合同是指除了当事人双方意思表示一致之外,尚需交付标的物才能成立的合同。在这种合同中,仅凭双方当事人意思表示一致,还不能产生一定的权利与义务关系,必须在一方实际交付了标的物之后,才能产生法律效果。

诺成合同与实践合同区别的法律意义在于它们的成立与生效时间不同。诺成合同自当事人意思表示一致时起,合同即告成立,但实践合同的当事人不但需要就合同的内容达成合意,还须完成特定给付。这一区分在实践中直接影响到合同约束力与违约责任的认定,如《合同法》第210条规定:"自然人之间的借款合同,自贷款人提供借款时生效";第367条规定:"保管合同自保管物交付时成立,但当事人另有约定的除外。"

（五）要式合同与不要式合同

根据合同是否应以一定的形式为要件,可将合同分为要式合同与不要式合同。要式合同是指必须依据法律规定的方式而成立的合同,如《合同法》第44条第2款规定:"法律、行政法规规定应当办理批准、登记等手续生效的,依照其规定……"第10条第2款规定:"法律、行政法规规定采用书面形式的,应当采取书面形式。"目前,非自然人之间的贷款合同、租赁期限在6个月以上的租赁合同、融资租赁合同、建设工程合同、技术开发合同、技术转让合同等都是法定要式合同。不要式合同是指当事人订立的合同依法并不需要采取特定形式的合同。合同除了法律有特别规定的以外,均为不要式合同。

要式合同与不要式合同区别的法律意义在于是否应以一定的形式作为合同成立或生效的要件,对于要式合同,只有具备了法律规定的形式才能成立。

(六)有效合同、无效合同、可撤销合同与效力待定合同

这是根据合同的效力作出的分类。有效合同是指具有充分效力、没有任何原因使之无效的合同。无效合同是指合同虽然已经成立,但因其违反法律、行政法规或公共利益而在法律上不产生合同的效力、对双方当事人均缺乏约束力的合同。可撤销合同是指合同本身并非无法律上的效力,但因合同具有瑕疵,有撤销权的人在一定期限内,有使合同失效或继续生效的选择权的合同。在这种合同中,有撤销权的人如行使其撤销权,合同因之失效;如果该人在一定期限内不行使撤销权,或者明确表示,或以自己的行为放弃撤销权的,则该合同继续有效。效力待定的合同则是指合同虽然已经成立,但因其不完全符合有关生效要件的规定,因此其效力能否发生尚待确定的合同。

划分有效合同、无效合同、可撤销合同与效力待定合同的法律意义主要在于能否正确确定各类合同的构成,以适用不同的效力规则。具体内容见"合同的效力"一节。

三、合同法的概念与基本原则

合同法是调整合同关系的法律规范的总称。合同法通过规定合同的一般原则,规范合同的订立、效力、履行、变更、终止以及违约责任等权利与义务关系,调整合同当事人的行为,规范交易秩序,引导当事人建立良好的交换关系,促进社会主义市场经济建设。合同法也有广义与狭义之分,狭义合同法即合同法典,广义合同法则还包括其他各种法律规定之中的合同规范,如《民法通则》中有关合同的规定。作为我国的合同法典,《中华人民共和国合同法》由第九届全国人民代表大会第二次会议于1999年3月15日通过,并于1999年10月1日起实施。

合同法的基本原则是指贯穿于合同法始终,在立法、司法与当事人合同活动中均应遵守的体现合同法宗旨的那些原则。《合同法》第1章对合同法的基本原则作出了规定,主要有:

(一)合同当事人法律地位平等原则

平等是指当事人在订立、履行、变更、转让、解除、承担违约责任等涉及合同的活动中的法律地位是平等的,无论当事人是法人还是自然人,也不论其经济性质、组织形式、经济实力的大小等,都应当平等地享有权利、履行义务、承担责任。当事人的法律地位平等是合同成立、生效的条件。合同主体平等的具体内容包括:①自然人的权利能力一律平等;②不同的民事主体参与民事关系,适用同一法律,具有平等的地位;③合同双方的权利、义务一般都是对等的,一方根据合同享有权利必须承担相应的义务,不履行义

务就无权获得应有的权利;④合同当事人在设立、变更、终止权利、义务关系时必须平等协商。《合同法》第3条规定:"合同当事人的法律地位平等,一方不得将自己的意志强加给另一方"。

(二)当事人自愿订立合同原则

《合同法》第4条规定:"当事人依法享有自愿订立合同的权利,任何单位或个人不得非法干预"。合同自愿原则体现了民事活动的基本特征,是民事法律关系区别于行政法律关系、刑事法律关系的特有原则。自愿原则的具体内容体现在:①自愿缔结合同;②选择合同相对人;③当事人在不违背法律、行政法规、社会共同利益和公序良俗的情况下,可以自由地通过平等协商决定合同的内容;④通过自愿协商依法变更或者解除合同;⑤选择合同的形式;⑥约定违约责任。虽然确定了当事人自愿订立合同原则,但是,合同自愿原则不是绝对的,必须遵守法律、行政法规,尊重社会公德,不得扰乱社会经济秩序,不得损害社会公共利益。

(三)公平原则

《合同法》第5条规定:"当事人应当遵循公平原则确定各方的权利与义务",从而确立了合同法中的公平原则。公平,是法律的基本精神之一,它的本义在于公正合理地依照利益分配是否均衡合理的标准来衡量当事人的行为,追求社会关系公正合理的境界。合同法中的公平,第一,表现为当事人订立合同时,权利与义务的确定要公平。对显失公平的合同当事人可以申请变更或撤销。第二,在合同履行过程中的具体问题的处理也要遵循公平原则。例如,在债务人提前履行债务或部分履行债务的情况下,如果债务人上述行为损害了债权人的利益,则债权人有权拒绝接受;而如果该行为不损害债权人利益,则债权人是应当接受的,但因此而给债权人增加的费用,应由债务人承担。第三,违约责任的确定也要遵循公平原则,其中比较突出的一点是合同因不可抗力而不能履行的,根据不可抗力的影响,不能履约的一方可以部分或全部免除责任(但法律另有规定的除外),但该方当事人有义务及时通知对方以减轻可能给对方造成的损失;当事人一方违约后,对方当事人应当采取适当的措施防止损失的扩大,如果没有采取适当措施致使损失扩大的,后者不得就扩大的损失要求赔偿,但为防止损失扩大而支出的合理费用,由违约方承担。

(四)诚实信用原则

诚实信用原则是合同法的一项极为重要的原则,在大陆法系国家,它常常被称为是债法中的最高指导原则,或称为"帝王规则"。诚实信用原则是指民事主体在从事民事活动时,应诚实守信,以善意的方式履行其义务,不得滥用权力,规避法律规定的或合同约定的义务。同时,诚实信用原则要求维持当事人之间的利益以及当事人利益与社会利益之间的平衡。诚实信用原则属于强制性规范,合同双方当事人不得以协议加以排除和规避。《合同法》第6条、第60条第2款、第92条、第125条第1款都对诚实信用原则进行了规定。

（五）遵守法律、尊重社会公德、不损害社会公共利益原则

《合同法》第7条规定："当事人订立、履行合同，应当遵守法律、行政法规，尊重社会公德，不得扰乱社会经济秩序，损害社会公共利益。"尽管合同是当事人自愿协商订立的，但合同自由并不是绝对的，无任何限制的，当事人应当遵守法律、行政法规。另外，当事人订立、履行合同也不得违反社会公德。社会公德是以道德为核心的社会规范，相对于法律强行性和禁止性规定而言，具有补充规定的性质。合法原则和尊重社会公德的原则主要是指合同内容、合同目的、合同主体、合同形式不得违反法律和社会公德。

四、合同法的作用

合同法的作用，是指合同法所应当具有的作用或应达到的目标。《合同法》第1条即开宗明义地规定："为了保护合同当事人的合法权益，维护社会经济秩序，促进社会主义现代化建设，制定本法。"具体而言，合同法的作用主要体现在以下五个方面：

（一）合同法能够维护正常的社会主义市场交易秩序

合同法首先规定了合同当事人订立和履行合同应当遵守的基本原则，这就将交易信用置于法律保护之下。合同法规定了合同当事人订约的形式、内容、过程、责任，规定了合同的效力与履行，为合同的正确订立与实现提供了根本的法律保证，也提供了当事人行为的范本。合同法的这些内容相当一部分是倡导性的而不是强制性的，这样就做到了既规范合同当事人的行为，又尽量保证主体行为的自愿，确立了符合市场发展的交易秩序。

（二）合同法能够充分保护合同当事人的合法权益

由于合同法最直接的目标是保障合法合同的履行，这对于维护合同当事人的合法权益具有重要意义。例如，违约责任制度对保护当事人的合法权益具有重要作用，一方面，违约责任本身所具有的担保作用，能够促进合同的履行，实现当事人订立合同的目的；另一方面，违约责任以完全赔偿为原则，能够补偿债权人在对方违约的情况下所受到的损害。再如，合同法专门增强了合同当事人的抗辩权与债权的保全措施的规定。同时履行抗辩权可以防止利用双务合同进行欺诈，或单方违约给另一方造成进一步的损害，而不安抗辩权既可以防止利用合同进行的欺诈，也可以敦促当事人依约行事，保护守约方当事人的合法权益。

(三)合同法能够促进我国经济效益的提高

合同法在促进经济效益方面的作用,不仅表现在确认并保障合同当事人所享有的债权方面,而且表现在确认合同当事人所享有的地位平等、订约自愿方面。只有在这样的前提下,市场主体才是具有充分能动性与自主性的主体,他们才能够在法律规定的范围内自主地参与各种交易,从而促进经济活动迅速地发展,提高经济效益。

合同法在促进经济效益方面的作用,还表现在合同法所确认的鼓励交易的原则上。《合同法》中鼓励交易的功能集中体现在对合同无效和解除条件的严格限定上。《合同法》将一方以欺诈胁迫的手段或者乘人之危,使对方在违背真实意思的情况下订立的"不损害国家利益的合同"确定为可撤销合同,而我国原来的合同法将此种情况视为无效合同,这种变化使当事人可以选择是否保持此类合同的效力,可以自愿受其约束,从而促进交易。总之,《合同法》的许多新规定有利于鼓励交易,平等公正地保护合同各方当事人的合法权益。

(四)合同法有助于巩固经济体制改革的成果,促进社会主义市场经济法制建设的发展

我国社会主义市场经济建设由计划经济转轨而来,其中的一项重要任务就是培养活跃的市场主体,只有在法律上确认并充分保障合同当事人享有的各项权利,才能充分鼓励市场主体从事广泛的交易活动,调动其从事交易、展开竞争、创造社会财富的积极性。合同法从合同的订立、合同相对人的选择、合同内容的确定、变更与解除以及合同方式的选择等各方面对合同当事人的权利给予了充分的确认与保护,这实际上是以法律的形式巩固了经济体制改革所取得的成果。

(五)《合同法》有助于增强对外经济合作,促进国民经济发展

当今世界经济全球化的趋势日益增强,任何国家要想使其经济持续、快速、深入地发展,都必须处理好其国内经济发展与国际经济合作的关系。《合同法》将成为增强对外经济合作、促进国民经济发展的重要工具,它的作用至少表现在下列几个方面:第一,《合同法》为中外经济合作创造了良好的法律氛围;第二,《合同法》吸收了大量的国外立法先进经验,这些经验不但可以减少我们立法中可能走的弯路,更利于我国法律与国际法律接轨;第三,《合同法》保留了《涉外经济合同法》中的成功经验,针对对外经济合作的特点规范涉外合同,规定了涉外合同准据法、纠纷解决机构的确定问题及国际货物买卖合同与技术进出口合同特殊的诉讼时效,这必将增强对外经济合作,从而促进国民经济的发展。

第二节 合同的订立

一、合同订立的概念

广义的合同订立,是指两个或两个以上当事人,为设立、变更或者终止相互之间的民事权利义务关系而进行协商并促成合意的民事行为,而狭义的合同订立则仅指当事人之间设立民事权利义务关系的民事行为。《合同法》第 2 条规定:"本法所称合同是平等主体的自然人、法人、其他组织之间设立、变更、终止民事权利义务关系的协议……"据此可知,我国采用广义的合同订立概念。合同订立反映了合同当事人通过缔约行为达成协议的全部过程。

二、订立合同的主体

订立合同的主体是指订立合同的当事人,包括自然人、法人和其他组织。自然人是因出生而取得民事主体资格的人,包括本国公民与外国公民及无国籍人。法人是具有民事权利能力和民事行为能力,依法独立享有民事权利和承担民事义务的组织。根据《民法通则》规定,在我国作为合同主体的法人,既包括以营利为目的并从事生产经营活动的企业法人,也包括不以营利为目的的非企业法人(国家机关、事业单位、社会团体法人);既包括在中国依法成立的中国法人,也包括在外国注册登记的外国法人。

(一)合同订立主体的资格

合同当事人订立合同时必须具有相应的主体资格,也就是具有缔结合同的能力,包括权利能力和行为能力,这是合同生效的要件之一。所谓缔结合同的能力,是指当事人应当具备订立合同的法律资格。当事人订立合同的主体资格的含义体现在以下几个方面:

1. 当事人应当具有相应的民事权利能力和民事行为能力。订立合同的当事人可以是自然人、法人或者其他组织。自然人的权利能力,是法律赋予自然人享有民事权利和承担民事义务的资格。自然人的权利能力始于出生,终止于死亡。自然人的行为能力是根据年龄和认识自己行为后果的智力状况来确定的。法律根据自然人的年龄和智力状况而将其行为能力分为完全民事行为能力人、限制民事行为能力人和无民事行为能力人。根据《民法通则》的规定,完全民事行为能力人可以依法订立任何性质的合同,限制民事行为能力人和无民事行为能力人只能订立与其年龄、智力相适应或者与其精神健康状况相适应的合同。例如,无民事行为能力人可以成为赠与合同的受赠人,但不能与他人订立买卖合同。

法人的民事行为能力,是法律赋予社会组织独立进行民事活动的资格。法人的民事权利能力和民事行为能力同时产生和消灭,两者的范围完全一致。法人的民事行为能力由他的机关或者代表来实现。法人的民事权利能力和民事行为能力与其核准登记的经营范围是统一的。因此,法人只有在核准登记后才有权订立合同;只能在其经营范围内订立合同,不得超越经营范围;经营范围不同的法人,其民事权利能力和民事行为能力不同。其他组织,如,合伙、非法人企业、法人的分支机构等的民事权利能力和民事行为能力与法人的民事权利能力和民事行为能力的界定方式是一致的。需要指出的是,法人内部的组织机构(如企业里的车间、班组,政府机关里的处、科、室等)、法人自身的组成部分,不能以自己的名义对外享有民事权利和承担民事义务,不能成为合同的当事人。

其他组织指的是依法成立的从事生产经营活动或者其他专门活动的非法人组织,如独资企业、合伙组织、企业法人的分支机构等。它们虽然不具有法人资格,但也是具有相对独立性的社会组织,可以在一定的范围内从事有关的活动,并对其行为的后果自己承担或者与他人共同承担民事责任,因此具有订立合同的资格。

2. 当事人必须在订立合同时具有民事权利能力和民事行为能力。所谓"订立合同时",是指当事人意思表示达成一致,合同由此成立之时。当事人只要在订立合同的当时具有相应的民事权利能力和民事行为能力,合同就是有效的,即使以后当事人丧失了相应的民事权利能力和民事行为能力,合同仍然有效,至于以后当事人因丧失民事权利能力和相应的民事行为能力而导致合同终止,但这并不能否认合同是有效的。反之,当事人订立合同的当时尚无民事权利能力和相应的民事行为能力,订立合同之后当事人具有了相应的民事行为能力,则该合同仍然不能视为是有效合同,因为订立合同时,当事人不具备民事权利能力或者相应的民事行为能力。

3. 合同双方当事人必须都具有民事权利能力和民事行为能力。合同是双方民事法律行为,法律对当事人订立合同的主体资格的要求是针对双方当事人的,一方不具备民事权利能力和相应的民事行为能力,合同依然不能生效。

(二)委托他人代理订立合同的要求

《合同法》第9条规定:"当事人依法可以委托代理人订立合同。"代理,是一种重要的民事法律行为和制度。代理作为一种法律行为,具有下列特征:①代理是由代理人以被代理人的名义所进行的行为;②代理人必须在代理权限范围内进行代理活动;③代理人在代理活动中是独立进行意思表示的;④代理行为的法律后果由被代理人承担。

代理分委托代理、法定代理和指定代理。《合同法》第9条的规定是一种委托代理。这一规定确立了合同代理制度,并肯定了合同代理人作为合同订立主体在合同订立过程中所发挥的重要作用。

合同当事人委托他人代理订立合同,应当依法进行,具体包括以下几个方面的要求:

1. 代理人必须取得委托人的授权。代理人接受委托人的委托而享有代理权,才可以为委托人代订合同。委托人应向代理人提供委托证明,明确授权其代订合同的有关事项。在实践中,委托人的委托证明可以是书面授权委托书、介绍信、单位公章或者能够证明委托代理关系的其他形式。如果采用授权委托书,则应当载明代理人的姓名或者名称,代理事项,权限和期间,并由委托人签名或者盖章。

2. 代理人应当根据授权范围并通常以委托人的名义订立合同。代理人只有在代理权限内正当行使代理权,才能符合委托人的真实意志;代理人超越代理权或者代理权终止后订立合同的行为,对委托人没有法律约束力;但如果委托人事后对此给予追认,则由委托人承担该合同的法律后果。行为人没有代理权、超越代理权或者代理权终止后以被代理人名义订立合同,相对人有理由相信行为人有代理权的,该代理行为有效。通常代理人以委托人的名义实施民事行为,其代订合同的法律后果由委托人承受,并对委托人直接产生权利和义务。但在委托合同中,"受托人以自己的名义,在委托人的授权范围内与第三人订立的合同,第三人在订立合同时知道受托人与委托人之间的代理关系的,该合同直接约束委托人和第三人,但有确切证据证明该合同只约束受托人和第三人的除外。"

3. 代理人应当具备合同主体资格或者具有承担相应的民事责任的能力。代理人作为合同订立主体,其代理行为对作为合同主体的委托人直接产生权利和义务,对委托人的对方当事人的利益也会产生直接的影响。从保护委托人与其相对人的权益,保障市场交易正常秩序的原则出发,应当对代理人的资格和能力作出规定。

三、合同的形式

合同的形式,是合同当事人实现合意的表现形式。具体说,是指订立合同的当事人各方协商一致而成立合同的外在表现方式。一方面,合同的形式反映着当事人双方一致同意的合同的内容,是当事人双方意思表示一致的外在表现;另一方面,只有通过合同的形式,才能证明合同的客观存在,合同的内容也才能为他人所知晓。因此,明确合同的形式具有重要意义。

《合同法》第10条规定:"当事人订立合同,有书面形式、口头形式和其他形式。法律、行政法规规定采用书面形式的,应当采用书面形式。当事人约定采用书面形式的,应当采用书面形式。"根据这一规定,合同形式可以分为书面形式、口头形式和其他形式。

(一) 书面形式

书面形式是指当事人采用书面文字表述方式确定相互之间权利义务关系的协议。《合同法》第 11 条规定:"书面形式是指合同书、信件以及数据电文(包括电报、电传、传真、电子数据交换和电子邮件)等可以有形地表现所载内容的形式。"

某些书面形式的合同往往有主体和附件之分。主体是指载明合同主要条款和一般条款的合同书或者信件、电报、电传等。附件是指说明合同主要条款的图表或者文字,如与履行合同有关的可行性论证报告、操作规范以及有关图纸、表格、照片等,附件也是合同的重要组成部分。当事人采用合同书形式订立合同的,自当事人双方签字或盖章时合同成立。

书面形式的合同明确了当事人双方的权利义务关系,发生纠纷时便于举证和分清责任。我国法律、行政法规对有些合同明确规定应当采用书面形式,如建设工程合同、借款合同(公民之间借款另有约定的除外)、6 个月以上租赁合同等。当事人也可以自行约定采用书面形式。对于法律、行政法规规定和当事人约定采用书面形式的当事人必须以书面形式订立合同。

(二) 口头形式

口头形式是指当事人用口头语言为意思表示,通过对话方式确定相互之间权利义务关系的协议。口头形式包括以电话和交谈形式订立的合同。

口头形式简便易行,交易快捷,对于那些交易金额小、内容简单并且能够即时结清的合同关系,采用口头形式订立,可以简化手续、方便交易、提高效益,具有积极意义。凡是法律、行政法规没有规定采用特定形式,当事人也未作特别约定的合同,均可以采用口头形式订立。但是,由于口头形式缺乏书面文字依据,一旦出现纠纷,难于举证,不易分清责任,所以对于大多数合同而言,不宜采用口头形式。

(三) 其他形式

其他形式是指当事人并非或者不完全以书面文字表述或者以言语对话方式为意思表示,而是通过其他方式确定相互之间权利义务关系的协议。合同的其他形式可以由法律直接规定或者由当事人约定,这些形式可以是公证、鉴证、审批等。

四、合同的内容

(一) 合同的一般条款

合同的内容是由合同的条款组成的,基本是由当事人自愿确定的,同时也包括法律对合同某些条款的直接规定。《合同法》第 12 条规定:"合同的内容由当事人约定,一般包括以下条款:(一)当事人的名称或者姓名和住所;(二)标的;(三)数量;(四)质量;(五)价款或者报酬;(六)履行期限;(七)履行地点和方式;(八)违约责任;(九)解决争议的方法。"其具体内容是:

1. 当事人的名称或者姓名和住所。当事人是法人或者其他组织的,必须写明当事人的真实的、完整的名称,以其在工商行政管理机关登记的名称为准。如果当事人是法人的分支机构,则应当在合同中写明该法人的名称。当事人是自然人的,要写明自然人的姓名。合同是当事人委托代理人订立的,则在合同中须写明被代理人,也就是实质上的合同当事人的名称,并且也应当写明代理人的名称。合同中还应当写明当事人的住所。当事人的住所对于确定债务履行地、管辖地具有重要意义。

2. 标的。标的是合同权利义务指向的对象。由于合同种类不同,标的也不相同,可以是某种物,也可以是某种服务或者智力成果等。例如,买卖合同的标的是某种实物,委托合同的标的是受托人提供的服务,技术合同的标的是智力成果。

并非所有的物、服务、智力成果都可以成为标的,例如,国家法律禁止流通的物就不能成为合同的标的,当事人也不能就危害社会公共利益的智力成果订立技术转让合同。

合同的标的应当清楚地写明标的名称,以使标的特定化,能够界定义务的量。

3. 数量。数量是标的的计量,是衡量标的大小、多少、轻重的尺度。标的数量是通过计量单位和计量方法来衡量的,必须使用国家法定计量单位和统一计量方法(国家没有规定的,由双方协商)。订立合同时,计量单位和计量方法必须合法、具体、准确。此外,某些标的物由于物理属性可能会产生自然增减的情况,因此,在合同中,应当明确记载合理磅差、正负尾差、超欠幅度、自然损耗等。

4. 质量。质量是指标的的内在素质和外观形象的状况。质量主要包括:①标的的物理和化学成分;②标的的规格,通常是指用度、量、衡来确定的品质特征;③标的的性能,如强度、硬度、弹性、延度、抗腐性、耐水性、耐热性、传导性等;④标的的款式,主要是指标的的色泽、图案、式样、时尚等;⑤标的的感觉要素,主要是指标的的味道、触感、音质、新鲜度等。订立合同时,一定要将标的质量详尽写明。

当事人必须在合同中约定质量标准,以此作为当事人行使权利和履行义务的依据。对于质量标准有国家标准的,执行国家标准;如果没有国家标准,有行业标准的,执行行业标准;没有国家标准和行业标准的,由双方当事人协商确定质量标准。如果质量标准是以样品为依据的,双方要共同封存样品,分别保管,按照封存的样品进行检验。

5. 价款或者报酬。价款或者报酬是有偿合同的主要条款。价款是取得标的物所应支付的代价,报酬是获得服务所应支付的代价。价款或者报酬除国家有定价的以外,由当事人自愿约定,但价款或者报酬的约定应当公平。

在价款或者报酬这一条款中,当事人还应当约定价款或者报酬的支付方式(一次性支付或分期支付)、币种(人民币或者外币)、支付地点、结算方式(是现金结算还是银行结算,是以本票、汇票、支票等票据中的哪一种方式结算)等内容。另外,在大宗商品交易活动中,通常须支付运输费、保险费、装卸费、报关费等费用,这些费用由哪一方当事人支付,应当在订立合同时予以明确约定。

6. 履行期限。履行期限是当事人履行合同义务的时间界限。履行期限可以约定为定时履行,还可以约定为在一定期限内履行。如果是分期履行的,应当写明每期履行的时间。法律对合同的履行期限有限制的,按照法律的规定,例如,法律规定租赁合同的最长履行期限是 20 年,期满后可以续展。

7. 履行地点和方式。履行地点是支付或者提取标的的地方。履行地点是确定检验地点的依据,是确定运输费由谁负担、风险由谁承受的依据,有时也是确定标的物的所有权是否转移、何时转移的依据。

合同的履行方式是指当事人采用什么方式履行合同义务。合同的履行方式决定于标的的性质,不同性质的标的,具有不同的履行方式。

8. 违约责任。违约责任是因当事人一方或者双方不履行合同义务或者履行合同义务不符合约定时应当承担的责任。违约责任是促使当事人履行债务,使非违约方免受或减少损失的法律措施,对当事人的利益关系重大,因此应当在合同中予以明确规定。

对于违约责任,如果法律有规定,则按照法律的规定,但当事人也可以在合同中约定承担违约责任的形式。当事人可以在合同中约定,一方当事人违约时,应当向另一方当事人支付一定数量的违约金,或者约定因违反合同而产生的损害赔偿额的计算方法。违约责任是法律责任,即使当事人没有在合同中约定违约责任条款,只要违约方的责任未依法免除,则违约方应当承担责任。

9. 解决争议的方法。当事人在履行合同的过程中就合同的有关事项产生纠纷在所难免,为了及时解决纠纷,当事人需要在合同中约定解决合同争议的方法,这些方法主要有:和解、调解、仲裁、诉讼等。

以上是合同一般应当包括的条款,当事人可以根据所订立的合同的性质选择上述条款。上述条款是法律为当事人订立合同提供的指导和提示,并非所有条款都是合同的必要条款,不具备某些条款的合同并非不能成立。

(二)格式条款

根据《合同法》第 39 条的规定,格式条款是指当事人为了重复使用而预先拟定,并在订立合同时未与对方协商的条款。格式条款由一方当事人预先拟定,针对的是不特定的相对人,对方只有表示同意或者不同意的权利。合同中采用格式条款有两种形式:一种是合同的部分条款采用格式条款,另一种是合同的全部条款都采用格式条款,这类合同又称为格式合同、标准合同或定式合同。

格式条款的主要特点是条款的定型化,因此,格式条款具有使经济流转简便、迅速、节约交易成本、合同条款详细而可即时成立、合同采用书面形式而使当事人的权利义务明确、便于合同管理机关对合同进行监督管理的优点。但是,由于格式条款都是由一方当事人事先拟定的,对方无协商的机会,这就使得提供服务或者商品的一方在拟定格式条款时只订立有利于自己的条款,而不顾及消费者的利益。为了兴利除弊,保护弱者的权益,法律确立了如下订立格式条款的规则:

1. 规定了提供格式条款一方的义务,确立了保护相对人的原则。《合同法》第39条第1款规定:"采用格式条款订立合同的,提供格式条款的一方应当遵循公平原则确定当事人之间的权利和义务,并采取合理的方式提请对方注意免除或者限制其责任的条款,按照对方的要求,对该条款予以说明。"根据这一规定,提供格式条款的一方当事人主要应当承担以下三项义务:

(1)确定当事人之间的权利和义务应当遵循公平原则。双方当事人通过合同所确立的权利义务关系应当做到对等,不能一方只享有权利,另一方只承担义务,或在权利享有和义务承担方面出现不对等的状况。一方在享有权利的同时,必须同时承担相应的义务。

(2)提请对方注意的义务。拟定格式条款的一方必须提请对方注意免除或者限制其责任的条款。提请注意应当采取合理的方式,这里的合理应当理解为在正常情况下能够引起对方当事人的注意。比如,在合同订立时采用足以引起对方注意的文字、符号、字体等特别标识等。

(3)应对方要求对条款予以说明的义务。作为合同另一方当事人,有权要求拟定格式条款的一方就格式条款的有关问题作出说明,以便对方当事人了解该条款的真实含义及订立该条款的目的等。对于对方当事人提出的要求,提供格式条款的一方应当按照对方的要求,对格式条款作出说明。

2. 格式条款的无效。格式条款无效是指格式条款不具有法律效力。我国《合同法》第40条对格式条款无效的规定为:

(1)具有《合同法》第52条所规定的情形。这些情形主要是:①一方以欺诈、胁迫的手段订立合同,损害国家利益的;②恶意串通,损害国家、集体或者第三人利益的;③以合法形式掩盖非法目的的;④损害社会公共利益的;⑤违反法律、行政法规强制性规定的。

(2)具有《合同法》第53条所规定的情形。即合同中的下列免责条款无效:造成对方人身伤害的、因故意或者重大过失造成对方财产损失的。

(3)提供格式条款一方免除其责任、加重对方责任、排除对方当事人主要权利的情形。

3. 格式条款的解释。我国《合同法》第 41 条规定:"对格式条款的理解发生争议的,应当按照通常理解予以解释。对格式条款有两种以上解释的,应当作出不利于提供格式条款一方的解释。格式条款与非格式条款不一致的,应当采用非格式条款。"这一规定主要包含三方面的内容。

(1)格式条款的一般解释。有效的格式条款已成为合同的有效组成部分,因此,合同的解释原则也适用于格式条款的解释。关于合同解释的原则和规则,通常认为,包括不拘泥于文字的客观性原则、合法性原则、整体性原则、参照习惯或惯例的原则、符合合同目的性原则、诚实信用原则等等。

(2)不利于提供格式条款当事人的解释。为了体现公平,平衡当事人双方之间的利益关系,保护消费者的合法权益,在当事人双方对格式条款的理解发生争议时,应当作出不利于提供格式条款一方的解释,以保护对方当事人的合法权益。

(3)格式条款与非格式条款不一致时的处理原则。由于非格式条款是双方协商确定的,较好地体现了双方当事人的意思表示,而格式条款是由提供方单方预先拟定的,因此,当两者不一致时,应当采用非格式条款,即非格式条款优先。

五、订立合同的程序

(一)要约

要约又称发盘、出盘、发价或者报价等,我国《合同法》第 14 条规定,要约是希望和他人订立合同的意思表示。

要约成立必须符合一定的条件,法律规定的要约的构成要件是:

1. 要约的内容要具体、确定。由于要约一经受要约人承诺,合同即为成立,所以要约必须是能够决定合同主要内容的意思表示。首先,要约的内容应当确定,不能含糊不清;其次,还应当完整和具体,应包含合同订立的必要条款。

2. 表明经受要约人承诺,要约人即受该意思表示约束。要约人在要约有效期间要受自己要约的约束,并负有与作出承诺的受要约人签订合同的义务。要约一经要约人发出,并经受要约人承诺,合同即告成立。因此,要约的要件应当包括要约必须表明一经承诺即受约束的意旨,也就是要约人必须向受要约人表明,该要约一旦由受要约人承诺,合同即告成立,要约人就要受到约束。

要约不同于要约邀请。《合同法》第 15 条第 1 款规定:"要约邀请是希望他人向自己发出要约的意思表示。寄送的价目表、拍卖公告、招标公告、招股说明书、商品广告等为要约邀请。"要约邀请又称为要约引诱。要约邀请并不是要约,二者之间存在着明显的区别。首先,要约邀请的直接目的是诱使他人向行为人发出要约,而不是期待他人的承诺,尽管最终的目的是成立合同;其次,要约邀请的内容仅仅是订立合同的建议,而不包含合同的主要条款,即使他人对此表示同意,也无法使合同成立;再次,要约邀请一般是向不特定的相对人发出的,所以无法事先得知其中谁会成为要约人;最后,要约邀请反映的是合同订立的前期准备活动,尚未进入实质缔约阶段。

要约到达受要约人时才能生效。采用数据电文形式订立合同,收件人指定特定系统接收数据电文的,该数据电文进入该特定系统的时间,视为到达时间;未指定特定系统的,该数据电文进入收件人的任何系统的首次时间,视为到达时间。

要约可以撤回。撤回要约的通知应当在要约到达受要约人之前或者与要约同时到达受要约人。

要约可以撤销。撤销要约的通知应当在受要约人发出承诺通知之前到达受要约人。有下列情形之一的,要约不得撤销:①要约人确定了承诺期限或者以其他形式明示要约不可撤销;②受要约人有理由认为要约是不可撤销的,并已经为履行合同作了准备工作。

有下列情形之一的,要约失效:①拒绝要约的通知到达要约人;②要约人依法撤销要约;③承诺期限届满,受要约人未作出承诺;④受要约人对要约的内容作出实质性变更。

(二)承诺

承诺又称为收盘或者接受提议。《合同法》第21条规定,承诺是受要约人同意要约的意思表示。

承诺的构成要件包括:

1. 承诺必须由受要约人作出。实践中,除了作为受要约人的自然人、法人或者其他组织以及其授权的代理人之外,其他任何人对要约人作出"承诺"的意思表示,对要约人和受要约人均不产生效力,也不可能产生合同成立的后果,只能作为要约。

2. 承诺必须在合理期限内作出。要约规定承诺的期限时,受要约人应当在规定的期限内承诺,没有规定承诺期限的,应当在法律规定的期限内承诺。《合同法》第23条规定:"承诺应当在要约确定的期限内到达要约人。要约没有确定承诺期限的,承诺应当依照下列规定到达:①要约以对话方式作出的,应当即时作出承诺的意思表示,但当事人另有约定的除外;②要约以非对话方式作出的,承诺应当在合理期限内到达要约人。"《合同法》第24条规定:"要约以电报或者信件作出的,承诺期限自电报交发之日或者信件载明的日期开始计算。信件未载明日期的,自投寄该信件的邮戳日期开始计算。"

3. 承诺的内容与要约的内容相一致。如果受要约人对要约内容加以扩张、限制或者变更,便不是承诺,而是一项反要约,即新要约。承诺的内容并非与要约的内容完全一致,而承诺对要约的内容只是作出非实质性的变更,即构成承诺。所谓非实质性变更,是对有关合同标的、数量、质量、价款或者报酬、履行期限、履行地点和方式、违约责任和解决争议方法以外的条款的变更。《合同法》第 31 条规定:"承诺对要约的内容作出非实质性变更的,除要约人及时表示反对或者要约表明承诺不得对要约的内容作出任何变更的以外,该承诺有效,合同的内容以承诺的内容为准。"

承诺的表示应当以通知的方式作出,但根据交易习惯或者要约表明,可以通过行为作出承诺的除外。

承诺应当在要约确定的期限内到达要约人。要约没有确定承诺期限的,承诺应当依照下列规定到达:①要约以对话方式作出的,应当即时作出承诺的意思表示,但当事人另有约定的除外;②要约以非对话方式作出的,承诺应当在合理期限内到达要约人。

承诺通知到达要约人时生效。承诺不需要通知的,根据交易习惯或者要约的要求作出承诺的行为时生效。对于受要约人采用数据电文形式的承诺,应以该数据电文进入要约人的系统的时间为承诺到达时间。承诺生效时合同成立。

承诺可以撤回,但撤回承诺的通知应当在承诺生效之前或者与承诺通知同时到达要约人。如果撤回承诺的通知迟于承诺通知到达要约人,则不产生承诺撤回的效力。

受要约人超过承诺期限发出承诺的,除要约人及时通知受要约人该承诺有效的以外,为新要约。受要约人在承诺期限内发出承诺,按照通常情形能够及时到达要约人,但因其他原因承诺到达要约人时超过承诺期限的,除要约人及时通知受要约人因承诺超过期限不接受该承诺的以外,该承诺有效。

六、缔约过失责任

缔约过失责任,就是订立合同过程中的责任,是指当事人(即缔约人)由于过错违反先合同义务而依法承担的民事责任。所谓先合同义务,是自缔约人为订立合同而相互接触和协商期间逐渐产生的注意义务,而非合同生效后产生的给付义务。它包括当事人之间的互相协助、互相通知、互相保护,对合同有关事宜给予必要和充分的注意等义务。

法律应对整个商品交换过程进行调整,而违约责任缺乏对合同成立之前的订立合同过程的调整,因此,有必要以缔约过失责任来补充。另外,由于合同成立之前因一方的过失致相对人的损失依合同法和侵权法都无法予以解决,为了弥补这一漏洞,有必要设立缔约过失责任。这对维护交易安全,保护当事人的利益具有重要意义。

当事人承担缔约过失责任须满足以下要件:

1. 当事人一方违反了先合同义务。我国《合同法》规定的违反先合同义务的表现形式主要有:①当事人一方有假借订立合同,恶意进行磋商的行为的;②故意隐瞒与订立合同有关的重要事实或者提供虚假情况的;③有其他违背诚实信用原则的行为的。

2.有给另一方当事人造成损失的事实存在。缔约过失责任的目的,就是为了弥补缔约过程中由于一方违反先合同义务而给对方造成的信赖利益的损失,因此,有给另一方当事人造成损失的事实是承担缔约过失责任的前提。

3.违反先合同义务与损失之间有因果关系。当事人一方在缔约过程中受到的损失是由另一方当事人违反先合同义务造成的,违反先合同义务与另一方的损失之间有因果关系。

4.违反先合同义务的一方有过错。这里的过错指的是故意和过失。

缔约过失责任不同于违约责任:①违约责任是基于有效合同而产生的民事责任,违反的是合同义务;而缔约过失责任往往是基于合同不成立或合同无效而产生的民事责任,违反的是先合同义务。②责任方式不同。缔约过失责任的形式只有赔偿损失;而违约责任的形式既有赔偿损失,也有支付违约金、强制实际履行等方式。③违约责任具有约定性,即当事人可以在合同中约定责任内容,如约定违约金的计算方法;而缔约过失责任是基于法律的直接规定而产生的法定责任。④责任范围不同。违约责任所赔偿的是履行利益的损失,即合同有效成立,而因不履行合同义务或者履行合同义务不符合约定时非违约方所遭受的损失;缔约过失责任赔偿的是信赖利益的损失,即相信合同能够有效成立,但由于责任方违反先合同义务而使合同不能成立时所受到的损失。信赖利益的损失也包括直接损失和间接损失,如缔约费用、因相信合同能够成立而为履行合同作准备时支出的费用等。

第三节 合同的效力

一、合同效力的含义及范围

(一)合同效力的含义

合同效力即已经成立的合同的法律效力,其含义是指依法成立的合同对当事人具有法律约束力,具有法律效力的合同不仅表现为对当事人的约束,同时,当事人可以通过法院获得强制执行的法律效果。

在合同效力制度中,一个十分重要的内容是合同成立与合同生效之间的关系。合同的成立是合同生效的前提。已经成立的合同如不符合法律规定的生效要件,仍不能产生法律效力。合同的效力制度体现了国家对当事人已经订立的合同的评价。而合同的成立主要表现了当事人的意志,体现了合同自愿原则,对于那些依法成立且符合法律生效要件的合同来说,一旦成立即产生法律约束力。这种情形表现为合同的成立与生效在时间上的同一性。但是对于那些需要履行批准、登记手续方能生效的合同以及附条件和附期限的合同,合同的成立与生效有一定的时间间隔,表现为合同的成立与生效在时间上的非同一性。所以,合同的成立和生效在时间上不尽一致。

（二）合同效力的范围

1. 合同的相对性。合同是当事人之间设立、变更或终止民事权利义务关系的协议,所以合同的效力原则上只能发生在自愿订立合同的特定主体之间,即合同相对性。具体来讲,合同相对性的主要内容包括:①除法律另有规定外,合同一方当事人只能向另一方当事人提出合同上的请求和提起诉讼,而不能向与其无合同关系的第三人提出合同上的请求和诉讼;②除法律或合同另有规定外,合同当事人以外的任何第三人不能主张合同上的权利;③任何合同当事人未征得第三人的同意,不得为其设定合同上的义务;④合同中的债务人应对其法定代理人或辅助其履行合同债务的其他人在辅助履行义务中的过错行为负责;⑤在因第三人的行为造成合同债务不能履行或不完全履行的情况下,债务人仍应首先向债权人承担违约责任,然后再向第三人追偿;⑥债务人只能向债权人承担违约责任,而不应向国家或第三人承担违约责任;⑦除法律和合同另有规定外,第三人代替债务人履行债务,因第三人的过错造成债务不履行或不适当履行,仍应由债务人向债权人承担违约责任。

2. 合同效力的对外扩张。合同的相对性是确定合同效力范围的一项基本原则。但是,随着合同保全制度的设立、债权的物权化、责任竞合等现象的发展以及涉他合同的出现,合同的相对性已有所突破,合同相对性原则在实践中也存在许多例外,使合同关系产生了对外效力,即合同对第三人产生法律约束力。例如,随着现代产品责任的发展,许多国家的法律和判例为保护消费者的利益,扩大了合同关系对第三人的保护,要求产品的制造者和销售者对与其无合同关系的第三人承担责任。

二、合同的生效

（一）合同的生效要件

合同的生效要件就是指已经成立的合同产生法律效力应当具备的条件。合同的生效要件是判断合同是否具有法律约束力的标准,这些要件是:

1. 合同的主体合格。合同的主体合格是指合同的主体应当具有相应的民事权利能力和民事行为能力。这是合同得以合法成立的前提条件之一。

2. 意思表示真实。意思表示是指行为人追求一定法律后果的意志在外界的表现,即把要求进行法律行为的意思以一定方式表现于外部的行为。所谓意思表示真实,是指行为人的意思表示行为应当真实地反映其内心的效果意思。意思表示一致是合同成立的要件,如果达成一致的意思表示不是当事人的真实意思表示,合同的效力也将受到影响,意思表示不真实的一方当事人可以请求变更或者撤销合同,甚至可以请求宣告合同无效。因此,如果说意思表示一致是合同成立的要件的话,那么真实意思表示一致才是合同生效的要件。

3. 不违反法律和社会公共利益。不违反法律的含义主要是指不违反法律、行政法规的强制性规定。不违反社会公共利益的含义则是指合同的订立和履行不得违反公共道德和善良风俗。

(二)合同生效的时间

根据我国《合同法》第 44 条规定,依法成立的合同,如果不需要办理批准、登记手续并且也没有附生效条件或者生效期限的,自成立时生效。

法律、行政法规规定应当办理批准、登记等手续生效的,在办理了相应的批准、登记手续后生效。最高人民法院《关于适用〈中华人民共和国合同法〉若干问题的解释》第 9 条规定,法律、行政法规规定合同应当办理批准手续,或者办理批准、登记等手续才生效,在一审法庭辩论终结前当事人仍未办理批准手续的,或者仍未办理批准、登记等手续的,人民法院应当认定该合同未生效;法律、行政法规规定合同应当办理登记手续,但未规定登记后生效的,当事人未办理登记手续不影响合同的效力,合同标的物所有权及其他物权不能转移。

对于附生效条件的合同,自条件成就时生效;对于附生效期限的合同,自期限届至时生效。

三、效力待定的合同

效力待定合同是指合同虽然已经成立,但因并不完全符合有关合同生效要件的规定,因此其效力能否发生,尚未确定,一般须经有权人追认才能生效的合同。

(一)效力待定合同的种类

按照我国《合同法》的规定,效力待定的合同主要有:

1. 限制民事行为能力人订立的合同。根据我国《民法通则》规定,10 周岁以上不满 18 周岁的未成年人和不能完全辨认自己行为的精神病人可以从事与其年龄、智力和精神健康状况相适应的民事行为。因此,《合同法》第 47 条规定,限制民事行为能力人订立的与其年龄、智力、精神健康状况相适应的合同,不存在主体瑕疵,如果没有其他无效因素,则无需法定代理人的事先同意和事后追认,即为确定有效的合同。

为了保护限制民事行为能力人的权益,《合同法》同时规定,限制民事行为能力人订立的纯获利益的合同为有效合同,例如接受奖励、赠与、报酬合同。由此可见,限制民事行为能力人订立纯获法律上的利益的合同,则无需法定代理人的事先同意和事后追认便可以生效。相对人也不得以行为人为限制民事行为能力人为由,主张该合同不具有法律效力。

除上述与其年龄、智力、精神健康状况相适应而订立的合同或者纯获利益的合同,不必经法定代理人追认外,限制民事行为能力人订立的其他合同,须经法定代理人事先同意或者事后追认,该合同方为有效。

为了保护相对人的正当权益,并使合同效力和交易关系尽快确定下来,《合同法》赋予了相对人催告权和撤销权。相对人可以催告法定代理人在一个月内予以追认。法定代理人未作表示的,视为拒绝追认。法定代理人的追认必须以明示的、积极的方式作出。合同被追认之前,善意相对人有撤销的权利。

2. 行为人无权代理订立的合同。行为人无权代理订立的合同,是指不具有代理权的行为人以被代理人的名义与第三人订立的合同。无权代理包括行为人没有代理权、超越代理权或者代理权终止后,以被代理人名义订立合同的三种情形。

为了保护相对人的正当权益,并使合同效力和交易关系尽快确定下来,《合同法》赋予了相对人催告权和撤销权。相对人可以催告被代理人在一个月内予以追认。被代理人未作表示的,视为拒绝追认。被代理人的追认必须以明示的、积极的方式作出。合同被追认之前,善意相对人有撤销的权利。在被代理人追认之后,善意相对人不再享有撤销权。撤销应当以通知的方式作出,即撤销通知也应当以明示的、积极的方式作出。

3. 没有处分权的行为人订立的合同。对财产的处分包括法律上的处分和事实上的处分,前者如出卖、赠与,后者如抛弃。通过订立合同处分财产属于法律上处分的一种。处分权是所有权的一项权能,所以,在一般情况下,处分权的主体或者是所有权人或者是得到了所有权人的授权,在特定情况下,行为人可以基于法律的规定取得处分权。例如,抵押权人、质押权人、留置权人处分抵押物、质押物、留置物的权利。无处分权人订立合同处分他人财产的,属于效力待定合同。我国《合同法》第51条规定,"无处分权的人处分他人财产,经权利人追认或者无处分权的人订立合同后取得处分权的,该合同有效。"

(二) 不属于效力待定合同的两种特殊情形

1. 表见代理。表见代理是指被代理人的行为足以使善意相对人相信无权代理人具有代理权,基于此项信赖与无权代理人进行交易,由此造成的法律后果由被代理人承担的代理。表见代理制度的设立,旨在保护善意第三人的信赖利益,维护交易的安全,对疏于注意的被代理人,令其自负后果。尽管表见代理实质上仍然属于无权代理,但表见代理产生与有权代理同样的法律后果。属于表见代理所签的合同,不属于效力待定合同。我国《合同法》第49条规定:"行为人没有代理权,超越代理权或代理权终止后以被代理人名义订立合同,相对人有理由相信行为人有代理权的,该代理行为有效。"

表见代理的构成要件是：①行为人没有代理权、超越代理权或者代理权已经终止；②客观上存在使善意相对人相信行为人享有代理权的理由；③相对人善意并且无过失。即相对人无从知道行为人不享有代理权，而且这种不知情并非由相对人的疏于注意所致；④行为人与相对人所订立的合同符合合同成立的要件，并且符合代理行为的表面特征。

2. 超越代表权订立的合同。《合同法》第50条规定："法人或者其他组织的法定代表人、负责人超越权限订立的合同，除相对人知道或者应当知道其超越权限的以外，该代表行为有效。"

四、无效合同

（一）无效合同的概念和特征

无效合同是相对有效合同而言的，是指合同虽然已经成立，但因为欠缺生效的要件而自始就不具有法律约束力的合同。

无效合同具有以下特征：①违法性，无效合同是违反了法律和行政法规的强制性规定和社会公共利益的合同；②自始无效，无效合同从订立之时就不具有法律约束力，即自始无效；③当然无效，无效合同不受法律保护和承认，当事人不能通过承认其效力而使无效合同变为有效合同。因此，无效合同的无效是绝对的。

需要指出的是，无效合同对当事人没有法律约束力，只是意味着当事人不能实现合同的目的，并不是指无效合同不发生任何法律后果。

（二）无效合同的种类

根据《合同法》第52条的规定，有下列情形之一的，合同无效：

1. 一方以欺诈、胁迫的手段订立合同，损害国家利益。所谓欺诈是指一方当事人故意告知对方虚假情况，或者故意隐瞒真实情况，诱使对方当事人作出错误意思表示的行为。所谓胁迫是指以给予人身或者财产损害相要挟，迫使对方作出不真实的意思表示的行为。以欺诈、胁迫手段订立合同的共同之处表现为：相对方不能作出真实的意思表示。

2. 恶意串通，损害国家、集体或者第三人利益。恶意是指当事人明知其所订立的合同将造成对国家、集体或者第三人的损害，而仍然故意为之。如果当事人不知或者不应知道合同会给国家、集体或者第三人的利益造成损害后果的，则不属于恶意。串通则说明了当事人双方均怀有损害国家、集体或者当事人利益的恶意，即当事人双方有损害国家、集体或者第三人利益的共同目的。从行为上，表现为第三人之间就订立和履行损害国家、集体或者第三人利益的合同时相互配合。

3. 以合法形式掩盖非法目的。以合法形式掩盖非法目的订立的合同，是指合同的内容及形式是合法的,但订立合同的目的却是非法的。例如,为了避免财产被抵偿债务而与他人订立赠与合同将财产赠与他人;濒临破产的企业为了隐匿财产而与他人订立买卖合同将设备卖与他人。这类合同就其成立要件来讲是合法的,但根据合同所实现的目的却是非法的。

4. 损害社会公共利益。维护社会公共利益是法的一项基本原则。社会公共利益受包括合同法在内的所有法律的保护,损害社会公共利益的合同也是一种违法合同。同世界上所有国家一样,我国合同法也认定损害社会公共利益的合同属于无效合同。

5. 违反法律、行政法规的强制性规定。法律、行政法规依其性质可分为强制性规定和任意性规定,强制性规定在法律上表述为"必须"、"应当"等命令性的规定,或者是禁止性的规定。对于强制性规定,当事人必须遵守,不得以协议的形式予以排除。这里所指的违反法律、行政法规的强制性规定,包括合同的形式、内容和目的中的任何一项违反了法律、行政法规的强制性规定。违反强制性规定时,必然导致合同的无效。违反强制性规定而订立的合同不以当事人是否对其行为违法存在过错为条件,即使当事人不知道合同条款是法律所禁止的,合同仍然无效。

当事人超越经营范围订立合同,人民法院不因此认定合同无效。但违反国家限制经营、特许经营以及法律、行政法规禁止经营规定的除外。

(三) 无效的免责条款

所谓免责条款是指,当事人在合同中约定的排除或者限制一方当事人未来责任的条款。免责条款具有约定性,当事人作了约定的才是合同的组成部分,这与法律所规定的不可抗力致使合同不能履行时免除或者减轻责任的规定是不同的。通过订立免责条款免除的民事责任可以是侵权责任,也可以是违约责任,或者是两者兼有。虽然免责条款体现了合同自愿原则,但当事人关于免责事项和范围的约定仍然必须具有适法性,否则,就不能得到法律的支持和维护。我国《合同法》是根据民事责任的性质和行为人的过错程度来评价免责条款是否无效的,合同中规定的下列免责条款无效:

1. 造成对方人身伤害的。人身权是民事主体依法享有的与其人身不可分离的权利,包括人格权和身份权两方面的内容,如自然人的姓名权、健康权、生命权、肖像权,法人的名称权、荣誉权等。合同中约定免除当事人伤害他人人身的法律责任的,该免责条款无效。

2. 因故意或者重大过失造成对方财产损失的。在履行合同的过程中,当事人应当根据诚实信用原则对自己履行义务的行为予以谨慎的注意,并善意地保护对方当事人的利益,认真履行其附随义务。所以,免除故意或者重大过失造成对方财产损失的责任的条款是无效的。

五、可变更及可撤销的合同

可变更合同是指合同虽已成立,但由于存在着法定的可变更的因素,经一方当事人的请求,法院或者仲裁机构确认后予以变更的合同。在合同被变更之后,合同的内容发生了变动,合同当事人双方的权利义务关系也随之得到调整。

可撤销合同是指合同虽已成立,但由于存在着法定的可撤销的因素,经一方当事人的请求,法院或者仲裁机构确认后予以撤销的合同。合同在被撤销之后,已发生的合同法律关系自始归于消灭。

根据《合同法》第54条的规定,导致合同可变更或者可撤销的法定原因有:

(一)合同因重大误解而订立

因重大误解而订立的合同,是指当事人在作出意思表示时,对有关合同的重要事项存在认识上的显著缺陷的合同。误解直接影响到当事人应当享有的权利和承担的义务。订立合同时的重大误解的样态主要有:对合同性质的误解,如将买卖合同理解为赠与合同;对标的物的误解,如将本应是此物的标的物误解为是彼物的;对价款的误解,如对价款的计算单位、币种、单价等发生误解;对当事人的误解,如将限制民事行为能力人误解为完全民事行为能力人;由传话人的错误传达而造成的误解,如邮电局将电报的内容译错而依此订立合同等。订立合同中的重大误解仅指对合同内容的误解,不包括对订立合同的动机的误解。产生重大误解的可能是一方当事人,也可能是双方当事人。

(二)订立合同时显失公平

显失公平的合同,是指当事人一方在紧迫或缺乏经验的情况下而订立的,明显对自己有重大不利而对对方有利的合同。显失公平合同的界定应当依据下列条件:①须为有偿合同;②须合同的内容明显背离公平原则;③受有不公平利益的一方具有利用对方轻率、无经验等而与对方订立显失公平合同的故意,其行为违反了诚实信用原则的基本要求;④显失公平的状态是在合同订立之时即已出现,不同于正常的商业风险。

(三)一方以欺诈、胁迫手段或者乘人之危,使对方在违背真实意思的情况下订立的合同

判断订立合同的过程中是否存有欺诈,可以从以下几个方面考虑:①欺诈方具有欺诈的故意,即欺诈的一方明知自己告知对方的情况是虚假的且会使对方陷入错误认识,但希望或放任这种结果的发生;②欺诈方实施了欺诈行为,实践中表现为故意陈述虚假事实或者故意隐瞒事实真相而使对方陷入错误认识;③被欺诈的一方因欺诈而陷入错误认识;④被欺诈的一方因错误而在违背真实意思的情况下与欺诈方订立合同,即欺诈行为与订立合同之间有因果关系。

构成胁迫需满足以下条件：①胁迫人具有胁迫的故意，即胁迫人首先意识到自己的行为将给对方造成心理上的恐怖而故意进行威胁，其次是胁迫人希望通过胁迫使对方作出某种意思表示；②胁迫人实施了胁迫行为；③受胁迫者因胁迫而在违背真实意思的情况下与之订立了合同；④胁迫行为是非法的，如果有合法依据而给对方施加压力则不构成胁迫，例如，受赠人损害赠与人利益的，赠与人以撤销赠与使受赠人停止非法行为。

乘人之危而订立的合同，是指一方当事人利用对方处于危难，迫使对方在违背真实意思接受不利条件的情况下与之订立的合同。构成乘人之危的条件是：①受害方处于危难境地；②一方当事人明知对方处于危难而故意利用这一事实迫使对方接受不利的条件；③危难方迫于危难，在违背真实意思的情况下与之订立合同；④合同的内容对危难方明显不利。

在上述三种情形下订立的合同，因违背了受害方的真实意思，所以，法律赋予受害方请求人民法院或者仲裁机构变更合同或撤销合同的权利。对合同是变更还是撤销，由受害方自由选择。当事人请求变更的，人民法院或者仲裁机构不得撤销。受害方选择了撤销合同的，因撤销权属于形成权，因此，受害方以其单方意思表示即可产生撤销合同的法律效力，无需对方当事人的同意。但撤销权人的这种意思表示只能向人民法院或者仲裁机构作出，而不能直接向相对人作出。若法院或仲裁机构承认撤销权人的撤销权，则合同的效力溯及既往地消灭。但在合同是继续性合同的情况下，撤销的效力只能使合同向将来消灭。请求变更权和撤销权都是法律赋予受害方的建立在意思自治基础上的可选择的权利，受害方可以变更或者撤销合同，也可以继续维持原合同的效力，甘愿承担对己不利的后果。

可撤销的合同在被撤销之前是有效合同，但是由于存在被撤销的因素，所以可撤销合同的效力并不是处于十分确定的状态。为了稳定当事人之间的合同关系，保护另一方当事人的利益，法律规定了撤销权消灭制度。自撤销权消灭之时起，可撤销合同的效力转入一种确定的状态，即为确定有效的合同，享有撤销权的一方无权再请求人民法院或者仲裁机构撤销合同。有下列原因之一的，撤销权消灭：①具有撤销权的当事人自知道或者应当知道撤销事由之日起1年内没有行使撤销权的，因该期限属于除斥期间，所以不得中断、中止或者延长；②具有撤销权的当事人知道撤销事由后明确表示或者以自己的行为放弃撤销权的。享有撤销权的当事人对是否撤销合同具有选择权，如果他甘愿接受因意思表示不真实而订立的对己不利的合同，人民法院或者仲裁机构以及第三人不得强制其撤销合同。

六、合同被确认无效或被撤销后的处理

合同被确认无效或者被撤销后，自始没有法律约束力。因此，应当将当事人之间的

关系恢复到没有订立合同的状态,具体的处理方法为:

（一）返还财产

因无效合同和被撤销的合同取得的财产,能够返还并且有必要返还的,应当予以返还。

（二）折价补偿

不能返还或者没有必要返还的,应当折价补偿。不能返还主要是指由于法律上的或者事实上的原因造成的不能返还的情形。

（三）赔偿损失

合同被确认无效或者被撤销后,有过错的一方应当赔偿另一方因此所受到的损失。双方都有过错的,应当各自承担相应的责任。

（四）收归国家所有或者返还集体、第三人

这种处理方法主要是针对当事人恶意串通损害国家、集体或者第三人利益的无效合同。当事人恶意串通,损害国家利益的,因此取得的财产收归国家所有;当事人恶意串通,损害集体或者第三人利益的,应当将因此取得的财产返还集体或第三人。

第四节　合同的履行

一、合同履行概述

合同的履行是指合同依法成立后,当事人双方按照合同约定的标的、质量、数量、价款或者报酬、履行期限、履行地点、履行方式等内容,全面地完成各自承担的义务,从而使合同的权利义务得到全部实现的整个行为过程。

合同的履行以合同的有效为前提和基础,是依法成立的合同必然发生的法律效果。合同的履行是合同法的核心,合同的订立、担保、变更、解除以及违约责任等的规定无一不是围绕合同履行这个核心。

二、合同履行的原则

合同的履行原则是指合同依法成立后,当事人双方在完成合同规定的义务的整个过程中所必须遵循的一般准则。在这些一般准则中,有的是合同法的基本原则,如平等原则、公平原则、诚实信用原则和合法原则;有的是合同履行所特有的原则,如全面按约履行原则、协作履行原则。对于合同法的基本原则,前已述及,不再赘述。这里只就合同履行所特有的几项原则进行阐述。

（一）全面履行原则

全面履行原则(又称正确履行原则、适当履行原则)是指合同依法成立之后,当事人双方必须严格按照合同规定的标的、质量、数量、价款或者报酬、履行期限、履行地点、履行方式等所有条款全面完成各自承担的合同义务的原则。全面履行原则是合同履行的一项最根本的要求。

（二）协作履行原则

协作履行原则是指合同依法成立后,当事人双方应当在团结协作、互相帮助、互相促进的基础上共同完成合同规定的各自义务的原则。协作履行原则是诚实信用基本原则在合同履行阶段的具体体现。对协作履行原则,《合同法》第60条第2款明确规定:"当事人应当遵循诚实信用原则,根据合同的性质、目的和交易习惯履行通知、协助、保密等义务。"

三、合同履行中的一些规则

（一）合同内容约定不明确时的履行规则

根据《合同法》第61条和第62条的规定,合同生效后,当事人就质量、价款或者报酬、履行地点等内容没有约定或者约定不明确的,可以协议补充;不能达成补充协议的,按照合同有关条款或者交易习惯确定。如果仍然不能确定的,则按照以下规定履行:

1. 质量要求不明确的,按照国家标准、行业标准履行;没有国家标准、行业标准的,按照通常标准或者符合合同目的的特定标准履行。

2. 价款或者报酬不明确的,按照订立合同时履行地的市场价格履行;依法应当执行政府定价或者政府指导价的,按照规定履行。

3. 履行地点不明确,给付货币的,在接受货币一方所在地履行;交付不动产的,在不动产所在地履行;其他标的,在履行义务一方所在地履行。

4. 履行期限不明确的,债务人可以随时履行,债权人也可以随时要求履行,但应当给对方必要的准备时间。

5. 履行方式不明确的,按照有利于实现合同目的的方式履行。

6. 履行费用的负担不明确的,由履行义务一方负担。

（二）执行政府定价或者政府指导价合同的履行规则

政府定价是指依照《中华人民共和国价格法》(以下简称《价格法》)的规定,由政府价格主管部门或者其他有关部门,按照定价权限和范围制定的价格。政府指导价是指依照《价格法》之规定,由政府价格主管部门或者其他有关部门,按照定价权限和范围规定基准价及其浮动幅度,指导经营者制定的价格。

根据《合同法》第63条的规定,执行政府定价或者政府指导价的合同在履行时应遵守以下规则:执行政府定价或者政府指导价的,在合同约定的交付期限内政府价格调整时,按照交付时的价格计价。逾期交付标的物的,遇价格上涨时,按原价格执行;价格下降时,按照新价格执行。逾期提取标的物或者逾期付款的,遇价格上涨时,按照新价格执行;价格下降时,按照原价格执行。

(三)合同履行涉及当事人之外的第三人时的规则

合同是特定的当事人之间设立、变更、终止民事权利义务关系的协议,相对性为其基本属性。但随着经济贸易往来和合同实践的日益频繁和复杂,合同相对性原则已有所突破。具体表现为合同有了束己合同与涉他合同之分。束己合同就是合同中的权利义务只为当事人双方设定并只由当事人双方享有和承担的合同;而涉他合同是指当事人双方为当事人以外的第三方设定了权利或义务的合同。涉他合同包括为第三人设定权利的合同和为第三人设定义务的合同两种。

为第三人设定权利并由其享有的合同具有如下法律特征:①第三人不是缔约人,不需要在合同上签字或盖章,也不需要通过其代理人参与缔约;②合同只能给第三人设定权利,而不得为其约定义务;③合同依法成立后,第三人可以接受该合同权利,也可以拒绝该权利,在第三人拒绝接受该权利时,该权利归缔约人享有。

为第三人设定义务并由第三人履行的合同具有如下法律特征:①第三人不是缔约人,不需要在合同上签字或盖章,也不需要通过其代理人参与缔约;②合同当事人的约定并未增加第三人的负担,合同实际上是以第三人固有的给付义务为标;③该约定不约束该第三人,当第三人不履行合同义务或履行合同义务不符合合同约定时,视同债务人违约,应由债务人来承担相应的违约责任。

《合同法》第64条、第65条对涉他合同的履行作了两条原则性规定,即:当事人约定由债务人向第三人履行债务的,债务人未向第三人履行债务或者履行债务不符合约定,视同债务人对债权人违约,应当由债务人向债权人承担违约责任;当事人约定由第三人向债权人履行债务的,第三人不履行债务或者履行债务不符合约定,视同债务人违约,应由债务人向债权人承担违约责任。

(四)当事人一方发生变更时的履行规则

当事人一方发生变更主要包括:合同主体的变更和合同主体内部法定代表人等的变更两种情况,有不同的履行规则,具体情况如下:

1.债权人分立、合并或者变更住所,没有通知债务人,致使履行债务发生困难的,债务人可以中止履行或者将标的物提存。

2. 合同生效后,当事人不得因姓名、名称的变更或者法定代表人、负责人、承办人的变动而不履行合同义务。

四、双务合同履行的抗辩权

抗辩权又称异议权,是指债务人根据法定事由拒绝或者对抗债权人的请求权的权利。抗辩权包括消灭的抗辩权和延缓的抗辩权。所谓消灭的抗辩权是指债务人通过行使抗辩权可以使债的关系消灭的抗辩权;延缓的抗辩权是指债务人通过行使抗辩权并不能使债的关系消灭,而是只能使对方的请求权在一定期限内不能实现的抗辩权。合同履行的抗辩权原则上只适用双务合同。

(一)同时履行抗辩权

同时履行抗辩权是指双务合同的当事人一方在另一方未履行债务之前或未按合同约定履行债务时,可以相应拒绝另一方要求自己履行债务的权利。《合同法》第66条、第67条对债务人的同时履行抗辩权的情况作了规定,即:"当事人互负债务,没有先后履行顺序的,应当同时履行。一方在对方履行之前有权拒绝其履行要求。一方在对方履行债务不符合约定时,有权拒绝其相应的履行要求","当事人互负债务,有先后履行顺序,先履行一方未履行的,后履行一方有权拒绝其履行要求。先履行一方履行债务不符合约定的,后履行一方有权拒绝其相应的履行要求"。

同时履行抗辩权的行使必须符合下列条件:

1. 须由同一双务合同互负债务。首先,双方当事人之间的债务是根据同一个双务合同产生的;其次,双方当事人所负的债务具有对价性。这里的"对价性"只强调一方当事人债务的履行与另一方当事人债务的履行之间具有互为条件、互为牵连的关系,而不考虑在履行和对待履行之间具有何种性质,尤其是并不要求双方履行的义务在经济价值上等价。

2. 须双方互负的债务均已届清偿期。因为同时履行抗辩权制度是为了使双务合同双方债务同时履行,所以,只有在双方的债务均已到履行期时,才能行使同时履行抗辩权。如果一方按照合同约定应当先履行义务,而对方所负债务尚未到期,则负有先给付责任的一方不得主张同时履行抗辩权。

3. 须对方未履行债务或者未按约定履行债务。如果一方已为履行,但其履行不符合合同的约定,构成迟延履行、部分履行或者履行有瑕疵,这种情况下,一般也成立同时履行抗辩权,但是,如果此时主张同时履行抗辩权有违诚实信用原则时,则不得拒绝履行债务。

4. 须对方的对待履行是可能的。如果对方已经丧失履行合同的能力,则同时履行的目的已不能实现。此种情形下,只能适用债务不履行的法律规定获得补救,而不能援用同时履行抗辩权。若因不可抗力发生履行不能,则遭受不可抗力的一方履行合同债务的义务已依法被部分或全部免除,另一方自不可主张同时履行。

同时履行抗辩权仅能阻碍对方的履行请求权,从而使对方的请求权延期,但并不是消灭对方的请求权。在没有先后履行顺序的合同中,同时履行抗辩权的具体内容是:①一方在对方未履行之前有权拒绝对方的履行请求;②一方在对方履行债务不符合约定时,有权拒绝其相应的履行请求。

(二) 不安抗辩权

不安抗辩权是指在有先后履行顺序的双务合同中,应先履行合同债务的当事人一方若有确切证据证明对方当事人因经营状况严重恶化、丧失商业信誉等原因已经丧失或有可能丧失对待(履行)给付能力的,可以暂时中止自己债务履行的权利。

中止履行合同是当事人的一种自我救济手段,为了严格这一制度的适用,防止当事人滥用不安抗辩权危害合同安全和经济秩序,中止履行权利的行使应当符合下列条件:

1. 由同一有效双务合同所产生的两项债务,并且相互为对价给付。

2. 互为对价给付的双务合同规定有先后履行顺序,应先履行债务的一方的履行期届至,而应后履行债务的一方履行期尚未到来。

3. 应后履行债务的当事人一方在合同依法成立后出现丧失或可能丧失对待履行债务的能力,并且应先履行债务的当事人一方对上述情况有确切的证据加以证明。这项条件具体又包括以下内容:

(1) 这里所说的"丧失或可能丧失对待履行债务能力"的情形主要包括:经营状况严重恶化;转移财产、抽逃资金,以逃避债务;丧失商业信誉;其他丧失或可能丧失履行债务能力的情形。

(2) 后履行一方当事人出现的"丧失或可能丧失对待履行债务能力的情形"应当发生于合同依法成立之后。

(3) 行使不安抗辩权的当事人一方必须握有应后履行一方丧失或可能丧失债务履行能力情形的确切证据。

4. 后履行债务的当事人没有为主债务的履行提供适当担保。如果应当后履行债务的当事人在双方订立合同时就为自己债务的履行设定了适当的担保,如用自己或第三人的财产设定了抵押、质押等,则即使应后履行债务的当事人一方于合同成立后出现了"丧失或可能丧失对待履行债务能力的情形",应先履行债务的当事人一方仍无权行使不安抗辩权,拒绝自己债务的履行。

当事人依法行使不安抗辩权时,应当及时通知对方。对方提供适当担保时,当事人应当恢复履行。中止履行后,对方在合理期限内未恢复履行能力并且未提供适当担保的,中止履行的一方可以解除合同,并要求对方赔偿损失。

五、合同的保全

(一)合同保全概述

合同的保全是指合同之债的债权人依据法律规定,在债务人不正当处分其权利和财产,危及其债权的实现时,可以对债务人或者第三人的行为行使撤销权或者代位权的债权保障方法。

我国《合同法》确立合同的保全制度,意义十分重大。首先,合同的保全制度的确立,在一定程度上突破了合同的相对性原则,扩充了合同的效力范围,使合同在特殊情况下发生对合同当事人之外的第三人的效力。这就能改变以往债权人对债务人通过怠于行使其到期债权或者放弃到期债权、无偿或非正常低价转让财产来损害债权人利益的行为,因囿于合同的相对性原则而无能为力的窘境,使得债权人可以依保全制度来保持或恢复债务人的责任财产,确保自身债权的实现。其次,合同的保全制度的确立,进一步丰富了债权的保护方法,使得债权人可以通过合同的担保、履行抗辩权、合同的保全以及违反合同的民事责任制度等多种方法来确保自身债权的顺利实现。

合同的保全制度有两种,一是债权人的代位权,二是债权人的撤销权。

(二)债权人的代位权

债权人的代位权是指合同依法成立后,尚未完全履行之前,在债务人怠于行使其对次债务人(债务人的债务人)的到期债权并对债权人的债权实现构成妨害之时,债权人为保全自己的债权,可以以自己的名义行使债务人对次债务人的债权的权利。我国《合同法》第73条明确规定:"因债务人怠于行使其到期债权,对债权人造成损害的,债权人可以向人民法院请求以自己的名义代位行使债务人的债权,但该债权专属于债务人自身的除外。代位权的行使范围以债权人的债权为限。债权人行使代位权的必要费用,由债务人负担。"

债权人要行使代位权,必须同时具备以下条件:

1.债权人与债务人之间存在合法及有效的合同关系。如果债权人与债务人之间的合同不成立、被确认无效或被撤销等,则合同之债自始即不存在,债权也不存在,则债权人自无行使代位权之理。

2.债务人对次债务人享有到期债权。债务人对于次债务人享有的到期债权,是代位权的标的。如果债务人享有的债权与次债务人没有关系,则不能作为代位权的标的。可由债权人来代位行使的债务人对次债务人的债权主要包括:①纯粹的财产权利,如合同债权、不当得利返还请求权、基于无因管理所产生的费用偿还权、损害赔偿请求权、清偿受领权等;②主要为财产上的利益而承认的权利,例如,因重大误解、显失公平的合同所产生的变更或撤销权;③诉讼上的权利,如代位提起诉讼,申请强制执行等。可代位行使的债务人的债权必须是非专属于债务人的债权。专属于债务人自身的债权,债权人无权代位行使,这些债权是指基于扶养关系、抚养关系、赡养关系、继承关系产生的给付请求权和劳动报酬、退休金、养老金、抚恤金、安置费、人寿保险、人身伤害赔偿请求权等权利。

3. 债务人怠于行使其到期债权。债务人怠于行使其到期债权是指债务人不履行其对债权人的到期债务,又不以诉讼方式或者仲裁方式向其债务人主张其享有的具有金钱给付内容的到期债权,致使债权人的到期债权未能实现。次债务人不认为债务人有怠于行使其到期债权情况的,应当承担举证责任。

4. 履行期已届满,但债务人未履行对债权人的债务,即债务人已处于迟延履行状态。在债务人迟延履行之前,债权人的债权能否实现,尚难预料,此时,若允许债权人行使代位权,则对债务人的干预显属过分。

5. 有保全债权的必要。有保全债权的必要,通常是指债权人的债权已因债务人的怠于行使其债权的消极行为而出现不能实现的危险。通常情况下,尤其是对不特定债权和金钱债权,如果债务人有充足的财产可供清偿,不能认为"债权有不能实现的危险",债权人只需诉请法院强制执行即可达到债权实现之目的。

债权人行使代位权,应以自己的名义进行,并且应尽到善良管理人的注意义务。如果违反该义务给债务人造成损害,债权人应负责赔偿。依据《合同法》第73条的规定,债权人行使代位权必须经过人民法院的裁决进行。提起代位权诉讼的,由被告住所地人民法院管辖。债权人向人民法院起诉债务人以后,又向同一人民法院对次债务人提起代位权诉讼,符合起诉条件的,人民法院应当立案受理;不符合规定的,法院要告知债权人向次债务人住所地人民法院另行起诉。人民法院在债权人起诉债务人的诉讼裁决发生法律效力以前,应当中止代位权诉讼。债权人以次债务人为被告向人民法院提起代位权诉讼,未将债务人列为第三人的,人民法院可以追加债务人为第三人。两个或者两个以上债权人以同一次债务人为被告提起代位权诉讼的,人民法院可以合并审理。

债权人行使代位权,原则上不得处分债务人的债权,并且也无权请求次债务人向自己履行债务。但如果债务人怠于受领次债务人的履行,则债权人可以代位受领,但必须将受领的财产纳入债务人的总财产之中,作为各债权人共同的担保,债权人不可将因代位权行使而增加的债务人的财产由自己优先受偿。

债权人行使代位权后,会产生以下法律效力:①对债务人的效力。债权人行使代位权所获得的清偿应直接归属于债务人。如果债务人不积极受领,则债权人可代位受领,但债务人仍有权要求债权人归还所受领的财产。②对次债务人的效力。债权人行使代位权时,次债务人对于债务人(即次债务人的债权人)所享有的一切抗辩权都可以用来对抗债权人。但次债务人不得以与债权人无任何关系为由,拒绝债权人行使代位权,这是合同对外效力的一种体现。应当注意的是,根据1999年12月1日由最高人民法院审判委员会第1090次会议通过的《关于适用〈中华人民共和国合同法〉若干问题的解释(一)》的规定,债权人向次债务人提起的代位权诉讼经人民法院审理后认定代位权成立的,由次债务人向债权人履行清偿义务,债权人与次债务人、债务人与次债务人之间相应的债权债务关系即予消灭。③对债权人的效力。债权人代位行使的是债务人的债权,自然不能超过债务人债权的范围。债权人在债务人不积极受领时虽然可以代位受领,但却无权将受领的财产供自己优先受偿或者用来抵消债务人的债务。如果想用代位受领的财产清偿自己的债权,必须取得债务人的同意。另外,债权人胜诉的,诉讼费由次债务人负担,从实现的债权中优先支付。

(三)债权人的撤销权

债权人的撤销权是指债权人在债务人放弃对第三人的到期债权、实施无偿或以非正常低价转让财产的行为而妨害其债权实现时,依法享有的请求人民法院撤销债务人的上述行为的权利。我国《合同法》第74条对撤销权作了规定,即:"因债务人放弃其到期债权或者无偿转让财产,对债权人造成损害的,债权人可以请求人民法院撤销债务人的行为。债务人以明显不合理的低价转让财产,对债权人造成损害,并且受让人知道该情形的,债权人可以请求人民法院撤销债务人的行为。撤销权的行使范围以债权人的债权为限。债权人行使撤销权的必要费用,由债务人负担。"

为了防止债权人滥用撤销权,行使撤销权应同时具备以下条件:

1. 债权人与债务人之间有合法债权债务关系的存在。如果债权人对债务人享有的债权不成立、被确认无效、被撤销、被解除等,债权人无权行使撤销权。

2. 债务人实施了损害债权人的行为。债务人是以其全部财产作为责任财产为债权作担保的,如果债务人的责任财产减少,则会损害债权人的利益,此时债权人才能行使撤销权。法律规定的债务人损害债权人利益的行为主要有:①放弃到期债权;②无偿转让财产;③以明显不合理的低价转让财产。

此外,根据《最高人民法院关于适用〈中华人民共和国合同法〉若干问题的解释(二)》,债务人放弃其未到期的债权或者放弃债权担保,或者恶意延长到期债权的履行期,以明显不合理的高价收购他人财产,对债权人造成损害,债权人依照《合同法》规定提起撤销权诉讼的,人民法院应当支持。其中,对"明显不合理的低价"、"明显不合理的高价"的认定,人民法院应当以交易当地一般经营者的判断,并参考交易当时交易地物价部门的指导价或者市场交易价,结合其他相关因素综合考虑予以确认。一般来说,转让价格达不到交易时交易地指导价或者市场交易价70%的,一般可以视为明显不合理的低价;对转让价格高于当地指导价或者市场交易价30%的,一般可以视为明显不合理的高价。

3.债务人处分财产的行为对债权人造成损害。如果债务人的财产足以清偿其对债权人所负债务,债权人只需申请强制执行即可满足其债权,自然无需行使撤销权。撤销权仅发生在因债务人处分其财产而使责任财产减少,已经或者可能危及债权人债权的实现,对债权人造成损害的情形。判断有无"必要",以债务人的财产是否不能或不足以清偿对债权人的债务为标准。

4.须具备相应的主观要件。撤销权的行使是否以债务人处分财产具有主观恶意,各国的规定不尽相同,我国合同法在这一问题上分两种情形作了规定:

(1)如果是因债务人放弃到期债权或者无偿转让财产而给债权人造成损害的,则不以债务人实施处分行为时的主观心理状态为要件,不论债务人对其行为损害债权人利益是否有过错,均可予以撤销。

(2)如果是债务人以明显不合理的低价转让财产而对债权人造成损害的,撤销权的成立以债务人和受让人的主观过错为要件。就债务人而言,债务人知道或者应当知道其以不合理低价处分财产的行为将导致其财产减少而影响债务清偿,从而损害债权人的利益,却仍然实施该行为的,就认为债务人有主观过错。法律虽然没有明确规定撤销权的成立须以债务人的过错为要件,但债务人以明显不合理的低价转让财产的行为已经说明债务人是有过错的。受让人知道转让人是债权人的债务人,而且知道债务人转让财产的价格明显不合理,并且目的是为了对债权人造成损害的,却仍然与债务人进行显失公平的交易,受让人也有过错,表明他与债务人的交易存有恶意。在债务人以明显不合理的低价转让财产的情况下,撤销权的成立必须以受让人有恶意为要件。

债权人的撤销权不得自行为之,必须以自己的名义向人民法院提起诉讼,请求法院撤销债务人的处分财产的行为。撤销之诉的被告应当是债务人。多个债权人共享连带债权的,所有的债权人都可以共同行使撤销权,也可以由债权人中的一个人提起诉讼。撤销权的行使以债权人的债权为限,不得超出债权的范围而对债务人的行为行使撤销权。撤销权自债权人知道或者应当知道撤销事由之日起1年内行使。自债务人的行为发生之日起5年内没有行使撤销权的,该撤销权消灭。

债权人行使撤销权时,会产生如下法律效力:①对债务人的效力。债务人的行为被撤销后,视为自始无效。财产尚未交付的,不得交付;已经交付的,请求受益人或受让人返还;放弃债权的,重新恢复;财产被受益人或者受让人再转让的,应视转让人的主观过错程度而决定是请求受益人或受让人返还财产还是折价赔偿。债权人行使撤销权的必要费用,由债务人负担。②对受益人或受让人的效力。受益人或受让人与债务人之间的行为因被撤销而无效,受益人或受让人应当将取得的财产返还给债务人;原物不能返还的,折价赔偿;财产尚未交付的,不得请求债务人交付。已向债务人支付代价的,则请求债务人返还不当得利。③对债权人的效力。因撤销债务人不当处分财产的行为而返还的财产,是债务人全体债权人的共同担保,行使撤销权的债权人不得优先受偿,该债权人也不得请求受益人或者受让人直接对其清偿。债务人对返还财产怠于行使请求权的,债权人得行使代位权。债权人行使撤销权所支付的律师代理费、差旅费等必要费用,由债务人负担;第三人有过错的,应当适当分担。

第五节 合同的变更和转让

一、合同的变更

合同的变更有广义和狭义之分。广义的合同变更包括合同内容的变更和合同主体的变更两种情形。前者是指合同的当事人保持不变,仅变更合同的内容;后者是指合同的内容保持不变,仅变更合同的主体,又称为合同的转让。狭义的合同变更是指合同内容的变更。一般情况下,合同的变更是指狭义的合同变更,即合同内容的变更。

（一）合同变更的概念和特征

合同变更是指依法成立的合同尚未履行或者未完全履行之前,当事人按照法定的条件和程序,就合同的内容达成的补充或修改的协议。

合同的变更是一种民事法律行为,具有以下特征:①合同的变更是对原合同内容的补充或者修改,不涉及合同主体的变更。②合同的变更仅导致所变更条款的效力消灭,没有变更的内容仍然有效。③一般情况下,合同的变更是一种双方法律行为。任何一方未经对方同意,无正当理由擅自变更合同内容,不仅不能对对方产生法律约束力,反而构成违约行为。即使在具备法定变更事由的情形下,当事人也可以通过协商变更合同。在当事人未达成变更协议之前,原合同仍然有效。

（二）合同变更的条件

当事人变更合同必须满足一定的条件,否则,变更合同内容的行为不产生法律效力,合同的变更无效。合同变更应当满足的条件是:

1.当事人之间存在着有效的合同关系。有效的合同变更必须以原合同有效为前提,对无效合同的变更同样不会产生法律效力。可撤销合同的当事人不得在合同被撤销后又请求变更。但是,对可撤销合同,当事人请求变更的,法院或者仲裁机构不得撤销。

2.合同的变更可基于法律的规定、人民法院或仲裁机构的裁判以及当事人之间的变更协议。

3. 合同的变更必须合法。依法对合同内容进行的补充修改,才能产生变更合同的法律效力。在具有法定变更事由的情形下,当事人必须按照法律规定的条件和程序变更合同内容。当事人协商变更合同的,变更合同的协议是合同的组成部分,必须符合合同的成立和生效要件。如果变更合同的协议不能成立或者不能生效,则当事人仍然须按照原合同内容履行。当事人对变更合同的内容约定不明确的,推定为未变更。合同的变更须遵守法定形式。法律、行政法规规定合同变更应当办理批准、登记等手续的,依照其规定。法律没有明确规定的,当事人可以对变更合同的形式协商确定,一般要与原合同的形式相一致。

(三)合同变更的效力

合同的变更是在保持合同同一性的基础上对原合同内容所作的补充或者修改,实质上是以变更后的合同替代了原合同。因此,变更合同的法律行为生效后,当事人应当按照变更后的合同条款享有权利、履行义务。尚未变更的条款仍然有效。

我国《民法通则》第115条规定,合同的变更不影响当事人要求赔偿损失的权利。因此,因合同的变更而使对方当事人受到损失的,对合同变更负有责任的一方应当承担损害赔偿责任;合同变更之前存在一方不履行合同义务或者履行合同义务不符合约定而应当承担损失赔偿责任的,合同变更后违约方仍然应当承担损害赔偿责任。

二、合同的转让

(一)合同转让的概念

合同的转让是指合同主体的变更,是当事人一方依法将其合同权利或义务全部或部分地转让给第三人的法律行为。合同的主体变更是指以新的合同主体代替原合同主体,即以新的债权人、债务人代替原合同关系中的债权人或者债务人,可以是合同一方主体发生变更,也可以是合同双方主体都发生变更。

合同转让是在保持原合同内容的前提下仅就合同主体所作的变更,转让前的合同内容与转让后的合同内容具有同一性,合同的转让仅使原合同的权利、义务全部或者部分地从合同一方当事人转让给第三人,导致第三人代替原合同当事人一方而成为合同当事人,或者由第三人加入到合同关系中成为合同当事人。合同转让涉及转让人、受让人和合同另一方当事人的三方利益,通常存在两种法律关系,即原合同当事人之间的关系和转让人与受让人之间的关系。合同的转让根据转让标的的不同分为合同权利的转让、合同义务的转让和合同权利、义务的一并转让三种情形。根据转让范围的不同,可分为全部转让和部分转让。

（二）合同权利转让

合同权利转让又称为债权转让，是指不改变合同的内容，债权人将其享有的合同权利全部或者部分转移于第三人享有的法律行为。

根据所转让的债权的范围，合同权利转让有全部转让和部分转让之分。在合同权利全部转让时，债权人将其债权全部转让给第三人，该第三人取代原债权人而成为合同关系中新的债权人。在合同权利部分转让时，受让债权的第三人加入原合同关系，与原债权人共同享有债权。此时成为多数人之债，原债权人与第三人之间有约定的，则按照约定按份享有债权或者是共同享有连带债权。如果原债权人与第三人之间对此没有约定，则视为原债权人与第三人享有连带债权。

合同权利的转让必须满足一定的实质要件和形式要件，否则不产生合同权利转让的效力。合同转让应当满足的实质要件是：

1.转让的合同权利必须是有效存在的。以不存在的债权或者无效的债权让与他人，或者以已经消灭的债权让与他人，为标的履行不能，该合同权利转让行为是不成立的。受让人因此受到损害的，转让人应当承担缔约过失责任。

2.转让的合同权利必须具有可让与性。合同权利转让旨在将合同权利让与第三人，因此，所转让的债权必须具有可让与性。但由于合同债权是特定人之间自愿创设的权利，始终不能完全脱离个人的色彩，有时也要基于社会公共利益的考虑，所以并非所有的债权都可以转让。我国《合同法》规定的不得转让的债权有：

（1）根据合同性质不得转让的债权。这类债权主要有：基于特别信任关系发生的债权和以特定的债权人为基础而发生的债权，不作为债权。

（2）按照当事人约定不得转让的债权。

（3）依照法律规定不得转让的债权。法律、行政法规禁止债权转让的规定属强制性规范，当事人自不得违反。例如，《担保法》第61条规定，最高额抵押的债权不得转让。

3.转让合同权利的依据须有效。合同权利的转让可因法律的规定、法院或仲裁机构的裁判或者转让债权的合同而发生，只有这些依据有效成立，才产生合同权利转让的效果。

以上是转让合同权利的实质要件，合同权利的转让还必须满足一定的形式要件，这些形式要件是：①合同权利的转让应当通知债务人。未经通知债务人的，该转让对债务人不发生效力。②法律、行政法规规定合同权利转让应当办理批准、登记等手续的，依照其规定办理。

合同权利转让有效成立后，即在让与人（原债权人）、受让人（第三人）和债务人之间产生相应的法律后果。

第一，合同权利转让的内部效力。①合同权利由让与人转让给受让人，如果是全部转让,则受让人取代原债权人的地位而成为新的债权人。如果是部分转让,则受让人加入原合同关系,与原债权人共同作为合同的一方当事人。②依附于债权的从权利,如抵押权、留置权、定金债权、利息债权、违约金债权及损害赔偿请求权等随着合同权利的转让而转让。保证期间,债权人依法将主债权转让给第三人的,保证人在原保证担保的范围内继续承担保证责任,保证合同另有约定的除外。③让与人对所转让的债权负有瑕疵担保责任,应当保证债务人及第三人不得向受让人就让与的债权主张任何权利。

第二,合同权利转让的外部效力。债权让与的外部效力可分为在让与人与债务人之间的效力和受让人与债务人之间的效力。在让与人与债务人之间,债权转让通知生效后,让与人不得再受领债务人的给付,否则成为不当得利。债务人也不得再向让与人履行原来的债务,否则,不成立债的清偿,债务人仍应向受让人履行债务。但在债权转让通知生效之前,债务人对债权人所为的清偿,或者是债权人对债务人所为的抵消或免除等行为均有效。在受让人与债务人之间,受让人取代原债权人而成为新债权人,享有与原债权人同样的权利,可以要求债务人向自己履行债务。债务人于合同权利转让通知生效时向受让人履行义务。即使是合同转让的效力嗣后因无效或者被撤销而消灭,债务人向受让人所为的履行仍然有效。合同权利转让发生在让与人与受让人之间,债务人的法律地位并不因合同权利转让而受到影响,为了保护债务人不因合同权利转让而受损害,债务人接到债权转让通知后,债务人对债权人的一切抗辩,均得对受让人主张。

债权人转让合同权利后,债务人与受让人之间因履行合同发生纠纷诉至人民法院,债务人对债权人的权利提出抗辩的,可以将债权人列为第三人。

（三）合同义务转移

合同义务转移是指不改变合同的内容,债务人将其负担的债务全部或者部分转移于第三人负担的法律行为。合同义务转移从受让人的角度讲,又称为债务承担。在合同义务转移法律关系中,将债务转移给第三人的人为让与人,承担所转移的债务的人为受让人。

合同义务转移必须满足以下一般要件:①须有有效债务的存在;②所转移的债务须具有可转移性;③须有以债务转移为内容的合同。债务转移通常以订立合同的方式进行,合同义务转移合同以转移债务为其内容和目的,该合同的成立和生效适用合同法关于一般合同的规定。

合同义务转移有合同义务全部转移和并存的合同义务转移之分。所谓合同义务的全部转移,是指第三人取代债务人的地位而承担全部合同义务的法律行为。合同义务的全部转移又称为免责的债务承担。除了基于法律规定或法院及仲裁机构的裁判而发生的合同义务转移之外,债务人与第三人订立转移合同义务的协议是合同义务全部转移的主要原因。债务人通过和第三人订立合同义务转移协议而转移合同义务的,不仅要符合上述合同义务转移的一般要件,而且必须经过债权人的同意。债权人的同意是合同义务转移协议生效的要件。所谓并存的合同义务转移又称为债务加入,是指债务人不脱离合同中债务人的地位,而由第三人与债务人共同承担合同义务。此时原债务并不消灭,而与第三人承担的债务并存。并存的合同义务转移通常因第三人以担保原债务人的债务而成立,第三人成为新债务人,债权人有权要求其履行合同义务,在这一点上,合同义务转移与保证有相似之处。但两者的性质是不同的。保证债务是附属于主债务的从债务,是为债务人的利益而承担的债务。在一般保证中,保证人享有先诉抗辩权,只有当主债务人不能履行主债务时,保证人才代为履行或承担赔偿责任。在并存的合同义务转移中,受让人承担债务是以自身的直接利益为目的的。受让人加入合同关系成为主债务人,承担的是独立的债务,该债务属于受让人自己,因而受让人不享有先诉抗辩权。债务人与受让人之间订立并存的合同义务转移的协议时,该协议性质上是为第三人利益的合同,因原债务人并不脱离合同关系,因而原则上受让人承担债务无需征得债权人的同意,债务人或受让人向债权人发出通知即可。

合同义务全部转移的效力表现在以下几点:①债务人脱离合同中债务人的地位,而由受让人直接承担合同义务。②债务人基于合同关系而享有的对债权人的抗辩权转移于受让人。受让人与债权人之间因履行合同发生纠纷诉至人民法院,受让人就债务人对债权人的权利提出抗辩的,可以将债务人列为第三人。③从属于主债务的从债务,移归新债务人负担。专属于主债务人自身的从债务可基于法律的直接规定或者基于原合同当事人之间的约定而产生,原合同的性质决定了从债务是专属于原债务人自身的,也在此列。

并存的合同义务转移成立后,债务因原债务人或受让人的清偿而消灭。受让人清偿全部债务或以其他方式(如抵消)而消灭债务时,受让人可按照债务转移时与原债务的约定而向原债务人求偿。

(四)合同权利义务一并转让

所谓合同权利义务一并转让,是指原合同当事人一方将自己在合同中的权利和义务一并转移给第三人,由第三人概括地继受这些债权和债务,又称为债权债务的概括转移。

合同权利义务一并转让,可分为权利义务的全部转让和权利义务的部分转让。部分合同权利义务一并转让,可因对方当事人的同意而确定转让人和受让人之间享有的债权债务的性质和份额。如果对此没有明确约定,或者约定无效的,则认为转让人与受让人共同享有合同的权利和义务,他们之间是连带关系。

在合同权利义务一并转让中,受让人取得转让人在合同中的地位,成为合同的一方当事人,或者是与转让人共同成为合同的一方当事人。合同权利义务一并转让不同于合同权利转让或者合同义务转移。合同权利转让或者合同义务转移仅是单纯地转移债权或者债务,而合同权利义务一并转让是当事人一方将其享有的债权与债务同时一并转移给第三人,既有债权,又有债务。因合同权利义务一并转让使得受让人取得合同当事人的地位,因此在单纯的合同权利转让或者合同义务转移中所不能转移的一些权利,例如,与原债权人或原债务人利益不可分离的解除权和撤销权,也将因合同权利义务一并转让而移转给第三人。

合同权利义务一并转让通常有两种情形:一是约定转让,二是法定转让。合同权利义务的约定转让也称为合同承受,是指当事人一方与第三人订立合同,并经另一方当事人的同意,将其在合同中的权利义务一并转移于第三人,由第三人承受自己在合同上的地位,享受权利并承担义务。因合同权利义务一并转让的内容实质上包括合同权利转让和合同义务转移,因此,合同权利义务一并转让应当分别符合《合同法》对合同权利转让和合同义务转移条件的规定。合同权利义务的法定转让,是指当法律规定的条件成就时,合同的权利义务一并转移于第三人的情形。例如,《合同法》第229条规定,承租人在租赁期间将租赁物转让给第三人的,租赁合同继续有效,该第三人承继租赁物原所有人在租赁合同中的权利义务。《合同法》第90条规定:"当事人订立合同后合并的,由合并后的法人或者其他组织行使合同权利,履行合同义务"。

合同权利义务一并转让的效力体现为:其一,受让人取得原合同当事人的法律地位,成为合同一方当事人,单独或者共同与转让人行使原合同当事人的一切权利,承担一切义务。其二,合同权利义务的一并转让包含合同权利的转让和合同义务的转移,因此,合同权利转让和合同义务转移的效力也就是合同权利义务一并转让的效力,在此不再赘述。其三,因合同权利义务的转让是无因行为,受让人得对抗原合同当事人的事由,不得用以对抗对方当事人。

第六节 合同的权利义务终止

一、合同的权利义务终止概述

合同的权利义务终止是指合同关系在客观上不存在,合同的债权债务均归于消灭。

合同的权利义务的终止须有法律上的原因。自法律规定的终止原因发生之日起,合同关系即在法律上当然消灭,无需当事人主张。按照《合同法》第91条的规定,合同的权利义务终止的原因有：债务已经按照约定履行；合同解除；债务相互抵消；债务人依法将标的物提存；债权人免除债务；债权债务同归于一人；法律规定或者当事人约定终止的其他情形。

二、合同的权利义务终止的效力

合同的权利义务终止后，除消灭原合同的权利义务之外，还发生以下法律效力：

其一，有的从合同的权利义务一并终止。当合同因债务已经按照约定履行、债务相互抵消、债务人依法将标的物提存、债权人免除债务等原因终止时，依附于该主合同的从合同的权利义务亦同时终止，例如，主合同因债务已按约定履行而终止时，担保合同的权利义务则终止。但是，当主合同因违约而解除时，担保合同的权利义务即不终止。

其二，合同当事人须承担后合同义务。后合同义务是根据诚实信用原则，在合同的权利义务终止后，原合同当事人所负担的对对方当事人的义务。根据《合同法》第92条的规定："合同的权利义务终止后，当事人应当遵循诚实信用原则，根据交易习惯履行通知、协助、保密等义务"。后合同义务属于法律的强行性规定，违反这些义务，当事人也应承担损害赔偿责任。

三、合同权利义务终止的原因

（一）债务已按约定履行

债务已按约定履行，也就是通常所说的清偿，是指按照合同约定的条件履行债务的状态。债务已经按照约定的条件履行，当事人订立合同的目的得以实现，因此，债务已经按照约定履行是合同的权利义务终止的原因之一。

（二）合同解除

合同解除是指合同有效成立后，因当事人一方的意思表示或者双方的协议，使基于合同产生的民事权利义务关系归于消灭的行为。合同解除是合同的权利义务终止的原因之一。

合同的解除方式有两种：一是约定解除，二是法定解除。

所谓合同的约定解除，是指当事人通过合意的方式解除合同。在当事人约定了解除条件的情况下，解除权人行使解除权须符合下列要求：①须在约定期限或合理期限内行使解除权；②须通知对方，《合同法》第96条规定："当事人一方依照本法第93条第2款、第94条的规定主张解除合同的，应当通知对方。合同自通知到达对方时解除"；③法律、行政法规规定解除合同应当办理批准、登记等手续的，依照其规定办理。

所谓法定解除，是指在合同成立之后，未履行或者尚未履行完毕之前，当事人一方行使法定解除权而使合同效力消灭的法律行为。法定解除的主要特点在于解除合同的条件是由法律直接规定的,当条件成就时,享有法定解除权的一方行使法定解除权,以其单方意思即可解除合同,不必征得对方当事人的同意。享有法定解除权的可以是一方当事人,也可以是双方当事人。法定解除权与约定解除权既相互区别,又相互联系。法定解除权与约定解除权有许多相同之处,体现在:其一,行使这两种解除权的条件都是事前就规定了的;其二,这两种解除权的行使方式是相同的,都仅以一方的意思表示即可实现合同解除的效果;其三,这两种解除权的效力是相同的,行使解除权的结果都是解除合同;其四,享有这两种解除权的一方,都可以在解除合同与要求继续履行之间自由选择。两者的区别在于:其一,这两种解除权一个是法定的,一个是合同双方约定的;其二,约定解除权的行使须以当事人事先有约定为前提,而法定解除权的存在与当事人的约定无关;其三,约定解除权可以由双方协商修改或废除,但法定解除权是不可以由双方协商变更的。法定解除权与约定解除权又是相互联系的,约定解除权可以补充法定解除权,例如,通过协议对不可抗力的范围作出具体规定。

合同的法定解除是和违约相联系的一种法律制度。当事人订立合同的目的是为了实现一定的利益,如果因当事人一方违约,致使合同目的不能实现,债权人订立合同的目的落空,债权人丧失了根据合同的期待利益,于是法律赋予债权人解除合同的权利,使其从不能实现目的的合同中解脱出来,这其实是对债权人的一种特殊的补救方式。《合同法》规定的法定解除合同的条件是:①因不可抗力致使不能实现合同目的;②在履行期限届满之前,当事人一方明确表示或者以自己的行为表明不履行主要债务的;③当事人一方迟延履行主要债务,经催告后在合理期限内仍未履行的;④当事人一方迟延履行债务或者有其他违约行为致使不能实现合同目的的;⑤法律规定的其他解除情形。

法定解除权是解除权的一种,法定解除权的行使要求与约定解除权的行使要求是相同的:其一,须在法律规定的期限内或经对方催告后的合理期限内行使;其二,须通知对方;其三,法律、行政法规规定解除合同应当办理批准、登记等手续的,依照其规定办理。

《合同法》第97条规定:"合同解除后,尚未履行的,终止履行;已经履行的,根据履行情况和合同性质,当事人可以要求恢复原状、采取其他补救措施,并有权要求赔偿损失。"

(三)抵消

抵消是指二人互负债务,各以其债权充当债务的履行,而使其债务与对方的债务在对等额内相互消灭。因此,抵消也是合同的权利义务终止的原因之一。为抵消的债权,即债务人的债权,称为自动债权、抵消债权或反对债权。被抵消的债权,即债权人的债权,称为受动债权或者主债权。

抵消依其产生的根据不同,分为法定抵消和合意抵消两种。法定抵消由法律规定抵消的条件,当条件具备时,依当事人单方的意思即可发生抵消的效力。法定抵消权在性质上属于形成权。合意抵消是指双方当事人就抵消债务协商一致而订立抵消合同,抵消合同生效时,即可发生抵消的效力。

抵消的发生必须具备一定的条件。法定抵消的条件与合意抵消的条件稍有不同,法定抵消的条件是:①当事人须互负债务、互享债权且债权、债务有效存在;②须双方债务的标的物的种类、品质相同;③双方债务均届履行期。但破产程序中,破产债权人对其享有的债权,无论是否已届履行期,无论是否附有期限或解除条件,均可抵消;④须双方债务均非不得抵消的债务。

不得抵消的债务主要有:①按照合同性质不得抵消的债务;②依照法律规定不得抵消的债务。合意抵消遵循双方自愿的原则,在不违反抵消的性质的情况下,当事人对于抵消的条件和效力,无须依照法律的规定,可由双方协商确定。

抵消权为形成权,在当事人双方的债权债务可以抵消时,以抵消权人的单方意思即可发生抵消的效果。抵消并非当然发生,须由抵消权人行使抵消权,以意思表示向受动债权人主张抵消。抵消的通知到达受动债权人时发生抵消的效力。

抵消为合同的权利义务终止的原因之一,债务相互抵消的效力体现在:①发生债务抵消时,双方互负债务按照抵消数额而消灭。双方债务数额相同时,其互负债务均归消灭。双方债务数额不等时,债务数额较小一方的债务全部消灭;债务数额较大一方的债务仅消灭一部分,相当于部分履行。对于没有抵消的债务,该方债务人仍应负履行责任。②抵消使双方的债权溯及最初可以抵消时消灭。所谓最初可以抵消时,是指抵消权发生之时。因此,如果双方的债务的履行期有先后,应当以在后的履行期届至时为准。如被动债权未届履行期而主张抵消时,应当认为该债权人主动放弃期限利益。溯及力的内容包括双方债权的担保及其他从权利、双方债权的利息、给付迟延、受领迟延、违约金、赔偿金等,均从最初得为抵消时消灭。

(四)提存

提存是指由于债权人的原因而无法向其交付合同标的物时,债务人将该标的物提交提存机关而使合同的权利义务终止的制度。

提存是为债务人的利益而设立的制度,为了防止债务人滥用提存损害债权人的利益,《合同法》明确规定了债务人提存的原因,即:①债权人无正当理由拒绝受领;②债权人下落不明;③债权人死亡未确定继承人的或者丧失民事行为能力未确定监护人;④法律规定的其他情形。提存的原因也可以是约定的,按照《提存公证规则》的规定,双方当事人在合同中约定以提存的方式给付的,依照当事人的约定。另外,该规则还规定,为了保护债权人的利益,保证人、抵押人或质权人请求将担保物(金)或其替代物提存,应当允许。

提存涉及三方当事人之间的法律关系,提存的效力也体现在三个方面:①在债务人与债权人之间,债务人的债务自提存之日起消灭,其他从债务,如担保、支付利息及收取孳息等,亦随之消灭。提存物的所有权自提存之日起转移于债权人,提存期间,标的物所生的孳息归债权人所有。标的物提存后,除债权人下落不明的以外,债务人应当及时通知债权人或者债权人的继承人、监护人。标的物提存后,毁损、灭失的风险由债权人承担。提存期间,标的物的孳息归债权人所有。提存费用由债权人负担。②在提存人与提存机关之间,标的物提存后,提存机关依照法律的规定,负有妥善保管提存物的义务。对于不宜保存的提存物、提存受领人到期不领取或超过保管期限的提存物,提存机关有权拍卖,保存其价款。提存的存款单、有价证券、奖券需要领息、承兑、领奖的,提存机关应当代为承兑或者领取,所获得的本金和孳息在不改变用途的前提下,按不损害债权人利益的原则处理。③在债权人与提存机关之间,债权人可以随时领取提存物,但债权人对债务人负有到期债务的,在债权人未履行债务或者提供担保之前,提存部门根据债务人的要求应当拒绝其领取提存物。债权人领取提存物的权利,自提存之日起5年内不行使而消灭,提存物扣除提存费用后归国家所有。

(五)免除

免除是指债权人抛弃债权,对债务人为单方意思表示从而发生消灭债务的单方民事法律行为。

债权人为免除时须满足一定的条件,才能发生免除的效力。这些条件是:①免除的意思表示须向债务人作出;②免除的意思表示不得撤回;③债权人须有处分能力,无行为能力或限制行为能力人不得独自为免除,而应当由其法定代理人代理或征得其法定代理人的同意;④免除不得损害债务人及第三人的合法利益。

免除的效力在于发生合同权利义务绝对消灭的效力。债权人可以免除全部或者部分债务,债务全部免除的,合同的全部权利义务终止;债务部分免除的,合同的部分权利义务终止。免除使债务消灭,债务的从债务,如利息债务、担保债务等,均归于消灭。担保债务的免除不影响被担保债务的存在,但被担保债务的免除则可以发生担保债务免除的效果。

(六)混同

混同是指债权和债务同归于一人,致使合同的权利义务终止的事实。

合同的成立必须有两个或两个以上的当事人,任何一方都不得对自己享有债权或承担债务,当债权债务同归于一人时,如果认为其既为债权人又为债务人,则有悖于合同的概念,并且形成自己向自己请求或者履行债务的情形,已无实际意义。因此,当有混同发生时,合同关系应当终止。

混同的发生有以下两种原因:①概括承受。这是发生混同的主要原因。例如,企业合并,如果合并的两个企业之间存在债权债务关系,企业合并后,债权债务即因同归于合并后的企业而消灭,他们之间订立的合同也终止。又如,债权人继承债务人的债权和债务时,债权债务也会因同归于一人而消灭。②特定承受,即债权人承受债务人的债务,债务人受让债权人的债权,这时也会发生混同,使债权债务归于消灭,债权人与债务人之间的合同关系终止。

混同为一种事实,无需任何意思表示,仅有债权债务同归于一人的事实,即发生合同关系终止的效果。混同发生合同权利义务绝对消灭的后果,附属于该合同债权债务的从权利和从债务也归于消灭。

第七节 违约责任

一、违约责任的概念和特征

违约责任是指合同当事人因违反合同义务应承担的责任。违约责任制度是保障债权实现及债务履行的重要措施,它与合同义务有密切联系,合同义务是违约责任产生的前提,违约责任则是合同义务不履行的结果。

违约责任较之于其他责任,主要有以下法律特征:①违约责任是当事人不履行合同义务所产生的责任。违约责任的这一特征包含两重内容。首先,违约责任的产生以有效合同为前提,如果合同未成立、无效或被撤销,均不会产生违约责任,即违约责任只能产生于有效合同;其次,违约责任的产生以合同当事人不履行义务为条件,违约责任的这一特征是违约责任与侵权责任、缔约过失责任、不当得利返还责任等的重要区别。②违约责任主要表现为财产责任。我国《合同法》规定了继续履行、赔偿损失、支付违约金等违约责任方式,基本上都可以财产、货币来计算,都属于财产责任范畴。③违约责任具有相对性。违约责任的相对性是合同相对性的一个重要方面,是指违约责任只能在合同关系的当事人之间发生,合同关系以外的人不负违约责任,合同当事人也不对其承担违约责任。④违约责任具有强制性和任意性的双重属性。违约责任的强制性,是指在发生违约时,债权人可以请求国家强制债务人承担违约责任。违约责任的任意性指的是合同双方当事人对违约责任的约定以及债权人对违约责任形式的选择。⑤违约责任具有补偿性和惩罚性的双重属性。违约责任的补偿性,是指违约责任旨在补偿守约方因违约行为所遭的损失,以完全补偿为原则。但违约责任的补偿性也不是绝对的,在特定情况下违约责任也体现出惩罚性,如根据《合同法》第114条的规定,违约金高于但不是过分高于违约所造成的损失的,高出的部分即具有惩罚性,定金罚则等规定均具有惩罚性。

二、违约责任的构成要件

违约责任的构成要件可分为一般构成要件和特殊构成要件。所谓一般构成要件是指违约当事人承担任何违约责任形式都必须具备的要件。所谓特殊构成要件是指各种具体的违约责任形式所要求的构成要件。

(一)违约责任的一般构成要件

违约责任的一般构成要件以违约行为为唯一的条件,这是关于违约责任构成要件的原则性规定。违约行为是指合同当事人违反合同债务、侵害合同债权的客观行为。根据违约的时间,违约行为分为预期违约与届期违约。在届期违约中,又具体分为不履行和不适当履行,其中不履行又包括履行不能、拒绝履行和根本违约,不适当履行又包括迟延履行和瑕疵履行。

预期违约是英美法中的制度,包括明示毁约和默示毁约。明示毁约是指在合同依法成立之后履行期限届满之前,当事人一方明确肯定地拒绝履行合同;默示毁约是指当事人一方在被认为预期履行不能的情况下拒绝向债权人提供充分担保的一种违约行为。在预期违约发生时,另一方有权解除合同。我国《合同法》在第94条和第108条中对这两种违约形式作出了规定。

届期违约是指合同约定的履行期限届满后的违约。《合同法》第107条规定:"当事人一方不履行合同义务或者履行合同义务不符合约定的,应当承担继续履行、采取补救措施或者赔偿损失的违约责任。"本条规定采用了我国传统的二分法立法观点,将届期违约划分为不履行和不适当履行。

不履行又包括履行不能、拒绝履行和根本违约。履行不能是指合同成立后,由于某种情形债务人事实上已经不可能再履行债务,对因可归责于债务人的事由而导致的履行不能,债务人应承担违约责任。拒绝履行,是指在履行期限届满后,债务人无正当理由明确地表示不履行合法的能够履行的债务。根本违约是英美法中的概念,债务人违反合同中重要的、根本的条款所规定的义务时,构成根本违约,债权人有权解除合同。《合同法》第94条对根本违约的规定是:"当事人一方迟延履行债务或者有其他违约行为致使不能实现合同目的"。

不适当履行包括不履行以外的一切违约形态,又包括迟延履行和瑕疵履行。迟延履行有广义和狭义之分。广义的包括债务人迟延履行和债权人迟延履行,狭义的仅指债务人迟延履行。债务人迟延履行又称给付迟延,是指债务人对于履行期限届满的债务,无正当理由能够履行而未履行的情形。债权人迟延履行又称受领迟延,是指债务已届履行期时债务人按合同要求提出或开始履行债务,债权人拒绝受领或者不能受领的情形。瑕疵履行是指债务人没有完全按照债务的内容履行合同义务。瑕疵履行包括积极违约和其他瑕疵履行。积极违约又称加害给付,是指债务人的给付不但含有瑕疵,而且其瑕疵还造成了债权人人身、财产的损害,其他瑕疵履行所包含的范围较广,具体如债务人的给付数量不足、品种不合、地点不妥、时间不宜、方式不当以及违反附随义务等等。

（二）违约责任的特殊构成要件

违约责任的特殊构成要件因违约责任形式的不同而有异。对于不同的违约责任形式,当事人在满足了违约责任的一般构成要件,即违约行为（特殊合同还需要有过错）之后,还应当满足各特殊构成要件。例如,损害赔偿责任的特殊构成要件是:①损害事实;②违约行为和损害事实之间要有因果关系。

违约金责任形式的特殊构成要件是:①当事人在合同中事先约定了违约金,或者法律对违约金有规定;②当事人有关违约金的约定是合法成立的。

强制继续履行的特殊构成要件是:①非违约方在合理期限内要求违约方继续履行合同义务;②违约方有继续履行的能力;③合同债务可以继续履行。如果合同债务属于《合同法》第110条规定的情形之一的,则违约方不能以继续履行来承担违约责任。

三、违约责任的归责原则

在违约责任制度领域中,归责原则是指在进行违约行为所致事实后果的归属判断时应当遵循的原则和基本标准。归责原则直接决定着违约责任的构成要件。

根据《合同法》第107条的规定,只要"当事人一方不履行合同义务或者履行合同义务不符合约定的",就要承担违约责任,而不论主观上是否有过错,但是,在《合同法》分则中又对某些违约行为规定了过错责任原则,由此可见,我国合同法在违约责任的归责原则方面,实行以严格责任原则为主导,以过错责任原则为补充的归责原则体系。

严格责任原则是指在违约发生以后,确定违约当事人的责任,应主要考虑是否存在违约行为,而不是违约方主观心理状态,换言之,确定责任主要不考虑过错问题。严格责任有利于方便裁判,及时解决纠纷。此外,在严格责任原则下,违约责任与违约行为直接相联,两者直接的因果关系极为明确,利于督促当事人履行合同义务,维护合同的严肃性。严格责任是世界合同法发展的方向,我国《合同法》采纳了这一先进的制度。

过错责任原则是指一方违反合同义务时,应以过错作为确定违约责任的要件。在现代合同法中,过错常常是通过推定的方法加以确定的。过错推定,又称为"举证责任倒置",是指原告能够证明被告存在违约行为,而被告不能证明自己对此种违约没有过错,则在法律上推定被告具有过错,并应承担违约责任。过错一般分故意和过失两种形态。所谓故意,是指债务人预见到自己的行为会造成违反合同的后果,仍然希望或放任结果的发生。故意是最严重的过错。所谓过失,是指债务人应当预见到自己的行为可能违反合同,却因疏忽大意没有预见或者虽已预见却轻信能够避免而造成违约的结果。我国合同法在分则中,对某些特殊的违约情形采用过错责任原则,以作为严格责任原则的例外。这些特殊情况主要包括：第189、191条的赠与合同、第222条的租赁合同、第265条的承揽合同、第303条的客运合同、第320条的多式联运合同、第374条的保管合同、第394条的仓储合同、第406条的委托合同、第425条的居间合同等。

四、承担违约责任的方式

(一) 继续履行

继续履行是指合同当事人一方不履行合同义务或者履行合同义务不符合约定时,经另一方当事人的请求,法律强制其按照合同的约定继续履行合同的义务。我国一向重视继续履行,《合同法》通过第107、109、110三个条款将继续履行作为重要的违约责任承担方式确定下来,它对于保障守约方实现其合同目的,严肃合同纪律,消除信用危机,维护正常的社会经济秩序,具有重要意义。

继续履行的构成要件因债务是金钱债务或非金钱债务而有区别。对于当事人一方未支付价款或者报酬的,对方可以要求其支付价款或者报酬。因为金钱是一般等价物,没有其他可以替代履行的方法。当事人一方不履行非金钱债务或者履行非金钱债务不符合约定的,对方可以要求履行,但有下列情形的除外：①法律上或者事实上不能履行；②债务的标的不适于强制履行或者履行费用过高；③债权人在合理期限内未要求履行。

(二) 赔偿损失

赔偿损失是指合同当事人一方不履行合同或者不适当履行合同给对方造成损失的,应依法或依照合同约定承担赔偿责任。它以金钱赔偿为原则,以实物赔偿为例外,是各国法律普遍确认的一种违约责任形式。赔偿损失主要是为了弥补或填补债权人因违约行为遭受的损失,损失赔偿额的确定也主要以实际发生的损失为计算标准,但赔偿损失的补偿性也不是绝对的,在特定情况下也体现出惩罚性。例如,经营者提供商品或者服务有欺诈行为的,应当按照消费者的要求增加赔偿其受到的损失,增加金额为消费者购买商品的价款或者接受服务的费用的1倍。

赔偿损失以完全赔偿为原则。完全赔偿原则,是指违约方应对其违约行为所造成的全部损失负责。我国《合同法》第113条规定,"当事人一方不履行合同义务或者履行合同义务不符合约定,给对方造成损失的,损失赔偿额应当相当于因违约所造成的损失,包括合同履行后可获得的利益"。完全赔偿原则为违约后的损失赔偿额的计算确定了一项重要原则,通过赔偿使受害人恢复到合同如期履行的状态。

完全赔偿原则必须在法律上给予适当的限制。对完全赔偿原则的限制包括可预见规则、损失赔偿的减轻规则和特别法所作出的法定赔偿范围限制。可预见规则体现为当事人一方违约给对方造成损失的,损失赔偿额不得超过违反合同一方订立合同时预见到或者应当预见到的因违反合同可能造成的损失。所谓损失赔偿减轻,是指在一方违约并造成损失后,另一方应及时采取合理的措施防止损失扩大,否则,无权请求违约方对扩大的损失进行赔偿。

（三）违约金

违约金是指一方当事人违反合同,依照约定或者法律规定向对方支付一定数额的金钱的责任形式。

违约金是世界各国普遍采用的一种责任形式,具有如下法律特征:①预定性。违约金可分为法定的违约金和约定的违约金。法定的违约金是指法律直接规定支付条件和数额或比例的违约金,约定违约金是指当事人通过合同约定数额和支付条件的违约金。无论是法定违约金还是约定违约金,都是预先确定的。②补偿性和特定情况下的惩罚性。我国《合同法》第114条第1款规定:"当事人可以约定一方违约时应当根据违约情况向对方支付一定数额的违约金",第2款规定:"约定的违约金低于造成的损失的,当事人可以请求人民法院或者仲裁机构予以增加;约定的违约金过分高于造成的损失的,当事人可以请求人民法院或者仲裁机构予以适当减少",第3款规定:"当事人就延迟履行约定违约金的,违约方支付违约金后,还应当履行债务"。可见,违约金主要体现了补偿性,但在某些情况下也具有惩罚性。

违约金一般被认为是损害赔偿的预定,《合同法》第114条第1款规定:"当事人可以约定一方违约时应当根据违约情况向对方支付一定数额的违约金,也可以约定因违约产生的损失赔偿额的计算方法。"

（四）定金

定金既是一种债的担保形式,又是一种违约责任形式。我国《合同法》第115条明确规定:"当事人可以依照《中华人民共和国担保法》约定一方向对方给付定金作为债权的担保。债务人履行债务后,定金应当抵作价款或者收回。给付定金的一方不履行约定的债务的,无权要求返还定金;收受定金的一方不履行约定的债务的,应当双倍返还定金。"

定金作为一种违约责任形式,其适用不以实际发生的损害为前提,即无论一方的违约是否造成对方损失,都可能导致定金责任。因此,定金具有强烈的惩罚性。定金的适用有一定的限制:①适用范围的限制,除当事人另有约定外,定金适用于不履行合同或者其他严重违约行为;②数额的限制,《中华人民共和国担保法》第 91 条规定:"定金的数额由当事人约定,但不得超过主合同标的额的 20%。"

《合同法》第 116 条规定:"当事人既约定定金,又约定违约金的,一方违约时,对方可以选择适用违约金或者定金。"可见,定金与违约金作为两种独立的违约责任形式,守约方享有选择权,但不能同时并用。

(五)采取补救措施

我国《合同法》第 107 条规定:"当事人一方不履行合同义务或者履行合同义务不符合约定的,应当承担继续履行、采取补救措施或者赔偿损失等违约责任。"可见,补救措施是一种违约责任的承担方式。一般认为,《合同法》第 111 条是关于补救措施的具体规定:"质量不符合约定的,应当按照当事人的约定承担违约责任。对违约责任没有约定或者约定不明确,依照本法第 61 条的规定仍不能确定的,受损害方根据标的的性质以及损失的大小,可以合理选择要求对方承担修理、更换、重作、退货、减少价款或者报酬等违约责任。"当事人一方不履行合同或者履行合同不符合约定的,在履行义务或者采取补救措施后,对方还有损失的,应当赔偿损失,即补救措施和损害赔偿可以并用。

(六)价格制裁

我国《合同法》第 63 条规定:"执行政府定价或者政府指导价的,在合同约定的交付期限内政府价格调整时,按照交付时的价格计价。逾期交付标的物的,遇价格上涨时,按照原价格执行;价格下降时,按照新价格执行。逾期提取标的物或者逾期付款的,遇价格上涨时,按照新价格执行;价格下降时,按照原价格执行。"由此可见,当当事人一方迟延履行,而合同标的又是执行政府定价或者政府指导价的,价格制裁就成为一种违约责任形式。

(七)逾期利息制裁

逾期利息制裁是针对借款合同中,对逾期返还借款的违约行为确立的违约责任形式,我国《合同法》第 207 条规定:"借款人未按照约定的期限返还借款的,应当按照约定或者国家有关规定支付逾期利息。"据此,在逾期返还借款时,违约方除应支付合同约定的贷款期间的利息以外,还应支付逾期部分的利息。

五、违约责任和侵权责任的竞合

违约责任和侵权责任的竞合是指一个不法行为同时符合违约责任和侵权责任的构成要件,并且这两个责任之间相互冲突。由于现实生活的复杂性,违约责任和侵权责任的竞合现象是不可避免的。因为违约责任和侵权责任在归责原则、举证责任、时效、责任构成要件和免责条件、责任形式、责任范围、诉讼管辖等方面是不同的,所以,当发生违约责任和侵权责任的竞合时,不法行为人承担何种责任,将导致不同的法律后果的产生,并严重影响到对受害人利益的保护和对不法行为人的制裁。因此,法律必须对责任竞合的处理作出明确规定。

我国《合同法》第122条规定:"因当事人一方的违约行为侵害对方人身、财产权益的,受损害方有权选择依照本法要求其承担责任或者依照其他法律要求其承担侵权责任。"由此可见,我国对违约责任和侵权责任竞合的处理采取的是允许竞合和选择请求权模式。

六、违约责任的免除

违约责任的免除是指违约方虽存在违约行为,但可免予承担违约责任的情形。违约责任的免除主要包括两种情况,其一是债权人放弃追究债务人的违约责任,其二是存在免责事由。

所谓免责事由是指免除违反合同的债务人承担的违约责任的原因和理由,具体包括法定的免责事由和约定的免责事由。法定的免责事由是法律规定的免除责任的事由,主要是指不可抗力。不可抗力,是指不能预见、不能避免并不能克服的客观情况,包括自然灾害、政府行为和社会异常事件。还有其他的法定免责事由,如《合同法》第311条规定,货运合同的承运人能够证明货物的毁损、灭失是因货物本身的自然性质或者合理损耗以及托运人、收货人的过错造成的,不承担损害赔偿责任。

约定的免责事由是指当事人通过合同约定的免除责任的事由,包括免责条款和当事人约定的不可抗力条款。所谓免责条款,是指当事人双方在合同中预先约定的,旨在限制或免除其未来责任的条款。免责条款必须是合法的,否则无效。我国《合同法》第40条规定,提供格式条款一方免除其责任的条款无效。第53条规定:"合同中的下列免责条款无效:(一)造成对方人身伤害的;(二)因故意或者重大过失造成对方财产损失的。"

因不可抗力不能履行合同的,根据不可抗力的影响,部分或者全部免除责任,但法律另有规定的除外。当事人迟延履行后发生不可抗力的,不能免除责任。

当事人一方因不可抗力不能履行合同的,应当及时通知对方,以减轻可能给对方造成的损失,并应当在合理期限内提供证明。

第八节 合同的担保

为促进资金融通和商品流通,保障债权的实现,发展社会主义市场经济,1995年6月30日第八届全国人民代表大会常务委员会第十四次会议通过《担保法》,对担保形式、担保权利的行使等问题进行了规定。此外,2007年3月16日第十届全国人民代表大会第五次会议通过《中华人民共和国物权法》（以下简称《物权法》）也对担保物权进行了规定。

一、保证

保证，是指保证人和债权人约定，当债务人不履行债务时，保证人按照约定履行债务或者承担责任的行为。

（一）保证人

具有代为清偿债务能力的法人、其他组织或者公民，可以作保证人。不具有完全代偿能力的法人、其他组织或者自然人，以保证人身份订立保证合同后，又以自己没有代偿能力要求免除保证责任的，人民法院不予支持。有下列情形之一的，保证人不承担民事责任：①主合同当事人双方串通，骗取保证人提供保证的；②主合同债权人采取欺诈、胁迫等手段，使保证人在违背真实意思的情况下提供保证的。保证人承担保证责任后，有权向债务人追偿。

具体来说，国家机关不得为保证人，但经国务院批准为使用外国政府或者国际经济组织贷款进行转贷的除外。学校、幼儿园、医院等以公益为目的的事业单位、社会团体不得为保证人。企业法人的分支机构、职能部门不得为保证人。企业法人的分支机构有法人书面授权的，可以在授权范围内提供保证。

同一债务有两个以上保证人的，保证人应当按照保证合同约定的保证份额，承担保证责任。没有约定保证份额的，保证人承担连带责任，债权人可以要求任何一个保证人承担全部保证责任，保证人都负有担保全部债权实现的义务。已经承担保证责任的保证人，有权向债务人追偿，或者要求承担连带责任的其他保证人清偿其应当承担的份额。

（二）保证合同和保证方式

保证人与债权人应当以书面形式订立保证合同。保证人与债权人可以就单个主合同分别订立保证合同，也可以协议在最高债权额限度内，就一定期间连续发生的借款合同或者某项商品交易合同订立一个保证合同。

主合同有效而担保合同无效，债权人无过错的，担保人与债务人对主合同债权人的经济损失，承担连带赔偿责任；债权人、担保人有过错的，担保人承担民事责任的部分，不应超过债务人不能清偿部分的1/2。主合同无效而导致担保合同无效，担保人无过错的，担保人不承担民事责任；担保人有过错的，担保人承担民事责任的部分，不应超过债务人不能清偿部分的1/3。

（三）保证方式

1. 一般保证。当事人在保证合同中约定，债务人不能履行债务时，由保证人承担保证责任的,为一般保证。一般保证的保证人在主合同纠纷未经审判或者仲裁,并就债务人财产依法强制执行仍不能履行债务前,对债权人可以拒绝承担保证责任。有下列情形之一的,保证人不得行使先诉抗辩权:①债务人住所变更,致使债权人要求其履行债务发生重大困难的;②人民法院受理债务人破产案件,中止执行程序的;③保证人以书面形式放弃先诉抗辩权的。

2.连带责任保证。当事人在保证合同中约定保证人与债务人对债务承担连带责任的,为连带责任保证。连带责任保证的债务人在主合同规定的债务履行期届满没有履行债务的,债权人可以要求债务人履行债务,也可以要求保证人在其保证范围内承担保证责任。

当事人对保证方式没有约定或者约定不明确的,按照连带责任保证承担保证责任。

保证担保的范围包括主债权及利息、违约金、损害赔偿金和实现债权的费用。保证合同另有约定的,按照约定。当事人对保证担保的范围没有约定或者约定不明确的,保证人应当对全部债务承担责任。

(四)保证期间

一般保证的保证人与债权人未约定保证期间的,保证期间为主债务履行期届满之日起6个月。在合同约定的保证期间和上述规定的保证期间,债权人未对债务人提起诉讼或者申请仲裁的,保证人免除保证责任;债权人已提起诉讼或者申请仲裁的,保证期间适用诉讼时效中断的规定。

连带责任保证的保证人与债权人未约定保证期间的,债权人有权自主债务履行期届满之日起6个月内要求保证人承担保证责任。在合同约定的保证期间和上述规定的保证期间,债权人未要求保证人承担保证责任的,保证人免除保证责任。

保证人就连续发生的债权作保证,未约定保证期间的,保证人可以随时书面通知债权人终止保证合同,但保证人对于通知到债权人前所发生的债权,承担保证责任。

保证期间,债权人依法将主债权转让给第三人的,保证人在原保证担保的范围内继续承担保证责任。保证合同另有约定的,按照约定。保证期间,债权人许可债务人转让债务的,应当取得保证人书面同意,保证人对未经其同意转让的债务,不再承担保证责任。债权人与债务人协议变更主合同的,应当取得保证人书面同意,未经保证人书面同意的,保证人不再承担保证责任。保证合同另有约定的,按照约定。

二、抵押、质押和留置

(一)抵押

抵押,是指债务人或者第三人不转移对抵押财产的占有,将该财产作为债权的担保。债务人不履行债务时,债权人有权依法以该财产折价或者以拍卖、变卖该财产的价款优先受偿。提供担保财产的债务人或者第三人为抵押人,债权人为抵押权人,提供担保的财产为抵押物。

1. 抵押财产的范围。抵押财产的范围,《担保法》和《物权法》的规定略有差异,《担保法》第34条规定,下列财产可以抵押:①抵押人所有的房屋和其他地上定着物;②抵押人所有的机器、交通运输工具和其他财产;③抵押人依法有权处分的国有的土地使用权、房屋和其他地上定着物;④抵押人依法有权处分的国有的机器、交通运输工具和其他财产;⑤抵押人依法承包并经发包方同意抵押的荒山、荒沟、荒丘、荒滩等荒地的土地使用权;⑥依法可以抵押的其他财产。抵押人可以将前述所列财产一并抵押。

对比《担保法》和《物权法》的规定,物权法增加了生产设备、原材料、半成品、产品和正在建造的建筑物、船舶、航空器作为抵押财产的规定。以正在建造的建筑物、船舶、航空器作为抵押财产,可以有效解决建设者融资问题,保证在建工程顺利完工。

此外,《担保法》和《物权法》均规定,下列财产不得抵押:①土地所有权;②耕地、宅基地、自留地、自留山等集体所有的土地使用权;③学校、幼儿园、医院等以公益为目的的事业单位、社会团体的教育设施、医疗卫生设施和其他社会公益设施;④所有权、使用权不明或者有争议的财产;⑤依法被查封、扣押、监管的财产;⑥法律、行政法规规定不得抵押的其他财产。

2. 抵押合同和抵押权设立。设立抵押权,当事人应当采取书面形式订立抵押合同。根据《物权法》的规定,抵押权的设立分为两种情形,即抵押权自登记时设立和抵押权自抵押合同生效时设立。

3. 抵押的效力。抵押担保的范围包括主债权及利息、违约金、损害赔偿金和实现抵押权的费用。抵押合同另有约定的,按照约定。订立抵押合同前抵押财产已出租的,原租赁关系不受该抵押权的影响。抵押权设立后抵押财产出租的,该租赁关系不得对抗已登记的抵押权。

抵押期间,抵押人经抵押权人同意转让抵押财产的,应当将转让所得的价款向抵押权人提前清偿债务或者提存。转让的价款超过债权数额的部分归抵押人所有,不足部分由债务人清偿。抵押期间,抵押人未经抵押权人同意,不得转让抵押财产,但受让人代为清偿债务消灭抵押权的除外。

抵押人的行为足以使抵押财产价值减少的,抵押权人有权要求抵押人停止其行为。抵押财产价值减少的,抵押权人有权要求恢复抵押财产的价值,或者提供与减少的价值相应的担保。抵押人不恢复抵押财产的价值也不提供担保的,抵押权人有权要求债务人提前清偿债务。抵押人对抵押物价值减少无过错的,抵押权人只能在抵押人因损害而得到的赔偿范围内要求提供担保。抵押物价值未减少的部分,仍作为债权的担保。

抵押权不得与债权分离而单独转让或者作为其他债权的担保。债权转让的,担保该债权的抵押权一并转让,但法律另有规定或者当事人另有约定的除外。

4.抵押权的实现。债务人不履行到期债务或者发生当事人约定的实现抵押权的情形,抵押权人可以与抵押人协议以抵押财产折价或者以拍卖、变卖该抵押财产所得的价款优先受偿。协议损害其他债权人利益的,其他债权人可以在知道或者应当知道撤销事由之日起一年内请求人民法院撤销该协议。抵押权人与抵押人未就抵押权实现方式达成协议的,抵押权人可以请求人民法院拍卖、变卖抵押财产。抵押财产折价或者变卖的,应当参照市场价格。

同一财产向两个以上债权人抵押的,拍卖、变卖抵押财产所得的价款依照下列规定清偿:①抵押权已登记的,按照登记的先后顺序清偿,顺序相同的,按照债权比例清偿;②抵押权已登记的先于未登记的受偿;③抵押权未登记的,按照债权比例清偿。抵押权人可以放弃抵押权或者抵押权的顺位。抵押权人与抵押人可以协议变更抵押权顺位以及被担保的债权数额等内容,但抵押权的变更未经其他抵押权人书面同意,不得对其他抵押权人产生不利影响。债务人以自己的财产设定抵押,抵押权人放弃该抵押权、抵押权顺位或者变更抵押权的,其他担保人在抵押权人丧失优先受偿权益的范围内免除担保责任,但其他担保人承诺仍然提供担保的除外。

建设用地使用权抵押后,该土地上新增的建筑物不属于抵押财产。该建设用地使用权实现抵押权时,应当将该土地上新增的建筑物与建设用地使用权一并处分,但新增建筑物所得的价款,抵押权人无权优先受偿。以招标、拍卖、公开协商等方式取得的荒地等土地承包经营权和以乡镇、村企业的厂房等建筑物抵押的,实现抵押权后,未经法定程序,不得改变土地所有权的性质和土地用途。

抵押权人应当在主债权诉讼时效期间行使抵押权;未行使的,人民法院不予保护。

5.最高额抵押。为担保债务的履行,债务人或者第三人对一定期间内将要连续发生的债权提供担保财产的,债务人不履行到期债务或者发生当事人约定的实现抵押权的情形,抵押权人有权在最高债权额限度内就该担保财产优先受偿。最高额抵押权设立前已经存在的债权,经当事人同意,可以转入最高额抵押担保的债权范围。

最高额抵押担保的债权确定前,部分债权转让的,最高额抵押权不得转让,但当事人另有约定的除外。最高额抵押担保的债权确定前,抵押权人与抵押人可以通过协议变更债权确定的期间、债权范围以及最高债权额,但变更的内容不得对其他抵押权人产生不利影响。

有下列情形之一的,抵押权人的债权确定:①约定的债权确定期间届满;②没有约定债权确定期间或者约定不明确,抵押权人或者抵押人自最高额抵押权设立之日起满两年后请求确定债权;③新的债权不可能发生;④抵押财产被查封、扣押;⑤债务人、抵押人被宣告破产或者被撤销;⑥法律规定债权确定的其他情形。

（二）质押

1. 动产质押。动产质押，是指债务人或者第三人将其动产移交债权人占有，将该动产作为债权的担保。债务人不履行债务时，债权人有权依法以该动产折价或者以拍卖、变卖该动产的价款优先受偿。其中，债务人或者第三人为出质人，债权人为质权人，移交的动产为质物。

设立质权，当事人应当采取书面形式订立质权合同。质权人负有妥善保管质押财产的义务，因保管不善致使质押财产毁损、灭失的，应当承担赔偿责任。质权人的行为可能使质押财产毁损、灭失的，出质人可以要求质权人将质押财产提存，或者要求提前清偿债务并返还质押财产。质权人在质权存续期间，未经出质人同意，擅自使用、处分质押财产，给出质人造成损害的，应当承担赔偿责任。因不能归责于质权人的事由可能使质押财产毁损或者价值明显减少，足以危害质权人权利的，质权人有权要求出质人提供相应的担保；出质人不提供的，质权人可以拍卖、变卖质押财产，并与出质人通过协议将拍卖、变卖所得的价款提前清偿债务或者提存。

质权人在质权存续期间，未经出质人同意转质，造成质押财产毁损、灭失的，应当向出质人承担赔偿责任。

质权人可以放弃质权。债务人以自己的财产出质，质权人放弃该质权的，其他担保人在质权人丧失优先受偿权益的范围内免除担保责任，但其他担保人承诺仍然提供担保的除外。债务人履行债务或者出质人提前清偿所担保的债权的，质权人应当返还质押财产。债务人不履行到期债务或者发生当事人约定的实现质权的情形，质权人可以与出质人协议以质押财产折价，也可以就拍卖、变卖质押财产所得的价款优先受偿。质押财产折价或者变卖的，应当参照市场价格。质押财产折价或者拍卖、变卖后，其价款超过债权数额的部分归出质人所有，不足部分由债务人清偿。

出质人可以请求质权人在债务履行期届满后及时行使质权；质权人不行使的，出质人可以请求人民法院拍卖、变卖质押财产。出质人请求质权人及时行使质权，因质权人怠于行使权利造成损害的，由质权人承担赔偿责任。

2. 权利质押。第三人或者债务人可以以其权利为债权人设定担保。根据《物权法》规定，以汇票、支票、本票、债券、存款单、仓单、提单出质的，质权自权利凭证交付质权人时设立；没有权利凭证的，质权自有关部门办理出质登记时设立。以基金份额、证券登记结算机构登记的股权出质的，质权自证券登记结算机构办理出质登记时设立；以其他股权出质的，质权自工商行政管理部门办理出质登记时设立。以注册商标专用权、专利权、著作权等知识产权中的财产权出质的，质权自有关主管部门办理出质登记时设立。以应收账款出质的，质权自信贷征信机构办理出质登记时设立。

(三) 留置

留置,是指债权人按照合同约定占有债务人的动产,债务人不按照合同约定的期限履行债务的,债权人有权依法留置该财产,以该财产折价或者以拍卖、变卖该财产的价款优先受偿。其中,债权人为留置权人,占有的动产为留置财产。留置担保的范围包括主债权及利息、违约金、损害赔偿金,留置物保管费用和实现留置权的费用。

债权人留置的动产,应当与债权属于同一法律关系,但企业之间留置的除外。法律规定或者当事人约定不得留置的动产,不得留置。留置财产为可分物的,留置财产的价值应当相当于债务的金额。留置权人负有妥善保管留置财产的义务;因保管不善致使留置财产毁损、灭失的,应当承担赔偿责任。

留置权人与债务人应当约定留置财产后的债务履行期间;没有约定或者约定不明确的,留置权人应当给债务人两个月以上履行债务的期间,但鲜活易腐等不易保管的动产除外。债务人逾期未履行的,留置权人可以与债务人协议以留置财产折价,也可以就拍卖、变卖留置财产所得的价款优先受偿。留置财产折价或者变卖的,应当参照市场价格。

债务人可以请求留置权人在债务履行期届满后行使留置权;留置权人不行使的,债务人可以请求人民法院拍卖、变卖留置财产。留置财产折价或者拍卖、变卖后,其价款超过债权数额的部分归债务人所有,不足部分由债务人清偿。同一动产上已设立抵押权或者质权,该动产又被留置的,留置权人优先受偿。

留置权人对留置财产丧失占有或者留置权人接受债务人另行提供担保的,留置权消灭。

三、定金

当事人可以约定一方向对方给付定金作为债权的担保。定金应当以书面形式约定。当事人在定金合同中应当约定交付定金的期限。定金合同从实际交付定金之日起生效。定金的数额由当事人约定,但不得超过主合同标的额的20%。

当事人约定以交付定金作为订立主合同担保的,给付定金的一方拒绝订立主合同的,无权要求返还定金;收受定金的一方拒绝订立合同的,应当双倍返还定金。当事人约定以交付定金作为主合同成立或者生效要件的,给付定金的一方未支付定金,但主合同已经履行或者已经履行主要部分的,不影响主合同的成立或者生效。定金交付后,交付定金的一方可以按照合同的约定以丧失定金为代价而解除主合同,收受定金的一方可以双倍返还定金为代价而解除主合同。

当事人交付留置金、担保金、保证金、订约金、押金或者定金等,但没有约定定金性质的,当事人主张定金权利的,人民法院不予支持。实际交付的定金数额多于或者少于约定数额,视为变更定金合同;收受定金一方提出异议并拒绝接受定金的,定金合同不生效。

本章小结

合同是当事人之间设立、变更、终止民事权利与义务关系的协议。依据不同的标准,合同可作多种分类,每种分类都有不同的法律意义。合同法的基本原则是合同法律制度的基础。合同的订立要经过要约和承诺两个程序。格式条款的订立要依照一定的规则。合同在效力上有有效合同、效力待定合同、可变更及可撤销合同和无效合同之分,其认定依据和法律后果不同。合同的履行要遵守一定的原则和规则,当事人可以行使同时履行抗辩权和不安抗辩权。债权人的代位权和撤销权的行使必须满足法定条件。合同的转让必须符合实质要件,其效力涉及三方当事人。清偿解除、抵消、提存、混同是几种主要的合同终止的原因,所发生的条件应当掌握。违约责任与缔约过失责任不同,违约责任的一般构成要件、特殊构成要件、归责原则、承担违约责任的方式以及违约责任与侵权责任的竞合均是合同法的核心问题。

思考练习题

1. 试比较无效合同与可撤销合同的异同。
2. 合同的保全措施有哪些,具体的实施条件是什么?
3. 承担违约责任的方式有哪些?
4. 合同的担保有哪些形式?

案例1

在一次大型的赈灾义演上,各公司、企业纷纷向灾区人民捐款捐物,某公司代表当场表示他受公司的委托向灾区人民捐款 100 万元,并在演出台上向观众展示了巨大的捐款牌,节目主持人代表灾区捐献委员会接受了该公司的捐款并表示感谢,中央电视台报道了这一台晚会。但在晚会结束后,某公司并没有如约兑现其在晚会上的承诺,中央电视台曾多次催告,促使其向灾区人民捐赠其在晚会上承诺的捐款。但该公司仍拒不履行其诺言。于是,中央电视台与灾区救灾捐献委员会要求某公司承担违约责任,并履行其在晚会上的承诺。

法理分析

该案中,当某公司代表作出其受公司委托捐款的意思表示,并且由灾区捐献委员会表示接受后,该公司即与灾区捐献委员会之间成立了一个赠与合同关系。按照《合同法》第 188 条的规定:"具有救灾、扶贫等社会公德、道德义务性质的赠与合同或者经过公证的赠与合同,赠与人不交付赠与的财产的,受赠人可以要求交付。"所以,灾区捐献委员会有权要求某公司按照合同的约定承担违约责任,该违约责任的具体内容就是要求某公司继续履行合同义务,向灾区人民捐款。

案例 2

乙是一位年届 60 的老太太,某日乘坐甲的长途小公共汽车从某地到另外一个距离很近的城市。从出发地到目的地的道路中有一段路坎坷不平,甲一直以较快的速度开车,途经这一段坎坷的路段时仍然没有减速,也没有告知乘客要注意握紧把手。由于道路坎坷不平,再加上甲没有减速行驶,结果导致乙因车辆颠簸造成脊椎挤压,有两节脊椎错位,下车后即被送往医院,住院 3 个月,共花费医疗费 5 200 元。出院后,乙即由其代理人向甲所属的某公共汽车公司要求赔偿医疗费、住院费、陪床费、营养费、看护人的误工费、交通费等共 13 000 元。某公共汽车公司同意向乙进行赔偿,但在赔偿数额上双方争执不下,乙遂起诉到法院。法院审理后,经查明,乙的人身伤害确实是因甲在坎坷不平的路段上开车速度过快所致,甲当时也没有提醒乘客注意,所以,甲对乙的伤害负有不可推卸的责任,甲应赔偿乙的损失,赔偿数额为 8 020 元。

法理分析

在该案中,乙乘坐甲的小公共汽车,与甲之间产生运输合同关系。按照《合同法》对运输合同的规定,承运人负有将乘客安全送达目的地的义务,违反该义务时即应当承担违约责任。承运人承担违约责任须以过错为要件,该案中的甲由于在行驶至坎坷路段时没有减速,并且没有通知乘客要注意在车辆颠簸时照顾好自己,导致乙受到伤害,甲存在明显的过错。由于甲是某公共汽车公司的司机,根据《合同法》第 303 条的规定和第 121 条规定的:"当事人一方因第三人的原因造成违约的,应当向对方承担违约责任。当事人一方和第三人之间的纠纷,依照法律规定或者按照约定解决。"所以,乙有权要求某公共汽车公司承担损害赔偿责任。

案例 3

　　有甲、乙两个公司,乙公司想将公司整体出售给丙,但甲公司与丙公司是竞争对手,不愿乙将公司出售给丙,于是就以欲购买乙公司为由与乙公司进行谈判,实质上他自己并不愿购买乙公司。谈判进行了很长时间,丙见乙即将与甲签订合同,就另外作了其他的投资。当甲得知丙不再购买乙公司了,就终止了与乙的谈判。乙失去了商机,最后只好以非常低的价格出售了公司。

法理分析

　　在本案中,甲为了个人私利,不讲信用,与乙进行恶意磋商,欺骗了乙。根据《合同法》第 42 条第 1 款的规定,当事人一方有假借订立合同,恶意进行磋商,给对方造成损失的,应当承担损害赔偿责任。所以,甲应当赔偿乙的损失。

劳动法律制度

★ 本章学习要点与要求 ★

通过本章的学习,应当掌握劳动合同的分类、劳动关系的建立、劳动合同的试用期等条款的相关规定以及劳动合同的解除。此外,应当掌握《中华人民共和国劳动合同法》关于工作时间、休息休假等法律规定。了解和运用我国处理劳动争议的相关程序,即协商、调解、仲裁和诉讼解决劳动争议。

第一节 劳动合同

一、劳动合同概述

劳动合同,是劳动者与用人单位之间确立劳动关系,明确双方权利和义务的书面协议。2007年6月29日第十届全国人民代表大会常务委员会第二十八次会议通过《中华人民共和国劳动合同法》(以下简称《劳动合同法》),自2008年1月1日起施行。根据2012年12月28日第十一届全国人民代表大会常务委员会第三十次会议《全国人民代表大会常务委员会关于修改〈中华人民共和国劳动合同法〉的决定》予以修正,并自2013年7月1日起施行。

（一）劳动合同的分类

根据劳动合同的期限，分为有固定期限劳动合同、无固定期限劳动合同和以完成一定的工作为期限的劳动合同。

1. 固定期限劳动合同。固定期限劳动合同是指用人单位与劳动者约定合同终止时间的劳动合同。用人单位与劳动者协商一致，可以订立固定期限劳动合同。

2. 无固定期限劳动合同。无固定期限劳动合同是指用人单位与劳动者约定无确定终止时间的劳动合同。用人单位与劳动者协商一致，可以订立无固定期限劳动合同。有下列情形之一，劳动者提出或者同意续订、订立劳动合同的，除劳动者提出订立固定期限劳动合同外，应当订立无固定期限劳动合同：

（1）劳动者在该用人单位连续工作满10年的。

（2）用人单位初次实行劳动合同制度或者国有企业改制重新订立劳动合同时，劳动者在该用人单位连续工作满10年且距法定退休年龄不足10年的。

（3）连续订立两次固定期限劳动合同，且劳动者没有《劳动合同法》第39条用人单位随时解除劳动合同和第40条因劳动者患病或者非因工负伤，在规定的医疗期满后不能从事原工作，也不能从事由用人单位另行安排的工作以及劳动者不能胜任工作，经过培训或者调整工作岗位，仍不能胜任工作的情形，续订劳动合同的。

此外，用人单位自用工之日起满一年不与劳动者订立书面劳动合同的，视为用人单位与劳动者已订立无固定期限劳动合同。

3. 以完成一定工作任务为期限的劳动合同。以完成一定工作任务为期限的劳动合同，是指用人单位与劳动者约定以某项工作的完成为合同期限的劳动合同。用人单位与劳动者协商一致，可以订立以完成一定工作任务为期限的劳动合同。

（二）劳动关系的建立

劳动关系，是指劳动者与用人单位在实现劳动过程中缔结的社会关系。根据《劳动合同法》的规定，用人单位自用工之日起即与劳动者建立劳动关系。用人单位与劳动者在用工前订立劳动合同的，劳动关系自用工之日起建立。已建立劳动关系，未同时订立书面劳动合同的，应当自用工之日起一个月内订立书面劳动合同。用人单位自用工之日起超过一个月不满一年未与劳动者订立书面劳动合同的，应当向劳动者每月支付2倍的工资。用人单位自用工之日起满一年不与劳动者订立书面劳动合同的，视为用人单位与劳动者已订立无固定期限劳动合同。用人单位违反规定不与劳动者订立无固定期限劳动合同的，自应当订立无固定期限劳动合同之日起向劳动者每月支付2倍的工资。

由上可见，只要劳动者实际提供劳动，用人单位实际用工，不管劳动者与用工单位是否签订了书面劳动合同，劳动者与用人单位之间的劳动关系均予以成立。

二、劳动合同的订立和效力

(一) 劳动合同的订立

《劳动合同法》规定,劳动合同由用人单位与劳动者协商一致,并经用人单位与劳动者在劳动合同文本上签字或者盖章生效。劳动合同文本由用人单位和劳动者各执一份。劳动合同应当具备以下条款:用人单位的名称、住所和法定代表人或者主要负责人;劳动者的姓名、住址和居民身份证或者其他有效身份证件号码;劳动合同期限;工作内容和工作地点;工作时间和休息休假;劳动报酬;社会保险;劳动保护、劳动条件和职业危害防护;法律、法规规定应当纳入劳动合同的其他事项。劳动合同对劳动报酬和劳动条件等标准约定不明确,引发争议的,用人单位与劳动者可以重新协商;协商不成的,适用集体合同规定;没有集体合同或者集体合同未规定劳动报酬的,实行同工同酬;没有集体合同或者集体合同未规定劳动条件等标准的,适用国家有关规定。

劳动合同除上述规定的必备条款外,用人单位与劳动者可以约定试用期、培训、保守秘密、补充保险和福利待遇等其他事项。

1. 试用期条款。《劳动合同法》规定,劳动合同期限 3 个月以上不满 1 年的,试用期不得超过 1 个月;劳动合同期限 1 年以上不满 3 年的,试用期不得超过 2 个月;3 年以上固定期限和无固定期限的劳动合同,试用期不得超过 6 个月。同一用人单位与同一劳动者只能约定一次试用期。以完成一定工作任务为期限的劳动合同或者劳动合同期限不满 3 个月的,不得约定试用期。试用期包含在劳动合同期限内。劳动合同仅约定试用期的,试用期不成立,该期限为劳动合同期限。劳动者在试用期的工资不得低于本单位相同岗位最低档工资或者劳动合同约定工资的 80%,并不得低于用人单位所在地的最低工资标准。

试用期中,除劳动者有《劳动合同法》规定的情形外,用人单位不得解除劳动合同。用人单位在试用期解除劳动合同的,应当向劳动者说明理由。

2. 服务期条款。用人单位为劳动者提供专项培训费用,对其进行专业技术培训的,可以与该劳动者订立协议,约定服务期。劳动者违反服务期约定的,应当按照约定向用人单位支付违约金。违约金的数额不得超过用人单位提供的培训费用。用人单位要求劳动者支付的违约金不得超过服务期尚未履行部分所应分摊的培训费用。用人单位与劳动者约定服务期的,不影响按照正常的工资调整机制提高劳动者在服务期期间的劳动报酬。

3. 保密条款。《劳动合同法》规定,用人单位与劳动者可以在劳动合同中约定保守用人单位的商业秘密和与知识产权相关的保密事项。对负有保密义务的劳动者,用人单位可以在劳动合同或者保密协议中与劳动者约定竞业限制条款,并约定在解除或者终止劳动合同后,在竞业限制期限内按月给予劳动者经济补偿。劳动者违反竞业限制约定的,应当按照约定向用人单位支付违约金。

应当注意的是,竞业限制的人员限于用人单位的高级管理人员、高级技术人员和其他负有保密义务的人员。竞业限制的范围、地域、期限由用人单位与劳动者约定,竞业限制的约定不得违反法律、法规的规定。在解除或者终止劳动合同后,上述规定的人员到与本单位生产或者经营同类产品、从事同类业务的有竞争关系的其他用人单位,或者自己开业生产或者经营同类产品、从事同类业务的竞业限制期限,不得超过2年。

（二）劳动合同的无效

《劳动合同法》规定,下列劳动合同无效或者部分无效:

1. 以欺诈、胁迫的手段或者乘人之危,使对方在违背真实意思的情况下订立或者变更劳动合同的。

2. 用人单位免除自己的法定责任、排除劳动者权利的。

3. 违反法律、行政法规强制性规定的。

对劳动合同的无效或者部分无效有争议的,由劳动争议仲裁机构或者人民法院确认。劳动合同部分无效,不影响其他部分效力的,其他部分仍然有效。

劳动合同被确认无效,劳动者已付出劳动的,用人单位应当向劳动者支付劳动报酬。劳动报酬的数额,参照本单位相同或者相近岗位劳动者的劳动报酬确定。

三、劳动合同的履行

用人单位与劳动者应当按照劳动合同的约定,全面履行各自的义务。具体来说,用人单位应当按照劳动合同约定和国家规定,向劳动者及时足额支付劳动报酬。用人单位拖欠或者未足额支付劳动报酬的,劳动者可以依法向当地人民法院申请支付令,人民法院应当依法发出支付令。用人单位应当严格执行劳动定额标准,不得强迫或者变相强迫劳动者加班。用人单位安排加班的,应当按照国家有关规定向劳动者支付加班费。

用人单位与劳动者协商一致,可以变更劳动合同约定的内容。变更劳动合同,应当采用书面形式。变更后的劳动合同文本由用人单位和劳动者各执一份。

四、劳动合同的解除和终止

用人单位与劳动者协商一致,可以解除劳动合同。

（一）劳动者解除合同

劳动者应提前30日以书面形式通知用人单位,试用期内提前3日通知用人单位,可以解除劳动合同。用人单位有下列情形之一的,劳动者可以即时解除劳动合同:①未按照劳动合同约定提供劳动保护或者劳动条件的;②未及时足额支付劳动报酬的;③未依法为劳动者缴纳社会保险费的;④用人单位的规章制度违反法律、法规的规定,损害劳动者权益的;⑤以欺诈、胁迫的手段或者乘人之危,使劳动者在违背真实意思的情况下订立或者变更劳动合同的;⑥法律、行政法规规定劳动者可以解除劳动合同的其他情形。

此外,用人单位以暴力、威胁或者非法限制人身自由的手段强迫劳动者劳动的,或者用人单位违章指挥、强令冒险作业危及劳动者人身安全的,劳动者可以立即解除劳动合同,不需事先告知用人单位。

（二）用人单位解除劳动合同

1. 用人单位即时解除劳动合同。劳动者有下列情形之一的,用人单位可以即时解除劳动合同:①在试用期间被证明不符合录用条件的;②严重违反用人单位规章制度的;③严重失职,营私舞弊,给用人单位造成重大损害的;④劳动者同时与其他用人单位建立劳动关系,对完成本单位的工作任务造成严重影响,或者经用人单位提出,但拒不改正的;⑤因以欺诈、胁迫的手段或者乘人之危订立劳动合同致使其无效的;⑥被依法追究刑事责任的。

2. 用人单位提前通知解除劳动合同。有下列情形之一的,用人单位提前30日以书面形式通知劳动者本人或者额外支付劳动者一个月工资后,可以解除劳动合同:①劳动者患病或者非因工负伤,在规定的医疗期满后不能从事原工作,也不能从事由用人单位另行安排的工作的;②劳动者不能胜任工作,经过培训或者调整工作岗位,仍不能胜任工作的;③劳动合同订立时所依据的客观情况发生重大变化,致使劳动合同无法履行,经用人单位与劳动者协商,未能就变更劳动合同内容达成协议的。

3. 经济性裁员。有下列情形之一,需要裁减人员20人以上或者裁减不足20人但占企业职工总数10%以上的,用人单位提前30日向工会或者全体职工说明情况,听取工会或者职工的意见后,裁减人员方案经向劳动行政部门报告,可以裁减人员:①依照企业破产法规定进行重整的;②生产经营发生严重困难的;③企业转产、重大技术革新或者经营方式调整,经变更劳动合同后,仍需裁减人员的;④其他因劳动合同订立时所依据的客观经济情况发生重大变化,致使劳动合同无法履行的。

裁减人员时,应当优先留用与本单位订立较长期限的固定期限劳动合同的;与本单位订立无固定期限劳动合同的以及家庭无其他就业人员;有需要扶养的老人或者未成年人的。用人单位在6个月内重新招用人员的,应当通知被裁减的人员,并在同等条件下优先招用被裁减的人员。

（三）不得解除劳动合同的情形

劳动者有下列情形之一的,用人单位不得解除劳动合同:①从事接触职业病危害作业的劳动者未进行离岗前职业健康检查,或者疑似职业病病人在诊断或者医学观察期间的;②在本单位患职业病或者因工负伤并被确认丧失或者部分丧失劳动能力的;③患病或者非因工负伤,在规定的医疗期内的;④女职工在孕期、产期、哺乳期的;⑤在本单位连续工作满 15 年,且距法定退休年龄不足 5 年的;⑥法律、行政法规规定的其他情形。

（四）劳动合同终止

有下列情形之一的,劳动合同终止:①劳动合同期满的;②劳动者开始依法享受基本养老保险待遇的;③劳动者死亡,或者被人民法院宣告死亡或者宣告失踪的;④用人单位被依法宣告破产的;⑤用人单位被吊销营业执照、责令关闭、撤销或者用人单位决定提前解散的;⑥法律、行政法规规定的其他情形。

劳动合同期满,有《劳动合同法》规定不得解除劳动合同的情形之一的,劳动合同应当续延至相应的情形消失时终止。但是,丧失或者部分丧失劳动能力劳动者的劳动合同的终止,按照国家有关工伤保险的规定执行。

应当注意的是,《劳动合同法》规定,用人单位应当在解除或者终止劳动合同时出具解除或者终止劳动合同的证明,并在 15 日内为劳动者办理档案和社会保险关系转移手续。

用人单位对已经解除或者终止的劳动合同的文本,至少保存两年备查。

（五）经济补偿

有下列情形之一的,用人单位应当在办结工作交接时向劳动者支付经济补偿:①劳动者即时解除劳动合同的;②用人单位向劳动者提出解除劳动合同并与劳动者协商一致解除劳动合同的;③用人单位提前 30 天通知劳动者解除劳动合同的;④用人单位因为经济性裁员与劳动者解除劳动合同的;⑤劳动合同期满,终止固定期限劳动合同的,但是,用人单位维持或者提高劳动合同约定条件续订劳动合同,劳动者不同意续订的情形除外;⑥用人单位被依法宣告破产、被吊销营业执照、责令关闭、撤销或者用人单位决定提前解散致使劳动合同终止的;⑦法律、行政法规规定的其他情形。

经济补偿按劳动者在本单位工作的年限,每满 1 年支付 1 个月工资的标准向劳动者支付。6 个月以上不满 1 年的,按 1 年计算;不满 6 个月的,向劳动者支付半个月工资的经济补偿。劳动者月工资高于用人单位所在直辖市、设区的市级人民政府公布的本地区上年度职工月平均工资 3 倍的,向其支付经济补偿的标准按职工月平均工资 3 倍的数额支付,向其支付经济补偿的年限最高不超过 12 年。

（六）劳动合同的违约责任

用人单位违反规定解除或者终止劳动合同,劳动者要求继续履行劳动合同的,用人单位应当继续履行;劳动者不要求继续履行劳动合同或者劳动合同已经不能继续履行的,用人单位应当依法支付赔偿金。

五、劳务派遣

劳务派遣,是指劳务派遣单位与被派遣劳动者订立劳动合同,根据劳务派遣单位和以劳务派遣形式用工的单位(以下称用工单位)的劳务派遣协议的约定,被派遣劳动者为用工单位提供劳务。劳务派遣的特点是劳动力雇佣与劳动力使用相分离,即被派遣劳动者和劳务派遣单位之间存在劳动关系,和用工单位之间不存在劳动关系,但为用工单位提供劳务。根据《劳动合同法》规定,劳动合同用工是我国企业的基本用工形式。劳务派遣用工是补充形式,只能在临时性、辅助性或者替代性的工作岗位上实施。其中,临时性工作岗位是指存续时间不超过6个月的岗位;辅助性工作岗位是指为主营业务岗位提供服务的非主营业务岗位;替代性工作岗位是指用工单位的劳动者因脱产学习、休假等原因无法工作的一定期间内,可以由其他劳动者替代工作的岗位。用工单位应当严格控制劳务派遣用工数量,不得超过其用工总量的一定比例,具体比例由国务院劳动行政部门规定。

(一)劳务派遣单位

劳务派遣单位应当依照公司法的有关规定设立,注册资本不得少于50万元。经营劳务派遣业务应当具备下列条件:(1)注册资本不得少于人民币200万元;(2)有与开展业务相适应的固定的经营场所和设施;(3)有符合法律、行政法规规定的劳务派遣管理制度;(4)法律、行政法规规定的其他条件。经营劳务派遣业务,应当向劳动行政部门依法申请行政许可;经许可的,依法办理相应的公司登记。未经许可,任何单位和个人不得经营劳务派遣业务。

应当注意的是,为避免一些用人单位为降低用工成本,将本单位的一些正式职工以改制名义分流到本企业设立的劳务派遣公司,然后以劳务派遣公司的名义派遣到原岗位,从而损害劳动者的合法权益,《劳动合同法》规定,用人单位不得设立劳务派遣单位向本单位或者所属单位派遣劳动者。

(二)劳务派遣协议

劳务派遣单位派遣劳动者应当与用工单位订立劳务派遣协议,约定派遣岗位和人员数量、派遣期限、劳动报酬和社会保险费的数额与支付方式以及违反协议的责任。为避免用工单位逃避社会保险、劳动者正常的工资调整等法定义务,《劳动合同法》要求用工单位根据工作岗位的实际需要与劳务派遣单位确定派遣期限,不得将连续用工期限分割订立数个短期劳务派遣协议。

(三)劳务派遣单位的义务

劳务派遣单位应当将劳务派遣协议的内容告知被派遣劳动者,并不得克扣用工单位按照劳务派遣协议支付给被派遣劳动者的劳动报酬。

劳务派遣单位和用工单位不得向被派遣劳动者收取费用。

劳务派遣单位跨地区派遣劳动者的,被派遣劳动者享有的劳动报酬和劳动条件,按照用工单位所在地的标准执行。

（四）用工单位的义务

用工单位应当履行下列义务:①执行国家劳动标准,提供相应的劳动条件和劳动保护;②告知被派遣劳动者的工作要求和劳动报酬;③支付加班费、绩效奖金,提供与工作岗位相关的福利待遇;④对在岗被派遣劳动者进行工作岗位所必需的培训;⑤连续用工的,实行正常的工资调整机制。用工单位不得将被派遣劳动者再派遣到其他用人单位。

被派遣劳动者享有与用工单位的劳动者同工同酬的权利。用工单位应当按照同工同酬原则,对被派遣劳动者与本单位同类岗位的劳动者实行相同的劳动报酬分配办法。用工单位无同类岗位劳动者的,参照用工单位所在地相同或者相近岗位劳动者的劳动报酬确定。

被派遣劳动者有权在劳务派遣单位或者用工单位依法参加或者组织工会,维护自身的合法权益。

（五）劳动合同的解除

与劳务派遣单位协商一致,或者有《劳动合同法》第38条规定劳动者即时解除劳动合同的情形之一的,被派遣劳动者可以与劳务派遣单位解除劳动合同。被派遣劳动者有《劳动合同法》第39条和第40条第一项、第二项规定情形的,用工单位可以将劳动者退回劳务派遣单位,劳务派遣单位可以依法与劳动者解除劳动合同。

六、非全日制用工

非全日制用工,是指以小时计酬为主,劳动者在同一用人单位一般平均每日工作时间不超过4小时,每周工作时间累计不超过24小时的用工形式。非全日制用工双方当事人可以订立口头协议。从事非全日制用工的劳动者可以与一个或者一个以上用人单位订立劳动合同;但是,后订立的劳动合同不得影响先订立的劳动合同的履行。

非全日制用工双方当事人不得约定试用期。非全日制用工双方当事人任何一方都可以随时通知对方终止用工。终止用工,用人单位不向劳动者支付经济补偿。

非全日制用工小时计酬标准不得低于用人单位所在地人民政府规定的最低小时工资标准。非全日制用工劳动报酬结算支付周期最长不得超过15日。

第二节 劳动制度和社会保险

一、工作时间

工作时间又称劳动时间,是指法律规定的劳动者在一昼夜和一周内从事劳动的时间。

(一)标准工作时间

标准工作时间,又称标准工时,是指法律规定的在一般情况下普遍适用的,按照正常作息办法安排的工作日和工作周的工时制度。《劳动法》规定,国家实行劳动者每日工作时间不超过8小时,平均每周工作时间不超过44小时的工时制度。实行计件工作的劳动者,用人单位应当根据规定的工时制度合理确定其劳动定额和计件报酬标准。

(二)缩短工作时间

缩短工作时间,是指法律规定的在特殊情况下劳动者的工作时间长度少于标准工作时间的工时制度,即每日工作少于8小时。缩短工作时间适用于:①从事矿山井下、高山、有毒有害、特别繁重或过度紧张等作业的劳动者;②从事夜班工作的劳动者;③哺乳期内的女职工。

(三)延长工作时间

延长工作时间,是指超过标准工作日的工作时间,即日工作时间超过8小时,每周工作时间超过40小时。延长工作时间必须符合法律、法规的规定。延长工作时间一般适用于一些从事受自然条件或技术条件限制的劳动。

《劳动法》第41条规定,用人单位由于生产经营需要,经与工会和劳动者协商后可以延长工作时间,一般每日不得超过1小时;因特殊原因需要延长工作时间的,在保障劳动者身体健康的条件下延长工作时间每日不得超过3小时,但是每月不得超过36小时。

《劳动法》第42条规定,有下列情形之一的,延长工作时间不受上述限制:①发生自然灾害、事故或者因其他原因,威胁劳动者生命健康和财产安全,需要紧急处理的;②生产设备、交通运输线路、公共设施发生故障,影响生产和公众利益,必须及时抢修的;③法律、行政法规规定的其他情形。

(四)不定时工作时间和综合计算工作时间

1. 不定时工作时间。不定时工作时间,又称不定时工作制,是指无固定工作时数限制的工时制度,适用于工作性质和职责范围不受固定工作时间限制的劳动者。1994年12

月 14 日劳部发[1994]503 号发布《关于企业实行不定时工作制和综合计算工时工作制的审批办法》(以下简称劳部发[1994]503 号文),该办法规定,企业对符合下列条件之一的职工,可以实行不定时工作制:①企业中的高级管理人员、外勤人员、推销人员、部分值班人员和其他因工作无法按标准工作时间衡量的职工;②企业中的长途运输人员、出租汽车司机和铁路、港口、仓库的部分装卸人员以及因工作性质特殊,需机动作业的职工以及其他因生产特点、工作特殊需要或职责范围的关系,适合实行不定时工作制的职工。

2.综合计算工作时间。综合计算工作时间,又称综合计算工时工作制,是指以一定时间为周期,集中安排并综合计算工作时间和休息时间的工时制度。即分别以周、月、季、年为周期综合计算工作时间,但其平均日工作时间和平均周工作时间应与法定标准工作时间基本相同。劳部发[1994]503 号文规定,符合下列条件之一的职工,可以实行综合计算工作日:①交通、铁路、邮电、水运、航空、渔业等行业中因工作性质特殊,需连续作业的职工;②地质及资源勘探、建筑、制盐、制糖、旅游等受季节和自然条件限制的行业的部分职工;③其他适合实行综合计算工时工作制的职工。

实行不定时工作制和综合计算工时工作制的企业,应根据《劳动法》的有关规定,履行审批手续。中央直属企业、企业化管理的事业单位实行不定时工作制和综合计算工时工作制等其他工作和休息办法,须经国务院行业主管部门审核,报国务院劳动行政部门批准。地方企业实行不定时工作制和综合计算工时工作制等其他工作和休息办法的审批办法,由省、自治区、直辖市人民政府劳动行政部门制定,报国务院劳动行政部门备案。此外,实行不定时工作制和综合计算工时工作制的企业,在保障职工身体健康并充分听取职工意见的基础上,采用集中工作、集中休息、轮流调休、弹性工作时间等适当方式,确保职工的休息休假权利和生产、工作任务的完成。

对经批准实行综合计算工作时间的用人单位,分别以周、月、季、年等为周期综合计算工作时间,但其平均日工作时间和平均周工作时间应与法定标准工作时间基本相同。生产任务不均衡的企业的部分职工,经劳动行政部门严格审批后,可以参照综合计算工时工作制的办法实施,但用人单位应采取适当方式确保职工的休息休假权利和生产、工作任务的完成。

经批准实行不定时工作制的职工,不受劳动法规定的日延长工作时间标准和月延长工作时间标准的限制,但用人单位应采用弹性工作时间等适当的工作和休息方式,确保职工的休息休假权利和生产、工作任务的完成。

二、休息休假

《劳动法》第 38 条规定,用人单位应当保证劳动者每周至少休息一日。《劳动法》第 40 条规定,用人单位在下列节日期间应当依法安排劳动者休假:元旦、春节、国际劳动节、国庆节、法律、法规规定的其他休假节日。

此外,《劳动法》第45条规定,国家实行带薪年休假制度。劳动者连续工作1年以上的,享受带薪年休假。具体办法由国务院规定。

三、工资

(一)工资和工资形式

工资是指用人单位依据国家有关规定和集体合同、劳动合同约定的标准,根据劳动者提供劳动的数量和质量,以货币形式支付给劳动者的劳动报酬。

工资形式是指计量劳动和支付劳动报酬的方式。企业可根据本单位的生产经营特点和经济效益,依法自主确定本单位的工资分配形式。我国的工资形式主要有以下几种:

1. 计时工资,是指按照单位时间工资标准和劳动者实际工作时间计付劳动报酬的工资形式。常见的有小时工资、日工资、月工资。

2. 计件工资,是指按照劳动者生产合格产品的数量或作业量以及预先规定的计件单价支付劳动报酬的一种工资形式。

3. 奖金,即给予劳动者的超额劳动报酬和增收节支的物质奖励。

4. 津贴,即对劳动者在特殊条件下的额外劳动消耗或额外费用支出给予物质补偿的一种工资形式。如岗位津贴、保健性津贴、技术性津贴等。

5. 补贴,是指为了保障劳动者的生活水平不受特殊因素的影响而支付给劳动者的工资形式。

6. 特殊情况下的工资,即对非正常工作情况下的劳动者依法支付工资的一种工资形式。主要有加班加点工资,事假、病假、婚假、探亲假等工资以及履行国家和社会义务期间的工资等。

(二)最低工资制度

国家实行最低工资保障制度。劳动和社会保障部2004年1月20日发布《最低工资规定》,2004年3月1日开始实施。《最低工资规定》适用于在中国境内的企业、民办非企业单位、有雇工的个体工商户(以下统称用人单位)和与之形成劳动关系的劳动者。国家机关、事业单位、社会团体和与之建立劳动合同关系的劳动者,依照规定执行。

1. 最低工资标准。最低工资标准,是指劳动者在法定工作时间或依法签订的劳动合同约定的工作时间内提供了正常劳动的前提下,用人单位依法应支付的最低劳动报酬。最低工资标准一般采取月最低工资标准和小时最低工资标准的形式。月最低工资标准适用于全日制就业劳动者,小时最低工资标准适用于非全日制就业劳动者。

一般来说,确定最低工资标准一般考虑城镇居民生活费用支出、职工个人缴纳社会保险费、住房公积金、职工平均工资、失业率、经济发展水平等因素。可用公式表示为:

$$M = f(C、S、A、U、E、a)$$

其中,M 表示最低工资标准;C 表示城镇居民人均生活费用;S 表示职工个人缴纳社会保险费、住房公积金;A 表示职工平均工资;U 表示失业率;E 表示经济发展水平;a 表示调整因素。

确定最低工资标准的通用方法有比重法和恩格尔系数法。比重法是指根据城镇居民家计调查资料,确定一定比例的最低人均收入户为贫困户,统计出贫困户的人均生活费用支出水平,乘以每一就业者的赡养系数,再加上一个调整数。恩格尔系数法是根据国家营养学会提供的年度标准食物谱及标准食物摄取量,结合标准食物的市场价格,计算出最低食物支出标准,除以恩格尔系数,得出最低生活费用标准,再乘以每一就业者的赡养系数,再加上一个调整数。

用以上方法计算出月最低工资标准后,再考虑职工个人缴纳社会保险费、住房公积金、职工平均工资水平、社会救济金和失业保险金标准、就业状况、经济发展水平等进行必要的修正。

2. 最低工资标准的确定。最低工资标准的确定和调整方案,由省、自治区、直辖市人民政府劳动保障行政部门会同同级工会、企业联合会/企业家协会研究拟订,并将拟订的方案报送劳动保障部。方案内容包括:最低工资确定和调整的依据、适用范围、拟订标准和说明。劳动保障部在收到拟订方案后,应征求全国总工会、中国企业联合会/企业家协会的意见。

劳动保障部对方案可以提出修订意见,若在方案收到后 14 日内未提出修订意见的,视为同意。

省、自治区、直辖市劳动保障行政部门应将本地区最低工资标准方案报省、自治区、直辖市人民政府批准,并在批准后 7 日内在当地政府公报上和至少一种全地区性报纸上发布。省、自治区、直辖市劳动保障行政部门应在发布后 10 日内将最低工资标准报劳动保障部。

最低工资标准发布实施后,相关因素发生变化的,应当适时调整。最低工资标准每两年至少调整一次。

3. 最低工资的支付。用人单位应在最低工资标准发布后 10 日内将该标准向本单位全体劳动者公示。用人单位应支付给劳动者的工资在剔除下列各项以后,不得低于当地最低工资标准:①延长工作时间工资;②中班、夜班、高温、低温、井下、有毒有害等特殊工作环境和条件下的津贴;③法律、法规和国家规定的劳动者福利待遇等。

实行计件工资或提成工资等工资形式的用人单位,在科学合理的劳动定额基础上,其支付劳动者的工资不得低于相应的最低工资标准。

劳动者由于本人原因造成在法定工作时间内或依法签订的劳动合同约定的工作时间内未提供正常劳动的,不适用上述规定。

用人单位未在最低工资标准发布后10日内将该标准向本单位全体劳动者公示的,由劳动保障行政部门责令其限期改正;用人单位应支付给劳动者的工资低于当地最低工资标准的,由劳动保障行政部门责令其限期补发所欠劳动者工资,并可责令其按所欠工资的1至5倍支付劳动者赔偿金。

4.工资支付。为维护劳动者通过劳动获得劳动报酬的权利,规范用人单位的工资支付行为,劳动和社会保障部发布《工资支付暂行规定》,自1995年1月1日起实施。

(1)工资支付方式。《工资支付暂行规定》指出,工资应当以法定货币支付,不得以实物及有价证券替代货币支付。用人单位应将工资支付给劳动者本人,劳动者本人因故不能领取工资时,可由其亲属或委托他人代领。用人单位可委托银行代发工资。

用人单位必须书面记录支付劳动者工资的数额、时间、领取者的姓名以及签字,并保存两年以上备查。用人单位在支付工资时应向劳动者提供一份其个人的工资清单。

(2)工资支付时间。工资必须在用人单位与劳动者约定的日期支付。如遇节假日或休息日,则应提前在最近的工作日支付。工资至少每月支付一次,实行周、日、小时工资制的可按周、日、小时支付工资。对完成一次性临时劳动或某项具体工作的劳动者,用人单位应按有关协议或合同规定在其完成劳动任务后即支付工资。劳动关系双方依法解除或终止劳动合同时,用人单位应在解除或终止劳动合同时一次付清劳动者工资。

(3)特殊情况下的工资支付:

第一,劳动者在法定工作时间内依法参加社会活动期间,用人单位应视同其提供了正常劳动而支付工资。社会活动包括:依法行使选举权或被选举权;当选代表出席乡(镇)、区以上政府、党派、工会、青年团、妇女联合会等组织召开的会议;出任人民法庭证明人;出席劳动模范、先进工作者大会;《工会法》规定的不脱产工会基层委员会委员因工作活动占用的生产或工作时间;其他依法参加的社会活动。劳动者依法享受年休假、探亲假、婚假、丧假期间,用人单位应按劳动合同规定的标准支付劳动者工资。

第二,用人单位在劳动者完成劳动定额或规定的工作任务后,根据实际需要安排劳动者在法定标准工作时间以外工作的,应按以下标准支付工资:①用人单位依法安排劳动者在日法定标准工作时间以外延长工作时间的,按照不低于劳动合同规定的劳动者本人小时工资标准的150%支付劳动者工资;②用人单位依法安排劳动者在休息日工作,而又不能安排补休的,按照不低于劳动合同规定的劳动者本人日或小时工资标准的200%支付劳动者工资;③用人单位依法安排劳动者在法定休假节日工作的,按照不低于劳动合同规定的劳动者本人日或小时工资标准的300%支付劳动者工资。

实行计件工资的劳动者,在完成计件定额任务后,由用人单位安排延长工作时间的,应根据上述规定的原则,分别按照不低于其本人法定工作时间计件单价的150%、200%、300%支付其工资。

经劳动行政部门批准实行综合计算工时工作制的,其综合计算工作时间超过法定标准工作时间的部分,应视为延长工作时间,并应按本规定支付劳动者延长工作时间的工资。实行不定时工时制度的劳动者,不执行上述规定。

5. 代扣和工资的扣除。用人单位不得克扣劳动者工资。有下列情况之一的,用人单位可以代扣劳动者工资:①用人单位代扣代缴的个人所得税;②用人单位代扣代缴的应由劳动者个人负担的各项社会保险费用;③法院判决、裁定中要求代扣的抚养费、赡养费;④法律、法规规定可以从劳动者工资中扣除的其他费用。

因劳动者本人原因给用人单位造成经济损失的,用人单位可按照劳动合同的约定要求其赔偿经济损失。经济损失的赔偿,可从劳动者本人的工资中扣除,但每月扣除的部分不得超过劳动者当月工资的20%。若扣除后的剩余工资部分低于当地月最低工资标准,则按最低工资标准支付。

6. 用人单位的法律责任。各级劳动行政部门有权监察用人单位工资支付的情况。用人单位有下列侵害劳动者合法权益行为的,由劳动行政部门责令其支付劳动者工资和经济补偿,并可责令其支付赔偿金:①克扣或者无故拖欠劳动者工资的;②拒不支付劳动者延长工作时间工资的;③低于当地最低工资标准支付劳动者工资的。经济补偿和赔偿金的标准,按国家有关规定执行。

四、社会保险法律制度

社会保险,是指国家通过立法建立起的一种社会保障制度,其目的是使劳动者在由于生、老、病、死、伤、残等原因丧失劳动能力和失业中断劳动,本人和家庭失去生活收入时,从社会获得必要的物质帮助。按照国际劳工组织1952年通过的《社会保障最低标准公约》的规定,社会保险全部项目有9个,分别是医疗、疾病、失业、老年、工伤、家庭补助、生育、伤残和遗属。我国在社会保险的项目选择上,包括了除家庭补助以外的8个项目。

(一)社会保险的登记管理

1999年3月19日,劳动和社会保障部发布了《社会保险登记管理暂行办法》,该办法规定凡依据《社会保险费征缴暂行条例》的规定应当缴纳社会保险费的单位,应当办理社会保险登记,领取社会保险登记证。县级以上劳动保障行政部门的社会保险经办机构(以下简称社会保险经办机构)主管社会保险登记。

根据《社会保险登记管理暂行办法》的规定,从事生产经营的缴费单位自领取营业执照之日起30日内,非生产经营性单位自成立之日起30日内,应当向当地社会保险经办机构申请办理社会保险登记。缴费单位申请办理社会保险登记时,应当填写社会保险登记表,并出示营业执照、批准成立证件或其他核准执业证件;国家质量技术监督部门颁发的组织机构统一代码证书;省、自治区、直辖市社会保险经办机构规定的其他有关证件、资料。对缴费单位填报的社会保险登记表、提供的证件和资料,社会保险经办机构应当即时受理,并在自受理之日起10个工作日内审核完毕;符合规定的,予以登记,发给社会保险登记证。

缴费单位下列事项发生变更的,应当依法向原社会保险登记机构申请办理变更社会保险登记:①缴费单位的单位名称;②住所或地址;③法定代表人或负责人;④单位类型;⑤组织机构统一代码;⑥主管部门;⑦隶属关系;⑧开户银行账号;⑧省、自治区、直辖市社会保险经办机构规定的其他事项。

缴费单位发生解散、破产、撤销、合并以及其他情形,依法终止社会保险缴费义务时,应当及时向原社会保险登记机构申请办理注销社会保险登记。缴费单位应当自工商行政管理机关办理注销登记之日起30日内,向原社会保险登记机构申请办理注销社会保险登记;按照规定不需要在工商行政管理机关办理注销登记的缴费单位,应当自有关机关批准或者宣布终止之日起30日内,向原社会保险登记机构申请办理注销社会保险登记。缴费单位被工商行政管理机关吊销营业执照的,应当自营业执照被吊销之日起30日内,向原社会保险登记机构申请办理注销登记。缴费单位因住所变动或生产、经营地址变动而涉及改变社会保险登记机构的,应当自上述变动发生之日起30日内,向原社会保险登记机构办理注销社会保险登记,并向迁达地社会保险经办机构办理社会保险登记。

(二)社会保险费的申报缴纳

1999年3月19日,劳动和社会保障部发布了《社会保险费申报缴纳管理暂行办法》。该办法规定,缴费单位应当在每月5日前,向社会保险经办机构办理缴费申报,报送社会保险费申报表(以下简称申报表)、代扣代缴明细表以及社会保险经办机构规定的其他资料。缴费单位到社会保险经办机构办理社会保险缴费申报有困难的,经社会保险经办机构批准,可以邮寄申报。邮寄申报以寄出地的邮戳日期为实际申报日期。缴费单位因不可抗力,不能按期办理社会保险缴费申报的,可以延期办理。但应当在不可抗力情形消除后立即向社会保险经办机构报告。社会保险经办机构应当查明事实,予以核准。

社会保险经办机构应当对缴费单位送达的申报表和有关资料进行即时审核。对缴费单位申报资料齐全、缴费基数和费率符合规定、填报数量关系一致的申报表签章核准;对不符合规定的申报表提出审核意见,退缴费单位修正后再次审核;对不能即时审核的,社会保险经办机构应当自收到缴费单位申报表和有关资料之日起,在最长不超过2日内审核完毕。缴费单位不按规定申报应缴纳的社会保险费数额的,社会保险经办机构可暂按该单位上月缴费数额的110%确定应缴数额;没有上月缴费数额的,社会保险经办机构可暂按该单位的经营状况、职工人数等有关情况确定应缴数额。缴费单位补办申报手续并按核定数额缴纳社会保险费后,由社会保险经办机构按照规定结算。

缴费单位必须在社会保险经办机构核准其缴费申报后的3日内缴纳社会保险费。缴费单位和缴费个人可以采取到其开户银行、到社会保险经办机构以支票或现金形式以及缴费单位与社会保险经办机构约定的其他方式全额缴纳社会保险费。

征收的社会保险费,应当进入社会保险经办机构在国有商业银行开设的社会保险基金收入账户。社会保险经办机构应当按照有关规定定期将收到的基金存入财政部门在国有商业银行开设的社会保障基金财政专户。社会保险经办机构对已征收的社会保险费,根据缴费单位的实际缴纳额(包括代扣缴额)、代扣代缴明细表和有关规定,按以下程序进行记账:①个人缴纳的基本养老保险费、失业保险费和基本医疗保险费,分别计入基本养老保险基金、失业保险基金和基本医疗保险基金,并按规定记录基本养老保险和基本医疗保险个人账户;②单位缴纳的社会保险费按照该单位三项基金应缴额的份额分别计入基本养老保险基金、失业保险基金和基本医疗保险基金。

社会保险经办机构应当为缴费单位和缴费个人建立缴费记录,并负责安全、完整保存。缴费记录应当一式两份。缴费单位、缴费个人有权按照规定查询缴费记录。社会保险经办机构应当至少每年向缴费个人发送一次基本养老保险、基本医疗保险个人账户通知单。缴费单位应当每年向本单位职工代表大会通报或在本单位住所的显著位置公布本单位全年社会保险费缴纳情况,接受职工监督。社会保险经办机构应当至少每半年一次向社会公告社会保险费征收情况,接受社会监督。

第三节 劳动争议的解决

一、劳动争议的概念和范围

劳动争议又称劳动纠纷,是指劳动关系双方当事人因执行劳动法律、法规或履行劳动合同、集体合同发生的纠纷。

第十届全国人民代表大会常务委员会第三十一次会议于2007年12月29日通过《中华人民共和国劳动争议调解仲裁法》(以下简称《劳动争议调解仲裁法》),自2008年5月1日起施行。根据《劳动争议调解仲裁法》,用人单位与劳动者发生的下列劳动争议,适用《劳动争议调解仲裁法》:①因确认劳动关系发生的争议;②因订立、履行、变更、解除和终止劳动合同发生的争议;③因除名、辞退和辞职、离职发生的争议;④因工作时间、休息休假、社会保险、福利、培训以及劳动保护发生的争议;⑤因劳动报酬、工伤医疗费、经济补偿或者赔偿金等发生的争议;⑥法律、法规规定的其他劳动争议。

二、劳动争议的解决机制

根据《劳动合同法》的规定,用人单位与劳动者发生劳动争议,当事人可以依法申请调解、仲裁、提起诉讼,也可以协商解决。因此,我国处理劳动争议的程序有协商、调解、仲裁和诉讼四种。

（一）协商

劳动争议发生后,当事人应当协商解决,协商一致后,双方可达成和解协议,但和解协议无必须履行的法律效力,而是由双方当事人自愿履行。

（二）调解

根据《劳动争议调解仲裁法》规定,发生劳动争议,当事人可以到下列调解组织申请调解:①企业劳动争议调解委员会;②依法设立的基层人民调解组织;③在乡镇、街道设立的具有劳动争议调解职能的组织。企业劳动争议调解委员会由职工代表和企业代表组成。职工代表由工会成员担任或者由全体职工推举产生,企业代表由企业负责人指定。企业劳动争议调解委员会主任由工会成员或者双方推举的人员担任。劳动争议调解组织的调解员应当由公道正派、联系群众、热心调解工作,并具有一定法律知识、政策水平和文化水平的成年公民担任。

当事人申请劳动争议调解可以书面申请,也可以口头申请。口头申请的,调解组织应当当场记录申请人基本情况、申请调解的争议事项、理由和时间。调解劳动争议,应当充分听取双方当事人对事实和理由的陈述,耐心疏导,帮助其达成协议。经调解达成协议的,应当制作调解协议书。调解协议书由双方当事人签名或者盖章,经调解员签名并加盖调解组织印章后生效,对双方当事人具有约束力,当事人应当履行。

自劳动争议调解组织收到调解申请之日起 15 日内未达成调解协议的,当事人可以依法申请仲裁。达成调解协议后,一方当事人在协议约定期限内不履行调解协议的,另一方当事人可以依法申请仲裁。因支付拖欠劳动报酬、工伤医疗费、经济补偿或者赔偿金事项达成调解协议,用人单位在协议约定期限内不履行的,劳动者可以持调解协议书依法向人民法院申请支付令。人民法院应当依法发出支付令。

（三）仲裁

1. 劳动争议仲裁委员会。根据《劳动争议调解仲裁法》规定,劳动争议仲裁委员会按照统筹规划、合理布局和适应实际需要的原则设立。省、自治区人民政府可以决定在市、县设立;直辖市人民政府可以决定在区、县设立。直辖市、设区的市也可以设立一个或者若干个劳动争议仲裁委员会。劳动争议仲裁委员会不按行政区划层层设立。

劳动争议仲裁委员会由劳动行政部门代表、工会代表和企业方面代表组成。劳动争议仲裁委员会组成人员应当是单数。劳动争议仲裁委员会依法履行下列职责：①聘任、解聘专职或者兼职仲裁员；②受理劳动争议案件；③讨论重大或者疑难的劳动争议案件；④对仲裁活动进行监督。劳动争议仲裁委员会下设办事机构，负责办理劳动争议仲裁委员会的日常工作。

劳动争议仲裁委员会应当设仲裁员名册。仲裁员应当公道正派并符合下列条件之一：①曾任审判员的；②从事法律研究、教学工作并具有中级以上职称的；③具有法律知识、从事人力资源管理或者工会等专业工作满5年的；④律师执业满3年的。

劳动争议仲裁不收费。劳动争议仲裁委员会的经费由财政予以保障。

2. 劳动争议的管辖。劳动争议仲裁委员会负责管辖本区域内发生的劳动争议。劳动争议由劳动合同履行地或者用人单位所在地的劳动争议仲裁委员会管辖。双方当事人分别向劳动合同履行地和用人单位所在地的劳动争议仲裁委员会申请仲裁的，由劳动合同履行地的劳动争议仲裁委员会管辖。

发生劳动争议的劳动者和用人单位为劳动争议仲裁案件的双方当事人。劳务派遣单位或者用工单位与劳动者发生劳动争议的，劳务派遣单位和用工单位为共同当事人。与劳动争议案件的处理结果有利害关系的第三人，可以申请参加仲裁活动或者由劳动争议仲裁委员会通知其参加仲裁活动。

当事人可以委托代理人参加仲裁活动。委托他人参加仲裁活动，应当向劳动争议仲裁委员会提交有委托人签名或者盖章的委托书，委托书应当载明委托事项和权限。丧失或者部分丧失民事行为能力的劳动者，由其法定代理人代为参加仲裁活动；无法定代理人的，由劳动争议仲裁委员会为其指定代理人。劳动者死亡的，由其近亲属或者代理人参加仲裁活动。

劳动争议仲裁公开进行，但当事人协议不公开进行或者涉及国家秘密、商业秘密和个人隐私的除外。

3. 申请和受理。劳动争议申请仲裁的时效期间为1年。仲裁时效期间从当事人知道或者应当知道其权利被侵害之日起计算。上述规定的仲裁时效，因当事人一方向对方当事人主张权利，或者向有关部门请求权利救济，或者对方当事人同意履行义务而中断。从中断时起，仲裁时效期间重新计算。因不可抗力或者有其他正当理由，当事人不能在《劳动争议调解仲裁法》规定的仲裁时效期间申请仲裁的，仲裁时效中止。从中止时效的原因消除之日起，仲裁时效期间继续计算。

劳动关系存续期间因拖欠劳动报酬发生争议的，劳动者申请仲裁不受《劳动争议调解仲裁法》规定的仲裁时效期间的限制；但是，劳动关系终止的，应当自劳动关系终止之日起1年内提出。

申请人申请仲裁应当提交书面仲裁申请,并按照被申请人人数提交副本。仲裁申请书应当载明下列事项:①劳动者的姓名、性别、年龄、职业、工作单位和住所,用人单位的名称、住所和法定代表人或者主要负责人的姓名、职务;②仲裁请求和所根据的事实、理由;③证据和证据来源、证人姓名和住所。书写仲裁申请确有困难的,可以口头申请,由劳动争议仲裁委员会记入笔录,并告知对方当事人。

劳动争议仲裁委员会收到仲裁申请之日起5日内,认为符合受理条件的,应当受理,并通知申请人;认为不符合受理条件的,应当书面通知申请人不予受理,并说明理由。对劳动争议仲裁委员会不予受理或者逾期未作出决定的,申请人可以就该劳动争议事项向人民法院提起诉讼。劳动争议仲裁委员会受理仲裁申请后,应当在5日内将仲裁申请书副本送达被申请人。被申请人收到仲裁申请书副本后,应当在10日内向劳动争议仲裁委员会提交答辩书。劳动争议仲裁委员会收到答辩书后,应当在5日内将答辩书副本送达申请人。被申请人未提交答辩书的,不影响仲裁程序的进行。

4. 开庭和裁决。劳动争议仲裁委员会裁决劳动争议案件实行仲裁庭制。仲裁庭由3名仲裁员组成,设首席仲裁员。简单劳动争议案件可以由1名仲裁员独任仲裁。劳动争议仲裁委员会应当在受理仲裁申请之日起5日内将仲裁庭的组成情况书面通知当事人。仲裁员有下列情形之一,应当回避,当事人也有权以口头或者书面方式提出回避申请:①是本案当事人或者当事人、代理人的近亲属的;②与本案有利害关系的;③与本案当事人、代理人有其他关系,可能影响公正裁决的;④私自会见当事人、代理人,或者接受当事人、代理人的请客送礼的。劳动争议仲裁委员会对回避申请应当及时作出决定,并以口头或者书面方式通知当事人。

仲裁庭应当在开庭5日前,将开庭日期、地点书面通知双方当事人。当事人有正当理由的,可以在开庭3日前请求延期开庭。是否延期,由劳动争议仲裁委员会决定。申请人收到书面通知,无正当理由拒不到庭或者未经仲裁庭同意中途退庭的,可以视为撤回仲裁申请。被申请人收到书面通知,无正当理由拒不到庭或者未经仲裁庭同意中途退庭的,可以缺席裁决。

仲裁庭对专门性问题认为需要鉴定的,可以交由当事人约定的鉴定机构鉴定;当事人没有约定或者无法达成约定的,由仲裁庭指定的鉴定机构鉴定。根据当事人的请求或者仲裁庭的要求,鉴定机构应当派鉴定人参加开庭。当事人经仲裁庭许可,可以向鉴定人提问。

当事人在仲裁过程中有权进行质证和辩论。质证和辩论终结时,首席仲裁员或者独任仲裁员应当征询当事人的最后意见。

当事人提供的证据经查证属实的,仲裁庭应当将其作为认定事实的根据。劳动者无法提供由用人单位掌握管理的与仲裁请求有关的证据,仲裁庭可以要求用人单位在指定期限内提供。用人单位在指定期限内不提供的,应当承担不利后果。

当事人申请劳动争议仲裁后,可以自行和解。达成和解协议的,可以撤回仲裁申请。仲裁庭在作出裁决前,应当先行调解。调解达成协议的,仲裁庭应当制作调解书。调解书应当写明仲裁请求和当事人协议的结果。调解书由仲裁员签名,加盖劳动争议仲裁委员会印章,送达双方当事人。调解书经双方当事人签收后,发生法律效力。调解不成或者调解书送达前,一方当事人反悔的,仲裁庭应当及时作出裁决。

仲裁庭裁决劳动争议案件,应当自劳动争议仲裁委员会受理仲裁申请之日起45日内结束。案情复杂需要延期的,经劳动争议仲裁委员会主任批准,可以延期并书面通知当事人,但是延长期限不得超过15日。逾期未作出仲裁裁决的,当事人可以就该劳动争议事项向人民法院提起诉讼。

仲裁庭裁决劳动争议案件时,其中一部分事实已经清楚,可以就该部分先行裁决。仲裁庭对追索劳动报酬、工伤医疗费、经济补偿或者赔偿金的案件,根据当事人的申请,可以裁决先予执行,移送人民法院执行。仲裁庭裁决先予执行的,应当符合下列条件:①当事人之间权利义务关系明确;②不先予执行将严重影响申请人的生活。劳动者申请先予执行的,可以不提供担保。

裁决应当按照多数仲裁员的意见作出,少数仲裁员的不同意见应当记入笔录。仲裁庭不能形成多数意见时,裁决应当按照首席仲裁员的意见作出。裁决书应当载明仲裁请求、争议事实、裁决理由、裁决结果和裁决日期。裁决书由仲裁员签名,加盖劳动争议仲裁委员会印章。对裁决持不同意见的仲裁员,可以签名,也可以不签名。

5. 终局的劳动争议仲裁。《劳动争议调解仲裁法》规定,下列劳动争议,除另有规定的外,仲裁裁决为终局裁决,裁决书自作出之日起发生法律效力:①追索劳动报酬、工伤医疗费、经济补偿或者赔偿金,不超过当地月最低工资标准12个月金额的争议;②因执行国家的劳动标准在工作时间、休息休假、社会保险等方面发生的争议。

劳动者对上述两类仲裁裁决不服的,可以自收到仲裁裁决书之日起15日内向人民法院提起诉讼。用人单位有证据证明上述两类仲裁裁决有下列情形之一,可以自收到仲裁裁决书之日起30日内向劳动争议仲裁委员会所在地的中级人民法院申请撤销裁决:①适用法律、法规确有错误的;②劳动争议仲裁委员会无管辖权的;③违反法定程序的;④裁决所根据的证据是伪造的;⑤对方当事人隐瞒了足以影响公正裁决的证据的;⑥仲裁员在仲裁该案时有索贿受贿、徇私舞弊、枉法裁决行为的。人民法院经组成合议庭审查核实裁决有前款规定情形之一的,应当裁定撤销。仲裁裁决被人民法院裁定撤销的,当事人可以自收到裁定书之日起15日内就该劳动争议事项向人民法院提起诉讼。

6.劳动争议仲裁的执行。当事人对终局劳动争议仲裁裁决以外的其他劳动争议案件的仲裁裁决不服的,可以自收到仲裁裁决书之日起15日内向人民法院提起诉讼;期满不起诉的,裁决书发生法律效力。当事人对发生法律效力的调解书、裁决书,应当依照规定的期限履行。一方当事人逾期不履行的,另一方当事人可以依照《民事诉讼法》的有关规定向人民法院申请执行。受理申请的人民法院应当依法执行。

(四)诉讼

由于劳动争议采取"仲裁前置"制度,人民法院受理劳动争议诉讼必须先经劳动争议仲裁委员会裁决,即劳动者与用人单位之间发生劳动争议纠纷,当事人不服劳动争议仲裁委员会作出的裁决,自收到仲裁裁决书的15日内依法向人民法院起诉的,人民法院应当作为劳动争议诉讼受理。其中,当事人不服劳动争议仲裁委员会作出的预先支付劳动者部分工资或者医疗费用的裁决,向人民法院起诉的,人民法院不予受理。用人单位不履行上述裁决中的给付义务,劳动者依法向人民法院申请强制执行的,人民法院应予受理。

劳动争议仲裁委员会以当事人申请仲裁的事项不属于劳动争议为由,作出不予受理的书面裁决、决定或者通知,当事人不服,依法向人民法院起诉的,人民法院应当分别情况予以处理:属于劳动争议案件的,应当受理;虽不属于劳动争议案件,但属于人民法院主管的其他案件,应当依法受理。劳动争议仲裁委员会以当事人的仲裁申请超过60日期限为由,作出不予受理的书面裁决、决定或者通知,当事人不服,依法向人民法院起诉的,人民法院应当受理;对确已超过仲裁申请期限,又无不可抗力或者其他正当理由的,依法驳回其诉讼请求。

本章小结

劳动合同,是劳动者与用人单位之间确立劳动关系,明确双方权利和义务的书面协议。根据劳动合同的期限,分为有固定期限劳动合同、无固定期限劳动合同和以完成一定的工作为期限劳动合同。用人单位自用工之日起即与劳动者建立劳动关系;用人单位与劳动者在用工前订立劳动合同的,劳动关系自用工之日起建立。劳务派遣,是指劳务派遣单位与被派遣劳动者订立劳动合同,根据劳务派遣单位和以劳务派遣形式用工的单位(以下称用工单位)的劳务派遣协议的约定,被派遣劳动者为用工单位提供劳务。劳务派遣,一般在临时性、辅助性或者替代性的工作岗位上实施。

用工单位应当保证劳动者每周至少休息一日,并在国家规定的节日期间依法安排劳动者休假。劳动者连续工作1年以上的,享受带薪年休假。国家实行最低工资保障制度。从事生产经营的缴费单位自领取营业执照之日起 30 日内,非生产经营性单位自成立之日起 30 日内,应当向当地社会保险经办机构申请办理社会保险登记。

用工单位与劳动者发生劳动争议,当事人可以依法申请调解、仲裁、提起诉讼,也可以协商解决。因此,我国处理劳动争议的程序有协商、调解、仲裁和诉讼四种。

思考练习题

1. 简述劳动合同的分类。
2. 简述劳动合同的解除。
3. 简述最低工资制度。
4. 劳动争议的解决机制有哪些?

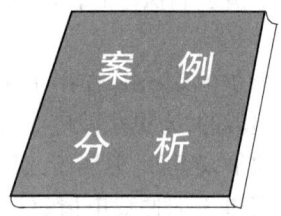

案例

王某某与上海建成劳务有限公司等劳务派遣合同纠纷、劳动合同纠纷上诉案①

上诉人(原审原告):王某某

被上诉人(原审被告):上海建成劳务有限公司(以下简称建成公司)

被上诉人(原审被告):上海奇幅特音响有限公司(以下简称奇幅特公司)

王某某系上海市外来从业人员。2004 年 11 月,王某某持案外人陈某某的身份证并以陈某某的名义,由建成公司派遣进入奇幅特公司工作。

2007 年 12 月 1 日,王某某以陈某某名义与建成公司签订期限自 2007 年 12 月 1 日至 2009 年 11 月 30 日的劳动合同书,约定王某某的报酬为月工资人民币(以下币种均为人民币)840 元及津贴等。2007 年 1 月至 6 月,奇幅特公司支付王某某的月工资包括基本工资 450 元、岗位工资 35 元、全勤奖 15 元、福贴 300 元、其他 100 元不等及加班工

---

① http://bmla.chinalawinfo.com/case/displaycontent.asp?Gid=117634006&Keyword=。

资、中夜班费等。2007年7月至2008年12月,奇幅特公司支付王某某的月工资包括基本工资450元、岗位工资35元、全勤奖15元、福贴400元、其他100元不等(其中2008年4月起福贴增加为每月520元,2008年11月起基本工资增加为每月960元、福贴改为每月10元)及加班工资、中夜班费等。

2009年2月16日,奇幅特公司通知王某某不要上班,并支付王某某工资至2009年2月19日止。

2009年3月4日,王某某向上海市嘉定区劳动争议仲裁委员会申请仲裁,要求建成公司、奇幅特公司支付解除劳动合同经济补偿金6 600元、支付2004年11月至2008年12月最低工资差额17 280元,2008年双薪工资1 060元,为其补缴2005年1月至2007年12月上海市外来从业人员综合保险费。同日,该会以嘉劳仲(2009)办字第973号劳动争议案立案受理。截止2009年5月18日,该案未审结,也未办理中止、中断审理手续。

2009年5月19日,王某某诉至原审法院,要求判令建成公司支付解除劳动合同经济补偿金11 700元及额外经济补偿金5 850元、支付2007年1月至2008年12月最低工资差额10 440元、2007年1月至2008年12月加班工资4 320元及前述两项25%的经济补偿金3 690元、为其补缴2004年11月至2009年2月上海市外来从业人员综合保险费,并要求判令奇幅特公司对建成公司的上述款项承担连带责任。

法院另查明,2008年1月至12月,王某某的月平均实得工资1 493.82元。2008年1月起,建成公司为王某某缴纳上海市外来从业人员综合保险费。

法理分析

本案中,王某某与建成公司之间发生劳动关系,并经建成公司派遣至奇幅特公司从事具体工作,因此,当奇幅特公司通知王某某不要去奇幅特公司上班后,王某某应履行其与建成公司之间的劳动合同。截至王某某提起劳动争议仲裁时,建成公司并未与王某某解除劳动关系,其要求建成公司支付解除劳动合同经济补偿金的主张,缺乏依据;同时,王某某亦未证明奇幅特公司支付的工资低于同期上海市最低工资标准,故其要求补足差额的主张,亦缺乏依据。加班工资一项因王某某在提起劳动争议仲裁时并未提出该主张,故在法院审理中不予处理。

综上,法院判决:判决建成公司于判决生效之日起10日内为王某某补缴2004年11月至2007年12月间上海市外来从业人员综合保险费计人民币6 196.90元,奇幅特公司对建成公司上述缴费义务承担连带责任。

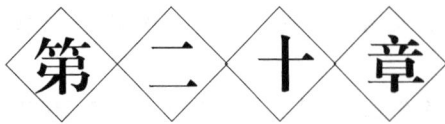

经济仲裁法律制度

★ 本章学习要点与要求 ★

通过本章的学习,应掌握经济仲裁的概念与特征、经济仲裁的基本原则、仲裁协议的概念、仲裁协议的类型和内容、仲裁协议的无效、仲裁庭的组成、仲裁程序以及法院对仲裁的协助与监督等知识。通过本章的学习,要求重点掌握经济仲裁的概念和特征、仲裁协议的无效、仲裁程序以及法院对仲裁的协助与监督。

第一节 经济仲裁概述

一、经济仲裁的概念与特征

仲裁是指当事人双方在争议发生后,依照双方达成的书面仲裁协议,将争议提交仲裁机构审理,并作出对争议各方均有约束力的裁决,从而解决争议的一种方式。经济仲裁,是指经济纠纷的双方当事人通过订立仲裁协议,将经济活动中发生的纠纷提交仲裁机构作出裁决,双方必须执行的一种解决纠纷的方法。为保证公正、及时地仲裁经济纠纷,保护当事人的合法利益,我国第八届全国人大常委会第九次会议于1994年8月31日通过了《中华人民共和国仲裁法》(以下简称《仲裁法》),自1995年9月1日起施行。

经济仲裁既不同于行政调解和法院审判,也不同于当事人的自行和解,它是一种非常重要的非司法诉讼解决经济纠纷的方式。经济仲裁具有以下几个方面的特征:

(一)经济仲裁体现了当事人双方的自愿性

当事人采取仲裁方式解决经济纠纷,应出于双方的完全自愿。当事人之间的经济纠纷,是否将其提交仲裁机构、提交哪一个仲裁机构、仲裁庭的组成人员如何产生、仲裁适用哪一种程序规则等,都是在当事人双方自愿的基础上,由当事人协商确定达成仲裁协议的。没有仲裁协议,一方申请仲裁的,仲裁机构不予受理。在经济纠纷的仲裁过程中,当事人可以自行和解,可以请求仲裁机构根据和解协议作出裁决书,也可以撤回仲裁申请等。一方不得采用胁迫手段,迫使对方订立仲裁协议。所以,经济纠纷的仲裁能够充分体现当事人的自愿性。

(二)经济仲裁具有灵活性和快捷性

经济仲裁在程序上简便易行,仲裁程序可以按当事人选定的某一仲裁机构的仲裁规则,以及当事人对具体程序的约定来进行,几乎每一个步骤当事人都能主动作为。因此仲裁的灵活性很强,在程序上也比较灵活,不像诉讼那样严格,很多环节可以被简化。

经济仲裁都是采取一裁终局制,不存在上诉或重审的可能,不像诉讼那样实行两审终审制,也没有诉讼那样的各种限制,当事人双方都有要求仲裁的权利,都可以提出仲裁请求和反请求,这样有利于当事人之间经济纠纷的迅速解决,也降低了解决争议的成本。

(三)经济仲裁一般不公开进行,具有很强的保密性

仲裁案件以不公开审理为原则,不仅审理过程不公开,案情和裁决结果也不公开,仲裁机构在审理过程中也不接受采访,而且仲裁法和仲裁规则都规定了仲裁员及仲裁秘书人员的保密义务,所以当事人的商业秘密和贸易活动不会因经济纠纷的仲裁活动而泄露,有利于维护其商业利益和商业信誉。

(四)经济仲裁具有独立性和约束性

《仲裁法》第8条规定,仲裁依法独立进行,不受行政机关、社会团体和个人的干涉。《仲裁法》第14条规定,仲裁机构独立于行政机关,与行政机关没有隶属关系,仲裁机构之间也没有隶属关系,这就保证了仲裁解决经济纠纷的独立性。

仲裁机构为解决当事人的经济纠纷所作出的裁决对双方当事人均具有约束力,当事人必须执行。仲裁机构作出的裁决书自作出之日起发生法律效力。一方当事人不履行裁决时,另一方当事人有权向人民法院提出执行申请,请求人民法院强制执行,体现了仲裁对当事人有很强的约束力。

二、经济仲裁的原则

仲裁机构在解决经济纠纷时,应遵循以下基本原则:

（一）当事人自愿原则

当事人是否将他们之间发生的经济纠纷提交仲裁，由他们自愿协商决定。依《仲裁法》的规定，当事人采取仲裁方式解决仲裁争议，应当双方自愿，达成仲裁协议。如果当事人已达成仲裁协议，一方向人民法院起诉的，人民法院不予受理，但仲裁协议无效的除外。经济纠纷当事人将他们之间的纠纷提交哪一个仲裁委员会仲裁，也由当事人自己自愿协商决定。由于仲裁不实行级别管辖和地域管辖，因此，应由当事人协议选定仲裁机构。

（二）不公开原则

除当事人在仲裁协议中有约定外，仲裁一般以不公开审理为原则，我国仲裁法律和仲裁规则都规定了仲裁机构及仲裁员的保密义务。在仲裁过程中，仲裁庭开庭时不设旁听席，审理中仲裁机构不得接受新闻媒体的采访，所审理案件的内容不得公开，裁决的结果也不得向外披露。

（三）以事实为根据，以法律为准绳的原则

我国《仲裁法》明确规定，仲裁应当根据事实、符合法律规定，公平合理地解决纠纷和争议。这一原则要求仲裁机构在解决经济纠纷的过程中，必须全面、客观、深入、细致地查明案件当事人的主体资格，查明案件的全部经过、现状及向仲裁机构提供的证据。仲裁机构在查明事实的基础上，必须收集、理解与案件有关的法律，并准确地适用法律，公正合理地解决经济纠纷。仲裁机构依法独立审理案件，不受任何机关、社会团体和个人的干涉和影响。

（四）一裁终局原则

一裁终局不仅是我国仲裁法所确立的原则，而且也是世界各国普遍接受的仲裁原则。它是指仲裁裁决作出后，当事人不得就同一经济纠纷再申请仲裁或向人民法院提起诉讼。裁决一经作出即产生法律约束力，当事人应当履行裁决，一方当事人不履行的，另一方当事人可以依照有关法律的规定向人民法院申请执行。

第二节　仲裁协议

一、仲裁协议的概念

仲裁协议是指当事人双方自愿把他们之间已经发生或者将来可能发生的经济纠纷

提交仲裁解决的协议。当事人双方共同约定仲裁是将经济纠纷提交仲裁的前提,如果没有当事人的一致同意,任何一方当事人都不得把争议提交仲裁机构解决。如果双方当事人已经有效地同意将争议提交仲裁,任何一方当事人都不能单方面地撤回已表示同意的约定。仲裁协议是当事人将其争议提交仲裁的依据,也是仲裁机构对某一特定案件取得管辖权的前提。由于仲裁协议是仲裁机构取得仲裁权的基础,它同时排斥司法管辖权,这就要求仲裁协议必须采用书面形式。仲裁协议还具有一定的独立性,它通常是以仲裁条款的形式包含在主合同之中,仲裁条款不受主合同是否有效的影响,当主合同无效时,包含在其中的仲裁条款并不因此而失去法律效力。

二、仲裁协议的类型和内容

《仲裁法》第16条规定,"仲裁协议包括合同中订立的仲裁条款和以其他方式在纠纷发生前或者发生后达成的请求仲裁的协议"。由此可见,仲裁协议必须采取书面的形式。依据仲裁协议订立的时间和形式的不同,仲裁协议有三种类型:第一种是作为合同的一项条款,即通常所称的仲裁条款,这种类型的仲裁协议常常在合同订立的同时订立,因此往往是在纠纷发生之前订立的;第二种是纠纷发生之前,在合同之外单独订立的协议,规定有关仲裁的事项;第三种则是在纠纷发生之后,在合同之外单独订立的协议。一般来讲,在纠纷发生之后订立仲裁协议的难度较大,因此,第三种类型的仲裁协议较为少见。

仲裁协议是仲裁机构受理争议案件、行使仲裁裁决权力的依据,其内容必须明确、完整、有效。依照《仲裁法》的规定,仲裁协议应当具备下列内容:①请求仲裁的意思表示。在仲裁协议中,当事人应当明确表示愿意将经济纠纷提交仲裁机构解决。②仲裁事项。双方当事人共同协商确定的提交仲裁的经济纠纷范围。凡是仲裁条款或协议中规定的争议事项,仲裁机构才予以受理;凡是仲裁条款或协议未规定的事项,或者当事人已提交仲裁的申请书中未明确提及的事项,仲裁机构就不能受理。③选定的仲裁机构。双方当事人在订立仲裁协议时,应明确约定仲裁事项由哪一个仲裁机构进行仲裁,否则仲裁机构无法受理。

三、仲裁协议的无效

《仲裁法》规定,有下列情况之一的,仲裁协议无效:①约定的仲裁事项超出法律规定的仲裁范围。当事人以婚姻、收养、监护、扶养、继承等为内容订立的合同发生争议后,不能申请仲裁,所订的仲裁条款或协议无效。行政机关处理的行政争议也不能仲裁。劳动争议和农业集体经济组织内部的农业承包经济纠纷的仲裁另行规定,也不适用《仲裁法》。②无民事行为能力人或限制民事行为能力人订立的仲裁协议。为了保护无民事行为能力人或限制民事行为能力人的合法利益,其与他人所订立的仲裁协议无效。③一方采取胁迫手段迫使对方订立仲裁协议的。当事人一方使用胁迫手段,迫使对方订立仲裁协议,违背了当事人自愿原则,应属无效。④仲裁协议对仲裁事项或者仲裁委员会没有约定或者约定不明的,当事人可以补充协议;达不成补充协议的,仲裁协议无效。

第三节 仲裁机构

一、仲裁机构的设立

我国《仲裁法》规定的仲裁机构是仲裁委员会。仲裁委员会属于常设性的仲裁机构,它所进行的仲裁是机构仲裁。设立仲裁委员会应当具备以下条件:有自己的名称、住所和章程;有必要的财产;有该委员会的组成人员;有聘任的仲裁员等。仲裁委员会可以在直辖市和省、自治区人民政府所在地的市设立,也可以根据需要在其他设区的市设立,不按行政区划层层设立。设立仲裁委员会,应当经省、自治区、直辖市的司法行政部门登记。仲裁委员会独立于行政机关,与行政机关没有隶属关系。各仲裁委员会的法律地位是平等的,相互之间也没有隶属关系。

仲裁委员会由主任1人、副主任2至4人、委员7人至11人组成。仲裁委员会的主任、副主任和委员是该委员会的组成人员。仲裁委员会的主任、副主任和委员应当由法律、经济贸易专家和有实际工作经验的人员担任,其中法律、经济贸易专家不得少于2/3。

二、仲裁员与仲裁庭

仲裁委员会不设专职仲裁员,而是由仲裁委员会从思想品德好,具有较高业务水平,并符合下列条件之一的人员中聘任:从事仲裁工作满8年;从事律师工作满8年;曾任审判员满8年;从事法律教学、研究工作并具有高级职称的;具有法律知识、从事经济贸易等专业工作并具有高级职称或者具有同等专业水平的。仲裁员有专职和兼职之分。既是仲裁委员会的工作人员,又被聘为仲裁员的,为专职仲裁员;在其他部门工作,且被聘为仲裁员的,为兼职仲裁员。仲裁委员会应当将聘任的仲裁员造就名册,供当事人选择仲裁员。

仲裁委员会并不直接审理案件,而是组成仲裁庭负责审理案件。因此,仲裁庭是为审理某一具体案件而设立的临时性组织。仲裁庭审理完某一具体案件,该仲裁庭就不再存在。

仲裁庭可由3名仲裁员或者1名仲裁员组成。仲裁庭可分为合议仲裁庭和独任仲裁庭。

当事人双方约定由3名仲裁员组成合议仲裁庭的,双方当事人应当各自选定1名仲裁员,或者各自委托仲裁委员会主任指定1名仲裁员。第3名仲裁员即首席仲裁员由双方当事人共同选定,或者共同委托仲裁委员会主任指定。当事人为3方或3方以上,约定由3名仲裁员组成合议仲裁庭的,当事人应当共同选择3名仲裁员,并选定其中1名为首席仲裁员;或者共同委托仲裁委员主任指定2名仲裁员和首席仲裁员。

独任仲裁庭由1名仲裁员组成,由当事人共同选定或者共同委托仲裁委员会主任指定。当事人没有在仲裁规则规定的期限内约定仲裁庭的组成方式或者选定仲裁员的,由仲裁委员会主任指定。仲裁庭组成后,仲裁委员会应当将仲裁庭的组成情况书面通知当事人。

第四节 仲裁程序

一、申请与受理

依据《仲裁法》的规定,当事人申请仲裁应当符合下列条件:有仲裁协议;有具体的仲裁请求、事实和理由;申请仲裁的事项属于仲裁委员会的受理范围。当事人必须采用书面形式向仲裁委员会申请仲裁。仲裁申请书应载明法律规定的事项。

仲裁委员会对申请人提出的仲裁申请,必须在法定期限内(收到仲裁申请书之日起5日内)进行审查,认为符合法定受理条件的,应予受理,并将受理决定通知当事人。如认为不符合法定受理条件的,应当书面通知当事人,不予受理,并说明理由。

二、开庭和裁决

仲裁庭组成之后,仲裁应当开庭进行。仲裁庭审理案件有两种方式:一是书面审理,即当事人协议不开庭的,仲裁庭可以根据当事人提供的仲裁申请书、答辩书以及其他材料作出裁决;另一是开庭审理,即仲裁庭通知双方当事人到庭审理。通常情况下应采取开庭审理方式。仲裁委员会应当在仲裁规则规定的期限内将开庭日期通知双方当事人。当事人有正当理由的,可以在仲裁规则规定的期限内请求延期开庭;是否延期,由仲裁庭决定。申请人经书面通知,无正当理由不到庭或者未经仲裁庭许可中途退庭的,可以视为撤回仲裁申请。被申请人经书面通知,无正当理由不到庭或者未经仲裁庭许可中途退庭的,可以缺席裁决。在开庭审理过程中,当事人可以申请财产保全和证据保全,可以达成和解协议,撤回仲裁申请;可以达成调解协议;可以进行辩论等。被申请人有进行答辩和提起反请求的权利。

仲裁庭对案件审理后进行裁决,并应作出裁决书。裁决书应写明仲裁请求、争议事实、裁决理由、裁决结果、仲裁费用的负担和裁决日期。当事人协议不愿写明争议事实和裁决理由的,可以不写。裁决书由仲裁员签名,加盖仲裁委员会印章。对裁决持有不同意见的仲裁员,可以在裁决书上签名,也可以不签名。裁决书自作出之日起发生法律效力。

三、裁决的执行

当事人应当履行裁决。一方当事人不履行的,另一方当事人可以依照《民事诉讼法》的有关规定向人民法院申请执行,受申请的人民法院应当执行。一方当事人申请执行裁决,另一方当事人申请撤销裁决的,人民法院应当裁定中止执行。人民法院裁定撤销裁决的,应当裁定终结执行。撤销裁决的申请被裁定驳回的,人民法院应当裁定恢复执行。

第五节　法院对仲裁的协助和监督

根据《民事诉讼法》和《仲裁法》的规定,我国在仲裁和诉讼的关系方面做了很大的改革,变过去的"既裁又审"为现在的"或裁或审"制度。在这种制度下,法院对仲裁活动不予干涉,但是,仲裁活动需要法院的协助和监督,以保证仲裁活动得以顺利、合法地进行,从而保障当事人的合法权益。

一、法院对仲裁活动的协助

法院对仲裁的协助,主要表现在财产保全、证据保全和强制执行仲裁裁决等方面。

（一）财产保全

财产保全是指为了保证仲裁裁决能够得到实际执行,以免利害关系人的合法利益受到难以弥补的损失,在法定条件下所采取的限制另一方当事人、利害关系人处分财物的保障措施。财产保全措施包括查封、扣押、冻结以及法律规定的其他方法。《仲裁法》第28条规定:"一方当事人因另一方当事人的行为或其他原因,可能使裁决不能执行或难以执行的,可以申请财产保全。"由于财产保全措施是对另一方当事人财产权利的限制,仲裁机构无权就此作出是否准予的决定,需要人民法院作出裁定,予以协助。因此,《仲裁法》第28条同时规定:"当事人申请财产保全的,仲裁委员会应当将当事人的申请依照民事诉讼的有关规定提交人民法院"。为保护被申请人的合法权益、防止申请人滥用财产保全申请权,《仲裁法》同时规定:"申请有错误的,申请人应当赔偿被申请人因财产保全所遭受的损失。"

(二)证据保全

证据保全是指在证据可能毁损、灭失或者以后难以取得的情况下,为保存其证明作用而采取一定的措施加以确定和保护的制度。证据保全是保证当事人承担举证责任的补救方法,在一定意义上也是当事人取得证据的一种手段。证据保全的目的就是保障仲裁的顺利进行,确保仲裁庭作出正确裁决。《仲裁法》第46条规定:"在证据可能灭失或者以后难以取得的情况下,当事人可以申请证据保全。当事人申请证据保全的,仲裁委员会应当将当事人的申请提交证据所在地基层人民法院"。由此可见,在仲裁过程中采取证据保全措施,一方面需要当事人提出证据保全的申请,另一方面由仲裁机构将当事人的申请提交证据所在地的基层人民法院,是否准予采取证据保全措施应由法院决定。我国《民事诉讼法》规定了不同的证据种类。对于不同种类的证据,应分别采取不同的保全方法,以达到能够客观真实地反映证据的情况,固定其证明力的目的。

(三)强制执行仲裁裁决

仲裁裁决是指仲裁机构经过对当事人之间争议的审理,依据争议的事实和法律,对当事人双方的争议作出的具有法律约束力的判定。《仲裁法》第57条明确规定:"裁定书自作出之日起发生法律效力"。除非人民法院依照法定程序和条件裁定撤销或者不予执行仲裁裁决,当事人应当自觉履行裁决。由于仲裁机构没有强制执行仲裁裁决的权力,因此,为了保障仲裁裁决的实施,防止负有履行裁决义务的当事人逃避或者拒绝仲裁裁决确定的义务,我国《仲裁法》规定,一方当事人不履行仲裁裁决的,另一方当事人可以依照《民事诉讼法》的有关规定向人民法院申请执行。受申请的人民法院应当执行。

执行不同于履行,执行是人民法院依照法律规定的程序和方式,运用国家强制力量行使司法执行权,实施法律文书的内容、实现权利人权利的法定程序。仲裁裁决的执行程序只能由权利人的申请而开始,不能采取移送执行的方式。

申请执行仲裁裁决应当在法律规定的期限内向有管辖权的人民法院提出。双方或者一方当事人是公民的,申请执行的期限为1年;双方是法人或其他组织的为6个月。如果没有正当理由超过申请执行期限的,申请人就失去了要求人民法院予以强制执行的权利。对仲裁裁决执行有管辖权的人民法院是指被执行人住所地或者被执行人财产所在地的人民法院。

在受理权利人要求执行仲裁裁决的申请后,被申请人提出证据证明裁决有《民事诉讼法》第217条第2款规定的情形之一的,经人民法院组成合议庭审查核实,裁定不予执行。一方当事人申请执行裁决,另一方当事人申请撤销裁决的,法院应当裁定中止执行。如果法院裁定撤销裁决,应当裁定终结执行程序。撤销裁决的申请被裁定驳回的,人民法院应当裁定恢复执行程序。

二、法院对仲裁活动的监督

为了发挥经济仲裁可以快捷、有效解决各种经济纠纷的优势,我国《仲裁法》不允许当事人在仲裁裁决作出后再向人民法院提起诉讼。但是,为了提高仲裁员的责任心,保证仲裁裁决的合法性、公正性,保护各方当事人的合法权益,我国《仲裁法》同时规定了人民法院对仲裁活动予以司法监督的制度。我国《仲裁法》有关司法监督的规定表明,对仲裁进行司法监督的范围是有限的,而且是事后的。如果当事人对仲裁裁决没有异议,不主动申请司法监督,法院对仲裁裁决采取不干预的做法。司法监督的实现方式主要是允许当事人向法院申请撤销仲裁裁决和不予执行仲裁裁决。

(一)撤销仲裁裁决

根据《仲裁法》第5章规定,当事人提出证据证明裁决有下列情形之一的,可以在自收到仲裁裁决书之日起6个月内向仲裁委员会所在地的中级人民法院申请撤销仲裁裁决:

1. 没有仲裁协议的。
2. 裁决的事项不属于仲裁协议的范围或者仲裁委员会无权仲裁的。
3. 仲裁庭的组成或者仲裁的程序违反法定程序的。
4. 裁决所根据的证据是伪造的。
5. 对方当事人隐瞒了足以影响公正裁决证据的。
6. 仲裁员在仲裁该案时有索贿受贿、徇私舞弊、枉法裁决行为的。

以上规定表明,当事人申请撤销仲裁裁决应当在法律规定的期限内向人民法院提出,并应提供证明有以上情形的证据。同时,并非任何法院都有权受理撤销仲裁裁决的申请,只有仲裁委员会所在地的中级人民法院对此享有专属管辖权。

人民法院在受理撤销仲裁裁决申请后,应当在受理之日起两个月内作出撤销仲裁裁决或者驳回申请的裁定。人民法院经组成合议庭审查核实裁决确有上列情形之一的,或者人民法院认定仲裁裁决违背社会公共利益的,应当裁定撤销。仲裁裁决被人民法院裁定撤销的,当事人之间的纠纷并没有得到解决,因此,当事人就该纠纷可以根据双方重新达成的仲裁协议申请仲裁,也可以向人民法院提起诉讼。

需要特别指出的是,如果一方当事人申请撤销仲裁裁决,而另一方当事人申请执行仲裁的,人民法院应当裁定中止执行仲裁裁决。人民法院裁定撤销仲裁裁决的,应当裁定终结执行;如果撤销裁决的申请被裁定驳回的,人民法院应当裁定恢复执行。

此外,人民法院受理撤销仲裁裁决的申请后,认为可以由仲裁庭重新仲裁的,通知仲裁庭在一定期限内重新仲裁,并裁定中止撤销程序,以尽快解决当事人之间的争议。但是,如果仲裁庭拒绝重新仲裁的,人民法院应当裁定恢复撤销程序。

（二）不予执行仲裁裁决

根据《仲裁法》第63条的规定,在仲裁裁决执行过程中,如果被申请人提出证据证明裁决有《民事诉讼法》第217条第2款规定的情形之一的,经人民法院组成合议庭审查核实,裁定不予执行该仲裁裁决。

《民事诉讼法》第217条第2款规定的情形有:

1. 当事人在合同中没有订有仲裁条款或者事后没有达成书面仲裁协议的。
2. 裁决的事项不属于仲裁协议的范围或者仲裁机构无权仲裁的。
3. 仲裁庭的组成或者仲裁的程序违反法定程序的。
4. 认定事实和主要证据不足的。
5. 适用法律有错误的。
6. 仲裁员在仲裁该案时有贪污受贿,徇私舞弊,枉法裁决行为的。

作为司法监督的方法之一,不予执行仲裁裁决的规定同样有助于保证仲裁活动的合法性、公正性,保障当事人的合法权益。但是,不予执行仲裁裁决和撤销仲裁裁决的区别也是明显的,除二者的后果、适用的条件不同外,有权进行司法监督的人民法院也是不同的,并不限于仲裁委员会所在地的中级人民法院。

仲裁裁决被人民法院裁定不予执行的,当事人之间的纠纷并没有得到解决,因此,当事人就该纠纷可以根据双方重新达成的仲裁协议申请仲裁,也可以向人民法院起诉。

本章小结

经济仲裁,是指经济纠纷的双方当事人通过订立仲裁协议,将经济活动中发生的纠纷提交仲裁机构作出裁决,双方必须执行的一种解决纠纷的方法。1994年8月31日我国通过了《仲裁法》。

仲裁协议是指当事人双方自愿把他们之间已经发生或者将来可能发生的经济纠纷提交仲裁解决的协议。仲裁协议包括合同中订立的仲裁条款和以其他方式在纠纷发生前或者发生后达成的请求仲裁的协议。仲裁协议应当具备下列内容：①请求仲裁的意思表示；②仲裁事项；③选定的仲裁机构。

我国《仲裁法》规定的仲裁机构是仲裁委员会。仲裁委员会属于常设性的仲裁机构，它所进行的仲裁是机构仲裁。仲裁委员会不设专职仲裁员，由仲裁委员会从思想品德好，具有较高业务水平的人员中聘任。仲裁委员会应当将聘任的仲裁员造就名册，供当事人选择仲裁员。

当事人申请仲裁应当符合下列条件：有仲裁协议；有具体的仲裁请求、事实和理由；申请仲裁的事项属于仲裁委员会的受理范围。当事人必须采用书面形式向仲裁委员会申请仲裁。仲裁申请书应载明法律规定的事项。当事人约定由3名仲裁员组成合议仲裁庭的，应当各自选定或者各自委托仲裁委员会主任指定1名仲裁员，第3名仲裁员由当事人共同选定或者共同委托仲裁委员会主任指定。第3名仲裁员是首席仲裁员。当事人约定由1名仲裁员成立仲裁庭的，应当由当事人共同选定或者共同委托仲裁委员会主任指定仲裁员。

仲裁庭组成之后，仲裁应当开庭进行。仲裁庭对案件审理后进行裁决，并应作出裁决书。裁决书自作出之日起发生法律效力。

当事人应当履行裁决。一方当事人不履行的，另一方当事人可以依照《民事诉讼法》的有关规定向人民法院申请执行。受申请的人民法院应当执行。一方当事人申请执行裁决，另一方当事人申请撤销裁决的，人民法院应当裁定中止执行。人民法院裁定撤销裁决的，应当裁定终结执行。撤销裁决的申请被裁定驳回的，人民法院应当裁定恢复执行。

法院对仲裁的协助，主要表现在财产保全、证据保全和强制执行仲裁裁决等方面。我国《仲裁法》有关司法监督的规定表明，对仲裁进行司法监督的范围是有限的，而且是事后的。如果当事人对仲裁裁决没有异议，不主动申请司法监督，法院对仲裁裁决采取不干预的做法。司法监督的实现方式主要是允许当事人向法院申请撤销仲裁裁决和不予执行仲裁裁决。

思考练习题

1. 什么是经济仲裁？经济仲裁与法院审判有什么不同？
2. 简述仲裁协议无效的情形有哪些？
3. 我国法院对仲裁活动的协助体现在哪些方面？
4. 试比较撤销仲裁裁决与不予执行仲裁裁决有什么区别？

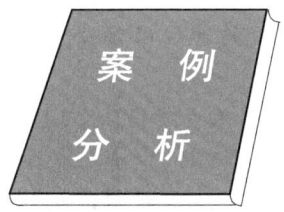

案例

液晶显示器订购合同争议仲裁案①

一、仲裁程序

申请人和被申请人于2004年11月5日签订的《订购合同》中的仲裁条款以及申请人于2005年7月26日向仲裁委员会提交的书面仲裁申请,中国国际经济贸易仲裁委员会受理了上述订购合同项下的液晶显示器订购合同争议案。

2005年8月5日,仲裁委员会秘书局以邮政特快专递的方式向双方当事人寄送了本案仲裁通知及仲裁规则和仲裁委员会仲裁员名册,同时向被申请人附寄了申请人提交的仲裁申请书及其附件,要求双方当事人按期选定仲裁员,并要求被申请人提交答辩意见及/或反请求。

按照《仲裁规则》的规定,申请人选定J先生担任本案仲裁员,被申请人选定Z先生担任本案仲裁员。由于双方当事人未在规定的期限内共同选定或共同委托仲裁委员会主任指定首席仲裁员,仲裁委员会主任根据《仲裁规则》之规定,指定W先生担任本案首席仲裁员。上述三位仲裁员均按照《仲裁规则》的规定签署了独立声明书,并于2005年9月16日组成仲裁庭,共同审理本案。同日,仲裁庭经合议并商仲裁委员会秘书局决定,于2005年10月11日在北京对本案进行开庭审理。仲裁委员会秘书局随即向双方当事人寄送了上述组庭通知和开庭通知。

2005年9月26日,被申请人提交了"答辩状"及其相关证据材料。

2005年10月11日,仲裁庭在北京如期举行了开庭审理。

二、事实经过

2004年11月5日,申请人与被申请人签订本案《订购合同》。双方约定,由被申请人向申请人订购 CMO 17"TFT - LCD M170E5 - L05 A Grade 共2880PCS,单价为 FCA HK USD175,合同总价为 USD5041000;装运港为台湾,目的港为经香港到深圳,运输方

---

① http://cn.cietac.org/TheoryResearch/Case_main.asp? hangye =1。

式为海运;装船期为收到 L/C 后 1 日内发货,付款条件为 L/C AT SIGHT;如果货物质量或数量经中国商检局或买方检测与合同不符时,买方可在到目的港后 60 天内,凭中国商检局出具的检验证明向卖方提出退货或索赔。

2004 年 11 月 9 日,申请人收到 L/C 副本;11 月 10 日,申请人发货;11 月 12 日,收到 L/C 正本;被申请人随后自行验收了此单货物。2004 年 12 月 1 日,申请人在信用证有效期内向银行申请承兑信用证时,因单证瑕疵遭到银行拒付。其后,被申请人由于申请人的产品存在质量问题,经双方协商达成《退换货协议》,约定由被申请人将存在质量问题的产品退换给申请人。因此,2005 年 3 月,被申请人将价值 USD91375 的部分产品 537 片退还给了申请人。

鉴于被申请人一直未支付货款,申请人提出仲裁,请求被申请人向申请人支付《订购合同》项下的货款 5 041 000 美元。被申请人则认为导致双方交易无法完成的原因不是被申请人不履行义务,而是由于申请人自身的原因造成单证不符遭到银行的拒付。

法理分析

首先,申请人已经按照双方约定的《订购合同》按期全部交货。其次,对于货物质量双方出现争议,按照《订购合同》约定,"如货物的质量或数量经中国商检局或买方检测出与合同不符时,买方可在到目的港后的 60 天内,凭中国商检局出具的检验证明向卖方提出退货或索赔。"本案中,当被申请人即买方检测出货物存在质量问题时,并未提交商检局出具的商检证明,而是与申请人即卖方经协商签订了《退换货协议》。这一协议是双方真实意思的表示,依法有效。《退换货协议》中,经双方共同认定液晶显示屏存在质量问题的共计 537 片。协议还约定,被申请人将上述不良显示屏退还给申请人进行更换,申请人有义务在收到退还的显示屏后,在 30 个工作日内无条件将其换成良品显示屏,并返还给被申请人。否则,应立即按照被申请人原定购价退还被申请人。

综上,《退换货协议》是对原《订购合同》的补充,其目的在于解决履行《订购合同》出现的不良显示屏问题。因此,关于交易涉及的货款的金额及其支付应按照《订购合同》的约定履行,而对不良显示屏的按价退还问题应以《退换货协议》的约定为准。因此,仲裁庭裁决,被申请人应当将 537 片不良显示屏的价值 931 975 美元(每片单价为 FCA HK USD175)从货款总金额 5 041 000 美元中扣除后的剩余款项 4 101 025 美元立即支付给申请人。

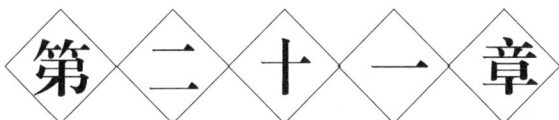

第二十一章

民事诉讼法律制度

★ 本章学习要点与要求 ★

通过本章的学习,应掌握民事诉讼的概念和基本原则、级别管辖、地域管辖、指定管辖和移送管辖、审判程序、执行程序以及涉外民事诉讼的概念和特别规定等内容。通过本章学习,要求重点掌握民事诉讼的基本概念和基本原则、级别管辖、地域管辖、起诉与受理的条件、开庭审理的程序、执行申请与执行措施以及涉外民事诉讼的特别规定。

第一节 民事诉讼的概念和基本原则

民事诉讼是指审判机关在当事人和其他诉讼参与人参加下,对民事纠纷案件进行审理并作出裁决的活动。1991年4月9日,第七届全国人民代表大会第四次会议通过了《中华人民共和国民事诉讼法》(以下简称《民事诉讼法》),2007年10月28日,第十届全国人民代表大会常务委员会第三十次会议通过了《关于修改〈中华人民共和国民事诉讼法〉的决定》。2012年8月31日第十一届全国人民代表大会常务委员会第二十八次会议对《民事诉讼法》进行了第二次修正。

根据《民事诉讼法》的规定,人民法院审理民事纠纷案件时,应依照有关法律的规定,遵循以下原则:

一、依法独立审判原则

人民法院审理民事纠纷案件时,应依照法律规定独立行使审判权,不受行政机关、社会团体和个人干涉。确立人民法院依法独立审判的原则,根本目的就在于从立法上保障人民法院能够独立地、不受任何干扰地依法审判解决民事纠纷。

二、确保当事人享有平等权利的原则

民事纠纷的双方当事人在诉讼中的地位平等,双方享有对等的诉讼权利和承担对等的诉讼义务。双方当事人在诉讼过程中有权使用本民族的语言和文字,有申请回避和保全措施、委托代理、进行辩护等权利。人民法院应当为双方当事人平等地行使诉讼权利提供便利和保障,在适用法律上对当事人一律平等,一视同仁,反对任何凌驾于法律之上的特权。

三、以事实为根据,以法律为准绳的原则

以事实为根据,要求人民法院在审理民事纠纷时,要注重调查研究,查清案件事实,全面客观地搜集证据,并在查证属实后,认定客观存在的事实。反之,在审判民事纠纷案件中,审判人员凭主观推测和想象,感情用事,没有查清案件事实,是非不分,责任不明,当事人之间的民事纠纷就得不到公正、合理的解决。以法律为准绳,要求审判人员在适用法律上程序合法,并能准确地理解所适用法律的内容和实质,正确运用法律,以法律作为衡量是非责任的唯一尺度。

四、实行两审终审制的原则

两审终审制是指民事纠纷案件经过两级人民法院审判后即告终结的制度。依两审终审制度,当事人不服一审人民法院的判决、允许上诉的裁定,可上诉至二审人民法院,二审人民法院对案件所作的判决、裁定为生效判决、裁定,当事人不得再上诉。但最高人民法院所作的一审判决、裁定,为终审判决、裁定,当事人不得上诉。

第二节 审判管辖

审判管辖是指确定上下级人民法院之间和同级人民法院之间受理第一审民事纠纷案件的分工和权限,分为级别管辖、地域管辖、指定管辖和移送管辖等。

一、级别管辖

级别管辖是指人民法院系统内部划分上下级法院之间受理第一审民事纠纷案件的分工和权限。级别管辖的确定主要是以案件的性质、复杂程度、标的额和影响范围的大小为标准。基层人民法院管辖的第一审民事纠纷案件，除法律规定由中级人民法院、高级人民法院和最高人民法院管辖的第一审民事纠纷案件外，其余的第一审民事纠纷案件都由基层人民法院管辖。中级人民法院管辖重大的涉外案件、在本辖区有重大影响的案件或最高人民法院确定由中级人民法院管辖的案件。高级人民法院管辖的第一审民事纠纷案件为在本辖区内有重大影响的案件。最高人民法院管辖的第一审民事纠纷案件为在全国有重大影响的案件及最高人民法院认为应当由本院审理的案件。

二、地域管辖

地域管辖是指确定同级的不同区域的人民法院受理第一审民事纠纷案件的分工和权限。我国法律规定的地域管辖，包括一般地域管辖、特殊地域管辖、协议管辖和专属管辖。

一般地域管辖是指原告起诉应到被告所在地人民法院提出。对公民提起的民事纠纷诉讼，由被告人住所地人民法院管辖，被告住所地与经常居住地不一致的，由经常居住地人民法院管辖；对法人或者其他组织提起的诉讼，由被告住所地人民法院管辖。

特殊地域管辖是以诉讼标的所在地，或者引起合同关系发生、变更、终止的法律事实所在地为标准划分的诉讼管辖。因民事纠纷提起的诉讼，由被告所在地或者合同履行地人民法院管辖。但是法律另有特殊规定的，应按其规定。

协议管辖是指根据双方当事人的约定确定的管辖。合同或者其他财产权益纠纷的当事人可以在书面合同中协议选择被告住所地、合同履行地、合同签订地、原告住所地、标的物所在地等与争议有实际联系的人民法院管辖。协议管辖只能针对第一审法院的管辖，第二审法院的管辖不能由当事人以协议方式进行约定。协议管辖不得违反关于级别管辖和专属管辖的规定。

专属管辖是指法律规定某些诉讼标的特殊的案件必须由特定的人民法院管辖。涉及民事纠纷专属管辖的包括两个方面：一是因不动产民事纠纷提起的诉讼；二是因港口作业中发生的民事纠纷提起的诉讼。

三、指定管辖和移送管辖

指定管辖是指有管辖权的人民法院，因特殊原因无法对某个具体的民事纠纷案件行使管辖权，由上级人民法院指定其辖区内的某个下级人民法院行使管辖权，或者因两个以上的同级人民法院对管辖权发生争议，又协商不成的，由双方共同的上级人民法院指定管辖。

移送管辖是指没有管辖权的人民法院受理案件后,发现该案件不属于自己管辖的,应查明该案件应由哪个人民法院管辖,将案件移送有管辖权的人民法院。受移送的人民法院应当受理。

第三节 审判程序

一、起诉与受理

起诉是指公民、法人和其他组织在其经济权益受到侵害或与他人发生争议时,向人民法院提出诉讼请求,要求人民法院通过审判予以司法保护的行为。依照《民事诉讼法》的规定,起诉必须具备如下条件:第一,原告是与本案有直接利害关系的公民、法人和其他组织。原告必须是有诉讼权利能力的公民、法人或其他组织,必须是本案实体权利的享有者。只有公民、法人和其他组织因自己的民事权益受到侵犯,或者与他人发生争议,才能以原告的资格向人民法院提起诉讼,要求人民法院保护其合法权益。与案件没有直接利害关系的人无权向人民法院提起诉讼。第二,有明确的被告。原告起诉必须明确指出侵犯其经济权益或与自己发生争执的当事人。第三,有具体的诉讼请求和事实理由。原告起诉时必须提出要求人民法院保护的具体内容,即要求人民法院判令被告履行何种义务,或者解除、变更某种法律关系,或者确认某种法律关系是否存在。原告还应向人民法院提供案情事实,并提出必要的证据,以证明自己提出的诉讼请求是正当的。第四,属于人民法院受理民事诉讼的范围和受诉人民法院管辖。即原告提起的诉讼应当属于人民法院行使审判权的范围和受诉法院的管辖范围,否则法院无权对案件进行审理。

受理是指人民法院通过对当事人的起诉进行审查,对符合法律规定条件的,决定立案审理的行为。人民法院接到原告的起诉后,应及时依法进行审理。首先,应审查原告的起诉是否符合《民事诉讼法》规定的四个条件,对于符合条件的应当予以受理,否则不应受理。其次要审查原告起诉的手续是否完备,如果起诉的手续不完备,人民法院应限期当事人补正。

人民法院经审查认为符合起诉条件的,应当在7日内立案,并通知当事人;认为不符合起诉条件的,也应当在7日内作出不予受理的裁定。原告对不予受理的裁定不服的,可以向上一级人民法院提出上诉。

二、审理前的准备

审理前的准备是指人民法院接受原告起诉并决定立案受理后,在开庭审理之前,由承办案件的审判员依法所做的各项准备工作。人民法院应当在立案之日起5日内将起诉状副本送达被告,原告口头起诉的案件,也应当在立案后5日内以书面形式将口头起诉的内容告知被告。被告应当在收到起诉状副本之日起15日内提出答辩状。人民法院自收到答辩状之日起5日内将答辩状副本送达原告。

为保障当事人充分行使诉讼权利,正确履行诉讼义务,人民法院应当在受理案件通知书和应诉通知书中分别告知原告和被告所享有的诉讼权利、所承担的诉讼义务。审理案件的合议庭组成后,人民法院应当在3日内把合议庭的组成人员告知当事人。

承办民事纠纷案件的审判人员必须通过审阅原告提交的起诉状、被告提交的答辩状以及各自的证据和其他诉讼材料,初步了解案情,掌握双方当事人争执的问题和矛盾的焦点,并确定当事人提供的证据是否充分,是否需要人民法院调查、收集必要的证据。对于案件必需而当事人又无法提供的证据,人民法院应当进行收集、调查工作。

在审理前的准备工作中,如果人民法院发现起诉人或应诉人不合格,应当将不合格的当事人更换成合格的当事人。如果人民法院发现应当参加诉讼的当事人没有参加诉讼,应当通知其参加诉讼,或者由当事人向人民法院申请追加。

三、开庭审理

开庭审理是指在人民法院审判人员的主持下,在民事纠纷当事人和其他诉讼参与人的参加下,依照法定程序和形式,在法庭上对民事纠纷案件进行实体审理的诉讼活动过程。

审理民事纠纷案件,除涉及国家机密外,均应公开进行开庭审理,一般分为四个阶段:

(一)法庭调查

由当事人对自己的主张及其所根据的事实和理由加以陈述。具体按原告、被告、第三人及其诉讼代理人的先后顺序进行陈述。然后是询问证人,出示书证、物证和视听资料,宣读鉴定结论,宣读勘验笔录。

(二)法庭辩论

法庭辩论的参加者只能是原告、被告和诉讼中的第三人,以及他们的诉讼代理人。法庭辩论按下列顺序进行:原告及其代理人发言;被告及其代理人发言答辩;诉讼中的第三人及其诉讼代理人发言或答辩;按原告、被告然后第三人的顺序展开互相辩论。

法庭辩论终结后,法院作出判决前,对于能够调解的,可以在事实清楚、是非明确的基础上再进行调解。调解不成的,应依法及时判决。

(三)合议庭评议

法庭辩论终结后,合议庭的人员在法庭调查和法庭辩论的基础上,认定案件事实,确定适用的法律,提出对案件的处理意见。合议庭评议实行少数服从多数的原则。

(四)宣告判决

不论案件是否公开审理,宣告判决结果一律公开进行。可以当庭宣判,也可以定期宣判。当庭宣判的应当在10日内向当事人发送判决书;定期宣判的,应在判决后立即发给判决书。不论采取哪种方式宣判,都要告知当事人上诉权利、上诉期限和上诉法院。

四、上诉

人民法院审理案件,实行两审终审制。当事人不服第一审法院判决的,有权向上一级法院提起上诉。第二审法院审理期间,原审法院的判决暂不生效。第二审法院对第一审法院的判决所认定的事实和适用的法律进行全面审查,并作出决定。第二审法院审理上诉案件可以进行调解。调解达成协议的,应当制作调解书。调解书送达当事人后,原审法院的判决即视为撤销。调解不成的,依法判决。第二审法院的判决、裁定是终审的判决、裁定,当事人无权再上诉,即应按照终审的判决、裁定执行。

五、再审

(一)再审程序的启动

各级人民法院院长对本院已经发生法律效力的判决、裁定,发现确有错误,认为需要再审的,应当提交审判委员会讨论决定。最高人民法院对地方各级人民法院已经发生法律效力的判决、裁定,上级人民法院对下级人民法院已经发生法律效力的判决、裁定,发现确有错误的,有权提审或者指令下级人民法院再审。

当事人对已经发生法律效力的判决、裁定,认为有错误的,可以向上一级人民法院申请再审,但不停止判决、裁定的执行。当事人的申请符合下列情形之一的,人民法院应当再审:①有新的证据,足以推翻原判决、裁定的;②原判决、裁定认定的基本事实缺乏证据证明的;③原判决、裁定认定事实的主要证据是伪造的;④原判决、裁定认定事实的主要证据未经质证的;⑤对审理案件需要的证据,当事人因客观原因不能自行收集,书面申请人民法院调查收集,人民法院未调查收集的;⑥原判决、裁定适用法律确有错误的;⑦违反法律规定,管辖错误的;⑧审判组织的组成不合法或者依法应当回避的审判人员没有回避的;⑨无诉讼行为能力人未经法定代理人代为诉讼或者应当参加诉讼的当事人,因不能归责于本人或者其诉讼代理人的事由,未参加诉讼的;⑩违反法律规定,剥夺当事人辩论权利的;⑪未经传票传唤,缺席判决的;⑫原判决、裁定遗漏或者超出诉讼请求的;⑬据以作出原判决、裁定的法律文书被撤销或者变更的。对违反法定程序可能影响案件正确判决、裁定的情形,或者审判人员在审理该案件时有贪污受贿、徇私舞弊、枉法裁判行为的,人民法院应当再审。

最高人民检察院对各级人民法院已经发生法律效力的判决、裁定,上级人民检察院对下级人民法院已经发生法律效力的判决、裁定,发现有法律规定情形之一的,应当提出抗诉。地方各级人民检察院对同级人民法院已经发生法律效力的判决、裁定,发现有法律规定情形之一的,应当提请上级人民检察院向同级人民法院提出抗诉。

（二）再审的受理

当事人申请再审的,应当提交再审申请书等材料。人民法院应当自收到再审申请书之日起5日内将再审申请书副本发送对方当事人。对方当事人应当自收到再审申请书副本之日起15日内提交书面意见;不提交书面意见的,不影响人民法院审查。人民法院可以要求申请人和对方当事人补充有关材料,询问有关事项。人民法院应当自收到再审申请书之日起3个月内审查,符合法律规定情形之一的,裁定再审;不符合法律规定的,裁定驳回申请。有特殊情况需要延长的,由本院院长批准。人民检察院提出抗诉的案件,接受抗诉的人民法院应当自收到抗诉书之日起30日内作出再审的裁定。

因当事人申请裁定再审的案件由中级人民法院以上的人民法院审理。最高人民法院、高级人民法院裁定再审的案件,由本院再审或者交其他人民法院再审,也可以交原审人民法院再审。当事人对已经发生法律效力的调解书,提出证据证明调解违反自愿原则或者调解协议的内容违反法律的,可以申请再审。经人民法院审查属实的,应当再审。

当事人申请再审,应当在判决、裁定发生法律效力后2年内提出;2年后据以作出原判决、裁定的法律文书被撤销或者变更,以及发现审判人员在审理该案件时有贪污受贿、徇私舞弊、枉法裁判行为的,自知道或者应当知道之日起3个月内提出。

（三）再审的处理

人民法院按照审判监督程序再审的案件,发生法律效力的判决、裁定是由第一审法院作出的,按照第一审程序审理,所作的判决、裁定,当事人可以上诉;发生法律效力的判决、裁定是由第二审法院作出的,按照第二审程序审理,所作的判决、裁定是发生法律效力的判决、裁定;上级人民法院按照审判监督程序提审的,按照第二审程序审理,所作的判决、裁定是发生法律效力的判决、裁定。

第四节 执行程序

对于已经发生法律效力的判决、裁定、调解书等,当事人应当自觉履行;一方当事人拒绝履行的,另一方当事人有权向法院申请执行。执行是人民法院依照法律规定的程序、运用国家强制力,强制当事人履行已生效的判决和其他法律文书所规定的义务的行为,又称强制执行。执行所应遵守的规则,就是执行程序。

一、执行申请

当事人向人民法院申请执行时,应提交申请书,说明要求执行的事实、理由、被执行人不履行的情况、执行根据、法律依据,并提交相应的法律文书。申请执行的期间为2年。申请执行时效的中止、中断,适用法律有关诉讼时效中止、中断的规定。前述规定的期间,从法律文书规定履行期间的最后1日起计算;法律文书规定分期履行的,从规定的每次履行期间的最后1日起计算;法律文书未规定履行期间的,从法律文书生效之日起计算。

人民法院自收到申请执行书之日起超过6个月未执行的,申请执行人可以向上一级人民法院申请执行。上一级人民法院经审查,可以责令原人民法院在一定期限内执行,也可以决定由本院执行或者指令其他人民法院执行。

二、执行措施

执行员接到申请执行书后,只要申请执行的标的物是财物或者行为,就应当向被执行人发出执行通知,责令其在指定的期间履行。在执行通知指定的期间被执行人仍不履行的,应当采取措施,强制执行。

强制执行措施就是人民法院执行庭依法强制执行生效的法律文书时所采取的具体的方法和手段。依《民事诉讼法》的规定,强制执行措施有:①查询、冻结和划拨被执行人的存款。②扣留、提取被执行人的收入。③查封、扣押、冻结、拍卖、变卖被执行人的财产。④搜查被执行人的财产。⑤强制交付法律文书指定的财物或者票证。⑥强制迁出房屋或者强迫退出土地。⑦强制办理财产权证照转移手续。⑧强制执行法律文书指定的行为。⑨强制支付迟延履行期间的债务利息或迟延履行金。⑩强制执行被执行人的到期债权。

应当注意的是,在采取查询、冻结、划拨被执行人的存款,扣留、提取被执行人的收入,查封、扣压、冻结、拍卖、变卖被执行人的财产等强制措施后,被执行人仍不能清偿债务的,应当继续履行。债权人发现被执行人有其他财产的,可以随时请求人民法院执行,不受申请执行期限的限制。被执行人不履行法律文书确定的义务的,人民法院可以对其采取或者通知有关单位协助采取限制出境,在征信系统记录、通过媒体公布不履行义务信息以及法律规定的其他措施。

三、执行中止和终结

(一)执行中止

在执行过程中,因某种特殊情况的发生而使执行程序暂时停止的,为执行中止。《民事诉讼法》规定,有下列情形之一的,人民法院应当裁定中止执行:申请人表示可以延期的;案外人对执行标的提出确有理由的异议的;作为一方当事人的公民死亡,需要等待继承人继承权利或者承担义务的;作为一方当事人的法人或者其他组织终止,尚未确定权利义务承受人的;人民法院认为应当中止执行的其他情形,如执行中双方当事人自行达成和解协议的,被执行人提供担保并经申请执行人同意的,被执行人依法宣告破产的等。

中止的情形消失后,应当恢复执行。

(二)执行终结

在执行过程中出现了某些特殊情况,使执行程序无法或无须继续进行而永久停止执行的,为执行终结。《民事诉讼法》规定,有下列情形之一的,人民法院有权裁定终结执行:申请人撤销申请的;据以执行的法律文书被撤销的;作为被执行人的公民死亡,无遗产可供执行,又无义务承担人的;追索赡养费、扶养费、抚育费案件的权利人死亡的;作为被执行人的公民因生活困难无力偿还借款,无收入来源,又丧失劳动能力的;人民法院认为应当终结的其他情形。

第五节　涉外民事诉讼

一、涉外民事诉讼的概念

涉外民事诉讼是指在我国法院提起的具有涉外因素的诉讼。涉外因素是指下列三种情况之一:当事人的一方或双方是外国人、无国籍人、外国企业或者其他组织;当事人双方争议的标的在国外;当事人之间经济法律关系的发生、变更、消灭的法律事实在国外。

依据我国《民事诉讼法》的规定,人民法院审理涉外民事纠纷案件,只能适用我国《民事诉讼法》的规定。外国人、无国籍人或外国企业和组织在我国起诉、应诉,适用我国《民事诉讼法》,凡是属于我国人民法院管辖的案件,我国人民法院享有管辖权;外国法院的裁判必须经我国法院依法审查并予以承认后,才能在我国领域内发生法律效力。

人民法院审理涉外民事纠纷案件,应当遵守我国缔结或者参加的国际公约。国际公约中的规定与国内法有冲突的,适用公约的规定,但是对于我国声明保留的条款除外。

对享有外交特权与豁免权的外国人、外国组织以及国际组织提起民事纠纷诉讼的,应当依照我国缔结或参加的国际公约以及我国有关法律的规定办理。

外国人、无国籍人、外国企业和组织在人民法院起诉、应诉,需要委托律师代理诉讼的,必须委托中华人民共和国的律师。人民法院审理涉外民事纠纷案件,应当使用我国通用的语言、文字,当事人要求提供翻译的,可以提供,费用由当事人承担。

外国当事人因民事纠纷在人民法院对中国当事人起诉,应依据我国《民事诉讼法》"原告就被告"的管辖规定或者是依据双方事先在合同中约定的诉讼管辖协议,按照我国《民事诉讼法》关于涉外民事诉讼程序的规定起诉、应诉和答辩,终审判决之后必须依法执行判决。

中国当事人要在人民法院对外国当事人提起诉讼,首先须查明依据我国现行《民事诉讼法》的规定,该人民法院对这一案件有没有管辖权。按照《民事诉讼法》第243条的规定,因民事纠纷对在中华人民共和国领域内没有住所的被告提起诉讼,有下列条件之一的,可以在相应的人民法院提起诉讼:

1. 合同在中国领域内签订或者履行的;
2. 诉讼标的物在中国领域内的;
3. 被告在中国领域内有可供扣押的财产的;
4. 被告在中国领域内设有代表机构的。

二、涉外民事诉讼的特别规定

(一)管辖

涉外民事纠纷的管辖有下列几种:

1. 协议管辖。协议管辖是涉外经济诉讼中最普遍、最常见的一种管辖规则。它是说对某一具体的涉外民事纠纷案件的管辖完全由当事人双方自主协商确定。《民事诉讼法》规定:"涉外合同或者涉外财产权益纠纷的当事人,可以用书面协议选择与争议有实际联系的地点和法院管辖。选择中华人民共和国法院管辖的,不得违反本法关于级别管辖和专属管辖的规定。"因此,我国施行的是有限制的协议管辖。

2. 最密切联系地管辖。在当事人没有通过书面形式选择管辖法院时,则根据最密切联系地原则确定某个与案件有实际联系的法院行使管辖权。《民事诉讼法》规定:"因合同纠纷或者其他财产权益纠纷,对在中华人民共和国领域内没有住所的被告提起的诉讼,如果合同在中华人民共和国领域内签订或者履行,或者诉讼标的物在中华人民共和国领域内,或者被告在中华人民共和国领域内有可供扣押的财产,或者被告在中华人民共和国领域内设有代表机构,可以由合同签订地、合同履行地、诉讼标的物所在地、可供扣押财产所在地、侵权行为地或者代表机构住所地人民法院管辖。"

3. 应诉管辖。《民事诉讼法》规定:"涉外民事诉讼的被告对人民法院管辖不提出异议,并应诉答辩的,视为承认该人民法院为有管辖权的法院。"

4. 专属管辖。因在中华人民共和国履行中外合资经营企业合同、中外合作经营企业合同、中外合作勘探开发自然资源合同发生纠纷提起的诉讼,一律由中华人民共和国人民法院管辖,当事人不得以协议改变。

(二)送达

对于在我国没有住所的当事人送达诉讼法律文书,《民事诉讼法》规定了不同于一般的送达方式:

1. 依照受送达人所在国与中华人民共和国缔结或者共同参加的国际条约中规定的方式送达。

2. 通过外交途径送达。

3. 对具有中华人民共和国国籍的受送达人,可以委托中华人民共和国驻受送达人所在国的使领馆代为送达。

4. 向受送达人委托的有权代其接受送达的诉讼代理人送达。

5. 向受送达人在中华人民共和国领域内设立的代表机构或者有权接受送达的分支机构、业务代办人送达。

6. 受送达人所在国的法律允许邮寄送达的,可以邮寄送达,自邮寄之日起满6个月,送达回证没有退回,但根据各种情况足以认定已经送达的,期间届满之日视为送达。

7. 不能用上述方式送达的,公告送达,自公告之日起满6个月,即视为送达。

(三)期间

被告在中华人民共和国领域内没有住所的,其答辩期为收到起诉状副本后30日内。在中华人民共和国领域内没有住所的当事人,已判决、裁定的上诉期是在收到判决书之日起30日内,被上诉人的答辩期是自收到上诉状副本之日起30日内。

此外,人民法院审理涉外民事纠纷案件不受审理期间的限制。

本章小结

民事诉讼是审判机关在当事人和其他诉讼参与人参加下,对民事纠纷案件进行审理并作出裁决的活动。审判管辖是指确定上下级人民法院之间和同级人民法院之间受理第一审民事纠纷案件的分工和权限,分为级别管辖、地域管辖、指定管辖和移送管辖等。

依照《民事诉讼法》的规定,起诉必须具备如下条件:第一,原告是与本案有直接利害关系的公民、法人和其他组织。第二,有明确的被告。第三,有具体的诉讼请求和事实理由。第四,属于人民法院受理民事诉讼的范围和受诉人民法院管辖。人民法院接到原告的起诉后,应及时依法进行审理。经审查认为符合起诉条件的,应当在7日内立案,并通知当事人;认为不符合起诉条件的,也应当在7日内作出不予受理的裁定。原告对不予受理的裁定不服的,可以向上一级人民法院提出上诉。

开庭审理是指在人民法院审判人员的主持下,在民事纠纷当事人和其他诉讼参与人的参加下,依照法定程序和形式,在法庭上对民事纠纷案件进行实体审理的诉讼活动过程。审理民事纠纷案件,除涉及国家机密外,均应公开进行开庭审理,一般分为法庭调查、法庭辩论、合议庭评议和宣告判决四个阶段。当事人不服第一审法院判决的,有权向上一级法院提起上诉。第二审法院的判决、裁定,是终审的判决、裁定。对于已经发生法律效力的判决、裁定、调解书等,当事人应当自觉履行;一方当事人拒绝履行的,另一方当事人有权向法院申请执行。

涉外民事诉讼是指在我国法院提起的具有涉外因素的诉讼。依据我国《民事诉讼法》的规定,人民法院审理涉外民事纠纷案件,只能适用我国《民事诉讼法》的规定。外国人、无国籍人或外国企业和组织在我国起诉、应诉,适用我国《民事诉讼法》,凡是属于我国人民法院管辖的案件,我国人民法院享有管辖权;外国法院的裁判必须经我国法院依法审查并予以承认后,才能在我国领域内发生法律效力。

思考练习题

1. 简述民事诉讼的概念和原则。
2. 什么是级别管辖和地域管辖?我国法律规定的地域管辖有哪些?
3. 什么是起诉?起诉的条件有哪些?
4. 我国法律规定中国当事人在哪些情况下可以在人民法院起诉外国当事人?
5. 什么是涉外民事诉讼的特别规定?

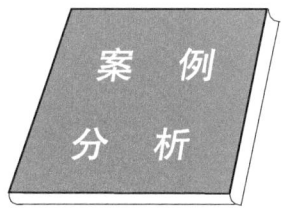

案例

天同证券公司与健康元公司、天同证券深圳营业部证券合同纠纷管辖权异议案[①]

上诉人(原审被告):天同证券有限责任公司

被上诉人(原审原告):健康元药业集团股份有限公司

原审被告:天同证券有限责任公司深圳吉祥中路证券营业部

上诉人天同证券有限责任公司(以下简称天同证券)为与被上诉人健康元药业集团股份有限公司(以下简称健康元公司)、原审被告天同证券有限责任公司深圳吉祥中路证券营业部(以下简称天同证券深圳营业部)证券合同纠纷一案,不服广东省高级人民法院(2005)粤高法民二初字第10号民事裁定,向广东省高级人民法院提起上诉称:天同证券深圳营业部属于非法人单位,对外无独立承担民事责任的能力,而且不具备委托理财的业务资格,从而不应作为本案被告。本案中上诉人天同证券是法律上适合的被告。故对此案广东省高级人民法院没有管辖权,请求最高法院裁定本案移送适合被告天同证券所在地山东省高级人民法院审理。

被上诉人健康元公司未作答辩。

广东省最高人民法院认为:天同证券深圳营业部系天同证券的分支机构,虽不是法人,但其依法设立并领有工商营业执照,具有一定的运营资金和在核准的经营范围内开展证券交易等业务的行为能力,属于《中华人民共和国民事诉讼法》规定的其他组织,可以作为民事诉讼的当事人。天同证券深圳营业部作为本案合同纠纷的合同一方当事人,是本案原告起诉承担直接民事责任的被告,且其工商登记住所地为广东省深圳市,广东省高级人民法院对本案依法享有管辖权。原审裁定认定事实清楚,适用法律并无不当;上诉人的上诉主张没有法律依据,本院不予支持。综上,法院依照《中华人民共和国民事诉讼法》第二十二条第二款、第三款、第四十九条第一款、本院《关于适用〈中华人民共和国民事诉讼法〉若干问题的意见》第四十条第(5)项之规定,裁定如下:驳回上诉,维持原裁定。

[①] http://bmla.chinalawinfo.com/newlaw2002/slc/slc.asp? db=fnl&gid=117507920。